常山年鉴

（2019）

常山县地方志编纂委员会 编

方志出版社
Publishing House of Local Records

图书在版编目（CIP）数据

常山年鉴．2019／常山县地方志编纂委员会编.——
北京：方志出版社，2020.10
ISBN 978-7-5144-4508-4

Ⅰ.①常… Ⅱ．①常… Ⅲ．①常山县—2019—年鉴
Ⅳ.①Z525.54

中国版本图书馆CIP数据核字(2020)第202276号

常山年鉴（2019）

编　　者：常山县地方志编纂委员会
责任编辑：齐　笑

出 版 者：方志出版社
地址　北京市朝阳区潘家园东里9号（国家方志馆4层）
邮编　100021
网址　http://www.zgfzcb.cn
发　　行：方志出版社图书经销中心
电话（010）67110500
经　　销：各地新华书店
印　　刷：杭州乐通印刷有限公司

开　　本：889×1194　　1/16
印　　张：30.25
字　　数：691千字
版　　次：2020年10月第1版　　2020年10月第1次印刷
印　　数：001～800册

ISBN　978-7-5144-4508-4　　定价：280.00元

《常山年鉴（2019）》编辑说明

1.《常山年鉴（2019）》以马克思列宁主义、毛泽东思想、邓小平理论、“三个代表”重要思想、科学发展观、习近平新时代中国特色社会主义思想为指导，坚持辩证唯物主义和历史唯物主义立场、观点和方法，全面、真实地记载上一年度常山县行政区域自然、政治、经济、文化、社会等方面的情况和社会发展的历史进程，为社会各界人士和中外投资者了解、研究、建设常山，提供丰富翔实的地情资料；也为续修《常山县志》积累资料。

2.《常山年鉴》是中共常山县委、常山县人民政府组织，常山县地方志编纂委员会组织编纂的年度资料性文献。自2005年起，逐年编辑出版。

3.《常山年鉴（2019）》按分类法编排，主体内容分为类目、分目（部分分目下设副分目或附“小资料”）、条目三个层次，分别用不同的字号和字体表示；条目为年鉴基本记述单位，其标题用黑体五号字加【】标示。卷首设“图照”“目录”“特载”“专记”“大事记”“县情概览”；卷中设县委、县人大、县政府、县政协、民主党派•工商联、群众团体、法治、军事、工业、农业•林业•水利、贸易、通信、交通、城乡建设与管理、国土资源•环境保护、综合管理与监督、财政•税务、金融•保险、教育、科技•气象、文化•旅游、卫生•体育、人力资源与社会保障、社会生活、乡镇（街道）25个类目；卷末设组织机构及负责人名录、荣誉录、重要文件目录、国民经济若干统计资料、艺文、索引。

4.《常山年鉴（2019）》以县级机关各部门、各乡镇（街道）及有关驻常山的省部属单位为基本记述主体，以事物性质分类，设类目。类目设计和编排次序根据年鉴基本体例和行业归类特点设置，与具体部门单位行政级别无关。

5.《常山年鉴（2019）》所刊载的内容、照片和图表数据，均由全县各机关部门、企事业单位、乡镇（街道）和驻常山省部属单位提供；所用统计资料由县统计局提供。稿件由各单位指定人员撰写，单位初稿由年鉴编辑初审，再发回各撰稿单位修订、校对、审核后定稿；最后由常山年鉴编辑部汇编总纂，经编委会审查、出版社审核而成，具有权威性。撰稿人和摄影者分别统一署名于条目和照片之后的（）内。因统计口径等原因，有关部门所用个别数据与“统计资料”中的数据不尽一致，引用时以县统计局《常山县国民经济与社会发展统计公报》为准，并参照《常山统计年鉴（2019）》。

6.《常山年鉴（2019）》采用中国法定计量单位，面积单位稍有例外：耕地、山林、园地等面积单位一般沿用“亩”字，有时也用“公顷”。

7.《常山年鉴（2019）》“荣誉录”，收录2018年1—12月公布的，国家（含部门）、浙江省（含部门）、衢州市（含部门）以及中共常山县委、常山县人民政府命名、表彰、颁发的荣誉称号。

8.《常山年鉴（2019）》配有双重检索系统，书前刊有中文详细目录和英文要目，书后配有索引，索引采用主题分析法，按主题词首字汉语拼音字母顺序排列。

土地总面积1099平方千米

辖3街道6镇5乡，其中8个社区,4个居委会，180个行政村，2个渔业大队

总人口34.4万人。男性178154人，女性166113人；城镇人口105781人，乡村人口238486人

地区生产总值(GDP)140.42亿元

财政总收入17.09亿元，其中一般公共预算收入10.98亿元；一般公共预算支出47.05亿元

农林牧渔业总产值12.42亿元

工业增加值48.21亿元

固定资产投资74.18亿元

网络零售额19.7亿元

社会消费品零售总额69.91亿元

旅游收入59.8亿元，接待游客942.5万人次

金融机构人民币存款余额217.66亿元，人民币贷款余额169.13亿元

外贸进出口总额17.09亿元，其中出口总额12.93亿元

实际利用外资100万美元，招商引资到位资金77.66亿元

城镇常住居民人均可支配收入36423元，消费支出21075元

农村常住居民人均可支配收入20184元，消费支出9546元

职工基本养老保险和城乡居民社会养老保险参保人数共23.06万人

普通中学11所，在校生13046人;小学27所,在校生16367人

医疗卫生机构289家，其中县级医院3家，乡镇（中心）卫生院14所

举办国家级赛事1场，省级赛事6场，市级赛事4场，县级赛事4场

▲ 常山国际慢城鸟瞰　　（紫港街道　供图）

▲ 国际慢城·渣濑湾花海　　（李君平　摄）

▲ 常山鸟瞰 （肖斌 摄）

▲ 招贤古渡 （招贤镇 供图）

◀ 12月19日，全国政协常委、国家林业和草原局副局长刘东生（右二）出席绿色中国行——走进美丽常山大型公益晚会

（县林业局 供图）

▶ 11月5日，副省长成岳冲（左一）到常山调研储备教师员额工作

（汪东丽 摄）

◀ 3月15日，副省长彭佳学（前左二）到常山调研特色产业加快乡村振兴工作

（李俊秋 摄）

◀ 6月26日，省人大常委会副主任、省总工会主席史济锡（前中）到常山县行政服务中心调研“最多跑一次”改革工作

（县行政服务中心 供图）

▶ 6月27日，市委书记徐文光（前右二）到常山参加全市农房“一户多宅”整治工作现场推进会

（汪东丽 摄）

◀ 3月22日，市委副书记、代市长汤飞帆（前右二）到常山调研融入衢州市加快转型走出发展新路工作

（汪东丽 摄）

▲ 县委书记叶美峰致辞 （谢娜你 摄）

▲ 领导嘉宾在纪念馆内参观展览 （陈勤幸 摄）

▲ 浙江省中共党史学会会长、中共浙江省委党史研究室原主任金延锋致辞 （谢娜你 摄）

10月12日 常山西源革命纪念馆开馆

◀ 常山西源革命纪念馆
（徐志芳　摄）

▲ 烈士方志敏的女儿方梅致辞
（谢娜你　摄）

▲ 中共衢州市委党校现场教学点授牌
（王一群　摄）

▲ 领导嘉宾在纪念馆内留影
（陈勤幸　摄）

3月22日，常山县扫黑除恶专项斗争部署会召开
（江琪 摄）

7月18日，“常山阿姨”经验推广暨全省发展家庭服务业工作经验交流会在常山举行
（县妇联 供图）

12月19日，省教育基本现代化县创建通过评估
（袁红军 摄）

2月28日，常山Ferrotec产业园开工仪式启动

（汪东丽　摄）

▲　5月9日，拱墅—常山电子商务合作基地揭牌仪式举行

（汪东丽　摄）

◀　8月28日，常山众卡产业园项目开工仪式在衢州绿色产业集聚区常山片区举行

（李俊秋　摄）

▶　12月5日，常山县与万洋众创城投资集团有限公司举行常山万洋众创城项目签约仪式

（李俊秋　摄）

▲ 2月9日，黄荷凤院士专家工作站启动仪式在常山县人民医院举行 （汪东丽 摄）

▲ 12月30日，常山县首家博士后科研工作站在浙江常山科润新材料有限公司授牌 （县人社局 供图）

▲ 1月12日，2017“最美常山人”年度榜样颁奖盛典　（李俊秋 摄）

▲ 7月2日，常山县举行“高唱颂歌迎七一·纪念建县1800年”万人大合唱颁奖晚会　（李俊秋 摄）

▲ 5月20日，常山县首个"5·20"敬老日启动仪式举行　（李俊秋 摄）

▲ 8月3日，常山县举行"衢州有礼　至善常山文明有我"活动暨全国"志愿之城"试点、迎省级文明城市复评启动仪式

（李俊秋 摄）

◀ 9月19日，常山县欢庆“中国农民丰收节”暨首届农民文化艺术节在同弓乡开幕

（同弓乡　供图）

▶ 3月28日，东案乡第三届云梯花海赏花节在田蓬村举行（东案乡　供图）

◀ 10月17日，“盛世中国·慢城常山”第二届常山国际赏石文化节暨中国观赏石之乡交流会举行

（李俊秋　摄）

体育赛事

▲ 2018“环浙”自行车嘉年华暨第三届环常山骑游活动　（县体育局　供图）

▲ 2018常山县首届百村农民运动会　（县体育局　供图）

▲ 2018常山县首届龙舟赛　（县体育局　供图）

▲ 2018年浙江省青少年皮划艇赛艇锦标赛 （县体育局　供图）

◀ 2018中国山地自行车总决赛 （王一群　摄）

▲ 招贤集镇航拍　　（王琴 摄）

▲ 球川镇红旗岗集镇鸟瞰图　　（球川镇　供图）

▲ 同弓乡集镇新景

（同弓乡　供图）

▶ 《象湖》

（招贤镇　供图）

◀ 箬溪温泉

（招贤镇　供图）

▲ G60球川镇后弄出口

（球川镇　供图）

▲ 龙绕溪

（球川镇　供图）

◀ 同弓乡太公山胡柚基地

（同弓乡　供图）

▶ 同弓乡乡村新风貌

（同弓乡　供图）

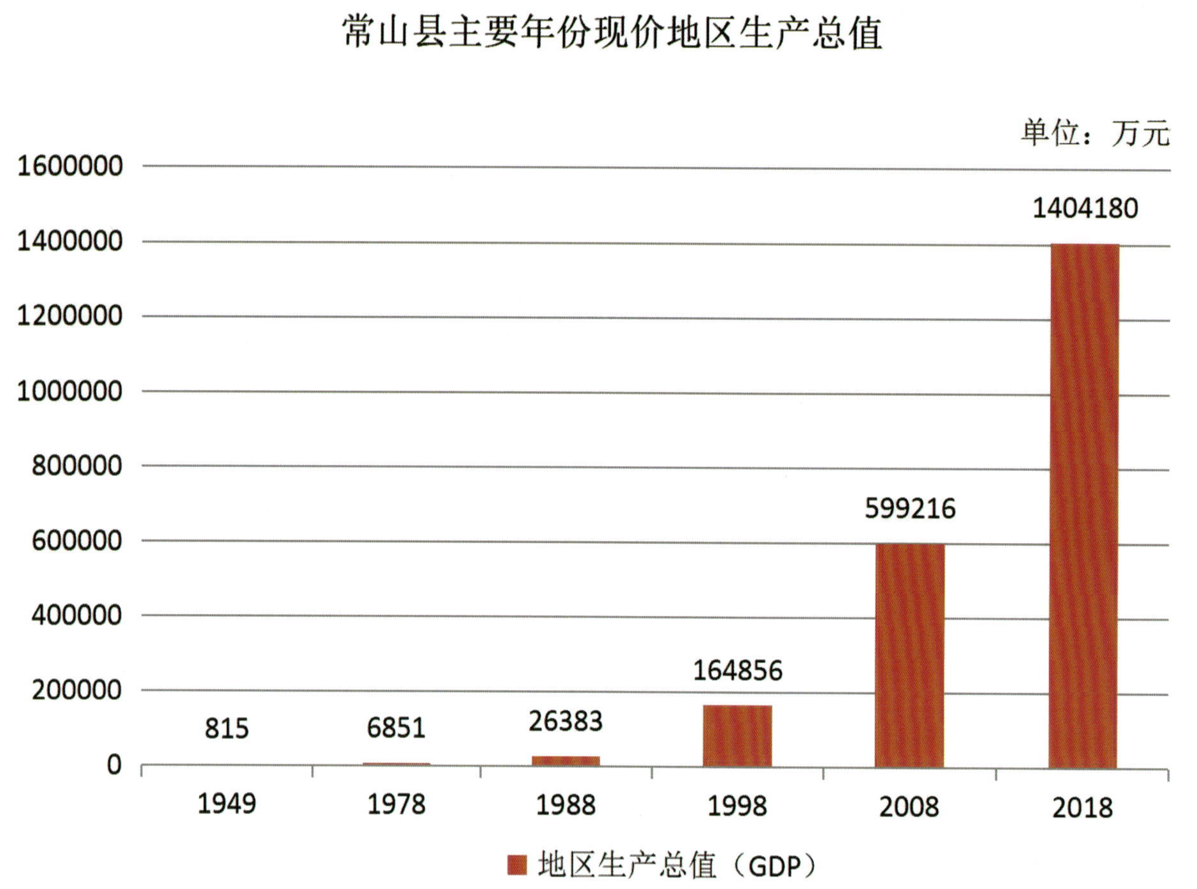
常山县主要年份现价地区生产总值
单位：万元
1600000
1400000
1200000
1000000
800000
600000
400000
200000
0
815
6851
26383
164856
599216
1404180
1949
1978
1988
1998
2008
2018
地区生产总值（GDP）

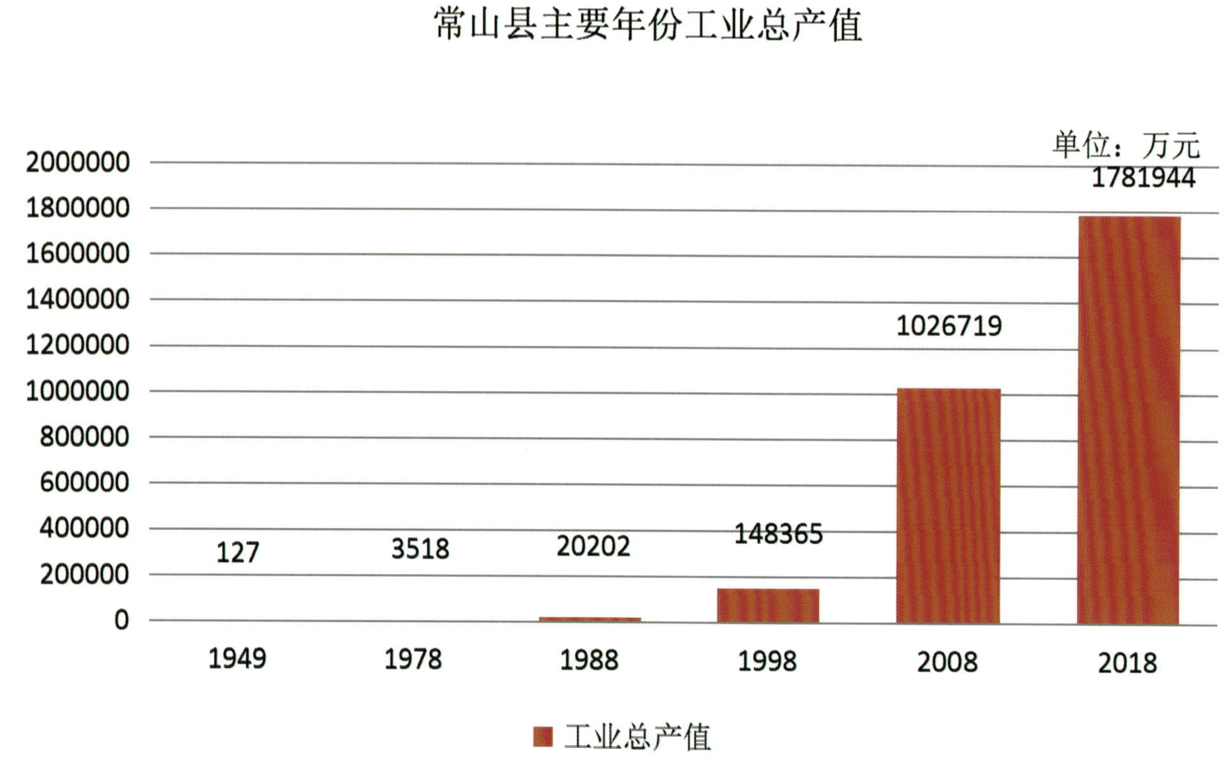
常山县主要年份工业总产值
单位：万元
2000000
1800000
1600000
1400000
1200000
1000000
800000
600000
400000
200000
0
127
3518
20202
148365
1026719
1781944
1949
1978
1988
1998
2008
2018
工业总产值

常山县主要年份三次产业构成

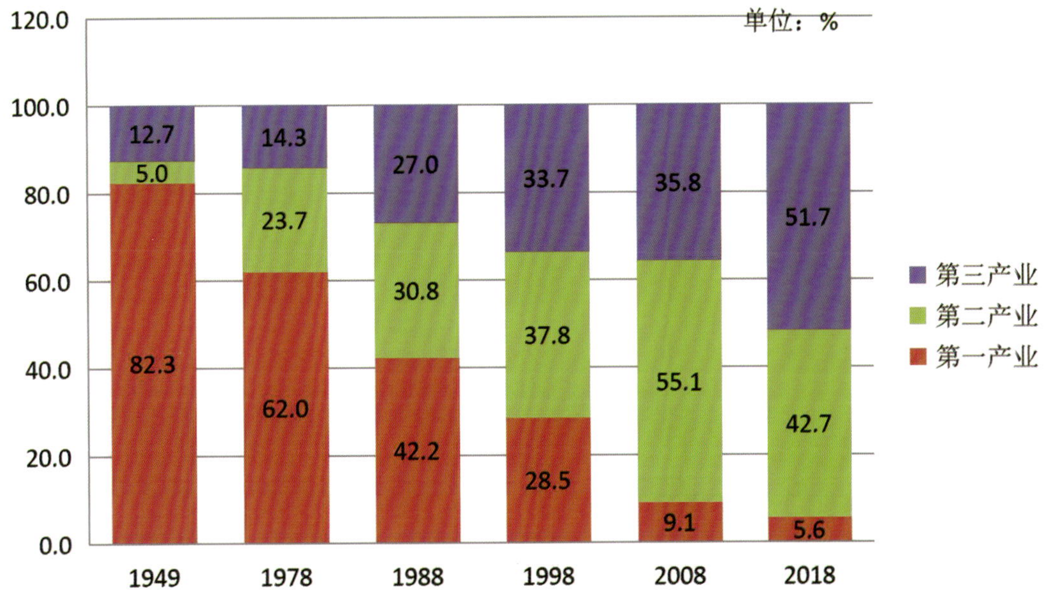

1978—2018年常山县按可比价格计算的GDP发展速度

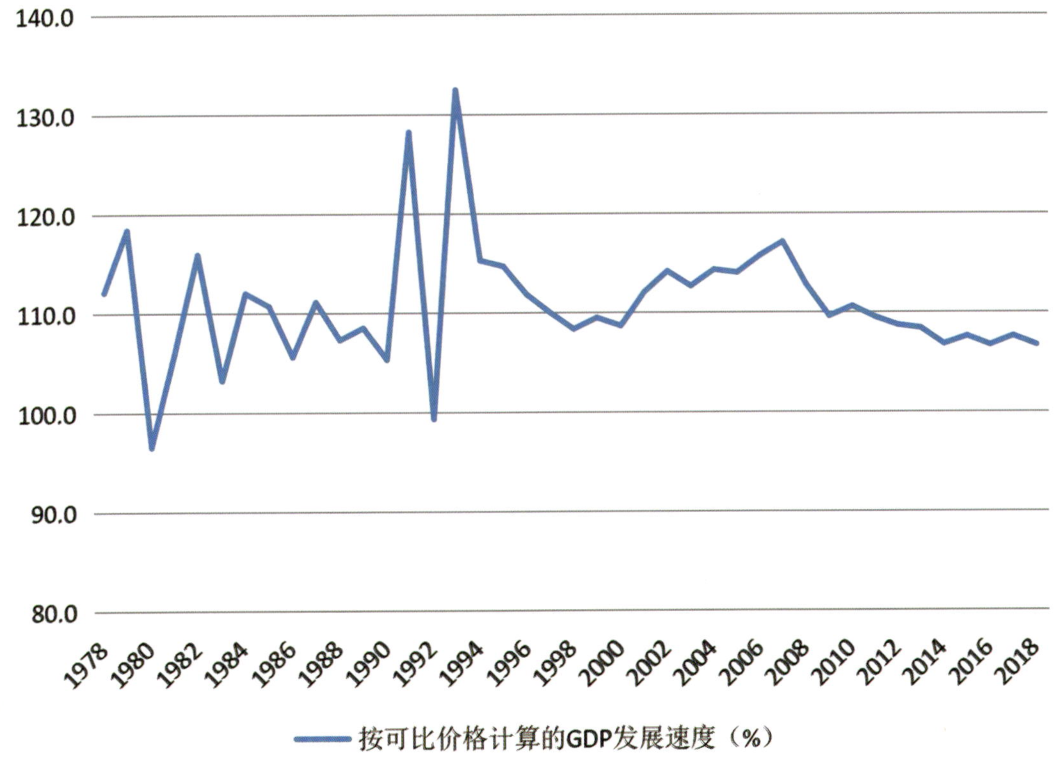

说明：上年按可比价格计算的GDP发展速度设定为100

常山县主要年份金融机构人民币存贷款余额

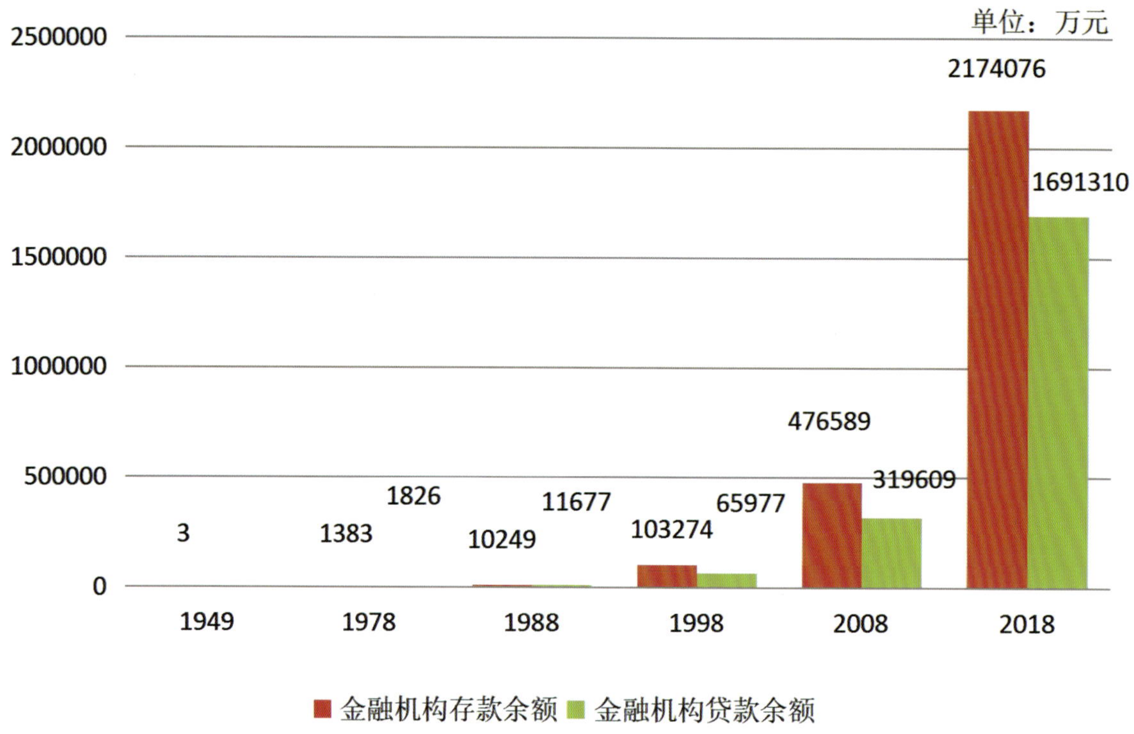

常山县主要年份全社会固定资产投资额

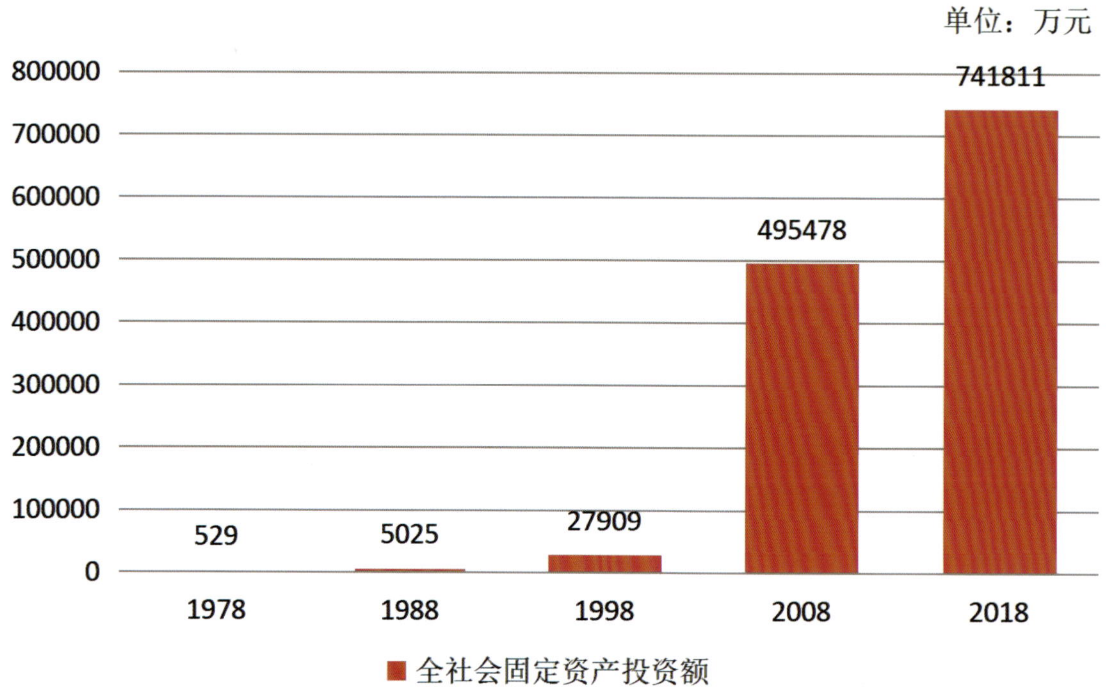

说明：2011年后固定资产投资统计范围为投资额500万元及以上的项目，2018年固定资产投资数据口径有调整

常山县主要年份社会消费品零售总额

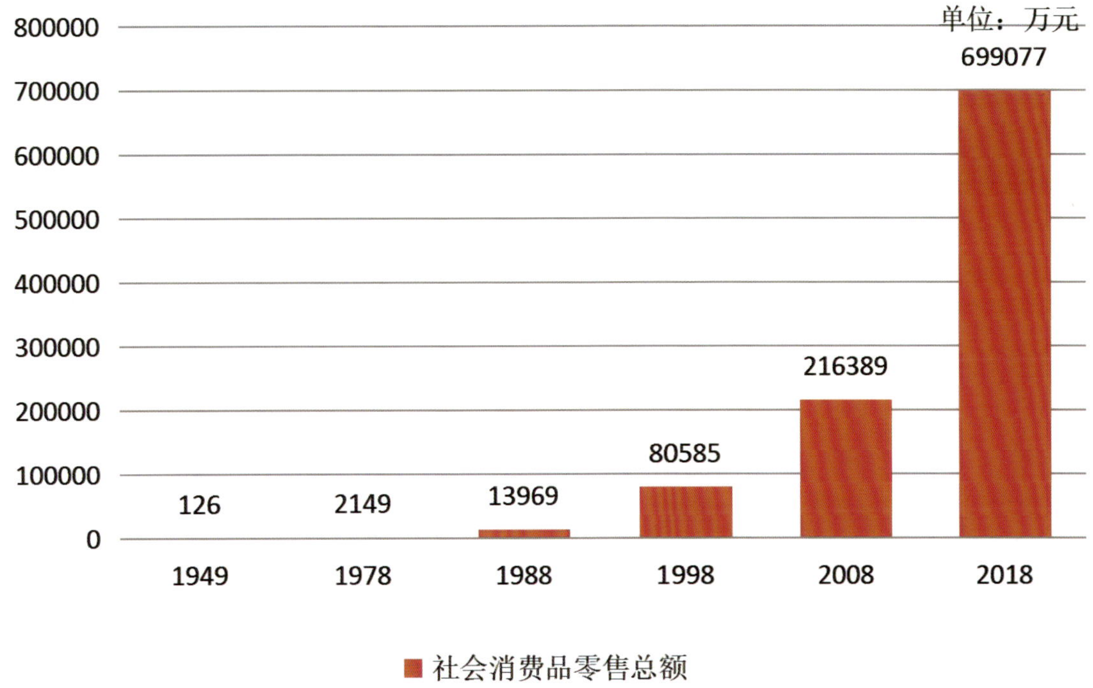

1978—2018年常山居民收入可支配收入

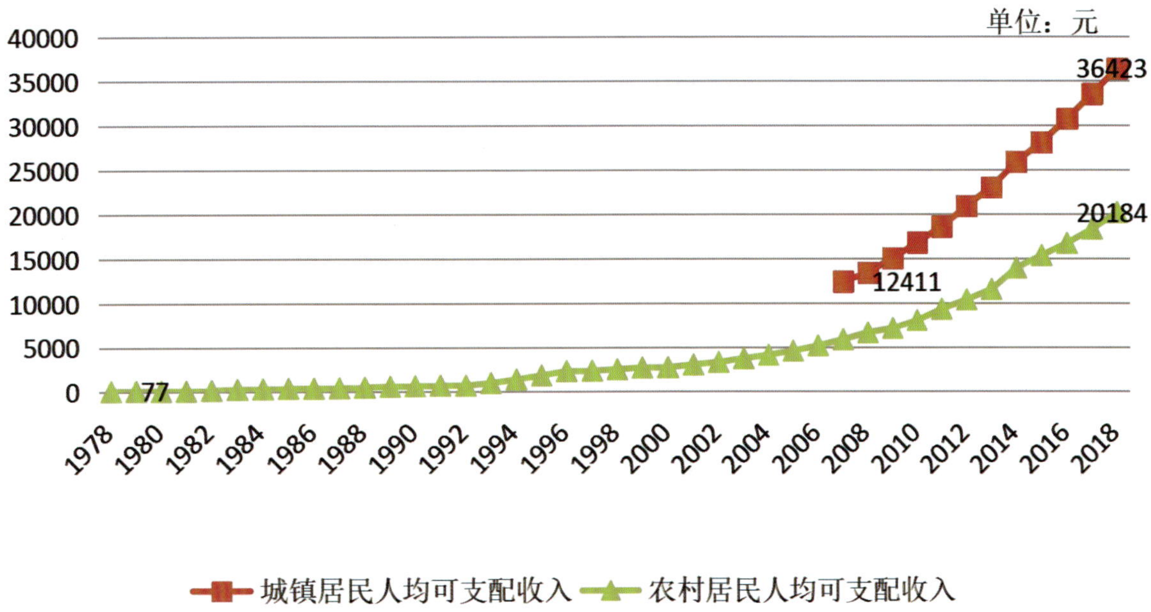

说明：2012年前为农村居民人均纯收入

1994—2018年常山县公共财政预算收入

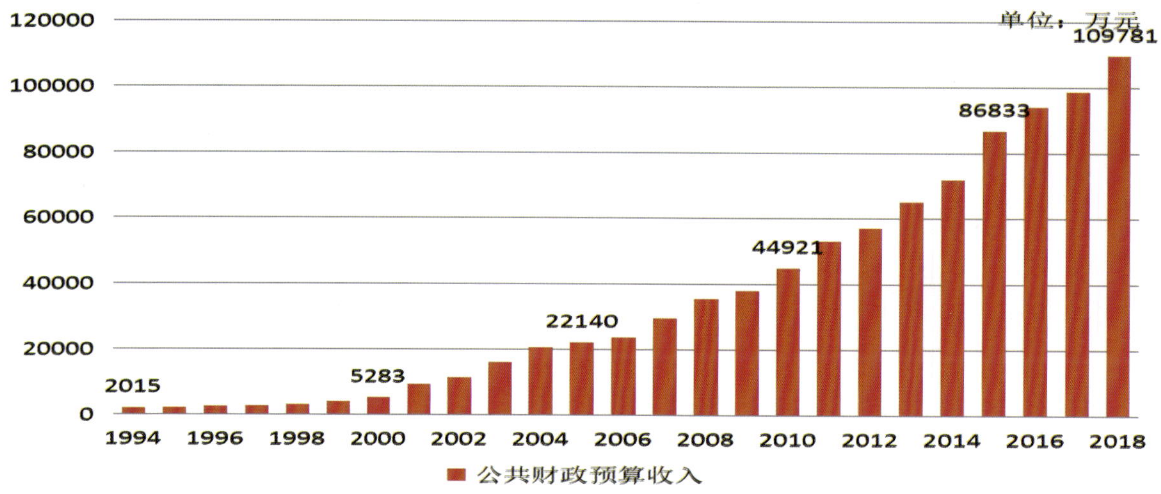

1999—2018年常山县外贸出口总额

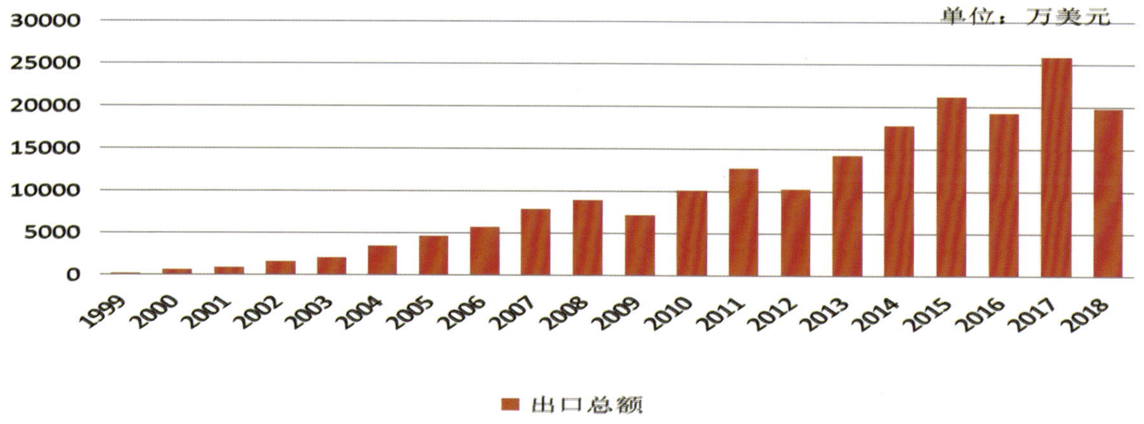

2000—2018年常山县城市化率

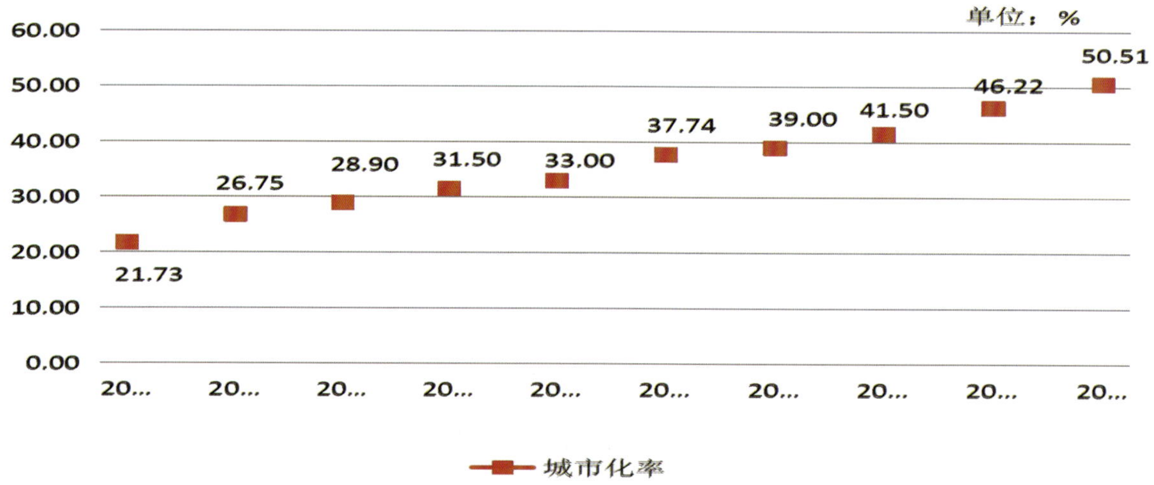

说明：城市化率为常住人口口径

常山县政区图

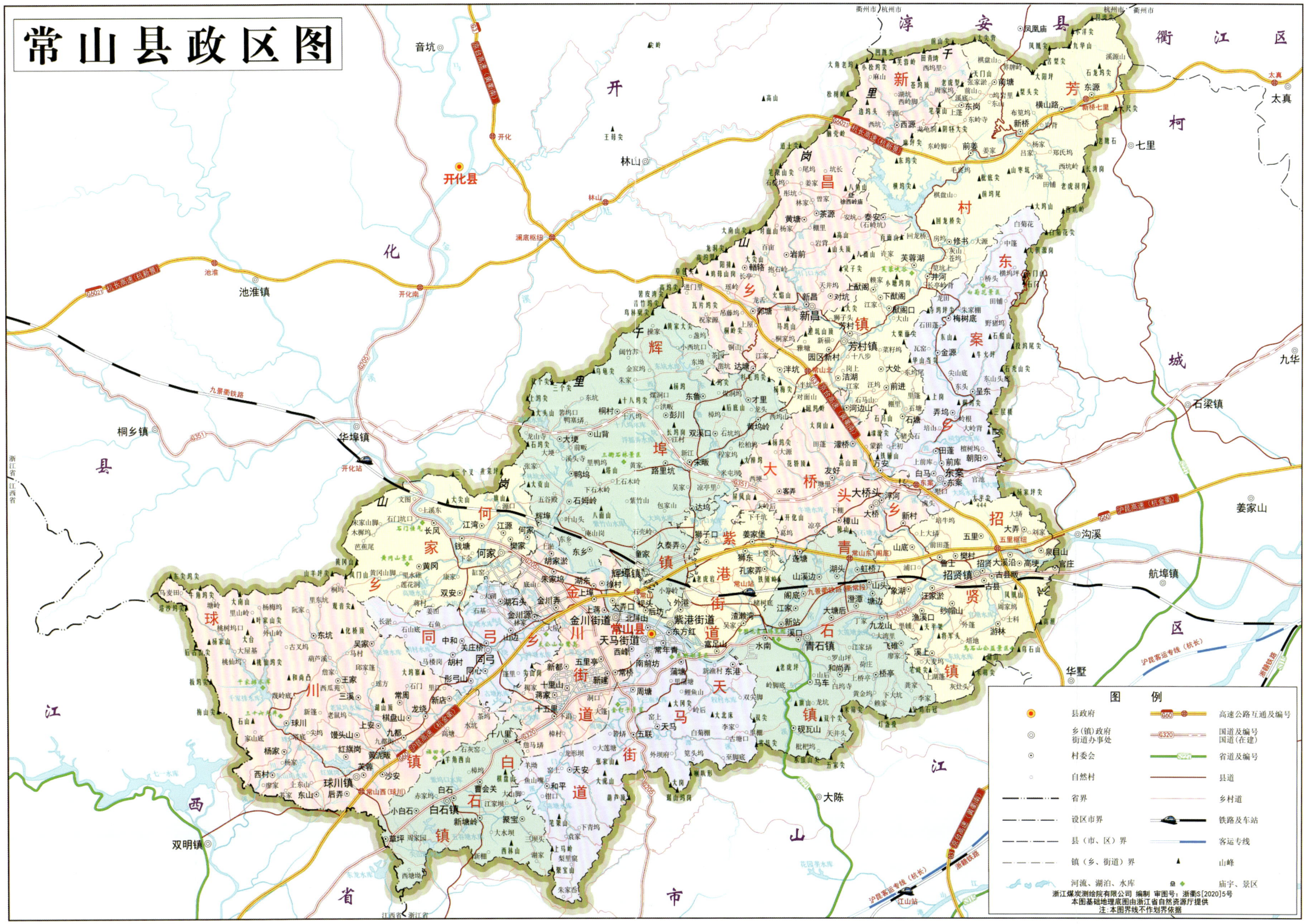

审图号：浙衢S【2020】5号

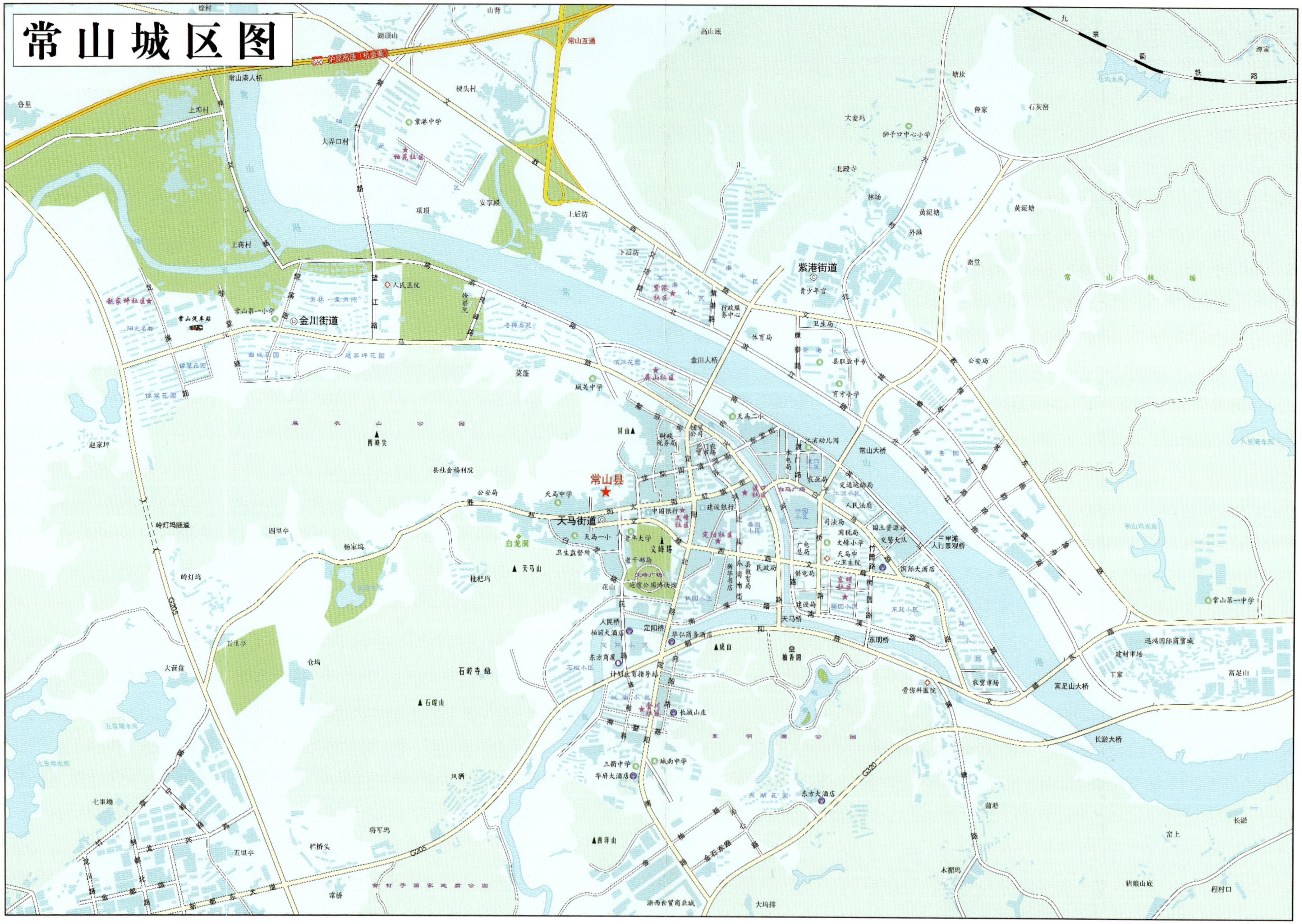

审图号：浙衢S【2020】5号

目　录

中国共产党常山县委员会

常山县人民代表大会

常山县人民政府

政协常山县委员会

民主党派·工商联

群众团体

法 治

军 事

工 业

农业·林业·水利

贸 易

通　信

交　通

城乡建设与管理

国土资源·环境保护

综合管理与监督

财政·税务

金融·保险

教　育

科学技术·气象

文化 · 旅游

卫生 · 体育

人力资源和社会保障

社会生活

乡镇（街道）

组织机构及负责人名录

荣 誉 录

重要文件目录

国民经济若干统计资料

艺 文

索 引

封面照片（王建华 摄）

Contents

Survey of Changshan County

Changshan County Committee of the Communist Party of China

Changshan County People's Congress

Changshan County People's Government

Chinese People's Political Consultative Conference of Changshan Count

Democratic Party and Federation of Industry and Commerce

Non-government Organizations

Political and Legislative Affairs

Military

Industry

Agriculture·Foresty·Water conservancy

Trade

Communication

Traffic

Urban and Rural Construction and Administration

Territorial resources, Environmental Protection and Meteorology

Integrated Management and Supervision

Government Finance and Taxation

Finance and Insurance

Education

Sciences and Technology·Weather

Culture·Tourism

Hygiene and Physical Culture

Manpower Resource and Social Security

Social Life

Township and neighborhood

List of Organizations and Persons in charge

Honor Roll

Directory of Important Documents

Economic Statistical Informations

Literature and Art

Index

特 载

顺时应变 持续发力 再奏强音 为决胜高水平全面建成小康社会打下决定性基础

——在县委十三届四次全体（扩大）会议
暨县十六届政府第二次全体（扩大）会议上的报告

县委书记 叶美峰

（2018 年 7 月 27 日）

同志们：

这次会议的主要任务是：深入贯彻习近平新时代中国特色社会主义思想和党的十九大精神，全面落实习近平总书记对浙江工作的重要指示精神和省委十四届三次全会、市委七届四次全会精神，分析形势、把握大势，研究部署“东接新衢州，慢城大花园”行动，动员全县上下振奋精神、奔跑起来，坚定不移沿着“八八战略”指引的路子走下去，奋力开创“衢常一体、融合发展”崭新局面。

下面，我代表县委常委会，向全会报告工作。

一、把握大势、放眼未来，凝聚加快开放融合发展的强大共识

习近平总书记强调，“唯有因势而谋、应势而动、顺势而为，才能创造历史、成就未来”。当今世界，全球一体化势不可挡，习近平总书记用“和平合作、开放融通、变革创新”等“三个滚滚向前”为世界大势立标定向。中国担当、中国智慧、中国方案，跨出国门走向世界，以“一带一路”为标志的新一轮改革开放正编织着全球命运共同体，“京津冀”“长三角”“粤港澳”等一体化强势推进，开放融合发展方兴未艾。“智者顺势而谋”，我们要站在全局高度，敏锐洞察开放融合这一发展规律和时代大势。

推进开放融合发展是省委续写“八八战略”新篇章的鲜明导向。2018 年，是“八八战略”实施 15 周年。7 月 8 日，习近平总书记在浙江省委关于“八八战略”实施 15 年情况报告上作出重要指示，充分肯定省委“一张蓝图绘到底”的战略定力，高度评价“八八战略”实施以来所取得的历史性成就，明确提出“干在实处永无止境，走在前列要谋新篇，勇立潮头方显担当”的新期望和新要求，饱含着对浙江的深厚感情、殷切期待、关心关爱。7 月 19 日，省委召开十四届三次全会，深入学习贯彻习近平总书记重要指示精神，研究部署“‘八八战略’再深化、改革开放再出发”重大问题。会议深刻阐述“八八战略”是习近平新时代中国特色社会主义思想在浙江萌发与实践的集中体现，是一份掷地有声的“宣言书”、一个引领航向的“指南针”、一把启迪智慧的“金钥匙”、一篇不断续写的“大文章”。推进“八八战略”再深化，就是要求我们坚持“干在实处永无止境”，在新起点上自我加压、砥砺奋进，撸起袖子加油干；就是要求我们坚持“走在前列要谋新篇”，在新起点上争当前哨先锋、敢于先行先试，不断取得新突破、开辟新境界；就是要求我们坚持“勇立潮头方显担当”，在新起点上扛起习近平总书记赋予我们的使命和责任，追求新时代的大担当、大作为。开放融合发展是“八八战略”的重要思想内涵，在这一思想的引领下，浙江打开科学发展之门，成为改革开放先行地、区域发展最为协调的省份、城乡差别最小的省区。十五年的实践让这一战略思想越来越闪耀出真理的光芒，2018年以来，省委先后召开全面深化改革、对外开放、山海协作等系列重大会议，不断释放全面开放、区域协调发展的强烈信号。我们必须保持高度的政治自觉和战略定力，学好用好习近平总书记的认识论和方法论，进一步解放思想、转换思维，把改革进行到底，把开放的大门越开越大，努力开辟区域一体化融合发展的新境界，奋力续写“八八战略”新篇章。

推进开放融合发展是市委“1433”发展战略体系的重大内涵。市委七届四次全会确立发展“1433”战略体系，这是市委站在“中国地图”乃至“世界地图”面前，以深刻的洞察力、敏锐的判断力、高超的谋划力，在新时代描绘出的引领衢州未来、推动西部崛起的宏伟蓝图。“活力新衢州，美丽大花园”这一战略目标既贯彻省委省政府的要求，又体现衢州发展的实际和人民群众的向往；“四大战略定位”就是省委统筹建设大湾区大花园大通道大都市区的衢州版；“三大战略任务”是市委站在全局高度作出的宏观战略布局；“三大战略路径”以四个两手抓、四个升级版、四个大统筹系统谋划衢州走向未来的现实路径和战略举措。“1433”发展战略体系立足市域发展，系统回答“干什么、怎么干、谁来干”的问题，积极回应习近平总书记在浙江工作期间对衢州发展提出的一系列重要指示和殷切期望，认真回答省委车俊书记对衢州提出的“四个更有作为”要求，是引领衢州发展的总纲领和总方略。推进开放融合发展是“1433”发展战略体系的重大内涵，“区域开放是最大的改革”是理念引领，融入全省“四大”建设、推进杭衢同城是核心战术，构筑“两线、两圈、两网、两版”是重大抓手，推进“市域一体”，加强重大战略定位、基础设施、产业项目、资源要素“四大统筹”，是形成合力、协同发展的关键举措。我们要把握大势、锚定机遇，着眼全局、放眼未来，牢固树立“全市一盘棋、共建大花园”的发展理念，以开放的扩大推动改革的深化，以开放的主动赢得发展的主动。

推进开放融合发展是深化“四四二”战略体系的重要举措。长期以来，常山的发展始终面临经济总量小、增速不稳定、产业结构重、交通支撑差等发展瓶颈，始终面临土地空间、区位地域、资源环境等要素制约，县域发展活力不够、动力不足、实力不强。导致这一局面长期得不到改变的根本原因，还是思想上的山城思维、盆地观念，工作上的因循守旧、墨守成规，发展上的路径依赖、故步自封。县第十三次党代会确立“四四二”战略体系，把开放创新作为核心战略之一，把常山放到四省边际、江南水乡、华东地区、美丽中国乃至国际视野中去定位，把我们的工作提升到省市标杆、全国一流的标准来要求，回答常山发展“走向哪里”“走什么路”“如何走”三大问题，是哲学层面上的思考。近年来，全县经济社会发展取得了重大历史性突破，最根本的动力，就是解放思想、放开视野、放大格局。战略实施越深入、越持久，就越彰显思想魅力、实践力量和时代价值。“四四二”战略体系就是要随着时代前进和实践深入而不断丰富发展，彰显与时俱进、开放包容、不断发展的鲜明特质。当前，顺应开放融合的时代大势，立足把握高质量发展的经济新常态、完善“特富美安”慢城大花园的建设新思路、融入“高铁+”“互联网+”时代的竞争新格局、发挥生态环境等资源新优势的实际需要，我们要把“开放创新”战略摆在更加突出的位置，结合省委、市委关于开放发展的重大部署，全力推进“衢常一体、融合发展”，大力实施“东接新衢州，慢城大花园”行动，形成更加全面完整的实践布局，让“四四二”战略体系持续焕发蓬勃生机，开出艳丽的理论之花、结出丰硕的实践之果。

总而言之，推进“衢常一体、融合发展”，是拓宽发展空间的新抓手，高度符合省、市长远发展规划；是深化“四四二”战略体系的新要求，与贯彻上级重大战略部署息息相关；是区域提能的新机遇，为打造“浙闽赣皖协作区”的先行示范区创造条件；是发展的新动力，全面加快融入全省“四大”建设的步伐。我们要把握大势、放眼未来，凝聚强大共识，树立鲜明导向，真正举全县之力推进衢常一体、融合发展。

二、聚焦开放、聚力东进，全面推进东接新衢州慢城大花园行动

习近平总书记指出：“一个国家、一个民族要振兴，就必须在历史前进的逻辑中前进、在时代发展的潮流中发展。”一个县域的发展，也要站在全局高度，放远世界眼光，找准战略支点，抓住战略机遇，加快形成推动发展的强大动力。当前和今后一个时期，我们要坚持以习近平新时代中国特色社会主义思想为指引，自觉践行“干在实处永无止境，走在前列要谋新篇，勇立潮头方显担当”的新期望，以“‘八八战略’再深化，改革开放再出发”为统领，深入贯彻落实市委“1433”战略体系，全面实施“东接新衢州，慢城大花园”行动，全力构建“衢常一体、融合发展”的新格局。“东接新衢州，慢城大花园”行动的主要内容是：

（一）目标定位

对照市委“大湾区的战略节点、大花园的核心景区、大通道的浙西门户、大都市区的绿色卫城”四大战略定位，主动融入、全面对接，努力把常山打造成为：大湾区战略节点的两江通道、大花园核心景区的慢城风光、大通道浙西门户的通衢首站、大都市区绿色卫城的康养福地。

——大湾区战略节点的两江通道。就是坚持走出大山、面向大海，以浙赣运河为纽带，彻底打破浙赣两省“山相连、路相通、水不相流”局面，使常山江与江西信江，钱塘江与长江两大水系互通互联，贯通长江经济带、长三角经济区、中部地区、鄱阳湖生态经济区及浙江海洋经济发展示范区等国家战略经济区，让常山江航道真正成为通江达海的黄金水道。

——大花园核心景区的慢城风光。就是立足国家重点生态功能区，以国家全域旅游示范区和浙闽皖赣国家生态旅游协作区创建为契机，全面推进县域环境深度治理、城乡景观品质提升、乡土文化挖掘培育，全域构建以国际慢城为核心、主题小镇为特色、精品村点为组团、高端景区为支撑、一江两岸为纽带、山水风光为基底的慢城大花园，全面彰显“深呼吸、放下心、享轻松”休闲内涵，把常山打造成为国内知名慢生活体验地和生态休闲旅游目的地。

——大通道浙西门户的通衢首站。就是依托“两浙首站、十方通衢”区位特征，抓住杭衢高铁建设的重大历史机遇，公路、铁路、航空、水运齐头并进，构建多种运输方式互相配套、无缝对接、四通八达的综合交通运输体系，带动物流、客流、信息流、资金流的联动发展，把常山打造成为全省开放经济、美丽经济走廊的战略节点。

——大都市区绿色卫城的康养福地。就是守住一方好山好水好空气，整合区域内生态康养资源，打造集医疗康复、生态气候、运动休闲、康养食疗等多种元素相融合的康养基地、康养项目和康养产业，培育以赛得健康养生小镇为龙头的康养产业集群，真正把县域打造成为“养眼、养肺、养胃、养脑、养心”的“风水宝地”。

（二）任务体系

按照“交通先导、城市赋能、产业创新”要求，全面融入区域一体化发展，建设宜居幸福城市，加快新旧动能转换，切实解决好发展动力、空间品质、产业转型三大问题，努力实现衢常交通一体、城市融合、产业共兴。重点构筑三大任务体系：

1. 聚焦对接杭衢，构筑内通外联的设施支撑体系。主动融入杭衢交通大格局，突出高效互联、便捷互通，强力推进重大交通基础设施项目建设，加快编织四省边际交通网、杭衢一体交通网、衢常一体交通网，全力打通对接长三角发达地区的交通网络，打开常山未来发展新空间。谋划推进景区化高速公路建设，完善提升县域内通景公路，构建适应全域旅游的特色交通体系，促进景区之间交通互通、有机串联。

2. 着眼一江两岸，构筑精致有序的魅力空间体系。坚持点轴状布局、圈层式开发、产城人融合发展，加快推进县域空间发展战略研究，以“一江两岸”为核心，全面融入自然生态、历史文化、时代需求等关键要素，打造梦之岛、滨江、狮子口等特色精品片区，组成功能设施齐全、生态环境优美、特色引领发展的地区功能综合体，努力塑造和构建精致有序、魅力彰显的城市空间体系。

3. 围绕特色鲜明，构筑品牌突出的都市产业体系。以美丽经济幸福产业和数字经济智慧产业为引领，推进农业品牌化，发挥“常山三宝”优势，大力发展循环农业、休闲农业、农副产品精加工，促进一、二、三产深度融合；推进工业集群化，统筹新都园区、辉埠园区、浙赣合作示范区三大产业平台建设，加快轴承、农机、新材料、生物医药等产业新旧动能转化，构建生态型工业体系；推进服务业现代化，构建区域物流中心、边际商贸中心、商务服务中心，提升服务业发展质效。

（三）实施路径

实现上述目标任务，关键要找准载体抓手、找到实现路径，重点实施“一江、两城、三园、四镇、五通道”：

1. 推进常山江航道开发。坚持“生态化、多元化、特色化、效益化”建设理念，融合水利、防洪、发电、航运、旅游等功能于一体，突出生态景观提升、驿站节点建设、文化走廊打造、沿江产业培育等重点，打造高等级、高品质的常山江航运工程，形成通江达海的黄金大通道、风景秀丽的生态大走廊、特色鲜明的沿江经济带。

打通黄金水道。高标推进常山江三级航道改造，以航运、发电为主要功能，结合改善水环境进行综合性梯级开发，整体推进航道、桥梁、堤坝、码头等建设，分步建造白虎滩、天马、阁底、招贤等水利枢纽，达到通航1000吨级船舶标准，打造畅通、安全、高效的黄金水道。谋划推动浙赣运河工程，连接衢江和江西信江，使钱塘江和鄱阳湖、长江形成一个环形的水运网络，彻底改变浙赣间水路交通运输格局。

铺就生态走廊。围绕“一江两岸”开发建设，统筹江河湖泊丰富多样的生态要素，以沿江生态修复、环境提升为基础，加快“十里长风”“紫港扬帆”“古渡金沙”等“沿江十景”建设，加强腹地景观延伸，同步推进芳村溪、南门溪等主要支流风貌提升，打造水清岸绿、水绿交融的滨水景观带和生态大廊道。结合城市有机更新，全面提升两岸江景夜景，大力推进以“1心6脉39点位”为核心的农村特色风貌提升和休闲旅游精品区块建设，彰显城市新貌、山水风光、历史人文。

激活沿江经济。着眼推进江城互动，实施水岸立体开发，推动重大产业项目沿江布局、集聚发展。大力培育胡柚、食用菌、蔬菜瓜果等富有生态优势和资源特色的沿江现代农业，依托水系脉络做好“接二连三”文章，实现农业种养、产品加工、休闲旅游协调发展。加快发展现代物流、电子商务、品牌创意等生产配套性服务业，积极开发度假酒店、健身娱乐、水上运动等休闲旅游产品，培育特色鲜明、配套协调、内生性强的沿江产业体系，努力打造一条高质量发展的沿江经济带。

2. 提升国际慢城和文化名城。慢城彰显城市品质，文化涵养城市底蕴。我们要以统筹融合的思路，加快打造“美丽中国独具特质的国际慢城”和“江南水乡风物清嘉的文化名县”，努力实现古今辉映、相得益彰。

构建特色鲜明的国际慢城。坚持小县大手笔、慢城快节奏，全力打响慢城品牌，彰显慢城特色。突出龙头带动，加快引进一批聚人气、增财气、扬名气的大项目好项目，集中全力推进华强方特“熊出没”主题乐园、蓝城慢城小镇、胡柚娃主题公园等高端主体的招引落地，全面提升慢城品质，释放集聚效应，带动一批重大文旅项目落地，推动国际慢城建设破冰起航。突出景区化、差异化、特色化，大力实施慢城核心区村庄品质提升工程，持续推进村庄改造、环境治理、农房体系构建和风貌提升等，因地制宜发展高端民宿、农事体验、养生养老、湖鲜美食等休闲业态，打造有品位、上档次、显气质的慢城村庄。高标准抓好通景路、游步道、休闲驿站等配套设施建设，加快打造标志性建筑等景观，持续提升自行车体育公园，推进沿线林相改造、水系改造，打造渣濑湾花海、休闲谷、文昌阁等景观项目，不断丰满慢城形象。

创建底蕴丰厚的文化名城。结合建县1800年重要历史节点，以省级历史文化名城创建为契机，深度挖掘弘扬千载古县的独特魅力，进一步丰厚常山文化底蕴。大力弘扬喝彩文化、贤商文化、进士文化、农耕文化等本土特色文化，加强古镇古街、古村古渡、古道古塔、古寺古宅等历史遗存保护开发，打造常山江“宋诗之河”，办好各类民俗文化节庆活动，让历史文脉在传承中焕发新的生机。加快老城有机更新，持续推进城市“双十专”建设，抓好城区危旧房治理改造，扎实开展人行景观桥、展衣山北公园、城区道路“白改黑”、城市夜景亮化提升等项目建设，高水平打造里择祠、北门历史文化街区，修缮重建黄冈山万寿寺、四贤祠、定阳书院等历史古迹，留住历史文化的根脉和记忆。加快推动“三馆三中心”落地建设，积极发展钢琴制造、文创、动漫、会展等高端文化产业，打造一批高品质文化礼堂，广泛深入开展普惠性、内生性、特色性群众文化活动，全面打响“合唱之城、排舞之乡”品牌。

3. 建设三大国家级公园。按照“国家公园＋美丽城市＋美丽乡村＋美丽田园”的空间形态布局，推进国家地质公园提品提质、国家油茶公园成型成势、国家森林公园增景增色，全力打造大花园中主题突出、特色鲜明的“园中园”。

国家地质公园彰显独特魅力。依托县域独特地质资源优势，充分发挥“双院士”专家工作站力量，进一步加强地质科学研究和地质遗迹保护，保持良好的地质生态景观。加快三衢石林景区和金钉子景区深度开发，完善旅游配套设施，着力打造更多可观可赏可游的精品景点，不断提升地质公园景观和服务水平。加强地质科普宣传教育，精心设计示范性研学旅行精品线路，打造集旅游休闲、互动体验、文化展示于一体的金钉子博物馆等地质科普基地，积极争创省级中小学生研学实践教育营地。

国家油茶公园成为全国标杆。紧扣“一区两园四中心”布局，推进油茶种植、加工、研发、市场、检测、仓储、物流、会展等全产业链发展，高标准推进全国油茶交易中心、全国木本油料交易中心建设，全力打造集油茶资源保育、生产经营、科技研发、观光休闲四大主体功能于一体的国家油茶公园，把常山建成中国“油市”“国家绿色油库”。依托油茶资源发展观光休闲旅游，加快公园内游玩景点建设，提升周边配套服务水平，办好全国油茶文化节，推动“卖油”向“卖游”转变，使国家油茶公园成为吸引各地游客的重要景点，促进美丽资源向美丽经济转化。

国家森林公园描绘山水画卷。坚持保护优先、合理利用，注重生物多样性保护、森林植被修复、生态环境建设，夯实生态基础，提升森林质量，把三衢国家森林公园打造成为名副其实的“城市绿肺”和“森林氧吧”。大力开展“森林创建”，深化“植树造林”“珍贵彩色树种”“一村万树”等行动，推进林相改造和森林景观建设，不断提升“全球低碳生态景区”的影响力和美誉度。以三衢石林和黄冈山两大景区为核心，融入生态休闲、户外拓展等元素，积极发展休闲度假、森林体验、森林养生等森林旅游新业态，全力打造山水相依、花树相映、人景相融的赏游目的地。

4．打造四个精致特色小镇。围绕美丽经济幸福产业和数字经济智慧产业，突出特色和产业两大关键因素，集聚资源要素，做精做特健康养生小镇、赏石小镇、云耕小镇、胡柚小镇，带动乡村振兴，推进市县联动。

做精康养小镇。把握养老产业发展趋势，紧扣健康养生主题，以赛得健康养生小镇为平台，高标准建设健康监测、疗养咨询中心、中医药博览馆、民俗文化村等配套设施，加快健康管理、中医养生、健康养老、健康旅游等功能创新提升，打造集养生养老、中医文化、民俗体验、滨水休闲为一体的“一站式”健康养生小镇。强化政策引导，积极鼓励社会资本参与投资养老产业，加快国颐健康园、麦坞颐养山庄等项目建设，打造高端健康养生主题产业集群，构建“一镇多组团”的健康养生产业发展新格局。

提升赏石小镇。把“聚人气”作为深化赏石小镇建设的“牛鼻子”，拓展石博园参与互动、科普教育等功能，谋划建设一批亲子游玩项目，设计开发一批砚台、盆景、石艺等系列旅游产品，定期举办一批赏石文化交流活动，对接2019海峡两岸赏石文化交流展，真正提升赏石小镇品牌知名度和人气集聚力。完善基础配套设施，提高赏石小镇整体服务水平，积极推动谋划申报国家AAAAA级景区，加快推进砚瓦山、溪口、水南等村沿线景观提升和配套建设，力争进入国家级特色小镇创建名单。

夯实云耕小镇。按照“工业＋旅游＋文化＋社区”创建理念，以打造中国南方“云计算”为支撑、“耕种收”全系列高端农机为特色，积极做大做强锦禾农机、玉马机械等现有企业，梳理农机产业招商目录，大力招引农机产业上下游企业，做长产业链条。全速推进轴承巨头SKF小圆锥滚子轴承生产基地项目和众卡物流产业园项目建设，逐步形成以农机、轴承、智能货车等产业为支撑的高端装备制造小镇。加快启动小镇客厅建设，推进重要节点和核心地带的景观改造，提升云耕小镇品位。

谋深胡柚小镇。以青石镇澄潭村为中心，规划建设面积8平方千米，以胡柚产业园建设为主，融合田园综合体和商业服务发展区等功能的胡柚小镇。探索推广胡柚“果树＋果园＋公园”模式，改造提升常山江青石镇—招贤镇沿岸2万亩胡柚集聚区，加快打造胡柚风情大道、十里柚香长街、胡柚景观大道，谋划建设万亩胡柚精品种植园、柚旅结合观光园、三产融合产业园、历史文化展示园，以胡柚带动旅游，变基地为景区、果园为公园，加快胡柚产业一、二、三产融合。

5．连接五条综合大通道。坚持“修一条路、造一片景、兴一域业、富一方民”，着眼构建大交通格局，打造五条纵横交错、多向连通的大通道，进一步完善内通外联的综合交通运输体系。

比亚迪轻轨连常通衢。积极争取比亚迪轻轨示范线，建设从衢州高铁西站到国际慢城约40千米的旅游观光线路，打造常山到衢州的快速通道，形成“轻轨、车道、自行车道、马拉松跑道”四道融合的示范线。

351国道连点成轴。扎实推进351国道建设，将国道沿线的特色小镇、产业平台、重点项目、旅游景点连点成线，规划建设沿线绿道体系，打造一条重要交通线路和旅游线路，推动交通旅游功能融合。

沿江公路连景成带。高品质建设行车系统、绿道慢行系统、驿站配套设施、绿化景观系统，全力提升沿江公路两侧的景观景色，打造省级生态休闲沿江道路示范工程和沿江景观带。

杭淳常快速通道连杭游常。统筹旅游廊道、市域通道、生态步道建设，打造常山直连杭州主干道，为杭常两地市民往来提供多元便捷的出行通道，构建杭常两地间自驾慢游的特色旅游廊道。

常玉快速通道连赣接浙。围绕打造浙赣省际城市合作示范区，以杭金衢高速球川出口为起点，谋划建设直通三清山景区的常玉快速通道，丰富省际边界互联互通的交通网络，打造旅游集散枢纽。

三、刀刃向内、自我革命，以大整风推动新时代新担当新作为

习近平总书记指出：“我的执政理念，概括起来说就是：为人民服务，担起该担当的责任。”新时代呼唤新担当，新时代需要新作为。推进“东接新衢州，慢城大花园”行动，需要每一名党员干部担起该担的责任，作出应有的贡献。当前，全县上下要深入贯彻中办《关于进一步激励广大干部新时代新担当新作为的意见》精神，全面深化省委“大学习大调研大抓落实”活动，以刀刃向内、自我革命的自觉和勇气，把市委部署的大整风行动持续推向深入，以大整风推动思想解放、作风整肃、能力提升，用“衢常一体、融合发展”的实践成果检验大整风行动的成效。

（一）解放思想，铸就“百川东到海”的大格局。大河有水小河满，小河有水大河满。融合发展是时代的要求，是历史的选择，

是不可逆转的发展趋势，需要我们解放思想、站高谋远，以大担当大胸怀主动融入区域发展大格局。习近平总书记要求的“勇立潮头方显担当”，省委书记车俊提出的“六问”“六不足”“六变”，市委书记徐文光推动的头脑风暴和大整风行动，目的就是让我们打破常规思维、打破传统观念，真正打开思想解放的“总开关”。在融合发展的大背景下，常山不能囿于一域之限，不能有“守株待兔，等着天上掉馅饼”的错误观念，要打开山门、面向外界，把县域统筹与对外开放统一起来，把常山发展与省市发展大局联系起来，不算小账算大账、不算死账算活账、不算眼前账算长远账，奋力推进区域协作，做大蛋糕、互利共赢。全县各部门、各乡镇及各条战线要主动融入大局，把各自的工作摆到全市的高度来思考谋划，主动把握趋势、敏锐发现机遇、竭力争取支持，努力在“衢常一体、融合发展”中抢得先机、占得主动、赢得未来。全县各级领导干部要提升担当有为的思想境界，拿出担当有为的实际行动，积极融入一体化发展大局，在行动中转变观念，在战斗中展现担当。

（二）更新思维，掌握“解决桥和船的问题”的大招数。毛泽东主席曾形象地指出：“我们的任务是过河，但是没有桥或没有船就不能过。不解决桥或船的问题，过河就是一句空话。”三分战略，七分执行。“衢常一体、融合发展”愿景目标的落地需要常山干部贡献智慧、拓宽思路、抓好落实，以更鲜明的导向、更精准的举措、更有效的办法解决推进过程中遇到的各种问题。要先干部、后群众，破解主体动力问题。干部是战略落地的直接推动者、组织者和实践者。“东接新衢州，慢城大花园”行动要落地，需要一支具有高度执行力、落实力、战斗力的党员干部队伍，在干工作、抓落实方面作出示范，在解难题、破瓶颈方面展现担当，从而带动更多的群众主动参与、干出实效。要先规划、后建设，破解工作方法问题。规划的前沿是战略，规划的后面是项目。落实“东接新衢州，慢城大花园”行动必须制定合理的规划，必须坚持“先规划后建设，不规划不建设”原则，树立“科学规划是最大效益、最高效率”的理念，以管用、有效的规划推动行动快速、高效落地。要先整合、后撬动，破解实施路径问题。蓝图要变为现实，资金投入是关键。无论是项目的落地，还是动能的培育，都要解决“钱从哪里来”的问题。常山财政收入低、实力弱，只有整合财政资金，统筹存量资金，集中财力办大事，以财政“小资金”整合“大资本”，才能发挥财政的最大效益。同时，要充分用好政策“窗口期”，加大力度做好土地生财大文章。

（三）真抓实干，遵循“昨天的太阳晒不干今天的衣裳”的大逻辑。要切实增强“时不我待，只争朝夕”的责任感和紧迫感，大兴调查研究之风、大兴真抓实干之风、大兴克难攻坚之风，全面提升工作效率效能，让加快发展更有速度、服务百姓更有温度。要持续做实做细做深做优“周二下村去”活动，深入基层一线、走进田间地头，心贴心、面对面、实打实地学本领、搞调研、抓落实，让“周二下村去”真正成为乡村振兴的引擎和动力、真正成为干群关系的桥梁和纽带、真正成为干部历练的熔炉和考场、真正成为常山干部的自觉和习惯。要推动“最多跑一次”改革向纵深推进，全面推行“无差别全科受理”改革，不断打破部门壁垒、信息孤岛、传统流程，努力打造“无证明办事之城”和“掌上办事之城”，真正让百姓和企业办事“零跑腿、零门槛、零距离”。同时，要大力开展“实干竞赛”，积极推行对标清单、改革清单、项目清单、招商清单“四张清单”每月报送制度，持续深化“五比亮剑”行动，把进度晒在阳光下，把比拼搬到台面上，真正以“四单”“五比”促“六变”。

（四）由事察人，树立“为担当者担当、为负责者负责”的大导向。坚持“严管＋厚爱”“激励＋约束”，给干事者鼓劲、为担当者撑腰，做到由事及人、由事察人、由事识人、由事择人。大胆地用。选好人、用好人是最大的激励。把担当者用起来，敢于担当就会蔚然成风。突出事业为上、以事择人，识人察人看担当，选人用人重作为，在实战中识别干部、使用干部、培养干部，把一批冲锋陷阵的干部提起来，把一批善作善成的干部用起来，让想干事的有机会、能干事的有舞台、干成事的有地位、不干事的没市场。坚决地调。深入实施干部末位管理、“电视问政”、“红、黄、灰”三色考评管理举措，完善干部考核评价机制，严肃问责慢作为、不作为、乱作为的干部，该免的免，该调的调，该降的降，畅通干部“下”的渠道，树立“有为者有位、无为者让位”的鲜明导向，让沉睡者、装睡者、混事者无处藏身。该容的容。严格把握“三个区分开来”重要内涵，该容的大胆容错，不该容的坚决不容，旗帜鲜明为那些敢于担当、踏实做事、不谋私利的干部撑腰鼓劲。要正确对待给予容错的干部，该表扬的表扬、该评优的评优、该用的一定要用。要健全待遇激励保障体系，进一步完善干部健康体检、职工疗休养、带薪年休假等制度，增强干部的荣誉感、归属感、获得感。

（五）整肃风纪，葆有“清风两袖朝天去”的大情怀。坚持政治站位、政治担当，坚定不移推动全面从严治党向纵深发展，强化“两个责任”落实，进一步加大查办案件和执纪问责力度，始终保持“零容忍”的态度严惩腐败，加快推进清廉常山建设，在全县上下营造风清气正的良好政治生态。要充分发挥查办案件的治本功能，利用熊雨土、甘土木、顾建华等身边典型案例，在深入剖析的基础上，适时召开警示教育大会，对全县党员领导干部集中进行警示教育，以案施教，以儆效尤，达到“查处一个、震慑一批、教育一片”的目的。要持续深化监察体制改革，推进监察工作向乡镇（街道）、农村基层延伸，实现对所有行使公权力的公职人员监察全覆盖，进一步把制度优势转化为治理效能。要大力弘扬和践行社会主义核心价值观，深入落实移风易俗“八项要求”，非亲属参加婚丧喜庆礼金“提倡零红包，上限100元”，全县党员干部都要作出承诺，带头破除婚丧嫁娶大操大办、铺张浪费等陈规陋习，带头遏制“天价彩礼”、封建迷信等不良风气，引导广大群众自觉转变观念、敢于破旧立新、抵制不良风俗，在全县上下形成喜事新办、厚养薄葬、节俭养德、文明理事的社会新风尚。

同志们！大势已至，未来已来。“东接新衢州，慢城大花园”行动的号角已经吹响，召唤着每一个党员干部振奋起来、行动起来、奔跑起来。让我们高举习近平新时代中国特色社会主义思想伟大旗帜，自觉践行“干在实处永无止境，走在前列要谋新篇，勇立潮头方显担当”的新期望，做只争朝夕的行动者，做脚踏实地的实干家，做人民满意的答卷人，让千年古县焕发蓬勃生机，让千里田畴展现美丽画卷！

政府工作报告

——在常山县第十六届人民代表大会第二次会议上

县长　周向军

（2018年2月2日）

各位代表：

现在，我代表县人民政府，向大会作政府工作报告，请予审议，并请县政协委员和其他列席人员提出意见。

一、回顾2017，我们稳健前行，硕果累累

2017年，是本届政府的开局之年。一年来，县政府在县委的坚强领导和县人大、县政协的有力监督支持下，深入实施“四四二”战略体系，扎实开展“三年”活动，坚定不移打基础、破难题、谋发展，稳的基础更加巩固，进的动力更加强劲，好的势头更加明显，较好地完成了县十六届人大一次会议确定的目标任务。全年实现地区生产总值129.9亿元，比2016年增长6.6%；财政总收入14亿元，其中一般公共预算收入9.9亿元，分别增长9.8%和9.2%；全县社会消费品零售总额67.9亿元，增长11.4%；外贸进出口总额2.58亿美元，增长30.6%；农村居民人均可支配收入18317元，城镇居民人均可支配收入33539元，分别增长9.6%和9.1%。十大民生实事基本完成。

（一）强化引领培育，产业发展取得新突破

工业态势更好。产业培育有力。大力实施工业“四个一”工程，深入实施“工业新政18条”“人才新政18条”。锦禾农机、哲丰新材料同日投产，瑞典斯凯孚、美国矿物、日本菲洛泰克、天津利安隆等一批大企业成功引进。新增10亿元和5亿元以上企业各1家，规模以上工业总产值增长18.5%，增加值增长7.1%。帮扶引领有效。扎实开展“工业百难”攻坚行动，加强政银企交流合作，破解企业审批难、落地难、融资难等实际问题91个。各项惠企政策落实到位，兑现政策资金4000余万元。7家“僵尸企业”实现破产盘活，盘活土地280亩。平台提升有序。三大园区设施更加完备、功能更加完善，储备熟地2000亩，云耕小镇入选省级特色小镇第三批创建名单。实施“智汇常山”工程，牵手北大政府管理学院、衢州学院借智升级，培育院士工作站5家、博士工作站3家，新增高新技术企业6家。

农业品牌更响。油茶加快振兴。积极推进油茶“一区两园四中心”建设，首个国家油茶公园、省山茶油及食用植物油质量检验中心、省油茶产业协会落户常山，被授予首批“全国木本油料特色区域示范县”称号。“常山山茶油”“常山胡柚”入选全省知名农产品区域公用品牌50强。胡柚效益提升。胡柚价格创近年新高，衢枳壳成功纳入新“浙八味”，带动农民增收1.6亿元。天子股份与可口可乐合作，胡柚作为“美汁源”原料推向世界。新增国家标准柚园1个。与上海

生物医药科技产业促进中心合作，加速胡柚精深加工研究。示范创建加强。获评省级农产品质量安全放心县、省休闲农业和乡村旅游示范县。青石镇胡柚产业强镇项目入选省农业“12188”工程。创建市级以上美丽生态牧场14个。

服务业基础更实。全域旅游示范区创建取得实效。中国观赏石博览馆建成开馆，赏石小镇通过AAAA级景区景观质量评价，三衢石林获评“全球低碳生态景区”，梅树底创AAAA级景区进展顺利，新增1个AAA级景区、4个AAA级景区村，全年接待游客增长31%。高端民宿加快培育，不老泉、村上酒舍、云上轩等一批特色民宿脱颖而出。赛得健康小镇一期建成开园，被认定为浙江省老年养生旅游示范基地。金融商贸稳步发展。全县金融机构存贷款余额分别增长5.4%和10.7%，处置不良贷款9.4亿元，不良贷款率同比下降0.9个百分点。与众卡运力深入开展战略合作。新建农村电商服务站点58个、智能投递终端25个。东方广场全面建成，新增市重点服务业企业2家。

（二）全力破难攻坚，发展后劲得到新增强

大干项目增动力。项目机制在破难中完善。大力推进“6+1”十大专项，全市率先开展“树正气、打歪风”专项行动、“项目百难”攻坚行动，建立项目推进“六大机制”，确立项目谋划“4个关注、7个优先”原则，大干项目氛围浓厚。项目建设在攻坚中提速。衢九铁路开通运营，常山迎来“动车时代”。外港大道建成通车，土地开发“4个2000亩”超额完成，常山港治理二期、320国道“二改一”、沿江美丽公路、48省道延伸线、党校迁建等项目加快建设，常山江航运开发、通用机场、浙西连廊等项目前期扎实推进。17个项目列入省重点项目盘子。

节会赛事展魅力。节会好戏连台。第六个“全国赏石日”暨首届常山国际赏石文化节盛况空前，中国老年住区项目交流大会、中国·常山油茶博览会暨第二届油茶文化节、中国·常山胡柚文化节圆满成功。赛事精彩纷呈。中国山地自行车公开赛总决赛热烈精彩，荣获“年度最佳赛区（A级）”称号。中国皮划艇巡回赛、“环浙”自行车挑战赛、全省企业家武术大赛场场精彩。一年来，更多的人走进了常山、认识了常山、了解了常山。

深化改革添活力。“最多跑一次”改革持续发力。梳理办事事项810项，实现“最多跑一次”事项753项，比例达到93%。“一窗受理”全面实现，“四个平台”全面建成并有效运转，在全省率先实现全覆盖。企业、群众对“最多跑一次”改革成效满意率达98.5%。资源整合不断推进。媒体融合改革试点取得突破，新闻传媒集团挂牌运行。旅投公司启动组建。新一轮乡镇（街道）、园区财政管理体制调整完成，加大了基本财力保障力度。“三位一体”农合联改革稳步推进，农村土地承包经营权确权登记颁证工作基本完成。

（三）注重精建细管，城乡面貌呈现新变化

慢城常山特质彰显。慢城框架逐步拉开。国际慢城获得联盟总部授牌，成为全国第七个“国际慢城”。慢城“五朵金花”、四大入口、三条大道、渣濑湾花谷、山地自行车主题公园等项目建设多点开花，打响“何处心安、慢城常山”品牌。城市“双十专”大力推进。引水入城、七彩夜城、高速入口景观提升、心舟公园等项目顺利完工，展衣山北公园、文峰路立面改造、城区主干道白改黑等项目扎实推进，东明湖和滨江一期人行景观桥、城市新地标开工建设，文昌阁、倪溪桥等古迹修复项目完成前期，东明湖绿道荣获“浙江最美绿道”。城市管理更加有效。市场化保洁、保绿和数字城管扩面增效，深化治堵治乱，新建和改建公交站点16个，新增停车位935个，城区洁化、美化、序化水平不断提高，成功创建“国家卫生县城”。

镇村建设多点出彩。集镇整治成效初显。深入开展小城镇环境综合整治，球川镇、青石镇等一批集镇旧貌换新颜。民生小事件件落实。“厕所革命”全省领先，72座等级公厕美如景点。“常山阿姨”品牌全面打响，获得刘延东副总理批示肯定。地质灾害“除险安居”行动搬得出、搬得快，30处隐患点全部腾空，拆除房屋174幢。消除经济薄弱村三年行动计划全面实施，128个村实现“脱帽”。垃圾分类加快普及，“二分+”模式和“123工作法”有效推广。美丽乡村建精建美。“一村万树”行动积极开展，创建市级示范村35个，建成特色风景大道4条。彤弓山村列入省级非遗旅游景区。新昌乡入选省美丽乡村示范乡镇，5个村入选省美丽乡村特色精品村。

国家重点生态功能区底色擦亮。“五四三”协同发力。省剿劣销号验收一次性通过，芳村溪流域综合治理有序推进，出境水100%达到Ⅱ类水标准。省“无违建县”创建深入开展，拆违249.6万平方米，完成“三改”536.4万平方米。顺利通过国家土地督察上海局土地例行督察。14个乡镇（街道）均获评市级“无赤膊墙乡镇（街道）”。大气环境不断改善，城区空气优良率达93.4%，比2016年提高3.1个百分点，入选全国“2017百佳深呼吸小城”。环保执法动真碰硬。零点行动、铁拳行动重拳出击，查处环境违法案件51起，依法处置24人，中央环保督察交办件整改基本完成。生态保护红线区占比由14.94%调至30.61%。获“中国生态魅力县”称号。

（四）突出共建共享，改善民生收获新成果

保障体系不断健全。城区危旧房治理初战告捷。27天城区73幢、2111户D级危旧房业主全签约、全腾空，创造了“当年腾空、当年拆除、当年建设”的“常山速度”，获省市主要领导批示肯定。就业保险覆盖更广。积极促进就业、鼓励创业，城镇新增就业5225人，培训各类技能人才4600人。五大保险进一步扩面，累计新增参保12600人。失地农民保障工作更加规范，注入保险资金5.3亿元。救济救助力度加大。城乡居民低保标准分别提高11.1%和18.5%。新增城镇居民住房保障142户，完成农民异地搬迁428户1536人。县社会福利中心一期主体建成。优抚安置、残疾人、红十字、慈善、老龄等工作取得新成效。

教卫文体事业蓬勃发展。教育质量翻身仗全面打响。“四个一”工程深入开展，教育“五关”把牢抓实，与书生学校合作成效显现。常山一中新校舍投入使用，完成3所小规模初中撤并。高考一段上线人数增长41.2%，中考排名全市前10%增加59人，创历史新高。“办人民满意的医疗卫生事业”目标坚定。全省率先启动县域医共体建设，并列入省级试点。与浙大一院共建医联体。公共卫生服务中心主体建成，妇保院完成过渡搬迁并正常运营，人民医院获全国“改善医疗服务先进典型”称号。文体事业加快发展。公共文化服务重点县建设持续推进，建成文化礼堂21个。成功创建“省体育强县”，“省武术之乡”“省科普示范县”创建通过验收。第三次农业普查全面完成。妇女、儿童、档案、气象、物价、工会、共青团、电大等工作取得新进展。

社会保持和谐稳定。便民信访促稳控。群众诉求渠道更加畅通，县级领导定点接访、下访、约访群众765人次。严保安全促稳固。安全生产大检查、安全专项整治严格开展，“1+X”安全生产责任体系有效发挥，安全生产事故起数同比下降45.6%。强化综治促稳定。社会治安防控体系更加完善，“雪亮工程”照亮盲区，成功破获“12·27”等大案要案，城关派出所被公安部评为全国基层执法示范所队。创建省级放心农贸市场2个。平安创建实现“十二连冠”，被授予“平安金鼎”。国防动员、人民防空、民族、宗教、外事、侨务、对台等工作进一步加强。

（五）坚持优化流程，行政效能实现新提升

系统思维得到强化。政府工作全局统筹、产业思维、整合推动“三个意识”逐步确立，“四重工作法”全县推行，“四提”要求有效落实。工作推进更加高效。坚持政府工作项目化，项目管理机制化，建立健全规划国土工作联席会议、“2+2+N”协调决策、专项督查推进等机制，项目谋划、项目推进有章有法。钉钉办公有效运用，助推政府重点专项高效落实。廉政建设深入开展。认真落实“一岗双责”和党风廉政建设责任制，加大行政监察力度，强化项目“三算”管理、审计监督，审计项目134个，核减政府投资额3160万元。法治政府加快建设。乡镇部门法律顾问实现全覆盖，法治意识不断提升。主动接受县人大依法监督、政协民主监督和社会监督，305件人大代表议案建议和政协提案全部按时办结。

各位代表！过去一年的付出，让我们欣慰；过去一年的成绩，让我们自豪。这源自于县委的坚强领导，得益于县四套班子的团结一心，归功于全县上下的奋力拼搏。在此，我谨代表县人民政府，向所有关心、支持、参与常山建设，为常山发展付出心血和汗水的同志们、朋友们表示衷心的感谢，并致以崇高的敬意！

在肯定成绩的同时，我们也清醒地认识到：常山经济总量仍然偏小，主导产业规模不大，产业集聚度不高，“两山”转化任重道远；战略性、支撑性的重大项目储备不多、谋划不足；城市停车场、体育场等配套设施不足，城市活力仍有待提高；社会事业欠账较多，教育质量、医疗服务与群众满意仍有差距；一些部门借势、借力、借智发展的能力有待增强。同时，2017年地区生产总值未能达到预期，十大民生实事中白石饮用水改造进度滞后。对于这些问题，我们将高度重视，努力加以解决。

二、展望2018，我们步履坚定，信心满满

2018年是全面贯彻落实党的十九大精神的开局之年，也是常山建县1800周年的喜庆之年，做好今年工作，意义十分重大。我们要珍惜重大机遇、珍惜大好势头、珍惜良好局面，聚力大赶超、实现新跨越。

2018年政府工作总体要求是：以习近平新时代中国特色社会主义思想为指导，全面贯彻党的十九大精神，深入贯彻中央、省委经济工作会议和市委、县委全会精神，坚持以人民为中心的发展思想，深入实施“四四二”战略体系，紧紧围绕“一二三四五”全年工作总纲，推进经济社会高质量、高效益发展，努力实现“1036”目标，为与全省同步实现“两个高水平”奠定坚实基础。

经济社会发展主要预期目标为：地区生产总值增长6.5%；一般公共预算收入增长7.3%；工业增加值增长6.5%；服务业增加

值增长8%；社会消费品零售总额增长10%；城乡居民收入增长与经济增长基本同步，外贸出口总额占全省份额保持稳定，完成省市下达的节能减排任务。

实现上述目标，关键在于认真贯彻落实县委十三届三次会议精神，重点在于推进“四提”，增强“五力”，力争2018年“亮相即精彩，出场即震撼”！

推进“四提”，就是推进全域旅游提质、交通建设提速、工业平台提能、改革创新提效。

（一）推进全域旅游提质。围绕建设“特富美安”慢城大花园，集聚高端要素，引进高端主体，争创国家全域旅游示范区。高要求建设国际慢城。开展慢城区块控规编制，定好开发业态，明确投资强度，排好建设时序。持续提升慢城六村环境面貌，加快推进“一阁三路四入口”等基础设施建设，提升慢城整体形象。组团式开发功能区块，抓好休闲谷、度假区、田园综合体等项目引进落地，逐步打响名气、凝聚人气。高品质发展休闲旅游。主动融入浙西南生态旅游带，深入谋划景区化高速公路。围绕“15229”目标体系，加快推进石博园第二功能区、梅树底景区、西源红色旅游基地等景区建设，确保创建2个AAAA级景区、4个AAA级景区。推进民宿高端化、特色化发展，建成运营高端民宿10家。加强旅游宣传营销，精心设计精品线路，有效开展营销活动，提升常山旅游知名度。高标准提升生态环境。做好中央、省环保督察问题整改。打好“五四三”组合拳，实施“五水共治”碧水行动，创建“污水零直排区”，巩固剿灭劣Ⅴ类水体成果。推进农村危旧房治理改造，强化农民建房管控和风貌引导，打造富有常山特色的“浙派民居”。统筹推进治气治土，深化城乡垃圾分类处理，加快城市垃圾处理市场化步伐，新建农村垃圾处理终端17座。

（二）推进交通建设提速。突出交通基础和先导作用，抢抓“1210交通强省行动”重大机遇，用综合视角、融合思路抓好交通设计和建设，打造公路、铁路、水路、空中大通道。大力实施综合交通“十大工程”，启动351国道、综合客运枢纽、何辉公路建设，推进杭金衢高速公路拓宽（常山段）、320国道“二改一”、沿江美丽公路建设，建成48省道延伸线，继续做好常山江航运开发、通用机场、浙西连廊等项目前期，争取常山江航运开发列入国家高等级内河航道网，完成交通项目投资13.4亿元以上。

（三）推进工业平台提能。加快园区“二次开发”，持续提升园区能级，打造更有活力、更加集聚、更高效益的工业平台。创新管理模式。调整完善开发区管理体制，优化机构设置，完善职能配置，破解体制机制障碍，增强内生动力。强化土地、能耗等要素优化配置，加速园区低效闲置资产合理流动，推进园区集约发展。完善基础设施。围绕三大工业平台产业布局、功能定位，统筹推进污水处理、供热供气等项目建设，提高基础设施共享率。抓好云耕小镇建设，开工建设小镇客厅、农机体验生态园等项目，推进江南钙谷、新材料产业园建设，加快产业集聚发展。加速产城融合。完善园区餐饮、娱乐、文体、商业等生活性配套，满足员工生活需求，让企业员工进得来、留得下。完善园区仓储、中介、金融等生产性配套，增强园区承载力。

（四）推进改革创新提效。加快重点领域改革创新步伐，破除发展束缚，增强发展动力。向改革要活力。深化“最多跑一次”改革，力争民生事项、审批事项实现全覆盖，进一步提高“最多跑一次”实现率和满意率。

深化商事登记、不动产登记交易、企业投资项目审批改革，让群众、企业办事更方便。深化媒体融合改革，完成事业单位公务用车改革、行政复议体制改革。向管理要效益。做好“四资”文章，加大政府性资产整合、盘活力度，加强政府性资金统筹管理，构建“监管统一、运营高效”的财资管理体制。深化国企改革，提升旅投公司经营能力和资产价值。向开放要潜力。紧抓“衢时代”“衢州西拓”发展机遇，编制高铁小镇建设对接清单，谋划衢州西站对接拓展区。深化产业项目、社会事业领域合作，打造山海协作升级版。

增强“五力”，就是抓产业增强竞争力、抓项目增强内生力、抓城乡增强吸引力、抓民生增强凝聚力、抓诚信增强执行力。

（一）抓产业，增强竞争力。坚持把产业转型作为主攻方向，补齐短板、做优长板，促进产业规模、效益“双提升”。

做大做强工业。实施工业“两计划、两行动”，着力引进增量、激活存量、提升质量、做大总量。深入实施“企业登高”计划。紧盯“12550”发展目标，大力实施企业登高“2315”工程，排出一批龙头骨干企业、“单打冠军”企业、科技型企业，开展战略研究、项目谋划、技术改造、精准帮扶，力争培育10亿元以上企业2家、5亿元以上企业3家、亿元以上企业15家。深入实施“凤凰行动”计划。加快“个转企、小升规、规改股、股上市”步伐，推进企业上市和并购重组，加强企业股改培育，推进天子股份主板上市辅导，新培育规模以上企业8家以上。深入实施“腾笼换鸟”行动。推进“亩产论英雄”改革，按照“摸清家底、分级负责、政策支持、大力推动”的要求，有效发挥府院联席会议作用，加速“僵尸企业”处置，力争盘活企业20家、低效闲置土地1500亩以上，以存量引增量，以低效换高端。深入实施“科技强企”行动。继续推进“政企校会”四位一体、“产学研用”深度融合。深化职业教育校企合作，为企业提供更多订单式培训。实施科技企业“双倍增”计划，力争新增科技型企业22家、高新技术企业5家。

做特做精农业。坚持用工业理念发展农业，用现代经营方式拓展农业。提升油茶话语权。继续推进国家油茶公园建设，启动全国油茶交易中心和山茶油融资性交易平台建设，争创省级油茶产业创新服务综合体，争取国家级山茶油质检中心、油茶技术标委会落户常山。实质性运作睿康产业基金，助推油茶企业重组做大。完成油茶新品种造林2000亩，改造低产油茶5000亩。延伸胡柚产业链。加速胡柚“一果三用”，推进胡柚全产业链发展，创建优质果园5个，启动衢枳壳纳入“中国药典”申报工作。深化与上海生物医药科技产业促进中心、省医学科学院等合作，推进胡柚儿童抗炎药物开发研究，加快向生物医药转化。争创农业示范区。深化农业“两区”建设，加快省级现代农业园区、特色农业强镇建设。争创畜牧业绿色发展示范县，创建美丽生态牧场4家。

做活做实服务业。大力发展现代物流，启动众卡常山产业园建设，加快公铁物流中心项目前期。推进绿色金融改革创新试验区建设，完善金融服务机制，积极引进金融机构，加大银行不良贷款处置力度，坚决打击恶意逃废债，让常山金融更稳、更活、更优。培育壮大健康产业，推进赛得健康小镇二期、胡柚小镇、东方巨石阵、国邦健康产业园等项目建设，丰富健康休闲功能。深化“常山阿姨”品牌打造、增收保护“两大计划”，建设“常山阿姨”实训基地，培训“常山阿姨”3000人次。

各位代表，产业兴则县域兴、产业强则县域强。我们一定要尽最大努力发展产业、壮大产业、振兴产业，依靠产业赢得先机、赢得优势、赢得未来！

（二）抓项目，增强内生力。项目建设是经济发展的“牛鼻子”“衣领子”，项目工作要做到“能谋、善断、强推”，确保一批大项目谋划生成、落地开工、建成投产。

把准方向争项目。注重政策研究，紧跟政策导向，围绕大健康、大花园、大通道等国家、省市战略，善用中介、主体力量，找准结合点，把准立项关、设计关、招标关、评审关，谋划一批战略性、支撑性大项目，储备成熟项目50个以上。主动向上对接，畅通信息渠道，争取更多项目进入省“12188”工程、省提升传统制造业行动计划等省级项目盘子和试点。

精准施策引项目。签约项目抓落地。强化协调服务，狠抓落地实施，专班推进斯凯孚中国小圆锥滚子轴承生产基地、美国矿物年产80万吨轻钙、日本菲洛泰克产业园、利安隆高分子材料抗老化项目等产业项目建设，确保早落地、早建成、早投产。意向项目抓洽谈。强化招商队伍建设，完善干部招商激励办法。坚持“四化”抓招商，瞄准“新老三篇”，开展以商招商、“大湾区”驻点招商、产业链招商、存量招商，严格执行项目决策咨询制度，努力选择优质主体、优质项目，力争引进5亿元以上项目5个，10亿元以上项目3个。

找准办法推项目。紧盯128个县重点项目，强化项目推进“六大机制”，持续开展“树正气、打歪风”，对重大工程、重大专项、重大项目实行专班制，系统集成联动作战，切实把项目落下去，把投资抓上来。做细做透“三馆两中心”、望山生活等项目前期，启动建设城乡一体化电网、天然气管道（常山段）、新一轮土地开发等新建项目，加速推进常山港治理二期、山地自行车主题公园、金屋顶光伏、党校迁建等在建项目，形成项目滚动推进、梯次建设格局。

（三）抓城乡，增强吸引力。坚持“以人为核心”理念推进城乡建设，打造城乡新亮点，展现城乡新风貌，努力让群众看到变化、得到实惠、感到满意。

靓化县城。推进“城市景点化”，把县城打造成灵动、精致的江南小城。重规划强管控。发挥规划龙头作用，启动“一江两岸”空间布局战略研究、旧城有机更新研究，编制文化名城规划、中心城区路网、地下管线等专项规划。抓建设提品质。围绕拓新区、展新貌，推进滨江一期人行景观桥、文昌阁、朱富线改造、滨江一期征迁及变电站迁建等项目建设，打造品质新区。大力开展“城市双修”，实施内河、南门溪城区段、常山港景观改造提升工程，完成展衣山北公园、城区道路亮化智能节能改造、东明湖人行景观桥、文峰路立面改造、老旧小区提升等项目建设，加快老城更新。强管理出成效。推进交通治堵，新建停车位1400个、新能源汽车充电桩100个。抓好危旧房拆后土地利用，建设一批景观节点、公用设施。优化城市业态布局，打造城市管理示范街，让城区更加宜居、更具风情、更富活力。

优化集镇。深入推进小城镇环境综合整治，注重挖掘特色文化、乡土风貌，确保大桥头乡、东案乡、何家乡、同弓乡4个集镇通过省级验收。健全长效机制，推进球川镇国家卫生乡镇创建，巩固提升青石镇、芳村镇、招贤镇等7个集镇整治成果，完善集镇功能配套，做到“面子”和“里子”一起改善，打造一批有故事、有记忆、有特色、有品位的美丽集镇。

美化乡村。落实乡村振兴战略，全力争创省美丽乡村示范县。建设好环境。深入推进“厕所革命”，严格落实公厕所长制，建成农村公厕62座。开展美丽乡村四级联创，以柚石金色带为重点，创建省级美丽乡村示范乡镇2个、精品村8个。推进9个村历史文化村落保护利用，启动龙绕溪流域综合治理工程，创建美丽田园、美丽村口、美丽廊道、美丽河流，打造一批景观节点，串点成线，交相辉映。创造好生活。盘活村集体资产，提升村集体“造血”功能，打好消除经济薄弱村攻坚战。加大异地搬迁力度，完成200人搬迁安置任务。提升改造农村公路25千米，实施芳村、新昌等区域农民饮用水提升工程，满足群众出行、用水需求。

（四）抓民生，增强凝聚力。始终把群众利益作为第一考虑，把群众满意作为第一标准，优先保障民生投入、优先安排民生项目、优先解决民生问题。

加大社会保障力度。坚持以更有效的保障惠民生、增民利。推进就业创业。强化“常山名匠”标准化培训，推进招工信息网格化、劳务合作校园化，城镇登记失业率控制在4%以下。做好创业服务工作，优化创业生态环境。强化保障保险。积极推进城区危旧房安置区建设，确保完成总投资的35%以上，尽早满足业主住上新房的愿望。健全欠薪防范预警和协调处置机制，保障广大劳动者合法权益。规范失地农民保障工作，努力实现应保尽保。精准扶贫扶困。启动新一轮低收入农户增收计划，实施光伏小康富民工程，确保低收入农户人均可支配收入增长10%以上。建成运营县社会福利中心，新建辉埠、球川敬老院，提升招贤、东案敬老院。扎实做好城乡低保、大病救助、救灾救济等工作，努力提升困难群众生活水平。

加快社会事业发展。立足发展实际、立足群众需求，努力把民生事业办到群众心坎上。打好“教育翻身仗”不动摇。创建省教育基本现代化县，搬迁芳村小学、天马中学，启动五里小学迁建，引进高端民办高中。大力开展教育“2101”“2103”工程，深化教育综合改革，推广“育才经验”“书生模式”，鼓励“常雁回归”，力争高考上一段人数超“双百”，全县8所初中全市平均排名前进10名，小学学能统测保持前三。办“群众满意的医院”不畏难。围绕“健康常山”建设，大力开展卫生“1321”工程，建成新妇保院大楼并投入使用，完成中医院住院大楼主体工程，做好人民医院二期前期工作。深化县域医共体建设，推进医联体建设，让广大患者就医更方便、看病更便宜。加快文体惠民不放松。开展庆祝建县1800周年主题活动，推进公共文化服务重点县建设，加大非遗传承保护力度，加快乡镇综合文化站、文化礼堂等公共文化设施建设，做好传媒中心新大楼前期工作。弘扬孝善文化，打造“孝老之城”。办好全县首届龙舟赛、中国皮划艇巡回赛、2018年中国山地自行车公开赛总决赛等品牌赛事，力争2019年亚洲山地自行车锦标赛承办权。办好十大民生实事不懈怠。新的一年，围绕群众最关心、最直接、最现实的利益问题，办好十方面实事，我们将尽心尽责尽力，确保完成。

加强平安常山建设。平安是一切工作的基础和前提，必须一丝不苟，一刻不松。创新综合治理。继续推进“雪亮工程”，大力开展扫黑除恶，健全社会治安防控体系，确保人民群众生命财产安全。落实安全责任。推进安全生产三年行动，加大安全隐患排查整治力度，防范遏制较大以上安全生产事故。继续开展“除险安居”行动，完成19个地质灾害隐患点综合治理。扎实创建省级食品安全县，健全食药“智慧监管”体系。改进信访工作。严格落实领导接访和包案制度，畅通信访渠道，规范信访秩序，引导信访问题法治轨道解决。

各位代表，常山人民对美好生活的向往，就是我们奋斗的目标。只要我们一心为民、一以贯之，全力以赴、全力保障，就一定能让常山人民生活得更有幸福感、更有获得感、更有安全感！

（五）抓诚信，增强执行力。政府要讲规矩、讲规范、讲规程、讲规则，内强素质、外树形象，不断增强群众对政府工作的信心、信任、信赖。

坚持“言之必行”。只有讲诚信，兑现承诺，才能体现政府公信力。坚持决策前充分酝酿、民主协商、集体拍板，决策后一个目标、一个步调、一体作战，严格履行向社会作出的承诺。自觉接受人大法律监督、政协民主监督和社会舆论监督，办好人大代表议案建议和政协委员提案。

坚持“定则必干”。把抓落实作为推动工作的根本，把真落实作为考量工作的标尺，定下的事雷厉风行，看准的事一抓到底。牢固树立“一盘棋”意识，打破政府口子、职能部门条块分割，实现上下联动整体发力。着力破除“中梗阻”，有令则行、有禁则止，目标同向、行动同步，推动各项决策又好又快落实。

坚持“干则必成”。始终保持争的意识、抢的劲头、拼的勇气，敢担当、善作为、快落实，用事实说话，拿成果证明，以实效检验，确保工作谋一件、干一件、成一件。加快法治政府建设，规范行政行为，提高为民服务能力。时刻把纪律挺在前面，严守廉洁底线，树立干部清正、政府清廉、政治清明的良好形象。

各位代表，只有干出来的精彩，没有等出来的辉煌！奋斗就是生活，人生唯有前进！我们要坚决做新时代的坚定者、奋进者、搏击者，在中共常山县委的坚强领导下，借势顺势造势、精心用心专心、苦干实干巧干，以优异成绩喜迎建县1800周年，为拥抱新时代、顺应新期待、打造新常山而努力奋斗！

政府工作报告名词解释

1. “四四二”战略体系：就是四大战略定位、四大战略目标、两大战略要求。

2. “三年”活动（2017年）：就是招商引资年、项目推进年、能力提升年活动。

3. 工业“四个一”工程：就是召开一次工业经济大会，出台一批工业发展政策，组织一次企业家培训，组织一次先进地区考察。

4. 油茶“一区两园四中心”：一区就是省级油茶产业集聚区；二园就是国家级油茶公园、常山油茶产业园；四中心就是全国油茶交易中心、价格指导中心、集散中心、文化中心。

5. 浙江省农业“12188”工程：就是全省要打造100个省级现代农业园区，200个农业可持续发展示范园，100个特色农业强镇，80条农业全产业链，保护好800万亩粮食生产功能区。

6. “6+1”十大专项：就是城市建设“双十专”、工业转型十大专项、农业农村十大专项、旅游发展十大专项、社会事业十大专项和十大为民办实事项目。

7. 项目推进“6大机制”：就是要素保障联席会议机制、要素保障联动机制、动态管理机制、2+2+N协调决策机制、督查推进机制、项目联席会议机制。

8. “4个关注、7个优先”：“4个关注”

就是关注趋势、关注超前性、关注项目结构、关注资源整合。“7个优先”就是市场化项目优先、产业化项目优先、四大占比项目优先、战略性项目优先、增长效率型项目优先、满足功能型项目优先、民生项目优先。

9. “五朵金花”：就是国际慢城范围内的狮子口村、狮东村、孔家弄村、外港村和渣濑湾村。

10. 教育“四个一”工程：就是一号工程、一号文件、一次大会，一个大讲堂。

11. 教育“五关”：就是生源关、选拔关、评价关、激励关、考核关。

12. “一二三四五”全年工作总纲：“一”就是高举“一面旗帜”，即高举习近平新时代中国特色社会主义思想伟大旗帜；“二”就是围绕“两大目标”，即量质并提，整体再进位和力争上游，单打夺冠军；“三”就是深化“三年活动”，即招商引智年、项目推进年、能力提升年；“四”就是提升“四大品质”，即产业发展品质、城市能级品质、全域旅游品质、人民生活品质；“五”就是打好“五大战役”，即国际慢城建设阵地战、消除经济薄弱村攻坚战、城乡环境整治决胜战、改革落地见效主动战、防范化解风险持久战。

13. “1036”目标：“10”就是GDP在全市占比要突破10%，“3”就是市对县综合考核排名确保前3名，“6”就是26县综合考核要确保进入Ⅱ类县前6名。

14. 国际慢城“一阁三路四入口”：一阁：文昌阁；三路：府前路、通景路、文教路；四入口：渣濑湾主入口、中央公园次入口、公安入口、狮子口村入口。

15. 休闲旅游“15229”目标体系：就是要通过三年努力，创建国家AAAAA景区1个，创建国家AAAA景区5个以上，旅游接待人次要确保连续三年年均增长20%以上，旅客在常山停留时间要达到2夜以上，旅游业增加值占GDP的9%以上。

16. “1210交通强省行动”：“12”指加快构建多种交通方式大网络、建设“万里美丽经济交通走廊”、组建全省统一的轨道交通运营公司和轨道交通管理机构等十二项举措；“10”指通过十年努力，打造综合交通强省，实现全省综合交通十年大变样。

17. 工业“12550”发展目标：就是到2021年，培育1家50亿元以上的“航母型”企业、2家20亿元以上的“小巨人”企业、5家10亿元以上的“单打冠军”企业、50家亿元以上“金种子”企业。

18. 企业登高“2315”工程：就是培育年产值10亿元以上企业2家、5亿元以上企业3家、亿元以上企业15家。

19. “凤凰行动”计划：就是经过4年（2017—2020年）努力，进一步巩固提升浙江省在资本市场上的全国领先地位，建设金融强省，企业上市和并购重组工作促进经济转型升级成效显著。

20. 胡柚“一果三用”：就是针对胡柚功能性特点，打造鲜果食用、全果深加工利用、药用营养价值开发的全产业链发展。

21. “三馆两中心”：就是博物馆、档案馆、城市展示馆和传媒中心、文化中心。

22. “城市双修”：就是指生态修复、城市修补。

23. 教育“2101”“2103”工程：“2101”就是全县高考一段上线人数超“双百”，考上C9大学10名、清华大学1名；“2103”就是全县中考全市前10位的达2人以上，全县8所初中全市平均排名前进10名，全县小学学能统测保持全市前3名。

24. 卫生“1321”工程：“1”就是“办人民满意的医疗卫生事业”目标；“3”就是人民医院、妇保院和中医院基础设施建设；“2”就是人民医院托管大桥头、招贤卫生院，深化试点，成为样板；“1”就是要抓好与浙一医院的医联体建设。

专 记

强化党建统领 弘扬志愿精神 传承孝善文化

——常山县全力擦亮“志愿之城”金名片

常山，既是一座令人心安的国际慢城，也是一座令人感动的好人之城。1800年的源远流长，积淀了常山浓厚的良善文化底蕴。崇德向善的好人精神早已沁入常山人的血液和骨髓，我为人人的志愿精神正在融入常山人的气质和身心。近年来，常山县以“八八战略”为指引，大力弘扬“良善文化”，积极响应中国志愿服务联合会提出的创建“志愿之城”倡议，推进“孝老之城”“志愿之城”等良善文化品牌建设。“志愿之城”品牌打造坚持“以志愿服务参与社会治理创新、以志愿服务补充政府公共服务、以志愿服务助力文化大省建设”的理念，以“完善机制、围绕中心、服务民生、助力慢城”四轮驱动，全力开展全国首个县级“志愿之城”试点工作。

一、完善机制，做好志愿服务的“发动机”

牢牢把握服务方向。以新时代中国特色社会主义思想为指导，贯彻党的十九大报告中提出的要推进诚信建设和志愿服务制度化，强化社会责任意识、规则意识、奉献意识的要求，紧紧围绕“强化党建统领、弘扬志愿精神、培育最美风尚、传承孝善文化”的发展方向，将志愿服务的思想内涵与践行社会主义核心价值观、弘扬中华优秀传统文化、“有礼”“最美”等本地文化做到充分融合，喊响“我是党员我带头”的时代强音，进社区、进农村、进企业宣传党的主张，向基层群众宣传“八八战略”的丰富内涵，从“小志愿”做起，志愿者们在实践过程中争当学懂弄通做实习近平新时代中国特色社会主义思想的排头兵 。

不断完善体制机制。强化“红色统领”，开启“红色引擎”下的志愿服务工作，提出把“党组织建在有志愿者活动的每一个角角落落”，明确党委（党组）、党总支、党支部的书记领导开展志愿服务工作的“一把手”，社会组织成立党组织，目前建立党支部3个，党小组67个。服务队垂直管理，县级成立志愿服务联合会统筹全县各志愿服务组织，可对社会组织的服务队直接管理，实现最大限度、最快速度的组织发动。出台《常山县志愿者激励嘉许办法》等志愿服务激励机制，充分调动志愿者的积极性。探索县域志愿服务评价体系。探索建立包含社会参与、组织建设、服务活跃、文化建设、资源保障、制度机制、激励引领等七大指标的评价体系，按总分千分制进行量化评价，并定期发布县域志愿服务动态指数。

切实增强服务力量。单位动员和社会动员并轨并行，实行“3+X”组织动员模式，即县乡村三级＋若干个专业志愿服务队伍，实现“三个全覆盖”，区域空间全覆盖，乡镇（街道）、行政村、机关、事业单位、规模以上企业100%建立志愿服务队伍；专业领域全覆盖，依托专业化团队组建专业志愿服务队，例如“义诊天使”“金融红马甲”和红十字救援队等专业化志愿服务团队，有效弥补了大众队伍的不足，发挥了专业队伍的特有优势；年龄梯次覆盖，成立红领巾小小志愿者，动员全体团员加入志愿者队伍，组建“银龄”志愿服务团，实现从少年、青年到老年，各个年龄梯次均建有志愿服务组织。其中由全县38个离退休干部党支部，近900名老干部党员组建成红色宣讲、“五老助帮”、银色人才科技志愿队等12支“银龄志愿”服务队，打响了“小巷雷锋”老干部志愿服务品牌。

持续优化服务环境。阵地建设标准化。在县志愿者工作指导中心设立“衢州有礼”学雷锋志愿者之家总站，搭建志愿服务“站、岗、点、室”平台。目前在乡镇（街道）、学校、公园、景区等设有总站1处，分站39个，服务点275个。服务平台多元化。结合“互联网＋”依托微信、微博、“志愿汇”APP等新媒体开展志愿“反馈激励”，通过项目发布、活动报名、身份识别、服务计时等功能，积累积分兑换奖品等志愿者福利。志愿服务培训常态化。每季度举办通用培训，因需开设专业培训，开设“慢城青年讲坛”，邀请中国青年志愿者协会副秘书长张俊虎、中国人民大学公共管理学院行政管理学系教授魏娜等名师来常为志愿者作专题讲座。开展“最美志愿者”“十佳志愿服务”等评选活动，广泛宣传志愿服务典型，拍摄《志愿者之城》公益微电影，扩大志愿服务社会影响力。

二、围绕中心，把牢志愿服务的“方向盘”

“有礼”志愿常山样板。志愿服务工作始终围绕大局、服务中心，坚持有作为才有地位的理念，助力“衢州有礼”的城市品牌打造，创新“有礼”志愿的品牌，推出“有礼”志愿“您懂得 别忘了”的“志愿六礼”，志愿服务标准化礼仪，打造“有礼”牌的常山志愿者，让“南孔圣地 衢州有礼”城市品牌在常山重重落地。

服务“大势”助力中心。让志愿服务成为政府公共服务的有力补充，围绕重点项目开展服务，在助力全县危旧房治理改造中，招募志愿者500余人，帮助困难群众搬家360余户，23名志愿者采取“一对一”认领帮扶；“五水共治”工作中，由自行车协会自发在全省率先成立“骑行河长”志愿服务队，开展巡河活动892次，协助发现“疑似”水体问题238个，建立包含政府领导、治水办、群团组织、各级河长、各级水域河流主体责任单位在内的微信，发现即时上报解决，大大改善了水环境保护在时间和空间上的“盲区”，受到了媒体的广泛关注和好评。

参与社会基层治理。紧紧围绕“最多跑一次”改革工作要求，在解决信息化数据化不能解决的最后一公里问题上，用志愿服务来有效补充，创新“跑小二”“骑行青差”等志愿品牌，充分发挥社会组织的作用，成立红色物业联盟，由社区“楼长”的辛苦指数换群众的幸福指数。成立县级行政服务中心、乡镇级分中心、村级网格代办员，三级志愿服务网络，横向到边、纵向到底，8小时之外人人都是志愿者，喊出了“群众有需，我就在的”志愿之声。

三、服务民生，抓住志愿服务的“落脚点”

平安护航，构筑和谐家园。县乡村三级组建平安志愿者队伍，2018年系统注册活跃平安志愿者人数达万人以上，发挥社会组织作用，以政府购买服务的形式，由专业团队承接，项目化开展平安巡防、普法宣教、禁毒防艾、法律援助、归正帮教、网络文明等志愿服务活动，共筑和谐稳定，平安幸福的慢城常山。

孝善入心，打造孝老之城。以“孝”“善”文化为载体，厚育慢城孝善文化，积极打造重孝尚礼城市品牌，我们开展“孝老之城”建设，把每年5月20日定为敬老日，成为全国首个建立法定敬老日的县级城市，惠及全县6.7万名老人，将孝老热线纳入政府服务热线“12345”，由党员干部自愿募捐和社会众筹200余万元成立了县“幸福爷爷·快乐奶奶”关爱基金。全县43家企业与22家养老服务机构开展“企院结伴”活动，28个民间团体组织1600余人长期参与敬老孝老公益活动。党员干部全面喊响“我是党员我带头”，整合部门、乡镇、农村三级4500余名党员干部力量，采取“一对一”“多对一”方式，与3300余名空巢、孤寡、困难、失能老人建立结对帮扶关系，经常性走访慰问帮助老人，督促、引导子女履行赡养义务，做到日常有人关照、节日有人问候、困难有人帮扶，有效凝聚社会各界孝老敬老的全民自觉氛围，志愿服务的微笑在老人们的脸上绽放。

邻里守望，倡导全民志愿。把志愿服务评价纳入村（居）民诚信体系建设，围绕家政服务、扶贫助困、心理疏导、医疗保健、法律服务等内容，立足村（社区），发动社会力量，有针对性地开展群众所需的各种服务。紫港社区“有礼521”志愿服务工作模式，“五员一长”亮身份，两大资源聚力整合，最后建起一个得民心、正能量的家。

四、助力慢城，找准志愿服务的“起跳线”

助力慢城赛会。主动对接慢城各项重大赛事、大型活动，共组织志愿者2000多名参与“8·30”全国赏石日活动、全国山地自行车公开赛、皮划艇大赛、油茶文化节等大型赛事节会中，展现了慢城志愿者的良好精神风貌和服务大局、奉献社会的良好风尚。

助力文明城市。以城区公共设施、广场和旅游景点等公共场所为重点，深入开展文明城市建设、“厕所革命”、礼让斑马线等主题活动，丰富完善志愿服务载体，引导广大市民遵守社会公德，自觉维护市容环境和公共秩序，利用法定节假日、“3·5”学雷锋纪念日、“12·5”国际志愿者日等时间节点，广泛开展各类有针对性的志愿服务活动，弘扬社会主义核心价值观，助力省级示范文明城市创建活动。

助力乡村振兴。鼓励农村、社区大力发掘培育乡土志愿服务队，成立“非遗”传承、“好邻居·红马甲”“老娘舅”“能大姐”“寓外人才”等一批独具特色、专业化强的志愿服务队，助力乡村发展。寒暑假期间，组织大学生志愿者走进家乡，发挥所长，助力美丽庭院建设。以农村贫困户、残疾人、五保户等家庭为重点服务对象，把环境保护、社会救助、优抚助残、关爱留守儿童等作为重点服务领域，结合“周二下村日”等活动，开展组团联村帮扶，动员更多社会力量到农村开展志愿服务活动，不断提升农村志愿服务水平。

大势已至，未来已来。今天的常山，志愿服务正成为服务中心大局的发力引擎，践行社会主义核心价值观的重要载体，打造“一座最有礼城市”的重要抓手，在服务基层治理，办好民生“关键小事”等方面，不断推进志愿服务规模化、制度化、常态化，特色化发展，努力成为县域志愿服务的“新坐标”。

（叶美峰，原文刊载于《中国志愿》杂志2019年第一期）

强科技　拓市场　创机制
打造全国油茶产业新高地

常山栽植油茶已有2000多年的历史，有“中国油茶之乡”“浙西绿色油库”之美誉。截至2018年年底，常山油茶种植面积达28万亩，常年油茶籽产量6000多吨，茶油1500多吨，占全省总产量的16.7%，衢州市总产量的41.6%，其种植面积和产量均居浙江省首位，在全国也有明显竞争优势。常山油茶精深加工企业不断发展壮大，全县有国家级林业龙头企业1家，省级农业龙头企业7家，省级林业龙头企业4家，油茶加工产值达4亿元以上。2018年全县油茶总产值10亿元，获全国油茶交易中心、全国山茶油价格指导中心、国家油茶公园、全国经济林产业区域特色品牌建设试点单位四个“国字号”牌子，并成为首批“全国木本油料特色区域示范县”。2018年，常山入选“中国好粮油示范县”、省油茶产业科技创新服务综合体创建。

近几年，常山县委、县政府高度重视油茶产业的发展，积极对接农业供给侧结构性改革，提出“一区两园四中心”总体目标。不断推进油茶产业创新发展，打造全国油茶产业发展新高地。主要做法是：

一、科技创新，夯实油茶产业发展基础

一是打造技术创新体系。常山县拥有全国第一个（1963年成立）以研究油茶为主的科研单位——浙江省常山油茶研究所。近几年，在油茶良种选育丰产栽培及病虫防治研究方面取得省级以上科技成果10余项，申请国家发明专利3项。建成全省一流的优质油茶基地，建成全国最大的油茶良种苗圃基地，年育苗能力达300多万株，是全省第一家“物联网+”智慧油茶育苗基地，推动油茶种植科技化、标准化。二是打造政产学研用协同创新体系。坚持“政企校会四位一体、产学研用高度融合”的理念，建立山茶油专家工作站。同时加大与上海生物医药科技产业促进中心产品孵化服务平台、林科院亚林所等科研院所的合作，推广良种良法，成功繁育油茶良种苗木500多万株，研发化妆用油、茶皂素等“5大类16大系列”深加工产品，获批7项发明专利，1个国际专利。形成以县林业局技术人员为骨干，专家为顾问，全县上下、内外联动的科技推广技术服务网络，提高林农的科技管理水平，助推科技富民强县建设。三是打造科技创新公共服务体系。常山县获得浙江省山茶油及食用植物油质量检验中心授牌，建成油茶从基地到餐桌的“一瓶一码”的产品追溯体系。制定的英文版油茶籽油标准成功进入美国药典食品法典委员会（FCC）并向全球发布，为油茶籽油提供国际权威性的真实性检验方法。

二、市场创新，构成油茶产业发展大格局

一是打造产业服务平台。2016—2018年，常山县成功举办三届中国·常山油茶博览会暨全国油茶文化节，邀请国家林业和草原局副局长刘东生等中央部委领导以及全国重点油茶地区的省市领导，具有代表性的企事业单位、科研机构和各界的媒体参加，常山县获批首个国家油茶公园。设立油茶气象指数保险，全县有6910亩油茶完成投保。联合新华社发布“新华—山茶油价格指数”，逐步掌握全国山茶油价格发布的话语权。2018

年，常山县围绕全国油茶交易中心，打造“金融性＋物理性”双平台，实现“线上＋线下”同发力。与浙江东海商品交易中心共同组建东海常山木本油料运营中心成为建成集电子交易、实物交割、仓单质押贷款、质量保障于一体的金融性平台，构筑“原料、市场在外，交易、财务在常”的格局。2018年，县财政整合投入油茶发展资金2000多万元，有力推进油茶产业发展，带动林农增收3.3亿元。积极对接申请木本油料产业基金，成立常山两山联合社，由县财政局和常山两山联合社共同注资2000万元，通过利率下浮、财政贴息、风险补偿，加强生产、供销、信用三位一体的协同运作。2018年担保放款客户76家、放款金额5715元，其中872家企业和合作社完成转贷5.2亿元，有效解决油茶主体“贷款难、贷款贵”的问题。三是打造产业品牌体系。加大油茶区域品牌整合力度，设计“常山山茶油”标识，采取“一标志双商标”，统一包装标识。2016年9月，常山山茶油被选为G20杭州峰会食材总仓供应油品。2017年常山山茶油入选首届浙江农业品牌百强榜知名区域公用品牌，并名列前茅。同年，“常山山茶油”在首届中国绿色产业博览会上荣获最高殊荣金孔雀奖第一名。全县已有山茶油商标“常发”“山神”“东茶”等18个，其中省级名牌产品1个、省级著名商标3个。2018年，“常发”牌山茶油获浙江名牌产品。常山山茶油获浙江省区域名牌产品，积极争创中国驰名商标。

三、机制创新，绘就油茶产业发展新蓝图

一是“油茶＋旅游”，促进油茶三产融合。常山县成为全国油茶博览会永久性会址所在地，全面打造集资源保育、生产经营、产品研发、休闲旅游于一体的常山国家油茶公园。通过举办全国油茶文化节，创建森林小镇、森林人家、油茶小镇和油茶主题公园，促进“产文景游”、一二三产融合，实现“卖油”转变为“卖游”，“环境优势”催生为“生态红利”的路径转换。新昌乡黄塘村借助万亩油茶林，以“资金＋资源入股、全民分红”模式，把油茶从吃到看再到游做出“一条龙”产业，累计实现收入350余万元。二是“油茶＋企业”，创新行业运行管理体系。开展油茶企业重组，对常山县油茶企业的资金、资产、劳动力、技术、管理等要素进行重新配置，构建新的生产经营模式，使油茶企业在变化中保持竞争优势，推动本地油茶产业转型升级。2017年，省油茶协会落户常山，常发公司当选省、市油茶协会会长单位，建立全省第一家县级油茶产业办公室。三是“油茶＋互联网”，开启创新发展模式。建立全国油茶交易中心北京战略窗口，打造常山—北京线上线下同步联动的市场运营体系。借势“互联网＋”，大力发展山茶油电子商务，山茶油产品进驻淘宝衢州馆、创新微信营销，市场占有率不断提升。同时，通过全国油茶文化节、农博会、森博会等农产品展销会、“常山三宝”推介会，进行多形式多平台的宣传，不断提高常山山茶油的知名度和美誉度。

四、未来常山油茶发展的目标

2019年，常山计划启动“油博士”专家工作站，与中科院亚林所开展项目合作，引进专家以团队形式入驻“油博士”工作站，力争在常山设分站所。力争让全国山茶油、茶籽、茶粕乃至木本油料在常山县运营平台交割。同时，争取与颐高集团达成物理性平台的合作事宜。将构筑“原料、市场在外，交易、结算在常”的油茶发展大格局。

今后几年，常山将充分利用常山油茶产业的区位、文化、技术、产品、产业、政策

六大优势，重点打造“一区两园四中心”，即全国经济林产业区域特色品牌建设试点区、国家油茶公园、油茶产业园，建设全国油茶交易中心、山茶油价格指导中心、油茶集散中心、油茶文化中心，最终能够成为全国油茶交易的财务结算中心，做大做强常山山茶油特色优势产业，使常山成为全国油茶产业新高地。中长期目标是立足资源优势探索科学发展新路，通过创建机制打造发展大环境，推进打造全国木本油料交易中心，最终建成中国“油镇”。

（县林水局供稿）

全力打造“孝老之城”

——常山县“孝老之城”建设综述

2018年，常山县创造性开展“幸福爷爷·快乐奶奶”行动，全方位打造“孝老之城”，大幅提升全县6.7万老人获得感、幸福感和安全感，“幸福爷爷·快乐奶奶”行动被评为“浙江省民生获得感示范工程”，相关做法受到央视关注，全国老龄办领导给予批示肯定，《中国老年报》《中国社会报》等20余家媒体进行相关报道。

一、家庭尽责，奠定老人幸福根基

老人幸福与否，家庭是最基础、最直接、最关键的因素，家庭善待老人，老人才有幸福，为此，常山县注重弘扬好家风，促进家庭担当孝老责任。一是明确一个标准。出台国内唯一的孝老标准，倡导子女赡养老人不低于每人每年3600元（含现金和物资，不含医疗费用），经济收入较低的家庭，不低于1800元；倡导子女每半月看望老人或每周联络老人不少于1次。在量化指标助推下，全县持续掀起“赡养热”和“探亲潮”，老人的物质生活和精神陪伴得到有效保障。二是推崇一批榜样。实施“百村孝榜”行动，围绕孝顺家庭老人、尊重社会老人、投身助老公益等方面，统筹开展“十大孝星”“最美媳妇”“最美爷爷·奶奶”“慈孝村”等“最美”系列评选表彰活动，全县已选树村级标杆6000多人、乡级榜样1800多人。辉埠镇、芳村镇、紫港街道等10个乡镇（街道）集中组织孝子表彰，取得良好的社会效应，带动家庭重孝尽孝。三是营造一种家风。注重在寻找好家风、学习好家风、形成好家风上下功夫，常山电视台、《今日常山》、《常山发布》等县级媒体深度挖掘身边孝老典型，宣扬孝道家风，累计报道200多篇，让“照顾老人积德，服务老人光荣”成为家庭共识。组织各村居设立孝老敬老“红黑榜”，选树一批“孝星”，张榜公布不孝老子孙（门牌号），引导广大群众见德思齐、避恶扬善。编撰《常山孝经》，区分幼儿、小学、中学等不同版本，将孝善从娃娃抓起。在全县中小学开展“尽孝我先行”系列活动，通过教育一个孩子带动一个家庭，推动以孝善为核心的好家风成为社会主流。如今，全县城乡家庭纠纷发生数明显减少，在家庭层面上让老人真正能够老有所依、老有所养。

二、政府尽力，构建孝老政策体系

常山老年人比例已接近20%，老龄化趋势日益强盛，老年人问题是最大的民生问题，对此，政府主动作为，做好顶层设计，落实政策保障，营造社会风尚，带动孝老氛围形成。一是下发一个方案。2月26日，县委办公室下发《常山县“幸福爷爷·快乐奶奶”行动方案》，明确制定一套赡养标准，办好“十件实事”，开展“百村孝榜”“千人结对”“万众尊老”活动，为打造“孝老之城”建立基本架构，全县党员干部人人签订《孝老承诺书》，担当孝老表率。二是设立一个节日。通过县人大设立“5·20”常山敬老日，常山成为全国首个建立法定敬老日的县城。5月20日，县委举办高规格的“孝老大讲堂”，县、乡、村三级干部共2000多人参加学习，接受孝善思想洗礼。各乡镇（街道）以集中组织祝寿宴或党政领导上门送祝福的方式，为90周岁老人和百岁老人祝寿，让老人在节日气氛中感受党和政府关爱之情，在全社会营造“家有一老如有一宝”“一人长寿全家光荣”的积极氛围。三是制定一套政策。为全县60周岁以上老年人提供每人20元综合保险补助，累计支付经费133.6万元；实行老人全县景区免门票制度，超过1200人享受政策优待；建立高龄津贴，90～99岁老人每月100元，百岁老人每月500元；建立健康档案，落实每年一次免费体检；开展公益摄影，近2000对老年夫妇参加“金婚银婚·重温新婚”公益婚纱摄影，收获满满幸福感；落实“重阳节”送祝福制度，县四套班子领导分别前往百岁老人家中送祝福，为10月“敬老月”活动营造浓厚氛围。四是提升一个机构。以“让养老服务机构成为老人第二个家”“像爱孩子一样爱老人”为理念，抓好养老服务机构提质升级。3月，全县养老服务机构质量提升现场会召开，出台养老服务机构星级评定管理办法，实行考评与淘汰机制，倒逼养老服务机构全面升级，6家养老服务机构已完成升级改造；县社会福利中心顺利完成“公建民营”，成为全县养老服务机构标杆；赛得康养小镇形成品牌效应，市委成立重点工作专班予以推进；建成4个示范型居家养老服务中心，让老人享受称心如意的服务。五是建立一套保障。推动老年协会和老年活动中心188个村社全覆盖，开展送戏送文化下乡，满足老有所乐愿望；开通孝老服务专线“12345”，畅通老年人诉求渠道，重点帮助协调子女赡养、老年人权益保障、养老服务等方面问题，全年处理46项诉求；推行“孝老公益律师”制度，实现乡镇（街道）全覆盖，免费为老人提供权益保障方面司法救助，38名法律工作者参与其中，下乡走访530人次，办理老年法律援助27件，其中涉及赡养案件6件，解决其他法律纠纷21件。

三、社会尽心，推动孝风深入人心

社会力量是“孝老之城”建设的重要因素，常山县积极倡导社会参与孝老，营造好民风，让老年人的幸福更有质量。一是“三社”联动传承善心。积极探索政府购买服务形式的社区服务社会化工作，努力打造以社区为平台、以社会组织为支撑、以专业社工服务为提升的“三社”联动社区治理“新常态”，2018年，县社工协会、阳光志愿者协会等公益组织累计安排志愿者2000多人次，为45个村社和18个敬老院开展志愿服务，累计服务6000多人次，深受群众好评。二是“千人结对”投入真心。3300多名党员与困难、空巢、失能、孤寡老人建立“一对一”“多对一”结对帮扶，每年至少上门看望结对老人一次，经常性督促、引导子女履行赡养义务，力所能及帮扶老人，用真心赢得老人欢心。三是“企养结伴”奉献爱心。22家企业与22家养老服务机构结伴同行，企业员工定期走进养老机构，陪伴老人，关爱老人，帮助老人，让老人感受到社会关爱，另有20余家爱心企业自主走访慰问困难老人，传递浓浓爱心。四是“孝老基金”汇聚孝心。5月中旬，常山县“幸福爷爷·快乐奶奶”关爱基金启动，主要用于老年人权益保障、生活救济、养老服务等，150余个单位进行捐赠，关爱基金已突破200万元。各乡镇、村（社区）同步展开孝老慈善基金设立工作，“青石乡贤孝老基金”等68个乡村级孝老基金已经建立，全社会孝老、敬老、扶老、助老的氛围已基本形成。

（县民政局供稿）

全力推进县域医共体建设
为常山34万群众提供全周期全方位健康服务

常山县作为全省11个医共体试点县之一，于2017年2月启动县域医共体谋划工作，10月实质性启动建设工作，2018年1月在全县全面铺开，成立2家县域医共体，实现县域全覆盖。通过改革，2018年全县两家医共体实现门诊114.11万人次、住院3.53万人次、业务收入47314.16万元，比上年分别增长8.79%、6.42%和12.58%。其中，基层医疗机构实现门诊43.09万人次、住院2307人次、业务收入6038.39万元，分别增长5.57%、36.83%和14.84%。主要做法如下：

一、在优化资源配置上做文章，让医共体真正“统”起来

1．统一机构，强化保障。成立县域医共体管理委员会，负责全县面上医共体推进工作和医共体内部管理、协调。统一医共体内法人、党团关系，分院院长由总院统一任免、接受总院考核，实现医共体内各医疗机构管理一体、步调同频、利益相连。

2．统筹管理，按需设岗。根据医共体内医疗机构核定编制数，统筹设置岗位，总院统筹医共体内人才招录、岗位培训、职称评聘。县人民医院医共体10家分院和县中医医院医共体4家分院分别设置专技岗位335个和196个，正高、副高、中级、初级按照0.5∶1∶4.5∶4结构比例设置。根据岗位设置，按照工作量和工作内容，通过总院人员下派、院内岗位整合、院间岗位统配、统一排班等形式，开展岗位统筹，做到按需设岗、以岗定人，解决卫生院人员和工作量两个相对不足问题。

3．搭建平台，统享资源。建成县级数据中心信息平台，实现全县人口健康信息的互联互通。建立区域影像、检验、病理、消毒供应和心电等5个业务共享中心，强化“互联网+”技术的应用，通过卫生专网，实行基层检验检查、县级医院出具报告结果，初步实现“数据多跑路，群众少跑腿”的目标。实行医共体间检验检查结果互认，对于医共体内分院因设备限制未开展的项目实行“一单通”，即在分院开具检验检查单，缴费报销后可直接到总院进行检验检查。2018年，全县有5.9万人次享受5个业务中心服务，有2105人次享受“一单通”政策。

二、在理顺体制机制上下功夫，让医共体真正“活”起来

1．完善医保支付政策，发挥杠杆作用。推行医保总额预付管理，按照“总额预付、结余留用、超支承担”的原则，总额打包给医共体统筹管理使用。明确上半年按实执行，

7月起按照总额预付协议执行。推行医保差异化报销，县乡医疗机构和外出就医人员按照不同比例报销，门诊按人头付费结算，住院按疾病诊断相关分组结算，对于精神病等需长期住院治疗且日均费用较稳定的疾病，按床日付费结算。在医保资金安全管理上，出台医保资金“1+6”配套管理，制发《常山县基本医疗保险医疗费用结算管理办法》和《常山县医保定点医疗机构管理办法》等6个配套文件，分别由县医保局、县公安局、县市场监管局、县卫健局负责实施，规范医保资金使用。

2．实施绩效分配改革，激发内生活力。坚持现行财政补偿渠道和政策不变，根据医共体建设需要，加大财政投入力度。完善医疗服务收费结构，完成家庭巡诊费、传染病访视费、婴幼儿健康体检费等7项费用调整。在全省率先开展分院院长竞聘上岗和年薪制工作，在县人民医院医共体招贤分院开展院长竞聘上岗和年薪制工作，通过竞聘，选拔优秀年轻干部任职，以区域内就诊率和群众满意度为主要考核指标开展考核，核发薪酬。按照“两个允许”的要求，完善分院绩效分配，突破原有绩效工资总额限制并向一线岗位倾斜，实现“按劳分配、多劳多得、优绩优酬”，进一步吸引、留住人才。2018年，分院职工年人均收入提高12%，各分院间最高和最低年人均收入相差2.9万多元；分院内职工最高和最低年收入差值为9.8万多元。

3．推进分级诊疗制度，引导基层首诊。以服务群众需求为原则，完善分级诊疗制度，落实基层首诊责任。先后出台《基层医疗卫生机构首诊疾病目录》《县级医院疾病诊治目录》《县级医院外转疾病目录》等6个目录，明确适宜在基层、县域内和上级医院就诊的疾病，配套出台转诊和认定标准，畅通上下转诊通道，严格外转审批，合理分流患者。2018年，常山县基层就诊率同比增加两个百分点。

三、在提高服务能力上出实招，让医共体真正“强”起来

1．精准定位，努力提升医疗服务水平。明确医院定位，实行差异化、错位式发展，县人民医院牢牢把握与浙大一院共建医联体、与省妇保院深化合作以及承接各类专家工作站等机遇，不断提升疑难杂症救治水平。县中医医院重点发展中医、康复理疗等专科，彰显中医特色。医共体各分院在提高当地常见病诊治水平的基础上，推行“一院一品一特色”，通过精准培训、师徒结对等形式，进一步提升基层医疗服务能力。2018年，总院下派专家384人次、培训分院医务人员800多人次、指导开展新技术新项目63项；基层医疗机构实现门诊43.09万人次、住院2307人次、业务收入6038.39万元，分别比上年增长5.57%、36.83%和14.84%。

2．夯实基础，全力强化公共卫生服务。加强基层健康网络建设，医共体总院安排人员参与分院公卫工作，各分院在岗位统筹时，配强配全公共卫生医师，实行公共卫生考核排名制度，设立专项考核奖励经费，实行奖优罚劣。做深做实家庭医生签约，细化签约服务内容，将签约医生联系电话告知签约对象，为签约对象提供24小时的连续性服务。对预约挂号、代购药品等一些可以代办的事项，由家庭医生进行全程代办，有效解决农村空巢老人和留守儿童的就医难题。推进健康宣教，常态化开展“名医进乡村”“健康知识乡村行”“中医中药在基层”等活动，群众健康知识知晓率达88.7%，防病意识得到进一步强化。

3．加大投入，着力改善基层就医环境。

按照财政资金集中统筹使用的原则，2018年实施了招贤、芳村、宋畈、青石等一批分院环境改造，分院配备DR、彩超等实用性设备，扩大常规检验检查项目，整体提升医共体各分院软硬件，提升医疗服务质量。同时，以群众满意为目标，深入推进“最多跑一次”改革，通过实施移动结算、“一站式”调解服务、推广医共体医疗服务细节60条等举措，开展志愿导医、满意度调查回访等工作，基层群众就医环境明显改善，群众满意度有效提高。

（县卫健局供稿）

全域旅游创建加快推进
获全国百佳乡村旅游目的地

近几年，常山县围绕创建全域旅游示范区目标，推动旅游从“景点旅游”向“全域旅游”、从“观光旅游”向“休闲旅游”转变，乡村旅游规模逐年扩大，品质不断提升，业态推陈出新，发展态势良好，成功申报中国第七个国际慢城、中国最美乡村旅游目的地、全国百佳深呼吸小城，全力打造华东地区重要的乡村休闲和慢生活体验旅游目的地，培育一批乡村旅游点、旅游风情小镇、旅游景区村等。

抓万村景区化拓展。“万村景区化”是常山县展示美丽乡村建设成果，打造“大花园”“大景区”，实现“美丽乡村”到“美丽经济”蜕变的重要途径，更是贯彻落实党的十九大精神，践行“绿水青山就是金山银山”，实施乡村振兴战略的创新实践。深化百团服务万村景区化工作，进一步培育打造一批精品样板村，丰富村庄旅游功能和元素，加大景区村庄的宣传推广，统筹省市县资源，切实加大对景区村庄的扶持，2017—2018年，全县创建黄冈村、黄塘村、郭塘村、徐村、渣濑湾村等AAA级景区村庄16个，AA级景区村庄15个，A级景区村庄37个。

抓旅游重大项目推进。全力推进重点项目建设，主要包括常山国际慢城、中国观赏石博览园第二功能区、中国常山·国颐健康园、常山（赛得）健康园、东方巨石阵（奕宸文旅综合体验项目）、 桥农业旅游综合体等，各个项目均按计划有序推进。加快推进东案、新昌、青石、何家等旅游重点乡镇建设：东案乡充分发挥生态资源优势，发展乡村旅游，梅树底景区成功创建AAAA级旅游景区；新昌乡以“打造全域AAAA级景区”为发展理念，通过完善基础设施配套，吸引社会资本投入经营性项目开发建设，进一步推动乡村振兴；青石镇主打赏石小镇品牌，对照AAAA级旅游景区标准，加快推进中国观赏石博览园建设，其中石博园第二功能区于2018年7月开工建设，截至2018年年底，沿街商铺、石之雅、石之趣等建筑主体竣工，入口广场、石之观等基础在施工中，累计投入建设资金近1.3亿元；何家乡以黄岗山景区为核心，以AAAA级景区标准提升建设，深入挖掘开发万寿寺、娘娘庙会、廉政文化等，不断提升长风渔家乐，打造祈福文化旅游目的地。

抓旅游融合品牌发展。积极推进特色小镇创建工作，推进何家乡创建省级风情小镇，重点在环境整治、标识系统、道路建设等方面完善旅游基础配套设施，何家乡获评浙江省旅游风情小镇。大力推动“旅游+”品牌融合工作，促进旅游+工业，旅游+农业，旅游+体育，旅游+养生，旅游+医药，旅游+研学等融合发展。常山县大宝山胡柚基地获评浙江省最美田园，浙江常发粮油食品有限公司获评浙江省工业旅游示范基地，国家地质公园（三衢石林、金钉子）获评浙江省中小学实践研学基地。

抓高端民宿经济发展。出台《县委办公室 县政府办公室关于加快高端民宿发展的实施意见》和《常山县人民政府关于印发进一步加快旅游业发展的若干政策意见的通知》等政策，扶持常山县民宿产业发展。推动高端民宿发展，已建成村上酒舍、云湖仙境、黄冈壹号等10家高端民宿（乡村酒店），在建的有萱蘇汐谷和无忧客栈2家。按照省、市旅游部门民宿标准化建设工作要求，助推白金、金、银宿申报评定工作，“村上酒舍”获评浙江省2018年度白金宿，“云湖仙境”“彤弓山居”获评浙江省2018年度银宿。在“2018浙江旅游总评榜”中，“村上酒舍”被评为衢州市唯一一家年度十佳文化主题民宿。截至2018年年底，常山县日常运营的民宿企业有98家，其中民宿行业协会会员有51家。在建设的同时，加大民宿推广工作力度，与Feekr旅行签订战略合作协议，提高常山县民宿知名度。

抓“厕所革命”。切实把旅游厕所工作作为一场攻坚战来打，重在解决有无、合理实用、便利耐用、日常养护，集中开展“厕所革命”建设提升、管理服务提升、科技提升、文明提升四大行动，并努力使遍及全县各景区旅游厕所“点”的建设逐渐转向全域旅游视角下公共服务体系“面”的拓展，有效带动全县公共服务体系迈上新台阶，2015—2018年完成新建、改建旅游厕所150余座，其中AAA级旅游厕所26座，总投资3000多万元。新建乡村厕所从无等级到全部达到A级以上标准，A级以下的200多座厕所，正在改造提升中。

抓服务品质提升。优化旅游服务软环境，确保旅游安全零事故，旅游服务质量零投诉。主动与公安、市场监管、应急管理等部门加强联合行动，开展对各A级旅游景区及乡村旅游示范点的治理整顿工作，进行全面检查，并提出整改明细，使各乡村旅游点朝着规范化、特色化、精品化方向发展。成立常山县乡村休闲旅游联盟和常山县民宿行业协会，加快推进常山县旅游从景点旅游模式向全域旅游模式转变，以乡村休闲旅游助推全域旅游发展。针对A级景区管理人员、民宿管家、公务活动讲解员、乡村旅游讲解员等，开展各类岗位技能培训，提高旅游从业人员综合素质和服务水平，为旅游业跃升提速提供良好的发展环境。

（县文广旅体局供稿）

以“人民为中心”的常山实践

——“最多跑一次”改革工作专记

2018年，常山县坚持“以人民为中心”发展理念，围绕打造创新点、样板地、示范县的目标，深入推进“最多跑一次”改革，全面推行县乡村“无差别全科受理”，强化市县同步，专班合力推进，重点突破创新，“最多跑一次”改革工作实现“全市领先、全省一流”的目标。

一、“四个优化”助推实现“四个一服务”

1.优化办事环境，实现“一站服务”。以打造“大厅环境最优、营商环境最佳”政务服务大厅为目标，在衢州市率先开展服务大厅扩容提升改造工程，大厅面积由原有的3000多平方米扩容到9600平方米，大力提升中心周边环境，增设停车位108个。推进政务服务事项的100%进驻行政服务中心，无差别、不动产、投资项目、税务、公积金、公安、人社七大板块1347项政务服务全部进驻行政服务中心。对行政服务中心办事大厅功能布局进行调整完善，实现群众办事“一站跑”。添置立式触摸屏查询机、自助网上申报办理一体机、无声一键取号系统、智能终端、高清监控监察视频等系统设备与政务网互联互通，建立24小时自助服务区，为办事群众提供智能化、人性化服务，提升大厅优质服务的群众体验度。创新“周五局长陪跑”“12345局长服务热线”“异地商会代办”等服务机制，提升服务满意度。

2.优化办事流程，实行“一窗受理”。全面推行“无差别受理”服务新模式，建立“1+6+14+188”工作机制，即1个无差别全科受理大厅，6大板块（人社、公安、公积金、税务、投资项目、不动产），14个乡镇（街道）和188个村（社区）便民服务中心实行“无差别全科受理”改革。无差别全科受理大厅纳入31个部门869项事项，实行“一窗通办”，同时出台《常山县乡镇（街道）、村（社区）便民服务中心“无差别受理”建设标准》，建成一支县级85人、乡镇（街道）56人、村（社区）188人的“全科受理”队伍，实行“前台综合受理、后台分类审批、统一窗口出件、快递免费送达”的模式。为提升全科受理人员业务水平，全年开展业务培训1.5万多人次。11月“极限细分系统”正式上线运行，实现前台窗口“傻瓜式”收件，提高收件效率。

3.优化办事材料，实行“一证通办”。“一证通办”是指群众凭一张身份证或其他有效证件、企业凭一张社会信用代码证就可以办理民生事项，其中各类证明材料都由政府部门通过数据共享获取、核对。按照减材料、减证明、减流程要求，完善电子证照库、人口综合库、法人综合库、信用信息库，利用数据共享、钉钉视频办件等途径，精简和优化各类证明材料，实现各部门之间的数据共享，“一证通办一生事”。2018年年底，常山县382项民生事项已全部实现“一证通办”，195项高频事项实现“无证通办”。

4.优化办事手段，实现“一网通办”。依托浙江政务服务网，开通所有政务服务事项网上申报功能，实现100%事项“网上办”。打通各个部门的信息壁垒，应用权力运行审批系统，实现政务服务事项网上审批。依托浙江政务服务网手机APP，开发常山县手机办理模块，实现20个部门的238项政务服务事项“掌上办”，如参保登记、不动产登记查询等事项，群众可在家动动手机就能办理。

二、“六个着力”重点突破“六大领域”

1.着力推行2.0版平台，实现投资项目领域“最多跑一次”。上线运行浙江政务网投资项目在线投资审批平台2.0版的运用，实现4个百分之百（即100%应用平台、100%网上申报、100%系统打通、100%网上审批），有力推动实体办事大厅与在线平台线上线下融合发展，推动企业投资项目开工前审批全流程、多层级、多部门实现“最多跑一次”。

2. 着力“证照联办”“多证合一”，实现商事登记领域“最多跑一次”。推进“多证合一、一照一码”，在“五证合一”的基础上，将公积金备案、大学生创业备案都整合到营业执照，实现企业业主“一照一码”走天下。推行工商登记与涉及后置审批事项的“证照联办”。”将企业注册登记和后置审批进行分类处理，将可以一次性提交的联办材料的事项纳入“证照联办”，年内常山县餐饮服务、住宿服务、美容美发等22个行业已实现“证照联办”。2018年，将商事登记的事项和其他综合事务的事项进行融合未综合事务板块，一楼的18个无差别窗口可以受理869项政务服务事项，实现事项无差别。

3. 着力“60分钟出证”“全市通办”，不动产领域实现“最多跑一次”。通过整合县住建局、县地税局、县国土局等部门，制定“一件事”办事指南，综合窗口统一受理，各部门并联审批，统一出证。缩短办理时限，不动产登记2017年起经历3次提速，提速后除需要公告、实地踏勘登记事项和大宗地以及批量登记业务外，全部不动产登记业务实行即办服务，登记申请受理完成后60分钟内办结出证。全市通办，2018年5月7日起，12项不动产登记业务打破地域的限制，通过应用不动产登记系统，让数据“网上跑”代替群众来回跑，实现不动产业务“就近办”“随处办”。

4. 着力资源整合，公安交管业务实现“最多跑一次”。2017年，常山县在全省率先成立县级交管中心，公安（交警）、国税、交通运管、卫计、商务、综合执法、高速交警、保险、银行等九部门统一进驻办公。2018年，推行公安交管“九合一”，实现“受理（接办）、审查、审批、缴费、制证（文）”办理环节全部在中心一体化完成，57项交管业务基本可实现“最多跑一次”，让群众办事“只跑一个地方”，业务办理平均时限提速5倍以上。

5. 着力服务创新，民生领域实现“最多跑一次”“零跑腿”。规划中心创新农民建房审批“一语统办”，通过“常山百事通”平台“建房审批”模块，发起农民建房审批办证的语音申报，代办员上门服务，实现申报建房“一句话搞定”，限时7天办结，提速7倍；公积金中心推出APP，实现12项事项“零跑腿”；公安推行公安综合业务进驻乡镇便民服务中心，实现公安业务“就近办”；民政、电力、教育等部门创新推出“低保惠民联办”；残联实行“保姆式”服务；卫计实现生育登记手机办，再生育审批零等待。

6. 着力基层延伸，实现基层群众办事“跑也不出（乡）镇村”。常山县14个乡镇（街道）均按照“一窗受理、集成服务”的要求完成办事大厅升级改造，梳理出关于社会保障、民政优扶、市场监管、治安管理、邮政服务、乡镇建设、人口计生等基层群众迫切需求的事项的标准化办事指南，将事项标准化指南纳入“四个平台”（即综治工作、市场监管、综合执法、便民服务）综合指挥室受理咨询服务的内容。建立浙江政务服务网乡镇（街道）村权力事项库，将常办事项纳入“一窗受理”云平台进行受理。建立浙江政务服务代办点，实现全县14个乡镇（街道）、188个村（社区）网上申报代办点全覆盖，并按乡镇（街道）、村（社区）便民服务中心有关工作要求，落实代办人员，执行AB岗、一次性告知等制度，网上代办服务实现常态化。创新钉钉（微信）视频办件，群众与县乡审批人员进行视频沟通、表单填写、办件申报等，实现低保户医疗救助等422项等事项村民办事“跑也不出村”。

三、“六大举措”打造常山“六大金名片”

1.衢州市“无差别受理市县一体化”现场会在常山召开。2018年11月21日，衢州市“无差别受理”市县一体化建设现场会在常山召开。市委副书记、市长汤飞帆，市委常委、常务副市长陈锦标，市人大常委会副主任、市行政服务中心管理办公室主任田俊出席，各县（市、区）政府主要领导和相关负责人参加。

2.自然资源部全国不动产登记窗口作风问题专项整治工作动员部署会在常山召开。2018年6月12日，自然资源部全国不动产登记窗口作风问题专项整治工作动员部署会常山分会场现场观摩常山县不动产登记“延伸办”“网上办”“就近办”“联合办”“一证办”具体做法。

3.公安派出所业务进驻乡镇（街道）“四个平台”得到省委书记车俊批示推广。2018年，常山在全国首创公安事项进驻乡镇便民服务平台。全县所有派出所业务窗口全部撤除，117项公安业务入驻14个乡镇（街道）“四个平台”，群众办事“每处跑一次”变“最多跑一处”。该项举措受到省委书记车俊，常务副省长冯飞，副省长、公安厅厅长王双全，副市长、市公安局局长王顺大的批示肯定。

4.全国首创“低保惠民联办”入围2018年度国家民政部社救领域创新实践案例全国15强。全国首创将涉及低保政策的7个部门11项事项实行政策联办，涉及助残政策的11个部门12项事项实行“一证通享”，实行低保对象“一站式”报销、企业退休人员“一件事”联办。该项举措被评为民政部2018年度社会救助领域优秀创新实践案例。

5.创新推出“钉钉视频”办事，得到市长汤飞帆批示肯定。探索推行“钉钉视频”办事模式，在村级便民服务中心实行“无差别全科受理”，成功搭建县乡村“三级联动”桥梁，实现村民办事“最多跑一次，跑也不出村”。真正实现了群众办事少跑腿、政务服务零距离。该项举措得到了市长汤飞帆的重要批示。四单一网简报第31期也专题报道常山县“钉钉视频”办件新模式。

6.在全市率先推出投资项目“标准地+承诺制”模式。年内工业标准地宗数已占工业用地总宗数的78.57%，工业标准地出让面积占工业用地供地总面积的77.81%。该举措得到副市长王良春的批示肯定。

（县行政服务中心供稿）

大 事 记

1月

1月1日 “政采云”平台正式启动上线，县政府采购项目全面通过“政采云”服务平台进行交易。

同日 省国家税务局新版电子税务系统正式上线，取消VPDN专用通道登录限制和收费服务，涉税业务全部实现网上办理。

同日 常山县残疾人联合会第七次代表大会召开。县委书记叶美峰讲话；县领导周向军参加。

1月3日 金川街道十五里村的浙江省油茶良种基地暨油茶种苗智慧繁育温室在全省首家应用油茶智慧云平台，即应用传感器和摄像头采集空气温湿度、二氧化碳、光照强度等参数，并通过信息传输中继节点将大棚里采集的数据，实时上传到油茶智慧云平台上。

1月4日 市人大常委会副主任、综治委副主任占跃平率考核组到常山县考核平安建设暨综治维稳工作，并召开汇报会。县委书记叶美峰作汇报。

1月5—10日 中央电视台军事·农业频道《美丽中国乡村行·走进常山》摄制组以“何处心安，慢城常山”为宣传主题，以常山味道为主线，推介常山自然山水、田园风光、农业产业、“常山三宝”和特色美味。

1月6日 中国·常山油茶博览会举行。国家林业局原局长、中国绿化基金会主席王志宝宣布开幕，省人大常委会原党组副书记、副主任程渭山，国家林业局造林司司长赵良平讲话，省林业厅厅长林云举，国家林业局保护司司长、中国林业产业联合会木本油料分会理事长杨超，省农业和农村工作办公室副主任、巡视员高启华，副市长吕跃龙出席。县委书记叶美峰致辞，周向军、徐建华、林红汉等县四套班子领导参加。

1月8日 省农业厅组织开展“2017浙江省十佳柑橘”推选活动，包括常山胡柚、温州蜜柑、椪柑、甜桔柚、脐橙五大类11个品种的40个柑橘样品参与评选。其中，常山县明鹰果业专业合作社推选的常山胡柚被评为“2017浙江省十佳柑橘”。

1月9日 “放歌新时代、文化进万家”浙江省书协幸福路服务小分队“送福写春联”走进东案乡金源村，为村民书写春联送祝福。

同日 “浙江省书法村”授牌仪式在东案乡金源村贤良宗祠举行，省书协幸福路服务小分队同步开展“送福写春联”活动。省文联书记处书记、中国书法家协会理事、省书协副主席兼秘书长赵雁君讲话，县委书记叶美峰致辞，市文联党组书记郑琳参加。

1月10日 常山县领导干部述职述廉大会召开，常山县党政主要领导作述职述德述法、述责述廉报告，其他党政班子成员作述责述廉报告。市委常委、统战部部长傅根友作动员讲话。县委书记叶美峰主持，周向军、徐建华、林红汉等县四套班子领导参加。

1月12日 2017“最美常山人”年度榜

样颁奖盛典举行。

同日 东明湖公园被省建设厅确认为2017年度浙江省城区优质综合公园。

1月14日 2018年常山县青少年迎春文艺会演暨美德少年颁奖典礼在县青少年活动中心报告厅举行。

1月15日 由水利部发展研究中心处长王建平等组成的水利部环保部河长制中期评估检查组到常山检查河长制工作。市政协副主席、市治水办（河长办）专职副主任徐静旋参加，县委副书记、政法委书记王郁松汇报工作。

同日 县委书记叶美峰率队到省教育厅对接工作，与省教育厅厅长郭华巍，副厅长韩平、朱鑫杰以及相关处室负责人进行座谈。

1月20日 县委十三届三次全体（扩大）会议召开。全会贯彻落实党的十九大，中央、省委经济工作会议和市委全会精神，回顾总结2017年工作，研究部署2018年各项任务，动员全县上下高举习近平新时代中国特色社会主义思想伟大旗帜，全面建设更高质量的“特富美安”慢城大花园。县委常委会主持会议，县委书记叶美峰代表县委常委会向全会作工作报告，周向军、徐建华、林红汉等县四套班子领导出席。

同日 党的十九大代表、“最美浙江人”万少华应邀参加招贤镇象湖村“我们的主题党日”活动，与象湖村100多名党员共同学习党的十九大报告。

1月21日 由中国市场调查研究中心、中国城市经济专家委员会、中国能源经济研究院、梅森智库共同主办的第五届中国生态年会在北京召开。常山县获评2017年度“中国生态魅力县”。

1月22日晚 “新时代·最美人”第六届“最美衢州人”十大年度人物颁奖典礼在衢州学院举行。县“治危攻坚小分队”获第六届“最美衢州人”十大年度人物奖、县“移动结核门诊”团队获第六届“最美衢州人”十大年度人物提名奖。

1月24日 以省农办副主任严杰为组长、省林业厅副厅长王章明为副组长的森林浙江考核组到常山县考核2017年度森林浙江建设完成情况。副市长吕跃龙，县委书记叶美峰作汇报。

1月25日 2017年全县基层党建和人才工作述职评议会召开。县委书记叶美峰作点评，市委组织部部务会议成员、“两新”工委副书记俞忠胜讲话。

同日 全县2017年度“两新”组织党组织书记述职评议会召开。县经济技术开发区、辉埠镇作两新党建述职，12名县级以上双重管理企业党组织书记述职。

同日 天马二小的同学们收到省委书记车俊的回信。在回信中，省委书记车俊肯定了同学们积极参与“小河长在行动”护水活动的行为。

1月26日 衢州市宏远鞋业负责人王红建到东案乡金源村，将150双冬鞋送给村中有需要的老人。

1月29日 市委常委、宣传部部长钱伟刚率队到天马街道办事处、县人民医院等地，看望慰问“最美衢州人”的常山治危攻坚小分队和县人民医院“移动结核门诊”团队。

1月30日 县委专题召开扫黑除恶专项工作汇报会，传达学习习近平总书记对政法工作重要指示精神、中央政法工作会议和全国扫黑除恶专项斗争电视电话会议精神，研究部署扫黑除恶专项斗争工作。县委书记叶美峰讲话。

1月31日至2月4日 中国人民政治协

商会议第九届常山县委员会第二次会议举行。此次会议应出席委员187人，实到187人。县领导叶美峰、周向军、徐建华等到会祝贺。林红汉代表县政协常委会作工作报告。叶美峰在闭幕式上讲话。大会共收到提案195件，经并案后初步审查后立案181件，涉及稳增长、调结构、促改革、惠民生各项工作。

2月

2月1—5日 常山县第十六届人民代表大会第二次会议举行。此次会议应出席代表191人，实到185人。开幕式由大会执行主席、主席团常务主席徐建华主持，大会执行主席叶美峰、林红汉出席。会议共收到代表议案117件，其中3件被列为正式议案。

2月6日 “不老泉新年健康慈善行暖冬行动”在白石镇新塘岭村举行。不老泉养生养老度假基地为全村330多名60岁以上老人赠送大米、食用油、棉被等生活用品。

同日 常山县总工会在汽车站、火车站等地开展“温暖回家路·悦读伴您行”活动，为返乡人员和来往行人赠送图书、端上热茶，提供咨询、引导、提行李等服务。

同日 县科协组织县老科协志愿者到辉埠镇桐村村开展新春科普宣传服务活动。

2月9日 常山县领导叶美峰、周向军、徐建华、林红汉分别走访慰问常山县部分优秀人才，感谢他们为常山县经济社会发展作出贡献，并向他们致以节日的问候。

同日 县委书记叶美峰主持召开县委常委会议，传达学习党的十九届二中全会、十九届中央纪委二次全会、省纪委十四届二次全会和省“两会”精神，研究部署常山县贯彻落实意见。县领导周向军、徐建华、林红汉列席会议。

同日 常山县人民政府因城镇危旧房改造取得良好工作成效，创造“当年腾空、当年拆除、当年建设”的“常山速度”，成为全市乃至全省这方面工作的“常山样板”，获省、市主要领导批示肯定，被市政府记“集体三等功”。

同日 “常山阿姨”与三替集团战略合作签约仪式举行。县委副书记、政法委书记王郁松参加。

同日 常山县举行2018年迎新春企业团拜会。县四套班子主要领导与广大企业家代表、寓外创业成功人士、第二届乡贤才俊等欢聚一堂，喜迎新春佳节。

同日 黄荷凤院士专家工作站启动仪式在常山县人民医院举行。县委副书记、县长周向军致辞，中国科学院院士，妇产科学教授、主任医师、博士生导师，上海交通大学医学院附属国际和平妇幼保健院院长黄荷凤讲话。

2月23日 常山县机关干部大会召开。县委书记叶美峰讲话，县委副书记、县长周向军主持会议。徐建华、林红汉等县四套班子领导参加。会议通报2017年度乡镇（街道）、部门考核情况，宣读2017年度“集体三等功”“项目功臣、攻坚干将、招商能手”表彰决定。县领导为受表彰对象一一颁奖。

同日 常山县2018春季人力资源交流大会在县文峰广场举行。此次人力资源招聘大会现场吸引进场求职人员2万余人次，初步达成求职意向约4000人。

2月24日 常山县被省委授予浙江省2017年社会主义新农村建设优秀县。

2月28日 常山县职业中专、天马一小被教育部综合认定为2017年“国防教育特色学校”。

3月

3月1日 常山县“邻居银行杯”首届百村农民运动会举行。全县乡镇（街道）28支代表队1100余名运动员参赛。县委副书记、县长周向军宣布开幕，市体育局党组书记姜建勋致辞，副县长郑金仙主持开幕式。

同日 县人大常委会组织部分市、县人大代表视察县宗教活动场所建设情况。县人大常委会主任徐建华，副县长揭政东参加。

3月2日 Ferrotec产业园开工仪式在县工业园区举行。县委副书记、县长周向军宣布开工。

同日 常山县围绕重大项目和重点工作，首次组建30个重点工作专班领衔30项重点工作，涉及全县交通建设、国际慢城建设、重大工业项目服务、教育创强、医疗卫生事业等。

同日 由团县委、少工委主办，县青少年活动中心、东方广场、县水务公司共同组织的“爷孙闹元宵，孝老我传承”2018年元宵百家老少创意手绘灯笼DIY公益活动在东方广场举行。

同日 “九龙闹元宵”舞龙踩街民俗文化表演在城区上演，金川街道新建村“蜀阜皇龙”、金川街道胡家淤村“胡家神龙”、辉埠镇东乡村“贤良威龙”、球川镇芙蓉村“芙蓉板龙”获金龙奖。

同日 常山县召开全面深化“最多跑一次”改革暨“无差别受理”改革工作推进会。县委副书记、县长周向军讲话，县委常委、常务副县长毛献明，副县长揭政东、戴根林参加。

同日 常山县召开重点工作专班部署会。县委副书记、县长周向军讲话，常山县委常委、常务副县长毛献明主持并作重点工作专班部署，常山县领导张亮、姜苏州、揭政东、郑金仙、戴根林等参加。

同日 中外武术交流活动在东案乡金源村贤良祠堂举行。

3月5日 由常山县委宣传部、文明办、机关工委、团县委联合举办的最美常山·志愿服务先进表彰大会暨“我是党员我带头”志愿服务启动仪式举行。

同日 常山县人大常委会召开全县乡镇（街道）人大工作会议。县人大常委会主任徐建华参加会议并讲话。

3月7日 浙江公布新“浙八味”中药材培育品种名单，常山县衢枳壳成功入选，成为新“浙八味”中药材培育品种。

3月7—8日 省人大常委会党组副书记、副主任李卫宁到常山调研人大代表信息化监督治水及民生实事项目代表票决工作。

3月9日 常山县党政班子双月工作交流会召开。县委副书记、县长周向军参加会议并讲话，林红汉等县四套班子领导参加。

同日 常山县人民政府第19次常务会议召开。会议听取《关于2017年度常山县政府质量奖评审工作情况汇报》。县委副书记、县长周向军主持，县政府领导参加。

同日 南京市高淳区委书记霍慧萍率高淳区考察团到常山县考察。考察团先后到东案乡金源村、芳村镇芳村村、城东新区、青石镇、招贤镇泉目山村等地，实地察看农村精神风貌、和古街改造美丽乡村、特色小镇建设等情况。

同日 常山县市场监督管理局开展进口食品专项检查。

3月13日 常山盛辉西饼屋、浙江普农家电有限公司常山分公司、常山县明牌楼珠宝行、常山县华夏旅行社等34家单位获县第十三届“消费者信得过单位”。

同日 中共常山县第十三届纪律检查委员会第三次全体（扩大）会议召开。县委书记叶美峰讲话，周向军、林红汉等县四套班子领导参加。

3月14日 由国家卫生计生委疾控局指导，中国防痨协会联合人民网、新华网、光明网、《健康报》、中国科协科技工作者之家等媒体共同举办的“最美防痨人”评选活动结果揭晓，常山县“移动结核门诊”获评“最美防痨人”。

3月15日 副省长彭佳学到常山调研特色产业加快乡村振兴工作。副市长吕跃龙，县领导周向军、徐建华等参加。

同日 衢州市各级人大代表监督治水系统推进会在常山县召开。市人大常委会主任居亚平，副主任余广宇，县领导周向军、徐建华等分别参加。

同日 省国土资源局党组成员、副厅长张金根率厅地勘处处长邱鸿坤、开发处副处长汤来农、地环处副处长徐益良和省“除险安居”宣传处处长曹恺组成的调研组到常山调研地矿管理工作。市国土资源局党委书记、局长徐常青、副局长罗海波等陪同调研。

3月17日 民革浙江省委会文化服务团常山服务站揭牌仪式举行。

3月19日 美、法双国籍《纽约时报》撰稿人金小鱼、乌克兰籍天津卫视主持人耶果和央视《正大综艺》外景主持人李秀媛三位环球旅游家到常山县石博览园、三衢石林等地赏石、游玩，并观看常山喝彩歌谣展演，体验慢城生活。

3月21日 常山县2018年绿色金融推进政银企合作对接会召开。

同日 常山县十六届人大常委会第十次会议召开。表决通过关于设立“5·20”常山敬老日的决定；表决通过关于《常山县组织实施宪法宣誓制度实施意见》的决定；表决通过关于许可对县十六届人大代表邓有勋依法采取刑事强制措施等事项。

3月22日 市委副书记、代市长汤飞帆到常山调研融入衢州加快转型走出发展新路工作。

同日 常山县扫黑除恶专项斗争部署会召开。

同日 常山县工业经济发展大会召开。会议传达县委书记叶美峰的批示精神。县委副书记、县长周向军讲话，徐建华、林红汉等县四套班子领导参加。

3月24日 2018东乡赏花艺术节暨第十届辉埠镇农民文化节举行。

3月25日 常山县明鹰果业专业合作社（九都村胡柚基地）选送的常山胡柚获“2017浙江省十佳柑橘”评比金奖。

同日 常山县被中国国土经济学会评为“全国2018百佳深呼吸小城”。

3月26日 全县领导干部会议召开，传达全国“两会”和全市领导干部会议、市委常委（扩大）会议精神。县委副书记、县长周向军主持，徐建华等县四套班子领导参加。

同日 县委理论学习中心组（扩大）学习会暨第七期“慢城大讲坛”召开。会议邀请浙江省中国特色社会主义理论体系研究中心中国计量大学研究基地首席专家、嘉兴学院红船精神研究中心学术委员会副主任胡建成作题为《不忘初心，牢记使命——红船精神的当代价值》的专题讲座。

3月28日 “献礼建县·民俗文艺进礼堂”暨第三届“云梯花海”赏花节在东案田蓬村举行。

是月 常山县被省环保厅、省财政厅、省水利厅评定为2017年度全省跨行政区域河流交接断面水质考核优秀县。

4月

4月2日　常山县召开创评省教育基本现代化县工作部署会。

同日　县委书记叶美峰率队赴北京东方园林股份有限公司，与东方园林环境集团总裁黄新忠等人就常山“国际慢城”项目建设等工作进行深入对接洽谈。

4月3日　351国道常山段PPP项目获省基础设施投资基金1.225亿元。

4月9日　常山县辉埠镇东乡村文化礼堂和青石镇砚瓦山村文化礼堂获省级五星级礼堂。

同日　常山县城东新区心舟公园东南侧地块，通过浙江省土地使用权网上交易系统拍卖，以7.25亿元成交，创常山县土地拍卖市场新高。

同日　浙江旅游职业学院院长、党委副书记金炳雄率省旅职职院考察团一行4人到常山考察旅游工作。

4月11日　由中共常山县委宣传部主办，《慢城·常山》杂志首发仪式在常山举行。

4月13日　何家乡樊家村组织驻村干部、村两委干部等30余人开展每季度“星级垃圾分类示范户”评选活动

4月14日　常山县第一小学获2018浙江省青少年未来工程师大赛暨全国青少年未来工程师博览与竞赛浙江赛区三等奖。

同日　2018衢州市足球超级联赛在常山县体育公园足球场举行。

4月14—15日　县委书记叶美峰赴河北大厂回族自治县和中国农科院，走访看望在外创业的常山乡贤。大厂县委书记谷正海等当地领导陪同。

4月17日　常山县入选全国经济林产业区域特色品牌建设试点单位。

4月18日　常山县“一户多宅”集中整治大会召开。县委副书记、县长周向军讲话，徐建华、林红汉等县四套班子领导参加。

4月18—19日　省整治办道乱占组副组长徐荣华一行到常山县白石镇、东案乡、同弓乡进行整治工作“回头看”及验收乡镇的工作情况调研。

4月18—20日 . 常山县组织30余家企业外出学习考察工业。县委副书记、县长周向军参加。

4月20日　省卫生计生委、省残联、省发政厅联合调研组一行在省卫生计生委副主任王国敬、省残联副理事长高翔率领下，到常山县开展残疾人社区和家庭病床康复服务专题调研。市残联理事长徐中华、市卫生计生委副主任潘新花等陪同调研。

同日　浙江常发粮油食品有限公司实施的“油茶籽品质变化规律和特色制油关键技术研究及产业化”项目获省科学技术二等奖。

同日　常山县政协组织召开全县“城乡生活垃圾分类处理”三级政协联动专项集体民主监督暨“一户多宅”集中整治动员会。县政协主席林红汉参加。

4月22日　2018环浙自行车嘉年华（常山站）暨第三届环常山骑游活动举行。

4月23日　由县文广新局联合县教育局主办，县图书馆承办的“微舞台大人生”未成年人课本剧大赛举行，常山县90余名小学生参赛。

4月24日　常山县行政服务中心“一证通办”数据服务功能正式运行。

4月24—25日　全国政协委员、省政协副主席陈小平率队到常山开展“送科技下乡”

调研活动。市政协副主席吕玉茹，县领导周向军、林红汉等参加。

4月25日 全省残疾人康复工作会议暨康复业务培训班在常山举行。

4月26日 省卫生计生委党组书记、主任张平带队到常山调研医共体建设工作。县委副书记、县长周向军参加。

同日 2017年度特色小镇考核复验组到常山对云耕小镇创建工作进行考核复查。

同日 新华—常山山茶油价格指数论证会在北京召开。

4月26日至5月1日 第十四届中国国际动漫节在杭州滨江区白马湖动漫广场举行。县艺术动画电影和动漫形象“胡柚娃”在本次动漫节上精彩亮相。

4月27日 在第六届温哥华国际华语电影节全国大学生主持人大赛全国总决赛暨颁奖典礼上，常山籍大学生李晓建获“优秀大学生主持人”奖。

4月28日 县纪委监委派驻第二纪检监察组联合第十一纪检监察组对县行政服务中心升级改造工程进行立项监督。

4月29—30日 中国工程院院士、浙江大学工业技术转化研究院总工、浙江大学机械学院教授、博导谭建荣应邀，率浙江大学专家团队到常山指导制造业发展。

是月 常山县不动产登记信息在线查询系统开通。

5月

5月2日 常山县行政服务中心推出政务服务“无差别受理”，实现综合事务全科受理窗口“无差别受理”部分政务服务事项。

同日 县政协组织部分政协委员视察“一户多宅”集中整治工作。县政协主席林红汉参加。

同日 常山县“最美常山·十大杰出青年”颁奖晚会在常山县青少年宫举行。此次活动授予马月佳、马德宇、刘剑飞、朱礼华、朱珊、刘文峰、宋少威、余家富、叶露盈、祝建辉为“最美常山·十大杰出青年”。

5月4日 常山县委农村工作暨政法平安信访工作会议召开。

同日 常山百灵越剧团在青石镇山溪边村演出越剧《“一户多宅”集中整治》。

5月6日 同弓乡联合县综合行政执法局、县公安消防大队、公安局城郊派出所等对关庄桥村户主徐某的“一户多宅”违章建筑进行依法拆除。

5月8日 县人大常委会组织部分县人大代表先后到何家乡江源村、城区滨江防洪堤坝等地，实地察看常山港治理二期工程和滨江堤段生态化改造工程，听取相关负责人介绍项目投资概况和建设进展情况。

同日 全国第三届“万步有约”职业人群健步激励大赛常山赛区正式启动，全县22个单位500余名队员参与为期100天的健走比赛。

同日 常山县委书记叶美峰率队赴省发改委、发展改革研究所对接特色小镇建设、浙赣合作发展示范区战略等工作。

5月9日 水利部水电移民司副司长（正司级）杨嘉隆一行到常山开展水库移民工作专题调研。

同日 拱墅—常山电子商务合作基地揭牌仪式在杭州市拱墅区运河（国际）跨境电子商务区举行。拱墅区区委副书记、区长章燕，常山县委副书记、县长周向军共同揭牌。仪式上，常山县代表启动京东常山馆上线；县粮食局与杭州直路科技签订《电子商务人才培养战略合作协议》。

5月10日 由浙江大学和浙江常发粮油食品有限公司提供的《美国食品化学法典(Food Chemicals Codex，FCC)油茶籽油标准》已获美国药典委（United States Pharmacopoeia）批准出版发布。

同日 浙江省能源集团有限公司领导童亚辉一行到常山新昌乡郭塘村看望慰问困难群众，察看该村村容村貌，详细了解全村规划布局；召开座谈会，听取关于郭塘村集体经济发展情况和常山县消除集体经济薄弱村工作开展情况。县委副书记、县长周向军，浙江省能源集团有限公司党委书记、董事长童亚辉讲话。

同日 县市场监督管理局、县个体劳动者（民营企业）协会组织开展“孝行天下”系列活动，全县1200多户个体经营户在20余个集中点签订并诵读孝老承诺。

同日 常山县的徐宝英、邱木兰两家庭入选“2017年度浙江‘最美家庭’”。

5月11日 由大桥头乡大桥村乡贤赞助的“首届孝文化节暨‘吾老助帮’一户多宅政策宣传会”在大桥村举行，该村400多位老人应邀参加。

同日 实验小学操场上1000余名学生，通过排列数字队形，为建县1800年献礼。

5月16日 紫港街道首届“5·20孝老日暨传承孝文化·共创好家风”启动仪式举行。

同日 由衢州市文化志愿者联合会、衢州市旗袍协会、常山县旗袍协会联合举办的“中国好家风”旗袍秀展示活动在文峰广场举行。衢州市各县（市、区）、巨化旗袍协会会员共500多人应邀参与旗袍秀展示。

同日 文化和旅游部确定并公布第五批国家级非物质文化遗产代表性项目代表性传承人名单，共1082人。常山喝彩歌谣传承人曾祥泰榜上有名。

同日 “5·20金婚秀”尊老尊贤活动在辉埠镇彭川村举行，该镇36对金婚老人参加。

5月17日 市委常委、宣传部部长钱伟刚到常山调研指导农村文化礼堂建设工作。

同日 由县委宣传部、县文广新局、县民政局主办的孝老爱亲“文化有礼”送戏曲文艺演出活动在青石镇养老服务中心举行。

5月17—18日 县委副书记、县长周向军带队到四川省泸州市古蔺县开展扶贫协作对接工作，并与古蔺县县长陈廷俊签订对口帮扶战略合作协议。

5月18日 常山县委老干部局首个“5·20”常山敬老日暨“小巷雷锋·银耀慢城”在县文峰广场举行。

同日 常山县第五次归侨侨眷暨第四次留学人员和家属代表大会召开。县委书记叶美峰讲话，市侨联副主席徐旭华到会祝贺。

同日 省政协副主席陈小平率队到常山开展2018年“送科技下乡”活动。市政协副主席吕玉茹，县领导叶美峰、林红汉等参加。

同日 常山新闻网和常山信息港融合试上线。

5月19日 “2018百佳深呼吸小城”榜单发布会暨全域旅游与绿色发展论坛在福建省邵武市召开。常山县被授予“深呼吸小城十佳示范城市”。

同日 常山县宁波商会一届三次会议在宁波召开。县委副书记、县长周向军讲话。

5月20日 常山县首个“5·20敬老日”启动仪式以视频会议形式举行，各乡镇（街道）设立分会场。中国民俗学会副理事长、国际亚细亚民俗学会会长、国家“非遗”保护工作专家委员会委员、中央民族大学民俗文化研究中心主任陶立璠应邀作题为《孝文化在当代社会的价值和意义》的专题讲座，县委书记叶美峰作重要讲话，徐建华、林红汉等县四套班子领导参加。

同日 阿里巴巴集团党办总监许艳率队到金川街道新建村开展结对帮扶活动。常山县委副书记、政法委书记王郁松参加。

5月21日 财通证券股份有限公司党委副书记胡国华一行到大桥头乡濛桥村，开展村集体经济发展帮扶工作，双方签订“千企结千村 消灭薄弱村”村企结对协议书。

5月22日 省红十字会党组书记、专职副会长陶竞率队到常山调研红十字会整体工作开展情况。

同日 县委常委、组织部部长秦财华，副县长戴根林带领国土资源局、县委组织部、县科协等部门负责人，赴中国科学院南京地质古生物研究所对接常山国家地质公园沈树忠院士工作站相关合作事宜。副县长戴根林与院士沈树忠签订院士工作站建站合作协议。

5月23日 浙江省文联组织美术、书法、摄影、文艺演出4支文艺小分队到常山开展文艺志愿服务活动。

5月24日 县委书记叶美峰率队赴腾讯深圳总部洽谈对接合作事项。

5月25日 县领导叶美峰等到县人民医院、紫港街道富足山村，走访慰问医务人员、“最美人物”，为他们送去党委政府的温暖关怀和新春祝福。

同日 省政协原副主席、省政协之友社理事长王培民一行到常山开展“走基层、看变化、受教育、促发展”考察活动。市领导吴国升、陈建良，县领导叶美峰、林红汉等参加。

5月25—26日 四川省泸州市古蔺县县委书记李万忠率古蔺县党政代表团到常山浙江天子股份有限公司、中国观赏石博览园等地考察。

5月26日 2018“爱丽莎”杯浙江国际皮划艇精英赛暨全省青少年皮划艇赛艇锦标赛在常山港上举行。省体育局训竞处处长毛鹏飞，省水上运动管理中心书记赵伟军到场，常山县委书记叶美峰宣布开幕；赵伟军向县体育局以及运动员代表授桨；裁判员代表和运动员代表进行宣誓；领导、嘉宾观看水上飞人表演和比赛。

5月29日 常山农商银行开业发布会暨“好邻居·孝老基金”捐赠仪式举行。省农信联社党委书记、理事长王小龙，县委书记叶美峰讲话。

5月29—30日 省财政厅厅长徐宇宁一行到常山了解考察特色小镇建设及常山县经济运行情况。县领导叶美峰、周向军、戴根林分别陪同。

5月30日 首届浙江民间艺术精品展演暨第七届浙江民间文艺“映山红”奖·优秀民间艺术表演评选活动在宁波奉化举行。常山县选送的喝彩节目《上栋梁》获首届浙江民间艺术精品展演金奖。

同日 县人民法院开庭审理常山首例刑附民公益诉讼案件，当庭判决舒某某非法猎捕野生动物罪，判处有期徒刑一年六个月，缓刑两年，并处罚金1万元、赔偿国家经济损失3万元。

5月31日 四川省泸州市委副书记、市长刘强，市委常委、市委农工委主任张文军一行到常山考察。张文军一行先后到浙江天子股份有限公司、浙江捷姆轴承集团有限公司调研，听取企业有关负责人关于生产、销售、发展规划等方面的介绍，并对企业以及市场的发展等情况进行考察。副市长吕跃龙，县领导周向军参加。

同日 县委书记叶美峰就西源红色景区项目建设进行专题调研。

同日 “乡贤回归”工作调研座谈会在新昌乡黄塘村召开。

同日 县人大常委会组织部分市、县人大代表，视察县交通重点项目建设情况。县人大常委会主任徐建华参加。

同日 浙江轴承工业协会技术联盟成立暨轴承产业高峰论坛在常山县召开。中国轴承工业协会秘书长周宇、中国计量大学教授孙长敬等轴承行业专家，省轴承技术联盟成员单位负责人，县轴承企业及关联企业主要负责人、技术副总共240余人应邀参加。

是月 常山县首届“十佳常山阿姨”评选活动举行。

是月 常山县组织开展“衢州有礼·博文约礼”名家进校园活动。活动邀请全国知名作家“笨狼妈妈”汤素兰走进各中小学，与小读者面对面畅聊创作经验，交流写作心得，畅谈童话创作心得。

是月 144套保障性住房进行配套工程建设及室内装修，年底可实现拎包入住。

是月 县环保局首次对城区区域夜间噪声开展监测。夜间噪声监测工作在全市率先。

是月 常山县争取到省财政厅绿色发展财力奖补资金4.76亿元，奖补资金额度居全省前列。

是月 为推动“最多跑一次”向基层治理延伸，进一步打通社保服务群众的“最后一公里”，常山县社保局率先在辉埠镇久泰弄村、球川镇芙蓉村、金川街道赵家坪社区和天马街道东港村4个行政村开展浙江政务服务网“云平台”试点工作。

是月 全县135家单位筹集孝老关爱基金86万余元。

6月

6月2日 危旧房治理改造项目开工建设，整个工程预计在2021年全面竣工。

6月3日 2018年“体彩杯”浙江省幼儿体育大会暨浙江省第二十七届幼儿基本体操表演大赛衢州市幼儿大众舞操比赛在常山县体育馆举行。

6月5日 省文化厅副厅长叶菁到常山调研，实地指导公共文化服务重点县建设工作。

同日 在全省生态环境保护大会暨中央环保督察整改工作推进会上，常山县被浙江省委、省政府授予2017年度浙江省“五水共治”（河长制）工作优秀县（市、区）“大禹鼎”。

6月6日 全县1723人参加高考，报考人数比2017年增加285人。

同日 中国林业产业联合会木本油料分会《特、优级油茶籽油团体标准》在2018中国（常宁）油茶旅游文化节上举行颁布仪式。浙江常发粮油食品有限公司参与该团体标准制定。

6月7日 衢州市医疗卫生服务领域“最多跑一次”暨县域医共体建设现场会在常山县召开。副市长王良春参加会议并讲话，县领导周向军参加。

6月8日 市人大常委会组织部分市人大代表到常山县视察消除农村集体经济薄弱村工作情况，市人大常委会主任居亚平参加视察。市人大常委会副主任朱建华参加，副市长吕跃龙陪同。县领导周向军、徐建华参加。

同日 台湾常山同乡会在台北市正式成立，常山籍台胞蒋丽娅担任会长。县委书记叶美峰出席成立仪式并致辞，台湾衢州同乡会、江山同乡会等负责人到会祝贺。

6月9日　米芾书法作品赠送仪式在台北故宫博物院举行，台北故宫博物院向常山县赠送宋代书法家米芾《蜀素帖》之《送王涣之彦舟》高仿真复制品，以此祝贺常山建县1800周年。县委书记叶美峰参加。

6月12日　自然资源部不动产登记窗口作风问题专项整治工作动员部署会在衢州召开。来自全国各省（区、市）的国土资源厅（局）和不动产登记中心的相关负责人近200人到常山县实地参观不动产登记大厅，并从办事群众角度全程体验办事流程。自然资源部副部长王广华，省政协副主席、国土资源厅厅长陈铁雄，副市长毛建民，县领导叶美峰、周向军等参加。

同日　市政协主席吴国升到常山县专题调研农民建房体系构建及风貌提升工作。县领导叶美峰、周向军、林红汉别参加。

6月13日　省扫黑除恶专项斗争督查汇报会在常山召开，省检察院副检察长黄生林听取常山县各相关单位关于扫黑除恶专项斗争情况汇报，并就下一步阶段工作提出建议与要求。市委政法委副书记、综治办主任章金凤主持。常山县委副书记、县长周向军作表态发言。

同日　县委书记叶美峰先后赴嵊州市蓝城集团越剧小镇、宁波市华强方特主题公园考察洽谈项目。

6月14日　常山县召开县人大常委会工作评议大会，评议县发展和改革局、县教育局近三年工作。县人大常委会主任徐建华作工作评议部署。

6月14—15日　2018“邻居银行杯”常山县首届龙舟赛在常山港举行。省体育局副巡视员、省龙舟协会主席扬平原，县领导叶美峰、徐建华、林红汉参加，县长周向军宣布开幕。全县的23支龙舟队伍，近700名参赛选手在常山港上展开比赛。

6月15日　衢州市召开全市大整风“十大行动”动员部署会。会上，市委书记徐文光对常山干部队伍作风整顿的“末位管理制”做法给予充分肯定。

同日　安徽省黄山市屯溪区委书记江善良，屯溪区委副书记、区政府代区长杨林率屯溪区党政代表团到常山考察。考察团先后到县行政服务中心、赏石小镇和赛得健康养生小镇等地，实地查看并详细了解常山县“最多跑一次改革”工作以及石产业文化及健康养生产业发展运行情况。县领导叶美峰、周向军陪同。

6月17日　在常山县黄泥塘“金钉子”景区，由中国科学院南京地质古生物研究所陈旭院士、沈树忠院士和常山县共建的常山国家地质公园院士专家工作站正式揭牌。这是常山首个“双院士”专家工作站。

6月21日　2018年全年重点高中计划招生668人，其中常山一中招生计划630人，录取630人，统招线为540.5分，分配线为520.5分；衢州一中招生计划14人，录取14人，统招线为592分，分配线为567分；衢州二中招生计划24人，录取24人，统招线为594分，分配线为569分。普通高中共计划招生700人，其中，紫港中学招生计划560人，录取分数线为468分；三衢高中招生计划140人，录取分数线为506分。普高最低控制线为436分。

6月21—22日　由省督学陈纪钢带队的省教育基本现代化县预评估专家组到常山对创建省教育基本现代化工作进行预评估，为常山“办好人民满意的教育”带来建设性的建议与意见。县委副书记、县长周向军作表态发言。

6月22日　常山县召开省级文明城市复

评迎检动员会。

同日 2018年常山县高考再创新高，常山一中上一段人数达226人，首次突破200人大关，比2017年增加69人，增幅为43.95%。紫港中学二段人数达314人，首次突破300人大关，比2017年增加31人，其中有1名考生上一段线。三衢中学一段人数实现零的突破，有2人上线。职业中专单考单招实现新突破，174人参加考试，上线170人，比2017年增加24人，其中4人上本科线（注：一段线均为裸分，不含艺体生，不含农村专项计划加分，不含竞赛加分，不含自主招生加分等）。

同日 常山县2018年防御特大洪水预案实战演练在辉埠镇辉埠村常山港左岸举行。

6月25日 “高唱颂歌迎七一·纪念建县1800年”全县万人合唱大赛复赛在常山一中报告厅（音乐厅）举行。全县32支合唱团参赛，人民医院合唱团、球川追梦合唱团等15支队伍进入决赛。

6月26日 省人大常委会副主任史济锡到常山督察深化“最多跑一次”改革工作。史济锡先后到县行政服务中心、球川镇便民服务中心、浙江先导精密机械有限公司等地进行实地督察。市人大常委会副主任占跃平，县领导叶美峰、周向军、徐建华、王郁松、毛献明参加。

6月27日 常山江航运工程被交通运输部会议通过，正式列入国家交通运输部“十三五”规划调整项目。

同日 衢州市农房“一户多宅”整治工作现场推进会在常山召开。市委书记徐文光强讲话，市领导吴国升、李锋、陈锦标、毛建民出席，常山县委书记叶美峰汇报常山县“一户多宅”整治工作开展情况，周向军等参加。

6月28日 由浙江日报报业集团牵头，联合省内各权威机构组织实施的2018首届中国（浙江）疗休养产业发展大会在丽水遂昌举行。会上，常山县被授予“浙江省全域疗休养发展十佳县（市、区）”荣誉称号。

同日 中国国土经济学会理事长、党委书记柳忠勤，常务理事、国开行评审二局局长王雪峰一行到常山考察。县委书记叶美峰介绍县情。

6月29日 叶美峰、周向军、徐建华等县四套班子领导前往红色革命根据地——新昌乡西源村开展主题党日活动，通过重温入党誓词、签订十条军规、参观革命纪念馆、重走红军路等，深刻领会、践行革命精神。

同日 常山县人民检察院公益损害与诉讼违法举报中心揭牌仪式举行。县委副书记、政法委书记王郁松为中心揭牌。

是月 常山县白石镇入选“2017年度浙江省小城镇文明行动样板小城镇”名单。

是月 常山县启用项目“竣工测验合一”系统。

是月 常山县被中国志愿服务联合会确定为全国首个县级“志愿之城”试点城市。

7月

7月2日 常山县举办“高唱颂歌迎七一·纪念建县1800年”万人大合唱颁奖晚会在常山一中报告厅举行。

7月3日 浙江欧益服饰产业园在县经济开发区举行。

7月5日 常山县首个互联网＋不动产抵押登记银行端办理点正式授牌成立

同日 常山县第一届微型消防站技能大比武活动在常山县东方广场举行。浙江世贸市场开发有限公司、常山县职业中等专业学校、常山县东方广场世贸有限公司3支参赛队分别获得前三名。

7月6日 常山县出台《“楼长制”管理工作实施方案》，在城区各社区全面实施“楼长制”。

同日 常山县农商银行获“全国农村金融十佳普惠金融机构”。

7月7日 保险扶贫健步走活动举行。

7月8日 常山县首个红十字应急救援队挂牌成立。

7月9日 县委常委会按照市委大整风“十大行动”的总体安排和统一部署，组织召开专题民主生活会。市委副书记李锋讲话，县委书记叶美峰作表态发言，县委常委周向军、王郁松等参加，县人大常委会主任徐建华列席会议。

同日 市委副书记、政法委书记李锋率市“七五”普法中期检查验收组到常山督查“七五”普法中期工作。县委书记叶美峰作表态发言。

7月12日 常山县第五批专家工作站新鲜出炉，分别是县中医院的浙江省中医医院教授、主任医师钦丹萍工作站，县职业中等专业学校的浙江意中教育咨询有限公司董事长、教授苏国怡工作站，县翠香蜜家庭农场的浙江大学环境与资源学院研究员田生科工作站，衢州谷舞电子商务有限公司的浙江省中药研究所有限公司教授级高级工程师江建铭工作站。

7月14—15日 常山县武术队在第十三届浙江国际传统武术比赛中揽获51金35银22铜，其中集体项目获得1个第三名、2个第二名、4个第一名。

7月17—18日 慈溪市委副书记、市长项敏带领慈溪市党政企代表团到常山考察常山—慈溪产业园及企业运行情况。

7月18日 省地震局局长宋新初到常山调研防震减灾工作。宋新初一行先后到赏石小镇、紫港地震台、县行政服务中心等地实地察看防震减灾和“最多跑一次”改革推进情况，考察“三化”改造项目建设。县领导周向军参加。

同日 “常山阿姨”经验推广暨全省发展家庭服务业工作经验交流会在常山举行。省人力社保厅副厅长金林贵，省妇联副主席张丽萍，常山县领导叶美峰、王郁松等，以及全省各地妇联、农民工办、家服办、家服企业负责人等参加。

7月18—20日 中国志愿服务联合会副秘书长段桂青到常山调研“志愿之城”试点工作。县领导叶美峰等陪同。

7月20日 新组建的国家税务总局常山县税务局挂牌成立，标志着原常山县国家税务局、常山县地方税务局正式合并。

7月25日 在全省深化“千万工程”推进乡村振兴会上，常山县被省委、省政府授予第二批“无违建县（市、区）”，成为衢州首个“无违建县（市、区）”。

7月26日 全县党管武装工作会议暨“八一”表彰大会召开。

7月27日 县委十三届四次暨县十六届政府第二次全体（扩大）会议召开。全会深入贯彻习近平新时代中国特色社会主义思想和党的十九大精神，全面落实习近平总书记对浙江工作的重要指示精神和省委十四届三次全会、市委七届四次全会精神，研究部署“东接新衢州，慢城大花园”行动，动员全县上下坚定不移沿着“八八战略”指引的路子走下去，奋力开创“衢常一体、融合发展”崭新局面。县委书记叶美峰代表县委常委会向全会作工作报告，县委副书记、县长周向军主持并部署下半年工作，徐建华、林红汉等县四套班子领导参加。县委委员、候补委员；县纪委委员；不是县委委员的县级领导；担任过实职副处以上的离退休老干部；县人大常委会各委室主任；人大专门委员会副主任委员；政协各专委主任；县纪委室主任以上干部，派驻部门纪检组长；各乡镇（街道）、县级机关各单位班子成员等参加会议。各民主党派、工商联负责人应邀列席会议。

是月 全省食品、保健食品欺诈与虚假宣传整治宣传常山分会场活动在常山县文峰广场举行。此次活动发放宣传册1319份，接受咨询67起。

是月 由常山县人民政府统一出资，县扶贫办与中国人寿保险公司常山支公司签订《扶贫健康保险合作协议》，为全县建档的农村低收入农户购买健康商业补充保险。

8月

8月1日 常山县委巡察工作会议暨十三届县委第五轮巡察工作动员部署会召开。

同日 常山县召开案件剖析警示教育大会。市纪委副书记、监委副主任毛霄云通报常山县3名县处级领导案件查处情况。县四套班子领导参加。

同日 常山县引进首家智能无桩共享电单车首批300辆电单车已投放，4千米内收费2元。常山松果电单车服务区范围北起青少年活动中心，南至城南小区，西起天马一小，东至东苑小区。

同日 常山县新材料循环经济产业园项目签约仪式举行。县领导叶美峰，博广环保技术股份有限公司董事长宋军保等参加。

8月2日 省体育局党组书记、局长郑瑶到常山国际慢城绿核片区内的山地自行车公园察看、听取国际慢城建设和山地自行车赛道建设情况，到中国观赏石博览园考察“体育＋旅游”项目。

8月3日 常山县举行“衢州有礼 至善常山文明有我”活动暨全国“志愿之城”试点、迎省级文明城市复评启动仪式。

8月11日 中国科学院院士、上海交通大学医学院附属国际和平妇幼保健院院长黄荷凤带领妇科、生殖内分泌科专家在县人民医院开展义诊活动。

8月13日 常山县首期电视问政节目——《常山问政·请人民阅卷》正式开录。叶美峰、周向军、徐建华等县四套班子领导参加节目录制。

8月17日 常山县与荣盛集团签署总投资约60亿元的战略合作框架协议，双方将就常山县胡柚小镇及农旅项目开展全面战略合作。县领导叶美峰、戴根林，荣盛集团农旅产业总裁张跃勇等参加。

同日 市委常委、组织部部长林晓峰到常山调研指导工作。林晓峰到青石镇砚瓦山村、中国观赏石博览园，实地察看并详细了解基层党建、石产业发展和赏石小镇建设等情况。

同日 省地震局局长宋新初到常山调研防震减灾数字智慧平台建设工作。县领导叶美峰、周向军分别参加。

8月20—24日 常山第一小学武术队13名运动员在香港第十三届国际武术比赛中，共参加46个项目的角逐，获得金牌35枚、银牌11枚。

8月22—23日 杭州市拱墅区委副书记、区长章燕带领拱墅区政企代表团到常山考察。代表团先后到县行政服务中心、赏石小镇、新昌乡紫晶矿业、何家乡何家村等地，实地查看并详细了解“最多跑一次改革”、特色小镇发展、工业发展、拱墅慢道建设以及油茶经济林项目等工作。

8月23日 市委常委、纪委书记蔡旭昶到白石镇调研指导工作，市纪委副书记毛胥云等陪同调研。

8月24日 县委书记叶美峰主持召开县委常委会议，讨论审议《关于党建统领“信用常山”建设的实施意见》，研究部署常山县社会信用体系建设工作。

8月26日 由蓝燕萍、陈波、林晓剑、杜斐、傅枫桦5位爱心人士发起的春泥公益协会正式成立。

8月27—29日 省“五水共治”、“三改一拆”、小城镇环境综合整治和生活垃圾分类督查组组长徐焕凤率队到常山督查指导相关工作。

8月28日 常山众卡产业园项目开工仪式在衢州绿色产业集聚区常山片区举行。县领导叶美峰等参加，县委副书记、县长周向军宣布开工。

8月29日 常山县卫生与健康发展大会召开。省卫计委党组成员、副主任，省委省政府健康浙江建设领导小组办公室副主任徐润龙作《共建共享健康浙江》专题报告，县委书记叶美峰讲话，周向军、徐建华、林红汉等县四套班子领导参加。

同日 县慈善总会2018年度助学金发放仪式在民政局五楼会议室举行。此次活动发放的助学金由市慈善总会和宁波常山商会资助两部分组成，其中市慈善总会捐助20名大学新生，捐助资金10万元；宁波常山商会42名资助贫困学生，捐助资金5.1万元。

8月30日 常山县2018年“福彩暖万家·助圆大学梦”助学金发放仪式在民政局举行。16名大学新生每人收到助学金8000元及一个拉杆箱。

8月31日 常山绿城颐养中心正式开业，内设260余张老年床位与50余张儿童床位，其中儿童床位是针对弃婴所设。常山绿城颐养中心是常山县首家公建民营养老机构。

是月 来自瑞典的11名武术爱好者到同弓乡洪家祠堂，与洪氏斋公拳的学员交流武术。

是月 常山县选拔5名校长（或书记）到任职学校所在乡镇（街道）挂职一个月，担任乡镇（街道）中层职务，参与乡镇（街道）相关工作，列席班子会议。

是月 常山县列入交通部“十三五”规划两个项目，分别是常山江航运开发工程、杭金衢高速拓宽二期项目，这两个项目在常山县境内总投资达83.7亿元。

是月 县文明办联合县公安局交警大队、县综合执法局对小区绿化带违停车辆开展专项整治行动，开出常山县首张绿化带违停罚单。

9月

9月2日 常山县的吴辰宇（2000年11月出生）代表衢州市代表团在浙江省第十六届运动会（湖州吴兴区）空手道比赛男子甲组60公斤级组手比赛中获得空手道比赛首金。

9月5日 省农业厅厅长林健东到常山检查非洲猪瘟防控工作。副市长吕跃龙，县委书记叶美峰，县委常委、常务副县长毛献明分别汇报工作。

9月10日 常山县召开庆祝第34个教师节表彰大会。县委书记叶美峰，浙江大学教育学院党委书记吴巨慧讲话。会上，宣读了省、市、县表彰文件，为教育世家（三代）、25年班主任荣誉教师代表和获得2017学年政府奖励资金学校代表颁奖；常山县人民政府与浙江大学教育学院签订合作意向协议。县委副书记、县长周向军主持，衢州市教育局局长毛胜田致辞，徐建华、林红汉等县四套班子领导参加。

9月10—11日 全省小城镇环境综合整治“车乱开”专项治理工作推进会在常山县召开。省整治办“车乱开”治理组组长、省公安厅交管局副局长吴良讲话。县领导周向军、毛献明参加。

9月11日 浙江省政府副秘书长蔡晓春到常山调研县域医共体和省公共文化服务重点县建设工作。蔡晓春先后到县人民医院及招贤分院、辉埠东乡村文化礼堂、县行政服务中心、县文化馆和图书馆等地，分别就医共体（医联体）建设以及公共文化服务等工作进行深入调研。县委书记叶美峰汇报相关工作情况，县领导周向军等陪同。

同日 浙江省第三届大数据舆情高峰论坛在浙江报业集团举行。会上，中共常山县委宣传部凭借“何处心安·慢城常山”县域品牌宣传的成功策划与显著成果，荣获“金舆奖·创新案例”奖项。

9月12日 常山县与蓝城集团签署项目投资意向合作框架协议，双方将就蓝城·常山慢城奇乐小镇项目开展全面合作。叶美峰、周向军、徐建华、林红汉等县四套班子领导，蓝城集团总裁许峰参加签约仪式。

同日 省水利厅厅长马林云到常山调研水利工作。马林云先到常山港治理二期汪家淤防洪堤施工现场察看项目效果图与总体布置图，听取相关负责人介绍，详细了解项目的实施进度、工程质量、项目管理及特色亮点等情况；到县滨江堤宋诗之河现场进行实地调研，并就做好相关工作提出指导意见。县领导周向军、戴根林参加。

9月12—14日 省文明办城市处处长张东和带队的省复评组到常山开展省文明县城复评检查。复评组建议，要坚持问题导向，不断提升创建的凝聚力。要从常山实际出发，创新方式方法，主动担当、健全机制、持续发力，推进文明县城创建工作落地见效。县领导叶美峰、徐建华、林红汉等参加反馈会。

9月14日 “常山猴头菇”地理标志证明商标在国家商标局获准注册，地理标志证明商标的专用权期限为2018年9月14日至2028年9月13日。至此，常山县取得“常山胡柚”“常山山茶油”“常山猴头菇”和“常山银毫”四件地理标志证明商标。

9月15—16日 中共中央政治局常委、全国人大常委会委员长栗战书在浙江调研时强调，要以习近平新时代中国特色社会主义思想为指导，围绕中心服务大局，切实加强地方人大工作，为改革开放和社会主义现代化建设做出应有贡献。叶美峰参加座谈会并发言。

9月17日 在推进“最多跑一次”改革中，常山县将公安派出所业务窗口全部撤除，全面入驻乡镇（街道）基层治理“四个平台”。这一做法属全国首创，省委书记车俊批示肯定常山做法，要求省公安厅关注和总结。省委常委、常务副省长冯飞，副省长、公安厅厅长王双全等省领导也相继批示肯定。

同日 常山县的省级现代农业园区、东案胡柚特色农业强镇分别入围2018年省级现代农业园区和特色农业强镇创建名单。

同日 常山县召开常山江“宋诗之河”研讨会。钱塘江文化研究会会长、省委宣传部原常务副部长胡坚主持，市委常委、宣传部部长钱伟刚讲话，县委书记叶美峰致辞。

9月19日 省人大常委会副主任姒健敏率执法检查组到常山就促进科技成果转化“一法两条例”（即《中华人民共和国促进科技成果转化法》《浙江省促进科技成果转化条例》和《浙江省专利条例》）的贯彻落实情况，开展执法检查。市人大常委会副主任诸葛慧艳，县领导叶美峰、徐建华参加。

同日 常山县欢庆“中国农民丰收节”暨首届农民文化艺术节在同弓乡彤弓山村举行。县委书记叶美峰致辞并宣布开幕，县领导徐建华、余风、戴根林、范东英以及全县各村农民、农业主、各界劳动模范代表、100名农民书法家、20余名剪纸能手等参加。

9月21日 浙江省妇联发起的“微心愿圆梦行动”的志愿者们联合浙江省乐道公益基金会、县妇联、县阳光志愿者协会等相关人员到常山县辉埠中心小学，为学校多名留守儿童送上1000余册童话绘本等课外书籍。

同日 常山农商银行为浙江永合新材料科技有限公司发放全县第一笔排污权质押贷款。企业可以无需担保，直接用排污许可证作为质押，且贷款利率比普通企业担保贷款至少降低30%。

9月23日 县委书记叶美峰率常山县党政代表团赴西藏日喀则市、那曲市，回访萨迦县萨迦寺，看望慰问常山援藏医生并考察援藏项目。那曲市委书记松吉扎西，那曲市委副书记、浙江省援藏指挥部党委书记、指挥长陈澄，那曲市副市长李猛等参加会见或陪同。

9月26—27日 黑龙江省望奎县委书记单伟红带领望奎县党政代表团到常山考察。代表团先后到赏石小镇、赛得健康小镇、县行政服务中心等地，实地查看并详细了解特色小镇整体定位、重点规划、项目推进情况及“最多跑一次改革”工作的经验做法。县领导周向军、魏宏伟参加。

9月28日 常山县“舞动慢城迎国庆·纪念建县1800年”全县万人排舞大赛决赛在青少年活动中心拉开帷幕，15支排舞队轮番亮相，县职业中专花样年华排舞队、县人民医院最美天使排舞队和天马街道文峰社区慢城精灵排舞队获得大赛金奖。

同日 常山县育才小学入选2018年全国青少年校园足球特色学校。

9月29日 常山县禁毒工作暨示范县创建动员会召开。县委书记叶美峰，省政法委基层指导处副处长王文兵分别讲话。省禁毒办副主任、省公安厅禁毒总队副总队长王庆，市禁毒委副主任、禁毒办主任汪名六及县领导徐柯、胡伟民、汪卫东等参加。

是月 常山县被评为第一批“全国木本油料特色区域示范市（县）”，成为全国排名第一、浙江省唯一入选的市（县）。

10月

10月1日 德国友人贾宇夫妇向常山县中国观赏石博览馆无偿持续出借其父亲留存的德国矿物晶体原石。县委副书记、县长周向军参加接受仪式。

10月2日 中共常山县委宣传部和上海美术电影制片厂主办的“胡柚娃”陪你过国庆活动在常山县青少年活动中心举行。

10月4日 常山县彤弓山村“古村晒秋景五彩绘丰收”大型晒秋美景分别在央视新闻APP及中央电视台新闻频道新闻直播间中直播，向全国观众展示常山县美丽乡村的丰收场景。

10月9日 来自乌兹别克斯坦、秘鲁、哥伦比亚、墨西哥、埃及、日本、韩国等国家的20余名驻华使领馆官员到常山县赛得健康小镇，体验养老居住环境和健康服务，参加2018“一带一路”外国使领馆官员走进衢州（常山）站活动。

10月12日 第三十三届“三山”艺术节在江山市体育馆举行。常山县委书记叶美峰参加。

10月13—16日 由中国观赏石协会、常山县人民政府主办，常山县档案局、龙腾石博园管理有限公司协办的第54期观赏石鉴评培训班在柏丽大酒店举行。

10月15日 常山县首个示范型居家养老服务中心暨招贤镇高埂村的招贤镇示范型居家养老服务中心开业。

10月16日 常山纪念建县1800年历史文化展暨改革开放40年成就展在县文化馆开展。

10月17日 “盛世中国·慢城常山”第二届常山国际赏石文化节暨中国观赏石之乡交流会举行。国土资源部原副部长、中国观赏石协会创会会长寿嘉华出席；浙江省第十届、十一届政协副主席陈艳华宣布开幕；常山县委书记叶美峰，中国观赏石协会副秘书长仲天举，云南省水富县副县长向东，北美雕刻家协会主席佩瑞分别致辞。国际慢城联盟中国大使汪帆，中国观赏石协会、中国价格协会、中国收藏家协会有关领导，常山县四套班子领导周向军、徐建华、林红汉等出席，部分省、市、县级观赏石协会负责人，中国观赏石之乡代表，国际石友以及赏石界知名人士和企业家代表等参加。

10月17—18日 东案乡寓外乡贤、宁波市农业科学研究院院长王毓洪到东案乡参观西甜瓜产业基地，参加“现代农业产业技术示范基地”揭牌仪式，筹备博士工作站事宜。

10月18日 首届常山人发展大会召开。常山县原县委书记、浙江省第十届政协和十一届政协副主席陈艳华，中科院院士、上海交通大学医学院附属国际和平妇幼保健院院长黄荷凤，国际友人、意大利驻上海总领事馆文化处处长Manai分别致贺词。浙江省审计厅副厅长陈焕昌，衢州市人大常委会原主任黄会荣，原副主任周鸿富、雷长林出席。县委书记叶美峰作主旨演讲，县委副书记、县长周向军推介常山投资环境。历届常山县委书记、县长代表，徐建华、林红汉、王郁松等常山县四套班子领导，常山籍业界翘楚、知名乡贤、新老常山人代表等500余人参加。大会还举行了重点项目集中签约仪式。

同日 常山县重点工业项目集中投产暨大和热磁常山产业园半导体项目投产仪式在工业园区大和热磁常山产业园举行。县委书记叶美峰宣布项目正式投产，县委副书记、县长周向军介绍投产项目情况，县领导徐建华、林红汉、王郁松、段为斌参加。杭州、宁波、温州等地区的常山商会相关负责人以及云南、广西、湖北、安徽等地有影响力的常商代表应邀参加集中投产仪式。

10月19日 常山县举行2018中国山地自行车公开赛总决赛（浙江·常山站）新闻发布暨招商推介活动。发布会上，2018中国山地自行车公开赛总决赛（浙江·常山站）赛事招商正式启动。

10月22日 全县经济工作暨山海协作（东西部扶贫）推进会召开。县委书记叶美峰讲话，县委副书记、县长周向军主持，林红汉、王郁松等县四套班子领导参加。

10月24日 浙江省第十届残疾人运动会首日，常山县培智学校特奥队队员包佳雄、余芳分别获男子立定跳远项目、女子100米跑步金牌。

10月27日 阿里研究院发布《中国淘

宝村研究报告(2018)》，揭晓2018年中国淘宝村及淘宝镇名单，其中常山县紫港街道富足山村“2018年中国淘宝村”榜上有名。据悉，自2016年起，富足山村已连续3年被评为“中国淘宝村”。

10月28日 浙江省老科协会长、省人大常委会原党组书记、副主任茅临生到常山调研指导工作。县领导叶美峰、徐建华陪同。

10月29日 CCTV-13《新闻直播间》栏目播出《浙江常山：传承历史文脉打造“诗歌之城”》。

10月30日 常山县职业中专特聘的意大利教授Carlo Socol（苏国怡）获2018年浙江省“西湖友谊奖”，成为颁奖大会现场50位获此殊荣的外国专家之一。

10月31日 浙江省品牌建设联合会正式发布“浙江制造”团体标准《双列调心滚子轴承热锻套圈》正式实施。该标准由常山县双明轴承有限公司主导起草，是常山县起草的首个“浙江制造”团体标准。

是月 常山县心舟公园建设工程获浙江省建设工程质量最高奖“2018年度浙江省建设工程钱江杯（优质工程）奖”。

是月 在财政部、自然资源部、生态环境部组织召开的山水林田湖草生态保护修复工程试点竞争性评审会上，浙江省申报的钱塘江源头区域山水林田湖草生态保护修复工程脱颖而出，成功入选全国山水林田湖草生态保护修复工程试点，获得中央财政至少10亿元专项补助支持。常山县为试点区域之一。

11月

11月6日 市政协主席吴国升到常山走访约谈委员并开展座谈调研。县政协主席林红汉参加。

11月7日 省供销社主任邵峰率2018年省级结对帮扶团组到常山开展扶贫结对帮扶对接工作。县委副书记、县长周向军致辞。

同日 常山县南方水泥有限公司的首席技师徐功武获“最美浙江人·最美工匠”荣誉。

11月8日 2018中国·常山胡柚文化节在常山县同弓乡太公山胡柚基地开幕。中国农业科学院柑橘研究所所长陈善春，中石化销售公司浙江石油分公司副总经理吴庆高，浙江省农业科学院副厅级院领导张明生，阿里巴巴创新事业部总监破天，长兴县政协主席潘华明，中共古蔺县委常委、农工委主任、总工会主席刘泽军出席。《小康》杂志社副社长赖惠能解读“百县精品”项目。县委书记叶美峰致辞并宣布开幕。县领导周向军、徐建华、林红汉等参加。

11月9日 全县组织工作会议暨“五比亮剑”交流会召开。

11月10日 常山县第51届中小学田径运动会在城南中学举行。全县34所中小学校的416余名运动员参加。

11月12日 县委书记叶美峰，县委副书记、县长周向军率常山县党政代表团赴绍兴市新昌县学习考察。新昌县领导黄旭荣、罗国安、柴理明、邵永明、潘岳梦等参加座谈或陪同考察。县领导徐建华、林红汉等参加。

11月12—14日 县委书记叶美峰应邀在省委组织部、省教育厅、省委党校联合举办的全省教育现代化建设专题研讨班上介绍常山教育发展经验。副省长成岳冲和省教育厅党委书记、厅长郭华巍在讲话中对常山教育改革做法及成效给予高度肯定。

11月13日 县委书记叶美峰率领常山县党政代表团赴慈溪市对接深化山海协作工作。慈溪市领导高庆丰、孙百南、李兴达、高松岳、邹柏涌、周阳、李洪波等参加座谈或陪同考察。县领导徐建华、林红汉等参加。

11月14日 县委书记叶美峰，县委副书记、县长周向军率常山县党政代表团赴杭州市拱墅区学习考察。拱墅区领导朱建明、章燕、周志辉、张德平、孙剑甫等参加座谈或陪同考察。座谈会上，常山天马街道与拱墅区上塘街道签订结对协议；金川街道与拱墅区祥符街道签订结对协议；青石镇与拱墅区半山街道签订结对协议；常山浙江常发粮油食品有限公司与跨境电商园区签订入园协议；常山县大宝山柑橘专业合作社与浙江清亦润公司签订入驻拱墅区“凤凰出山”名特优农产品展示馆协议。县领导徐建华、林红汉等参加。

11月15日 省委常委、组织部部长黄建发到常山调研指导党建工作。黄建发首先考察了赏石小镇“红石印记”党建示范圈建设情况；接着到浙江亿谷电子科技有限公司了解企业党建、人才工作和生产经营情况。市委常委、组织部部长林晓峰，县领导叶美峰、秦财华参加。

11月16日 县人武部干部郭裕文书法作品《改革开放四十周年赋》入选由中央军委政治工作部宣传局、中国书法家协会联合举办的庆祝改革开放四十周年全军书法作品展。

11月17日 2018年省级示范性家庭农场名单日前已正式出炉，公布了新认定的266家家庭农场为2018年省级示范性家庭农场，其中常山县宁春光家庭农场、小羊村家庭农场、尹金有家庭农场、建荣家庭农场、亦宸家庭农场5家农场被新认定为新一批省级示范性家庭农场。至此，常山县有省级示范性家庭农场33家。

11月18日 2018长三角MBA山地越野骑跑两项菁英赛（浙江·常山站）在常山国际慢城山地自行车主题公园举行，来自长三角地区MBA院校即福州大学、南京大学、南京河海大学、南昌大学、浙江大学、合肥工业大学、浙江工业大学、厦门大学、上海交通大学的约150人参加。赛事组别分为商学院个人组和商学院团体组，赛程设置为骑行15千米加跑步6千米。

同日 由全国绿化委、国家林业和草原局、全国绿色基金会、全国供销合作社、四川省政府共同举办的第二届中国绿色产业博览会在四川省中江县举行。会上，常山县人民政府被授予“优秀组织奖”，常山县爱佳果蔬开发有限责任公司艾佳牌常山胡柚荣获“金孔雀奖”（一等奖）。

11月20日 省残联党组书记、理事长蔡国春到常山县调研残疾人工作。蔡国春先后到白石镇、球川镇，实地调研白石卫生院残疾人康复站、聚宝村残协康复站（点）、常山县芳仙饰品厂省级残疾人扶贫基地以及黄泥畈村残疾人危旧房改造项目，了解残疾人服务机构的建设、运行、管理情况和残疾人生活、康复、工作等情况。

11月21日 衢州市“无差别受理”市县一体化建设现场会在常山召开。市委副书记、市长汤飞帆到会讲话。市委常委、常务副市长陈锦标主持；市人大常委会副主任、市行政服务中心管理办公室主任田俊通报并部署“无差别受理”相关工作；常山县委书记叶美峰致欢迎词，县委副书记、县长周向军就“无差别受理”改革工作作经验交流，常务副县长毛献明以及各县（市、区）政府主要领导和相关负责人参加。

11月21—22日 全县副县（处）级以上离退休干部（扩大）读书会召开。县委书记叶美峰讲话。

11月22日 市委副书记、市政法委书记周伟江带队到常山专题督查平安建设工作情况。县领导叶美峰参加。

11月24日 南京大学教授龚昌德、都有为和南京航空航天大学教授贲德3位院士在常山与企业签订成立2家院士工作站的合作协议。至此，常山县已成立10家院士专家工作站。

同日 中国国土经济学会党建论坛在北京梅地亚中心举行。论坛期间，中国国土经济学会党支部与常山县新昌乡黄塘村党支部签署党支部共建协议，推动共建双方党组织实现资源共享、优势互补、共同发展。

11月24—25日 2018中国山地自行车公开赛总决赛（浙江·常山站）暨2018U系列赛——山地自行车全国青少年锦标赛在常山国际慢城山地自行车主题公园举行。中国自行车运动协会秘书长王建国、省体育局副局长胡国平和常山县领导叶美峰、周向军、徐建华等出席开幕式。

11月25日 2018中国山地自行车公开赛总决赛颁奖盛典在常山一中报告厅举行。中国自行车运动协会秘书长王建国致辞。盛典上，颁发“最美赛道”、体育道德风尚奖、各赛组年度团体（个人）冠亚季军等多个奖项。县委副书记、县长周向军代表常山发表获奖感言，江苏赛克林体育发展有限公司董事长蔡裕仁等参加。

11月26日 由常山县总工会和县新闻传媒集团主办的疗休养产业发展特色文化推介会在常山县举办。衢州市各县（市、区）总工会负责人及知名旅行社代表近百人参加。

11月27日 全市公安机关“网格警务”互看互学互比互促活动在常山县召开。

11月30日 常山籍中国科学院院士黄荷凤在英国伦敦召开的英国皇家妇产科学院年会上被授予“荣誉院士（Fellow Honoris Causa）”，以表彰她在妇产科医学中取得的卓越成就和突出贡献。

11月30日 来自全省各地的60位网络名博（网络知名博主）到常山县开展衢州“两山行”活动。

同日 浙江省卫生健康委办公室公布省第六批医学龙头学科名单，县人民医院的重症医学科和肛肠外学科赫然在列，双双获评浙江省第六批医学龙头学科。至此，包括原有的妇产科、心血管内科，常山县人民医院有4个学科入选浙江省医学龙头学科。

是月 常山县以山茶油为核心申报的“中国好粮油”示范县获国家财政部、国家粮食和物资储备局审核通过，是浙江省唯一获此殊荣的县（市区）。

是月 桐乡市的众想纺织有限公司联合常山县阳光志愿者协会和德清县志愿者协会带了2000余条羽绒被，为全县1226名留守学生送去温暖。

是月 Joachim Messing教授在浙江大学教授徐建红的陪同下，参观太公山胡柚基地，实地考察柚都生物、恒寿堂等胡柚加工企业。

是月 2018年“拱墅·常山”文化走亲文艺演出在常山县文化馆小剧场举行。

12月

12月1日 台湾花莲县文化局两岸赏石外联部主任吴健诚一行到常山中国观赏石博览园实地考察，对接2019年海峡两岸赏石文化交流展活动相关事宜。县领导叶美峰参加。

12月5日 常山县与万洋众创城投资集团有限公司举行常山万洋众创城项目签约仪式。该项目计划总用地约930亩，总投资约

50亿元。常山县领导叶美峰，万洋集团董事长苏孝锋，总裁吴建明，以及衢州市协作办、慈溪市有关单位领导等参加。

同日 常山县“12·5”国际志愿者日活动暨侨联志愿服务队成立启动仪式举行。

12月6日 常山县举办2018年“常山好项目”谋划擂台赛。经过角逐，质子回旋加速器研究院和汽车发电机整流二极管项目获得一等奖，100兆瓦新型压缩空气储能示范应用等3个项目获得二等奖，常山江“宋诗之河”文化旅游等6个项目获得了三等奖。

同日 “一山一石一树，常来常往常聚”为主题的常山旅游“新政、新景、新品”发布会暨百家旅行社看常山活动举行。活动现场，县旅委与浙江广电集团签订战略合作协议，县慢城旅游营销公司与杭州盛途旅行社有限公司签订合作协议。

同日 常山胡柚获评2018年浙江省优秀农产品“最具影响力十强品牌”、常山山茶油获评2018年浙江省优秀农产品“最具成长性十强品牌”。

12月10日 衢州市人民政府公布第六批衢州市非物质文化遗产代表性项目名录，常山县共有12项入选，其中涉及民间文学、传统音乐、传统舞蹈、传统技艺、传统戏剧不同类别，入选名录数量居全市第一。

12月11日 常山县与浙江日报报业集团深化战略合作签约仪式举行，双方在县级融媒体中心建设、人才培养、传媒文化产业等八个方面进行全方位合作。

12月11—14日 由中国农业电影电视中心(CCTV-7)、中国宋庆龄基金会、海南省人民政府等联合主办2018美丽乡村博鳌国际峰会在海南三亚举行。会上，常山县被授予“全国百佳乡村旅游目的地”称号。

12月13日 省广播电视局副局长张广洲到常山调研媒体融合改革工作。张广洲一行参观县新闻传媒集团全媒体采访中心、全媒体编辑中心、广播、电视制作室、演播室等，并召开相关工作座谈会，听取广大基层采编播人员的意见与建议。

12月15日 常山县入选“全国柑橘产业30强县（市）”榜单。

12月16日 市委常委、组织部部长、常山港市级河长林晓峰到常山招贤古渡、心舟公园、金川街道徐村、何家乡长风村开展巡河调研，了解河长制落实及流域内水环境综合治理等情况。

同日 四川省泸州市古蔺县职高的34名学子到常山职业中专进行为期两年的学习。

12月17—19日 浙江省教育厅副厅长于永明率省评估组到常山就常山县创建省教育基本现代化县开展评估，并召开工作汇报会与反馈会。县委书记叶美峰致辞。

12月18日 第五届浙江省公共管理创新案例评选发布会在浙江省人民大会堂举行。常山县委、县政府选送的“常山阿姨”保姆业转型发展品牌获第五届浙江省公共管理创新案例优秀奖。

同日 大型电视访谈节目“绿色中国十人谈：对话绿色财富”(常山篇)在常山举行。

同日 常山县人民政府获浙江省森林资源保护管理工作“突出贡献集体”荣誉。

12月18—19日 省委政法委副巡视员张卫星带领省级挂牌毒品问题专项整治考核验收组到常山检查验收。考核组一行先后到永合新材料科技有限公司、天马街道文峰社区、团县委·慢城新青年中心，检查易制毒化学品管理工作，涉毒人员管控、禁毒宣传以及社会团体参与禁毒公益等工作。并听取常山县关于毒品问题整治工作情况的汇报。市委政法委副书记、综治办主任章金凤，县领导叶美峰参加。

12月19日 中国·常山油茶博览会、第三届油茶文化节暨“绿色中国行——走进美丽常山”活动在常山县油茶交易中心举行。全国政协常委、国家林业和草原局副局长刘东生，国家发展和改革委员会宏观经济研究院副院长吴晓华，国务院发展研究中心环境与资源政策研究所副所长、北京市人大常委、教授常纪文，国家发展与改革委员会综合运输研究所副所长、研究员王东明，国家林业和草原局经济发展研究中心党委书记王永海，省政协副主席周国辉，市领导汤飞帆、吕玉茹等出席，县委书记叶美峰致辞，徐建华、林红汉等县四套班子领导参加。

同日 省政协副主席周国辉调研常山县油茶基地发展情况。市政协副主席吕玉茹、县政协主席林红汉陪同调研。

同日 大型系列主题公益晚会《绿色中国行——走进美丽常山》在常山一中报告厅举行。刘劲、刘栋栋等文艺界知名人士及常山籍著名演员周珊等参加文艺演出。

同日 浙江大学附属第一医院“胡坚专家工作站”签约揭牌仪式在常山县人民医院举行。

12月20日 衢州市委在常山县召开全市乡村振兴党建示范带建设现场推进会。与会人员赴常山县大桥头乡濛桥村、国家油茶公园、青石镇青石花石交易市场、赏石小镇、金川街道徐村村、球川镇黄泥畈村、新昌乡黄塘村和郭塘村，实地考察党建示范带建设情况。会上，各县（市、区）、衢州绿色产业集聚区、西区主要负责人作交流发言。

同日 根据《中华人民共和国地方各级人民代表大会和地方各级人民政府组织法》第二十七条的规定，常山县第十六届人民代表大会常务委员会第十五次会议决定：接受周向军因工作变动提出的辞去常山县人民政府县长职务的请求，并报常山县第十六届人民代表大会第三次会议备案。

12月21日 浙江省旅游区（点）质量等级评定委员会审核批准，常山梅树底景区成功晋级AAAA级景区的旅游景点。

12月25日 常山县冬季大防控暨城区治安防控机动队（PTU）启动仪式于文峰广场举行，标志着常山县有了自己的常态化治安防控专业队伍。

12月29日 全县政协党的建设工作会议暨委员培训会召开。县委书记叶美峰讲话，县政协主席林红汉参加。

同日 县人大及其常委会选举任命的国家机关工作人员履职报告会召开，听取县人民政府副县长段为斌，副县长、公安局局长胡伟民等10名由县人大及其常委会选举任命人员的履职情况报告，并现场以投票的方式进行满意度测评。县人大常委会主任徐建华参加。

同日 “慢城常山垄上行”书法展在衢州市文学艺术界联合会举行。此次展出的书法作品40余幅，由常山县6位青年书法家创作。此次书法展持续至2019年1月18日。

12月30日 浙江常山科润新材料有限公司与浙江工业大学共建首家博士后工作站授牌仪式举行。县委书记叶美峰，浙江工业大学校长李小年讲话。

12月30—31日 由中共常山县委宣传部、上海美术电影制片厂、吉盛文化传播有限公司联合出品的传统民族系列动画短片《胡柚娃》配音大赛总决赛在浙江省科技馆举行。全国各地的93名优秀选手参加，最终10位选手获“十佳配音小演员”称号。

是月 浙江省公布第七批（2019年度）历史文化村落保护利用重点村名单及一般村

建设任务数。新昌乡西源村成功入选重点村，何家乡钱塘村、招贤镇泉目山村、芳村镇芙蓉湖村、白石镇草坪村、同弓乡同心村、辉埠镇辉埠村、东案乡万安村7个村入选一般村建设名单。

是月 常山县入围2019年全省扶持村级集体经济发展试点县，并在全省农村综合改革会议上作典型推广交流，获省财政专项补助资金2200万元。

是月 浙江省住房和城乡建设厅公布“2018年度浙江省园林式居住区（单位）、优质综合公园、绿化美化示范路、街容示范街”名单，常山县东方御景园小区、东明湖花园小区获评园林式居住区，文峰东路入选“绿化美化示范路”。至此，常山县已有东明湖公园获评省级优质综合公园、定阳北路获得省级街容示范街。

是月 常山县4个乡镇全部通过2018年小城镇整治省级考核验收，其中同弓、东案、何家3个乡镇获省级样板乡镇。

是月 常山县入选国家耕地土壤酸化治理示范县。

是年 常山县规模以上工业增加值增速排名全市第一。

县情概览

基本县情

常山县位于浙江省西南部，钱塘江源头，是全省的西大门。全县总面积1099平方千米，下辖3街道6镇5乡、180个行政村，人口34.4万人。

【一座慢城】 常山县域生态环境优良，森林覆盖率73.2%，常年空气质量保持在二级以上，出境水水质常年保持Ⅱ类水以上标准，是国家重点生态功能区、浙江省重要生态屏障，全国百佳深呼吸小城十佳示范城市，有“千里钱塘江、最美在常山”美誉。常山国际慢城位于县城郊区，是中国第7座国际慢城，坐拥31平方千米秀丽山水，城东新区、省级旅游度假区、慢城核心区、赏石小镇“四体合一”，慢生活、慢休闲、慢运动内涵丰富，“深呼吸、放下心、享轻松”主题鲜明，“何处心安、慢城常山”特质彰显，成为“全景常山、全域旅游、全时旺季”龙头核心。

【十方通衢】 常山区位独特，地处闽浙赣皖四省边际、北上南下大通道，史称“两浙首站”。特别是常山江，历史上即是南方八省通往“两浙”的主要通道，曾有“日望金川千张帆，夜见沿岸万盏灯”的繁华盛况。境内交通体系完善，汇聚十大通道，杭金衢、黄衢南、杭新景三条高速公路贯穿全境，205、320、351三条国道和221省道纵横交错，沿江美丽公路快速便捷，九景衢铁路建成通车，常山进入“高铁时代”。常山港航道综合开发大幕即将拉开，黄金水道通江达海、前景广阔，县城距衢州机场、杭长高铁衢州站均半小时车程。

【百亿产业】 常山县产业转型走出新路，轴承、纺织、建材“老三篇”在腾笼换鸟中凤凰涅槃，农机、新材料、生物医药“新三篇”在招大引强中快速崛起。可口可乐公司、瑞典SKF集团、美国矿物集团等全球行业巨头和常山“联姻结亲”，轴承、农机、新材料、生物医药“四大百亿”产业、“四大基地”建设迈出坚实步伐。云耕小镇、赛得健康养生小镇、钙谷小镇培育成型。三大工业平台基础设施完善、要素保障有力、产业集聚集群，政策最优惠、办事最便捷、服务最优良、社会最诚信、治安最稳定、环境最宽松的“六最”环境全面营造，是投资兴业的活力高地。

【千载古县】 常山春秋时为越国姑蔑之地，战国归楚，秦属太末县。东汉建安二十三年（218）建县，始称定阳，建县已1800年。境内古道古渡、古街古村不胜枚举，三十六天井记录百年故事，唐宋名刹香火犹盛，古塔古祠挺拔依然；南宋尚书汪韶、贤相赵鼎施政有方，贤良王氏、清简樊莹名垂青史，铁面御史赵抃留迹赵公岩，理学大师朱熹赐名古镇球川，南宋诗人曾几《三衢道中》脍炙人口。“宋诗之河”成为常山文化金名片。国家级非遗常山“喝彩歌谣”、常山贡面、常山麦香饼等民俗文化、特色美食得到传承保护，享誉四方。熔古铸今，贤商文化发扬光大，“常山榜样”德润人心，“孝老之城”备受赞誉，“善良为本、良善为伍”成为社会风尚，善良沁入每个常山人的血液和骨髓，是衢州“最美文化”发源地。

【万亩金柚】 常山是中国常山胡柚之乡、中国油茶之乡、中国食用菌之乡，绿水青山孕育“常山三宝”。常山胡柚种植面积达10万亩，年产14万吨，饮料、酵素、果葡糖浆等精深加工快速发展，与美国可口可乐公司合作，以胡柚为原料开发美汁源饮料，成功打入全球市场；胡柚青果切片“衢枳壳”荣登药典，并入围新“浙八味”，“健康水果”常山胡柚驰名全国，张德江誉之“水果之王”。常山油茶历史悠久，油茶种植面积、产量、加工水平均居全省首位。连续承办多届全国油茶文化节，油茶三大“国字号”经济中心（油茶交易中心、价格指导中心、集散中心）和文化中心落户常山，连续多年列全国木本油料示范县榜首。“常山猴头菇”通过国家农产品地理标志登记。

【亿年奇石】 常山地质形成达4.6亿年之久，有中国第一枚“金钉子”剖面——奥陶系达瑞威尔阶全球层型剖面点，地质遗迹极具科考旅游价值，是国家地质公园。国家AAAA级景区“三衢石林”奇石遍布、鬼斧神工，是全球低碳生态景区。矿石资源丰富，石灰石、萤石矿储量和品质均居全省首位，青石、花石品质优良，有华东地区最大的青石花石专业市场。北宋时是“花石纲”重要产地，所产名石为宋徽宗所最爱，赐名“巧石”。建成中国观赏石博览园，“赏石小镇”为全省首批创建特色小镇，第六个“全国赏石日”活动享誉海内外，是“中国观赏石之乡”。

（县委外宣办供稿）

地形地貌

常山县境内地势南北高、中间低，由西向东倾斜。千里岗山脉自县境东北向县北延伸，怀玉山余脉绵亘于县西南。境内海拔1000米以上的山峰有40座，最高峰在东案乡白菊花尖海拔1390余米，最低点在招贤镇大溪沿村，海拔72米，最大高差1300多米。

全县地貌类型可划分出中山、低山、丘陵、侵蚀岗地、河谷平原5种类型。中山主要分布于县东北部西岭脚—新桥一带，面积88.27平方千米，占全县总面积8.1%；低山分布于县域西北面的球川—何家—东鲁—新昌以西、芙蓉水库、芳村、金源以北地区和东南部的钳口一带，面积318.13平方千米，占全县总面积29%；剥蚀丘陵主要分布于中山与侵蚀岗地之间，面积409.4平方千米，占全县总面积37.2%；侵蚀堆积岗地主要分布于芳村南部和青石一带，面积216.6平方千米，占全县总面积19.7%；沿常山港两岸的河谷平原面积66.7平方千米，占全县总面积的6%；全县山地丘陵面积约占总面积的3/4，属低山丘陵地貌类型。

河流面积约38平方千米。按地形和流向分为钱塘江水系和鄱阳湖水系。钱塘江水系最大支流为常山港，常山港历史上在明清时期称“金川”。鄱阳湖水系发源于玉山县紫坑岭和球川镇的蔑岭。球川溪因1984年千家排水库竣工大部分水量改往钱塘江水系。

（县自然资源与规划局供稿）

水 文

常山县内主要河流常山港为钱塘江的源头，上接开化县马金溪，下至衢州双港口，其中，在县域内的流程46.6千米，横贯东西，流域面积3176.1平方千米，最大年径流量可达43.74亿立方米，最大洪峰流量5800立方米/秒，易形成洪涝灾害。常山港在县内的支流有菱湖溪、芳村溪、龙绕溪、南门溪、马车溪、虹桥溪、里山溪、大坑溪、官塘溪等9条；县内的另一条主要溪流——球川溪流入江西，最终归入长江流域。县内水力资源十分丰富。

2018年常山港月平均水位一览

表1　（测站基面在85高程以上75.700米）　单位：米

1月	2月	3月	4月	5月	6月	7月	8月	9月	10月	11月	12月	年平均
1.65	1.62	2.18	2.34	2.38	2.62	2.30	1.87	1.92	1.70	1.84	2.13	1.65

说明：最高水位在6月20日，6.44米；最低水位在1月15日，为1.27米

（县水文站供稿）

气 候

2018年，全县年平均气温较常年异常偏高；年降水量较常年偏少；年日照时数接近常年偏少。气候相对平稳，但仍然遭受局地强对流、暴雨、高温、阶段性干旱、连阴雨等天气气候事件，气象部门共发布暴雨、雷电、大风、霜冻、大雾、霾、高温等各类预警信号74次。

【气温】 全年平均气温17.9℃，较常年偏高0.2℃，较上年偏低0.2℃。年极端最高气温37.5℃，出现在8月10日；年极端最低气温零下5.4℃，出现在2月6日。

【降水】 全年总雨量1509.1毫米，比常年偏少248.5毫米，比上年偏少95.0毫米；雨日为181.0天，比常年偏多20.6天；比上年少30天。全年出现暴雨5次，分别为3月5日、4月13日、4月14日、4月23日、6月20日，最大日降水量出现在6月20日，雨量96.1毫米。

【日照】 全年总日照时数1714.9小时，比常年偏少18.1小时，比上年偏少16.9小时。

2018年常山县气象要素一览

表2

要素名称（单位）	1月	2月	3月	4月	5月	6月	7月	8月	9月	10月	11月	12月	合计（平均）
平均气温（℃）	5.2	6.6	13.5	18.6	23.7	25.1	28.8	28.7	25.4	17.9	13.7	7.4	17.9
降雨量（毫米）	90.6	51.5	194.1	287.5	152.9	188.7	153.4	79.1	33.7	41.5	108.8	127.3	1509.1
雨　日（天）	17	9	14	16	17	16	13	15	13	9	18	24	181.0
日　照（小时）	76	119.8	135.8	138.7	134	146.2	245.5	222.6	187.8	174	98.9	35.6	1572.1

2018 年常山县气象初终日一览

表 3

名称	初日	终日	初终间日数	其他
霜	2017-12-10	2018-02-13	66	全年平均气压为 999.3 百帕 全年平均相对湿度 78% 全年平均风速 2.2 米 / 秒
雪	2017-01-26	2018-01-31	6	
结冰	2017-12-19	2018-02-13	57	

【重要气候事件及其影响】

1. 雾霾 主要发生在春秋两季。由于扩散条件不佳，1 月 18 日和 19 日早晨，出现能见度小于 2000 米的霾天气，其中 18 日部分地区 $PM_{2.5}$ 浓度达 150 微克 / 立方米，县气象台提前发布霾黄色预警信号。2 月 27 日，能见度小于 200 米，及时发布大雾橙色预警信号。3 月 1 日、4 日、10 日、16 日、27 日，能见度先后出现小于 500 米、200 米，及时发布大雾黄色、橙色预警信号。5 月 1 日、9 日，能见度先后出现小于 500 米、200 米，及时发布大雾黄色、橙色预警信号。7 月 4 日，能见度出现小于 500 米，及时发布大雾黄色警信号。11 月 9 日、24 日、27 日，能见度先后出现小于 500 米，及时发布大雾黄色警信号。28 日部分地区能见度小于 200 米，提前发布大雾橙色预警信号。12 月 3 日、17 日、18 日，出现能见度小于 200 米的浓雾，共发布 3 次大雾橙色预警信号。

2. 连阴雨 2018 年主要阴雨过程及影响有：1 月 4—8 日，出现连续 5 天连阴雨天气，24—29 日，出现连续 6 天的连阴雨天气，对农业和民众生产生活造成一定影响。2 月 19—23 日，出现连阴雨天气，对早生春茶采摘有明显影响。5 月 20—24 日，出现连阴雨天气，影响早稻生长。6 月 20—23 日，出现连阴雨天气，对农作物生长不利。11 月 14—22 日遭遇连续阴雨寡照的极端异常天气，主要影响连晚稻收晒和柑橘采摘。

3. 台风 受 2018 年第 8 号台风“玛莉亚”影响，7 月 11 日，县域东部出现小阵雨天气，其他地区出现零散性小雨，风力明显增大，大部分地区出现 5 ~ 7 级阵风，3 个乡镇站点出现 8 级以上大风，最大的 2 个站点为城东新区 22.6 米 / 秒（9 级）、城区本站 22.6 米 / 秒（9 级）。

4. 暴雨 4 月 13 日 16 时、14 日 06 时，受冷暖空交汇影响，普降大到暴雨，全县面雨量 49.6 毫米，县城降水量为 58.2 毫米，最大降水量为何家乡长风电站 60.9 毫米。县气象台提前发布暴雨蓝色预警信号。

4 月 22—23 日，普降暴雨，全县面雨量 47.0 毫米，县城降水量为 53.8 毫米，最大降水量为白石镇十八里村 67.8 毫米。县气象台提前发布暴雨蓝色预警信号。

4 月 30 日下午开始，常山中北部受雷雨云团影响，普降暴雨，局部大暴雨，截至 5 月 1 日 08 时，面雨量 35.7 毫米。城区降水量为 15.4 毫米，超过 50 毫米以上的有新桥乡詹村 84.7 毫米、芳村镇芙蓉村 87.3 毫米、白菊花尖 77.4 毫米，新昌乡黄塘村 87.5 毫米。县气象台提前发布暴雨蓝色预警信号。

5. 高温干旱 7 月平均高温（≥ 35℃）日数 16 天，较常年偏少 0.3 天。高温时段主要出现在7月中旬和下旬，县气象台于7月25日和29日分别发布高温橙色预警信号。月极端最高气温为37.2℃，出现在28日。

8月平均高温（≥35℃）日数12天，较常年偏少0.6天。高温时段主要出现在上旬和中旬，县气象台共发布5次高温橙色预警信号。月极端最高气温为37.5℃，出现在10日。

6．梅雨 常山县6月20日入梅，7月9日出梅，梅期19天。梅汛期全县平均雨量261.9毫米；县城总雨量262.5毫米，较常年梅雨期（339.5毫米）偏少77毫米。全县有7个乡镇站点雨量超过300毫米，最大的为辉埠镇三衢石林375.1毫米。6月19日20时至20日20时，普降大到暴雨，部分大暴雨。全县面雨量100.9毫米，城区降雨量为96.1毫米，有14个站点超过100毫米，其中最大的为辉埠镇辉埠村142.3毫米。6月20—24日，出现两轮较强降水；6月29日至7月6日，多对流性天气；有4个乡镇站点出现大风8级以上，最大的为芳村镇芙蓉湖村22.5米每秒（6月29日14时）。

7．强对流天气 3月4—5日，出现短时雷雨大风、冰雹等强对流天气，极大风速达24.0米每秒（9级），最大的为新桥乡詹村村出现11级大风（28.5米每秒），导致设施大棚毁损。

4月2—3日，受冷暖气流交汇影响，出现强雷电、短时强降水、雷雨大风等强对流天气。其中，2日下午受雷雨影响，常山中部地区出现短时强降水，黄塘村出现20.1米每秒的雷雨大风。3日下午受雷雨影响，南部出现短时强降水，其中最大小时雨强为和平村43.5毫米。县气象台提前发布雷电黄色预警信号。

9月常山短时强降水、雷电等强对流天气多发。县气象台共发布雷电黄色预警信号2次。

8．冷空气 受冷空气影响，1月常山气温出现两轮明显下降，10—15日、26—31日大部地区出现零下1℃～零下3℃低温，有冰冻，山区零下3℃～零下5℃，有严重冰冻。

9．低温雨雪冰冻 1月下旬出现连续低温雨雪天气，并出现冻雨，气温下降明显。21—22日，开始转阴雨天气，25日夜到26日，大部分地区出现雨夹雪天气，部分地区出现冻雨。27—28日，普降小到中雨，高山地区仍有冻雨、雪等天气，其中27日早晨出现大范围道路结冰。30日夜到31日又出现低温雨雪冰冻天气过程。低温雨雪冰冻天气使我县多路段发生道路结冰情况，1月份气象台共发布7次道路结冰黄色预警信号。

受1月31日降雪影响，2月1日出现积雪，积水、积雪路段出现道路结冰现象，对交通有较大影响。气象台继续发布道路结冰黄色预警信号。

12月6日傍晚至9日，受强冷空气影响，平均气温降温幅度达到10℃，中北部有雨夹雪或雪，山区有积雪，积雪深度2～4厘米。县气象台提前发布寒潮蓝色预警信号。受冷空气影响，12月26日起，气温持续下降，30日普降中雪，山区中到大雪，积雪深度平原乡镇2～3厘米，山区4～7厘米，高山8～10厘米，部分道路有道路结冰，对交通有较大影响。

10．霜冻 3月9—10日早晨，大部地区出现霜冻，乌牛早受冻。22日虽然早晨气温较低在2℃～4℃，但对茶叶影响不大。

11．雷电 6月29—30日，受雷雨云团影响，常山县部分地区出现短时强降水，局地伴有强雷电和雷雨大风等强对流天气。县气象台及时发布雷电黄色预警信号2次。

7月雷暴天气多发，5日、29日部分地

区受雷雨云团影响，出现强雷电、短时强降水和局地雷雨大风等强对流天气。气象台均提前发布雷电黄色预警信号。

8月1日和31日，大部分地区出现雷阵雨天气，局地伴有强雷电、雷雨大风、短时强降水等强对流天气。1日县城降雨量为32毫米，各乡镇站点最大降雨量出现在辉埠镇高峰村58.5毫米，最大风力出现在球川镇山岭村18.2米每秒（8级）。气象台均提前发布雷电黄色预警信号。

（何 超）

人 口

截至2018年年底，全县户籍人口总户数122114户，比上年增加6949户，总人口（不含服现役人员）344267人，平均每户2.8人。男性178154人，女性166113人，分别占总人口的51.8%和48.2%，性别比为107.3（女=100）。总人口比上年减少726人，比上年下降0.2%，增幅比上年回落0.6个百分点。

全县办理出生登记3713人，比上年减少1175人，出生率为10.8‰，比上年回落3.4个千分点。死亡2550人，比上年增加409人，死亡率为7.4‰，比上年提高1.2个千分点，其中男性死亡1494人、女性死亡1056人。人口自然增长1163人，比上年减少1584人，自然增长率3.4‰，比上年回落4.6个千分点。城镇人口105781人，乡村人口238486人，分别占总人口的30.7%和69.3%。全年省内外迁入980人，比上年减少99人；迁往省内外2792人，比上年增加321人。全县总人口按年龄段分布为：18岁以下的为65872人，占总人口的19.1%；18岁至34岁的为65021人，占总人口的18.9%；35岁至59岁的为143842人，占总人口的41.8%；60岁以上的为69532人，占总人口的20.2%。百岁以上老人30人，比上年增加13人。

（说明：以上均为公安年报口径）

（占慧臻）

国民经济和社会发展

【概况】 2018年，常山县实施“四四二”战略体系，深化“三年”活动，推进经济社会高质量发展，全县经济运行平稳，发展活力不断增强，生态环境持续改善，社会民生和谐稳定。

2018年，全县实现地区生产总值（GDP）1404180万元，按可比价格计算，比上年增长6.7%。其中，第一产业增加值79108万元，增长2.3%；第二产业增加值599948万元，增长7.1%；第三产业增加值725124万元，增长6.8%。三次产业增加值结构由上年的6.6∶42.1∶51.3调整为5.6∶42.7∶51.7，第三产业比重提高0.4个百分点，产业结构进一步优化。全县人均生产总值按户籍人口计算为40745元，折6157美元，增长6.6%。

【农业】 2018年，全县实现农林牧渔业总产值124247万元，比上年增长2.0%。全年农作物播种面积17902公顷，其中粮食作物播种面积8889公顷、油料作物播种面积2855公顷、蔬菜（含菜用瓜）播种面积4224公顷、中草药材播种面积268公顷、果用瓜播种面积597公顷。

全年粮食作物总产量53700吨，比上年增长1.5%；油料产量5575吨，增长2.5%；蔬菜产量101426吨，下降0.7%；果用瓜产量23286吨，下降8.4%。柑橘总产量145916吨，增长1.0%，其中常山胡柚产量为113274吨，增长2.8%；茶叶产量为218吨，增长0.9%。

生猪年末存栏4.2万头，比上年下降24.2%；年内出栏9.4万头，增长16.9%。家禽年末存栏113.4万只，下降10.7%；年内出栏226.7万只，增长1.9%。全年肉类总产量9578吨，增长11.5%，其中猪肉6765吨，增长21.8%；蛋类产量2447吨，增长12.7%。

2018年，常山县入选全国百佳乡村旅游目的地，全国柑橘产业30强县（市），全国耕地土壤酸化治理示范县，被评为省级现代生态循环农业整建制推进县，省级统防统治与绿色防控示范县等先进县。现代农业园区、东案胡柚特色农业强镇入围省“12188”工程创建名单，衢枳壳、猴头菇入选“衢六味”，“常山猴头菇”地理标志证明商标注册成功，常山胡柚获省级优秀农产品区域公用品牌（最具影响力十佳品牌），再生稻再创浙江农业之最。

【工业和建筑业】 2018年，全县实现工业总产值1777406万元，其中主营业务收入2000万元以上（即规模以上）工业企业110家，完成产值1166781万元，增长24.8%；规模以下工业完成产值610625万元，增长6.8%。全年全部工业完成增加值482086万元，按可比价格计算比上年增长9.6%。

产值超亿元工业企业达到36家，比上年增加4家，超5亿元的企业有5家，2～5亿元的有6家。亿元企业实现产值871030万元，占全部规模以上工业的74.7%。

规模以上重工业企业完成产值822094万元，比上年增长22.2%；轻工业完成产值344686万元，增长31.7%；轻重工业之比为29.5∶70.5。规模以上工业企业完成销售产值1127390万元，增长24.5%，产销率96.6%，比上年回落0.3个百分点。完成工业出口交货值64721万元，增长4.4%，完成新产品产值296594万元，增长44.8%。

在规模以上工业中，水泥产量554.8万吨，比上年增长2.8%，水泥熟料444.3万吨，下降11.3%；商品混凝土20.6万立方米，增长50.8%；初级形态塑料2428.0吨，下降0.6%；纱1.6万吨，下降21.9%；轴承3686.9万套，增长18.0%；铜材8723.0吨，增长212.3%；机制纸及纸板14.9万吨，增长319.6%；精制食用植物油560.0吨，下降23.1%；钢材5190.4吨，下降32.4%；半导体分立器件103.5万只，下降6.5%；印制电路板37.4万平方米，下降11.3%；互感器631台，下降50.2%；机械化农业及园艺器具937台，增长101.9%；工商用制冷、空调设备3.8万套，增长37.2%。

全年规模以上工业企业实现利税149837万元，增长59.0%，其中利润101846万元，增长72.2%。

全年建筑业实现总产值508858万元，比上年增长7.4%。建筑业实现增加值117862万元，下降3.4%。全县有资质建筑业企业38家，具有一级资质企业2家，二级资质企业11家，三级资质企业25家。

【固定资产投资和房地产业】 2018年，全年固定资产投资比上年下降6.3%。第一产业投资下降71.8%，第二产业投资下降5.4%，第三产业投资下降2.3%。民间投资下降8.3%，交通投资增长32.0%，生态环保和公共设施投资增长20.9%，高新技术产业投资增长62.0%。

全年工业投资比上年下降8.4%，其中工业企业技术改造投资下降27.4%。基础设施投资比上年增长11.8%；其中电力、热力、燃气及水的生产和供应业投资下降55.5%，交通运输业投资增长32.0%，水利、环境和公共设施管理投资增长20.9%。公共服务投资增长3.1%；其中教育设施投资增长240.0%。文化艺术业投资下降84.4%，卫生设施投资增长174.5%。

全县房地产开发投资比上年增长10.2%。房屋施工面积增长30.2%；销售面积下降14.9%；商品房实际销售额增长1.0%。

【国内贸易】 2018年，实现社会消费品零售总额699077万元，比上年增长9.1%。其中限额以上批发零售业实现消费品零售额69189万元，增长40.5%。城镇65523万元，增长15.1%；乡村3666万元，增长18.3%。餐饮收入8539万元，下降12.7%；商品零售60650万元，增长19.3%。粮油食品、饮料烟酒类增长63.2%，日用品类增长46.2%，书报杂志类增长 50.7%，家用电器和音像器材类增长13.6%，中西药品类下降14.0%，石油及制品类下降18.3%。

全县实现网络零售额19.7亿元，增长45.4%，电子商务蓬勃发展。

【对外经济】 2018年，实现进出口总额170944万元，比上年下降2.6%。出口129338万元，下降26.2%；进口41607万元，是上年的236倍。

全县有出口实绩的企业69家，比上年增加8家；新启动出口业务企业15家，增比上年多2家。出口额在100万元以上企业45家，1000万元以上的企业22家。

全县出口排前三位的市场依次是：亚洲、北美、欧洲。对亚洲出口6.0亿元，下降31.5%；对北美出口3.0亿元，下降4.5%；对欧洲出口6.0亿元，下降32.8%。这三大主要市场出口额合计占全县出口总额的89%。

在主要商品出口中，轴承出口2.6亿元，比上年增长5.9%；餐厨用具金属加工产品出口1.4亿元，增长36.2%；化工产品出口2.6亿，增长16.9%；服装、纺织品出口0.5亿元，下降21.6%。

全年新批外商投资企业3家，合同利用外资10480万美元，比上年增长159.9%；实际利用外资100万美元，下降80.6%。

【交通、邮电和旅游业】 2018年，完成交通运输和邮政业增加值43033万元，比上年增长3.3%。各种运输完成公路货物运输量1391万吨，比上年增长16.8%；公路客运量407万人次，下降23.9%。

截至年底，县境内有铁路1条，衢九铁路常山段全线长35.3千米。共有3条国家高速公路、2条国道、1条省道、22条县道、34条乡道，369条村道，公路总里程达到1062.2千米，公路网密度为96.8千米/百平方千米。国家高速公路境内总里程89.0千米，G60沪昆高速（地方名称杭金衢高速）41.6千米，G3京台高速（地方名称黄衢南高速）31.1千米，G60N杭长高速16.2千米。一般国道总里程63.5千米，221省道江溪线境内里程8.63千米。国、省道干线公路里程161.1千米，占公路总里程的15.3%。县道公路263.1千米，占公路总里程的24.8%。乡道公路164.5千米，占公路总里程的15.5%。村道公路473.6千米，占公路总里程的44.6%，公路通乡率达100%，通行政村率100%。全县公路桥梁总长27246.2延米/366座，其中互通式立交桥1636.3延米/9座，公路隧道总长30352.4延米/34道。

全年电信业务收入1.8亿元，比上年增长6.4%。年末固定电话用户3.1万户，下降

4.8%；年末移动电话用户（办卡数）42.8万户，增长25.1%，国际互联网用户（不含手机）11.4万户，增长26.9%。

旅游业快速发展。推进景区村建设，西源村、渣濑湾村、孔家弄村等12个村成功创建AAA级景区村。梅树底景区通过国家AAAA级旅游景区验收，彤弓山景区成功创建AAA级旅游景区，赛得健康园、云耕小镇分别通过创AAAA、AAA级旅游景区景观质量评估。何家乡创建省级旅游风情小镇。常发粮油创建省工业旅游示范基地，大宝山大坞胡柚基地创建浙江省最美田园，黄冈村、郭塘村获评2018年度省级休闲旅游示范村。全县已建成村上酒舍、云湖仙境等10家高端民宿（乡村酒店），村上酒舍获评省级白金宿。据统计，2018年接待游客942.5万人次，实现旅游收入59.8亿元，分别比上年增长19%和18.7%。

【财政、金融、证券和保险】 2018年，完成金融业增加值74860万元，比上年增长1.2%。全年实现财政总收入170929万元，比上年增长22.3%，其中公共财政预算收入109781万元，增长11.1%；上划中央"六税"收入61148万元，增长49.4%。全县税收收入86980万元，增长34.5%，占一般公共财政预算收入的79.2%。全年公共财政预算支出470519万元，增长24.6%。其中民生支出346341万元，增长14.8%，占一般公共预算支出的73.6%；财政八项支出309094万元，增长18.6%，占一般公共预算支出的65.7%。

截至年底，金融机构本外币存款余额2176564万元，其中人民币存款余额2174076万元，比上年增长10.7%。在各项人民币存款中，住户存款余额1212222万元，增长12.5%。年末金融机构本外币贷款余额1692475万元，其中人民币贷款余额1691310万元，增长4.4%。全县全年保费收入3.9亿元，比上年增长0.6%；支付各类赔款1.5亿元，增长10.9%。

【教育和科学技术】 2018年，全县有中小学校39所，高中5所（含民办完全中学1所，民办高中1所，职高1所）、初中7所、小学27所（含2所完全小学）。有特殊教育学校1所，幼儿园55所（公办6所，国有民营8所），成人文化技术学校14所，教师进修学校1所，浙江电大常山学院1所。中小学在校生31539人（高中段6443人，初中段8619人，小学段16367人，特教110人），在园幼儿9055人。在职在编教职工2288人。小学适龄儿童入学率100%，初中入学率100%，小学、初中巩固率达到100%，初中毕业生升高中段比例为98.6%，九年义务教育完成率100%，"三残"（即智残、体残、肢残）少儿入学率99.5%，学前三年幼儿入园率98.0%，十五年教育普及率为98.5%，小学英语普及率100%。

全县各类学校专任教师与学生比为：普通高中1∶12.4，职业高中1∶15.2，普通初中1∶14.1，小学1∶15.0，幼儿园1∶16.8。各类学校专任教师学历达标率为：普通高中98.0%，职业高中97.7%，普通初中100%，小学100%，幼儿园100%；各类学校专任教师高级职称取得率为：普通高中35.6%，职高14.3%，初中17.9%，小学5.4%，幼儿园1.3%。

全年争取上级科技经费713万元。成立首个双院士工作站。组织申报省级重点研发项目6项，4个项目通过网评，2个项目入库。组织申报市级项目19项，市指导性科技计划项目立项9项、科技攻关项目立项1项。"油茶籽品质变化规律和特色制油关键技术研究及产业化”项目获省科学技术二等奖。该技术获鉴定委员会认定为国际同类研究先进水平。全年新增高新技术企业12家、省科技型企业37家。

全县完成专利申请量595件，专利授权量492件，其中发明专利申请72件，授权发明12件。新认定市专利示范企业3家，创建市级知识产权试点经济开发区1家、示范社区1家、示范学校1家。全年发放创新券238.8万元，使用创新券119.1万元，兑现86.7万元。

【文化、卫生和体育】 2018年，全县开展春节“九龙闹元宵”民俗文化活动、“绿色中国行 重走美丽常山”暨第二届全国油茶文化节等活动。举办第三十二届“三山”艺术节公益晚会，圆满完成第三十三届“三山”艺术节展演、“爱在常山、情系古蔺”系列活动义演。承办“高唱颂歌迎七一 纪念建县1800年”全县万人大合唱和“舞动慢城纪念建县1800年”全县万人排舞大赛。举办全县未成年人课本剧大赛，推动浙江省“全民阅读月”在常山深入开展。组织大型红色歌剧《江姐》在常山公益演出，并取得较大社会影响力。举办纪念建县1800年历史文化展暨改革开放40年成就展和“为常山喝彩”大型文艺晚会。全年开展送电影下乡3500多场，送戏下乡150场，送图书下乡2万多册，文化走亲专场演出9场。截至2018年底，全县有156个非遗项目被列为四级名录，国家级项目1个、省级项目9个、市级项目61个、县级项目156个。

截至年底，全县有广播电台1座，广播综合人口覆盖率100%。电视台1座，电视综合人口覆盖率100%。共有文物保护单位57个，公共图书馆图书藏书量320千册，比上年增长11.8%。

全县共有各级各类医疗机构289家，常山县人民医院、常山县中医医院、常山县妇幼保健计划生育服务中心各1家、乡镇（中心）卫生院14家、民营医院6家、其他医疗机构2家、村卫生室202家、有乡村医生180名，门诊部1家，个体诊所43家（中医诊所10家）、厂矿医务室18家。全县核定床位1156张，全县执业（助理）医师数852人，每千常住人口医生数3.3人；全县执业护士数766人，每千常住人口注册护士数3.0人。卫健系统共有在编专业技术人员1131人，其中正高级43人、副高级120人、中级379人、助理级360人、员级201人、见习期28人。

2018年，常山县在全国及全省各类体育比赛中，获金牌7枚、各类奖牌16枚。举办国家级赛事1场，省级赛事6场，市级赛事4场，县级赛事4场。全县各单项体育协会组织各类活动115次，参与人数14328人。举办2018中国山地自行车公开赛总决赛暨全国青少年山地自行车锦标赛、2018“环浙”自行车嘉年华（常山站）暨第三届环常山骑游大会。承办2018浙江国际皮划艇精英赛、2018浙江省第二十七届幼儿体操表演大赛暨衢州市幼儿大众舞操比赛、2018浙江省国际跳棋锦标赛暨浙江省国际跳棋冠军赛（衢州分站赛）等。

【资源和环境】 2018年，常山港流域地表水质和饮用水源地水质100%符合水功能区要求，出境水质100%达到II类水标准，比考核要求的III类水标准提高一个等级。全年城区环境空气有效监测天数为362天，优良天数为346天，优良率为95.6%，高于上年2.2个百分点，$PM_{2.5}$浓度为31微克／立方米， 下降 18.4%，环境空气质量创五年以来最好水平。全县森林覆盖率达到 71.3%。

（占慧臻）

精神文明建设

【概况】 2018 年，常山县精神文明建设委员会办公室(以下简称“县文明办”)以“文明创建”工作为载体，全力打造“孝老之城”，为建设更高质量“特富美安”慢城大花园提供精神动力和道德支撑。继续开展社会主义核心价值观宣传教育，让社会主义核心价值观在广大市民中外化于形、内化于心。开展省级文明城市复评六大创建活动，常山以全市第一的成绩 87.30 分通过省级文明城市复评。开展最美常山人系列评选，以“百村孝榜”和“最美常山人”评选活动为抓手，统筹开展“十大孝星”等系列表彰活动，形成村有学习标杆、乡有先进榜样、县有突出典型。利用村（居）孝老“红黑板”、事迹报告等宣传手段，营造浓厚氛围，使典型的影响力得到最大限度激发，引发群众共鸣。印发《关于推行党员干部移风易俗“八项要求”的通知》，提倡非亲属礼金“零红包”，上限 100 元，引导全县建立文明、节俭、健康、科学的生活方式，形成喜事新办、厚养薄葬、节俭养德、文明理事的社会新风尚。是年，常山县被中国志愿者服务联合会确定为全国首个县级“志愿之城”试点城市，白石镇获评浙江省小城镇文明行动样板小城镇；青石镇、县运管所、高峰村等 12 家单位（村、社区）被评为市级文明单位（村镇）。评选出西源革命纪念馆等 8 个县级爱国主义教育基地和东案乡、综合行政执法局、西源村等 44 家级县级文明单位（村镇）。

【社会主义核心价值观宣传教育】 2018 年，县文明办继续开展社会主义核心价值观宣传教育，努力让社会主义核心价值观在广大市民中外化于形、内化于心。印发《关于加强社会主义核心价值观宣传工作的通知》，对公共场所、社区农村、围墙围挡、学校等地宣传核心价值观的面积、数量等做出明确要求。在新汽车站、人民医院周边、零担菜市场等地制作公益围墙近 2000 平方米。城区所有主干道制作公益广告 800 余幅，制作城区及社区草地牌 1300 余幅。

【2018 年“最美常山人”系列评选】 2018 年，县文明办开展最美常山人年度榜样评选，表彰廖慧忠、徐盼辉等 22 名年度榜样及提名奖；联合县机关工委、团县委开展“2018 年最美常山志愿服务先进”评选表彰活动，表彰县交通局、辉埠镇人民政府等 8 家“志愿服务先进单位”、10 个集体“优秀志愿服务组织”、10 名“最美常山十佳志愿者”、20 名“最美常山优秀讲解员”、39 名“最美常山优秀志愿者”；联合团县委、县新闻传媒集团开展“最美常山十大杰出青年”评选，表彰余家富等 20 名杰出青年及提名奖；与县妇联开展十佳“常山阿姨”评选，表彰张根莲等 10 名十佳阿姨。深入挖掘身边的榜样，向上级申报。周桔凤获评第七届“浙江孝贤”，连中福、徐国英等 5 人入选“浙江好人榜”，甘忠芳、周美华、项玉莲等 9 人入选“衢州好人榜”，曹敬林家庭入选浙江省最美家庭。

【“志愿之城”建设】 2018 年，县文明办着力“志愿之城”建设，依托“志愿汇”APP

组织开展志愿活动和“反馈激励”，组织志愿者参与建县1800年等重要活动，年内全县“志愿汇”APP注册志愿者1.2万人，服务时长超20万小时。指导春泥公益协会成立，暑假期间春泥协会组织大学生志愿者120余人次到白石村、芙蓉村等设置6个教学点开展暑期支教志愿服务活动，服务学生达400余人。7月18日，中志联副秘书长段贵青一行来常山调研。常山县被中国志愿者服务联合会确定为全国首个县级“志愿之城”试点城市。

【“孝老之城”选树标杆】 2018年，县文明办以“百村孝榜”和“最美常山人”评选活动为抓手，利用村（居）孝老“红黑板”、事迹报告等宣传手段，统筹开展“十大孝星”等系列表彰活动。全县选树1800余名村级标杆、200余名乡级榜样，并表彰傅珍芳等20名孝星及提名奖。深入挖掘孝善文化历史典故、当代常山孝老敬老先进典型，整理完成《常山孝经》初稿。组织开展“孝行天下”系列活动，凝聚社会各界孝老敬老出钱出力的全民自觉氛围。联合团县委、县教育局等部门开展“幸福爷爷·快乐奶奶”征文比赛和“衢州有礼·孝行有我”主题活动，评选出170余件优秀作品。

【移风易俗倡导文明新风】 2018年，县文明办引导全县建立文明、节俭、健康、科学的生活方式，形成喜事新办、厚养薄葬、节俭养德、文明理事的社会新风尚。印发《关于推行党员干部移风易俗“八项要求”的通知》，提倡非亲属礼金“零红包”，上限100元，全县近2万名党员干部签订《党员干部践行移风易俗“八项要求”承诺书》。赵家坪社区改变摆酒庆祝方式，采取晚会的形式为考上大学的学子喝彩，受到新华社、中国新闻网关注报道。组织各乡镇（街道）开展以“垃圾不落地、出行讲秩序、办酒不铺张、邻里讲和睦”主要内容的小城镇文明行动。梳理小城镇文明行动检查重点，指导、检查各乡镇（街道）行动开展情况。

【开展文明城市复评创建活动】 2018年，县文明办开展文明城市复评创建六大活动，吸引市民参与创建。一是“文明有我·拒绝陋习”活动。共计7000多人次参加评选，最终从41个备选陋习中，选出市民最厌恶的“十大陋习”。二是“文明有我·随手拍”活动。呼吁广大市民用手机、照相机等设备记录身边的善举和曝光十大陋习。三是“文明有我·礼让斑马线”活动。广泛开展礼让斑马线宣传教育，对不礼让斑马线的行为给予曝光，共教育3500多人次。收集全县机关干部的私家车信息，对于不礼让的车辆进行通报。四是“文明有我·奉献一小时”活动。组织全县2000多名干部，以每周奉献一小时的形式，落实包干单位十五条工作职责。五是“文明有我·劝导一小时”活动。组织全县5000多名党员干部，在主要交通路口开展文明劝导，参加劝导志愿服务。六是“文明有我　礼在小区”活动。千名楼长、万名党员以老带新的形式，走进楼道深入住户，向市民群众宣传普及省级文明城市知识和文明礼仪等。

【未成年人思想道德教育】 2018年，县文明办整合部门工作资源，把“春泥计划”提质工程与文化礼堂阵地建设结合起来，实现资源共享。重点落实8所学校的中央彩票公益金支持的乡村学校少年宫项目任务，组织大学生暑期志愿服务行动，为农村未成年人营造良好文化氛围。深入开展“我们的节日”系列活动，开展节日娱乐文化民俗、经典诵读活动，把“我们的节日”办成爱国节、文化节、道德节、仁爱节、传承节。以春节、元宵等传统节日为节点，开展一系列有利于青少年健康成长的主题实践活动。

（王瑶）

乡镇（街道）和村居概况

2018年度，常山县域面积1099平方千米，全县辖3街道6镇5乡，其中8个社区，4个居委会，180个行政村，2个渔业大队，总人口34.4万人。

2018年常山县乡镇（街道）基本情况简介及行政村、社区名称一览

表4

乡镇（街道）名称、概况	行政村、社区（居委会）名称
天马街道办事处（区域面积75.49平方千米，辖12个行政村，6个社区，常住19262户，年末总人口约4.83万人）	东方红 南前坊 西峰 北屏山 常年青 蒲塘 东港 周塘 天马 五联 天安 和平／屏山社区 金川社区 东明社区 定阳社区 文峰社区 渡口社区
紫港街道办事处（区域面积41.30平方千米，辖10个行政村，1个渔业大队，1个社区，6129户，约1.97万人）	富足山 外港 后坊 枧头 大弄口 狮子口 狮东 姜家堡 孔家弄 渣濑湾／渔业大队 紫港社区
金川街道办事处（区域面积57.51平方千米，辖14个行政村，1个社区，年末总人口约3.20万人）	常桥 新建 五里亭 十里山 新都 蒋家 十五里 胡家淤 朱家坞 湖东 徐村 上埠 上蒋 金川弄／赵家坪社区
白石镇（区域面积46.20平方千米，辖7个行政村，年末总人口约0.95万人）	十八里 曹会关 白石 小白石 草坪 新塘岭 聚宝
招贤镇（区域面积69.80平方千米，辖18个行政村，年末总人口约3.46万人）	官庄 高埂 大溪沿 游林 古县畈 古县 招贤 汪家淤 渔溪口 纱帽山 溪上 泉目山 大弄 五里 樊村 鲁士 山底 象湖
青石镇（区域面积78.70平方千米，辖18个行政村，1个渔业大队，年末总人口约3.60万人）	山溪边 湖头 虹桥 阁底 塘边 山头 江家 新站 马车 水南 飞碓 澄塘 砚瓦山 和尚弄 溪口 大塘后 九龙山 桥亭／溪口渔业大队
球川镇（区域面积129.50平方千米，辖20个行政村，1个社区居委会，年末总人口约3.94万人）	后弄 芙蓉 红旗岗 东山 西村 杨家 球川 东坑 王家 三溪 吴家 上安 馒头山 沙安 黄泥畈 九都 棋盘山 常周 龙绕 新店／龙头街居委会
辉埠镇（区域面积127.10平方千米，辖17个行政村，1个居委会，年末总人口约3.40万人）	大埂 山背 鸭坞 石姆岭 辉埠 东乡 童家 久泰弄 宋畈 达坞 路里坑 彭川 双溪口 桐村 黄坞岭 才里 东鲁／辉埠居委会
芳村镇（区域面积154平方千米，辖20个行政村，1个社区居委会，常住人口约2.84万人）	泮坑 园区新村 芳村 洁湖 河边山 上猷阁 下猷阁 猷阁口 大处 前进 石塘 芙蓉湖 修书 井河 东源 横山路 新桥 前姜 东岗 前塘 ／水阁亭居委会
何家乡（区域面积54平方千米，辖8个行政村，年末总人口约1.37万人）	何家 樊家 江源 江湾 钱塘 长风 黄冈 双安
同弓乡（区域面积37.28平方千米，辖8个行政村，年末总人口约1.16万人）	彤弓山 同心 关庄桥 山边 金川源 湖石头 中和 胡村
大桥头乡 （区域面积49.90平方千米，辖8个行政村，年末总人口约1.53万人）	浮河 客弄 友好 新村 大桥 樟山 莲塘 濛桥

续表 4

乡镇（街道）名称、概况	行政村、社区（居委会）名称
新昌乡（区域面积 110.60 平方千米，辖 10 个行政村，年末总人口约 1.75 万人）	新昌 对坑 黄塘 岩前 � 郭塘 达塘 茶源 泰安 西源
东案乡（区域面积 68.81 平方千米，辖 10 个行政村，年末总人口约 1.57 万人）	高峰 金源 呈东 弄坞 田蓬 前库 朝阳 东案 白马 万安

中国共产党常山县委员会

综　述

2018年，中共常山县委团结带领全县广大党员干部群众，贯彻落实省委十四届三次全会、市委七届四次全会精神，围绕省委推进“‘八八战略’再深化，改革开放再出发”和市委“1433”发展战略体系，始终保持政治定力、战略定力、实干定力，常山县经济社会发展持续保持良好势头，各项工作不断取得新进步、迈上新台阶、开创新局面。全县实现地区生产总值140.4亿元，比上年增长6.7%；财政总收入17.1亿元，增长22.3%，其中一般公共预算收入11.0亿元，增长11.1%；全县社会消费品零售总额69.9亿元，增长9.1%；城乡居民人均可支配收入分别为36423元和20184元，分别增长8.6%和10.2%。

聚焦高水平融入，构建衢常一体新格局。围绕市委“1433”发展战略体系，坚持市域一体、市县联动，突出“交通先导、城市赋能、产业创新”，全面实施“东接新衢州，慢城大花园”行动计划，全速推进“一江、两城、三园、四镇、五通道”建设，努力把常山打造成为大湾区战略节点的两江通道、大花园核心景区的慢城风光、大通道浙西门户的通衢首站、大都市区绿色卫城的康养福地。常山列入浙赣边际合作示范区建设规划，常山江航运工程列入交通部“十三五”规划调整项目，杭淳常快速通道实现节点开工，048省道主干道建成通车，320国道“二改一”、351国道、沿江公路、杭金衢高速公路拓宽工程等交通项目加快建设，“衢常一体、融合发展”的新格局初见雏形。扩大对外开放，与慈溪、拱墅、新昌共同打造山海协作“升级版”，建立拱墅—常山电商合作基地，与慈溪共建消薄“飞地”。结对帮扶四川省古蔺县，加大产业、培训、劳务等方面帮扶力度。

聚焦高标准打造，焕发千年古县新风采。结合改革开放40周年和常山建县1800年重要历史节点，举办首届常山人发展大会、第二届国际赏石文化节、西源革命纪念馆开馆、纪念改革开放40周年成就展暨常山建县1800年历史文化展、“为常山喝彩”文艺晚会、“绿色中国行走进美丽常山”公益晚会等系列活动，评选表彰改革开放40周年突出贡献人物。“何处心安·慢城常山”城市形象品牌案例获浙江省“金舆奖”。农民丰收节“晒秋”、“宋诗之河”文化品牌打造、农房管控和风貌提升、文化礼堂建设等工作，被《人民日报》、新华社、中央电视台等媒体点赞。常山获评全国百佳深呼吸小城“十佳示范城市”、首批省级国土资源节约集约模范县，入选全国山水林田湖草生态保护修复工程试点、全国首个县级“志愿之城”试点、全国经济林产业区域特色品牌建设试点、全省首批可持续发展创新示范区创建名单，获浙江省全域疗休养发展十佳县（市、区），成为全市首个省级“无违建县”，捧回省“五水共治”“大禹鼎”。举行2018中国山地自行车公开赛总决赛、2018浙江国际皮划艇精英赛、常山首届龙舟赛等赛事。“合唱之城、排舞之乡”品牌建设持续推进，举办中国常山鲜辣美食节暨世界首届斗辣会。首次召开全县文艺工作者座谈会，推动常山文艺事业开启繁荣发展新篇章。

聚焦高质量发展，拓展经济增长新空间。围绕打造“四大百亿”产业，实施企业登高“2315”工程、工业“新七条”，加快轴承产业基地化、钢琴制造和商用冷柜产业化，规模以上企业产值、增加值增速排名全市第一，获评全省经济与信息化工作优秀县。振兴“常山三宝”，举办常山胡柚文化节、常山油茶文化节活动，常山胡柚成为阿里巴巴首个“百县精品”项目，荣盛集团投资打造胡柚小镇，省级山茶油质量检验中心成功授牌，常山成为全省首个“中国好粮油”示范县，在“绿色中国行——走进美丽常山”公益活动中被授予践行“两山”理念突出贡献奖，“常山猴头菇”成功注册地理标志证明商标。梅树底AAAA景区开园迎客，赏石小镇、赛得健康小镇列入AAAA景区创建名单。严格落实项目推进“六大机制”，省市县书记县长项目工程开工率达75%，完成重点项目投资66.5亿元，先导产业园、哲丰新材料、常林纸业等亿元以上项目建成投产。强化精准招引，全年引进亿元以上项目27个，其中5亿元以上项目3个、10亿元以上项目4个，慢城奇乐小镇、国颐健康园项目框架协议顺利签约，万洋众创城项目已经摘牌，众卡物流园、金色同弓田园综合体等项目开工建设。

聚焦高品质生活，奏响民生幸福新乐章。坚持“以人民为中心”发展思想和“民生优先”战略定位，全力推进民生事业发展。尽心竭力解难事。推进城区危旧房治理改造，分区块加快安置房建设，力争让危房户主早日住上新房。打响农民建房管控攻坚战，在全市率先开展“一户多宅”集中整治行动，推进农房风貌改造提升。诚心诚意办实事。全力打赢教育翻身仗，高考、中考和小学成绩全面进步，从全市末位跃居前列。“常山阿姨”品牌获评第五届浙江省公共管理创新案例优秀奖。体贴入微管小事。以“五度五心”工作法为遵循，深入推进“厕所革命”，抓好农村厕所革命“三百行动”，城乡144座公厕建成投用，困难群众改厕率和农村旱厕拆除率均达100%。城区35个停车场、5700余个停车位全部实现免费开放。坚持不懈做好事。开展“孝老之城”建设，在全国县级城市率先设立“5·20”常山敬老日，制定一套标准、办好十件实事、实施百村孝榜、开展千人结对、推进万众尊老，“孝老之城”建设被评为“浙江省民生获得感示范工程”，常山在首届“慈孝中华高峰论坛”上介绍经验。

聚焦高效能治理，释放改革发展新活力。以深化“最多跑一次”改革为牵引，全面推进各领域改革，农民建房实现“一语统办”，“低保惠民联办”救助模式入选民政部2018年度社会救助领域优秀创新实践案例。制定全省首个钱塘江出境水水质考核奖惩办法，成功争取省绿色发展财政奖补资金4.76亿元，全国山水林田湖草生态保护修复工程试点已到位资金2.5亿元。着力优化营商环境，创新“五四三”初信初访化解办法，创成“无信访积案县”，以打造“信德过”城市为核心，大力推广黄泥畈村农民诚信体系建设经验，全力构建社会信用体系，扫黑除恶专项行动打击绩效位居全市前列，在浙江首发省级平安指数中得分位居全市第一、全省第十。融媒体改革扎实推进，县级媒体传播力、引导力、影响力显著提升。开展“衢州有礼、至善常山、文明有我”系列活动，以全市总分第一的成绩顺利通过省级文明城市复评。推行党员干部移风易俗“八项要求”，规定“非亲属参加婚丧喜庆，‘提倡零红包，上限100元’”，弘扬社会新风尚。

聚焦高素质队伍，展现担当干事新形象。把加强党的政治建设放在极端重要位置，以大整风行动刮骨疗毒、自我革命，教育广大党员干部严守“十条军规”“十条宣言”“三个绝不能”，推动党员干部牢固树立“四个意识”，做到“两个维护”，始终做政治上的明白人。以“两全两提·五强五星”行动为主抓手，全面落实“三个三”基层党建工程，推进基层党组织“全领域建强、全区域提升”。在县委党校创设“支部书记学院”，全面推行“楼长制”，构建红色物业联盟“135”体系。突出“严管＋厚爱”“激励＋约束”，抓人促事、以事促人，统筹开展年轻干部培养选拔“365”工程。常态化开展“五比亮剑”工作交流，完善县管领导干部实名推荐制，开设《常山问政·请人民阅卷》栏目鞭打慢牛，重拳出击“为官不为”，“5820”干部末位管理工作在全市介绍经验。实施“智汇常山”工程，全年共引进“万人计划”专家1人，摘获西湖友谊奖1人，新引进院士专家工作站、博士后科研工作站等17家。严格落实“两个责任”，以熊雨土、甘土木、顾建华等违纪违法案件为反面教材，召开全县案例剖析警示教育大会，组织正科级以上干部到县看守所接受实地、实例、实景现场警示教育，筑牢思想防线。深化县委巡察工作，用好监督执纪“四种形态”，加大案件查办力度，始终保持惩治腐败的高压态势，共处置反映问题线索482件，立案163件，结案130件，给予党纪政务处分129人，其中乡科级干部16人；依法采取留置措施7人，移送司法机关4人。

重要会议

【县委十三届三次全体（扩大）会议】 2018年1月19日，中共常山县委十三届三次全体（扩大）会议召开，县委常委会主持会议，县委书记叶美峰代表县委常委会向全会作工作报告，周向军、徐建华、林红汉等县四套班子领导出席。全会回顾总结2017年工作，研究部署2018年各项任务，动员常山县上下高举习近平新时代中国特色社会主义思想伟大旗帜，乘势而上、奋发有为，全面建设更高质量的“特富美安”慢城大花园。

【常山县机关干部大会】 2018年2月22日，常山县机关干部大会召开。县委书记叶美峰讲话，常山县委副书记、县长周向军主持会议。会议肯定2017年全县经济社会发展取得的成绩，强调全县机关干部要敢于打破固有格局，敢于担当，磨砺品格，提升专业能力，以务实的作风干事创业。会议通报2017年度乡镇（街道）、部门考核情况，宣读2017年度“集体三等功”“项目功臣、攻坚干将、招商能手”表彰决定。

【县委农村工作暨政法平安信访工作会议】 2018年5月4日，常山县委农村工作暨政法平安信访工作会议召开，县委书记叶美峰讲话。会议指出，要扎实推进一村万树、垃圾分类、“一户多宅”整治等农村工作，持续深化农业供给侧结构性改革，全力推动农业转型升级、创新融合发展。持续深化“平安常山”建设，做到消危安源、除恶安良、解忧安民、固本安基、崇德安心。

【常山县领导干部大会】 2018年5月28日，常山县领导干部会议召开，传达学习市委七届四次全会精神，研究部署常山县贯彻落实意见，县委书记叶美峰讲话。会议强调，常山要全面贯彻落实好市委七届四次全会提出的“1433”发展战略体系，做到真学真懂、真信真用，努力建设更高质量的“特富美安”慢城大花园。

【县委十三届四次全体（扩大）会议】 2018年7月27日，中共常山县委十三届四次暨县十六届政府第二次全体（扩大）会议召开，县委书记叶美峰代表县委常委会向全会作工作报告，县委副书记、县长周向军主持并部署下半年工作。会议贯彻落实习近平总书记对浙江工作的重要指示精神和省委十四届三次全会、市委七届四次全会精神，研究部署“东接新衢州，慢城大花园”行动，动员常山县上下沿着“八八战略”指引的路子走下去，开创“衢常一体、融合发展”崭新局面。

【首届常山人发展大会】 2018年10月18日，首届常山人发展大会召开。500多名来自海内外的杰出常山儿女汇聚一堂，共叙乡情友谊，共谋家乡发展。常山县原县委书记、浙江省第十届、十一届政协副主席陈艳华，中科院院士、上海交通大学医学院附属国际和平妇幼保健院院长黄荷凤，国际友人、意大利驻上海总领事馆文化处处长Manai分别致贺词。浙江省审计厅副厅长陈焕昌，衢州市人大常委会原主任黄会荣，原副主任周鸿富、雷长林出席。县委书记叶美峰作主旨演讲，强调让每一个常山人当好常山形象的“代言人”，当好常山对外开放的“铺路人”，当好常山发展的“献策人”，当好常山明天的“开创人”。

（鲁雪远）

纪检监察工作

【概况】 2018年，常山县纪律检查委员会（以下简称“县纪委”）、常山县监察委员会（以下简称“县监委”）共立案163件，结案130件，给予党纪政务处分129人，其中乡科级干部16人。县监委采取留置措施7人，移送司法机关4人，依法作出判决2人。建立追逃追赃工作衔接联动机制和党员、国家工作人员外逃数据的定期通报制度，构建一套切实管用的防逃制度体系。建立案源分析会和案件研讨会制度，推动办案质量和能力的双提升。深挖彻查涉黑涉恶腐败及“保护伞”问题，与县委政法委建立案件线索快速移送处置机制，全年查处涉黑涉恶腐败问题4个，党纪政务处分3人。开展营造良好发展环境“六大督查”（即政令畅通情况大督查、落实主体责任大整改情况大督查、扶贫领域腐败和作风问题大督查、破坏营商环境问题大督查、整治形式主义官僚主义持之以恒深化纠正“四风”工作“回头看”及违反中央八项规定精神问题大督查、村级工程监管情况大督查），开展各类专项督查18次，下发通报8期，督促整改问题127个，问责处理42人。开展扶贫领域腐败和作风问题专项治理，下发交办单7份，督促整改问题15个，问责处理2人。建立完善容错纠错、澄清正名等严管厚爱工作机制，全年澄清失实举报9件，公开通报典型失实举报案例3起。启动作风建设“大督查大整治大落实”行动，整治“六机”“四匠”等干部作风问题，对5起执行市委市政府“十条军规”工作不力的典型案例予以通报曝光。开展“廉节清风”和整治形式主义官僚主义专项行动，查处违反中央八项规定精神9起，处理党员干部9人。受理信访举报总量比上年下降16.24%；业务内重复举报及一信多投信访件总量下降11.21%。做好执纪监督“后半篇文章”，协助县委召开案件剖析教育警示大会和《忏悔录》警示教育会，拍摄廉政时空专题片、警示教育片，开展“对位式”庭审旁听活动，全年推送“清廉常山”微信127期、廉政短信52条。建立健全“六张清单一张网”，开展纪检监察系统大整风，完善纪检监察组织绩效考评办法，出台《常山县纪检监察干部行为规范》，开展基层纪检监察组织履职情况专项督查，严格执行监督执纪工作规则，对3名纪检监察干部进行了问责处理，其中党纪处分1人。开展纪检监察工作“大调研”活动，梳理确定扶贫资金监管、村级项目建设等26个课题，让纪检干部在调研中破难题、补短板、抓落实，共撰写调研文章47篇。

【县纪委十三届三次全会召开】 2018年3月10日，中共常山县第十三届纪律检查委员会第三次全体（扩大）会议召开。县委书记叶美峰作题为《党员干部应坚守“不贪为宝”》的讲话；县委常委、纪委书记黄霏作题为《坚定不移落实全面从严治党部署 为全面建设更高质量的“特富美安”慢城大花园提供坚强的政治和纪律保障》的工作报告。会议回顾总结全县2017年党风廉政建设和反腐败工作，研究部署2018年主要任务。

【监察体制改革工作持续深化】 2018年，县监委会同县公安局、县检察院、县法院、县审计局、县金融办建立健全查办职务犯罪案件调查、移送审查、审理沟通及线索移送的全程协作机制；建立健全审查调查安全和医疗急救保障机制，初步形成以监察体制改革为核心、相关部门协作配合为辐射的“1+X”保障机制。在全县14个乡镇（街道）设立监察办公室，与乡镇（街道）纪（工）委合署办公，授予部分监察权限。

【县委巡察工作机制创新】 2018年，县委巡察办制定《中共常山县委巡察工作规划（2017—2021年）》，推进常规巡察。全年巡察党组织14个，发现问题415个，下发《巡察建议书》7份，移交问题线索62个。开展农村危旧房治理改造、低保补助首轮专项巡察和重点村专项巡察，巡察重点村10个，发现问题225个，移送问题线索32件，立案10人。创新巡察工作机制，建立巡察问题线索处置科室联审制度和巡察反馈意见整改落实情况评估质询机制，配合省委巡视组在衢州巡视期间交办的各项工作。

【“清廉常山”建设高标准推进】 2018年，县纪委县监委协助县委出台《关于推进“清廉常山”建设的实施意见》。出台《关于推进清廉常山“八大项目”建设的实施意见》，推动全县纪检监察组织先行先试，打造渣濑湾村、彤弓山村、樊家村3个清廉村居样板村；开展清廉文化进农村文化礼堂工作，重点打造24个清廉文化示范点。全面推行个性化责任清单和履责留痕制度，落实“廉情双抄告”制度，深化“两个责任”报告评议制度，协助县委开展全面从严治党主体责任落实情况专项检查，推动管党治党政治责任落细落小落实。

【“三书两告”制度有效落实】 2018年，县纪委县监委推行“三书两告”（“三书”即《纪检监察建议书》《巡察建议书》和《提醒函》；“两告”即《廉情抄告》和《廉情通告》）制度，对工作中发现的个性问题、普遍性问题和苗头性问题，分别下发《纪检监察建议书》8份、《巡察建议书》10份、《提醒函》1份，督促相关职能部门举一反三查找差距、着眼治本建章立制。落实廉情抄告制度，印发《廉情抄告》15份，提醒督促县级分管领导切实履行好“一岗双责”。实行廉情通告制度，编发《廉情通告》2期，下发给基层单位作为监督执纪的“错题本”和“参考书”，做到点上问题面上解决。

（刘光军）

县委办公室工作

【概况】 2018年，中共常山县委办公室（以下简称“县委办”）围绕市委“1433”发展战略体系和县委“四四二”战略体系要求，紧扣县委、县政府中心工作，以大整风行动为载体，以“效率革命”为抓手，坚持“文稿要更精、谋事要更周、办事要更快、参谋要更前、信息要更全、沟通要更畅、督办要更紧”七条标准，整个办公室团结一致，各位班子成员分工负责，各个科室认真履行“参谋助手、信息反馈、督促检查、综合协调”职责，确保县委各项工作高效运转、决策部署有效落实，得到县委主要领导的充分肯定。

县委办围绕县委决策部署，把握正确政治方向，确保工作思路与县委大局一致，工作目标与县委要求吻合，工作重点与县委中心合拍。2018年，县委办在“5·20”敬老日、第二届“全国赏石日”、第三届全国油茶文化节等活动中做好牵头抓总职责，在危旧房治理改造、教育改革、“一户多宅”整治、营商环境建设等重点工作中积极作为，与各单位一同推动中心工作走在前列，确保县委制定的战略、方针、政策落地见效。正确处理“内与外”“上与下”“大与小”“急与缓”等各方面关系，加强与市委办公室的业务联系，协助县委领导做好与县四套班子、县级部门单位和乡镇间协调工作，使各方面关系更加和谐，工作步调协调统一。

县委办以市委“大整风”行动为抓手，认真学习贯彻市委七届四次全会、全市大整风“十大行动”动员会、打造营商环境最优城市部署会等重要会议精神，组织观看徐文光书记讲话视频6次。严格按照要求开展民主生活会、组织生活会，领导班子成员共撰写心得体会文章和发言材料18篇，上报对照检查材料、问题整改情况12份，做到见人见事、红脸出汗、触及灵魂。在全县范围内掀起“效率革命”热潮，先后召开“提高标准、提升效率”专题查摆讨论会2次，全体干部参与讨论发言，列出问题清单和整改举措，进一步转变工作作风、提升工作效率。

县委办完善机关支部学习制度，采取集体学与自学相结合、专题讨论与主题辅导相结合的形式，组织机关干部学习中央、省委、市委和县委的一系列重大决策部署，提升办公室干部业务水平和综合素质。县委办重视干部培养工作，全年提拔调任乡镇干部2人，内部提拔干部1人，新进人员3人，借用人员2人，轮岗挂职10人，上挂1人，另有1名干部通过选拔进入省级部门。

县委办坚持民主集中制原则，严格按照“集体领导、民主集中、个别酝酿、会议决定”的原则办事，注重发挥班子的整体功能，做到思想上合心、工作上合力、行动上合拍。强化纪律规矩意识，自觉遵守《中国共产党章程》《中国共产党纪律处分条例》和《中国共产党问责条例》，认真执行廉洁自律各项规定，自觉接受组织和人民群众的监督，做清正廉洁、执政为民的表率。2018年，县派驻第一纪检组共开展立项监督3项，专项检查5次，发放建议书5份，提出整改建议12项。

【综合文稿精益求精】 2018年，县委办严把文稿起草关、政策关、文字关，力求服务决策“准、精、优”，文字表达“短、实、新”，增强文稿的针对性、专业性和指导性。完善综合文字材料小组人员配备，建立健全层层负责、逐级把关、常态会商、集中校改等机制，重要文稿集体起草、统一审核、充分论证，提高综合文稿工作水平。全年完成县委全会、县委农村工作会议、常山人发展大会、教师节表彰大会等重要会议材料和省、市领导到常山调研的汇报材料370余篇。

【信息工作保持全市领先】 2018年，县委办加强信息上报，全年被省《每日汇报》《工作情况交流》《中办专件》《上报中办》等刊物采用86篇，其中“常山阿姨”经验信息被省委办三大重要期刊同时采用，获得汪洋、刘延东、马凯3位中央领导同志和省长袁家军的批示肯定；全国首创公安办事窗口乡镇（街道）全覆盖信息上报中办，获省委书记车俊批示肯定；“一户多宅”、扫黑除恶等信息获市委市政府主要领导批示肯定，批示数位列全市第一。注重发挥信息的参谋助手作用，全年编发《常山信息》普刊39期、增刊42期、业务通讯12期，《领导参阅》6期，《每日要情》34期。做好信访维稳类信息预判，确保在规定时间内准确及时上报。

【宣传报道工作再创佳绩】 2018年，县委办围绕市委“1433”发展战略体系和县委、县政府中心重点工作，高度关注厕所革命、教育改革、乡村振兴、“常山三宝”转型提升、“四大百亿产业”壮大等领域，组织采访和宣传报道。全年在市级以上党报党刊及新媒体平台发稿370余篇，纸媒发稿254篇，除转载外的新媒体发稿100余篇。其中，“厕所革命”被《人民日报》刊登，成为近10年来县报道组首次就县委中心工作单独在《人民日报》上刊发的单篇稿件；《光明日报》1篇；《新华每日电讯》3篇，数量创历史最佳；《中国教育报》1篇；《浙江日报》刊登涉常山报道147篇、头版稿件14篇；《今日浙江》1篇；《衢州日报》发稿196篇，头版头条21篇，创下近年来最好成绩。

【督查考核创新高效】 2018年，县委办围绕市委大督考体系运作，牵头组建县大督考专班，通过建立备忘录、重大事项报备制、组团督查、实名通报等系列举措，里外协调、上下打通、左右联动，发挥大督考体系效能。创新体制机制，多项工作走在全市前列。“周二无会日”活动，通过与组织部、纪委部门密切配合、狠抓整改，教育成绩从全市末位走向全市前列；全县督查考核事项的清理规范，合理留存、精准撤销，缩减事项75%以上，相关做法作为全市唯一典型上报省里；对领导交办和批示事项，创新实行集中交办、跟踪督查、销号管理，共上报专报6期，获得县委主要领导的批示和肯定。全年开展各类督查158次，下发督查通报62期，下达督查事项交办单200多份，获县委县政府主要领导批示12次。

【调研改革纵深推进】 2018年，县委办落实“大学习调研大抓落实”行动，围绕村集体经济增收、山海协作工程、基层治理等深入开展调研，牵头报送《常山阿姨促进家庭服务业转型升级》，获评第五届省公共管理创新优秀案例，撰写孝老之城、数字经济等各类调研理论文章10余篇。履行全面深化改革牵头抓总职责，推动“最多跑一次”改革向农村、企业等多领域延伸，牵头总结农民建房审批最优体系、低保惠民联办等经验，在全省、全市创出特色，同时抓好改革满意度评估调查工作，不断提升群众对改革的知晓率、参与度和满意度。

【创新“周二集中办文日”制度】 2018年，县委办强化服务意识、简化办文流程，做好办文办会和接待工作。创新实行“周二集中办文日”制度，围绕“周期性、针对性、集中性”，高效快速办理好中央、省市各级文件传阅。安排干部赴市委办秘书处顶岗挂职，学习借鉴市级先进经验，进一步优化领导请假、县领导一周工作预安排等工作制度。全年传阅中央、省、市三级文件800多份，组织筹办各类会议调研走访等300多场，制作下发县级文件400多个。严格接待标准，完善规范接待程序，全年接待省、市领导到常山考察调研200多批次。

【密码通信安全建设】 2018年，县委办按计划新增3名机要人员，全方位、全天候参与服务，确保密码通信、机要运作畅通有序。加强密码通信安全建设，率先在全市完成主渠道密码通信渠道建设。全年保障中央、省市视频会议46场次，定期巡查重点涉密单位12次，不定期检查一般涉密单位10次，开展乡镇涉密载体管理情况检查14次、部门涉密载体管理情况抽查9次、上网信息保密审查制度执行情况普查15次、保密自查自评工作督查6次。

（鲁雪远）

组织工作

【概况】 2018年，全县组织系统牢牢把握绝对忠诚的政治定位，服务中心大局的职责定位，坚持结果导向，全面开展“干部能力提升年、基层基础深化年、招才引智突破年”三年行动，为“活力新衢州 慢城大花园”建设提供坚强的组织保障。截至年底，全县有县管干部527人，其中部门352人、乡镇（街道）175人；女干部98人、党外干部25人、80后干部108人。有基层党（工）委41个、党组38个、党总支41个、党支部720个，党员20096人，其中行政村党员10437人。

多渠道强化政治历练，将干部政治表现、德行表现考察与日常工作考察融合。大胆使用敢于负责、勇于担当、善于作为、实绩突出的干部。全年新提拔和转任重要岗位的干部18人，基本都是在中心工作中担当有为的干部。创新“慢城百事通”智慧治理平台，探索党建统领大联动＋智慧应用大联动运用新模式，不断完善平台功能，注册用户逐步攀升，推广应用渐成习惯，包含智慧党建、村务管理、便民服务、干群交流等模块，年内注册数4万人，信息量1万多条。

开展“双全双提·五强五星”（对照市委“全领域建强、全区域提升”三年创建要求，设一批组织力量强、服务发展强、文化引领强、基层治理强、品牌效应强的“五强”党组织，打造一批“闪亮、富美、文明、和谐、模范”的五星示范点，以高质量党建引领高质量发展，实现党建提质、发展提速目标）行动，制定出台“双全双提·五强五星”行动“1+5”实施方案，制定五大领域质量标准体系，划定底线标准。12月20日，全市乡村振兴党建示范带建设推进会在常山召开。参与建成常山西源革命纪念馆（又名闽浙赣皖土地革命战争浙西纪念馆）。

【综合施策推动干部人事制度改革】 2018年，县委组织部根据市委抓人促事制度体系，结合常山县实际，出台“1+11”政策体系［“1”指的是《关于构建抓人促事机制激励干部新担当新作为的实施意见》，“11”指的是《领导干部德行考察实施办法（试行）》《干部正向激励实施办法（试行）》《关于深化专班干部管理考核的实施办法（试行）》《干部“三色”管理考评办法（试行）》《不胜任现职干部召回管理办法（试行）》《关于加强干部交流工作的暂行规定》《关于进一步加强退出现职领导干部管理的实施办法（试行）》《关于建立容错纠错机制激励干部新担当新作为的实施办法》《常山县落实〈中国共产党问责条例〉实施细则》《常山县机关事业单位及其工作人员问责办法》《关于印发〈关于加强优秀年轻干部发现培养选拔工作的实施意见〉的通知》］，以“抓人促事激励干部担当作为”总文件为统领，打出系列组合拳。深化完善现有政策，出台《深化专班干部管理考核的实施办法》《容错纠错总体实施办法》，把“考事”“考人”最大限度结合起来。拓展创新落实上级政策精神，结合常山县“孝老之城”建设，以“简便高效、综合运用、考准考实”为目标制定干部德行考察办法，折射干部政治表现；按照“只增不减”要求细化干部“三色”管理部分情形，为干部精准“上色”；出台《关于加强干部交流工作的暂行规定》，拓宽干部交流对象，从严管厚爱多维度调动干部积极性，鼓励干部放手干事。

【先行先试干部召回管理】 2018年，县委组织部立足干部末位管理工作基础，出台《不胜任现职干部召回管理办法（试行）》，针对干部召回管理制定“定岗位职责、定帮扶教育、定考核目标、定监管责任”的“四定”管理机制。9月，在衢州市范围内率先举办召回干部能力提升培训班。通过“回头看”，将工作面貌改变不大、因主观原因拖拉疲沓的23名干部纳入“回炉教育”，在市委党校、县委党校开展理论教育、党性教育、革命传统教育和综合能力提升，通过“基层一线跟班学习”“二次择岗”“双向选择”，真正让召回干部既受惩戒、又受鞭策、更受震动，促其调整心态、卸下包袱、回炉再造、再次起航。

【“效率革命”提升工作效率】 2018年，县委组织部牵头开展“效率革命”，抓自查、强调研，梳理出一批影响全县、全局性或是群众反映强烈的工作效率方面新老问题，直击制度弊端、协调堵点，在全县范围内形成震动。开展“慢牛干部”评选，将全县各单位中层干部好好“排排队”，起底疲沓拖拉、效率低下的“慢牛干部”50余人，均为机关事业单位、国企中层干部。直面问题，靶向施策，制定重点工作推进、三级协调会商、重点工作预警、全员效率竞赛、领衔破解难题五大机制，倒逼各单位转变工作作风、完善服务理念、优化工作流程。全县报送班子领衔破难题事项及破解举措370余条，确保破解效率问题的工作过程和结果可落实、可检查、可监督。

【实施年轻干部“365”培育工程】 2018年，县委组织部实施优秀年轻干部“365”培养工程，开展年轻干部大调研活动，将全县年轻干部按照干部成熟度划分为近期、中期、远期3个层次；同时，按照干部发展类型划分为工业经济、规划建设、金融财贸、项目管理、产业招商和综合管理6种类型，按照“1121”结构初步掌握近期可用、中期压担、长期培养和远期培育的优秀年轻干部571人。

【干部教育培训更精准】 2018年，县委组织部以党校为主平台，深化完善立体化办班模式，精准开展干部教育培训，举办项目建设、基层治理、学法用法等各类班次62期，覆盖学员4160余人次。抓好“周末自主选训”活动升级版建设，对标常山“国际慢城”城市定位和发展方向，设计专题开展选学选训，实现干部培训全覆盖，学员抽样评价满意率达94.8%。

【干部个人事项核查管理更规范】 2018年，县委组织部出台《关于重申机关事业单位工作人员管理有关规定的通知》，对回避制度、中层干部选拔任用、因私出国（境）管理、编外用工管理等有关事项作进一步明确和规范。做好干部个人有关事项核查，结合日常巡查及工作需要，对全县10余家单位领导干部个人有关事项进行抽查核实90余人次，并对3起不如实报告个人有关事项的领导干部进行书面通报。抓好出国（境）管理审批工作，落实领导干部出国（境）审批相关规定，全年审批领导干部因公出国（境）11批次22人次；审批领导干部因私出国（境）2人次。用活用好“12380”等监督举报系统，加大查处力度，根据信访举报和线索重点查办跑官要官、买官卖官、拉票贿选和带病上岗以及其他群众反映强烈的违规用人问题。

【基层党建品牌打造更出色】 2018年，县委组织部以“基层基础提质年”为重要抓手，聚焦提升组织力，以项目化设计、程序化推进、精细化管理、品牌化经营、形象化展示，推动各单位各层级同台竞技，成功孵化如球川镇诚信体系建设、大桥头乡集体经济发展“3+X”模式、东案乡骑行党建、国税局“税务蓝中党旗红”、城东新区擎旗手、老干部局银龄互助等党建创新示范项目，成功打造一批高质量的基层党建工作品牌，推进基层党建“全领域建强、全区域过硬”。

【创办浙江省首个党支部书记学院】 2018年，在县委党校增挂常山县党支部书记学院牌子，与县委党校合署办公，形成“两校两院”格局。完成各类党支部书记培训7期，全县400多名来自农村、党政机关、教育、卫计、“两新”组织的党支部书记在党支部书记学院进行深造，通过集中开班、专题学习、周末讲座、外出考察方式，实现“党务、服务、规矩”三位一体深度融合的新突破。

【《柚都先锋》党建电视栏目开办】 2018年，县委组织部开设《柚都先锋》党建电视栏目，下设《党建好声音》《时代先锋》《党建播报》《先锋视界》4档子栏目。以新闻、访谈、专题等形式为主，全方位展现全县党建和组织工作的发展，全年推出16期节目，搭建党建融媒传播新平台。同步向省、市平台报送优秀案例，党建统领基层治理、厕所革命等工作，先后被浙江卫视《时代先锋》《党建好声音》等栏目宣传报道，纪录片《为居安》获全省党员教育电视片三等奖。

【开展村社组织换届“回头看”】 2018年，县委组织部开展村社组织换届“回头看”，对村社党组织和干部进行“三色”评定，其中村社组织被评定为“红色”14个（其中村

13个、社区1个）；“黄色”13个（其中村13个），占村社总数的6.9%；村社干部评定为“红色”65人（村干部62人、社区干部3人）；评定为“黄色”67人（均为村干部），除10名干部未按要求参加“歇职”培训将被转为“灰色”外，已参与“歇职”培训的“黄色”干部57人；评定为“灰色”26人（全部为村干部），给予责令辞职、罢免、免职和长期歇职等组织处理26人，给予纪律处分3人，涉嫌违法犯罪移送有关机关依法处理4人。开展15个后进村党组织整顿，全部完成整转提升，实现后进赶超。

【“三个三”基层党建工程全面实施】 2018年，县委组织部常态长效抓实“周二无会日”，建立“5+”工作规程，打造“计划、分工、服务、推进、反馈”回路闭环。钉钉“一日三签”，“村干部、乡镇干部、部门干部”按“9时、11时30分、17时”三个不同时段，定位签到，报送动态，推动“人到、事随、心沉”。推行网格问效，把“问政”开到群众“家门口”，由群众当考官提诉求，干部给方案抓落实，力求“问题不出网格、矛盾不上交”。实体化运作“网格党小组”，全县484个网格党小组均规范落实“五有”标准；全覆盖推进“党员1+N”联户，9524名党员参与党员联户，108个机关党组织与46个网格103个小区长期结对，1150名党员担任楼长。建立乡镇（街道）党（工）委“服务指数”、村（社）党组织“堡垒指数”和党员“先锋指数”考评体系，考实考准现实表现。

【“消薄”攻坚战取得初步成效】 2018年，县委组织部组织各村分别与浙能集团、省供销社下属兴合集团、财通证券公司、阿里巴巴、上虞区和萧山区等地一批企业开展结对帮扶，其中浙能光伏项目已并网发电产生收益。签约慈溪—常山山海协作“飞地”小微产业园项目。建成赵家坪物业大楼、县水库移民食用菌基地、辉埠水库移民创业园、球川水库移民创业园4个县级“消薄”平台。历时两年多的白石镇宣丰大楼商业综合体完工，全县64个村受益。多村抱团实施的大桥头乡“互联网＋物业经济”项目（6村）、东案乡集镇农贸市场及仓储用房项目（4村）、球川镇标准化厂房建设项目（5村）等一批村集体经济发展试点项目加快实施。128个集体经济薄弱村实现“清零”。

【实施“人才＋”行动】 2018年，县委组织部实施“百村千雁”“蓝领精英”等5大人才培养工程，持续擦亮“常山阿姨”品牌。推动“常山三宝”、观赏石等特色产业的发展。与浙江工业大学、浙江科技学院、浙江省轴承工业协会、杭州轴承试验研究中心等签订战略合作协议，前接市场企业、后靠高校院所协同创新机制全面形成。坚持高端引领，全年柔性引进海内外各类高层次人160余人、紧缺急需人才510余人，新引进“万人计划”专家1人，新建院士专家工作站10家、博士后科研工作站2家、博士工作站7家，并有1名外国专家荣获“西湖友谊奖”。

（陈安龙）

机构编制工作

【概况】 2018年，全县各级行政机构有74个，在职人数1422人，事业单位总数305个，在职人数5030人。全县事业单位法人设立登记3家，变更登记80家，完成年报统计151家，年检合格率达100%。全县机关、群团单位完成存量主体赋码75家。从事生产经营活动事业单位注销登记6家。

常山县机构编制委员会办公室（以下简称“县编办”）全年受理机构编制事项36项，下发编委、编办文件22件，重点对因生产经营性活动事业单位改革、县域医共体建立等工作进行调整完善。开展用编计划、核准单申请、人员进编备案、中层职数管理等编制业务网上办理工作。开展实名制数据信息专项核查自查工作，完成实名制管理工作的每月报表报送工作，对接省、市数据库，提高实名制系统数据质量，优化进编、出编等工作流程。与县委组织部、县人社局共享机构编制实名制数据信息，做好领导干部配备情况、财政预算和机关事业工资及参保信息资源的共享利用，形成长效管理机制，为常山推进各类活动开展提供坚强有力的体制机制保障。深化基层治理“四平台”的实战运行，起草并以县委、县政府文件印发实施《关于创评星级基层治理体系“四平台”工作的实施意见》。协助组织部门强化基层治理四平台的党建引领工作，实现基层治理的大党建统领、大联动治理、大数据应用、大融合推进；以星级平台创建为契机，夯实基层治理四平台的属地管理、全科网格、综合指挥和运行机制建设。

【生产经营性事业单位改革全面完成】 2018年，县编办根据省、市关于从事生产经营活动事业单位改革文件精神和工作部署，按照“向改革要活力、向管理要效益”的目标，完成生产经营类事业单位改革。成立由县长担任组长，县委组织部、县编办、县财政局、县人社局等部门主要领导为成员的县事业单位改革工作领导小组，研究制定《常山县从事生产经营活动事业单位改革的实施办法》，落实主体责任，规范工作程序，明确改革节点，坚持分类施策，按照“一家一策”的原则，制定改革方案。对经济效益较好，具有事业企业“双法人”经营类事业单位，优先转制为企业。对规模小、职能弱化的事业单位，通过撤销方式，稳妥退出事业单位序列。9月30日，县事业单位改革工作领导小组会议召开，通过11家从事生产经营活动事业单位改革工作方案（共收回编制19名、安置人员41人），标志着生产经营性事业单位改革全面完成，提前两年完成省定改革任务。

【县域医共体试点工作】 2018年，县编办按照省医改办“三统一、三统筹、三强化”的要求，根据常山县县域医疗资源结构布局和群众健康需求，对常山县医疗机构进行整合，组建以常山县人民医院、常山县中医医院为牵头单位，14家乡镇卫生院为成员单位的2个“纵向协作、横向联合”的县域医共体。由县事业单位登记管理局分别以医共体为单位进行事业单位法人变更登记，统一医共体法人关系，赋予医共体事业单位法人资格，由医共体牵头单位院长担任事业单位法人，医共体内的乡镇卫生院作为总院下属分院，统一登记，统一管理，实现县级医院和基层医疗卫生机构一体化运作。统筹医共体编制资源管理，打破人事编制“多样化”壁垒，建立人员交流新机制，促进县域医疗系统人员合理流动、良性循环。

【全县机构改革正式启动】 2018年，县编办在中央机构改革方案公布后，多次组织学习会传达会议精神，并倒排时间节点推进机构改革工作。由相关领导牵头组成调研组分赴各部门乡镇开展调研，对常山县现有机构、编制、职责等情况进行全面摸底工作，结合有关文件精神及政策口径，形成《常山县机构改革方案》。12月7日，《常山县机构改革方案》经县委常委会研究同意，报请市委、市政府审批。12月29日，获省委、省政府审批同意后，县委、县政府随即印发，标志着常山县机构改革工作正式启动。

（黄妍玲）

宣传工作

【概况】 2018年，常山县宣传思想文化工作以纪念建县1800年、改革开放40周年为主线，强化“宣传工作项目化、项目工作专班化”理念，为阔步东接新衢州，建设慢城大花园提供坚强思想保证和精神文化支撑。组织开展县委理论中心组学习10次，“慢城大讲坛”专题讲座6次，“慢城分讲坛”专题讲座140余场，“慢城讲师团”宣讲活动200多场，开创基层宣讲“农村走廊”新模式。推出一系列重量级报道，国家、省级以上媒体刊播涉常新闻稿件244篇，中央媒体采用17篇；省级新闻227篇，比上年增长95.2%。尤其是央视报道实现新突破，先后12次登录新闻联播、新闻直播间等重要栏目，“何处心安 慢城常山”获评浙江省第三届大数据舆情高峰论坛“金舆奖”。媒体融合改革持续深化，与浙报集团签订全面战略合作协议，改革效应初步显现。响应省委、省政府关于打造钱塘江诗路文化带的号召，打造常山江“宋诗之河”文化品牌成为县委、县政府重大决策。创新策划文化礼堂提升工作，打造特色疗休养与工作考察于一体的农村文化礼堂旅游路线，接待省内外疗休养团队100多批次，入选省委宣传部编制的文化礼堂指导手册，并在全省农村文化礼堂建设现场会上作典型发言。创新推进农村基层“学哲学用哲学”工作，“一苑一馆一长廊”精品哲学阵地被列入省社科普及示范项目。推出常山纪念建县1800年历史文化展暨改革开放40年成就大型展览，塔山公园成为衢州市首个社会主义核心价值观主题城市文化公园。推动钢琴及配套产品制造企业项目落地，加快完善钢琴产业结构，钢琴文化产业不断壮大。结合纪念建县1800周年，开展历史文化名人评选活动，评选出常山十大历史文化名人和十大历史文化名人提名人物，增强常山人民历史自豪感和文化自信。

【理论宣讲形式创新】 2018年，县委宣传部把“慢城大讲坛”与县委理论中心组学习相结合，围绕党的十九大和省、市、县党代会精神，整理提供各类宣讲素材70多份，及时下发理论学习中心组组织学习。举办“慢城大讲坛”活动6次，各领域省内外高层次专家学者成为“慢城大讲坛”常客。全县各乡镇（街道）、部门均开设“慢城分讲坛”，并开展专题讲座140余场，“慢城讲师团”成员赴党政机关、企事业单位、村社一线开展各类宣讲200多场。探索创新以常山喝彩歌谣、三句半、快板等文艺形式宣传党的十九大精神。开创“农村走廊”新模式，变“会场讲台”宣讲为“田间地头”宣讲，将宣讲地点设为群众最喜欢聚集的“一亭一廊”等地，真正把党的十九大精神讲清楚、讲明白，让老百姓听得懂、能领会、可落实。

【对内宣传工作全面开展】 2018年，县委宣传部主办“纪念建县1800年”“孝老之城”“常山江宋诗之河”“首届常山人发展大会”等主题宣传，开设“‘一户多宅’整治”“厕所革命”“常山阿姨”“危旧房治理改造”“孝行天下”宣传专栏，宣传效果良好。常山电视台、《今日常山》开设各类专栏64个，累计刊播各类新闻报道4600多条。发挥以“常山发布”“浙江新闻客户端常山频道”为主平台的新媒体矩阵作用，累计推送相关报道1500多篇，总阅读量突破800万人次。在全市率先开办《提振精气神 全力争上游》《每周聚焦》《百姓探专班》等电视问政栏目的基础上，开设常山县大型电视问政节目《常山问政·请人民阅卷》，节目紧扣中心工作，聚焦群众关切，辣味十足，社会反响强烈。

【对外宣传实现新突破】 2018年，县委、县政府中心工作多次登上中央、省级媒体，国家、省级以上媒体刊播涉及常山新闻稿件244篇，中央媒体采用17篇；省级新闻刊播227篇，其中《浙江日报》刊发147篇，浙江电视台上稿80多条，比2017年增长95.2%。央视报道实现新突破，先后12次登录新闻联播、新闻直播间等重要栏目。原创动漫“胡柚娃”登陆第十四届中国国际动漫节、“一户多宅”整治行动都被《人民日报》、中国蓝等权威媒体报道，《常山：发展乡村旅游 统筹城乡发展》被《人民日报》头版报点赞，《小厕所连着大民生》成为近10年来首次就县委中心工作单独在《人民日报》上刊发的单篇稿件；《光明日报》以半个版面大篇幅报道常山精准扶贫工作，《新华每日电讯》发稿5篇，数量创造历史新高，其中《小康路上，一厕也不能少》登上头版。“何处心安 慢城常山”城市品牌形象宣传广告登录央视。《慢城·常山》杂志成功创刊并得到社会各界好评。

【网络舆情监测处理】 2018年，县委宣传部建立全员网信员制度，确保网络值班工作做到万无一失。做好全国“两会”、世界互联网大会等重大会议、节庆活动等重点敏感时期网络安全保障和网上舆论引导工作。《“贡面有胶”造谣者被依法拘留13天，千年美食常山贡面终证清白！》更是突破阅读量10万次，有效维护常山贡面千年非物质文化遗产的声誉。第一时间发现“长盛化工黄色烟雾”“儿童死亡家属辱医”等网上不良信息，及时处置麻黄碱案、永合新材料超标排放、辉埠强碱水等网络失实报道。

【率先在全市与浙报集团签订战略合作协议】 2018年，常山县媒体融合改革继续走在衢州市前列。12月11日，常山县新闻传媒集团与浙报集团又签订深化融媒体中心建设战略合作协议，引进“天目云”技术平台，成为衢州市首家与浙报集团签订战略合作协议的县（市、区），以此借助浙报集团强大的读者影响力和先进的技术支撑，全面深化融媒体改革。通过上派锻炼，提高常山县记者的综合能力；通过下派挂职，深度吸收浙报集团的先进经验。

【常山江“宋诗之河”文化品牌打造】 2018年，县委宣传部深入挖掘常山宋代人文历史资源，打造常山江“宋诗之河”文化品牌，成为县委、县政府的重大决策。召开常山江“宋诗之河”研讨会，成立钱塘江文化研究会常山江文化研究基地、衢州学院常山宋学研究基地，加强对常山江沿线古村落、古渡、古驿等宋代文化遗产的保护与修缮。重视“宋诗之河”文化项目化建设，三大宋诗文化长廊建设扎实推进。加强与各级媒体合作，不断扩大常山宋诗在群众中的知晓率和影响力。常山江“宋诗之河”文化品牌打造获评全市宣传思想文化工作创新案例，并在6个县（市、区）排名第一。

【农村文化礼堂建设】 2018年，全县新建农村文化礼堂28个，建成特色文化主题展馆5个。针对疗休养旅游市场需求，县委宣传部创新策划文化礼堂提升工作，打造特色疗休养与工作考察于一体的农村文化礼堂旅游路线，全年接待省内外疗休养团队100多批次，该项工作入选省委宣传部编制的文化礼堂指导手册，常山县在全省农村文化礼堂建设现场会上作典型发言。在辉埠镇彭川村率先开展“衢州有礼”进文化礼堂启动仪式，开展传承礼、敬老礼等“十礼”活动84场。成立文化礼堂走亲联盟，开展“文化走亲”活动35场。开展百家文化礼堂庆丰收主题活动130场。推行文化礼堂星期日固定活动日制度，编制服务供给“菜单”，开展歌舞、书法、合唱、摄影等培训，实现“按需点单”。组建“文化礼堂督导员”队伍，挂联到村进行督促指导，将“孝文化”“清廉文化”“衢州有礼”等内容融入建设考核中。创新推进农村基层“学哲学用哲学”工作，“一苑一馆一长廊”精品哲学阵地被列入省社科普及示范项目。

【传统文化保护与开发】 2018年，县委宣传部结合纪念建县1800周年，开展历史文化名人评选活动，评选出常山十大历史文化名人和十大历史文化名人提名人物，举办纪念建县1800年历史文化展暨改革开放40年成就展，增强常山人民历史自豪感和文化自信。做好“常山喝彩”的保护与开发，创作一批具有浓郁“喝彩”气息的文艺节目，在全县各大文艺活动中展示，常山喝彩《上栋梁》获浙江省首届民间艺术精品展演金奖和浙江民间文艺映山红奖，并赴台湾参加演出。

【文艺精品亮点纷呈】 2018年，常山县召开首次全县文艺工作座谈会，明确文艺发展的方向和要求。文艺精品力作不断涌现，大型原创越剧《清简樊莹》《琼奴与苕郎》深受好评，《喝彩师》《爷爷的烽火岁月》《妈妈的渡口》等一批优秀作品相继问世，《胡柚娃》动画短片入围“浙产十佳动漫形象”，并参展法国戛纳电视节，成为最受瞩目的中国参展影片，受到海外片商青睐，获新华社点赞报道。启动并完成《胡柚娃》动画电影制作，“胡柚娃”品牌影响力不断提升。

【文化产业】 2018年，县委宣传部科学谋划常山县文化产业发展项目，编制完成文化产业发展三年实施方案。文化艺术博物馆、东方巨石阵二期等项目建成并投入使用。推动浙江欧曼琴业有限公司、浙江乐博琴业有限公司等钢琴及配套产品制造企业项目落地。加快培育观赏石、文创、动漫、会展等文化产业，浙江吉盛、大芳亭、泓影剧团等一批文化企业实力不断壮大。

（邱玮）

新闻传媒工作

【概况】 2018年，常山县新闻传媒集团拥有一报、一刊、一网、两台、两个公众号、四个直播网端及一户外大屏等12个主流传播平台。一报是《今日常山》，一刊是《常山通讯》，一网是常山新闻网网站，两台是常山人民广播电台、常山电视台，两个官方微信号分别是常山发布、常山新闻网，四个直播网端分别是浙江新闻客户端常山频道、浙江卫视“蓝媒号”、今日头条常山频道和本地直播网端。全年新闻宣传工作以建县1800年为主线，围绕“常山人发展大会”“全县万人合唱大赛”“中国山地自行车公开赛”等重大主题，报纸、电视、新媒体等平台刊播发出各类新闻9000多条，开设《重点工作专班进行时》《学习贯彻党的十九大会议精神》《聚力建设“特富美安”慢城大花园》《提振精气神 全力争上游》《振兴常山三宝 发展现代农业》等64个专栏。微信公众号发布信息7000多条，其中自采新闻阅读量10万次+的7条，阅读量1万次+的40条。在中央级媒体刊播34条，平均每月3条，创下历史最佳成绩；在省级媒体刊播300余条，在89个市县台竞争中，连续两年拿下全省广播电视新闻协作二等奖。常山县新闻传媒集团新闻有2件作品获2018年度浙江省广播电视对农节目服务工程建设考核奖，其中优秀奖1件、鼓励奖1件；有2件作品获2018年度“浙江省广播电视政府奖”三等奖；2件作品在2018年度浙江省“最多跑一次”新闻广播微剧大赛获奖，其中创新奖1件、三等奖1件。

【全县重大活动的直播录播】 2018年，县新闻传媒集团服务全县重大活动，做好新春团拜会、最美常山十大杰出青年、“3·15”晚会、“高唱颂歌迎七一纪念建县1800年”、全县万人合唱大赛复赛、常山阿姨经验推广暨全省发展家庭服务业工作经验交流会等活动的录制工作。做好九龙闹元宵、新昌桃花节、招贤镇“三月三”畲族文化节、万人大合唱等活动的直播，点击量多次突破10万次+。

【《问政常山·请人民阅卷》栏目开办】 2018年，县新闻传媒集团在电视、广播、报纸、网站、新媒体的传播平台基础上，成立直播、招商引资等7个工作专班，打破层级、专业限制。围绕县委县政府中心工作攻坚克难，开设《问政常山·请人民阅卷》栏目，以“主持人+嘉宾+问政对象+短片+现场互动”的形式，对话各部门、乡镇（街道）负责人，围绕生态环保、营商环境、项目推进等重点工作推进情况开展访谈和问政，年内共开设3期。

【专题片创历史新高】 2018年，县新闻传媒集团制作常山县绿色金融助推慢城常山经济腾飞、工业专题片、教育大会专题片、最美常山 十大杰出青年人物篇、“一户多宅”专班整治、电视问政等数十部专题片，受到县领导的肯定，其中《电视问政》专题片更是得到市委书记徐文光的肯定。多次推出东西部扶贫相关新闻报道，《爱在常山 情系古蔺》《常慈有情 爱满古蔺：义卖义捐为古蔺孩子圆梦》《常山县与古蔺县扶贫协作工作推进会召开》等报道拉近两地距离，密切两地关系。

【《非法“一户多宅”清理整治》等专栏开设】 2018年，县新闻传媒集团配合全县“一户多宅”整治工作，制订好报道计划，按照各乡镇纷纷行动、党员带头行动、古宅保护与旧宅拆除相结合、典型人物、社会各界支持整治工作等内容进行分工，落实好负责记者，确保每天有两条以上非法“一户多宅”整治的新闻稿件，营造浓厚氛围，推进整治工作。根据县重点工作专班工作要求，落实好5组10余名记者的联系专班，对专班工作动态进行跟踪报道。在原有《三衢热线》专栏的基础之上，新增《慢城故事》栏目，聚焦群众关心的热点问题，记录百姓的身边故事。节目每周一、三、五19:50播出，时长5～8

分钟。形式活泼，口播采用主持人站立出镜+小视窗的形式。此外，开设《榜样人物》专栏，以孝行天下为中心内容，重点报道县内各领域的榜样人物和最美事迹，多角度全方位报道好人好事，弘扬常山最美文化。

（马 俊）

统战工作

【概况】 2018年，全县统一战线工作以习近平新时代中国特色社会主义思想为指导，以扎实推进中央和省委、市委统战工作会议精神贯彻落实为主线，紧贴县委县政府中心工作和上级统战部门的部署要求，进一步凝心聚力、发挥优势、创出特色，确保全县统战各项工作稳步有序高效推进，圆满完成各项工作目标任务，为常山发展作出统一战线新的贡献。

2018年，县委统战部举办统战骨干进修班，安排统一战线骨干成员接受红色教育以及统战传统教育，组织开展纪念中共中央发布“五一”口号（即中国共产党中央委员会于1948年4月30日发布的纪念“五一”劳动节口号）70周年、纪念改革开放40周年等活动，巩固团结奋斗的共同思想政治基础。召开全县统战工作会议，明确当前和今后一个时期统战工作任务。支持各民主党派基层组织建设，健全各项工作机制，做好组织发展和成员教育管理等关键环节工作，加强民主党派履职能力建设。民进常山县支部和九三学社常山县支社分别于2018年3月16日和12月27日成立。截至年底，常山县民主党派基层组织达到6个。

投身县委、县政府重点中心工作。引导寓外乡贤在10个乡镇（街道）捐资设立“寓外乡贤孝老基金”，助推“孝老之城”建设。持续做好“民盟同心·专家工作站”建设，成立盟员专家服务点3个，已有61位各领域盟员专家到常山开展技术指导等活动，推动民盟王勇“移动结核门诊”服务队建设，成立“常山移动结核门诊”服务队，开展入村入户服务。 2018年，县委统战部发挥乡贤作用“1+3+6”助力基层治理和乡村振兴，即在行政村成立“乡贤议事会”一个组织，推行“乡贤建言献策直通车制度”“乡贤议事会参政议政制度”“乡贤监督员民主监督制度”三项制度，开展“经济发展助推行动”“矛盾纠纷化解行动”“乡里乡亲互爱行动”“孝老爱亲示范行动”“乡风文明引领行动”“志愿服务带头行动”六大行动。

【基层统战工作】 2018年，县委统战部开展基层统战“四网五有”（即构筑社情民意沟通观察网、民族宗教和谐稳定网、非公经济健康发展网、统战对象贴心暖心网“四张网”，实现基层统战有组织队伍、有工作目标、有平台载体、有特色品牌、有作为贡献“五个有”）建设，完善相关工作机制。组织调查摸底，进一步完善统战基本信息数据库；加强培训指导，提升统战干部和网格联络员统战业务知识和技能；整合部门资源，有针对性开展联络联谊、走访服务等活动，借势借力提高基层统战工作能级。抓落实，合力纪检开展立项监督。对接驻部纪检组，联合开展统战重点工作落实情况立项监督，加强对工作推进过程的检查指导，督促乡镇（街道）党委种好党管统战工作的“责任田”。全年开展工作督查，覆盖全县14个乡镇（街道）。抓特色，打造基层统战工作品牌。持续抓好基层统战示范点提升和扩面工作，要求各乡镇（街道）结合各自实际和特点，认真谋划统战工作特色项目，做到“一乡一特色、一地一亮点”。

【民族宗教工作】 2018年，县委统战部召开全县民族乡村振兴工作推进会，出台《全县民族乡村振兴“5+5+5”结对帮扶行动实施方案》，安排5个民主党派、5个统战团体、5家非公企业分别与5个民族村进行结对帮扶。深化“村企”合作模式，引导支持浙江“赛得健康”集团加大与招贤镇泉目山、高埂、官庄民族村合作力度，发展壮大村集体经济；整合县农办、县旅委、县民政局等部门资金，包装项目，发展特色经济，借助乡贤智力、财力，带动村民增收，推动民族村发展；依托“4+”模式（即党建+、文化+、旅游+、民宿+），推动畲医文化挖掘和开发利用。开展“惠民政策进宗教场所”活动，编制《常山县惠民政策》小手册、惠民政策宣传海报，深入宗教场所开展“一月一专题”宣讲。推动黄冈山万寿寺佛教历史文化挖掘和保护利用，推动以万寿寺为核心的黄冈山文化旅游项目启动开发。

【非公经济】 2018年，县委统战部对内强化非公支持力度。开展“真情服务面对面，助推发展心贴心”大走访，对会员企业梳理出问题，为县委县政府决策提供参考。加强非公企业家代表人士教育培训，切实增强非公企业家思想政治素质。与常山农商银行等5家试点银行合作，首创“知识贷”，规定可以凭学位、学历证书免于抵押发放信用贷款，帮助初次创业、自谋择业的知识分子解决贷款难、抵押难的问题。对外加强异地商会建设。截至2018年年底，在县外建立异地商会12家，另有2家在筹建中。在异地商会成立“阿姨服务站”“人才工作站”“青年工作站”、流动党支部等，同时，各异地商会会长全部被县政府聘为县招商顾问，主动开展招商引资、招才引智活动。2018年8月，联合公安部门试点推出“异地商会代办”工作机制，探索推动“最多跑一次”审批事项向异地商会延伸，实现在外人员异地即可办理相关审批事项。

【港澳台及海外交流活动】 2018年，县委统战部在全县范围内开展港澳台及海外人士情况调查工作，保持数据库动态更新，强化侨联、留联会、台联会组织建设，完成侨联和留联会换届选举，成立台湾常山同乡会，壮大香港常山同乡会，将高层次人才、侨眷代表人士、归国创业创新人才等吸收到相关组织平台。通过“请进来、走出去”，组织开展“寻根逐梦”、文化交流、项目考察等活动。主办《新春寄语家乡，海内外寓外乡贤拜年》视频大征集活动。以石会友，推动海峡两岸石文化交流，促成常山与花莲两地赏石协会结成友好协会，并在常山中国观赏石博览馆建立交流基地、开设台湾馆。推动常山恒立会计师事务所与港台两地会计师事务所结成友好所，为两地工商界人士和新的社会阶层人士与内地交流搭起沟通桥梁。做好常山县外宣资料片海外中餐馆滚动播放工作。

【新的社会阶层人士联谊】 2018年，县委统战部部署开展常山新的社会阶层人士统战工作，深入三衢律师事务所、阳关志愿者协会、一乐大学生创业园等有代表性的组织中进行实地考察、座谈交流，于2018年9月20日正式成立新的社会阶层人士联谊会。密织基层成员网，及时了解成员诉求，帮助解决困难问题，将基层组织建设成新的社会阶层人士幸福之家。以常山县被列为全国首个县级“志愿之城”试点城市为契机，引导新的社会阶层人士加入各类志愿服务组织，参与“志愿之城”创建，打造“慢城·阳光志愿·同心汇”新的社会阶层人士创新实践基地。截至年底，常山县有各类志愿者组织48个，注册志愿者8.7万人，其中新的社会阶层人士有1万多人。

（王 颖）

民族宗教工作

【概况】 常山县属少数民族散杂居地区。2018年，全县有少数民族成分25个，常住少数民族人口2610人，流动少数民族484人，其中新疆籍维吾尔族6人。有5个少数民族行政村，分别是招贤镇的高埂村、泉目山村、官庄村，何家乡的璞石村（2013年并入黄冈村）、球川镇的坞口村（2013年并入芙蓉村）。全县农民人均可支配收入20184元，少数民族农民人均可支配收入20562元。春节期间，常山县民族宗教事务局（以下简称“县民宗局”）开展“访民情、送温暖”活动，走访慰问31户少数民族困难群众，发放慰问金24800元以及6200元的实物。继续在金川社区做好城市少数民族管理试点工作，帮助少数民族群众解决实际困难。为县内外35名符合条件的少数民族考生办理加分审核手续，维护少数民族群众的合法权益。

2018年，常山县宗教主要有佛教、天主教、基督教三种，经政府登记的宗教活动场所有66处，其中佛教12处，天主教3处，基督教51处；依法登记的宗教团体有3个，即佛教协会、天主教爱国会、基督教三自爱国运动委员会（基督教协会）。

【民族村政策帮扶】 2018年，县民宗局召开全县民族乡村振兴工作推进会，出台《全县民族乡村振兴“5+5+5”结对帮扶行动实施方案》，安排5个民主党派、5个统战团体、5家非公企业分别与5个民族村进行结对帮扶。同时，深化“村企”合作模式，引导支持浙江“赛得健康”集团加大与招贤镇泉目山、高埂、官庄民族村合作力度，开展“造血式”帮扶，帮助发展壮大村集体经济。整合县农办、县旅委、县民政局等部门资金，包装项目，发展特色经济，借助乡贤智力、财力，改善村级基础设施，形成合力，带动村民增收，推动民族村发展。全县5个民族村，依托“4+”模式，探索推动畲医文化挖掘和开发利用，培育创建民族团结进步村，推动特色村寨建设。年初，争取中央补助资金、省级少数民族发展资金合计45万元，用于官庄、高埂两个民族村项目建设，帮助高埂村争取到杭州市佛协帮扶资金20万元／年，帮扶四年。发动县级宗教团体帮扶民族村发展捐资5万多元。

【民族村特色产业】 2018年，全县民族村有大大小小来料加工联系点21个，少数民族村参与来料加工人数有750人，发放加工费960万元，其中少数民族参与人数200人，发放加工费330万元，人均收入1.65万元。黄冈村全力争创AAAA级景区，投资100多万元用于游步道改造，并将本村的自然资源优势转化为经济优势，新增铁皮石斛基地120亩、茶叶种植基地200亩，新发展农家乐2家。2018年4月18日，高埂村举办常山县首届“三月三”畲族风情旅游文化节，吸引游客1000多人。同年成功创建AAA级旅游景区村。

【宗教团体安全生产工作】 2018年年初，县民宗局与三大宗教团体签订安全稳定责任书，与各宗教活动场所签订消防安全管理目标责任书，并定期开展检查。同年4月，联合公安、消防大队，对全县范围内的宗教活动场所和民间信仰活动场所进行消防安全专项检查和整治，并与各场所当场签订《消防安全检查情况登记表》，对不符合消防规定的场所要求场所负责人立即整改落实，确保场所安全。

【惠民政策进宗教场所】 2018年，县民宗局开展“惠民政策进宗教场所”活动，整合县民政局、县人社局、县残联等部门的各项优惠政策，编制《常山县惠民政策》小手册、惠民政策宣传海报，深入教堂，开展惠民政策“一月一专题”宣讲，引导宗教界人士和信教群众增强在新形势下坚持爱国爱教、与党和政府同心同行的自觉性。至年底，全县14个乡镇（街道）已经全部开展此项工作，开展惠民政策宣讲活动36场，发放惠民手册2800余本，惠民海报500余张，听讲信教群众5600多人。

【服务“剿劣”和“一户多宅”整治工作】 2018年，县民宗局引导宗教界参与支持县委、县政府中心工作。引导参与“剿劣”，并与民族村结对“剿劣”。引导宗教界支持配合“一户多宅”整治工作，向宗教领域发出倡议书，鼓励信众主动拆除违法一户多宅。

（袁浩）

侨务工作与港澳工作

【概况】 2018年，常山县侨务办公室（以下简称“县侨办”）接待美国海归人才吴清国教授和探亲归来的海外华侨徐安明、樊一平、徐青、王梅讯等博士；实地走访侨界家庭、重点人士及相关涉侨企业50余人次。首次组织“新春寄语家乡 海内外常山人大拜年”活动，来自美国、日本、德国、加拿大、澳大利亚等地的20名海外侨胞、港澳同胞、留学人员参加，用镜头和画面表达海外常山人对家乡的浓浓爱意，营造良好的过年喜庆氛围。组建以“侨联天下，慢城有礼”为主题的侨联志愿者服务队，招募各类华人华侨、归侨侨眷、归国留学生、留学生家属及热心侨界公益人士等志愿者130余人，助力扶贫济困、文明城市创建、实施乡村振兴战略等。开展新一轮侨情和海外人才调查工作，完善原有掌握的侨情信息，分类梳理一批重点掌握人员名单，建立海外高层次人才库、贫困侨眷库及侨界志愿者名单库。“网上侨联”建设取得突破，结合侨联、留联换届代表登记和新一轮侨情调查工作，完成信息输入，在浙江省“网上侨联”信息系统上建立800多名常山籍华侨侨眷留学生名单。

截至年底，常山籍海外华侨华人、港澳同胞有3259人，其中华人华侨2370人、港澳同胞889人；分布在世界30多个国家和地区，主要集中在美国、日本、加拿大、新加坡、澳大利亚、英国。归侨、侨眷、港澳同胞眷属2410人，归国留学人员144人，海外留学人员56人。政治上有地位、经济上有实力、学术上有造诣、社会上有影响的海外“四有”重点人士90多人。

【县第五次归侨侨眷暨第四次留学人员和家属代表大会】 2018年5月18日，常山县第五次归侨侨眷暨第四次留学人员和家属代表大会召开，选举产生新一届侨联、留联会领导班子，新当选的10名侨联常委中大学以上学历占80%，博士后、研究生学历各1人；30周岁以下2人，40～50周岁4人。

【常山籍海外高层次人才引进】 2018年，县侨办围绕县委提出的“招才引智年”建设，发挥联系广泛的优势，在海外高层次人才与常山产业发展之间做好穿针引线、牵线搭桥作用。通过海外常山人QQ群、“侨之家”微信群、“一封家书”等形式，向海内外侨界人士宣传推介常山产业平台和政策环境。一家海外院士工作站——加拿大皇家学会、加拿大工程院院士祝京旭专家工作站在建。2017年引进的澳大利亚技术科学与工程院甄崇礼院士工作站通过市级站评审。

【《何处心安 慢城常山》宣传片海外播放】 2018年，县侨办与北京东方嘉禾文化发展股份有限公司签约合作，在全球35个国家235个城市500多家海外中餐馆滚动播放常山《何处心安 慢城常山》外宣资料片，以此加大常山对外宣传和形象推介力度，向广大海外侨胞和国际友人传播常山国际影响力和美誉度，助推国际慢城建设。

【2018年海外华裔青少年“中国寻根之旅”夏令营】 2018年7月17—26日，县侨办组织常山海外华裔青少年参加2018年海外华裔青少年“中国寻根之旅”夏令营浙江营衢州分营活动。活动通过学习汉语、中国书法、民间手工等课程，弘扬中华传统优秀文化，进一步促进海外华裔青少年对中国传统文化的了解。

（樊鑫磊）

对台工作

【概况】 2018年，中共常山县委台湾工作办公室（以下简称“县台办”）贯彻落实中央对台工作的各项方针政策和上级台办的工作部署，利用走访、慰问、座谈会、接待台属台胞、赴台行前教育等各种渠道，宣传国台办等部门出台的《关于促进两岸经济文化交流合作的若干措施》以及《浙江省贯彻〈关于促进两岸经济文化交流合作的若干措施〉的实施意见》等涉台政策。加强常山县赴台陆生教育，利用寒假、暑假召开陆生及家长座谈会，了解掌握赴台陆生的学习和生活情况。开展台属台胞节日走访慰问活动，走访慰问10户台胞、台属、大陆新娘等。加强对台交流，由县委书记叶美峰率队组团11人赴台开展文化经贸基层交流活动。陪同、接待台胞到常山考察11批次123人。加强台联会工作指导，围绕县委、县政府中心工作开展相关活动，协助解决台胞、台属在求学、继承、房产纠纷方面的问题。协助衢州人发展大会常山籍台胞的联系和接待、常山人发展大会台胞及安排部门负责的联系和接待。

【对台文化经贸交流】 2018年6月3—9日，县委书记叶美峰率领县台办组织的11人团到台湾开展文化经贸基层交流活动，分别走访考察花莲县文化局、艺石推广协会、原力生技农业股份有限公司等部门企业，对接2019年第四届海峡两岸赏石文化节活动有关事项；拜会海峡两岸跨世纪交流协会和在台同乡会，召开座谈会，介绍常山，与在台同乡叙乡情、亲情。

【接待台胞到常山考察交流】 2018年3月

26日，台湾桃园龟山农会总干事刘朝全一行10人到常山，分别参观考察招贤镇泉目山村的赛得健康养生小镇、中国观赏石博览馆。4月17日，台湾鱼池乡交流考察团一行23人到常山参观中国观赏石博览馆。5月23日，台湾康和证券集团法人部协理王世屏等一行5人到常山考察投资项目，与县城东新区管委会进行洽谈，详细了解常山慢城大花园的规划，并实地考察国家山地自行车公园、花海、三衢湖等建设项目。7月20—23日，台湾台中市围棋推广协会组团到常山参加衢州市第二届“三衢杯”围棋团体巡回赛常山站比赛。8月2日，南投县国姓乡妇联会总干事曾于静一行26人到常山开展基层交流，参观中国观赏石博览馆。11月29日至12月1日，台湾花莲县文化局两岸赏石外联部主任吴健诚一行5人到常山对接2019年海峡两岸赏石文化交流展活动相关事宜，在中国观赏石博览馆召开座谈会进行磋商，中国观赏石协会副秘书长仲天举、常山县委书记叶美峰、常山县人民政府副县长揭政东等领导参加座谈会。

4月17日，台湾鱼池乡交流考察团参观中国观赏石博览馆　　（詹伟 摄）

【举办涉台知识辅导培训】 2018年5月22日，县台办举办赴台文化、经贸基层交流行前教育。市台办主任吾炳才主讲辅导，县委书记叶美峰、市台办经济联络处处长周日成、县台办主任程鸿星以及将赴台参加基层交流的赴台人员参加辅导会。7月25日，常山县农办举办的“常山县高级农村实用人才培训班”，开设涉台知识课程，市台办副主任叶卫兵、投诉协调处处长周日成主讲相关辅导课，20名培训班学员参加。

（詹伟）

党校工作

【概况】 2018年，中共常山县委党校、常山县行政学校、常山县社会主义学院（以下简称“县委党校”）深入实施“常山铁军”，创新建立“一主三课堂”（即主体班次、周末课堂、现场课堂、流动课堂）常山干部教育模式。举办县管领导干部能力提升研修班、“常山铁军”·农村支部书记培训班、初任公务员培训班等65个班次，受训学员4350人次，其中专业班次3400人次。开设流动课堂，列出《全面把握新时代党的建设总要求》《共产党人的初心和使命》《共产党人的党性和党性修养》等15个党课宣讲主题，抽调骨干力量组建宣讲组深入到部门、乡镇（街道）、农村（社区）、企业等基层党组织宣讲。开讲流动课堂34场，听课人数2510多人次。开展“慢城讲师团”宣讲活动18场，充实宣讲内容，创新宣讲形式，拓宽宣讲范围，推动中共十九大精神进企业、进农村、进机关、进校园、进社区，形成多层次的宣讲服务格局。针对“党性教育、经济转型、社会管理、生态家园、文化教育、人文素养”六大教学精品体系，开展“周末自主选训”活动，推行干部自主选学，邀请各领域权威专家前来授课。年内举办“周末自主选训”14期，培训党员干部3920人次。定期开展理论研讨会，整合资源，注重老中青结合，形成跨专业、跨学科组的经济、政治、文化、社会、生态文明加党建的党校“1+5+1+N”特色科研体系。

是年，县委党校在党校系统课题总立项数33个。其中，浙江省党校（行政学院）系统中国特色社会主义理论体系研究中心课题立项5个，衢州市情研究中心课题立项17个，重大课题及委托课题7个，市社科规划课题立项4个。提交各类研讨会论文33篇，入选6篇，其中省委党校理论研讨会二等奖1篇、市委党校理论研讨会一等奖1篇、三等奖2篇；提交县情研究决策咨询材料2件，其中《以“最多跑一次”改革推动基层治理现代化的几点建议》获省委党校优秀决策咨询成果三等奖。总立项数、省市党校立项数均位列全市第一。

【党校迁建项目进入中期阶段】 2018年，县委党校迁建项目稳步推进。新党校占地60亩，建筑面积25795平方米，总投资1.49亿元。除报告厅外，项目各单体建筑均已完成主体结构，其中教学楼、宿舍楼、党员服务中心以及体育馆外立面装修工程基本完成，室内装修已完成总量的40%，室外配套工程已进场施工。

【常山县党支部书记学院成立】 2018年3月26日，常山县党支部书记学院挂牌成立，与县委党校合署办公，形成“两校两院”格局。全年举办农村（社区）党支部书记、机关党支部书记、“两新”组织党支部书记、老干部支部书记、教育系统党支部书记、卫计系统党支部书记等领域党支部书记培训班7期，计460人次。《全省首家 全面轮训 全科教学 常山党支部书记学院受欢迎》刊登在《衢州日报》2018年4月15日头版。

【春季“常山铁军”·县管领导干部能力提升研修班举办】 2018年3月23日至5月30日，县委组织部、县委党校联合举办“常山铁军”·县管领导干部能力提升研修班，53名县管干部参加培训。培训分四个阶段：第一阶段在县委党校学习，时间为3月26—28日；第二阶段到浙江工业大学学习，时间为4月9—13日；第三阶段到清华大学学习，时间为4月22—27日；第四阶段为自主学习、撰写调研报告，时间为4月28日至5月20日。培训内容包括习近平新时代中国特色社会主义思想、党风廉政建设、深化改革、宏观经济形势、招商引资、媒体应对、领导力提升等。

【“常山铁军”·农村支部书记培训班举办】 2018年3月26日、3月28—31日，县委组织部、县委党校、常山县党支部书记学院联合举办“常山铁军”·农村支部书记培训班，50名农村支部书记前往慈溪市委党校学习。9月26—29日，秋季“常山铁军”·农村支部书记培训班举办，50名农村支部书记前往武义县委党校、永康市委党校学习。两期培训内容包括习近平新时代中国特色社会主义思想、党的十九大精神、党风廉政建设、农村党建、党性教育、乡村振兴战略等。

【企业首席科技官和科技管理工作者培训班举办】 2018年3月26—28日，县委组织部、县科技局、县委党校联合举办企业首席科技官和科技管理工作者培训班，55名企业首席科技官、科技管理工作者参加培训。培训采用集中授课和外出考察相结合的方式。

【全县统战骨干进修班举办】 2018年5月27日至6月1日，县委统战部、县社会主义学院联合举办全县统战骨干进修班，各乡镇（街道）统战委员或分管副书记、部门分管领导、各民主党派负责人、骨干成员以及各统战团体（工商联、侨联、留联会、知联会、网联会、佛教协会、天主教爱国会、基督教两会）负责人、骨干成员共计52名学员参加培训。在县社会主义学院进行开班仪式后，全体学员前往重庆大学进行全封闭专题培训，学习内容包括习近平新时代中国特色社会主义思想、党的十九大精神、中央及省市统战工作会议精神、红岩精神教育、统一战线工作及当代启示、最新统战知识等。

【全县公务员“学法用法”培训班举办】 2018年7月26—27日，县委组织部、县委宣传部、县人力资源和社会保障局、县司法局、县委党校和县行政学校联合举办2018年全县公务员“学法用法”培训班，对全县627名机关科级及以下公务员（含参照公务员法管理的事业单位工作人员）进行“学法用法”专题培训，培训内容包括宪法、行政法和公务员法等。

【村社干部“歇职教育”培训班举办】 2018年8月6—12日，县纪律检查委员会、县委组织部、县民政局和县委党校联合举办村社干部“歇职教育”培训班，在2018年村社组织换届“回头看”工作中被评定为黄色、受到“歇职教育”的52名村社干部在衢州市委党校进行全封闭式学习。培训内容主要包括深入学习习近平新时代中国特色社会主义思想、市委七届四次会议精神解读、美丽乡村品牌创建、村干部预防职务犯罪、三资管理及财务管理、乡村振兴解读等。《常山村社干部“期中考”有刚性 动真格》刊登在《衢州日报》2018年7月30日头版头条。

【常山县召回干部能力提升培训班】 2018年9月25日至10月19日，县委组织部和县委党校联合举办常山县召回干部能力提升培训班，在末位管理工作中被确定“召回”的23名机关事业单位干部参加培训。培训分成两个阶段：第一阶段在衢州市委党校学习，时间为9月25—29日，培训内容主要包括中共十九大精神、“1433”战略体系解读、党风廉政建设专题课、习近平新时代中国特色社会主义思想、行政法解读、新时期干部监督管理等；第二阶段在县委党校学习，时间为10月15—19日，培训内容包括学习贯彻新党章、坚定共产党人信仰、项目谋划与推进、突发事件应对与处置等。《“大整风”行动再出实招 常山23名机关干部被召回“重造”》刊登在《衢州日报》2018年9月26日头版。

【秋季“常山铁军”·县管领导干部能力提升研修班举办】 2018年9月26日至11月20日，县委组织部、县委党校联合举办“常山铁军”·县管领导干部能力提升研修班，53名县管干部参加培训。培训分四个阶段：第一阶段在县委党校学习，时间为9月26—29日；第二阶段到省委党校学习，时间为10月8—12日；第三阶段到深圳大学学习，时间为10月22—27日；第四阶段为自主学习、撰写调研报告，时间为10月28—20日。培训内容包括习近平新时代中国特色社会主义思想、中共十九大精神、基层党建、党风廉政建设、党性修养、深化改革、宏观经济形势、一带一路与产业发展、领导力提升等。

【第十期初任公务员培训班举办】 2018年10月29日至11月12日，县委组织部、县人力资源和社会保障局和县行政学校联合举办第十期初任公务员培训班，61名初任公务员参加此次培训。培训内容包括中共十九大精神、公务员法、公务员修养、公共管理、依法行政、公文写作、经济发展形势等。

（林艳琴）

机关党建工作

【概况】 2018年，县直机关工委批准建立3个机关党委、12个机关党（总）支部，撤销6个机关党（总）支部，指导32个机关党（总）支部进行换届或改选。发展新党员48人，办理预备党员转正28人。举办党务干部培训班2期、入党积极分子培训班1期。截至年底，县直机关工委辖机关党组织157个，其中党委4个、党总支28个、直属党支部104个、党委建制机关党支部28个。

【“组团联社”三级联动】 2018年，县直机关工委紧抓城市社区治理“牛鼻子”，建立“一统三进五通”（即做大做强街道大工委、社区大党委、网格大支部，开展机关单位联进小区、执法力量驻进小区、特色文化融进小区，实现物业三方协作配合畅通、党员工作奉献双向打通、社会组织参与治理连通、小区治理智慧应用贯通、居民主体作用发挥疏通）。坚持党建统领、一根红线贯穿始终，切实抓好街道大工委、社区大党委、网格大支部三级党建工作。实施机关党组织和机关党员“双百双千”（即百个机关支部结对百个小区，千名党员楼长服务千家万户）行动。全县108个县级机关党组织与46个网格103个小区长期结对。创新实施“楼长制”，选派1150名优秀年轻干部、青年党员、热心小区事务退休党员担任楼长，推行走访、巡查、反馈、整改、督查五步工作法。创新建立执法部门“组团联社”制度，常态化开展机关在职党员联户工作。

【“红色物业联盟”135体系建立完善】 2018年，县直机关工委举办实施“红色物业联盟”和“双百双千”党员志愿服务，构筑“红色物业联盟”共建共治共享有礼小区，横向上建立党建联席会议，吸收有关单位、“两新”组织（即新经济组织和新社会组织。新经济组织，是指私营企业、外商投资企业、港澳台商投资企业、股份合作企业、民营科技企业、个体工商户、混合所有制经济组织等各类非国有集体独资的经济组织。新社会组织，是指社会团体和民办非企业单位的统称）党组织负责人参加，定期研究、定期部署、定期督查，协调推动工作落实，纵向上建立县、街道、社区党三级联动体系，发挥好“网格支部、业主委员会、物业公司”三大主体作用，加强协同配合，沟通解决问题，形成“共商社区发展、共抓基层党建、共育先进文化、共同服务群众、共建美好家园”基层党建良好氛围。

【入党积极分子培训班和党务干部培训班分别举办】 2018年，县直机关工委先后举办入党积极分子培训班和机关党务干部培训班。5月，组织101名入党积极分子参加为期5天的培训班，从中共十九大精神解读、省市重大战略研究、巡视巡查相关知识讲座、中共党史等方面进行系统的培训，到永康刘英烈士陵园现场教学，接受爱国主义和革命传统教育。10月，组织各单位40余名党务工作者参加为期5天的机关党务干部培训班，邀请各知名教授、专家、学者就党的十九大精神解读、党务知识、两山理论、人文素养、城市基层党建等内容进行授课；现场考察学习余杭区机关党建工作、上城区城市基层党建工作。

（占烁雯）

老干部工作

【概况】 2018年，县委老干部局坚持以政治建设为统领，坚持正能量价值取向，以开拓创新精神在离退休干部“三项建设”“党建＋正能量”活动等方面取得长足进步，走在全市前列，在全省老干部局（处）长培训会上作典型发言。截至2018年年底，常山县有离休干部82人（含代管国税系统2人），平均年龄90.3周岁。按参加工作时间分，抗战后期参加工作的有9人，解放战争时期参加工作的有73人；按工作机构分，行政离休干部34人、事业离休干部16人、企业等统筹离休干部32人；按享受待遇分，县处级待遇33人（其中生活副处4人），科级49人；按安置地分，易地安置县外的有3人（杭州、嘉兴、诸暨）；按年龄分，80～85岁的13人，86岁以上70人，其中90岁及以上48人，最高龄101岁。此外，有副（县）处级以上退休干部28人（兼职8人），平均年龄约72.8岁，其中随子女居住县外3人，身体状况欠佳6人。

【离退休干部“三项建设”】 2018年，县委老干部局加强离退休干部政治、思想和党组织建设，探索离退休干部党建新模式。开展离退休干部党（工）委建设专题调研，系统摸排全县离退休干部党支部及离退休干部党员基本情况，召开老干部支部书记、大系统大单位等各层级座谈会，分别赴温州、杭州等地学习交流，研究出台加强常山县离退休干部党支部标准化建设的具体办法。全面落实离退休干部党建责任。4月3日，在全县机关党建工作会议上专门部署离退休干部党建工作，将其纳入对各单位基层党建工作考核中；按照组织部、机关工委和老干部局联合下发的《关于印发常山县离退休干部党支部建设实施方案的通知》要求，落实好党支部建设、支部书记任职及支部书记每月300元工作补贴等制度。强化离退休干部党性教育，组织老干部系统学习党的十九大精神、省委重要会议精神、市委“1433”战略体系和县委“东接新衢州、慢城大花园”战略部署。实施老干部党支部书记“领头雁”工程，9月6日成立老干部党校，县委常委、组织部长作开班动员讲话。年内组织全县老干部党支部书记及老干部党员骨干培训6批、450余人次。

【老干部志愿活动体系形成】 2018年，县委老干部局以“银耀新时代、增添正能量”志愿服务为抓手，全面构建“小巷雷锋·银耀慢城”党建正能量活动长效机制。打造“党支部＋社团＋阵地”的工作格局，把全县71个党支部、近900名老干部党员纳入“小巷雷锋”银龄志愿团，结合党支部主题党日等开展志愿服务。鼓励老干部以不同身份加入多种服务渠道，累计开展志愿服务60余次，参与800多人次，影响带动全县5000多人次参加志愿服务。设立“小巷雷锋·银耀慢城”银龄志愿服务团1个，下设“老骥常青”、五老助帮团、银色人才、老年大学文艺志愿队和红色宣讲、医疗健康、法律咨询、文明劝导、平安巡逻、书画美拍点赞，以及“最多跑一次”陪跑监督、“老娘舅”等12支队伍。成立集“党员服务、志愿服务、信访接待”三位一体的志愿服务县级总站，在全县8个社区同步挂牌分站。离退休干部党员到所在村社报到，就近参加“我是党员我带头”活动。落实“全程跟踪、动态调整”闭环管理制度，从定期例会、确定结对服务点、特色项目申报入库到活动预备登记、物资领用，再到活动后物资归还、照片等材料上报存档以及宣传报道等，形成一系列闭环管理制度。对入库项目跟踪考评、动态调整，对优秀老干部志愿者和团队进行统一表彰。“老骥常青”助力治水事迹被《人民日报》《浙江日报》报道，“学哲学用哲学”助力基层治理入选全国老干部局长培训交流案例，“老干部有礼”助力文明城市创建复评得到县领导肯定。“小巷雷锋·银耀慢城”党建正能量活动纳入全县基层党建创新项目库，由此承办第一季度“一季一评一提升”基层党建观摩现场会，接待全国“志愿者协会”、省市领导及其他县市区的考察。

【老干部服务保障工作】 2018年，县委老干部局切实为老干部办实事做好事，加强对老干部的关心关爱。春节元旦期间，县四套班子走访慰问副处实职以上离退休干部，局领导带队分组走访长期患病生活困难离休干部、生活困难遗属共142人，发放慰问金17.1万元。开展“夏日送清凉·送学上门”全面走访活动，为116位老同志送去学习资料，送去党和政府的关心关怀。坚持每月一次走访因病住院老干部，给予年度首次住院的老干部500元探望费，累计探望老干部100余人次。针对离休干部高龄多病的实际，改进离休干部体检和疗休养工作。8月20日到24日，组织副处退休干部赴嵊泗疗休养。探索“96811”政府采购服务模式。新采用政府采购、第三方服务形式，与衢报签订服务外包合同，发放每人500元的服务代金券计107人，为离退休干部特别是高龄离休干部提供上门维修、开锁、清洁等家政服务。落实中央和省委关于老干部生活待遇政策，配备“一键通”手机，加强对“四就近”服务社区的支持指导。妥善处理老干部来信来访、就医就学等需求。快速妥善落实衢州市委老干部局等五部门联合下发的《关于进一步加强离休干部医疗服务管理工作的通知》，针对常山县涉及到老干部人数多、情况复杂等问题，及时向县有关领导汇报请示，会同县人社局、县财政局等主要领导研究，联合发文。建立分组定期走访制度，第一时间送达文件，做好文件解释工作。分情况处理、精准化服务，对病重的做好备案审批；对具备出院条件的，和老干部及其家属做好沟通，协助办理出院手续；对需转往定点医院的，事前陪同查看环境与设施。自4月25日文件下发起，截至5月1日，原30名在非定点医院住院的离休干部，除2名在ICU，其余全部达成转院或回家休养意向。对老干部就医、转院、丧葬、遗产继承、参军证明以及就读老年大学等问题认真回复、妥善处理，未发生老干部上访事件。

（潘辰）

关心下一代工作

【概况】 2018年，常山县各级关工委和“五老”（即老干部、老专家、老军人、老教师、老模范）围绕县委、县政府工作中心，服务大局，发挥优势，教育培养青少年成长成才，团结引导青少年听党话、跟党走；参与社会治理，推进基层组织创新，各项工作取得新发展，为常山“慢城大花园”建设作出新贡献。

开展“弘扬红船精神、争当时代新人”主题教育活动，引导全县青少年从红船精神中汲取真理的力量，自觉融入血脉、化作基因。天马街道关工委开展“红船驶进我的梦 争当时代好少年”等特色教育。球川镇关工委利用“血泪坑”基地和球川革命纪念馆阵地，组织开展“勿忘国耻，牢记历史”革命传统活动，教育青少年缅怀先烈、铭记历史。大桥头乡关工委举办“五老助帮一户多宅整治”宣传会，教育青少年在亲身实践中体悟红色精神，传承红色基因。

开展“同心共筑美丽大花园”教育活动。通过编写专题读本、“同心共绘美丽常山”、“发现金点子 争做环保小使者”等活动，向全县青少年征集1200条环保创意。各关工委设立各具特色的实践载体，教育青少年从身边做起，从小事做起，达到潜移默化、行为养成的效果。天马街道关工委评选百名品德优良、爱护环境、勇于创新的“两山”（即绿水青山和金山银山）少年，倡导青少年争优“两山”理念的播种者、实践者。教育局关工委以改革开放40周年为契机，组织中小学生摄影比赛，通过看身边变化、听亲身故事，畅想中国梦的美好前景。林业局关工委开展“我爱柚花花更香”教育活动，引导青少年亲近自然，热爱家乡。紫港街道、金川街道关工委围绕文明城市复评，老少手拉手参与文明劝导、垃圾分类、巡逻保洁，弘扬时代新风尚。

开展青少年“七五”法治宣传教育。围绕未成年人安全保护与健康发展，启动“爱心呵护”点亮心愿树行动，向青少年普及《未成年人保护法》和自我防护知识，提高他们的法治意识和应急避险能力。县司法局、县检察院、县公安局关工委与学校、社区共建宣传实践平台，编写案例教材，拍摄微视频，开展“法在心中”“宪法好声音”、模拟法庭等体验教育。全县25名“五老”担任法制副校长，举办多场报告会，受教育学生达1.2万人次。球川镇结合当地“善文化”，打造“法育未来”品牌，引导青少年懂得法治精神与道德滋养相辅相成，增强践行社会主义核心价值观的自觉性。挖掘本土资源，组织非物质文化遗产传承人、传统文化等进课堂、进社区，让优秀文化基因代代相传。举办非物质文化遗产民间喝彩大比拼、赵公岩传说、三十六天井传说宣讲活动，全县广大青少年从中汲取常山县“非遗”文化精髓。各学校深入推进“传承好家风好家训”教育，辉埠镇久泰弄村创建军事展览馆基地，用优秀传统文化滋养心灵、陶冶情操。

【帮困助学送温暖】 2018年，县关工委按照省关工委“福彩资助”活动要求，开展“福彩暖万家”系列活动，争取公益金36万元，为90名困难中小学生和16名困难大学生送去温暖。开展“小巷雷锋”“点点滴滴，心系贫困生”等其他帮扶助困活动，多方筹集资金，牵头联系企业主、爱心人士与家庭特别困难学生结对资助。联合团县委实施希望工程，帮助1000余名贫困学生募集希望工程救助款500余万元；协助县妇联落实春蕾计划，发放280余万元爱心款。

【助力禁毒宣传教育工作】 2018年7月2日，县关工委成立关工委禁毒工作领导小组，部署全县各级关工委组织开展禁毒宣传教育工作。11 月 12 日，召开全县基层关工委禁毒工作推进会。同月 21 日，在全县副县（处）级以上离退休干部（扩大）读书会上进行禁毒工作宣传，发动“五老”志愿者投身常山创建“全省禁毒示范县”三年行动。与县公安局、县检察院、县法院、县司法局建立联系指导机制，推动学校、村、社区禁毒工作室建设，构建专业化、精细化、社会化的关心帮教模式。组织“五老”主动对接涉毒少年，开展帮教工作，共帮教吸毒人员 22 人，有 12 名涉毒青少年成功脱毒。

【学校“五好关工委”创建】 2018 年，县教育局关工委深入开展学校“五好关工委”的创建工作。年初，针对学校特点，按照“领导帮子建设好、骨干队伍发挥作用好、制度健全执行好、活动经常效果好、积极探索创新好”五个方面，制定《常山县“五好”学校关工委评分标准》下发给各级学校关工委。10 月，常山一中、实验小学、天马一小等 10 个单位通过验收，获“五好关工委”奖牌。至年底，全县 56% 的学校通过学校“五好关工委”的创建。

【组建“小巷雷锋 银耀慢城”志愿团】 2018 年 5 月，县关工委对“小巷雷锋”志愿团进行扩展，在原有“小巷雷锋”团队的基础上，重新组建“小巷雷锋 银耀慢城”志愿总队，广泛吸收新成员，并按照个人意愿、特长，分别组建红色宣讲、“五老”助帮、法制宣教、老骥常青、文明劝导等 12 支队伍，深入开展各具特色的志愿服务。在“领头雁”的带领下，全县参加关心下一代工作的“五老”骨干超过 5800 人，队伍的专业化水平不断提高。

（王红平）

信访工作

【概况】 2018 年，县信访局推进依法分类处理信访诉求和化解社会矛盾，全县信访形势平稳有序。年初与 14 个乡镇（街道）、82 个部门签订信访工作目标管理责任书，压实事权单位责任。创新信访工作理念和机制方法，实行“1+1+N”联合接访［即 1 名县领导接访、1 名乡镇（街道）负责同志陪访、多部门联合接访］、初信初访“五四三”、“1+3+X”人民调解参与信访矛盾化解（“1”是分管县领导，“3”是公安局、司法局、信访局三个部门领导，“X”是涉及人民调解参与信访矛盾化解具体事项的县级机关各事权部门、各乡镇、街道主要领导）等工作机制，深化律师参与信访接待；建立信访舆情专报、信访舆情预警、信访工作提示等制度，提高信访工作科学化水平。多措并举提升信访干部业务水平，举办全县信访干部培训班，安排基层信访干部轮岗培训，常态化召开“周五信访事项交办会”，不定期实施“一对一”针对性面授，每季度实行“季季清”考核。落实“三访”长效机制，每个工作日安排一名县级领导在县信访局值班接访；“周二下村日”每位县领导分别到所联系乡镇（街道）下访约访群众；各乡镇（街道）、重点部门每天安排一名领导班子成员带班，随时接待群众来访。抓实源头稳控、接访协调、信息研判、督查指导、应急处置等工作，完成各级“两会”“中非论坛”北京峰会、第五届世界互联网大会、上海进博会等重大政治活动期间的信访维稳工作任务。为纪念常山建县 1800 周年、2018 中国山地自行车公开赛总决赛（浙江·常山站）、2018 中国皮划艇巡回赛（浙江·常山站）、中国·常山油茶博览会等系列活动提供保障。

是年，常山县在市对县（市、区）信访目标管理考核中排名第二，被浙江省信访工作领导小组评为“零非访县”。

【基本实现“无信访积案县”】 2018年，县信访局以创建“无信访积案县”活动为契机，将排查梳理出的信访积案进行重点交办，明确包案领导、责任单位和责任人员。通过领导包案、案件会商、挂牌督办、帮扶救助等多项措施，整合各方力量，化解一批“钉子案”“骨头案”，在全省率先基本实现“无信访积案县”工作目标。

【完善“12345”热线平台服务功能】 2018年，县信访局实现“浙江省统一政务咨询投诉举报平台”与基层“四个平台”互联互通，并增设“营商环境服务专线”，组织部门“一把手”现场接听来电专线，实行专席专班快速受理。完善话务员考核管理办法，及时维护更新热线平台知识库，形成涵盖受理—转办—办理—回复—回访环节的“闭环式”工作流程，将“12345”热线打造成政府沟通百姓的交流平台、服务百姓的温情热线，做到“事事有回音、件件有答复”。

（张洋洋）

档案工作

【概况】 2018年，常山县档案局馆（以下简称“县档案局”）以党的十九大精神为指导，围绕美丽乡村建设、“五水共治”“无违建县”创建、危旧房改造、国际慢城建设，开展档案工作。组织档案文化专题编研工作，出版档案文化专刊，提高档案文化挖掘、研究水平。重视档案安全工作，加强馆藏档案清点检查，实施“三馆”（即县档案馆、图书馆、文物库房）消防地下管网维修更新工程，开展档案数据异地备份工作。3月21日，县档案馆与江苏高淳区档案馆签订异地备份协议书，将已形成的馆藏档案数字化成果数据总量达3.8TB交付高淳区档案馆保管，首次实现档案数据省外异地备份。开展档案查阅利用服务工作，全年接待查档2632人次、5397卷，其中，婚姻档案826卷，会计档案550卷，其他档案4021卷。配合县政府“一户多宅”整治、芙蓉水库移民安置情况摸底工作，接待档案查考2303人次。配合县民政局完成全县退伍军人普查登记工作。做好档案信息宣传工作，全年被各级媒体采用信息、文章合计180多篇，其中《中国档案报》采用4篇，《中国档案》杂志采用2篇，中国档案（资讯）网采用22篇，浙江档案网（浙江方志网、浙江党史网）采用60篇，《浙江档案》杂志采用5篇。4月19日，衢州市档案宣传工作现场会在常山召开，县档案局作典型发言。

是年，县档案局获评“省级文明单位”“2017年度衢州市档案宣传报道工作一等奖”，被《浙江档案》杂志社评为“2017年度发行工作先进单位”“2017年度宣传工作先进单位”。

【数字档案室创建任务超额完成】 2018年，县档案局协助全县各单位申报创建数字档案室。其中，2017年度申报创建数字档案室的23个单位全部通过测评，包括示范数字档案室2个（县检察院、县城东新区管委会），规范数字档案室8个以及数字档案室13个。完成2018年度数字档案室创建申报26个，其中，示范数字档案室4个（常山县国土资源局、常山县农业局、球川镇人民政府、常山县天马街道办事处），规范数字档案室9个以及数字档案室13个。超额完成目标任务，数字档案室创建工作名列全市前茅。

【“千村档案”建设工作获肯定】 2018年，县档案局完成首批21个历史文化古村落的“千村档案”数据资源采集、分类、整理、归档和电子数据上传工作，并于6月11日通过项目验收。“千村档案”项目共著录条目1942条，文档、音视频类附件4868条，电子数据容量77.19G。纸质档案49册，照片档案21册，U盘21只，移动硬盘1只。常山县“千村档案”建设工作获省、市档案局肯定，并在7月31日举行的浙江省档案业务工作会上作经验交流。

7月20日，常山县“千村档案”建设成果汇报会在县档案局召开

（县档案局 供图）

【查档服务助推“最多跑一次”】 2018年，县档案局完成本部门权力事项及公共服务事项的梳理、网上办事事项发布工作共22项，其中“最多跑一次”事项10项全部委托进驻县行政服务中心其他事务综合受理窗口。2项高频民生事项档案查阅利用和异地查档、跨馆服务全部实现“一证通办”“无证通办”，申请人办理本人事项只需要携带身份证即可办理。开展视频查档服务，在辉埠镇大梗村试点的基础上，逐步向全县188个行政村和社区推广。《视频可查档 服务零距离》一文获《中国档案报》点赞。

【档案文化建设新突破】 2018年，县档案局结合开展常山建县1800周年纪念活动，深入挖掘档案文化故事，先后在“常山发布”公众号、《今日常山》、《衢州晚报》等媒体上发表《常山三衢州——衢州的母亲山》《常山胡柚的起源传说》《三朝名相叶向高：千里赴常山，只为圆一梦》《“东方莎士比亚”李渔笔下的衢州印记 》等文章10余篇。开展档案编研工作，完成《常山乡贤（2018）》《常山县抗战档案专题汇编——抗战损失和救济调查篇（1942—1947）年》《常山档案集萃》3本书的编纂工作。启动常山档案照片成长库建设，通过自行拍摄采集、加强与相关部门合作共享等途径，新增图片近千张。组织创作《守望兰台——常山县档案工作者之歌》并组织全县档案工作者传唱。5月底，浙江省档案局馆长研修班召开，县档案局馆就档案文化建设做典型发言。

（陈慧群）

党史工作

【概况】 2018年，中共常山县委党史研究室（以下简称“县委党史研究室”）重点做好常山西源革命纪念馆即闽浙赣皖土地革命战争浙西纪念馆（以下简称“纪念馆”）相关工作。形成《纪念馆布展方案》，全面参与纪念馆其他相关工作。对场馆设计、讲解介绍等工作严格审查把关。参与纪念馆开馆仪式的筹备工作。完成2018年党史资料数字化清单的上报工作。配合县委宣传部做好“麻山革命精神”的总结提炼征集和评选工作。完成2015年和2016年常山县革命遗址保护专项资金绩效自评和问卷调查工作。开展《中共常山县委文件》的选编工作。完成《中国共产党常山历史（第三卷）》专题编写纲目责任分解与工作部署文件的起草工作。

【纪念馆布展策划工作全力以赴】 2018年，县委党史研究室全力配合做好纪念馆的建设工作。组建工作专班开展纪念馆布展方案策划工作，及时召开纪念馆布展方案专家论证会，根据专家论证意见，经至少5次修改形成纪念馆布展方案定稿。组织人员前往周边相关地区搜集史料、照片、实物等。策划并完成中共西源区委旧址布展方案和麻山“兄弟会”旧址的布展内容方案。配合县委宣传部做好“麻山革命精神”的总结提炼征集和评选工作。根据相关责任单位任务分工，高质量完成纪念馆开馆仪式的相关筹备服务工作。做好纪念馆开馆仪式新发现问题的后续考证和修改完善工作。

【纪念馆建成开馆】 2018年10月12日，纪念馆开馆仪式举行。受中共常山县委委托，县委党史研究室负责联系邀请了革命烈士方志敏女儿、江西省方志敏研究会名誉会长方梅，浙江省中共党史学会会长、省委党史研究室原主任金延锋莅临致辞。纪念馆建设面积近3000平方米，以翔实的史料和丰富的文物，还原浙西一翼乃至闽浙赣皖边区十年土地革命战争发展脉络，是衢州市首个综合性革命纪念馆，填补了浙西地区土地革命战争综合性纪念馆的空白，为世人缅怀革命先烈、传承革命精神提供了平台，为常山县乃至浙江省红色文化的发展、红色旅游的拓展增添了新的景点和亮点。该馆与中共浙江省委党校、中共衢州市委党校等初步达成实训教育战略合作协议。据不完完统计，至年底，纪念馆累计接待观众1万余人次。

12月20日，方志敏女儿方梅（中）参观西源革命纪念馆 （新昌乡 供图）
（陈慧群）

地方志工作

【概况】 2018年，常山县地方志编纂委员会办公室（以下简称“县方志办”）完成《常山年鉴（2017）》出版发行工作。开展《常山年鉴（2018）》的编纂工作。根据衢州市地方志办公室的统一部署，就《品读衢州》丛书纲目提出修改意见，完成《衢州年鉴2017》《品读衢州》丛书之《科技强区》等书稿的审阅工作，按要求上报审阅意见。完成《浙江通志·人物卷》相关人物内容（涉及常山）的修改和部分人物史料的补充查找工作。做好《同弓乡志》《球川镇志》修编的指导工作，《球川镇志》初稿总纂完成。组织开展相关档案史料的搜集编研工作，完成《名人与常山》初稿的编辑校对工作。完成2018年大事记采编及修改工作。

【《常山年鉴（2017）》出版发行】 2018年8月，《常山年鉴（2017）》由方志出版社公开出版，主编毕建国，精装16开本，30.5印张，774千字，印数800册，定价280元。全鉴由卷首、百科、卷尾三部分组成，百科按类目、分目、条目三个层次框架编排。卷首设彩页、特载、专记、大事记、县情概览；百科设中国共产党常山县委员会、常山县人民代表大会、常山县人民政府等25个类目；卷尾设组织机构及负责人名录、荣誉录、重要文件目录、国民经济若干统计资料、艺文、索引。《常山年鉴（2017）》记载时限从2016年1月1日至12月31日，入鉴资料由县内各部门、乡镇和在常山的省部属单位提供，经编辑部层层审阅，编辑加工并经各单位审核后定稿，所采用数据以县统计局提供为准，记载常山县行政区域自然、政治、经济、文化社会方面的情况和社会发展的历史进程。

【《常山年鉴（2018）》编纂工作开展】 2018年，县方志办开展《常山年鉴（2018）》编纂工作。1月，县委办公室、县政府办公室联合发布关于开展《常山年鉴（2018）》编纂工作的通知。3月，县方志办组织全县125家《常山年鉴（2018）》承编单位撰稿人分2期举办撰稿业务培训，培训内容包括年鉴体例、年鉴综合条目（概况、概述、综述）与单一（专题）条目的区分、年鉴资料来源、图片与表格的要求、撰写年鉴文稿存在的常见问题以及条目的撰写要求等。截至年底，县方志办收齐全县各单位《常山年鉴（2018）》初稿并完成初审校对，形成《常山年鉴（2018）》总纂初稿。

（陈慧群）

常山县人民代表大会

综　述

2018年，县人大常委会围绕县委“四四二”战略体系，聚焦发展献智出力、聚焦民生务实重行、聚焦法治担当尽责。全年举行县人大常委会会议12次，听取和审议“一府两院”工作报告15个，作出决议决定21个，开展执法检查4次，任免国家机关工作人员91人次；召开主任会议21次，听取政府专项工作报告35个；组织代表考查25次，对县发改局、教育局进行工作评议，完成县十六届人大二次会议确定的各项目标任务，发挥地方国家权力机关作用，为推动常山经济社会持续健康发展做出贡献。

县人大常委会学习贯彻习近平关于坚持和完善人民代表大会制度的重要思想，坚持和依靠党的领导，在思想上政治上行动上同以习近平同志为核心的党中央保持高度一致。维护县委统揽全局、协调各方的领导地位，落实重大事项向县委请示报告制度，及时将省、市人大相关精神和要求向县委汇报，专题报告人大重要工作。2018年9月16日，中央政治局常委、全国人大常委会委员长栗战书到衢州调研，县委书记叶美峰专门汇报县委支持保障人大履职以及县乡人大工作，得到委员长肯定。省人大专刊报道《中共常山县委重视支持加强人大工作的做法》。

县人大常委会落实栗战书委员长在衢州调研时的讲话精神，加强县乡人大工作和建设，将县委决策部署贯穿于人大工作全过程。落实中央和省委关于健全人大讨论决定重大事项制度、各级政府重大决策前向本级人大报告的相关文件精神，制定《常山县人大常委会讨论决定重大事项实施办法》，对“5·20”常山敬老日等12个重大事项及时作出决议、决定，通过法定程序把县委决策转化为全县人民的共同意志。坚持党管干部与人大依法任免有机统一，执行县委提名、党组讨论、任前考试、投票表决、宪法宣誓程序，确保党组织推荐人选成为国家机关领导人员。紧扣机构改革，第一时间任免政府组成部门主要负责人，为深化机构改革提供坚实组织保障。保持一线状态，参与县委中心工作，轴承产业等领衔领创产业发展提档升级，危旧房治理改造等重点项目有序推进，联系乡镇、村美丽乡村建设成效初显。全县各级人大代表服务大局担当奉献，在“五水共治”、危旧房治理改造、小城镇环境综合整治等重点工作中充分发挥示范引领作用。

县人大常委会党组发挥在管党治党中的表率作用，带头落实全面从严治党主体责任。开展“大整风”十大行动，找准找实存在问题，明确整改举措，投身“1433”战略体系实践、营商环境最优城市和基层治理最优城市创建。开展“三服务”活动，深入利安隆、浙能天然气等项目企业一线，帮扶企业解决实际问题；密切联系群众，落实“周二下村日”制度，主动为基层群众排忧解难。组织“以案促改”专题民主生活会，及时召开警示教育会议，常态化进行党风廉政学习。开展强作风提效能树形象活动，完善机关内部日常管理以及常委会监督工作纪律、作风建设等各项制度30余项，将纪律挺在前面，将全面从严治党融入日常、抓在经常。

县人大常委会把“十三五”规划纲要中期评估监督作为年度工作重点，围绕规划纲要以及社会事业、综合交通、水利发展、环境保护4个专项规划实施情况开展深入调研。12月，县人大常委会听取和审议县政府及相关职能部门“十三五”规划实施情况中期评估报告及4个专项规划评估报告，围绕增强规划严肃性、突出工业转型升级、加强生态文明建设等方面提出具体审议意见，督促规划深入实施和各项目标任务如期完成。

县人大常委会紧盯国资管理质效，跟踪2017年国有资产管理使用特定问题调查作出决议的落实情况，听取和审议国有资产管理使用综合报告及专项报告，促使县政府就进一步理顺国有资产监管体系，加快改革步伐进行再研究、再深化、再落实。密切关注全县经济运行情况，听取和审议2018年1—6月国民经济和社会发展计划执行情况报告，考查轻钙产业整治情况，专题调研和考查工业园区土地开发利用情况，考查税收大厅建设运行情况并听取国、地税税收征管情况报告，促进政府进一步贯彻新发展理念，深化结构调整，实施积极财政政策，为全县经济高质量发展提供有力支撑。考查消除集体经济薄弱村情况并听取报告，助推常山县保质保量完成省定“消薄”任务。注重创新驱动，开展促进科技成果转化“一法两条例”执法检查，专题调研众卡运力新经济模式。考查现代农业园区、云耕小镇建设情况，听取和审议胡柚产业发展情况报告，促进产业做优做强。

县人大常委会加强预决算审查监督，关注财政资金使用绩效，提前介入预算编制审查，听取和审议财政决算、预算执行、审计工作、债务限额、预算调整等报告，审查批准县本级2017年财政决算、2018年地方政府债务限额和预算调整方案，专题听取和审议审计查出问题整改落实情况报告，要求抓住问题加强跟踪监督，严肃追责问责，将整改任务落实到位，确保财政规范稳健运行。延伸财政审查触角，年中听取当年人代会上重点审查的部门细化预算半年度执行情况报告，选取3个试点乡镇深化预算审查工作，抓细抓深预算监督。率先在全市建成预算联网系统，实现实时在线全过程监督，提升预算监督及时性、公开性和完整性。

县人大常委会深化民生实事票决，建立候选项目建议“三议三提交”制度、代表票决“两议两提交”程序以及项目确定后“一公告两公开三报告”机制，将群众关注的“关键小事”转化为体现人民民主的“大事”、落到实处的好事。通过建立完善“月督查、季通报、年中诊、年末评”机制，组建基层代表全覆盖参与的专项监督小组，将2017年度没有完成的球川、白石饮用水项目一并列入2018年度跟踪监督内容，深化民生实事项目监督。主任会议4次听取民生实事项目监督情况汇报，常委会听取和审议项目完成情况报告及评估报告，先后6次函告芳村饮用水等时序进度滞后项目责任单位，督促强化施工力量，加快项目实施进度。探索民生实事项目代表监督信息化工作，县、乡两级代表不定期实时开展巡查监督，交办意见建议12条，推动民生实事项目实施。指导乡镇（街道）落实民生实事项目代表票决（会商）制，2018年11个乡镇共票决项目51件，3个街道共会商确定项目16件。2018年8月，在全省深化民生实事项目代表票决制工作座谈会上,常山县是唯一作典型发言的县级单位。

县人大常委会聚焦生态环境建设，践行“两山”理论，全面实行县、乡两级环境报告制度，听取和审议2017年度环境保护目标完成情况和2018年度环境目标制定情况报告，11个乡镇人代会分别听取环境工作情况报告。开展固体废弃物污染环境防治“一法一条例”执法检查，常态化开展治水监督，综合推进环境质量持续改善。聚焦生态富民和人居环境优化提升，听取和审议国际慢城建设运营情况报告，考查生活垃圾分类处置情况、财政奖补助推美丽乡村建设试点情况和森林消防工作情况，为高质量高标准建设大花园夯实生态基础。

县人大常委会回应社会关切，紧扣群众普遍关注的教育“短板”，首次在同弓乡人代会上听取辖区教育工作情况报告，出台《关于教育工作情况报告制度的实施意见》，建立县、乡两级人大常态化制度化开展教育专项监督机制,促进常山教育水平再上新台阶。听取和审议县域医共体建设情况报告，考查赛得健康养生小镇建设情况和中医院住院大楼建设情况，持续推进医养服务水平提升。组织代表考查危旧房治理改造深化推进情况、水利重点项目建设情况、“一户多宅”集中整治情况、交通重点项目建设情况、宗教活动场所建设情况、公共文化重点县建设情况，督促政府提高住房、交通、文化等基础设施建设和服务保障水平。深化“最多跑一次”改革情况监督,组织代表考查行政服务中心，并设立代表联络站，倾听民声，收集并交办群众意见建议10件均得到及时解决，助力常山“最多跑一次”改革继续走在全省前列。做好人大信访工作，全年受理群众来信（电）23件，来访56人次，重点督办信访件3件，推动群众合理信访诉求妥善解决。

县人大常委会联合开展首个“宪法宣传周”活动，深化“12·4”国家宪法日主题宣传，推进中小学“三个一”宪法宣传活动。落实宪法宣誓制度，组织常委会选举任命国家机关工作人员宪法宣誓5批次29人次，形成尊崇宪法、拥护宪法、弘扬宪法精神浓厚氛围。考查常山县“七五”普法中期工作情况并听取专题报告，提出突出普法教育重点、提升普法教育实效等建议，推动“七五”普法工作深入开展。坚持常委会会前学法常态化，先后学习《中华人民共和国老年人权益保障法》等4部法律法规，提高常委会组成人员法律知识水平。

县人大常委会深化履职报告制度，94名县人大及其常委会选举任命的国家机关工作人员，书面提交年度依法履职情况报告，常委会专题会议听取其中10人述职并进行测评，提升受任人员的责任意识、法治意识。开展对县发改局、教育局工作评议,收集意见、建议370余条,推动被评议部门转变工作作风,提升依法行政水平。开展《中华人民共和国老年人权益保障法》、《电动自行车管理规定》等执法检查，促进相关法律法规贯彻实施。完成规范性文件备案审查17个，维护法制统一。参与省、市人大常委会有关条例（草案）立法调研，提出意见、建议20条，使法律法规制定广泛吸收民意、更加契合实际。

县人大常委会着力促进公正司法，关注司法体制改革工作，听取和审议县法院、县检察院司法体制改革工作情况报告，推动常山县司法体制改革深化实施。聚焦县法院“基本解决执行难”工作，组织代表参与“5·16”衢州会战和涉民生、涉金融集中执行行动等全过程监督，听取专题工作报告，出台《关于切实推进人民法院执行工作的意见》，促进法院执行工作水平不断提升。考查县看守所建设情况并提出加大财政投入、提升技防能力等建议，促进监管工作水平顺应新形势新要求。深化开展“百名代表听百案”“百名代表评公诉”活动。依法确定108名人民陪审员名额，新任命人民陪审员88人，发挥人民陪审员队伍功能，促进司法公正，提升司法公信力。

县人大常委会重视代表素质和履职能力提升，全年分两批次组织80名基层县人大代表赴全国人大培训中心学习培训，提高代表依法履职能力。深化代表参与常委会活动“菜单式”服务机制，全年邀请代表分批列席常委会会议60人次，参加考查、执法检查和调研等活动96人次，扩大代表参与的广度和深度。利用微信、钉钉以及代表履职服务平台，发布重大事项和相关内容，坚持为代表赠阅人大刊物，有效拓宽代表知情知政渠道，提高履职水平。

县人大常委会在全省率先实现浙江人大代表履职服务平台与县基层治理综合信息系统、乡镇“四个平台”的互联互通，形成代表信息化监督治水“常山模式”。衢州市人大常委会充分肯定并总结推广，在常山县召开全市各级代表信息化监督治水工作现场推进会。2018年，全县各级代表提交小微水体、养殖场巡查信息5599人次，反映问题59个，全部得到解决。健全议案建议督办制度，加强重点建议的上门督办。征询代表对办理工作的意见，及时掌握议案建议办理进度和质量。听取和审议县十六届人大二次会议建议办理情况报告，开展议案建议办理工作“回头看”，对列入计划解决的建议和8件重办件跟踪监督，推动代表建议办好办实。县级领导干部人大代表带头赴原选区，进人大代表联络站接待基层代表和人民群众，听民声、集民意、解民忧，收集并交办意见建议20件。深化“线上＋线下”代表联络站建设，探索建立村级“人大代表接待室”，密切代表与选民联系。组织四级代表开展“共建慢城大花园、人大代表有担当”主题活动，11名代表参加《常山问政·请人民阅卷》《百姓探专班》等活动，在推动全县中心工作中发挥积极作用。

县人大常委会强化代表履职管理，出台《代表履职评价办法》，量化代表履职评价标准，把代表审议报告、提出议案建议、参与调研、督查重点工作重点项目等情况作为履职评价的重要依据，规范代表履职行为。完善“一塘一场一代表”信息化监督治水分类巡查、月度通报制度，代表信息化监督治水工作逐步规范化常态化。评选先进代表小组及优秀议案建议，开展代表信息化监督治水先进单位及个人评选表彰，激发代表履职积极性。完善常委会组成人员联系代表、代表联系群众制度，做好走访联系代表工作，全年走访联系代表320余人次，收集代表意见、建议100余条。开展代表向选区选民述职活动，24名县代表、74名乡镇代表向原选区选民进行现场述职或书面述职，增强代表履职责任感。依法做好代表辞补工作，县十六届人大二次会议以来，接受县代表辞职15人，组织有关选区依法补选县代表19人。

县人大常委会坚持以党建统领人大工作，压实责任抓队伍，严肃党内政治生活，严格执行“三会一课”、领导干部双重组织生活会等党组织生活制度，确保党组织生活的正常化、规范化、制度化。深化“两学一做”学习教育，先后到嘉兴南湖、西源革命纪念馆等开展主题活动，增强党员干部的党性修养、责任意识。找准机关党建工作和中心工作以及人大工作的结合点，把服务经济社会发展、服务人大工作作为首要任务，突出人大代表作用和优势，发挥参谋助手、带头引领、桥梁纽带作用，为经济发展、乡村振兴、民生改善等履职尽责、献计献策。开展党员进社区、敬老孝老“千人结对”“联创日”等支部主题党日活动，发挥党员的先锋模范作用。

县人大常委会加强对乡镇（街道）人大（工委）工作指导，健全考核办法，明确工作要求，规范基层人大履职行为，全面贯彻《浙江省乡镇人民代表大会工作条例》。完善县乡人大工作例会制度，坚持邀请乡镇（街道）人大（工委）负责人列席常委会会议、参与常委会活动，巩固提升县乡人大联系沟通渠道。加大基层人大干部培训力度，先后3批次组织参加全国、省人大业务培训，实现培训全覆盖，人大干部业务水平和履职能力不断提高。

县人大常委会拓宽人大宣传阵地，加强宣传交流工作，利用代表履职服务平台、微信公众号、省市县人大网站及人大杂志等媒介，宣传报道常委会工作成效及代表事迹。2018年，在市以上报刊、网站等媒体发表各类宣传稿件180余篇，《常山：人大代表监督治水用上APP》获评市人大新闻奖一等奖。创办《常山人大》期刊，及时宣传人大工作，展现代表风采，扩大常山县人大工作影响力。注重对外交流，参加全市人大常委会主任研讨会、闽浙赣皖四省交界县（市、区）人大常委会联席会议，与江西德兴市、绍兴市越城区等21个县（市、区）开展交流活动，学习借鉴外地先进经验做法，改进和完善人大工作。

重要会议

【县第十六届人大常委会会议】 2018年2月18日，县十六届人大常委会举行第九次会议。会议表决通过有关人事任免事项，听取常山县2018年重点政府投资项目计划编排情况的报告及《关于常山县2018年重点政府投资项目计划编排情况的报告》说明、2017年度县政府民生实事项目完成情况的报告、2018年度县政府民生实事票决候选项目方案（草案）的报告、2017年度县政府民生实事项目完成情况的评估报告，听取县十六届人大二次会议筹备工作情况的报告，讨论并通过县十六届人大二次会议各代表团组成人员名单、各代表团召集人名单、预备会议日程，讨论并通过县十六届人大二次会议列席人员名单，讨论、提出县十六届人大二次会议有关事项的建议。县人大常委会主任徐建华就县十六届人大二次会议有关事项作重要讲话。

3月20日，县十六届人大常委会举行第十次会议，会议听取和审议县人大常委会主任会议提交的《关于提议设立“5·20”常山敬老日的议案》，作出《关于设立“5·20”常山敬老日的决定》；听取和审议县公安局关于许可对县十六届人大代表邓有勋采取刑事强制措施的报告，作出《关于许可对常山县第十六届人民代表大会代表邓有勋依法采取刑事强制措施的决定》；听取和审议县人民政府关于常山胡柚产业发展的报告、关于2017年常山县环境保护目标完成情况和2018年环境目标制定情况的报告；听取和表决通过常山县组织实施宪法宣誓制度实施意见；听取《中华人民共和国老年人权益保障法》法律辅导。

5月30日，县十六届人大常委会举行第十一次会议，会议听取和审议有关人事任免事项，作出《关于接受柯耀根请求辞去常山县人民检察院检察长、检察委员会委员职务的决定》；听取《关于提议姚俊宏代理常山县人民检察院检察长职务的议案》，并以无记名投票方式表决通过上述议案，作出《关于姚俊宏代理常山县人民检察院检察长职务的决定》；听取和审议县人民法院和县人民检察院关于司法体制改革工作情况的报告、县人民政府关于《浙江省渔业管理条例》贯彻实施情况的报告和县人大常委会执法检查组关于《浙江省渔业管理条例》贯彻实施情况的执法检查报告；听取和审议县政府关于固体废物污染环境防治“一法一条例”贯彻实施情况的报告和县人大常委会执法检查组关于固体废物污染环境防治“一法一条例”贯彻实施情况的执法检查报告；听取固体废物污染环境防治“一法一条例”法律辅导。

7月25日，县十六届人大常委会举行第十二次会议，会议听取和审议有关人事事项；听取和审议县政府关于常山县2018年1—6月国民经济和社会发展计划执行情况的报告、关于常山县2017年财政决算的报告、2017年财政预算执行和其他财政收支审计报告和2018年1—6月财政预算执行情况的报告、关于常山县2018年地方政府债务限额的报告，作出《关于批准常山县2017年财政决算的决议》《关于批准常山县2018年地方政府债务限额的决议》。会议听取和审议县政府关于常山县《中华人民共和国老年人权益保障法》贯彻实施情况的报告和县人大常委会执法检查组的执法检查报告。

9月28日，县十六届人大常委会举行第十三次会议，会议听取和审议有关人事事项，作出《关于接受李伯来请求辞去衢州市第七届人民代表大会代表职务的决议》，补选蔡旭昶为衢州市第七届人民代表大会代表。会议听取和审议县人民法院关于申请确定人民陪审员名额的报告、县人民政府关于常山县国有资产管理使用情况的综合报告和落实人大常委会决议情况的报告、关于县十六届人大二次会议议案建议办理情况的报告、关于常山县县域医共体建设情况的报告、关于常山县贯彻落实促进科技成果转化“一法两条例”情况的报告和县人大常委会执法检查组的执法检查报告。

11月26日，县十六届人大常委会举行第十四次会议，会议听取和审议县政府关于常山县国际慢城建设运营情况的报告、关于常山县2018年财政预算调整方案的报告，作出《关于批准常山县2018年财政预算调整的决议》；听取《中华人民共和国监察法》法律辅导。

12月20日，县十六届人大常委会举行第十五次会议，会议听取和审议有关人事事项，作出《关于接受周向军请求辞去常山县人民政府县长职务的决定》《关于接受杨光龙请求辞去常山县第十六届人民代表大会常务委员会委员职务的决定》；会议听取和审议县政府关于常山县“十三五”规划纲要实施情况中期评估的报告、关于2018年审计查出问题整改落实情况的报告、关于2018年民生实事项目完成情况的报告；听取和审议关于提请调整常山县2018年地方政府债务限额的议案，作出《关于批准常山县2018年地方政府债务限额的决议》；听取和审议县政府关于提请调整常山县2018年财政预算的议案，作出《关于批准常山县2018年财政预算调整的决议》。

12月26日，县十六届人大常委会举行第十六次会议，会议初审县人大常委会工作报告（送审稿）、县人民政府工作报告（送审稿）、县人民法院工作报告（送审稿）、县人民检察院工作报告（送审稿）；讨论通过县十六届人大常委会2019年工作要点；初审县人民政府关于常山县2018年预算执行情况和2019年预算草案的报告，表决通过县人大财经委员会提交的《关于常山县2018年预算执行情况和2019年预算草案的审查报告（草案）》，并原则同意提请县十六届人大三次会议审议。

重要活动

【设立“5·20”常山敬老日】 2018年3月20日，县十六届人大常委会第十次会议听取和审议县人大常委会主任会议提交的《关于提议设立“5·20”常山敬老日的议案》，作出《关于设立“5·20”常山敬老日的决定》。

【对县发改局、县教育局进行工作评议】 2018年，县人大常委会依法对县发改局、县教育局进行工作评议，常委会广泛征集被评议单位、人大代表、服务对象意见建议，调查收集、梳理反馈意见100多条。专题听取被评议单位工作报告和评议组工作评议调查报告，并进行满意度测评。县发改局和县教育局坚持边评边改，把整改落实贯穿评议始终，取得良好成效，为常山县经济社会发展、打好教育翻身仗发挥重要作用。

【建立教育工作情况报告制度】 2018年，县人大常委会紧扣群众普遍关注的教育“短板”，首次在同弓乡人代会上听取辖区教育工作情况报告，出台《关于教育工作情况报告制度的实施意见》，建立县乡两级人大常态化制度化开展教育专项监督机制，合力促进常山县教育水平持续提升。

【开展《浙江省渔业管理条例》贯彻实施情况执法检查】 2018年4月起，县人大常委会针对群众反映强烈的电鱼、毒鱼等违法行为，在2017年专项调研、考查的基础上，开展对《浙江省渔业管理条例》贯彻实施情况执法检查，综合运用走访调研、组织代表监督渔政执法工作、专题询问等组合监督模式，将渔政管理工作监督一抓到底，促进县政府设立禁渔区和禁渔期制度，完善渔政执法联动机制，加大执法护渔力度。全年查处非法捕鱼案件16起19人次，其中移交公安机关1起。

（段寿平）

小资料：人大代表优秀议案

关于加强渔业资源保护的议案

近年来，随着“五水共治”的不断深入，渔业增殖放流的不断加强，常山县渔业资源相对复苏。与此同时，受利益的驱使以及公民法律意识的淡薄，电鱼、毒鱼、炸鱼等非法捕捞现象屡禁不绝，社会关注和群众反响较大。为推进我县渔业资源可持续发展，加强山水林田湖系统保护，助推“慢城大花园”建设，建议：

1. 实施禁渔区和禁渔期制度。明确“一港四溪”及其他支流的禁渔范围和禁渔时间，并且制定杆钓的具体管理办法。

2. 强化饮用水源保护。禁止在饮用水源保护区垂钓、游泳、戏水等行为。

3. 加大宣传力度。利用广播、电视、新媒体等，加强渔业法律、法规以及禁渔期、禁渔区制度的宣传，在“一港四溪”及其他支流显眼位置设置宣传牌、告示牌。加大破坏渔业资源不法行为的曝光力度，通过反面典型现身说法开展警示教育，引导广大公民提高法律意识，自觉参与到护渔行动中来。

4. 从严从快打击。建立公、检、法、司等部门联动机制，对破坏渔业资源的违法行为发现一起，查处一起。构成犯罪的，依法追究刑事责任，量刑以实刑为主，经济处罚用于增殖放流，并要求当事人一起参与增殖放流。对非法捕捞的党员通报县纪委。

5.把加强渔业资源管理纳入对各乡镇（街道）年度综合目标考核。鼓励各行政村结合实际，将发生在村级河道及小山塘的电鱼、毒鱼、炸鱼以及地笼网非法捕捞行为的处罚规定写进村规民约。

6.积极引导渔民转型升级。通过搭建平台、政策支持，引导渔民从传统捕捞向现代养殖、渔家乐休闲旅游产业等转变。

（李淑荣）

关于常山县美丽公路建设的议案

近年来，县委、县政府高度重视我县旅游产业发展，定下了建设“特富美安”慢城大花园的战略导向，明确了常山县“全域旅游、全景常山、全时旺季”的宏伟目标。而当前旅游业已经从“景点旅游”向“全域旅游”转变，从“门票经济”向“产业经济”转变，从“观光旅游”向“休闲旅游”转变。私家车的高度普及，使得旅游出行方式也逐步从“方阵式”的旅游团，向“说走就走”的背包客发展。旅游已经是“诗和远方”，是沿途的风景，交通出行不单单是“吃住行、游购娱”的传统旅游六要素，更是旅游的意义。在今后很长一个阶段，如何规划好、建设好常山县的美丽公路体系，将关乎着下一个阶段常山县全域旅游的发展，为此建议交通局：

一、结合常山县创建全域旅游示范区要求，合理安排美丽公路建设时序。

根据常山县“一核两带三圈”的全域旅游发展总体格局，今后3～5年，国际慢城、远山云水圈（东案梅树底、新昌“三塘一源”）、十里长风圈（何家黄冈山）、三清绿道（白石不老泉）及赏石小镇（中国观赏石博览园）片区将成为常山县全域旅游发展的桥头堡。涉及的主要交通干道有048省道（浙西大联廊）、G320国道、苦狮线、规划G351国道、G205国道等。根据常山县全域旅游发展方向，对全县美丽公路建设时序进行合理安排，突出旅游通景公路特色，强化美丽公路的畅通功能、安全功能和服务功能，打造具有本土特色、功能完善、精致大气的通景公路，适时加强相关干线公路建设，完善旅游公路体系：

1. 048省道串联起了国际慢城、新昌乡三塘一源、东案片区、三衢石林景区等重要旅游节点，2017年因048省道建设进度较慢，严重影响了游客的游览体验（以三衢石林为例，2018年的游客量同往年相比减少近2万人次），因此建议2018年优先集中力量完成048省道建设。

2. 目前正在打造的梅树底景区外围交通干道较少，“最后一公里”短板突出，通达率不高。建议根据国家AAAA级景区要求，2018年启动梅树底景区的对外通景公路（苦狮线、东龙线即“胡柚大道”）建设。同时，考虑规划351国道的建设，尽快谋划351国道至320国道的连接线，方便游客抵达新高铁站，作为衢州西拓、常山东进的大联通。

3. 新昌片区道路普遍较窄、无法会车，夏季等游客高峰期游客出行安全系数低，在路上花费的时间过多影响游客出行体验，建议加快道路改造提升。

二、旅游通景公路建设，需要考虑游客客观上、心理上的需求，仅仅作为通行功能的道路已经不符合发展的趋势，要按景区化来打造美丽公路：

1. 加大对现有通景公路的管理和维护，联合相关部门对重型、大型货运车辆在旅游专线上实行限行措施。

2. 加强旅游交通指引标志系统，在各个景点增加公交换乘点，完善公共交通中转和换乘指引及服务。

3. 结合常山县对道路景观节点打造，根据我县全域旅游发展的需求，建议将旅游厕所、游客休息处等旅游公共服务设施包融合在道路景观节点当中，完善林区道路、慢行道、自行车骑行绿道、游步道、休闲驿站等基础设施，使美丽公路更加立体化、特色化。

4. 结合“五水共治”“四边三化”“一村万树”“一村六美”等行动，开展美丽公路沿线环境整治，实施绿化美化洁化工程，全面提高美丽公路“颜值”，努力使游客的愉悦感在美丽公路上有所憧憬和延续。

5. 由于常山县的旅游景区和优质旅游资源都处于较偏远的乡镇，周边区域的基础配套设施较差。建议在美丽公路的规划建设的同时，将周边区域所需的给排水、强弱电等综合管缆一并纳入设计当中，尽量做到同步施工，也可“统一设计、分步实施”。

（何晟）

关于壮大（盘活）村集体资产提升村集体“造血”功能的议案

2017年，常山县致力于农业农村工作，关心“三农”发展，安排2.4亿用于美丽相处建设，4000多万用于扶持村集体经济发展、2200多万用于消除经济薄弱村，2017年全县128个经济薄弱村已全部“摘帽”。

一、存在问题

依靠政府扶持，“造血”能力差。2018年经济薄弱村“摘帽”的村中或许只有少部分村集体有固定资产或产业发展，每年有固定的收入。但部分村仅仅依靠政府扶持，只是临时“消薄”，后续发展致富问题还需考虑。

二、意见建议

政府要加快，加大扶持力度，对一些地理条件优越，产业发展有特色的村集体，以资产购置或互换，产业扶持等方式增加固定资产，提升村集体“造血”功能，实现真正的永久“消薄”，“先富带动后富”。

（王俊）

常山县人民政府

综　述

2018年，常山县实现地区生产总值140.4亿元，比上年增长6.7%；财政总收入17.1亿元，其中一般公共预算收入11亿元，分别增长22.3%和11.1%；全县社会消费品零售总额69.9亿元，增长9.1%；城乡居民人均可支配收入分别达到36423元和20184元，分别增长8.6%和10.2%。

抢抓机遇超前谋划。围绕市委“1433”发展战略体系（即一个战略目标、四大战略定位、三大战略任务、三大战略路径），县委县政府抢抓高铁新城建设机遇，制定“东接新衢州·慢城大花园”行动计划，明确“一江、两城、三园、四镇、五通道”实施主路径、主平台，“衢常一体、融合发展”的新格局初见雏形。常山江航运工程列入交通部“十三五”规划中期调整项目，淳安—常山公路节点开工，常山港列入省级湿地公园。常山县入选全国山水林田湖草生态保护修复工程试点、全国经济林产业区域特色品牌建设试点；相继入选“中国好粮油”示范县、首批省可持续发展创新示范区创建名单；获评省级国土资源节约集约模范县称号，获省奖励建设用地指标300亩；争取到省绿色发展奖补资金4.76亿元；8个项目新列入省重点项目盘子。

改革创新持续发力。常山县“最多跑一次”改革走在全市前列，48天完成行政服务中心一万平方米改造，成为全国不动产登记专项工作会议县级考察点，接待考察团129批次。全国首创公安窗口入驻乡镇“四个平台”（即综治工作平台、综合执法平台、市场监管平台、便民服务平台），率先推出“钉钉视频办”、农民建房审批“一语统办”，869个事项实现“无差别受理”，382个事项实现“一证通办”，全市“无差别受理”市县一体化建设现场会在常山召开。全县事业单位公车改革顺利完成，机构改革平稳推进。推进科技创新，开展全面创新改革联系点创建，实施科技企业“双倍增”行动，新认定国家高新技术企业12家、省级科技型中小企业37家。

开放协作稳步推进。结合建县1800年历史节点，举办首届常山人发展大会，500余位海内外乡贤齐聚家乡、共谋发展。打造山海协作升级版，与慈溪市、拱墅区、新昌县在平台、产业、教育、卫生等多个领域开展合作交流，促进共赢发展。借助山海协作平台，引进投资超50亿元的万洋众创城项目。东西部扶贫协作取得实效，人才支援36人次，扶贫协作到位资金3000万元，产业投资资金8662万元，带动贫困人口脱贫4683人。

绿色工业加速转型。出台区域环评、企业用工、降本转型等工业新政，兑现涉企奖补资金1.6亿元。深化产学研用、校地合作，与浙江工业大学、浙江科技学院共建技术转移中心。订单式培训企业职工478人。实施企业登高“2315”工程，先导产业园建成投产，瑞典斯凯孚、天津利安隆等项目即将建成。规模以上工业企业增加值增长10.7%、利税增长59%，增幅均居全市首位。坚持“亩均论英雄”（即以亩均税收、亩均增加值、全员劳动生产率等指标进行效益评价），强化府院联动，处置“僵尸企业”30家，盘活土地1750亩，新增项目投资10.6亿元。加大落后产能淘汰力度，关停轻钙企业8家，整治“四无”（即无证照、无安全保障、无合法场所、无环保措施）企业101家。

生态农业加快发展。东海常山木本油料运营中心上线运行，与颐高集团签订框架协议。山茶油标准通过美国药典委认证。完成油茶新品种造林2395亩、更新改造2074亩。常山胡柚签约阿里巴巴“百县精品”项目。“衢枳壳”入选“新浙八味”“衢六味”，申报纳入《中国药典》。建成胡柚新品种示范推广基地1000亩。“常山胡柚”荣获省优秀农产品区域品牌。“常山猴头菇”成功注册地理标志证明商标。现代农业园区、东案乡胡柚产业特色强镇入选省“12188工程”，大宝山大坞胡柚基地入选浙江省“最美田园”，爱佳果蔬被认定为农业产业化国家重点龙头企业。

幸福产业不断壮大。全域旅游创建加快推进，梅树底景区成为常山县第二个国家AAAA级景区，赏石小镇、赛得健康小镇通过国家AAAA级景区旅游景观质量评价，彤弓山创成国家AAA级景区，何家乡创成省级“风情小镇”，常山西源革命纪念馆建成开馆。获评浙江省全域疗休养发展十佳县、全国百佳乡村旅游目的地。全年接待游客人次、实现旅游收入分别增长19%和18.7%。举办第二届常山国际赏石文化节暨首届中国观赏石之乡交流会。中国观赏石博览园第二功能区、东方巨石阵二期等项目建设有序推进。建成“云湖仙境”“申山乡宿”等10家精品民宿，“村上酒舍”被评为省白金宿级民宿。

重点项目扎实推进。持续开展“树正气、打歪风”行动，深化项目管理“红绿灯”预警机制、项目要素保障“5+1”（“5”即要素保障联席会议机制、要素保障联动机制、动态管理机制、2+2+N协调决策机制、督查推进机制；“1”即项目工作联席会议机制）协调机制、“标准地＋承诺制”改革，有力推进一批重点项目建设。众卡产业园、赛得健康小镇二期开工建设，杭金衢高速常山段拓宽、351国道、320国道“二改一”（即二级公路改建为一级公路）、沿江公路、常山港治理二期加快建设，048省道延伸线主线、国际慢城通景路建成通车，通用机场、“三馆合一”工程等项目前期有序推进，全县128个重点项目完成投资87.4亿元。

招商引智取得实效。加大招商力度，创新招商机制，开展驻点招商、存量招商。慢城奇乐小镇、胡柚小镇框架协议顺利签约，杰昆科技、中精轴承、上通双明轴承等一批项目成功引进。新引进亿元以上项目27个，其中10亿元以上项目4个。加大引智力度，新增院士工作站10家、博士及博士后工作站9家，柔性引进海内外各类高层次人才36名。

要素保障更加有力。工业平台逐步完善，投入基础设施建设资金1亿元，新开发熟地700亩。土地开发、农村土地综合整治成效明显，新增水田3364亩、旱地958亩、旱改水1268亩，完成建设用地复垦984亩。政银企合作持续深化，为企业降低融资成本3500万元，全县人民币贷款余额169.1亿元，增长4.4%，处置不良贷款6.6亿元，不良贷款率降至1.4%。实施重点工业企业电费“一月一结”，建立优质工业企业电费周转金制度。

城市品质持续提升。府前路、朱富线城市道路改造基本完工，渣濑湾花海、常山江人行景观桥、文昌阁等项目有序推进。4个危旧房安置区加快建设。展衣山北公园、东明湖人行景观桥建成启用，主城区亮化工程、文峰路立面改造全面竣工。建成数字城管二期，采集交办问题3.4万件，处置率达99.3%。解决城区“停车难”问题，35个停车场、5700多个停车位免费开放。建立红色物业联盟（即按照“党建+”思路，通过建立社区网格、红色业委会、物业公司三方共建共治的“红色联盟”，用一根“红绳”将人、事、物串起来，破解老旧小区的“物业病”）体系。通过省级文明城市复评迎检，有效巩固创建成果。

乡村风貌持续改善。深入实施乡村振兴战略，完善“1+4+1”（即“县、市域乡村建设规划”+“村庄布点规划、村庄规划、村庄设计、农房设计”+“农村特色风貌规划”）乡村规划体系，全市率先打响“一户多宅”整治攻坚战，拆除“一户多宅”4648户、59万平方米，全市“一户多宅”整治现场会在常山召开。小城镇环境综合整治三年任务两年完成，11个集镇通过省级验收。开展全域土地综合整治，谋划建设田园综合体整治项目7个。美丽乡村建设富有成效，7个重点实施村点上出彩，4条美丽风景线线上开花。“厕所革命”“垃圾革命”持续发力，建成A级以上公厕130座，创建农村生活垃圾“123”分类法（“1”即每人每月交1元保洁费，“2”即源头进行可烂和不可烂两种分类，“3”即推行主体激励、服务外包、产业联动三大机制）示范乡镇（村）35个。农村土地承包经营权确权登记颁证通过省级验收。

生态环境持续优化。完成中央和省环保督察交办问题整改年度任务。加强“五水共治”，推进“污水零直排区”建设。创成常山港、芳村溪2条“美丽河道”。实施禁渔制度，严厉打击非法渔业捕捞行为。首创出境水质乡镇考核办法，全年出境水Ⅰ类水质天数149天，居钱塘江流域34个县（市、区）首位，获省“五水共治”最高荣誉“大禹鼎”。推进“三改一拆”“四边三化”，常山县被授予省“无违建县”。打响蓝天保卫战，城区$PM_{2.5}$浓度下降到31微克／立方米，空气质量创近五年的最好水平。

社会事业稳步发展。推进教育“四个一”工程（即一号工程、一号文件、一次大会，一个大讲堂），实施校长奖励职级制改革，创新教师储备员额制度，成功创建省教育基本现代化县。高考一段上线人数达230人，增长42.9%，创历史最好成绩，中考综合排名增幅全市第一。推进省医共体试点县建设，被誉为“浙江医共体改革的萌发地”。深化与浙大一院医联体建设，信息一体化、采购一体化持续推进。黄荷凤院士专家工作站落户常山。胡柚文化节、油茶“两会一节”等活动圆满成功。2018中国山地自行车公开赛总决赛、首届龙舟赛等赛事顺利举办。常山县入选全国首个县级“志愿之城”试点。妇女、儿童、档案、气象、物价、工会、电大、决策咨询等工作取得新成绩。

社会保障得到加强。实施积极的就业政策，新增就业6350人。开展“千企结千村”专项行动，“消薄”（即消除集体经济薄弱村）成果巩固扩大。扩面“五大保险”，新增参保1.1万人。打造“孝老之城”，在全国县级城市中率先设立“敬老日”，“幸福爷爷·快乐奶奶”行动深入人心。县社会福利中心建成投用。实行城乡低保标准一体化。建立退役军人三级服务网络。大病医疗救助惠及2865人，贫困残疾人“两项补贴”（即困难残疾人生活补贴和重度残疾人护理补贴）惠及1万多人。十方面民生实事基本完成，累计投入资金2.6亿元，其中中医院住院大楼、芳村片区农民饮用水提升工程建设没有完成既定目标。社会福利、慈善、红十字会、住房公积金等工作取得新成效。

社会大局和谐稳定。启动全省禁毒示范县创建，深入推进“扫黑除恶”专项斗争，社会治安更加稳定。实施安全隐患挂牌整治，建立安全生产隐患动态监管系统，安全生产事故起数下降42.4%。创新“1+3+X”（“1”是分管县领导，“3”是公安局、司法局、信访局三个部门领导，“X”是涉及人民调解参与信访矛盾化解具体事项的县级机关各事权部门、各乡镇、街道主要领导）信访矛盾化解机制，实现“无信访积案县”目标。持续开展金融风险专项排查整治，金融市场保持稳定。国防动员、人民防空、民族、宗教、外事、侨务、对台、供销等工作迈上新台阶。

县政府常务会议

【县政府第17次常务会议】 2018年1月17日召开。会议由县长周向军主持。会议的主要议题是：学习《习近平总书记在十九届中央纪委二次全会上的重要讲话》和《省市贯彻落实中央八项规定实施细则的办法》，研究《2018年春节期间“访民情、送温暖”活动实施方案（送审稿）》《关于提高我县社区专职工作者薪酬待遇的方案（送审稿）》《关于常山县汽车站搬迁相关事宜（送审稿）》《关于服务企业用工的若干意见（送审稿）》《关于Ferrotec常山产业园项目入园协议的情况汇报（送审稿）》《关于浙江天子股份有限公司税收优惠奖励和上市入库企业大额设备补助情况的汇报（送审稿）》《关于明确国家卫生县城创建（复评）工作机构设置的报告（送审稿）》《2018年常山县政府投资项目资金安排计划（送审稿）》。

【县政府第18次常务会议】 2018年2月6日召开。会议由县长周向军主持。会议的主要议题是：研究《常山县驻点招商员管理暂行办法（送审稿）》《关于加快处置“僵尸企业”盘活闲置低效工业用地的实施意见（送审稿）》《常山县政府性投资项目通信电力杆塔（线）迁建补偿标准（试行）（送审稿）》《关于国家油茶公园宣传策划费用和首届中国绿色产业博览会“金孔雀奖”奖励相关事项的报告（送审稿）》《关于给予常山县天马街道等6家单位记集体三等功的决定（送审稿）》以及安全生产有关事项，听取县总工会工作情况汇报。

【县政府第19次常务会议】 2018年3月9日召开。会议由县长周向军主持。会议的主要议题是：研究《关于进一步促进总部经济发展的补充意见（送审稿）》《关于2017年度常山县政府质量奖评审工作情况汇报（送审稿）》《常山县城市集体土地违法建筑分类处置补充意见（送审稿）》。

【县政府第20次常务会议】 2018年3月21日召开。会议由县长周向军主持。会议的主要议题是：学习《习近平总书记在十九届中央政治局第四次集体学习时的讲话》和《习近平总书记在打好精准脱贫攻坚战座谈会上的讲话》，研究《关于进一步加快旅游业发展的若干政策意见（送审稿）》《关于中国观赏石博览园人气集聚若干扶持政策（送审稿）》《全面实施乡村振兴战略加快“特富美安”慢城大花园建设行动计划（2018—2022年）（送审稿）》《关于创评星级基层治理体系“四个平台”工作的实施意见（送审稿）》《关于教育改革发展涉及经费有关事项的汇报（送审稿）》《关于2017年度县长特别奖等有关奖励情况的汇报（送审稿）》《东接新衢州、慢城大花园行动计划（送审稿）》《常山县“无差别受理”办事大厅改造有关工作（送审稿）》。

【县政府第21次常务会议】 2018年4月17日召开。会议由县长周向军主持。会议的主要议题是：学习《中华人民共和国宪法修正案》，研究《常山县城市投资运营有限责任公司土地出让金返还政策方案（送审稿）》《关于招贤镇人民政府要求补助经费安排的请示（送审稿）》《2018年常山县财政专项资金细化预算（送审稿）》《关于建设常山县人力资源市场的意见（送审稿）》《关于深化县管企业负责人薪酬制度改革的实施意见（送审稿）》《常山县县属国有企业员工薪酬管理办法（送审稿）》《常山县全面创新改革联系点实施方案（送审稿）》《常山县“浙西民居·慢城花园”农民建房管控和农村风貌提升三年行动计划（送审稿）》《常山县农村集体土地“一户多宅”分类处理指导意见（试行）（送审稿）》《一户多宅清理整治实施方案（送审稿）》《常山生态园区污水管网专项治理方案（送审稿）》《关于杭州大和热磁电子有限公司兼并重组本地企业有关事项的情况汇报（送审稿）》《关于众卡产业园项目入园协议的情况汇报（送审稿）》《关于开展常山县区域消防安全评估的报告（送审稿）》，听取常山县禁毒工作汇报，研究全市农村风貌提升暨“一户多宅”整治现场会相关工作。

【县政府第22次常务会议】 2018年5月4日召开。会议由县长周向军主持。会议的主要议题是：研究《关于进一步加快轻钙产业整治提升工作的意见（送审稿）》《关于2018年度住房公积金缴存工资基数调整方案的情况汇报（送审稿）》《关于要求调整机关事业单位住房公积金补贴标准的情况汇报（送审稿）》《关于解决我县社会抚养费征收历史遗留问题的汇报（送审稿）》《常山县农村集体土地“一户多宅”相关指导政策（送审稿）》《关于常山县长途汽车运输有限公司搬迁的意见（送审稿）》《关于赛得健康小镇相关问题及建议（送审稿）》《关于浙江天子股份有限公司税收优惠奖励情况的汇报（送审稿）》。

【县政府第23次常务会议】 2018年6月6日召开。会议由县长周向军主持。会议的主要议题是：学习市委《关于构建抓人促事机制激励干部新担当新作为的实施意见》《地方党政领导干部安全生产责任制规定》，研究《关于推进安全生产领域改革发展的实施办法（送审稿）》《常山县中医医院新建住院大楼项目地基处理工程有关事项（送审稿）》《常山县从事生产经营活动事业单位改革实施意见（送审稿）》《创建省食品安全县急需解决的经费问题（送审稿）》《关于贯彻落实全市污染防治“三大战役”部署会议有关情况的报告（送审稿）》《常山县党政领导干部生态环境损害责任追究实施细则（试行）（送审稿）》《省级环保督察常山县整改方案（送审稿）》《常山县生态环境保护工作责任规定（试行）（送审稿）》

《常山县扶持企业股改10条政策（送审稿）》《关于2018年度县属国有公司经营收支计划汇编情况的报告（送审稿）》《关于常山和益融环保科技有限公司要求财政奖励的审核意见（送审稿）》《常山县制石制砂规范管理实施意见（送审稿）》《关于收回浙江常山汇永投资管理有限公司何家乡工业用地1号地块国有土地使用权的方案（送审稿）》，听取《“亩均论英雄”改革工作情况汇报（送审稿）》《常山县县城医疗服务共同体建设工作情况汇报（送审稿）》《关于明确兰德公司世博馆布展费用结算方式的汇报（送审稿）》汇报。

【县政府第24次常务会议】 2018年7月4日召开。会议由县长周向军主持。会议的主要议题是：研究《常山县高水平推进农村人居环境提升三年行动实施方案（2018—2020）（送审稿）》《关于斯凯孚项目土地夯实补助的情况汇报（送审稿）》《关于加快推进小微企业园建设的若干意见（送审稿）》《关于深化“亩均论英雄”改革实施方案（送审稿）》《常山县工业企业“亩产效益”综合评价办法（送审稿）》《2017年工业企业综合评价结果（送审稿）》《关于进一步规范公安机关警务辅助人员管理工作实施意见的报告（送审稿）》《全县道路交通安全管理工作情况汇报（送审稿）》《常山县政府投资项目审计监督办法（送审稿）》《关于调整常山县城区危旧住宅区治理棚改项目投资估算和确定方案设计费支付的事宜（送审稿）》《关于常山县危旧住宅区治理棚改项目（定阳、桑园、城南、江滨小区）规划、建筑方案的审定（送审稿）》《赛得健康小镇相关问题及建议（送审稿）》《常山县2018年地方政府债务限额及新增债务预算调整方案（送审稿）》，听取关于答复县第十六届人大第二次会议正式议案和县九届政协二次会议重点提案的汇报。

【县政府第25次常务会议】 2018年7月26日召开。会议由县长周向军主持。会议的主要议题是：研究《关于我县教育改革发展有关事项（送审稿）》《关于对县外青年实行租房补贴的意见（送审稿）》《关于卫生计生相关事项的汇报（送审稿）》《关于加强我县城市社区建设工作的若干意见（送审稿）》《关于县产业基金向浙江天子股份有限公司直接投资的咨询意见（送审稿）》《常山县光伏小康工程实施方案（送审稿）》《常山县农房附房、庭院、围墙管理指导意见（送审稿）》《常山县全域土地综合整治项目实施方案（送审稿）》。

【县政府第26次常务会议】 2018年8月15日召开。会议由县长周向军主持。会议的主要议题是：研究《关于常山国际慢城规划提升服务合作的汇报（送审稿）》《常山城市书屋建设工作有关事项（送审稿）》《小城镇环境综合整治及五水共治绿色奖补政策修订完善意见（送审稿）》《常山县事业单位公务用车制度改革实施方案（送审稿）》《常山县属国有企业公务用车制度改革实施方案（送审稿）》《关于与浙能集团合资建设综合供能服务站项目的情况汇报（送审稿）》《常山县企业投资项目“最多跑一次”政府代办服务工作实施方案（送审稿）》《关于防范和化解金融风险工作实施意见（送审稿）》《关于浙江和庄柚都绿色文化园项目用地政策的情况汇报（送审稿）》《关于打造常山县山海协作工程升级版的实施意见（送审稿）》《常山县落实中央和省环保督察交办信访件和反馈问题整改工作报告（送审稿）》《关于长期被用地农民生活补助的实施意见（送审稿）》。

【县政府第27次常务会议】 2018年8月31日召开。会议由县长周向军主持。会议的主要议题是：学习《行政复议法》《行政复议法及实施条例》，研究《关于提高学校教育教学质量奖标准的事项（送审稿）》《关于强化渔业资源管理全面落实禁渔制度的实施意见（送审稿）》《关于扶持企业发展的补充意见（送审稿）》《关于常山县工业园区污水处理厂建设方案（送审稿）》《常山县人民法院扩建项目（暨诉讼服务中心建设）投资概算调整的方案（送审稿）》，听取全县禁毒情况汇报、常山县紫港街道渣濑湾村美丽乡村建设工程采取EPC模式的情况汇报、常山县落实中央和省环保督察交办信访件和反馈问题整改工作报告、锦禾总部经济项目和锦禾农机项目整改推进情况的汇报。

【县政府第28次常务会议】 2018年9月27日召开。会议由县长周向军主持。会议的主要议题是：学习《中共衢州市纪委关于有关部门在餐饮业油烟污染专项整治中不作为慢作为问题的通报》，听取《浙江省地方党政领导干部安全生产责任制实施细则》解读及当前安全生产工作汇报，研究《创建全省禁毒工作示范县实施方案及配套政策汇报（送审稿）》《落实中央和省环保督察交办信访件和反馈问题整改工作情况汇报（送审稿）》《常山县落实省文明城市复评检查组反馈问题整改情况和整改方案的汇报（送审稿）》《关于旅游大数据中心二期采用竞争性磋商采购的汇报（送审稿）》《杰昆科技项目合作协议书（送审稿）》。

【县政府第29次常务会议】 2018年10月22日召开。会议由县长周向军主持。会议的主要议题是：研究《关于进一步促进事业单位紧缺急需人才引进的意见（送审稿）》《关于调整常山县被征地农民基本生活保障有关政策的通知（送审稿）》《常山县助力对口地区脱贫攻坚实施意见（送审稿）》《常山县畜禽养殖禁养区、限养区划分方案部分条款修改的情况汇报（送审稿）》《常山县轴承行业数字化改造实施方案（送审稿）》《常山万洋众创城项目入园协议书（送审稿）》《常山县落实中央和省环保督察交办信访件和反馈问题整改工作情况汇报（送审稿）》，听取常化职工宿舍有关情况汇报。

【县政府第30次常务会议】 2018年12月5日召开。会议由常务副县长毛献明主持。会议的主要议题是：研究《常山县2018年财政预算调整方案的报告（送审稿）》《关于赛得健康小镇基础设施配套费征收的相关建议（送审稿）》《常山县2018年招商引智考核办法（送审稿）》《中国·常山第二届油茶博览会、第三届油茶文化节暨浙江省油茶产业现场会总体方案、相关费用及油茶交易中心两个平台需讨论事项(送审稿)》《常山县政府信息公开工作社会评议办法等配套制度（送审稿）》《关于促进电子商务产业发展若干政策的意见（送审稿）》《河流滩地权属认定实施意见（送审稿）》《关于加快推进农村宅基地及住房确权登记发证工作的实施方案》和《常山县农村宅基地及住房确权登记发证实施细则(试行)(送审稿)》《常山县经济适用住房上市交易实施细则（送审稿）》《常山县域村庄布点规划》和《常山县域乡村建设规划（送审稿）》《常山县基层医疗卫生机构补偿机制改革实施方案（送审稿）》《健康常山2030行动纲要的汇报（送审稿）》《常山县生态文明建设规划（送审稿）》《常山县落实中央和省环保督察交办信访件和反馈问题整改工作情况汇报（送审稿）》《关于常山县国民经济和社会发展第十三个五年规划纲要实施情况中期评估报告（送审稿）》。

【县政府第31次常务会议】 2018年12月17日召开。会议由常务副县长毛献明主持。会议的主要议题是：学习《国务院办公厅关于对真抓实干成效明显地方进一步加大激励支持力度的通知》（国办发〔2018〕117号）和《浙江省人民政府办公厅关于对真抓实干成效明显地方加大激励支持力度的通知》（浙政办发〔2018〕109号），研究《市对县安全生产巡查情况反馈及问题整改交办（送审稿）》《关于2018年审计查出问题整改落实情况的报告（送审稿）》《2019年春节期间“访民情、送温暖”活动实施方案（送审稿）》《常山县社会福利中心公建民营补助资金拨付事项（送审稿）》《关于新一轮常山—慈溪山海协作产业园发展规划（2018—2022）（送审稿）》《关于调整常山县集体土地房屋重置价格标准的汇报（送审稿）》《关于在全县高龄低保户住宅安装远程联网型独立式烟感报警器的建议（送审稿）》《关于扩大高污染燃料禁燃区的通告（送审稿）》《2019年重点建设和重大前期项目计划（送审稿）》《2019年常山县政府投资项目资金安排计划（送审稿）》《2019年常山县预算安排情况（送审稿）》《2019年民生实事项目征集情况汇报（送审稿）》。

县政府办公室工作

【概况】 2018年，县政府办公室办理各级各类文电：中央、国务院及其办公厅文件152件；省政府及其办公厅文件197件；市政府及办公室文件131件，县政府及办公室文件383件；各乡镇（街道）及县直各部门主送件574件。全年打印各类文电、领导讲话、汇报材料等100万余字，复印4万余张。做好保密和印鉴管理、资料订阅与管理。

【信息工作】 2018年，县政府办公室编发《政务参阅》17期、《常山政务增刊》35期、《要情快报》46期。被省政府办公厅采用信息16篇，被市政府办公室采用信息119篇，获省、市政府领导批示7条次。

【提案议案】 2018年，县政府办公室承办县十五届人大五次会议提交的议案建议4件，县政协八届五次会议提交的提案28件，办结率均为100%。

【综合工作】 2018年，县政府办公室撰写综合文字材料340余篇，组织起草全县性重要会议上的县政府领导讲话材料，完成向省、市领导到常山视察调研工作时的汇报材料，协助县政府领导把关修改在全局性工作会议上的讲话材料以及其他综合文字材料。

【政工人事】 2018年，县政府办公室健全办公室党组理论学习中心组和全体干部职工的学习制度、计划与安排，坚持开展每周集体学习活动；协助党支部开展党务工作；办理全体干部职工调资补贴工作；搞好县政府办公室机关的党风廉政建设；组织职工参加经常性捐助和联系乡镇困难户；做好退休职工的慰问工作。

小资料

2018年县政府10件为民办实事项目完成情况

1. 展衣山北公园建设工程。完成投资1030万元，建成篮球、羽毛球、排球、门球等16个球类运动场，1个广场等一批体育休闲景观设施。

2. 常山县阁底小学扩容工程。完成投资2500万元，完成综合楼主体验收、墙体粉刷及屋面工程，基本完成市政配套工程等。

3. 常山江人行景观桥建设工程。完成投资4500万元，占总工程量的55%。

4. 中医院住院大楼建设工程。完成投资2415万元，完成地下工程的60%，完成电梯工程招标等。

5. 老城区品质提升（危旧房拆后利用）工程。完成投资888万元，完成各区块停车场及景观绿化，新增机动车位567个。

6. 农村公路提升改造工程。完成投资2949万元，完成乡、村道改造提升31.1千米。

7. 农村社区居家养老中心。完成投资280万元，4个居家养老服务照料中心完成改造并投入使用。

8. 芳村片区农民饮用水提升工程。完成芳村水厂主体工程和1.5千米供水主管道铺设。

9. “畅通城区”工程。新增纯电动公交车10辆，开通工业园区至城区公交夜间班车；建成停车位1258个；新建新能源汽车充电桩128个。

10. 农村“厕所革命”工程。完成投资2050万元，新建改建农村公厕62座。

（朱剑楠）

政府咨询工作

【概况】 2018年，常山县人民政府咨询委员会（以下简称“县咨询委”）围绕县委、县政府中心工作，坚持“战略性、政策性、综合性”原则，以“立足咨询、围绕核心、紧扣中心、力求有为”的基本要求，努力构建“咨询服务、信息提供、课题研究”三位一体的咨询工作格局，紧贴改革发展和决策咨询需要，深入调查研究，强化咨询论证服务，聚焦热点、难点问题，形成一批有针对性、有价值的咨询研究报告和咨询建议，为县委、县政府科学决策提供依据，为推动全县经济社会科学发展发挥智库应有的作用。全年完成调研课题8个，提出委员建议20篇，编辑咨询信息16期；获市委书记徐文光及县委书记叶美峰等领导批示合计15条次；6个课题进行成果转化。

【调研课题成果转化】 2018年，县咨询委围绕重大决策、焦点难点、民生实事，深入调查研究，完成《努力打造衢州大花园核心景区的常山慢城风光》《关于外出嘉善、太仓学习考察实施“融入上海”发展战略的报告》等8篇咨询报告，供县委、县政府领导决策参考。其中，《努力打造衢州大花园核心景区的常山慢城风光》课题报告获得市委书记徐文光的批示，《关于进一步推进工业前期项目谋划的几点思考》《对深化推进“衢常一体化”战略的几点思考》《关于如何进一步加大僵尸企业处置力度盘活存量资源的几点思考》课题报告获得县委书记叶美峰的批示，《如何尽快打通我县企业走向资本市场的通道》课题报告获得县委副书记、县长周向军的批示，《关于构建我县居家养老医疗服务体系的几点思考》课题报告获得副县长郑金仙的批示，《关于破解农业产业便民服务“最后一公里”的几点对策建议》课题报告获得副县长戴根林的批示，这7个课题的意见和建议均被部分吸收和采纳，为县委县政府决策起到参谋作用。

（张 晨）

机关事务管理

【概况】 2018年，常山县机关事务管理局以“管理科学化、保障法制化、服务规范化”为目标，履行职责，推进各项后勤服务保障工作，助力常山县“最多跑一次”改革，营造最优营商环境，推动县委、县政府各项决策部署重重落地。规范开展办公用房维修改造项目审批，通过现场走访、项目审计、资料核实等方式对申报单位的办公用房维修项目进行审核。审批办公用房维修改造项目117个，其中30万元以上项目19个；30万元以下项目98个。组织实施新昌乡人民政府干部宿舍、金川街道办事处“四个平台”、县信访局、县政法委办公楼、县气象局搬迁办公场所、县交易中心湖畔嘉苑办公场所等15个办公用房维修改造工程。完成县交易中心、县心安公司、县农综办、县信访局、县行政服务中心等10余个单位办公用房调配工作。完善优化公车保障中心网络平台系统，并同步推出手机APP用车版、调度版、司机版，实现随时可申请、审核、调度、派遣，为县委、县政府重大活动及全县公务用车提供坚强有力的保障。修订完善《常山县机关事务管理局公务用车维修管理办法》，车辆维修经费比上年下降15%。强化常山县政府大院安全保卫工作，开展安全消防培训3次、群访应急演练1次、反恐演练1次，配合县信访局做好信访维稳工作。完成县两会、县工业经济发展大会、县机关干部大会等会议500余场次的后勤保障服务工作。以开展“全国节能宣传周”“全国低碳日”活动为抓手，增强公共机构干部职工节约能源资源的意识，建设节约型机关。全县10家单位通过县级公共机构节水型单位评审验收。常山县党政机关和超50%的事业单位完成县级节水型单位创建。

是年，常山县政府大院被省机关事务管理局、浙江省发展和改革委员会、浙江省能源局、浙江省财政厅四部门联合授予“浙江省2017—2018年节约型公共机构示范单位”称号。

【县行政服务中心升级改造项目完成】 2018年，县行政服务中心升级改造项目作为临时性重点项目，由县机关事务管理局组织实施。县机关事务管理局成立“最多跑一次”工作专班，专班人员分成4个小组，轮流在县行政服务中心施工现场24小时驻点办公，现场发现问题，现场解决问题，确保工程按时间节点完成。仅用48天全面完成1万多平方米的行政服务中心升级改造工程，受到县委、县政府关于执行“十条军规”典型事项通报表扬。县行政服务中心办公场所成为衢州市“最多跑一次”改革的一大亮点，在衢州市率先投入使用，并成为全国不动产登记专项工作会议县级考察点，接待全国各地考察团考察参观，多次获得上级领导的肯定。自然资源部副部长王广华率在衢州召开的全国不动产登记窗口作风问题专项整治工作动员部署会的200余参会代表分批到常山县不动产登记窗口，现场观摩学习常山“最多跑一次”改革的经验做法。

6月12日，在衢州参加全国不动产登记窗口作风问题专项整治工作动员部署会的200余代表现场考察常山县不动产登记窗口

（县行政服务中心 供图）

【完成全县各类接待任务】 2018年，常山县举办大型活动和各类现场会16场次，如常山县建县1800周年系列活动、衢州市农村“一户多宅”整治工作现场会、“无差别受理”市县一体化建设现场推进会、中国·常山油茶博览会、第三届全国油茶文化节暨浙江省油茶产业现场会、衢州市乡村振兴党建示范带建设现场会等，县机关事务管理局以体贴入微、舒心暖心的服务，圆满完成每一次重大赛事及重大活动的后勤保障服务。

（姚媛媛）

政协常山县委员会

综　述

机构作用，履行政治协商、民主监督、参政议政职能，开展全会协商1次、常委会议协商4次、主席会议协商4次、专委会对口协商8次，形成各类调研材料27篇，为深入实施“四四二”战略体系提供智力支持。

根据省政协统一部署，开展三级政协联动专项集体民主监督。围绕城乡生活垃圾分类处理，将全体市县政协委员分为10个监督小组，以推进垃圾减量化、资源化、无害化和长效化处置为突破口，运用集中监督与分散监督相结合、明察与暗访相结合的方式开展监督。全年组织开展各类监督活动71次，发现问题123个，发放《专项集体民主监督问题整改建议单》52份，提出意见建议107条，推动常山城乡垃圾分类处理工作扩面提质。与省、市政协联动，围绕“最多跑一次”改革、“中央环保督察反馈意见整改落实情况”等重点工作开展专项监督，推动相关问题解决落实。

组织参加省市政协主席读书会、浙皖赣三省十一县（市）政协工作交流会，推进政协工作交流。承办省政协“送科技下乡”活动期间，全县对接各类项目75个。加强与省市政协联系，完成市政协2项重点课题调研，在市政协常委会上进行交流发言。组织市政协常山委员小组开展跨区域视察，先后接待81批次省内外政协客人到常山考察，提高常山对外知名度。加强与山海协作地区政协联络沟通，增进了解、互学互鉴。与非公有制经济人士联系，开展异地商会发展对口协商，为在外常山人士搭建关心支持家乡建设的平台。挖掘常山历史文化资源，开展古城古镇古村资料收集整理编撰工作，出版《记忆常山》一书，协助乡镇编撰《古韵白石》等文史资料，为常山建县1800周年献礼。加强政协宣传工作，在各级报刊发表通讯、新闻36条。加强政协理论研究，2篇文章在省市政协理论研讨会评比中获奖。拓展网络履职宣传阵地，创办政协微信公众号，完成政协网站改版升级，引导委员发出好声音、传递正能量。

探索开展钉钉网络议政，出台《关于推进“钉钉议政”的实施意见》，推动政协履职与互联网深度融合，扩大社会各界有序政治参与。突出广泛性特点，激发委员小组履职活力，县政协10个委员小组全年开展各类调研、视察、监督活动102次，小组活动成为委员日常履职的重要形式。投身经济社会建设主战场，主席班子带头参与胡柚产业发展、婺剧文化传承、招商引资、“周二下村去”组团联村等工作，协调解决实际问题。

重要会议

【县政协九届二次会议召开】 2018年1月31日至2月4日，政协第九届常山县委员会第二次会议举行。187位县政协委员参加会议，在常山的省、市政协委员，历届离退休县政协主席、副主席、秘书长，届末不再担任九届县政协委员的八届县政协常委，县人大常委会各委室主任，县级机关各单位、各乡镇（街道）的主要领导以及乡镇（街道）分管政协工作的党委领导列席会议。会议听取和审议县政协主席林红汉作的政协第八届常山县委员会常务委员会工作报告、副主席范东英作的县政协提案工作报告；同时，听取县委书记叶美峰在此次会议上的讲话。与会人员列席常山县第十六届人民代表大会第一次会议，听取并讨论县长周向军所作的《政府工作报告》，听取并讨论其他报告。会上，10名委员代表各自党派界别就打造国际体育赛事产业园、建设油茶四个中心等工作进行大会口头发言，15名委员作书面交流发言。县长周向军听取委员发言并作重要讲话。

【县政协常委会议】 2018年，县政协召开常委会议4次，分别为：

2月2日，县政协召开九届常委会第五次会议，听取各组对县政协常委会工作报告、提案工作报告、政府工作报告等讨论情况的汇报；审议提出选举办法（草案）；审议提出总监票人、监票人名单（草案）；审议提出候选人建议名单（草案）；审议提出县政协九届二次会议决议（草案）。

7月23日，县政协召开九届常委会第六次会议，讨论县委十三届四次全会报告（征求意见稿）。

10月29日，县政协召开九届常委会第七次会议，专题协商衢常一体融合发展工作。

12月20日，县政协召开九届常委会第八次会议，专题协商常山文化名县建设工作，民主评议提案办理工作，传达学习中共十九大精神，表决通过有关人事事项。

【县政协主席会议】 2018年，县政协召开主席会议9次，分别为：

2月2日，县政协召开九届十一次主席会议，审议提出县政协九届常委会第五次会议有关事项。

2月27日，县政协召开九届十二次主席会议，审议讨论2018年常委会课题和县政协2018年度工作计划。

4月18日，县政协召开九届十三次主席会议，讨论研究《关于开展“城乡生活垃圾分类处理”专项集体民主监督的方案》。

5月24日，县政协召开九届十四次主席会议，专题协商常山“孝老之城”建设工作。

6月14日，县政协召开九届十五次主席会议，专题协商常山“四个平台”建设工作。

7月30日，县政协召开九届十六次主席会议，专题研究提案办理民主评议实施方案；研究专委会组成人员调整及委员考核办法修订细则；传达学习县委十三届四次暨县十六届政府二次全体（扩大）会议精神。

8月16日，县政协召开九届十七次主席会议，专题协商常山“常山阿姨”品牌打造工作。

11月15日，县政协召开九届十八次主席会议，专题研究确定县政协2019年度协商视察监督工作计划；研究确定委员会客厅创建方案、提高委员履职成效意见、推进网络议政远程协商实施意见等文件。

12月12日，县政协召开九届十九次主席会议，专题协商常山“推动企业上市促进经济结构调整”工作，研究部署“工业经济高质量发展”课题调研工作；研究确定县政协九届二次会议优秀提案；研究讨论委员调整有关事项；研究通过钉钉议政、加强改进调查研究工作相关文件；研究讨论召开县政协九届三次会议有关事项；研究讨论召开县政协九届八次常委会议有关安排。

协商议政

【政协专题视察】 2018年，县政协组织专题视察6次，分别为：

1月25日，组织全体政协委员开展会前视察，了解常山经济社会发展情况。

5月2日，组织部分县政协委员视察常山“一户多宅”集中整治工作情况。

7月26日，组织部分县政协委员视察常山“厕所革命”推进情况。

8月30日，组织部分县政协委员视察常山交通项目建设情况。

9月13日，组织部分县政协委员视察常山国际慢城建设情况。

12月5日，组织部分县政协委员视察常山危旧房改造工作情况。

【政协对口协商】 2018年，开展专委会对口协商活动8次，分别为：

5月30日，由县政协文史资料委员会牵头，召开对口协商会议，专题协商常山县古镇保护开发工作。

5月31日，由县政协港澳台侨委员会牵头，召开县政协对口协商会议，专题协商常山县宗教场所管理工作。

7月20日，由县政协社会法制和民族宗教委员会牵头，召开县政协对口协商会议，专题协商常山县人防工程建设工作。

7月21日，由县政协经济科技委员会牵头，召开县政协对口协商会议，专题协商常山县民间投资情况。

8月24日，由县政协教育文化卫生体育委员会牵头，召开县政协对口协商会议，专题协商常山县社区责任医生签约工作。

8月31日，由县政协委员工作委员会牵头，组织召开县政协对口协商会议，考察协商常山县异地商会发展工作。

11月4日，由县政协农业农村和人口资源环境委员会牵头，组织召开县政协对口协商会议，考察协商常山县小区物业管理工作。

12月14日，由县政协提案委员会牵头，组织召开县政协对口协商会议，专题协商常山县农贸市场改造提升工作。

【189件立案提案全部办复】 2018年，全县广大政协委员和政协各参加单位以提案形式提出的意见建议210件，其中各党派团体、委员小组及委员联名提出25件，经县政协提案委员会审查，符合立案条件189件，并案后立案176件。经分类统计，围绕经济提质发展，提出提案57件；围绕城市建设管理，提出提案39件；围绕推进乡村振兴，提出提案24件；围绕保障改善民生，提出提案56件。对县政协九届二次会议以来所有提案涉及的39个承办部门组织开展提案办理工作进行民主评议，被评议单位根据评议报告中提出的意见进行整改工作，并将整改情况反馈县委办、县府办和县政协办。

2018 年常山县政协九届二次会议优秀提案一览

表 5

提案号	提案人	提案主题
003	民革常山总支	关于开启常山向东融进新局面的建议
010	教育组	关于在国际慢城核心圈加快打造高端民宿的建议
015	琚哲明	关于常山本土文化艺术进校园的建议
024	江根兴	关于注重培养本土企业和小微企业的建议
031	王玉娟	关于进一步加快推进常山县城乡垃圾分类处理的建议
036	徐俊燕	关于 “常山阿姨”品牌持续发展的建议
053	林永祥	关于全力打造“孝老之城”的建议
089	樊根祥	关于推进常山县企业上市工作的建议
107	廖慧忠	关于提升志愿服务打造“志愿者之城”的建议
153	徐　俊	关于扶持常山县中草药发展的有关建议

（樊　蓉）

小资料

关于开启常山向东融进新局面的建议

2017 年 6 月，浙江省第十四次党代会提出，谋划实施“大花园”建设行动纲要，支持衢州、丽水等生态功能区加快实现绿色崛起。衢州市《政府工作报告》提出，要建成杭衢高铁，以大视野、大格局、大开放融入杭州都市圈，建设诗画浙江“大花园”“两山”理论实践区的重要平台。要以高铁西站为枢纽，打造高铁小镇、教育小镇、医养小镇等为核心的特色小镇群落。省、市重大战略部署给常山县进一步向东融进带来了重大历史机遇。

一、抓住机遇，推进绿色发展“新崛起”

近年来，常山县生态环境日趋优化，交通网络逐步完善，全域旅游加快推进，绿色产业蓬勃发展，“两山”理论的常山模式正日渐清晰，参与省、市重大战略部署的基础比较扎实。常山县要牢牢把握“大花园”和杭衢高铁战略机遇，积极发挥常山生态优势，进一步与衢州、杭州等地协同联动，加快绿色发展“新崛起”。

（一）把握高铁机遇，发挥区位优势

招贤镇及周边有关区域与衢州西区毗邻，正对衢州向西发展的方向，参与、融入、协同西区发展的区位优势突出。即将建设的杭衢高铁将进一步拉近常山县与杭州的距离，吸引更多人才前来旅游、投资、创业、发展。

（二）把握小镇机遇，强化产业特色

赛得健康养生小镇已投入运营，养老养生基础扎实，赏石小镇发展后劲十足，同时国际慢城已被列入省“大花园”行动计划纲要，以上特色小镇集群均可作为西区及衢州的产业补充。

（三）把握“大花园”机遇，做好生态文章

常山县是衢州西区唯一接壤的国家重点生态功能区，是省里提出建设大花园发展生态标杆、浙西南生态旅游带等战略的重要区域，与衢州及西区对接后有望进一步协作发挥生态优势。

二、完善布局，实现衢常区域“零距离”

以一体的战略规划融入衢州，完备的交通网络联通衢州，特色的生态产业补充衢州，全面打造衢州西区休闲养生拓展区。

（一）规划引领

以招贤镇为对接衢州核心区块，联动青石镇及周边乡镇，作为“西区＋”的重要板块，纳入西区发展总体规划予以统筹考虑，在规划中突出常山特色亮点，避免同质化发展和竞争；同时，以常山县空间规划、空间发展战略研究、县域总规修编等规划为契机，抓紧明确招贤等区域向西融进战略定位，并提前预留建设用地等要素保障。

（二）交通先导

要无缝对接衢州、联动发展，享受杭衢高铁带来的红利，必须要具备高效一体畅通的现代化交通网络，重点要将铁路、长途、公交、出租、社会车辆等多种运输方式有效集于一体，实现多种交通运输方式在衢州西区高铁站“无缝对接”“零距离换乘”。加快推进公路交通。加快320国道“二改一”、沿江公路、351国道、杭金衢拓宽等公路建设，推进沿江公路至赛得健康小镇有关县乡道路拓宽提升，谋划建设阁底至衢州火车西站公路工程。主动向上对接，加快浙江景观高速公路常山段前期论证等工作。开通常山国际慢城、梅树底景区、赛得健康小镇等地到衢州西区高铁站等重要节点的快速班车。稳步推进航道交通。加快钱塘江航道开发、浙赣运河等重大航道工程的前期工作，争取列入国家交通“十三五”规划中期调整，积极争取国家政策支持。积极推进铁路交通。九景衢铁路开通运营后，积极争取开化—常山—衢州之间的区间班车开通更多班次，形成“铁路公交”；同时，进一步谋划九景衢与衢州西站连接线建设，推进两地铁路交通紧密对接。

（三）产业创新

深入开发特色休闲旅游，加快健康养生产业提档升级，做好幸福产业人才储备，进一步打响常山县特色农产品品牌。要加快做强发展特色、提升发展能级，从而避免“过道效应”和“虹吸效应”；同时，加强区域合作，实现优势互补，共同分享“高铁红利”。加快发展特色旅游产业。品质开发国际慢城，加快培育运动休闲小镇，稳步推进“赏石小镇”建设，进一步提升赛得健康养生小镇，打造特色小镇集群。稳步推进梅树底景区基础设施建设，结合景区生态景观特点，探索推出新兴游乐项目，全力创建AAAA级景区。重建和修复招贤古街、招贤古渡，展现常山贤商文化魅力。规划布点品质民宿、农家休闲、田园综合体，丰富旅游产品供给。重点提升健康养生产业。以赛得健康养生小镇为核心，加强服务理念和品质创新。围绕社会健康养生需求，开发有针对性的医养健康护理等服务。与北京、上海、杭州等地高端医疗资源开展合作，引进和培育康复等特色专科服务，推进休闲度假、健康管理、中医养生等功能全面提升，建成“比城市更温暖，比乡村更文明”的健康养生小镇。培育健康服务教育产业。引进中等职业教育学校，围绕健康休闲产业需求，开设旅游、健康养生、护理等专业，为周边特色小镇群落发展储备幸福产业所需人才。做优特色农林产品。做大做强“常山三宝”，培育壮大中药材、小水果等产业。强化科技创新与技术推广，建立特色农林产品专家工作站，促进产业规模化、集约化、精品化发展。加快新品种推广，应用精准化栽培等高新技术，不断提升品质。进一步加大市场营销力度，丰富产品线，推进常山农林产品与衢州西区生活、生产、商贸的全面联动。

三、加大投入，提升城镇发展“新能级”

围绕当地文化特色，进一步提升美丽乡村，持续深入整治集镇，加大贤商文化发扬力度，从基础设施和文化底蕴两个层次全面提升区域形象。

（一）美丽乡村再提升

整合涉农资金，高标准开展规划设计，在招贤等区块建成一批环境优美、产业精美、人文富美的精品美丽乡村，以此带动周边村庄产业共发展、环境共提升。持续实施“浙派民居”和农村公路提升改造，彰显地方特色底蕴。

（二）集镇建设再提速

持续深化招贤等有关集镇环境卫生整治，全面提升街面、道路、房前屋后等环节秩序。全面实施“印象集镇”创建，进一步挖掘当地文化特色，有序促进集镇景观改造、精品节点建设，促进整治与造景相结合。统筹推进供水排水、环卫设施、公交设施等基础建设。

（三）地方精神再提炼

进一步提炼贤商文化，开展贤商文化研究，举办文化论坛，开展古渡商埠修复，举办形式多样的文艺宣传活动，传承和发扬贤商文化。

四、借智借力，寻求对外协作“新路径”

充分借力杭衢高铁，在全面联动衢州发展的同时，进一步加强常山与杭州等地互动，推动“常山＋衢州＋杭州”合作全面升级。

（一）强化产业合作

争取山海协作升级版，杭州、宁波等地区“N+1”扶持常山，共建一批产业合作园区等重大合作平台，实施一批标志性跨县合作项目。

（二）打造精品花园

加强与杭州等发达地区旅游产业合作，推进景区合作、客源共享、线路串联。充分发挥生态优势，建设杭州等发达地区休闲、养生、养老的后花园。扩大绿色生态农产品供给，成为杭州等发达地区绿色产品重要供给基地。

（三）推动人才交流

加强人才培训力度，推动常山县干部到杭州等发达地区有关单位学习进修，学习进修力度要大、范围要广。加强人才交流，有计划地组织发达地区干部与常山县的双向挂职锻炼，挂职交流要在各领域开展，每个领域至少1名。加大人员保障力度，每年组织多名省内大专院校、科研院所、卫生医疗机构和优质中小学轮流选派优秀教师、骨干医生和科研人员等到常山县工作，或开展培训、咨询、技术服务。

（民革常山总支）

民主党派·工商联

综 述

2018年，中国国民党革命委员会常山县总支委员会（以下简称“民革常山总支”）有党员28人，其中新发展党员2人，分两个支部，每个支部各14人，总支主委郑金仙。总支成员担任县级机关单位中层以上干部的有17人，占总支党员数的60.7%，其中县（处）级领导干部1人、科级领导干部4人，具有高级职称的9人。根据党员所在单位分，教育行业4人，卫生行业5人，企业界3人，政府机关10人，离退休党员6人。是年，民革党员、喝彩歌谣传承人曾令兵累计表演常山喝彩135场，观众达10万多人，在常山民俗文化的发扬事业中发挥重要作用；他带团到祖国的宝岛台湾演出喝彩歌谣。民革常山总支成员吴小丽获评衢州市小城镇综合治理先进个人，黄歆婷被提拔为县公路管理局副局长，孙衣云被提拔为县教师进修学校副校长。

2018年，中国民主同盟常山县总支委员会（简称“民盟常山总支”）有盟员34人，分2个支部（教育支部15人，郑俊民担任支部主委；综合支部19人，陈青寿担任支部主委），罗诚剑担任总支主委。根据盟员所在单位分，教育界14人、医药卫生界4人、文化艺术界2人、经济界9人、政府部门6人。盟员中，有市人大代表1人、市政协委员2人、县人大代表2人、县政协委员7人；担任处级实职的2人、科级实职的2人、各业务单位中层职务的9人。

民盟常山总支组织全体盟员开展迎新春“见证初心”经典朗读活动，深化盟员对民盟优良传统的领悟。开展各项社会服务工作，组织医卫界盟员“送医下乡”，到龙游名医工作站、常山县各乡镇卫生院参加义诊活动；结对常山城乡小学，组织医卫界盟员开展校园师生急救主题知识培训。开展“纪念改革开放40周年”盟员专题教育活动，组织盟员到浙江民盟盟史馆，学习改革开放过程中岗位建功的光荣业绩。响应中共常山县委关于创建“孝老之城”的号召，深化对老盟员的关爱工作，定期开展对老盟员的走访慰问活动，经常上门对老盟员进行关心关爱，送上温暖。

是年，民盟常山总支被民盟中央评为“民盟思想宣传工作先进集体”，被民盟浙江省委会评为“人才建设先进集体”，获评衢州市“2017—2018年度先进盟组织”和“民盟衢州市委会反映社情民意信息工作先进单位”。

2018年，中国农工党常山县总支部委员会（以下简称“农工党常山县总支”）有党员32人，其中新发展党员2人。其中，医药卫生、人口资源和生态环境领域的党员22人，占68.8%。组织党员参与各类社会服务。选送林永祥、姚小娟、徐璐等3名党员骨干到重庆参加为期一周的统战理论学习。是年，农工党常山县总支获农工党浙江省委会颁发的“农工党浙江省社会服务工作先进集体”。党员何水清获浙江省农业厅颁发的“2017年度浙江省农业技术推广贡献奖”、被农工党浙江省委会评为“农工党浙江省社会服务工作先进个人”；邹志英被衢州市教育考试院评为“2017年度衢州市教育招生考试先进个人”。

2018年，中国民主建国会常山县支部委员会（以下简称“民建常山支部”）新增会员2人，会员总数14人，其中担任县政协委员的有7人（含县政协常委3人）。从塑形聚力、务实履职、社会服务三方面入手加强组织建设，以提升参政议政能力和扩大社会影响力，进而为推动常山经济社会发展作出应有的贡献。是年，1名会员获省民建组织的“初心·见证”经典朗读比赛二等奖，1名会员被评为民建衢州市委会年度优秀会员，1名会员被常山县政协评为年度优秀政协委员。1篇提案被常山县政协评为年度优秀个人提案。

2018年，常山县工商业联合会（以下简称“县工商联”）辖杭州市、宁波市、义乌市、温州市、台州市和北京市、上海市、重庆市、深圳市以及福建省、广东省、湖北省12个异地常山商会；业务指导常山县钙产品工业协会、常山县纺织服装行业协会、常山县轴承行业协会、常山县餐饮协会、常山县物流协会。坚持每季度召开一次主席（会长）工作例会，邀请县领导参加，听取企业意见建议；定期走访企业，了解企业经营发展中遇到的市场、融资、转型、人才等方面的困难，提出意见和建议。11月20日，县委书记叶美峰主持召开县工商联执委以上民营企业代表座谈会，共商民营经济发展良策，共建最优营商环境，为常山县民营企业健康发展保驾护航。是年，县工商联作为执行“十条军规”工作典型获县委发文通报表扬。县工商联主席涂国红被评为全市工商联系统先进会员。

（余 吉 王丽燕 蒋国平 郑素芳 朱 慧）

民主党派重要活动

【民革参政议政】 2018年，党员中有现职县人大代表1人、市人大代表3人、县政协委员9人（其中县政协常委2人）、市政协委员2人。民革常山总支鼓励党员针对群众关心的热点、难点问题，搜集社情民意，撰写调研文章。在县政协九届二次会议上，民革常山总支撰写的《关于加快推进浙赣边际合作示范区的建议》和《关于加强我县城市小区物业管理工作的建议》两篇选为大会发言材料。在省、市、县两会期间，共提交提案10件，议案1件。

【民革服务社会扶贫帮困】 2018年，民革常山总支组织全体党员到白石镇开展“剿灭劣V类，民革在行动”主题活动，清理河道700多米，清理陈年垃圾10多车。组织医生党员开展老党员“夏日送清凉”走访慰问活动，为老党员送去组织的温暖和关爱。开展捐资助学活动，助力美丽乡村、体育发展、民俗文化等中心工作，企业家党员符和根先后向县职业中专、县培智学校和贫困大学生捐款捐物价值40万多元；党员毛春财投身赏石小镇景区打造活动，受到县领导肯定。

（余 吉）

【“民盟同心·专家工作站”持续发力】 2018年，民盟常山总支继续联系浙江大学、浙江理工大学、浙江工业大学、浙江中医药大学、浙江水利水电学院等高校民盟组织，

“民盟同心·专家工作站”在常山建立“山茶油企业服务点”“轴承企业服务点”“水利建设服务点”，并取得较好的成效。5月，民盟中央副主席龙庄伟到常山考察指导常山县“民盟同心·专家工作站”工作。常山县“民盟同心·专家工作站”工作，由于成效突出，被成岳冲副省长批示肯定。

【民盟常山总支参政议政出成效】 2018年，民盟常山总支坚持开展“一支部一调研、一盟员一建议”活动，围绕中共常山县委、常山县人民政府中心工作，深入调研，利用“两会”平台，建诤言、献良策。市“两会”期间，共提交提案议案3件；县“两会”期间，共提交团体提案2件、个人提案14件，提交个人议案1件。在政协第九届常山县委员会第二次会议上，副主委曾晓燕代表民盟总支作《丰富形象载体厚重文化内涵提升“宋诗之河”品牌影响力》的口头发言，《关于推进我县职业教育功能强化产业发展人才支撑的建议》被列为书面发言。

（王丽燕）

【农工党参政议政】 2018年，农工党常山县总支发挥党内人大代表、政协委员和各类特约监督员的作用，助力更高质量的“特富美安”慢城大花园建设。全年在市、县两会中提交《关于振兴文化旅游产业助推山区经济发展的建议》《关于打造“孝老之城”的建议》《关于提高浙江政务服务网投资项目监管平台使用效率的建议》等提案建议16篇，其中《关于发展时尚产业的建议》作为县政协党派大会发言。发挥界别优势，开展调查研究，撰写调研报告13篇。党员杨芝冬撰写的《规划引领 控新改旧 提升风貌》、付美华撰写的《依托我县县域医共体建设 完善慢性病综合管理模式》、何水清撰写的《关于发展休闲农业推进农旅结合的思考》等调研文章，为政府决策提供有效的参考。

【农工党服务社会】 2018年，农工党常山县总支结合县委、县政府的中心工作，参与乡村振兴、“一户一宅”整治、“孝老之城”创建、慢城大花园建设等社会服务和政策宣传活动，全年组织党员分别到球川集镇、同弓乡现代农业园区、招贤镇官庄村、金川街道敬老院等地开展社会服务8次，宣传服务对象达2000多人次。

（蒋国平）

11月16日，农工党常山县总支在招贤镇官庄村开展下乡社会服务

（农工党常山县总支 供图）

【民建参政议政】 2018年，民建常山支部围绕中共常山县委“四四二”战略体系实施中的重大问题，发挥政党职能，向政协大会提交七份提案，其中关于城中村危旧房改造、大力发展村集体经济方面的两份提案分别列入大会的口头和书面发言。

【民建服务社会】 2018年，民建常山支部借用“奇点沙龙”这一平台，每季开展1次相关主题沙龙活动，每次活动确定1个主题，邀请关联行业有关人员参加，为常山广大青年创业者提供一个政府产业政策宣导、有效项目信息交流洽谈、优质产业项目合作推介等多方面功能的创业创新平台。

（郑素芳）

工商联重要活动

【助力首届衢州人发展大会和首届常山人发展大会】 2018年9月21—22日，市委举办800多人参加的首届衢州人发展大会。县工商联做好常山籍回衢参会人员联络联谊、接待服务工作，获得市委统战部通报表扬。10月17—18日，负责组织、邀请、对接县内工商联（商会）会员、异地商会代表超过270人参加首届常山人发展大会。

【首届全国异地常山商会会长会议暨杭州高峰论坛召开】 2018年5月26日，首届全国异地常山商会会长会议暨杭州高峰论坛在杭州召开，北京、上海、深圳、福建、宁波等地常山商会会长、秘书长及物流、服装、建筑景观三大行业代表近60人齐聚杭州，畅叙桑梓之情，同谋发展大计。会上，各地常山商会会长、秘书长代表就本商会建设发展和如何反哺家乡、助推家乡国际慢城建设进行深入交流。

【县工商联共建“异地商会代办”服务机制】 2018年，县工商联联合县公安部门的“最多跑一次”改革，共建“异地商会代办”服务机制。以各异地商会为载体，在杭州、上海、深圳等14个常山籍经商务工人员较多的地方，设置14个商会代办点，推荐各代办点的代办员。异地常山籍经商务工人员要办理的业务，由各代办点的代办员受理，联系办理单位、工商联的代办群代办。

【县工商联推进公益事业发展】 2018年，县工商联发动行业协会、异地商会会员通过捐款捐物，参与帮困扶贫、东西部扶贫协作和对口支援等公益活动。春节期间，县工商联（商会）执委以上单位走访慰问500多户困难户，发放慰问品、慰问金超60万元；北京商会、上海商会、义乌商会、温州商会、宁波商会分别组织会员捐款，帮助当地患尿毒症、白血病少年儿童治疗疾病，累计捐款40多万元；温州商会秘书长占军，为近百名天马街道五联村80岁以上的老人每人送上500元的爱心红包和新春祝福。5月，杭州市常山商会会长邱娣兵、副会长张明良代表寓杭招贤镇乡贤为常山二中捐赠10.5万元教育基金；8月，杭州商会、温州商会、宁波商会等累计捐款70万元用于资助120余名困难大学新生。

【县工商联参与东西部扶贫结对工作】 2018年5月、9月、11月，县工商联组织浙江赛得健康投资管理有限公司、浙江佳熙投资管理有限公司、浙江顺成建设有限公司等几家实力强、规模大、信誉好的非公有制企业负责人实地调研考察，参与东西部扶贫协作和对口支援工作。常山县爱佳果蔬开发有限责任公司常年在新疆采购当地核心产区优质农产品，年采购金额超8000万元。10月，县工商联系统会员企业为结对县四川古蔺捐赠价值22万元的爱心善款和物资。

【台州、重庆、广东、湖北4个异地常山商会成立】 2018年，县工商联推进异地商会建设，指导和推动商会制度化、规范化发展。台州常山商会于4月18日成立，严先其担任会长；重庆常山商会于6月9日成立，王晓江担任会长；广州常山商会于7月28日成立，沈根松担任会长；湖北常山商会于11月30日成立，樊金华担任会长。至此，异地常山商会共有12家。

（朱慧）

群 众 团 体

常山县总工会

【概况】 截至2018年年底，常山县有各级工会组织848个，其中单独建会802个、联合工会46个；工会会员54212人，其中农民工31745人。有产业工会2个，乡镇（街道）总工会14个，县经济技术开发区总工会1个，区域性、行业性工会3个，覆盖小企业2175家；实行职代会厂务公开企业812家。

2018年，全县工运事业保持创新发展的良好势头。常山县总工会（以下简称“县总工会”）开展基层工会普查活动，厘清家底，并要求乡镇（街道）总工会对应建未建企业及时组建，完成11家百人以上企业建会工作；成功组建农耕小镇、赛得健康养生小镇和常山县一乐大学生创业园联合工会。开展困难职工家庭调查，更新困难职工档案系统，开展“春送岗位、夏送清凉、金秋助学、冬送温暖”四季帮扶工作，全年走访慰问城镇困难居民、企业困难职工、贫困劳模和各类贫困对象578户，发放慰问金、慰问物资合计80.76万元，其中“金秋助学”活动为13户贫困职工子女发放助学金7万元。加强困难档案管理，精准识别档案208户，清理不符合条件的档案66户。发挥困难职工援助中心、维权热线、职工信访等工会维权载体和渠道的作用，受理职工诉求，提供依法维权服务，纠正侵害职工权益的行为。发挥劳模先锋模范带头作用，组织劳模志愿服务队、技术服务队，为企业、为社区、为群众服务。开展送戏下乡、入园区、进企业活动，全年送戏10场，惠及职工6000余人。

维护全县职工合法权益。2018年，县总工会在AB岗制的基础上，安排专人负责职工医疗互助报销工作，严格执行首问责任制、限时办结制等，提高职工医疗报销速度。全年受理职工医疗互助报销445人，报销金额53.9万余元，其中最高报销金额1.8万余元。县总工会职工法律援助中心接待职工法律咨询53件，涉及职工341人，金额488万余元，掌握和处置职工群体性事件3件，涉及职工78人，案件涉及工伤认定处理、职工欠薪、劳动合同执行、解除等方面，对有需要者均提供法律援助。召开2018年度职工疗休养工作座谈会，修订出台《关于做好2018年度职工疗休养工作的通知》，做好各基层工会外出疗休养人员的备案和审批工作。全年完成疗休养备案6500余人。

帮助职工提升工作技能。建立职工教育培训基地，加大与有关乡镇（街道）、企业联合办班培训力度，先后开展园林设计师、建筑师、会计师、育婴师等各类培训150多个班次，培训人员6000多人。与县人社局、县人才办共同承办常山县第五届职工职业技能大赛，评选出“常山技术能手”，并推荐参加市级技能大赛。组织举办全县基层工会财务工作培训班4期，600余人参加培训；

发放《基层工会经费管理文件选编》1000余份。开展全县工会财务大检查和经费审计，规范工会经费收支管理。举办全县工会干部培训班和工会网络文明志愿者培训班，提升工会干部的业务能力。分批参加由市总工会在省总干校举办的全市工会干部培训班，系统学习工会工作知识、工会法规；派员参加市总工会组织的法律监督员、经济工作等工会干部的培训。

是年，常山县被专家组特别推荐为“浙江省全域疗休养发展十佳县”；县总工会获评“中国梦·劳动美”全省职工合唱大赛铜奖。

【县总工会办公楼搬迁】 2018年，为配合全县“最多跑一次”改革工作，县总工会办公大楼搬迁至原常山县社保局办公地址。总面积2084平方米的原常山县社保局办公场地置换给县总工会所有，独立产权证已办理，一举解决长达17年县总工会大楼拆迁后新办公场所无法办理产权证的难题。同时，县工人文化宫（工会职校）恢复，职工服务中心不断完善。

【全县职工文体活动遍地开花】 2018年，县总工会组建“常山县柚子花开合唱团”，先后参加市总工会组织的全市庆“五一”劳模先进表彰大会文艺会演和省委宣传部、省总工会等联合举办的“全省职工合唱大赛”。举办2018年全县职工运动会，设置拔河等11个比赛项目，全县92家企事业单位的3000多名运动员参赛。发挥“江西之家”作用，举办全县青年职工联谊晚会，来自“江西之家”中的单身人士及常山县其他未婚青年共300余人参加联谊晚会。

（张君芳）

共青团常山县委员会

【概况】 共青团常山县委（以下简称“团县委”）机关内设青少部和办公室，设有1个下属事业单位，即县青少年活动中心。2018年，全县有基层团委39个，团工委6个，团总支2个，团支部402个。团县委机关有专兼挂职领导班子成员6人，其中书记1人、副书记2人、挂职副书记1人、兼职副书记2人；有专职团干部5人，其中青少部部长群团改革后挂职常山县总工会副主席。县青少年活动中心核定编制8人，股级职数3人，有在编干部5人，其中主任1人、副主任1人。

【常山县被列入全国首个县级“志愿之城”试点城市】 2018年，团县委坚持“以志愿服务参与社会治理创新、以志愿服务补充政府公共服务”理念，围绕常山县打造良善文化，以志愿服务为载体，向中国志愿服务联合会申报县级“志愿之城”试点城市。全县已树立“骑行河长”“青暖夕阳孝老服务”“青春跑小二”“危房整治帮帮团”等一系列志愿服务品牌，助推“阳光志愿服务队”“春泥公益”“幸福爷爷快乐奶奶”等本地志愿服务品牌在全省获得一定知名度，为全县重大活动、民生实事、赛事晚会等提供有力的志愿服务支持。2018年6月，常山县被中国志愿服务联合会确定为全国首个县级层面“志愿之城”试点城市，成为常山国际慢城的新名片。

【“最美常山·十大杰出青年”评选】 2018年，团县委举办“最美常山·十大杰出青年”评选活动。经过前期发动、民主推荐、组委会审评、网络公示的层层筛选，最终评选出马月佳（县公安局城关派出所副所长）、马德宇（县消防中队三班班长）、刘剑飞（招贤镇五里村村民委员会主任）、朱礼华（常山县电力实业有限公司董事、经理）、朱　珊（常山县新闻传媒集团总编室副主任）、刘文峰（常山县疾控中心传防科科长）、宋少威（常山一中高二年级组长）、余家富（常山县村上电子商务有限公司董事长、常山县村上酒店管理有限公司总经理）、叶露盈（中国美术学院影视与动画艺术学院插画与漫画专业教师、共青团常山县委兼职副书记）、祝建辉（上海安能聚创供应链管理有限公司首席运营执行官、常山众卡运力供应链管理有限公司总裁）为“最美常山·十大杰出青年”。5月3日，团县委举行常山县纪念五四运动99周年晚会，为“最美常山·十大杰出青年”颁奖。

【助力“孝老之城”建设】 2018年，团县委围绕常山县打造“孝老”文化的目标，启动“孝主题公园”（青少年孝文化教育基地）建设，在县青少年活动中心建立具有本土性、体验性、软性的常山孝文化主题公园，在教育基地的基础上加入特有的体验和实践内容，丰富孝老的亲身体验内涵。围绕“幸福爷爷 快乐奶奶”孝老品牌，建立志愿服务队，定期为全县22家敬老院、养老院的1053位老人洗头理发。志愿服务队下沉乡村社区，重点关注80岁以上独居空巢、孤寡、残疾老人，以助老、帮老、爱老为宗旨，探索乡村助老新模式。承办主题征文比赛，通过走进农村、走进社区、走进家庭，深入寻找、挖掘当代常山身边的孝老敬老先进事迹、感人故事，引导全社会育孝心、践孝行、传孝道。结合常山县“5·20敬老日”，开展“衢州有礼 孝老先行”慢城520公益彩虹跑暨百团百企联动孝行情暖夕阳活动，全县22家规模以上企业的团组织与敬老院现场结对，600余名选手参与活动，募集物资与捐款14.6万元。

【响应山海协作和东西部扶贫协作】 2018年，团县委与山海协作对象市、杭州市拱墅区、新昌县结成四地青年团建联盟，组织青年企业家互看互访、青年联谊等活动，促进四地青年交流发展。响应东西部扶贫协作号召，发起“常慈有情·爱满古蔺”常山县支援古蔺乡村教育、关爱偏远山区青少年广场爱心义卖义捐活动，动员爱心企业和人士捐赠款项15万元，物资30万元，参与民众超3000人，现场义卖金额4.57万元。开展常山—古蔺两地青少年“手拉手”活动，前期征集古蔺山区留守儿童微心愿1000余个，通过现场活动、微信公众号等渠道推广，全县群众热情参与，为古蔺留守儿童捐赠礼物1018件。

【“常雁回归”助力常山招才引智】 2018年，团县委组织开展“常雁回归”2018返乡大学生座谈会暨青暖夕阳孝老志愿行系列活动，14个乡镇（街道）共邀请75名优秀大学生深入了解家乡，并围绕就业创业、家乡发展、孝老敬老等主题展开讨论。组织常山寓外高层次人才座谈会，共邀请20余位全国各地的常山籍专家教授等寓外高端人才参加，为常山出谋划策，助力常山与浙江工业大学签订全面战略合作协议；省特级教师张翼文反哺家乡，在育才小学成立张翼文专家工作站；李楠作为清华大学金丽衢地区招生办成员，推动常山一中—清华大学自主招生面试机会。筹备“常雁回归 振兴乡村”2018常山籍大学生就业创业推介会，为60余位常山籍大学生对接常山企业、部门实习就业岗位，让大学生了解常山、留在常山。

【关心关爱青少年成长】 2018年，团县委开展2018年大学新生圆梦助学行动，规范组织报名、实地走访、交叉互查、公示公告等流程，最终捐助88人，45.5万元，严格按照程序及时发放。道富集团资助常山一中学生5.9万元助学金，省青少年发展基金会针对中小学生发放1.7万元助学金。通过亲青筹平台，多方发动助医捐款，为辉埠镇彭川村母亲出走、身患脑瘤的17岁少女网上募捐，筹集捐款11984元。对接省青少年发展基金会，为常山县孔雀养殖青年姜胜（肺结核）、农村淘宝青年汪凌宏（残疾）各争取1万元资助金。

【基层团建工作扎实开展】 2018年，团县委打造紫港街道紫港社区、新昌乡达塘村、公安局、新闻传媒集团、职业中专、赛得集团等基层团建示范点，为全县乡镇（街道）、部门、学校、企业等各层面团组织树立可看可学的团建标杆。对全县乡镇（街道）、中学团委开展“双百双提升”（即百村示范、百家引领，组织力、战斗力提升）行动。9月18日召开第一期计划对象销号验收会议，青石镇、职业中专团组织通过述职评议。10月，组织全县团员青年开展“不忘初心跟党走”党团知识竞赛，加强广大青年的理论武装，引导广大青年坚定正确政治方向，听党话、跟党走。开展团干部能力提升活动，组织2018年全县团干“青年铁军”培训班，全县40名团干赴台州临海、温岭、金华武义考察学习。推荐5名团干参加市委组织部团干培训。

（余 鑫）

常山县妇女联合会

【概况】 2018年，常山县妇女联合会（以下简称“县妇联”）聚力深化“常山阿姨”品牌建设的做法，先后获汪洋、刘延东、马凯等3位国家领导人和省长袁家军的批示肯定，国务院妇儿工委办到常山调研，“常山阿姨”经验推广暨全省发展家庭服务业工作交流会议在常召开。会后，省内外16批次340余人次到常山学习。“常山阿姨”工作两次在省级会议上作经验交流，先后入围浙江省十大民生工程和第五届浙江省公共管理创新案例。全年开展家政类技能培训2800人次，就业率40%左右。截至年底，常山县从事保姆行业的农村妇女有3300多人，其中在市外从业的从2017年的1013人增长到2018年的2217人，月嫂和其他工种的人均月工资分别达到1.2万元和6000元以上，带动农村妇女增收3亿元以上。

打响“常山阿姨”品牌。建成全省规模最大、办学最专、师资最强的专业化家政培训基地——常山阿姨学院，制定出台《2018年常山阿姨职业技能规范化培训实施办法》，规范办班审批流程及培训机构软硬件设施要求。常山阿姨事业发展服务中心牵头与巾帼西丽、三替公司等知名家政公司进行合作，探索“村集体＋培训机构＋家政公司”发展新模式，成立象湖村、郭塘村、草坪村等一批村级阿姨劳务公司，即由村集体负责宣传发动、建档立册，培训学校负责培训，家政公司负责推介，助推村集体增收消薄。其中，白石镇草坪村建设成立全县首个“常山阿姨”村级培训基地，2018年组织培训300多人次，新增就业50人以上，带动妇女增收500多万元，助推7村集体增收15万元左右。培育一批“常山阿姨”经纪人，68名来自“常山阿姨”重点村的经纪人经过专业培训，负责本村从业人员动态跟踪和学员培训组织等工作。与浙江省家政服务人才培养培训联盟合作，开展5期“常山阿姨”认证，有120人通过认证。以政府购买服务的形式开发“常山阿姨网站”、“‘常山阿姨’员工档案信息库”、“常山阿姨来了”商城，提供阿姨信息录入、查询、监督、评价；对3028名从业人员建立数据档案，可实现预约下单、网上评价等功能。以“常山阿姨”为原型，摄制完成《共担的孝心》《共担的母爱》两部微电影。

做实平安家庭。抓住“3·8”维权周、“6·26”禁毒日等关键节点，开展反家庭暴力、反邪教、“不让毒品进我家”等主题活动60余场，现场参与妇女1000多人，累计发放各类宣传资料1.5万多份。在华数农网平台电视客户端投放平安家庭及维权公益广告，将维权宣传面覆盖全县农村地区。2018年，接各类信访案件36件，调处率100%。2018年4月，县妇联获评2017年度全市平安建设暨综治维稳工作先进集体。

强化安全生产。2018年，举办各类安全培训、消防演习10余场，参与500多人次，发放宣传资料2000多份。联合县消防大队、县安监局等职能部门开展“安全生产月”等大排查行动5次，集中加工点排查1700多家次，排查出安全隐患较轻的加工点80余家、隐患严重的加工点30余家，并限期整改。10月，组织3家来料加工企业参展第24届义乌国际小商品博览会，收获意向订单87个，现场成交订单9个，交易额近280万元。全年培育来料加工经纪人416人、集中加工点207个，发展从业队伍4.5万人左右，年发放加工费5.8亿元。

关爱妇女儿童。开展“两癌”救助，共摸排14位符合条件患病妇女提交至全国“两癌”救助系统，并配套专项救助资金2万多元；推荐8名贫困母亲参加“康乃馨妈妈加油站”小吃培训、8名应届贫困女大学生参加“木兰计划”公益项目培训，帮助其就业。全年争取到“焕新乐园”装修改造、肯德基小候鸟图书角、乐道公益基金会图书角、“Home+”关爱困境留守儿童服务站等公益项目5个，直接受益的困境儿童、家庭300多户，开展活动30余场，公益项目资金总计超110万元。6月1日，邀请县领导走访慰问培智学校、教工幼儿园等10所学校，送去慰问金及慰问品6万多元。

打造美丽庭院。开展“十万妇女振乡村·千名执委美庭院”系列活动，以18个村为美丽庭院重点打造村、以村妇联执委联户为主要创建力量，搭建“1+7+X”一家亲创建模式。即1名村妇联主席+7名村妇联执委+若干农户，由妇联主席带动执委、执委带动若干农户一起创建。组织全县1600多名村妇联执委与5000户家庭建立创建指导联系。截至2018年年底，已建成1356户。

助力“孝老之城”。开展“慈孝讲堂”进机关、进学校、进社区、进文化礼堂“四进”活动，结合开学第一课开展孝文化讲座3场，开展孝行宣讲活动10余场，邀请最美家庭榜样人物、“常山阿姨”代表、优秀村妇联主席等代表以身说法、传递孝心。开展形式多样的孝老实践40余场，组织巾帼志愿者500多人次分赴敬老院、孤寡老人家中，为他们送上爱心餐点、卫生清理、洗头理发、义诊等孝老服务。挖掘各类最美家庭100多户，其中28户获评市级最美家庭、3户获评省级最美家庭。挖掘3户家庭获评市“书香家庭”，2位妇女获得市第三届“孝心好媳妇”

荣誉称号，“好儿媳”周桔凤荣获第七届“浙江孝贤”称号。

是年，县妇联获评浙江省先进妇联组织、2017年度全市平安建设暨综治维稳工作先进集体；东案乡田蓬村妇联获评浙江省先进妇联组织；常山县大风车幼儿园大班教研组认定为2017年度浙江省巾帼文明岗；常山县妇幼保健院护理部、温州银行常山支行营业部、常山县招贤中心卫生院护理部认定为2017年度市级巾帼文明岗和市级巾帼建功标兵。

【“常山阿姨”经验推广暨全省发展家庭服务业工作经验交流会举行】 2018年7月18日，“常山阿姨”经验推广暨全省发展家庭服务业工作经验交流会在常举行，县妇联从首创“5+5”模式、打造“3+3”平台、构建“1+N”业态三方面做了经验介绍。会前启动首届“十佳常山阿姨”评选活动，经过推荐报名、审核初选、公示投票、考评确定共评选出“常山阿姨”特别荣誉奖1名、“十佳常山阿姨”“十佳常山阿姨”提名奖各10名，在会上进行了表彰，并展示了阿姨故事。会后，与会人员赴常山阿姨学院、白石镇常山阿姨服务站进行考察学习。

【常山县第十五次妇代会召开】 2018年3月6—7日，常山县第十五次妇女代表大会召开，全县220余名妇女代表出席。县委副书记、县长周向军，市妇联主席魏晓莲到会祝贺并讲话，县四套班子领导出席开幕式。会议回顾总结过去五年妇女工作成就和经验，提出今后五年常山县妇女事业发展的工作任务。此次大会正式代表共180人，选举产生新一届执委23人、常委11人、副主席5人、主席1人，至此，常山县县级妇联组织改革全面完成。会议还表彰全县先进妇联组织和优秀妇联干部。

县妇联主席邱雪芳在县十五次妇代会上作报告

（县妇联 供图）

【县委政治巡察县妇联】 2018年3月底，县委第一巡察组进驻县妇联。县妇联党组对2013—2017年县妇联工作进行全面自查，从党的领导、纪律要求等10个方面，列出自身存在的33个短板不足。巡察组进驻后，县妇联党组专门召开会议，要求全体人员全力配合巡察，对巡察组交办的4个核查问题，及时核查，及时回应。巡察后，专门组织相关干部赴县公安局取经学习，对照取长补短；针对岗位变动人员，重新梳理岗位风险，制定防范措施；与全体干部签订党风廉政承诺书，全面梳理班子成员履行党风廉政建设责任清单。

【全县优秀妇女干部培训】 2018年，县妇联开办县优秀妇女干部能力提升培训班，县、乡、村三级妇联干部共计53人参加。此外，县妇联推选全县优秀妇女干部参加省、市、县三级各相关系统举办的培训162人次。

（巫正霞）

常山县科学技术协会

【概况】 2018年，常山县科学技术协会（以下简称“县科协”）推动《全民科学素质行动计划纲要》实施，以科普宣传和基层科普建设为主要抓手，突出科普工作信息化，助力乡村振兴。改革联系服务科技工作者体制机制，按照改革方案中“扩大县科协代表大会、委员会、常务委员会组成人员中基层一线科技工作者的比例提高到75%以上”的要求选拔代表，兼职副主席、科协常委、代表人员构成比例均达到要求；建立领导联系科技工作者机制，具体联系乡镇科协、社区和县级学会；推动县级科协组织建设，基本实现园区科协、校园科协、高新技术企业、乡镇科协全覆盖。推进学会去行政化改革，先后指导县药械学会、会计学会、珠算协会、质量标准计量协会等与原挂靠单位脱钩，引导学会逐步实现政社分开。加强学协会党建工作，采用单独建立、联合建立方式在县科协下属学会、协会中建立党组织，同时指派党建指导员，协助开展党建工作，实现党的组织和工作全覆盖，更好地发挥科协对所属学会的政治引领作用。是年，常山县科协被省科协评为2018年度县级科协工作先进单位。

【院士专家站数量和层次逐步提升】 新建地质公园、万谷电子、杰昆电子、德迅达电子、长盛化工5家院士工作站，全县已建院士工作站达11家。环宇轴承院士工作站获评市级优秀站。

【黄荷凤院士专家工作站启动仪式在常山举行】 2018年2月9日下午，黄荷凤院士专家工作站启动仪式在常山县人民医院举行。中国科学院院士、妇产科学教授、主任医师、博士生导师、上海交通大学医学院附属国际和平妇幼保健院院长黄荷凤，县委副书记、县长周向军，副县长郑金仙出席。院士工作站将与常山县人民医院建立产学研长效合作机制，为常山的医疗卫生事业提供系统化、常态化的技术支持，持续开展人才培养和技术合作，为常山医疗卫生事业提供人才保障和智力支撑，全力提升常山的医疗水平。

【衢州市院士专家工作站建设现场会】 2018年4月28日，衢州市院士专家工作站建设现场会在常山县召开，市科协党组书记、主席毛桂文，市委组织部部务会议成员、市委人才办主任余卫军出席现场会，各县（市、区）委组织部分管副部长、各县（市、区）科协主要领导、全市各建站企业代表共60余人参加会议。与会人员实地考察常山县环宇轴承陈蕴博院士站和常山县人民医院黄荷凤院士工作站，并听取经验交流报告。

【常山县首个双院士工作站签约揭牌】 2018年6月17日，由常山国家地质公园管委会与中科院南京古生物研究所陈旭院士、沈树忠院士合作共建的常山国家地质公园院士专家工作站在常山国家地质公园“金钉子”管理处隆重举行揭牌仪式，院士陈旭到场并为工作站揭牌。常山国家地质公园院士专家工作站是浙江省首个国家地质公园院士专家工作站，也是常山首个“双院士”专家工作站。院士工作站将从国家地质公园建设、地质科普、地质文化提升三个方面与我县开展各种形式的合作，从而进一步提升常山国家地质公园文化、科普、旅游等价值。

【科普信息化建设“1+N”模式初步形成】科普“屏联网”云平台建设稳步推进。以云中心为中心，通过科普E站向各社区和行政村辐射的“1+N”模式已经初步形成。目前云中心硬件已经调试完成并投入使用，软件设计上以实现对科普E站的分类监控和统一管理为目的，对行政村、社区、学校以及其他部门进行分类、分屏监控，同时通过后台对科普信息的发布和浏览进行统计和分析。

【科普活动获中国科协表扬】 2018年9月15日全国科普日期间，县科协组织开展院士专家常山行、智慧文峰杯“科普＋体育赛事”“与科学同行，享健康生活”科普志愿进文化礼堂等系列科普活动，被市科协评定为优秀组织单位，同时获得中国科协发文表扬。

（张 帅）

常山县文学艺术界联合会

【概况】 2018年，常山县文学艺术界联合会（以下简称“县文联”）编制2名，其中主席1人、秘书长1人，至年底，实际在岗1人。县文联下辖9个协会，即作家协会、美术家协会、书法家协会、摄影协会、音乐家协会、舞蹈家协会、诗词楹联协会、民间文艺家协会、喝彩协会、戏剧协会，另有下辖民营非企业单位1家（常山定阳书画院）。共有会员793人，其中国家级会员13人、省级会员97人、市级会员153人。年内主要活动有：第32届“三山”艺术节、“放歌新时代 文化进万家”走进常山、省文联志愿者服务常山、县书法家进军营“八一”走访慰问活动、纪念毛泽东主席125周年诞辰诗词朗诵会、慢城常山垄上行书法展和常山县农民书法家进城送福送春联活动。

【第32届“三山”艺术节在常山举行】2018年1月6日，由常山县、江山市、玉山县三地县委宣传部、县文联联合举办的第32届“三山”艺术节在常山县举行，共有“三山”美术书法作品联展、“三山”摄影作品展、文艺晚会3项内容。其中，展出美术书法作品92件，摄影作品150幅，展览时间持续半个月。

【省书协“写福送春联”活动走进常山东案】2018年1月9日，由县文联对接，省文联牵头的“放歌新时代、文化进万家”活动走进常山。省书协副主席赵雁君领队，组织省书协幸福路服务小分队“写福送春联”走进东案乡金源村，30多位来自省、市、县三级的书法家为当地村民撰写春联、福贴600多幅。市文联党组书记郑琳、县委书记叶美峰等参加活动，并现场为全县“十佳农民书法家”颁发荣誉证书。赵雁君代表省书协向金源村授予“浙江书法村”牌匾。

【省文联志愿者服务常山】 2018年5月23日是第五个中国文艺志愿者服务日。经县文联邀请，省文联以“到人民中去”为主题，组织精干力量，分4支文艺小分队走进常山，分别开展一台精品文艺晚会（主演为两位梅花奖得主，共演出11个省级精品节目）、一场国画创作辅导（顾迎庆老师主讲）、一场书法创作辅导（汪永江老师主讲）、一场摄影创作辅导（范顺赞老师主讲），为全县文艺爱好者带来一次文艺盛宴。

【常山喝彩歌谣《上栋梁》获首届浙江民间艺术精品展演金奖】 2018 年 5 月 29 日，首届浙江民间艺术精品展演暨第七届浙江民间文艺“映山红”奖·优秀民间艺术表演评选活动在宁波奉化举行，常山县选送的喝彩歌谣《上栋梁》获评首届浙江民间艺术精品展演金奖，并获得浙江民间文艺界最高奖“浙江民间文艺映山红奖”，这也是衢州首个获得“浙江民间文艺映山红奖”的展演类节目。此次评选活动共有 11 地市 17 个节目参赛，《上栋梁》是 6 个金奖之一。

【县书法家进军营“八一”走访慰问活动】 2018 年 7 月 27 日，由县文联和县书法家协会牵头，赴县人武部组织开展县书法家进军营“八一”走访慰问活动，此次活动共创作书法作品 70 多幅。衢州市文联主席欧阳建华参加活动。

【参加“衢州有礼、非遗创作”手工作品科普大赛】 2018 年 9 月，县文联组织县民间艺术家协会参加衢州市首届“衢州有礼、非遗创作”手工作品科普大赛，戴理平的蛋雕《衢州有礼》、毛春良的竹编《大明盛世》获一等奖，黄兴伟的糖塑《水亭门》、章嘉水的竹编《三潭印月》获二等奖。

【黄祖祥老照片展】 2018 年 10 月 8 日，由县文联牵头，精选市摄影家协会主席黄祖祥拍摄的常山老照片 80 幅，在县文化馆一楼展出，纪念常山建县 1800 周年活动，重温往日岁月，感受时代变迁。

【常山宋诗名篇展】 2018 年 10 月 8 日，县文联牵头举办常山宋诗 50 人 50 首诗名篇展，收集整理与常山有关的宋代诗词作品 1000 多首，从中遴选出 50 首精品，在县档案馆揭幕，图文并茂地予以展出，彰显古城文化魅力。

【“宋诗之河”采风活动】 2018 年 12 月 1 日，县诗词楹联学会组织开展常山江“宋诗之河”采风活动，先后参观考察县档案馆宋诗展、何家乡长风流域、金沙古渡、招贤古街古渡和万金滩等节点，40 余名会员参加活动，并针对代表性宋诗依韵唱和。

【全县文艺工作者座谈会】 2018 年 12 月 6 日，全县文艺工作者座谈会召开，县委书记叶美峰出席会议并讲话，25 位文艺工作者代表参加会议并发言。连中福、王顺利、王阳君等不同领域的文艺工作者代表结合自身实际，就文学、美术、书画、音乐等方面说感受、建真言，为常山县文化事业繁荣发展群策群力。

【纪念毛泽东主席 125 周年诞辰诗词朗诵会】 2018 年 12 月 26 日，纪念毛泽东主席 125 周年诞辰诗词朗诵会在县文化馆二楼小剧场举行。此次朗诵会以纪念毛泽东主席 125 周年诞辰为主题，以宣传推广中国传统节日、本土文化为宗旨，以打造常山江“宋诗之河”文化品牌为导向，集聚 15 个朗诵类节目参与，来自衢州作协、衢化作协和常山文艺界的 150 多位爱好者参加。

【常山—遂昌书法作品联展】 2018 年 12 月 27 日，常山—遂昌书法作品联展在县文化馆展厅拉开序幕。此次活动主题是纪念改革开放 40 周年和常山、遂昌建县 1800 周年，由两地的县委宣传部、县文联主办，书法家协会承办，展出书法作品 75 幅，内容以常山宋代诗词为主，两地县委宣传部、县文联负责人以及书法家协会会员60余人参加活动。

【慢城常山垄上行书法展】 2018年12月29日，慢城常山垄上行书法展在衢州市文联文萃厅开幕。此次展览由衢州市文学艺术界联合会、中共常山县委宣传部主办，衢州市书法家协会、常山县文学艺术界联合会承办，展出朱璋、江鸣黎、缪小俊、林国强、魏淑军、毛俊杰6人书法作品50余幅，展期共21天。衢州市领导朱建华、童建中、欧阳建华等出席开幕式。

【《常山县优秀文学作品选》出版】 2018年12月30日，由县文联主编的《常山县优秀文学作品选》由浙江教育出版社出版。书中共汇编余风、连中福、周华诚等62位常山籍作者的文学类作品180余篇，约30万字，分散文、小说、诗词等篇目。这些文学作品具有鲜明的时代性、地域性和艺术性，字里行间，蕴含着每一位作家自身特有的视角和心迹，记录着常山的点滴变化。

【《三衢山》杂志"出新"】 2018年，县文联秉承《三衢山》杂志精益求精的创办宗旨，从征集的众多文学作品中筛选出紧扣时代发展主题，体现正能量的信息动态、小说、散文、诗歌、摄影书画作品、报告文学100多篇，汇编成《三衢山》内部刊物。全年发行4期，每季度1期。作品既包含对常山旧事的追溯、常山籍著名文艺人才的事迹介绍，又有众多优秀文艺作品展示，为促进常山县历史文化的传承与发展，繁荣群众文化生活作出有益的探索，取得较好的社会反响。

（黄马新）

常山县残疾人联合会

【概况】 截至2018年年底，全县持证残疾人有11739人，包括一级、二级重度残疾人4294人，占36.58%；三级、四级残疾人7445人，占63.42%。其中，视力残疾人1777人，听力残疾人1947人，言语残疾人73人，肢体残疾人5770人，智力残疾人1071人，精神残疾人1025人，多重残疾人76人。

2018年，县残联做好残疾人生活保障补助工作。全面完成4450名一级、二级重度残疾人，853名三级、四级精神智力残疾人基本生活保障申报工作。截至年底，有5047名残疾人享受基本生活保障（低保）政策，符合条件的贫困残疾人单独施保率达95.1%以上。全年重度残疾人护理补贴覆盖全县4221名重度残疾人，发放金额1222.25万元；困难残疾人生活补贴6315人，发放金额1399.06万元，累计发放金额2621.31万元。为常山1500名劳动年龄段残疾人交纳疾病及意外伤害保险，共计投入资金7.5万元。完成2018年度盲人按摩机构和城镇个体户养老金补助工作，发放15家盲人按摩机构补助4.12万元，发放18名城镇个体户4.33万元，共计发放补助8.45万元。为36名残疾人实施机动轮椅车燃料补贴，发放补助0.94万元。完成县第三人民医院创建省级残疾人小康·阳光庇护中心指导工作，该中心现庇护照料轻重度精神类残疾人53人；新培育招贤镇高埂村、青石镇桥亭村、球川镇吴家村等5家残疾人小康·阳光庇护中心。抓好残疾人光伏扶贫户调查，全年筛选出15户符合安装条件的残疾人家庭，按期完成光伏安装。将农村低收入残疾人生活水平提高纳入新农村考核。春节前夕，全县共走访慰问困难残疾人家庭180户，累计发放慰问金及物品22万元，其中临时救助4万元。

推进精准康复服务。2018年，县残联完成县政府重点任务责任书中残疾人精准康复服务年度任务，为237名残疾人提供康复服务。其中，假肢安装20人，人工膝关节置换10人，助听器验配160人，助视器验配15人，盲人定向行走培训32人。为200多名“三瘫一截”（即偏瘫、截瘫、脑瘫、截肢）残疾人提供康复训练、生活和学习体验，为9名残疾人实施大病救助。为59名0～6周岁残疾儿童提供基本康复服务。其中，聋儿语训5人，脑瘫儿童康复训练16人，智障儿童康复训练15人，孤独症儿童康复训练2人，配置矫形器及普及型辅助器具14人，儿童助听器验配2人，申报人工耳蜗手术3人，人工耳蜗术后补助1人，肢体矫治手术1人。配合市残联对残疾儿童市级定点康复机构复核进行督查。对持证的重度精神残疾人全面实施免费服药政策，已落实免费服药618人次，补助金额达71万元。开展辅助器具配送活动，为残疾人免费配发轮椅、拐杖、坐便器、助行器、盲杖等各类辅助器具767件，辅具服务率达98%以上。

帮扶残疾人创业就业。2月23日，在2018年春季人力资源交流大会上，设立残疾人招聘专区，推出残疾人就业岗位210多个，共有116名残疾人与19家招聘单位达成就业意向。11月28日，县残联举办残疾人创业创新项目评比大赛，从常山8家残疾人创业创新项目中，最终产生6家进行扶持，并通过微信公众号宣传创业创新项目。向各地福利企业输送25名残疾人就业，全年累计新增就业114人，新增按比例就业30人。协调县综合执法局专门单招单考1名公务员编制残疾人。实施45名残疾人贷款贴息补助20.6万元，27名低收入残疾人创业补助8.1万元。残疾人电商创业24人，建立1家电商孵化基地。

丰富残疾人文体生活。2018年，县残联向14个乡镇（街道）、189个村（社区）的残疾人专职委员赠送报纸1份，残疾预防和残疾人康复条例手册1份，350多位残疾人参与“五个一”活动；结合“文化礼堂”文艺演出，组织特殊艺术进农村、进社区演出3场；开展“文化艺术周”“全民健身周”活动，残疾人社区文体参与率达53%以上。创建衢州市残疾人文化艺术体育健身示范基地。组织参加“有礼衢州·书画人生”残疾人书画摄影比赛，获二等奖4名、三等奖3名、优秀奖1名；组织12件优秀书画摄影作品参加全省文化艺术周活动。在省第十届残运会上，获金牌5枚、银牌2枚；5名视力残疾人在盲人门球比赛中女队获第三名，男队获第六名，1名残疾人在飞镖比赛中获第五名。组团参加市第五届残运会，获金牌9枚、银牌22枚、铜牌7枚、体育道德风尚奖2名。选送1名社区残疾人工作者参加全省残疾人文化体育辅导员培训。打造电视台手语新闻精品节目，加强助残志愿队伍建设和管理，引入社会力量开展助残行动。

残疾人节日活动多样。2018年，县残联在“全国爱耳日”活动期间，共为200余人进行免费听力检测、血压测量，赠送助听器18只，发放宣传材料200多份。“全国助残日”期间，为100多名市民提供按摩、理发、家电修理、皮鞋修理等服务，发放宣传材料300多份，邀请市残联手语老师为县行政服务中心窗口工作人员开展手语培训，联合衢州仁义医疗器械有限公司常山分公司到东明社区及县老年大学，开展听力残疾预防知识讲座、测试听力等活动，为60余名老年人提供服务，发放宣传资料160多份。开展第二个“全国残疾预防日”活动，在县天马影城广场、球川镇政府门口及群众活动集中的公共场所设立宣传咨询点，组织助残义工走进社区、走进商户、走进家庭，悬挂宣传横幅、发放残疾预防宣传单页1500多份，提高全民残疾预防和康复意识。

全面保障残疾人权益。2018年，县残联做好“12385”残疾人服务热线和残联网上信访，全年开展2次重点对象大排查大调处活动，未出现重大信访事件，无残疾人到市去省进京访；接待残疾人来访81人次，回复“12345”热线5件、残联网站信访1件。建立经常性法律援助救助机制，受理援助15人次。开展2018年度残疾人家庭收入状况监测工作，对常山5个乡镇（街道）的267户残疾人家庭收入状况进行调查，配合调查队做好样本排摸、入户预约等相关调查工作。做好“残疾人基本服务状况和需求信息数据动态更新”信息管理系统培训，完成动态更新工作任务，信息采集入户率为100%，移动终端APP信息输入率达94%以上，按要求做好上报。加强对残疾人证管理，规范做好残疾评定和残疾人证核发管理工作。

加强残联队伍建设。在2018年市、县人大政协换届选举中，2名残疾人当选为市人大代表，1名残疾人工作者当选为县人大代表、2名当选为县政协委员；乡镇（街道）残联及时配备专职理事长，残疾人专职委员纳入乡镇（街道）“四个平台”管理考核。加强社区康复人才培训。深化“能力提升年”活动，举办全县村（社区）189名残疾人专职委员培训班。中介公司与全县14个乡镇（街道）、189个村（社区）残疾人专职委员签订劳动合同，实现乡镇（街道）、村（社区）残疾人专职委员全覆盖，并落实相应工资待遇。组织全县残联理事长、专职委员在县委党校开展为期3天的培训班。推进专门协会建设，改进残疾人专门协会工作保障制度，落实相关经费，不断加强协会工作。加强志愿助残品牌建设，创建“当好‘康复服务零距离’店小二”志愿助残品牌，机关党员做好上门康复服务，年内开展服务14次，为70余位残疾人提供服务。

【浙江省残疾人康复工作会议在常山召开】 2018年4月25—26日，2018年度全省残疾人康复工作会议暨社区精准康复试点现场会在常山召开，共160余人参加。与会人员实地走访参观白石镇、天马街道、紫港街道三家残疾人社区康复站，并开展座谈会总结部署残疾人康复工作。有关专家作基层公共卫生和医疗服务、社区康复、儿童康复机构规范化建设和管理相关政策解读及培训。省残联有关负责人对近年来残疾人重点康复政策等进行解读，对精准康复数据录入做了要求。常山作为残疾人“阳光康护·家庭病床”工作的试点县，经验做法受到与会领导的高度肯定。2016—2018年，常山县累计为500多户“家庭病床”精准康复服务对象提供服务。

【在衢州市首创“一证通享”助残服务】 2018年4月27日，县残联举行“最多跑一次”推进会暨“无差别受理”培训会，下发《关于明确县残联民生服务事项受理和承办的通知》和《县残联“最多跑一次”服务事项清单》。梳理、鉴别群众和企业到残联办事事项范围，形成16个事项“一件事”总清单，其中高频事项4件。5月2日，安排两名年轻干部入驻县行政服务中心，做好“无差别受理”窗口服务和大数据共享交换工作。6月5日，出台《关于做好“一证通享”助残服务的通知》，在全市首创“一证通享”助残服务，推行乡镇（街道）、村（社区）残疾人专职委员帮办代办制度。截至年底，共减少残疾人“跑腿”4200多人次，其中新办理残疾人证的427人已全部实现“零跑腿”享受服务。对107名行动不便、偏远山区疑似对象及80周岁以上老年人开展上门鉴定服务18次。

【林芳仙当选中残联七代会代表】 2018年9月14日，白石镇草坪村听力残疾人林芳仙，作为衢州市唯一一名当选的基层残疾人代表，参加在北京举行的中国残疾人联合会第七次全国代表大会。出生于1971年的林芳仙，2008年当选为白石镇白马弄村党支部书记，带领村民脱贫致富、帮助残疾人兄弟姐妹走上共同富裕的道路。创办芳仙来料加工厂，有在职员工50余人，其中残疾人10余人，年产值500多万元。她是常山县优秀共产党员、衢州市人大代表。

【“两个中心”引入社会资本租赁运营】 2018年3月，县残疾人集中托养服务中心（常山县安康养老院）、康复指导中心（常山安康医院）引入社会资本租赁运营，通过公开招标形式，租赁给常山第三医院，以政府购买服务的性质与常山第三医院达成合作。考虑到医院前期运营成本太大，资金上存在困难，经报县政府批准，免收前5年场地使用费，以保证企业正常运转，“两个中心”年底前已投入使用。

【危旧房改造】 2018年，县残联全面完成2018年度省级慈善助残危房工作，全县有22户D级危房残疾人享受危房改造补助，投入资金118.64万元；完成市级残疾人危旧房改造项目，20户C级残疾人享受该政策，按照新建每户3万元，修缮每户1万元的标准，投入资金40万元；20户残疾人享受县级残疾人危旧房改造项目，按照每户0.5万元标准，投入资金9.1万元。全年危旧房改造项目覆盖62户残疾人，投入资金167.74万元。在改造过程中，坚持“质量第一”原则，严把“人、财、物”三关，完善水、电、灶等配套设施，确保工程进度和质量安全，让农村困难残疾人住上“安全房”。

【无障碍设施改造】 2018年，县残联为123户困难残疾人家庭进行无障碍设施改造；服务4家机构无障碍设施改造。完成2017年度金川街道赵家坪社区省级无障碍社区创建任务，并通过验收考核。紫港街道紫港社区申报创建省级残疾人无障碍社区。

（王诚 蔡卿）

常山县红十字会

【概况】 2018年，常山县红十字会（以下简称“县红十字会”）弘扬“人道、博爱、奉献”的红十字精神，围绕解决弱势群体最关心、最直接、最突出的问题，在组织建设、救灾救助、生命关爱、救护培训以及人体器官捐献等方面取得较好的成绩。外引内联，突出项目建设。参与开展养老试点工作，筹资3万元在10家养老机构试点开设“红十字服务站”。开展“千企结千村”工作，接受浙能集团4家下属单位近1500万元的定向捐赠，为结对企业节约资金近500万元，支持消薄工作。争取“康心基金”补助4人，获助资金9.2万元。开展“母婴平安”项目，主要对贫困外来务工孕产妇进行救助，年内补助资金9.44万元，救助外来贫困孕产妇35人。开展应急救援工作，常山县红十字应急救援队全年参加各类活动75次，完成众多赛事保障和应急救援活动，多次救援行为被央视、东方卫视等报道。2018年，新增2例器官捐献；加大造血干细胞宣传力度，采集造血干细胞血样20人份。参与所包村天马街道蒲塘村的“五水共治、共建生态家园”行动，党员干部结对困难户，经常性上门走访慰问。通过包村活动，宣传红十字精神，密切党群、干群关系。

【博爱送万家活动开展】 2018年，县红十字会元旦、春节期间开展博爱送万家活动，筹集款物18万余元，为常山县200余户因灾、因病等困难家庭送去慰问款物和新春祝福。其中，市红十字会慰问40户，款物价值3.2万元。

【救护培训“五进”活动深入开展】 2018年，县红十字会推进生命关爱工作，深入开展救护培训“五进”（即进机关、农村、社区、学校、企业）活动。全年完成救护员取证培训1976人次，救护知识普及培训1万多人次。巩固学校红十字组织，实现学校建会率100%。联合县教育局全面启动中小学救护知识普及工作，协助全县21所中小学组织开展“安全课上学急救”活动，增强受训学生应急避险的意识，提高自救互救能力。

（许和俊）

法　治

政法委及综治

【概况】　2018年，常山县委政法委贯彻落实中央、省、市关于平安建设和基层治理的一系列决策部署，紧扣打造“中国基层治理最优城市”工作主线和“争先进位补短板、十四连冠创特色”工作目标，实现省级平安县创建“十四连冠”。把“维护稳定”作为底线要求，“陈尸”顽疾破解有效，涉军群体稳控化解受到省、市领导的高度肯定，重大活动节点期间实现绝对安全稳定。把“基层治理”作为战略支撑，“主”字型架构不断健全，组团联村“一日三签”“诚信体系建设”“三夜制度”（即“夜学”提能力、“夜访”找症结、“夜议”开方子）等做法获市委书记徐文光充分肯定。把“护航中心”作为核心要义，主动服务大平台、大产业、大项目、大企业建设，政法保障“打造最优营商环境城市”作用得到进一步显现。把“服务民生”作为最大追求，全年刑事案件比上年下降7.2%，侵财类案件发案数下降8.5%，消防安全事故零死亡，在全国首创公安业务融入基层治理“四平台”，该做法得到省委书记车俊的批示肯定。

强化党政“一把手”负总责，落实县委常委会双月听取平安建设工作情况制度，县、乡、村三级层层签订责任书，创新实施能定责、可追责的个性化考核机制。压实网格员责任，2018年累计发动6.7万名群众参与省“平安三率”（即知晓率、参与率、满意率）问卷调查，占常住人口数比例的26.86%。推进“雪亮工程”建设，累计新增点位3531路。壮大平安志愿者队伍，持续开展城区义务巡防工作，推进重点行业领域实名制全覆盖，解决群众反映强烈的突出治安问题，全县有效刑事治安警情明显下降，街面“两抢”（即抢劫、抢夺）案件零发生。依托在线矛盾纠纷多元化解平台，建立“1+3+X”弹性受理机制，搭建“217个人民调解组织680名调解员”组织网络，累计受理矛盾纠纷7919件，调解成功率98%，防止民转刑案件5件、群体性上访17件。落实月度暗访检查和研判分析制度，重点针对省、市交办问题进行“回头看”，全年省、市平安办明察暗访反馈53个问题（场所），整改完成率达100%。开展省级挂牌毒品问题专项整治，铺开全省禁毒示范县创建工作，并于12月13日通过省验收。做精做细“10·16”专案，侦办成效获省长袁家军高度肯定。聚焦“陈尸”难题，坚持专班化推进、个性化处置、清单化落实，12具陈尸已完成处置7具。

梳理交办56件信访积案，建立县级领

导一线接访、一线破难、一线督导、一线关爱的“四个一”工作机制，累计化解32件，其中国家、省信访局交办的4件已全部化解，其余均已落实稳控措施。突出抓好涉众型经济犯罪，全年受理经济类案件28起，立案15起，其中涉众型经济犯罪发案4起。累计开展重大决策社会稳定风险评估项目45项，未发生涉稳问题。成立全县涉军群体工作专班，制定《任务和责任清单》，创新实施“工作十法”（即促就业、落原籍、抓培训、助就医、帮入学、进组织、享住房、解纠纷、保权益、竞村委），全县涉军群体保持总体稳定，相关做法在省委维稳办、省信访局简报上刊发。实体化运作工作专班，落实“7+X”情报信息会商研判、涉稳情报信息“零报告”、值班备勤、应急联动、重点人员疏导稳控等系列工作机制，实现各级“两会”、上海进博会等重大敏感会议期间绝对稳定，完成第二届常山国际赏石文化节、首届常山人发展大会等县域范围内大型活动安保任务50余场次。推进扫黑除恶专项斗争，打击一批涉黑涉恶违法犯罪活动。严管基层组织干部，累计评定“黄色”及“灰色”村（社）干部93人，给予组织处理及纪律处分24人；累计评定整顿软弱后进基层党组织15个，基层组织基础得到进一步夯实。

落实“周二无会日”组团联村制，2018年，全县选派964名干部参与组团联村工作。创新开展钉钉“一日三签”，全面推行“网格问效”制度，实行周入网格问诉求、月进会场问对策、季内落实问成效、年度考评问指数，实现网格内90%以上的问题能够得到及时解决。构建“一统三进五通”（“一统”即党建统领基层治理；“三进”即机关党组织进小区、机关党员干部进小区、职能部门进小区；“五通”即通过健全组织体系、完善运行机制，实现物业三方协作配合畅通、党员工作奉献双向打通、部门职能延伸小区畅通、居民主体作用发挥疏通、小区治理智慧应用贯通。）红色物业联盟工作体系，创新实施“楼长制”，108个机关党组织与46个网格103个小区长期结对，1150名党员担任楼长，职能部门进驻“组团联社”，为有效解决社区治理难题提供常山样本。统一建设标准、明确工作职责、健全运转机制，完善群众接待窗口、矛盾纠纷调解室、心理咨询室、综合信息指挥室等功能布局，整合“四平台”、“12345”平台、综治视联网、移动高清天眼、公安“天网”等系统，全面完成乡镇（街道）综治工作中心标准化建设，累计处置事件106826件。打造并推广应用“慢城百事通”，对接“四平台”、浙江政务服务网等系统，汇集全县11个部门、15个系统数据，完善民生服务功能，构建集成化、共享性的“大数据”系统，实现事件数据和事项办事的互通。

【常山社会治安重点地区突出问题完成摘牌】 2018年，常山县因“10·16”非法生产易制毒物品案件分别被省、市综治委列为全省、全市社会治安重点地区突出问题挂牌整治对象，常山县委、县政府高度重视，县委书记叶美峰在县综治办《工作专报》（第一期）上作出批示，县政府常务会议分别于4月、8月、9月三次专题听取禁毒工作汇报，全方位解决禁毒工作人、财、物等方面存在的困难。9月29日，常山县召开有史以来规模最大、规格最高的全县禁毒工作会议，明确提出“一年摘帽、两年提升、三年示范”的工作目标。11月2日，通过省级社会治安重点地区挂牌整治预验收暨市级社会治安重点地区挂牌整治验收；12 月 18—19 日，省验收组到常山进行验收；12 月 29 日，省委政法委下发《关于对常山县等地社会治安重点地区突出问题予以摘牌的通知》，常山县正式完成摘牌工作。

【党建统领基层治理】 2018 年，县委政法委贯彻落实市委基层治理战略任务，以总结提升推广枫桥经验“六大工程”（即全科网格规范提升工程，自治、法治、德治“三治融合”基层社会治理体系建设推广工程，社会组织参与社会治理规范提升工程，“互联网 +”社会治理深化提升工程，社会心理服务体系建设推广工程，流动人口服务管理提升工程）为抓手，着力打造基层治理模式和示范样本，夯实基层基础，做好人民群众当家做“主”文章。常山县全面完成“全科网格”规范化建设，城乡社区社会组织备案 1660 个，创建“三治融合”（即自治、法治、德治）示范村（社区）27 个，实现县级、乡镇（街道）、村级心理咨询机构全覆盖，涌现出诚信体系建设、“家文化”等具有“慢城”特色的基层治理品牌。常山县社会心理服务工作相关做法入选《新时代“枫桥经验”实践 100 例》。

【政法机关一体化办案系统启用】 2018 年，县委政法委为推广政法机关一体化办案系统应用，先后 2 次牵头召开专项工作推进会，明确总体目标、实施步骤、工作要求，清单化明确政法各部门工作任务；成立以县委副书记、政法委书记为组长的领导小组，由县委政法委分管副书记具体抓协调，检察院牵头抓落实，政法各部门分别指定专人负责。专项列支 40 余万元经费，集中采购高速扫描仪等配套设备，并组织政法干部参加业务培训。8 月 16 日，一体化办案系统正式启用。

【一体化办案系统推广及信访化解专项督查】 2018 年 11 月 15 日，县委政法委下发《关于对政法机关一体化办案系统应用推广暨涉法涉诉信访积案化解工作专项督查的通知》，决定开展专项督查。成立常山县政法机关一体化办案系统应用推广暨涉法涉诉信访积案化解专项督查组。11 月 19 日，专项督查组分赴县公安局、县检察院、县法院、县司法局开展督查。督查采取听取介绍、现场查看与集中反馈相结合的方式，被督查单位围绕考核要求，汇报相关工作开展情况，督查组现场进行查看核实。督查结束后，督查组全体成员到县委政法委 4 楼会议室，对督查情况进行集中反馈。

（邱 俊）

法治政府建设

【概况】 2018 年，县政府法制机构全面推行行政规范性文件“三统一”工作，县政府、各乡镇（街道）、各部门对涉及广大公民权利、义务、社会公共利益以及技术规范的行政规范性文件，实行公开征求意见和专家论证制度。推进规范性文件合法性审查制度化、规范化建设，加大合法性审查力度。全年以县政府名义制发行政规范性文件 17 件。乡镇（街道）、部门出台的行政规范性文件均向县政府报送备案，县政府出台的行政规范性文件，按规定及时报送县人大常委会和市政府备案。组织涉及著名商标、企业、知识产权、发改等行政规范性文件专项清理。参与衢州市《衢州市电梯安全条例》《衢州市餐厨垃圾管理条例》《衢州市禁止销售燃放烟花爆竹管理规定》等立法草案征求意见会议，反馈有关立法草案意见建议10余条。开展证明事项清理工作。

【行政复议和行政应诉】 2018年，县政府法制机构贯彻落实《中华人民共和国行政复议法》和国务院《行政复议法实施条例》，加强行政复议工作。依法受理行政复议申请，保障行政相对人的救济权，受理行政复议案件30件，其中，不予受理2件、经调解撤回2件、维持7件、撤销2件、驳回复议请求6件、确认违法5件、责令履行3件、在审理中3件。坚持依法受理行政复议申请，没有出现应受理而不受理的情况；健全完善行政复议工作机制和制度，执行听证制度，依法审理行政复议案件；坚持采取协调和调解等途径解决行政争议，做到案结事了，维护行政相对人合法权益。

【行政执法监督指导】 2018年，县政府法制机构发挥行政执法例会的平台作用，对行政强制措施、行政强制执行、房屋征收补偿、违法建筑处理、环保整治等进行指导。加强重大行政行为备案审查工作。贯彻落实浙江省行政强制常用执法文书参考样式和重大行政强制案件备案制度。加强行政执法案卷评查工作，对行政执法单位的行政许可、一般程序行政处罚和行政强制案卷进行评查。开展行政执法主体确认工作。贯彻落实重大行政执法决定法制审核、行政执法全过程记录、行政程序办法等工作，加强行政合同的管理。完成2018年执法证培训考试申领工作；完成证件到期及跨区换证、年审等工作。推进行政处罚全过程网上公开。丰富县政府行政执法特邀监督员工作形式，组织监督员参加业务培训、参与案卷评查、诉讼案件协调、上法制课、法庭旁听等。遵照落实行政执法责任制工作的要求，探索深化行政执法责任制的工作机制，完善和落实相应的配套制度，调整行政执法责任制的相关内容，修订和完善行政执法责任制的实施方案，行政执法责任制实施情况良好。加强司法建议处理和反馈工作，司法建议、检察建议的反馈率和整改率均达到100%。县政府增加1家法律顾问单位，完善政府法律顾问考核评价机制，发挥顾问作用。

【行政争议预防化解】 2018年，县政府法制机构深化完善行政调解工作机制。发挥10个专业委员会的设置，加强行政调解规范化建设。完善行政争议预防化解机制。全面实施《政府与法院共同预防化解行政争议工作机制》，召开府院联席会议，加强行政复议、行政诉讼、行政执法的良性互动，形成行政和司法预防化解行政争议的合力。完善行政执法与刑事司法互动机制。加强行政执法与刑事司法信息共享平台建设，行政执法与刑事司法互动机制全面形成。完善执法投诉举报处理机制。完善行政执法投诉举报制度，及时处理公民、法人和其他组织投诉举报案件，依法保护行政相对人合法权益，维护社会稳定。

【依法行政业务培训和法律服务】 2018年，县政府法制机构举办依法行政研讨班，针对政府信息公开、土地征收、房屋拆迁、诉讼应对等实际问题对行政执法人员进行针对性的培训。完善行政机关领导干部和工作人员学法制度，提高他们依法行政的意识和能力。开展县政府常务会议学法工作，开展学习4次。做好法制服务工作，在“一户多宅”整治、危旧房改造、PPP项目、产业基金、国土审价、信访复查等方面，为县委、县政府作出决策提供法律意见。

（何欣欣）

公 安

【概况】 2018年，常山县公安局（以下简称“县公安局”）推动城市安全、社会安定、群众安心，提升维稳驾驭力、治安控制力、基础管控力、执法公信力和队伍执行力，为打造“全国治安首善之地”、建设“特富美安慢城大花园”创造安全稳定的社会环境、公平正义的法治环境和优质高效的服务环境。是年，县公安局获国家级荣誉1个、省级荣誉11个、市级荣誉65个，获扫黑除恶专项斗争绩效全市第一、2018年度政府工作目标考核一等奖，被县委、县政府荣记集体三等功。

【全国首创公安业务全面融入基层治理“四个平台”】 2018年，县公安局全国首创将公安基础业务工作全面融入到当地各乡镇（街道）的“四个平台”当中，8个基层公安派出所的户籍窗口全部撤除，通过简化办事流程，48项业务办理时限提速100%以上，推动乡镇（街道）37项业务提速200%以上，实行“一个窗口受理，一个窗口对外”，实现公安与党政部门窗口相互服务，信息实时流转，经验共同分享，解决群众办事“多头跑”问题，达到“一地一窗”服务。该做法获省委书记车俊、常务副省冯飞长、副省长王双全、副市长王顺大等各级领导的批示肯定。县公安局被推荐代表衢州市参加省公安厅新时代“枫桥经验”考核验收，并获高度肯定。县公安局城关派出所获评全省公安机关“枫桥式”派出所。

【公安服务“最多跑一次”改革走在全省前列】 2018年，县公安局在全市率先推出“批管分离”行政审批制度改革，会同县住建局、县交通局、县综合执法局等部门探索“1+N”跨部门视频会商机制，实现任意窗口都能跨部门事项“一窗办结”。在全省率先获取“智慧警眼”系统权限，所有公安窗口刷脸全覆盖，53项业务“无证办理”，57%业务“刷脸即办”。将6大警种171个事项整合归口行政审批科，实现“无差别办理”，窗口数量增加75%，业务事项扩大125%。将公安服务延伸至全县180个行政村和8个社区，107项公安业务实现代收代办。全年，梳理县公安局“最多跑一次”事项208项，让群众办事少跑路程10万余千米，为群众办理业务2.5万余件。改革举措被《浙江日报》等主流媒体专题报道，40余批次兄弟单位到常山考察交流。招贤镇便民服务中心公安窗口获全省“2018年度人口管理服务最具‘匠心’基层单位”称号，专项改革综合测评成绩全市名列前茅。

【完成“爱丽莎”杯浙江国际皮划艇精英赛安保】 2018年5月26—31日，2018“爱丽莎”杯浙江国际皮划艇精英赛暨全省青少年皮划艇（赛艇）锦标赛在常山县举行，全国各地400多名选手参赛，4万多人次皮划艇爱好者和群众到现场观摩比赛。县公安局成立由局长为总指挥、政委为副指挥的现场指挥部，制定周密的安保方案，抽调400多名警力会同机关各单位、乡镇街道干部、民兵水上应急分队、红十字救援队等安保力量，完成“爱丽莎”杯浙江国际皮划艇精英赛安保工作。县公安局龙舟队参加活动开幕式表演。

县公安局抽调400余名警力完成2018“爱丽莎”杯浙江国际皮划艇精英赛暨全省青少年皮划艇（赛艇）锦标赛的安保工作

（县公安局 供图）

【“1+3+X”整合资源创新调解机制】 2018年8月起，县公安局在警调衔接的基础上，整合综治、司法等部门，在各乡镇街道探索建立大联调中心，落实乡镇、村两级矛盾纠纷排查化解机制，实现群众矛盾调解“最多跑一次、跑一处”。围绕“无信访积案县”目标，有效整合各类调解资源，创新建立县、乡、村三级架构的“1+3+X”（即县级层面成立的信访矛盾人民调解委员会，“1”是分管县领导，“3”是公安局、司法局、信访局3个部门领导，“X”是涉及人民调解参与信访矛盾化解具体事项的县级机关各事权部门、各乡镇、街道主要领导；村级层面成立信访矛盾调解小组，“1”是村两委主职干部，“3”是村调解主任、村治保主任、村调解员，“X”是乡镇街道分管片长、驻村干部、法律顾问、村民小组长、网格员等。）人民调解参与信访矛盾化解机制，化解一批党委政府关注、群众反映强烈的信访积案。通过联调联处工作方式，为群众调解矛盾纠纷1000多起。

【严格落实中国山地自行车总决赛安保工作】 2018年11月24—25日，2018年中国山地自行车公开赛总决赛（常山站）在常山县自行车公园举行，来自全国1000多名选手参加，活动吸引新闻媒体记者、自行车运动爱好者、观众等1万多人到场观看。县公安局按照安保实施方案，精心部署，严格落实比赛现场、外围管控、交通保障等安保工作，抽调200多名警力，会同全县各相关单位和街道干部等社会力量参加安保执勤。全体民警、辅警提前到岗，主动作为，文明执勤，完成2018年中国山地自行车公开赛总决赛安保工作。

【禁毒工作“摘牌＋示范”成效显著】 2018年，县公安局围绕2017年全省禁毒工作考核评估中被通报的问题，围绕“最高标准保障、最大力度整改、最严措施管控、最广宣传覆盖”目标要求，召开全县有史以来规模最大、规格最高的禁毒工作会议，铺开“全省禁毒示范县”创建活动。强化部门联动、堵源截流，依托“周二下村日”“楼长制”等政府主导项目，多渠道、全领域展开针对性禁毒预防教育宣传。年内禁毒工作整体指标完成情况位居全市前列，新滋生吸毒人员上升幅度明显下降，查获吸毒人员136人次，核查易制毒化学品企业146家，查处非法种植毒品原植物案件20起，铲除罂粟1164株，发放禁毒倡议书3万余份。侦办的“10·16”专案获省长袁家军的高度肯定。

【安全有序完成衢州市未成年在押人员转押接收工作】 2018年11月15日，根据衢州市公安局统一部署，全市未成年在押人员集中转押至常山县看守所羁押。为确保此次集中转押接收工作安全有序进行，常山县公安局制定工作方案，组织县看守所、特巡警大队、交警大队、武警等部门警力全力投入，全体参战人员按照既定部署，依法依规对转押未成年在押人员进行收押登记、人身检查、物品检查、财物交接、监室安排等工作。

【扫黑除恶综合绩效位列全市八个县市区局第一】 2018年，县公安局把扫黑除恶专项斗争作为一项重要政治任务，按照中央、省委、市委和上级公安机关的具体部署，围绕“有黑扫黑、有恶除恶、有乱治乱”总体要求，全警动员，推进扫黑除恶专项斗争。破获省扫黑办挂牌督办的“3·12”专案，是衢州历史上第一个直接以黑社会性质组织犯罪立案侦办案件，16名主要犯罪嫌疑人是衢州公安历史上第一次以刑法二百九十四条被移送起诉。其间，全县累计抓获十类涉黑涉恶犯罪嫌疑人157人，破获十类涉黑涉恶案件120余起，破获省扫黑办挂牌督办的有组织犯罪案件1起，查封、扣押非法资产1260余万元。

【“树正气、打歪风”专项行动持续推进】 2018年，县公安局围绕重点工作、重点项目推进，全方位、全要素护航保障，组织召开护航发展誓师大会，在全市率先喊响优化营商环境“十项承诺”和“十个严禁”。持续推进“树正气、打歪风”专项行动，侦破阻扰项目推进、阻碍法院执行的“4·9”案件，这项行动获副省长、公安厅厅长王双全，副市长、公安局局长王顺大的肯定。为优化营商环境，建立重大风险隐患领导包案化解机制，开展社会稳定风险评估和专案经营，落实进京非正常上访工作机制，全年稳控各类重点人员205人，妥善处置各类敏感事件26起，教育训诫50余人次，全县未发生规模性非法聚集事件，相关工作得到叶美峰书记等县主要领导多次批示肯定。

【在全市率先组建县级公安机关反恐突击队和PTU机动队】 2018年，县公安局立足“快速反应、行动迅猛、技能精湛、打击精准”的专业定位，组建全市首支县级公安机关反恐突击队“龙剑突击队”，应对全县范围内的各类突发性事件快速处置。同时，在全市率先启动县级城区治安防控机动队（PTU），24小时全天候对主城区、城东新区进行不间断武装巡控工作，最大限度提升对涉恐涉暴等各类重大突发性案（事）件的快速反应和先期处置能力，确保重点区域、人员密集区域治安稳定。其间，主城区刑事发案比上年下降9.3%，县公安局反恐突击队在全市特警业务比武中取得团体第二、全市警务实战技能比武特巡警工作模块第一，全市警犬技能比武第二的优异成绩。

12月25日，常山县冬季大防控暨城区治安防控机动队（PTU）启动仪式举行

（县公安局 供图）

【全县涉军群体管控总体平稳】 2018年，县公安局在涉军群体管控工作中，健全完善应急处置机制，搭建二部十一组体系架构，明确分工，凝聚合力，压实涉事属地乡镇（街道）参与劝返处置责任，有效预防处置人员

失联失控、聚集串联等情况。会同县维稳办、民政、司法、信访、属地乡镇联合组建工作专班，专人专案推进，分类精准管理，全面摸排本地涉军群体，对10名重点对象实时掌握动态，落实管控责任。对2名多次赴省进京的重点对象开展集中教育训诫并成功转化。全县涉军群体总体平稳，没有发生本地聚集和到外地声援的情况。

【率先在全市出台基层基础标准化清单】 2018年，县公安局在全市率先出台基层基础标准化清单。公安基层基础工作纳入社会管理和综合治理的范畴中一体推进，梳理总结出6大类98项具体项目，对派出所民警基层基础工作中所需办理的所有的工作标准、时间要求、责任单位、系统录入进行清单式归类划分，汇编成内部版、社会版基层基础标准化清单并予以下发，让基层民警干什么、怎么干按图索骥、一目了然。此举受到副市长、公安局长王顺大等领导赞誉。

【关爱民（辅）警“四个一”铁纪出台】 2018年，县公安局将维权工作摆在关心关爱民（辅）警最重要位置，强化部门牵头协调作用，建立健全目标管理和考评机制，提高现场执法维权率，出台“四个一”铁纪纳入纪委监督内容，维护民（辅）警执法权威，健全慰问救济制度，为受伤民警开辟医疗“绿色通道”，为遭受不实投诉民警及时提供心理辅导和精神安抚，坚决维护民（辅）警执法权威。累计查处各类侵犯民（辅）警执法权益案件19起，其中刑事案件8起，治安案件11起，从严从重依法打击21人，发放慰问金10500元。

△**四个一**，即辱警、袭警公安机关一律顶高线、按高格严肃依法查处；分管副局长第一时间到场；督察部门第一时间到场查处维权；民（辅）警所在科室一律全力慰问。

【货车超载超限整治】 2018年，县公安局借助全县道路安全治理工作平台，打好“三大战役”（即积极融合，打好组织保障战；严格执法，打好整治攻坚战；强化引导，打好宣传主动战），强力推进货车超载超限治理工作，对治超专项攻坚行动开展社会稳定专项风险评估。牵头组建公安交警、交通路政、矿管办、乡镇、农业农机等部门组成的联合执法工作小组，在省级卡点固定治超点、辉埠镇等临时治超点开展联合执法，坚持“零容忍”，做到非法改装车辆立查立扣，不整改不放行。建设举报快速查处机制，形成“政府治超、重拳治超、全民治超”强大声势。全年投入执法力量1920人次、警用车辆480辆，排摸掌握全县营运货车辆3290辆，需切割违法改装货车800辆左右，查处货车超载超限违法行为337起，其中处罚超载70起、超限186起、切割非法改装车81辆，签订责任书130份。

【“护校安园”专项行动】 2018年，县公安局紧扣“护校安园”专项行动要求，筑牢校园安全“四面防护墙”（即治安防护墙、隐患整改防护墙、法制安全防护墙、校园自身防护墙），通过严格落实“护学岗”制度，依托社区民警、特巡警等力量，确保上放学重点时段安保无死角。通过实地检查登记校园内部监控室、“一键式”报警系统、八小件装备、校园警务室等建设情况，确保校园技防设施全覆盖，将全县中小学学校技防设施均接入指挥中心，依托校园联网监控和天网系统24小时无间断“空中巡查”，与路面巡逻力量形成“人网互动”，实现监控全覆盖、巡防无缝隙，净化校园内部及周边治安环境。全年排查各类隐患27处，全部限时整改到位。开展校园安全教育专题讲座16场，增强学校、学生的法制意识和安全意识，为全县校园安全保驾护航。

【网格警务模式新探索】 2018年，县公安局在融入乡镇“四个平台”的背景下，科学谋划警务网格平台，将“网格警务”作为夯实基层基础和治安防控建设的主要突破点，成立由县公安局各部门精干警力组成的工作专班，并将网格警务工作分解为三大块、21项，在全局范围内开展考核、排名。为有效促进警务综合联动，抽调专人参与常山“百事通”APP的研发，设置公安业务模块，将全县各部门业务数据进行整合，实现数据自动提取、多部门共享。建立“所长—副所长—民警—辅警—企业内保人员”的网格层级架构，每位网格民警、辅警联系5～10家企业，按照“五个一”工作清单落实管理服务举措，形成网格警务特色，进一步推进基层基础警务治理新格局。全年，全县共设置警务网格164个、网格民警84人、网格辅警162人，实现县域内全覆盖。

【护航危旧房治理改造工作】 2018年，县公安局在危旧房治理改造护航工作中，成立由局长挂帅、县公安局相关部门一把手为成员的工作专班，抽调精干警力、技术骨干全程参与，实行24小时不间断涉常舆情巡控机制，确保信息侦防、实地巡控、教育约谈、违法打处等工作顺利有序。针对危旧房改造引发的涉访矛盾，县公安局联合县信访局、县司法局、街道等多个部门，发挥公职人员、民警、律师等多方力量联合调解的作用，确保矛盾化解成功、化解到位。结合交通道路综合整治，助力危旧房拆除空地改造，73幢危旧房空地大部分改造为临时停车场，增设700余个公共停车位，为开展危旧房改造工作提供有力保障。其间，妥善化解26起矛盾纠纷，约谈重点人员40余人次，走访危旧房业主200家，打击处理4人次，未发生危旧房业主非访非诉情况。

【开展涉网犯罪歼灭战】 2018年，县公安局在开展涉网犯罪歼灭战中，围绕省公安厅“净网2018”行动总体要求，以打击网络犯罪、营造县域优良网络舆论环境为总体目标，精选出全局各实战部门精干力量为网警特派员，发挥实战单位深入社会面的触角优势，并以考核为导向调动网警特派员发掘涉网案件线索的积极性。通过集成打击、强化防范、宣传渲染等一系列组合拳，多管齐下，纵深推进，成效显著。其间，发现上报涉稳舆情信息160余条，整改各类问题隐患130余个，检查网吧200多次，摸排涉网案件线索36条，办理各类案件13起，抓获涉网违法犯罪嫌疑人39名。办理省厅督办侵犯公民个人信息案1起，世界杯网络赌球案件1起。开展打击涉网犯罪宣传活动11次，发放宣传资料1.2万多份。

【创新“拘调衔接”工作机制】 2018年，县公安局聚焦监管场所“规范执法、创新管理、化解矛盾”三项重点工作，围绕“慢城首善 安实至上”中心任务，创新“拘调衔接”机制，与县人民法院协作配合，挂牌成立“社会矛盾化解工作室”，以特有的创新调解模式，总结出一问二排三评四解五结“五步工作法”（“一问”即收拘必问清情况，“二排”即日常排查和有针对性排查，“三评”即由“所院工作专班”共同评估矛盾化解工作难易程度，“四解”即化解矛盾，“五结”即落实回访机制，做到“案结事了”）。通过“五步工作法”，创新“拘调衔接”工作机制，形成化解基层社会矛盾常拘版“枫桥经验”。其间，成功化解矛盾纠纷62起，司法拘留化解57起，累计达成经济赔偿600多万元。4篇矛盾化解案例作为典型案例被采用，其中《院所联动共化解 七年旧案终执结》被评为2017年度全省监管系统社会矛盾化解十佳案例，监所实现连续13年无安全事故。

【基本型“智慧监所”建设初步完成】 2018年，常山看守所成为市公安局首批确定的基本型“智慧监所”建设试点单位，县公安局在重视“智慧监所”建设的基础上，把它作为2018年一项重点项目，专门成立领导小组，制订相关工作方案，明确责任分工，落实项目责任制。为确保“智慧监所”建设推进，对监所内视频监控系统、防脱逃系统、监区电教化系统、监室智能终端、家属网上预约会见系统进行全面改造，完成基本技防装备、高清视频监控、配备执法记录仪等建设。智慧型监所基本型项目改造初步建设完成。

【以“警调衔接”化解各类矛盾纠纷】 2018年，县公安局以“警调衔接”机制为基础，以窗口进驻为契机，在乡镇平台内建立警情信息指挥室，助推进驻民警从“信息交接员”向“网格指挥长”角色转变。建立乡镇民间纠纷联合调处中心，对无法当场调处的矛盾纠纷，乡镇、农村两级联动，会同县法院、县司法局、县维稳办、县综治办、县信访局、乡镇街道六大部门，进行联合调解，提高疑难纠纷处置效率，实现“小事不出村，大事不出镇”最终目标。全年通过网格员和党员当场调解的纠纷约1000多起，民警和网格员在村内即解决的纠纷约400起，减轻民警调解基层纠纷警情的进度。

【首创推行“异地商会代办”机制】 2018年，县公安局针对常山外出务工大县的特点，主动延伸服务触角，协同县工商联与在衢州市外的常山籍商会对接，8月在全省首创推出“异地商会代办”机制，通过与杭州、上海等14个常山籍经商务工人员较密的常山籍商会的合作，设立公安业务代办点，确定一名代办员，负责组建商会代办联络群。经过对这些商会代办员的培训，协助代办或委托代办107项公安业务。通过“异地商会代办”机制，在外经商务工的常山籍人员如需办理户籍、出入境、交管等公安业务，由商会代办员协助进行异地快速办理。其间，县公安局为远在他乡的常山群众办理各类公安业务50余件，回访满意率达100%。

【“所队合一”助推农村交通安全】 2018年，县公安局推行“所队合一”警务工作新模式，围绕“事故少、秩序少、群众满意”的农村道路管理工作目标，探索“所队合一”警务工作新模式，助推农村道路交通安全。“所队合一”，即将交警中队的各项业务全部分解到派出所，由交警负责业务指导和考核，派出所负责任务落实，盘活警力资源，提升工作效能，做好路面管控。派出所和交警中队共同进行常态化查处酒驾、无证驾驶、超员、超载、违法载人等行为，并对农村面包车、接送学生车辆、农用车为重点教育劝导对象，减少危险驾驶的行为发生，确保农村道路交通安全。

【探索推行“一村一警·驻村联勤”警务新模式】 2018年，县公安局大桥头派出所按照基层基础和治安防控建设活动的总体部署，推出“一村一警·驻村联勤”警务工作新模式。全警扎根基层，形成警力全下沉、工作无缝隙、管理无漏洞、服务零距离的农村警务新格局。根据各个村情复杂程度，将每个行政村划分成2～4个小网格，选配56名网格员，形成“网格总警长—网格警长—网格警察—网格员”为基本框架的“四层三级”体系架构。网格员协助网格警察，开展信息收集、隐患排查、纠纷调处等工作，提升社会综合治理能力。“一村一警·驻村联勤”警务模式，让当地群众享受到真正的实惠，被《人民公安报》《浙江法制报》等多家国家、省、市级媒体专题报道。其间，走访农户1000多户，排查化解各类矛盾纠纷52起，消除火险隐患35处，为易走失人群发放佩戴“黄手链”35条，解决实际问题52件，发放交通安全宣传手册5000多份。

（王宏军　鄢晓刚）

消　防

【概况】　2018年，常山县消防大队（以下简称“县消防大队”）配备行政车辆2辆、执勤车辆6辆、战勤保障车2辆；有干部8人、消防员15人，合同制人员7人，文职人员10人，外聘人员6人。年内，县消防大队根据市消防支队的部署，先后开展“两会”、中非合作论坛、上海进博会、世界地理信息大会等重大活动的消防安保工作，完成重大火灾隐患专项整治、夏季消防检查、冬春火灾防控、区域性火灾隐患评估任务，将重点单位、工业企业、居住出租房、易燃易爆场所、高层建筑、人密场所作为消防管控重点场所，加强日常监督检查。消防整治全面升级，实现政府消防专班实体化办公，每月组织对乡镇街道进行专项督导，对存在的重大问题下发督办单由县督考办进行跟踪督办。通过实体化办公机制，县政府拨款120余万元进行柚香城消防综合整治、常山县太平洋大酒店消防整治等一批久而未决的重大火灾隐患的整改工作；拨款10万元开展全县第一届微型消防站大比武。县“两办”印发《常山县消防安全责任制实施细则》，明确各部门各乡镇消防工作职责。提请县政府专项拨款50万元，由专业公司对全县进行消防安全评估，精准研判当前火灾形势和消防整治工作进度，指导未来5年全县消防安全整治防控重点与发展方向。针对严重影响消防安全违法建筑、存在较大隐患的单位等情况，向乡镇（街道）和行业主管部门发送抄告函告6份。全年检查1304家单位，发现火灾隐患2204处，督促整改隐患2200处，下发责令改正通知书958份，下发行政处罚决定书35份，下发临时查封决定书8份，责令“三停”（即停产停业、停止使用、停止施工）7家，罚款24.43万元。办理消防设计备案项目23个，抽查项目24个；验收备案项目14个，抽查项目31个。县消防中队接警213起，出动消防车辆323车次，出动消防员1810人次，抢救被困人员50人，疏散人员29人，抢救财产价值259.7万元。

【夯实消防基础】　2018年，县消防大队与县民政局、国网常山供电公司、县安监局、县住建局等部门联合推动老旧建筑、“三合一”场所（即住宿与生产、仓储、经营一种或以上使用功能违章混合设置在同一空间内的建筑）、养老机构设置火灾应急广播、独立式感烟火灾探测报警器、简易喷淋、电动车智能充电桩等设施。协助县民政局、县民宗局、县经信局等部门开展福利机构、医院、宗教场所、民爆生产企业、商市场、建筑工地等场所消防安全检查或演练。截至年底，全县11个乡镇建成消防专职队，17个千人行政村建立消防志愿队，6个社区按标准建立微型消防站，其中紫港社区微型消防站获得省消安委表彰。全县设有自动消防设施的高层建筑消防远程监控系统联网率达到100%，消防设施完好率达到92%。县公安局部署开展电动车违停及占用消防车通道违法行为专项整治，严厉打击违法行为；县住建局实施全县电瓶车充电桩建设，加强电动车消防安全管理；推进电气火灾防控工作，由县供电局投资建设的电气火灾专项教育馆进入施工阶段；初步完成全县消防控制室的远程联网工作，将智慧消防纳入全县智慧城市通盘建设，纳入“百呼百应”平台同步建设；依托社会单位推广智慧用电系统，广泛宣传智慧用电等新技术带来的消防社会便利性。在县第31次常务会上审议通过《在全县高龄低保户住宅安装远程联网型独立式感烟报警器的建议》，计划投资270万元，为全县4000户高龄低保户安装远程联网型独立式感烟报警器，提高高龄低保户火灾防御能力，并纳入到2019年民生工程具体实施。

【消防宣传教育工作】　2018年，县消防大队建立“常山县消安委实体化运行办公室”“常山乡镇街道消防安全三年翻身仗交流”“常山社会消防力量”“常山县消防安全重点单位”等微信群，利用新媒体通报重要消防信息。每月通过常山新闻传媒集团《常山消防之声》栏目、《今日常山》报刊曝光火灾隐患单位，全年累计50余次，并联合各社会单位、社区通过户外楼宇电视、LDE显示屏不间断播放消防警示片（提示语）；联合移动公司通过移动运营商向全县手机用户发送消防安全提醒短信累计18万余条。协助11个乡镇3个街道8个社区180个自然村全面建成消防体验室（宣传点），共组织开展“七进”（即进机关、进学校、进社区、进家庭、进企业、进农村、进网站）活动120余次，组织团体、企事业单位、学校、社会单位及各界群众走进消防站（科普基地）参观100余次，总共发动16余次消防志愿者、村（居）干部、社区消防宣传大使到家入户、走街串巷宣传消防知识，并联合社区消防宣传大使走进孤寡老弱群体家中开展“敲门”行动10余次，共发送微博信息2000余条、微信1300余次、LED户外户内点260余处，发放消防宣传资料6万余份，受益群众7万余人。

【常山消防破拆救人】　2018年3月26日晚21时42分，衢州市消防支队常山中队接到报警称，位于G60高速常山往杭州方向过五里路段，两辆货车发生追尾事故，追尾车辆驾驶室内两名人员被困。接警后，中队迅速派出3车15人前往现场处置。消防员到达事故现场后，经侦查发现两辆大货车发生追尾，导致后方追尾货车车头严重变形，驾驶室内两名人员被困其中，司机双脚被死死卡在驾驶座方向盘下不能移动，其中副驾驶座边上的一名伤员情况比较严重，全身被压住无法动弹，且脸色发紫，整个人已经处于昏厥状态，情况万分危急。了解情况后，中队指挥员立即下达作战命令，命令破拆组立即采用液压扩张器、液压顶杆等破拆工具对车辆驾驶室进行破拆。大概10分钟后两名被困人员被成功救出，并立即交由现场“120”送往医院进行救治。

【警民合力救援温州驴友】 2018年9月24日晚8时左右，县消防大队接到报警称，位于常山县芳村镇东岗村东岭自然村“牛脚洞”，有5名温州驴友在探洞过程中遇险，需要紧急救援，接到报警后，公安、消防、民间救援力量迅速赶往现场，实施救援。22时许，救援人员在牛角洞洞下60米处找到5名被困人员。在对现场情况经过勘察后，救援人员立即将专用救援绳索的一头固定在洞口，另一头送入洞口，用于被困人员顺着绳子往上爬。被困人员系好安全绳后，顺着救援绳索顺利爬上50多米的洞口，由于洞口比较小，而且被困人员被困时间较长，体力透支，救援人员一边安抚他们的情绪，一边在洞口辅助他们一步一步往上爬。全体被困人员被成功救援，此时已是晚上的11时26分。通过近3个小时的紧张施救，5名温州驴友被成功救出，经现场检查，身体并无大碍。

（徐屹）

检察

【概况】 2018年，常山县人民检察院（以下简称“县检察院”）受理审查逮捕案件119件154人，受理审查起诉案件399件554人。经审查，批准逮捕109人，比上年下降18.5%；提起公诉365人，比上年增长8.8%。开展扫黑除恶专项斗争，对重大疑难复杂案件提前介入，坚持从重从快与严格执法相结合，依法审查并提起公诉寻衅滋事、聚众斗殴等涉恶案件58人。推进涉枪涉爆、黄赌毒专项整治工作，批捕黄赌毒各类犯罪嫌疑人30人，起诉64人，办理公安部督办的袁某某等人网络贩枪案。压实平安建设责任，依法规范接待来访群众，受理各类信访72件，接待来访57人次。

主动服务基层治理。开展“少捕慎诉、保障权益”专项检察活动，全年不批捕34人，不起诉109人，对35人适用刑事和解程序化解案件矛盾，审前羁押率、轻刑案件起诉率“双下降”。加大监外执行和社区矫正法律监督工作力度，对全县200多名社区矫正对象开展检察巡回监督。加强未成年人司法保护，从严从快办理性侵等侵害未成年人权益案件 3人，办理全市首例支持起诉撤销监护人资格案件；对未成年人犯罪案件作出附条件不起诉决定6人，并落实未成年人特殊帮教制度。结合办案，加强检察官以案释法工作，开展“法治进校园”活动，7名法制副校长围绕“法与青春同行”“远离毒品”等主题，因校制宜开展法治宣讲，累计3000多名学生接受法治教育。加强对贫困户、未成年人、军人军属、残疾人四类人群国家司法救助力度，办理司法救助案件5件，发放救助金12.3万元。

加强刑事诉讼监督。2018年，办理刑事立案监督案件11件28人，比上年大幅度增长，追捕追诉漏罪漏犯8人；针对侦查活动不规范情况发出监督建议8份，均整改落实到位。深化环境保护、食药安全领域专项立案监督工作，通过舆情梳理发现并监督、办理富阳造纸废渣跨境倾倒污染环境系列案件，累计监督追查涉案人员67人、涉案企业14家，清运污染物2.8万余吨，主犯盛某某及其妻子分获有期徒刑五年和二年，罚金400万元。开展羁押必要性审查工作，根据案情、社会危害等情况，对8名在押人员提出变更强制措施建议并被采纳。

彰显行政检察作为。主动对接全县“一户多宅”专项整治工作，对违章建筑15处累计非法占地2万多平方米、面积8000多平方米，向责任乡镇（街道）发出检察建议，并持续跟进监督，促使整改。落实县人大常委会关于渔业执法检查工作部署，开展禁猎、禁渔治理工作，跟踪监督社会影响恶劣的紫港渔业大队许某某等人非法电捕鱼案件，其中2人已被刑事立案侦查。深化行政执法与刑事司法衔接机制，监督职能部门将2起涉及假冒伪劣化妆品、销售走私冷冻禽肉行政案件移送刑事立案。

推动公益诉讼共赢。深入生态环境和食品药品安全领域开展公益诉讼检察工作，2018年办理行政公益诉讼诉前程序案件30件、刑事附带民事公益诉讼3件，案件数量和办案质量双提升。开展常山江流域生态环境和资源保护公益诉讼专项行动，针对全县主要河道、干道周边15家碎石加工场非法占地、污染环境等问题，向职能部门发出监督建议，并从中查获2起涉嫌非法占用农用地犯罪的行为。在全市率先针对进口食品、保健品销售和网络餐饮服务经营不规范问题，监督职能部门开展专项整治行动，对49家经营实体、4家网络餐饮服务平台以及505家入网餐饮经营者排查、整顿。综合运用民事、行政、刑事检察与公益诉讼“四检合一”办案机制，提起全省首例野生动物资源保护领域刑事附带民事公益诉讼案件。

拓宽检察监督渠道。加强“网格＋检察”工作探索，与县编办、综治办建立联动协作机制，从2万余条信息中筛选有价值线索30余条，成功监督某生物公司沤肥作业污染环境一案解决。市检察院以此案为原型拍摄的首部检察微视频《碧水蓝天是怎么回来的？》被最高人民检察院采用展播。开辟检察监督新路径，成立公益损害与诉讼违法举报中心，开通“律师投诉处理绿色通道”，开展举报宣传月活动，开设官微“随手拍”功能，为群众提供零距离检察监督服务，举报中心受理举报线索45件，监督成案22件。

强化检察队伍建设。加强实践锻炼，将年轻干警与经验丰富的员额检察官搭档办案。县检察院1名员额检察官经衢州市检察院选拔推荐，代表全市检察系统参加全省第四届控辩对抗赛，并取得较好成绩。注重提升干部专业化水平，发挥“浙检英模大讲堂”、常检论坛作用，搭建学习交流平台，2018年组织参加各类业务培训60人次，2名干警脱产上挂锻炼，推动办案质量和效果提升。1件被高检院评为优秀建议移送案例，1件被高检院业务转发刊载，5件被省院评为精品案件、优秀案件。

加强思想政治建设。修订党组会议规则，完善党组决策机制，健全党组中心组理论学习制度、检察委员会学习议事制度。以“两学一做”学习教育常态化制度化为抓手，打造党建检察“三原色”品牌，规范党建阵地，开展检察机关恢复重建40周年纪念活动、“我和检察共成长”主题征文活动等，用好检察官网、官微等自媒体平台讲好检察新故事，在省、市、县级媒体发表或转发检察宣传报道89篇。

【损害营商环境类案件从严处理】 2018年，县检察院严厉打击涉众经济犯罪，重点惩治网络诈骗、涉资涉众犯罪，起诉相关犯罪嫌疑人63人；严厉惩治项目资金管理、社保资金监管等相关领域职务犯罪案件2件2人；依法惩治破坏环境资源类犯罪，逮捕相关犯罪嫌疑人6人，起诉32人。关注涉农检察，办理常山县蔬菜瓜果协会原秘书长徐某某伙同他人销售伪劣瓜果种子案，2位被告人获有期徒刑判决并判罚金8万元。开展“树正气、打歪风”专项行动，深入重点项目领域开展检察监督，从严从快办理一阻碍重点项目推进的妨害公务案件，为项目推进“扫雷除障”。深化服务非公经济，常态化开展院领导联系企业工作，秉持平等保护、理性谦抑司法理念谨慎处理涉企案件，办理涉企案件不起诉决定7人。

【打击和防范虚假诉讼】 2018年，县检察院查获以郑某为首的职业放贷团伙实施的40余件虚假诉讼案件，就首批8起案件向法院发出再审检察建议，其中3件已获改判。查办全市首例仲裁领域虚假诉讼案件，将何某某等7人涉嫌犯罪的线索移送公安机关，维护持有相关企业合法债权人权益。坚持打击与预防并重，与审判机关联合制定《关于在民事诉讼中加强法检协作、防范虚假诉讼的实施意见（试行）》，从源头抓起，严防和打击虚假诉讼。

【深化司法体制改革】 2018年，县检察院进一步压实员额检察官办案责任制，落实员额检察官及检察辅助人员办案权限，亮化员额检察官权力清单，健全办案组织。根据检察业务特点科学配置办案资源，综合分析员额检察官与检察业务量匹配情况，合理设置案件轮案制度，建立以随机分案为主、指定分案为辅的案件流转机制。深入推进内设机构改革，更加注重职能工作间的配合衔接，加快捕诉一体办案实践，对未成年人检察案件、生态环保检察案件落实“捕诉监防”一体化办案机制。运用补充侦查机制提高证据审查能力，主动对2起案件启动自行补充侦查程序，监督并撤销1个犯罪嫌疑人立功情节认定。强化与监察机关沟通衔接，细化职务犯罪案件办理衔接程序，健全职务犯罪案件依法办理机制。

【推进诉讼制度改革】 2018年，县检察院注重监督阵线前移，发挥派驻检察室、检察官办公室平台作用，完善重大案件、疑难案件提前介入机制。注重案件办理质量，常态化推进检察官联席会议制度，健全会议程序，提高案件分析研判质量。注重庭审实质化落实，推进“四类人员”出庭作证常态化，累计办理申请鉴定人、侦查人员、被害人、证人出庭作证案件17件18人，提高公诉人庭审指控犯罪的能力。注重重点案件同步监督，贯彻落实检察长列席同级法院审委会制度，对金某某合同诈骗案等一批重点、难点案件列席审委会开展监督。

【加强案件质量监管】 2018年，县检察院坚持放权不放任，强化案件质量监管，推进一体化办案系统应用，案件从入口至出口全程网上流转、网上办理，适时跟进案件办理流程监督。加强检察官联席会议、检察委员会对案件质量把关作用，提高研讨质量。开展公诉案件“三书”（即起诉意见书、起诉书、判决书）比对审查，对诉判不一、未成年人犯罪、诉后免于刑事处罚等案件进行质量评查，全面全程监督司法办案。以公开促监督，倒逼提升检察办案工作质效，全年公布案件程序性信息584条，发布法律文书336份，法律文书公开率88.9%，发布重要案件信息16条。全年编发检察信息62篇，被上级检察院、党委、政法委信息专刊采用31篇。

（吴抗抗）

小资料

洪某某等人环境污染行政公益诉讼诉前程序案件

2018年3月26日，常山县人民检察院干警对衢州市基层治理综合信息平台事项进行日常筛查时，发现同弓乡金川源村网格员上报了一条该村一仓库存在污染问题的信息。常山县人民检察院随即开展调查，查明：自2017年3月起，洪某某等人将大量茶渣、木屑等固体废物贮存、堆放在金川源村的一座粮仓内外，并掺入发酵剂等工业原料进行“抠肥”作业。由于作业过程中未采取任何污染防护措施，产生的大量黑臭废水直接流入、渗入附近的水渠、农田等，导致水渠下游的龙绕溪及周边生态环境遭受不同程度污染。针对这一情况，常山县人民检察院向县环保局和同弓乡政府分别发送行政公益诉讼诉前检察建议书，要求其积极履职。收到检察建议书后，同弓乡政府短短10余天便督促有关人员将前述仓库内外的数百吨固体废物清运完毕，县环保局对两位违法人员分别处以1.5万元的罚款。该村村民代表专程到常山县人民检察院，将“检察为民群众点赞”锦旗送到检察官手中，对检察机关帮助解决金川源村仓库污染源问题表示由衷感谢。衢州市人民检察院以此案为原型拍摄一部检察微视频，被最高人民检察院选中向司法部推荐。

（樊玮璟）

法　院

【概况】　2018年，常山县人民法院（以下简称“县法院”）受理各类案件9050件，办结8286件，比上年分别下降6.33%和5.10%，一线法官人均办案289件。自实施立案登记制以来，首次出现收案下降、未结案减少的良好势头。在省高院通报的28项审判质效指标中，有15项排名浙江省前二十，19项排名衢州市前三，其中6项排名全市第一。基本解决执行难“四大核心指标”在全市法院排名靠前。创建法官互评机制，对二审改判发回等案件分类量化打分，将评查结果纳入法官绩效考核。发挥院庭长办案引领作用，办结各类案件2839件，占全院结案数的34.26%。完善专业法官会议制度，将专业法官会议作为提交审判委员会讨论案件的前置程序，审委会讨论案件数比上年下降58.33%。通过新浪网法院频道对1579件案件的庭审开展同步网络直播，1个庭审被市中院评为示范庭审。推进裁判文书公开上网，上网率100%，方便社会公众查阅监督。加大司法网络拍卖力度，成交金额2.81亿元，为当事人节省佣金666万元。加强调查研究工作，组织学术征文、优秀裁判文书评比、案例评选等活动15次，在各类刊物上发表调研文章11篇，在各类学术论坛、优秀案例评选、征文比赛中获奖17篇，其中3篇获得国家级奖项。

【刑事审判宽严相济保稳定】　2018年，县法院受理一审刑事案件290件414人，审结274件386人，比上年分别上升11.54%和12.76%。开展扫黑除恶专项斗争，依法审结被告人吴建伟敲诈勒索案。审结抢劫、强奸、故意伤害等严重暴力犯罪案件28件31人，审结毒品犯罪案件25件29人，审结危险驾驶、交通肇事罪案件76件76人，依法妥善审理衢州市首例涉外刑事案件。支持配合监察体制改革，审结贪污、贿赂、渎职等职务犯罪案件3件4人。审结公安部挂牌督办的富阳造纸废渣倾倒污染环境系列案10件18人。

注重打击犯罪与保障人权并重，对184名初犯、偶犯、从犯依法判处缓刑，三年以上辩护率达100%。深化以审判为中心的刑事诉讼制度改革，共通知26名鉴定人、侦查人员、被害人、证人出庭作证。

【民事审判调判结合解纠纷】 2018年，县法院受理一审民事案件4616件，审结4381件，比上年分别上升3.20%和2.65%，服判息诉率96.12%，民商事案件可调撤率86.31%。深化家事审判方式改革，审结婚姻、继承、赡养等家事纠纷案件570件，针对家庭暴力签发人身安全保护令6份。保障涉案民生，妥善审结劳资、教育、医疗等社会保障类案件158件。坚持平等保护，倡导诚实守信，审结买卖、承揽、建设工程等合同纠纷案件416件。依法推动金融市场健康发展，审结金融借款合同纠纷案件491件，涉案金额4.5亿元。依法规范民间融资行为，审结民间借贷纠纷案件899件，涉案金额2.33亿元。在“三衢石林”“中国观赏石博览园”设立环境资源与旅游审判巡回审判点。

【行政审判依法审查强服务】 2018年，县法院配合行政诉讼案件跨区划集中管辖改革，协助对接行政诉讼案件39件。继续完善“裁执分离”改革，建立快速处理长效机制，依法裁决涉环保、城建等非诉行政执行案件97件。支持、配合常山县行政争议调解中心的设立和运行，推进常山县行政争议实质性化解。加强司法与行政的良性互动，通过府院联席会、个案协调、发送司法建议等方式，助推法治政府建设，发送司法建议8份，收到书面采纳回复6份。

【服务保障重点工作有序推进】 2018年，县法院为常山县“两个最优环境”营造、乡村振兴、“孝老之城”建设、“一户多宅”、危旧房改造等重点工作做好保障。选派精干力量，参与碳酸钙产业整治等工作专班。依法审结郑某某妨害公务案，推动体育中心北段县级道路拓宽项目建设。坚决打击非法上访行为，依法审结黄志福寻衅滋事案。执结浙江德衡电子有限公司金融借款系列案，为常山县重点招商引资企业浙江先导精密机械制造有限公司落户常山及其后续产业园建设提供有力的司法保障。

6月5日，常山法院对被告人郑某某妨害公务案作出宣判

（应小勇 摄）

【推进“僵尸企业”司法处置】 2018年，县法院加强破产审判，强化执破、诉破衔接，“僵尸企业”司法处置工作取得明显成效。共受理破产案件48件，推动22家“僵尸企业”有序退出市场，盘活工业用地283.79亩、厂房17.99万平方米，化解银行不良贷款1.73亿元，配合政府分流安置职工440人，破产审判工作位列全市法院前列，相关工作经验被省高院信息刊物介绍推广。

【参与社会治安综合治理】 2018年，县法院推广运用在线矛盾纠纷多元化解平台，通过诉前引导调解案件645件，确认调解案件

440件。芳村、红旗岗两个人民法庭共受理案件938件，办结921件。做好改革开放40周年、“枫桥经验”55周年等重要节点的信访维稳工作，化解信访积案96件，接待群众来信来访224件。加强法治宣传，通过传媒和自媒体发表文章600余篇。联合县纪委、县司法局等单位开展旁听庭审活动7期，受众500余人。法制副校长、普法讲师团送法进校园11人次，法院志愿者送法进企业进社区42人次，提高人民群众尊法、知法、守法的意识。

【深入推进“基本解决执行难”工作】 2018年，县法院共受理执行案件3995件，执结3491件，比上年分别下降14.01%和11.37%，执行到位金额6.03亿元。加大执行工作力度，对违法出租查封厂房的浙江嘉腾工贸有限公司罚款30万元。综合运用征信网站、两微一网，曝光失信被执行人1326人，将180人纳入黑名单，对4161人限制高消费，为280人定制失信彩铃。常态化开展专项集中执行行动12次，执行到位金额560万元，为农民工追回工资142万元。

7月26日，常山法院会同该县纪委、监察委、组织部召开决胜“基本解决执行难”联合新闻发布会

（应小勇 摄）

【深化诉讼服务“最多跑一次”改革】 2018年，县法院坚持以人民为中心，以推进机关和两个人民法庭诉讼服务中心建设为契机，深化“最多跑一次”改革。加大简易程序、小额诉讼程序适用力度，共审结案件3287件，占一审民事案件77.07%。发挥“12368”司法服务热线联系法官、接收咨询举报的服务功能，共接通热线电话1247个。依法为经济困难当事人缓减免诉讼费36.21万元，发放司法救助金53万元。

（詹 勐）

司法行政

【概况】 2018年，常山县司法行政系统履行司法行政职能，保障中心工作，开展扫黑除恶专项斗争，打造最佳营商法律服务环境，建立孝老公益律师制度，服务“一户多宅”整治工作，助力评审观赏石珍品展，推进“最多跑一次”改革；打造公共法律服务组织架构，推进公共法律服务体系建设，提升法律援助服务民生贡献度，落实“一村一顾问”制度；推进普法依法治理，完成“七五”普法中期督查，推进法治化创建进程，加大重点人群法治教育力度，丰富普法宣传形式内容；发展“枫桥经验”，实现矛盾纠纷调处纵深推进；提升安置帮教水平，推动社区矫正工作齐抓共管；提升公证质量，打造“信德过城市”。全年调处矛盾纠纷7919件，其中简易纠纷6569件、一般纠纷1320件、重大纠纷26件、重特大纠纷4件；化解16件信访积案；医调会、交调会、劳调会、诉前调委会、警调会等14个行业性、专业性调委会受理调解1045件，调解成功929件，调解成功率88.89%。接收社区服刑人员156人，解除矫正197人，累计接收2756人，累计解除2450人。年底社区矫正对象有306人，其中缓刑269人、假释 29 人、暂予监外执行 7 人，重新违法犯罪率控制在 0.5% 以内，实现矫正对象无脱管、无漏管、无重新犯罪。

县司法局全年组织全县各机关、企事业单位中层正职以上干部前往法院旁听职务犯罪、渎职侵权、贪污贿赂等典型刑事案件庭审 80 余人次；实施全县公务员“学法用法三年轮训行动”。全县法治副校长发放各类法治手册 2000 多份，组织“开学第一课”等法治教育活动 80 场次，发放普法书籍 2800 套，举办法治讲座 26 场，征集“宪法好声音”演讲、歌唱视频 11 个；深入常山一小、紫港中学、青石中心校等 20 多所学校组织模拟法庭、宪法宣誓、观看法治电影等活动。组织监狱服刑人员、社区矫正人员、刑释解矫人员等特殊群体观看普法视频、案例解说等 80 人次。“之江法云（常山）”微信塔群进群人数 374 人，建群率 100%，发布普法动态 285 条，解答群众法律咨询 670 余人次。围绕“一户多宅”清理整治、“危旧房改造”、重大项目建设等党政中心工作，通过定目标、定人员、定责任、定期限，动态排查化解工作推进中的各类矛盾纠纷。选派 2 名干部参加“一户多宅”和城区危旧房改造整治攻坚工作专项组，选派 1 名干部参与钙企业污染关停整治攻坚工作，确保中心工作推进到哪里，法律服务保障就跟进到哪里。

县法律援助中心全年受理法律援助案件 647 件，接待来电来访 2389 人次，提供上门办理服务 92 人次，为当事人挽回损失、取得利益 1491 万元。全县律师承办各类案件 786 件，其中民事诉讼代理 630 件、刑事辩护及代理 105 件、行政诉讼代理 43 件，非诉讼代理 6 件，担任常年法律顾问 92 家，业务收费 535.71 万元。基层法律工作者代理各类案件 251 件，担任常年法律顾问 21 家，业务收费 246.65 万元，提供法律咨询 2280 余人次。

县公证处全年办结国内（含港、澳、台）各项公证业务 709 件，实现“最多跑一次”502 件，完成率达 88.2%，当日申请当日办结涉企公证 252 件，减少企业成本 20 余万元。整理委托、赠予、继承、声明、租赁合同等涉及群众切身利益的办事指南 7 份，剔除、简化证明材料 12 份，邮寄送达公证文书 72 份。外出调查核实 142 次，识别假人假证 20 余起，挽回、减少损失达 300 余万元。针对 70 ～ 80 周岁老年人首次办理遗嘱公证费用减半，80 周岁以上老人首次办理遗嘱公证免费。为老、弱、病、残等群体提供上门服务 79 人次，办理涉老公证业务 26 件，减免公证费用 4000 余元。

是年，常山县司法局被衢州市司法局评为“2017 年度司法行政工作综合考评优秀单位”，其中“‘6+1’重大矛盾和信访积案化解新模式”被市司法局评为“2017 年度司法行政工作创新项目奖”。

8 月 13 日，常山县普法志愿团赴金川街道赵家坪社区开展普法活动

（徐 茹 摄）

【扫黑除恶专项斗争开展】 2018 年，县司法局开展扫黑除恶专项斗争法治宣传活动。发挥司法所、社区矫正机构、人民调解组织、村（社区）法律顾问深入基层、贴近群众的

优势，发现并报告黑恶势力违法犯罪线索。教育引导律师依法开展涉嫌黑恶势力犯罪案件辩护代理，严格履行报告备案程序。加强对有黑恶势力犯罪前科的社区服刑人员、刑满释放人员等重点人群动态管控，防止被黑恶势力教唆利用。全年开展扫黑除恶专项工作法治宣传活动55场次，出动法治宣传车195车次，开展850人次的涉黑涉恶线索排查工作，8名律师办理涉黑涉恶案件7起，全部履行报告备案程序。

3月15日，省司法厅党委委员、副厅长朱晓晔（左三）到县司法局调研“打造最佳营商法律服务环境”工作

（徐 茹 摄）

【最佳营商法律服务环境打造】 2018年，县司法局围绕营商法律服务环境打造，建立健全整套的组织机构和机制制度，形成工作合力。推进法律援助“绿色通道”和“12348”热线服务，向确有困难、符合条件的企业员工提供精准服务，弥补企业在法律保障上的短板。推出营商专项法律服务产品2个；开展“送法进企业”专项活动21场次，对70多家重点企业开展“法律体检”，出具法律意见书、风险提示函37份，编写典型案例4个；举办企业法务人员培训班4期，发放法律服务宣传折页2000余份，提供法律风险防范建议40多条；组织涉企纠纷排查6次，调处各类涉企矛盾纠纷25件，调解成功率100%，为当事人挽回经济损失400余万元。

【孝老公益律师制度建立】 2018年，县司法局以现有的村（居）法律顾问为依托，组织抽调11名律师、法律工作者在全县所有行政村（居）建立“孝老公益律师”制度。建立法律援助调解库，对重大疑难案件进行实时“把脉”。对70岁以上患有重大疾病的老年人因家庭暴力、虐待、遗弃和其他严重侵权行为主张或请求给付赡养费申请法律援助的，无须出具经济困难证明，实行当日受理、当日审查、快速办。县法律援助中心对“孝老公益律师”办理案件全程跟踪督导并建立案件回访制度，确保案件办理优质高效。全年为老年人解答法律咨询570人次，受理70岁以上老年人的法律援助申请85件，其中涉及赡养案件13件，其他民事纠纷72件；开展“关爱老人 老有法依”普法活动，宣传老年人权益保护法6次，发放宣传册、普法宣传品3600多份。

【“常山杯”观赏石珍品展评奖的公证服务】 2018年10月，由常山县人民政府主办的第二届“常山杯”观赏石珍品展在浙江常山中国观赏石博览园举办。县公证处受县政府委托，以全程跟踪把关、全程专人监督、全程痕迹化记录的“三个全程”现场监督模式，从严从实把好评审源头关，使每一环节有据可查、每一项评分公开透明，切实提高评审结果公信度。经现场评审统计，从302方奇石珍品中分别评选出金奖6个、银奖15个、铜奖30个。

【行政复议工作机制完善】 2018年，县政府法制机构通过行政复议与信访、监察、行政审判等联动机制，将行政争议引导至复议途径解决。完善复议工作机制，发挥复议化解矛盾纠纷的作用，为县委、县政府营造最佳营商环境提供法律支撑。全年收到行政复议申请40件，不予受理3件，受理37件（审结27件，未结10件）；在审结的27件行政复议申请内，维持8件，驳回6件，主动撤回4件，撤销及确认违法及责令重做履行9件。

【公共法律服务体系建设】 2018年，县司法局通过搭建实体平台、打造“掌上”平台的方式实现法律服务为民、便民。在县一级建成集法律援助、法律咨询、法治宣传、律师服务、公证服务和司法鉴定为一身的公共法律服务中心。在乡、村两级整合法律援助、基层法律服务、人民调解等职能，建立14个公共法律服务站、189个公共法律服务点。在村便民服务中心建立公共法律服务窗口，实现县、乡、村三级公共法律服务中心（站、点）全覆盖。通过“常山司法”微信公众号法律服务板块和“12348”中国法网，为百姓提供线上的法律服务。全年各级公共法律中心（站、点）为企业和群众解答法律咨询4500多次，参与调解矛盾纠纷7919件，办理法律援助647件，开展法治宣传42场次，发放宣传资料2万多份。

【“一村一顾问”制度落实】 2018年，县司法局在全县188个行政村（社区）落实法律顾问聘请工作，引导法律顾问履行职责，主动上门为群众提供法律咨询和法律意见。构建“微服务圈”，建立“法律顾问e服务群”14个，进群人数300余人，建群率100%。全县“法律顾问e服务群”共转发各类法律资讯、视频1800多条，接受法律咨询306人次，指导调解纠纷18起，代书法律文书22件次，为群众解决具体法律问题37个。

【基层法治单位创建】 2018年，县司法局参照“民主法治村（社区）”“三治融合”示范村（社区）申报条件及创建标准，对全县各村和社区实际情况进行摸底，研究确定重点培育对象。通过实地调研，听取各乡镇街道、司法所、村（社区）三方意见，现场查看硬件设施及台账资料，完成调研评估。对符合创建标准的村（社区）加强交流指导工作，学习典型，鼓励各村（社区）创新形式、打造特色。全年创建省级“民主法治村（社区）”4个、市级“民主法治村（社区）”16个、“三治融合”示范村（社区）27个。

【人民陪审员选任工作】 2018年，县司法局会同县人民法院、县公安机关开展人民陪审员选任工作，通过常山电视台、《今日常山》报、常山新闻网等媒体拓宽普通群众参与人民陪审工作渠道，提高选任工作的透明度和公信度，严格按照时限要求做好选任工作。对随机抽选、个人申请、组织推荐的候选人进行诚信、违法犯罪等资格审查、征求意见，最终产生88名人民陪审员人选。

（徐瑛琦）

浙江省第三监狱

【概况】 2018年，浙江省第三监狱（以下简称“省三监”）坚守安全底线，践行改造宗旨，推动平安、法治、智慧“三位一体”新型监狱建设，开辟扫黑除恶“第二战场”，创建“智能化现代文明监狱”。截至2018年年底，监狱实现21年零1个月无罪犯脱逃，17年零3个月无罪犯自杀身亡，17年零10

个月无重大生产安全事故。

监管安全取得新成绩。完成新建监管大门、指挥中心和会见室的建设，制定《分级处遇实施细则》；开辟“扫黑除恶”专项斗争“第二战场”，制定《2018—2020年扫黑除恶工作清单》，推进涉黑涉恶线索排摸工作；严格外出就诊、车辆进出监等核心制度的执行，组织开展岗位大练兵和防劫持人质、防罪犯脱逃、防罪犯哄监暴狱应急处突演练，提升监狱整体安全管控水平。

教育改造收获新成效。组织开展红色电影周、“改革开放40周年大家谈”等活动，在监舍主干道、教学楼、建筑外墙等处布置主题鲜明的政治改造标语，全面清理监内不合时宜的书籍1.5万多册。加强与衢州中专等院校合作力度，全年组织238名罪犯参加“双证”（即学历证书和职业资格证书）考试，合格率94%；探索“基地＋学校”“基地＋公司”的职业技术教育模式，全年组织150名罪犯参加实训，年内有280名罪犯与590名罪犯亲属在监内实现团聚，激发罪犯的改造内动力。

后勤保障焕发新气象。制定《基本建设内控制度》，完成1号、2号、3号监舍维修，胡柚地山塘整治和企业楼周边扩建停车场等8个新建项目的建设；出台《监狱用水用电管理办法》；完成狱部主干道的路灯改造。推行合同电子化系统，全年审核合同333个，实现网上审批。加强民警职工食堂管理，定期推出新菜、特色菜，提供卤味外卖、牛奶预订等服务，民警职工吃得更加安心舒心。

民警队伍展现新活力。完成全监427名民警职工专题轮训，组织“以案明纪、廉洁从警”警示教育专项活动，对民警纪律作风从严规范。开展月度之星、季度最美和“年度十佳”等先进评比活动，有17个先进集体、294人次获监狱以上表彰。深化安心暖心举措，举办首届民警职工体育运动会，全年走访慰问困难党员及老干部98人次，发放慰问金9.4万元；有11户因病致困家庭得到救助，发放救助金19.3万元。

【安全生产基础保障】 2018年，省三监强化安全生产基础保障，拆除5、6、7号老厂房，在监内外建成三个微型消防站和一个电瓶车充电站，通过省安监局安全生产标准化二级企业复评；通过省局对二、四监区劳动现场规范化“特优监区”复评。

【刑务新机制建设】 2018年，省三监深入推进刑务新机制建设，建立罪犯档案集中管理、计分考核集中制作、减假保案件集中办理的“三合一”刑务中心。年内，监狱办理罪犯减刑案件487件、保外就医续保考察案件38件，呈报假释罪犯66人，假释率为3.81%，假释考核指标完成率居全省第一。

【智能化现代文明监狱创建】 2018年，省三监投入1209万元，完成中心机房改造、监舍监控数字化改造等18个信息化工程，建成罪犯教育改造数字化应用、ERP系统、警务综合管理等平台，信息化功能模块使用率从50%上升到89%，流程应用率上升到93.5%。年内顺利通过考核验收。

（张霞晖）

军　事

人民武装

【概况】　2018年，常山县人民武装部（以下简称“县人武部”）学习贯彻习近平强军思想，拥护国防和军队改革，推动武装工作和后备力量建设。落实党管武装工作制度，坚持双重领导的根本制度，协调召开县委常委议军会、武委会，组织县四套班子领导参加“军事日”活动。调整专武干部队伍建设，抓好基层规范化建设。推进国防教育进机关、企事业单位、乡村、学校、社区，在征兵、民兵训练之机，利用橱窗、墙报、标语、横幅、新闻媒体等形式进行广泛宣传。加强安全管理，做到“四常”（即经常性教育道理常讲，针对性教育警钟常敲，常识性教育定期常学，个别人教育定责常谈），严格安全隐患排查，落实每周一次安全检查，每月一次形势分析，每季一次隐患排查等制度，紧抓“四反”（即反渗透、反心战、反策反、反窃密）保密工作。

履行使命练兵备战，紧贴形势任务夯实战备基础，细化战备“三室一库”（指办公室、资料室、执勤室、战备器材库）建设，常态落实日常战备制度。采取定期训练和临机拉动方式，巩固深化军地情报信息互通成果，组织召开由军地相关单位组成的军地情报信息互通协作领导小组会议，确保军地双方及时准确掌握辖区内突发事件的情报信息，快准稳妥处置突发事件。狠抓民兵训练，突出抓好专武干部、民兵应急队伍、专业保障分队和民兵技术骨干训练，提高后备力量遂行任务能力。先后组织民兵连长集训、专武干部集训，突出法规常识、职能作用、武器操作、业务技能等训练重点，组织首长机关业务技能训练，2018年12月上旬参加军分区考核验收取得良好成绩。巩固深化民兵调整改革成果，围绕“编、装、建、用、管、保”六个方面，着眼“四队兼备”（即战斗队、突击队、工作队、宣传队）建设目标，盘活地方各行业系统资源。

做好“双拥”工作。依托国防教育专网、国防教育公众微信和当地报刊电视、广告大屏，开展国防教育活动。抓好国防教育进入党政机关理论学习、党校干部培训课堂、中小学生课堂班，推开“军人荣誉墙”进村（居）文化礼堂、中学校园“国旗下讲话”教育新模式，打造军民共建国防文化示范社区。开展国防教育进校园、进国企活动。开展征兵宣传工作，严密组织征兵体格检查和政治审查工作，严肃廉洁征集兵员纪律。2018年，征集新兵的大学生比例达75.4%，比上年增长10.5个百分点。开展春节、“八一”期间军人家庭“大走访”活动，立体式刊发“常山儿女建功军营光荣榜”，组织书画家开展“送书法进军营”活动。结合“扶贫日”活动，分批走访慰问退役军人困难家庭、贫困学生家庭。号召带领民兵预备役人员投身“五水共治”保护母亲河绿色行动。常山县两次被省里表彰为“‘双拥’模范县”。

是年，县人武部被军分区评为安全管理先进单位。

【上级领导机关到县人武部检查指导工作】 2018年4月28日，衢州市委常委、衢州军分区政委戴克华大校到县人武部检查指导工作；7月10日，军分区司令林建敏大校到县人武部指导民主生活会工作；9月4日，省军区战建局副局长宣国民大校到县人武部调研，对常山人武部各项基础性、经常性工作取得的成绩给予高度评价。

【民兵组织整顿工作】 2018年，县人武部开展民兵工作调整改革，核心任务是压减总体规模，转变训管模式，谋求实现转型发展。军地双方成立专项领导小组，确保大事大抓，强力推进。

【民兵军事训练严格落实】 2018年3月上旬，县人武部突出抓好专武干部、民兵应急队伍、专业保障分队和民兵技术骨干训练，提高后备力量遂行任务能力。先后组织民兵连长集训、专武干部集训以及铁路护路分队、重要目标安全警戒分队、县属应急连，重点突出“四个基本”（基本理论、基本制度、基本方法、基本技能）。6月初，参加省军区第一届民兵岗位比武大练兵，常山县医疗救护分队取得良好成绩；6月中旬，3名专武干部代表衢州参加全省首届民兵岗位练兵大比武，荣获三项名次。

【遂行应急抢险任务】 2018年，县人武部发挥民兵组织的应急作用，参与应急抢险任务。其间，出动民兵800多人次，冲锋舟30台次，在全县范围内扑灭救火10余起，打捞救助被洪水被困群众5人；县人武部主动与地方相关部门对接需求，按规定要求保持民兵应急分队在职在位，备好装备器材。

（叶凯旻）

人民武警

【概况】 中国人民武装警察衢州支队执勤二大队由二大队部、常山中队、龙游中队、江山中队、开化中队组成，管辖常山、龙游、江山、开化四县片区工作。驻地武警以建设一支听党指挥、能打胜仗、作风优良的现代化人民武装警察部队为目标，强化思想建设，掌握中国特色社会主义理论体系武装，弘扬和践行社会主义核心价值观，培育当代革命军人核心价值观，坚持开展军魂教育和革命传统教育，树牢理想信念，打牢官兵听党的话、跟党走的思想根基。

2018年，武警常山中队（以下简称“中队”）以贯彻执行《军队基层建设纲要》，贯彻落实新条令精神为重点，以正规“四个秩序”（即战备秩序、训练秩序、工作秩序、生活秩序）为抓手，按纲抓建，抓经常，打基础，求实效，部队建设稳步健康发展，高标准实现“两个确保”（即确保以执勤处置突发事件为中心的各项任务圆满完成，确保部队内部高度稳定和集中统一）。中队连续24年被浙江省总队评为基层建设先进中队，执勤目标连续30年安全无事故。

【中队党的组织建设举措多】 2018年，中队注重建强支部班子，发挥战斗堡垒作用。牢固树立“一盘棋”思想，支部班子思想上相互融合、工作上相互补台，营造团结和谐、风清气正的良好工作氛围。牢固树立“一名党员一面旗，一名骨干一标杆”的旗帜理念，加强党员、干部、骨干队伍建设。通过落实组织生活制度、日常管理教育，加大对三支队伍的管理教育力度，党员的思想觉悟、党性修养和组织纪律观念不断强化，先锋模范作用有效发挥。在干部、骨干队伍中开展“责任心比能力更重要”教育，强化责任意识，确保在职1分钟，履职60秒，干部、骨干积极性高，责任心强，踏实肯干。注重加强军人委员会和团支部两大群众性组织建设，发挥其左膀右臂作用，调动广大官兵的工作积极性，主动为中队建设出谋划策，排忧解难，全年收到广大官兵为中队建设提供宝贵意见8条，全部得到采纳并付诸实施。

【中队思想政治教育效果好】 2018年，中队围绕“传承红色基因，担当强军重任”主题教育这条主线，立足“和平积弊大起底大扫除”这个配套活动，抓好习近平系列重要讲话精神学习领会，进行思想大清理、是非大辨析，先后开展3次和平积弊形势分析、2次党员辨析和多次集体讨论。组织“晒中队荣誉，明责任担当”主题活动，邀请中队连续23年先进传承的见证人，原中队长余国华宣讲队史，实现人人学队史、知队史、讲队史、珍惜中队荣誉的目标。在搞好月课的基础上，注重抓好经常性的时事政策教育，严格落实“三个半小时”，组织官兵进行时事新闻点评、网上讨论交流，让大家在倾听主流声音、辨析时事热点过程中提升思辨能力。着眼一队一品文化特色，常年保持一支随时能拉出展示的舞龙队伍，“八一”晚会上，舞龙、擒拿表演操、小品《龙虎榜》等节目受军地人员好评，官兵收获认同与尊重。组织“士官是不是官”“军人让座是不是理所应当”等辩论赛，在明辨是非的同时，也给官兵展现自我提供平台，为红肩章苗子选拔培养提供依据。

【中队执勤管理和应急处置制度重落实】 2018年，武警常山中队狠抓制度落实，严格落实勤务分析汇报制度，从勤务有无特殊情况、官兵有无特别反应、上级有无特别要求等，正规执勤秩序。常态化与看守所进行联合隐患排查，对排查出的问题及时进行整改；注重加强抢险救灾和自救互救教育训练，提高官兵应急避险和抢险救灾能力。抓训练，强化执勤技能。每周至少进行一次方案演练和执勤技能会操讲评，开展专勤专训，利用干部查控、领班员直控间隙提问哨兵理论、出执勤情况，提高哨兵处置能力。不定时对应急班、应急小组进行拉动，提高第一反应能力，确保遇有情况能够拉得出、打得赢。搞好应急班处置情况研究，落实一案多策要求，努力实现“两个不经”要求，针对近年“个人极端事件”频发与辽宁、黑龙江犯人脱逃事件，组织应急班专题研究演练；中队主官互出情况，搞好定期演练，不定时检验，锻炼指挥员指挥与部队协同。

【中队军事训练氛围浓】 2018年，中队严格落实军事训练“八落实”［即对人员、内容、时间、质量、弹药、摩托（飞行）小时、教练员、场地进行落实］。开展岗位练兵、比武竞赛和五小练兵活动，落实训练奖惩制度，坚持把军事训练与立功受奖、入党考学、转改士官相挂钩；狠抓教练员队伍培养，落实主官任教、按级任教，发挥教练员队伍“酵母”作用。坚持干部骨干带头训练，落实“五同”（即同吃、同住、同劳动、同训练、同娱乐），坚持考训结合，把训练场当考核场，坚持会操制度，营造比学赶帮超的良好氛围。开展评比竞赛活动，每个训练阶段或训练课目完成后，组织会操考核，对成绩拔尖或进步明显者，进行一定的物质激励，并在龙虎榜上张榜公布，进一步浓厚训练氛围。

【中队内务管理规范精细】 2018年，中队加强正规化、精细化管理，常态抓好人员养成规范，从一日生活制度、日常言行举止、室内物品摆放、个人仪容着装方面入手，发扬中队优良传统，落实每日巡查，每周评比，营造干部用条令带兵，士兵按条令办事，部队按条令运转的良好氛围。开展比执勤、比训练、比工作和进门看内务、出门看队列、外出看仪表、营区看秩序为主要内容的“三比四看”活动，提高官兵的号令意识、规范意识。开展安全大检查活动和百日安全竞赛活动，防范遏制各类事故发生；对照《安全基本工作规范》，逐条逐项落实，确保部队安全稳定。

【中队后勤保障服务有力】 2018年，武警常山中队严把伙食调剂关，征求官兵意见，在有限的经费中尽最大能力让战士吃好吃饱，落实每日细致查账、每周制定食谱、定期公开伙食账目等制度，督导后勤专业兵训练计划落实，提升炊事员水平。严把经费开支关，在抓经费和物资管理上，落实经费开支计划和财经纪律，执行经费审批各项制度，7月完成食品配送单位更换。注重建管用并举，所有装备物资登记造册，对蒸饭车、消毒柜及时检修，维修添置部分训练和文体器材。加大保障经费投入预算，对营院零星工程整治、药品采购、工作奖励等进行规范落实，确保日常工作开展。

（赵江峰）

人民防空

【概况】 2018年，常山县人民防空办公室（以下简称“县人防办”）按照“战时防空，平时服务应急支援”的使命任务和要求，强基固本、补齐短板，着力提升人防应急应战核心能力建设，不断开创全县人防事业新局面。人防行政审批工作有序开展，人防结建工程做好建设和管理工作，依托节日做好人防宣传教育工作，完成社区人口疏散演练，规范开展人防指挥系统的日常维护，日常应急救援指挥通信畅通保障有力，抓好党建工作及党风廉政建设。

2018年，县人防办抓住城区危旧房治理改造的有利契机，解决老城区人防工程布局不合理的问题；深化规划融合工作，启动《常山县城区地下空间开发利用规划》修编工作，进一步科学布局人防工程。出台《关于进一步规范人防审批事项的通知》，实行审批窗口、科室负责人和分管领导三级审核把关机制；深化“最多跑一次”改革，推进“无差别受理”“测验合一”工作，完成“最小颗粒度”梳理，全面实行网上审批，并自我加压开展人防审批“最多跑一次”的再改革，整合环节、简化流程、精减材料，将3个审批事项后台挂起，减少审批材料13种。创新“智慧人防”工程建设，加强与华数公司合作，完成视播一体应急广播分控平台和指挥平台视频推送系统，为实现人防工程监管、重点目标防护、指挥通信保障视播一体体系建设打下坚实基础。在全市首家创新利用农村应急广播与人防警报器同步鸣放防空防灾警报，“5·12”全国防灾减灾日和“9·18”纪念日，三个街道和辉埠镇农村应急广播同步鸣响人防警报；加强人防警报器布点和更新，新设立1个警报点、更新3只警报器。

【人防执法监管】 2018年，县人防办对历年来已竣工人防地下室项目进行安全检查，并与业主或物业公司签订《平时使用和维护管理责任书》，明确各自管理职责；会同县综合行政执法局联合下发《关于建立人防行政执法协作工作机制的通知》，开展一月一联合巡查和联合执法；加大行政执法力度，对2起在人防工程临空墙上钻洞的违法行为，责令限期整改并移交县综合执法局进行立案查处。

【人防质量监管工作】 2018年，县人防办完善出台《人防工程质量监督管理实施细则》《人防工程质量监督内容与程序》，建立人防质监全程留痕制度，强化监理单位监理职责，推进人防质监工作制度化、规范化建设；加大质监执法力度，与浙江大合检测有限公司签订长期合作协议，每年开展不定期检测，8月开展“双随机”抽查工作，对发现问题责令限期整改，对监理职责未履行到位的监理单位予以扣分处理，确保人防工程质量安全。

【人防应急指挥体系建设创新】 2018年，县人防办利用人防指挥大厅先进平台，与县应急办加强对接沟通，确定将县人防指挥大厅建设为县应急指挥中心备用中心，发挥人防指挥大厅功能；空中接入移动千里眼监控系统，地面接入乡镇“四个平台”、雪亮工程、视频会议系统等，地下接入东方综合体地下人防工程视频监控系统，打造空中、地面、地下立体式指挥体系，在全省县级人防系统走在前列。“衢州媒体人防行”对常山县探索构建广覆盖、立体式、多维度的“三位一体”通信指挥保障体系工作，在电视频道和《衢州日报》作专题报道，县人防办撰写的《加强通信指挥体系建设，提升通信指挥保障能力》文章也被《中国人民防空》《浙江民防》杂志刊发。

【创新人大代表履职信息中心建设】 2018年，县人防办利用县人防应急指挥中心的软硬件设施设备，在全市首创与县人大共建县人大代表履职信息中心，省人大常委会党组副书记、副主任李卫宁，省人大农委主任章文彪等领导多次参观演示，并作为全市人大代表监督治水系统推进会演示场所。

【推进人防重点课题和防空方案建设】 2018年，县人防办成功争取全省唯一县级重点科研课题——《常山县县级供水重要经济目标防护实践初探》，完成课题编制单位招投标工作，11月底前完成开题报告，12月份组织专家评审；委托省地下设计研究院，对常山县重点镇、社区和重要经济目标防空方案进行修订。

【人防宣传教育及演练活动】 2018年，县人防办在相关时间节点开展人防宣传教育及演练活动。“3·1”国际民防日在县城街心公园和8个社区同步开展宣传活动，在《今日常山》开设“3·1”国际民防日“民防为民 共建共享”宣传专栏，连载5期。“5·12”全国防灾减灾日与赵家坪社区、县红十字会共同开展“5·12防灾减灾人口疏散演练暨应急救护知识培训活动”，并制作《防灾减灾，我们行动起来》防灾减灾日宣传片。“9·18”纪念日，会同县教育局在新昌小学组织全校师生进行防空防灾演练活动，模拟战时遭遇空袭情况下师生有序地进行应急疏散、组织救援和消除灾害影响。

【人防“五进”活动】 2018年，县人防办在新昌小学建设包括综合实践教室、模型展示馆、微型消防站等内容的全县首个综合性人防（民防）教育实践基地，在育才小学建设全县首个人防（民防）宣传教育专用教室，全力推进人防进学校；联合县委党校，邀请衢州市人防办主任为县管领导干部培训班举办人防知识专题讲座，全力推进人防进党校；在全市创新开展人防进社区工作，制定《关于建设社区“人防之家”的实施方案》，开展社区人防工作“十个一”建设，加强社区人防工作规范化建设。

（王 麒）

工　业

经济和信息化

【概况】 2018年，常山县经济和信息化局（以下简称“县经信局”）实施县委“四四二”战略体系，融入“东接新衢州、慢城大花园”行动，围绕“四大百亿”产业培育，推进企业登高“2315”工程、企业股改上市、僵尸企业盘活等工业经济“十件大事”，全面优化营商环境，促进工业经济质量效益稳步提升。2018年，全县110家规模以上工业企业实现总产值128.7亿元，比上年增长24.8%，规模以上工业产值增速在全市6个县（市、区）中排名第一；规模以上工业增加值30.27亿元，比上年增长10.7%，增加值增速在全市6个县（市区）中排名第一。坚持大干项目，干大项目，推进先导产业园、哲丰新材料、常林纸业等一批重点项目建成投产。坚持“亩均论英雄”，强化府院联动，累计完成僵尸企业处置盘活30家，盘活闲置低效工业用地企业68家，用地面积1750亩。加快淘汰落后产能，完成7家2018年淘汰落后产能任务，并通过市淘汰办验收；2018年列入“低小散”整治计划的101家“四无”企业（作坊）全部完成整治。深化产学研用、校地合作，新建院士工作站7家，博士工作站6家，聘请8名院士担任常山县科技战略顾问、1人担任人力资源顾问，成立浙江工业大学常山县技术转移中心，发布首批技术成果20项。是年，常山获评全省经济与信息化工作优秀县。

【提振企业家信心】 2018年，县经信局以召开一次高规格的会议、组织一次高质量的考察、开展一次高标准的培训、出台一项高含金量的政策“四个一”工程为抓手，浓厚工业发展氛围，提振企业家发展信心。召开一次高规格的会议，2018年3月22日，全县四套班子领导、乡镇（街道）、部门主要领导全员参加的工业经济发展大会召开，擂响大抓工业战鼓。组织一次高质量的考察，由县长周向军带队率26位企业家赴宁波、嘉兴等地考察学习，学习发达地区在智能制造、创业创新等方面的先进经验，激发企业家创新创业的干劲。开展一次高标准的培训，组织30余位企业家赴北大参加招才引智暨两化融合研修班，帮助企业家开阔眼界、创新发展思路，为常山工业提质升级转思维。出台一项高含金量的政策，制定实施《关于扶持企业发展的补充意见》，落实好“工业十八条”、《关于服务企业用工的若干意见》、《关于进一步促进总部经济的补充意见》等政策文件，强化政策扶持，推进工业经济高质量发展。

【推进项目建设】 2018年，县经信局促进项目落地投产。牢固树立招商引资理念，推进SKF中国小圆锥滚子轴承生产基地、大和热磁先导科技园、利安隆新材料等多个投资超5亿元以上的工业项目先后落户常山，哲丰新材料、欧恒制冷、新淇尔电器等一批投资5000万元以上项目陆续建成投产，全县产业投资结构不断优化。按照“谋划储备一批、招商落地一批、推进建设一批、促成投产一批”，建立项目滚动管理机制，加大项目推进力度，促进省市县重点项目顺利实施。全年决策咨询通过项目81个，计划总投资54.1亿元；推进实施省重点工业项目20个。

【加强企业培育】 2018年，县经信局围绕“四大百亿”产业，支持一批龙头企业提升竞争力，增强发展支撑力。推进企业登高“2315”工程专班，建立10亿元、5亿元、亿元以上企业培育库，每月召开专班例会，集聚资源要素推进企业培育，全年实现产值10亿元企业2家、5亿元企业3家，新增亿元以上企业15家。推进企业上市，研究制定常山县企业股改新政10条，对全县企业开展摸底调查，确定30～50家2018—2020年股改企业分梯队分批次培育清单，确定康盈磁业等9家企业为2018年重点股改对象。对列入股改对象的重点企业，搭好平台，加强服务指导，让更多的企业拥有对外交流、发展的机会。

【强化技术创新】 2018年，县经信局鼓励和引导企业加大研发投入、开展技术创新，利用技术创新形成新的竞争优势，培育新的经济增长点。深化产学研用，与拱墅区发改和经济局、新昌县经信局、慈溪市经信局签订战略合作协议，成立浙江工业大学常山县技术转移中心，发布首批技术成果20项。全年新建博士工作站6家，院士工作站7家。实施数字经济“一号工程”，制定《常山县轴承行业数字化改造实施方案》，与浙江陀曼智造有限公司开展合作，对锻、车、磨等轴承制造全过程进行数字化制造技术改造，提升轴承企业整体的智能制造普及水平和信息化管理水平。

【促进产业转型】 2018年，县经信局深化“亩均论英雄”改革，制定《常山县深化“亩均论英雄”改革实施意见》《常山县工业企业“亩产效益”综合评价办法》，建立完善“亩产效益”综合评价机制、企业要素配置机制等机制，促进生产要素向优势领域集中。完成295家企业综合效益排序，开展首批20家亩均税收万元以下企业出清试点行动，倒逼末档企业加快转型或退出。推进“僵尸企业”处置，深化府院联动，加大“执转破”力度，强化风险企业分类帮扶，落地实施意见，以政策激励和倒逼并举，推进僵尸企业处置和低效闲置土地盘活，累计完成僵尸企业处置盘活30家。加快淘汰落后产能，全年完成7家淘汰落后产能任务，整治提升“四无”（即无证无照、无安全保障、无合法场所、无环保措施）企业（作坊）101家。推进区域能评改革，制定实施《常山县“区域能评＋区块能耗标准”改革实施方案》，明确工作程序和区域负面清单，常山县域、经济技术开发区、辉埠新区3个区域的区域节能报告通过专家评审，并正式开始实施。

【优化营商环境】 2018年，县经信局坚持问题导向，深化“百名局长帮百企”活动，完善政企沟通平台、一把手现场接听等工作机制，加强问题收集、分类交办、跟踪督办、分析研判，提高服务精准性，着力打造“六最”营商环境。成立营商环境专班，出台实施意见，制定一把手接听、政企沟通、服务专员等16项制度；开展“人人都是营商环境”主题演讲比赛等系列宣传活动；开通“一把手”接听服务专线，组织接听活动6期，共接听来电59件；组织开展电视问政，设立“政企沟通日”开通企业服务直通车。深化校地合作，促进本地职校创新产教融合新模式，对重大项目提前谋划开展订单班培训，开展“SKF”“哲丰”等订单班培训。宣传企业用工扶持政策，协助推进企业赴省内外开展用工需求对接会。加强企业家队伍建设，全年累计开展企业家素质提升培训17场次，包括北大、浙大企业家素质提升班、外出考察学习、工业政策解读会、工业大讲堂等，累计培训人数1778人次，培训总人数排名全市靠前。

【弘扬孝善文化】 2018年，县经信局弘扬“让善良沁入常山人民的血液和骨髓”的文化精神，组织干部职工深入联系村走访慰问困难老人、百岁老人等，全体干部职工自发组织捐款3次，累计筹集资金约12000元。制定实施“百团百企联动 孝行情暖夕阳”主题活动方案，倡导工业企业履行社会责任，发动全县工业企业主动参与爱老敬老活动，促成全县23家工业企业与敬老院爱心结对。

（祝倩云）

经济技术开发区

【概况】 2018年，常山县经济技术开发区（以下简称“县开发区”）实现工业总产值52.35亿元，比上年增长20.3%，其中42家规模以上企业实现工业总产值36.67亿元，比上年增长20.8%。税收2.4382亿元。截至年底，新三板上市企业2家，分别为爱丽莎股份和天子股份；跨国子公司2家，分别为皮尔轴承和先导精密；国家高新技术企业13家。

2018年，县开发区在建项目64个，其中新建项目30个，续建项目34个。完善园区生活性配套及生产性配套；推进常山云耕小镇开发建设；完成工业园区征迁遗留问题处置；推进集聚区已建成范围绿化、亮化及景观造型等配套项目建设。挖掘企业闲置厂房、发明专利等存量资源，引进院士工作站、博士工作站等高端研发机构。完善“网格化”管理服务机制，靠前处置企业欠薪问题，实现管理新效能。产业由轴承、纺织和建材“老三篇”向农机、新材料、生物医药“新三篇”快速崛起，初步形成以轴承、农机、新材料、生物医药为主导的“四大百亿”产业。通过实施企业登高“2315”培育和深化“亩均论英雄”改革，全年新增规模以上企业4家、小升规企业7家、5亿元企业1家、亿元企业8家、国家高新技术企业5家。

【专班服务大项目建设】 县开发区帮助园区企业解决生产生活方面的困难，助力最优营商环境落地。启动“三服务”活动，服务企业、群众以及基层，走访收集企业建议26条。联合县公交公司，开通产业集聚区公交线路。推进专班制度，成立大项目推进专班，对引进的SKF、利安隆、大和热磁等大项目加强调度、跟踪服务、强化约谈，同时倒排工期，协调相关单位优先解决项目问题，保障各大项目能按时完成正常建设，SKF轴承大项目年底前完成基础建设试生产，大和热磁项目10月18日顺利投产下线，全年收集企业问题269个，帮助解决263个，其中为正丽机电解决一般性固体废渣的处理，帮助顺发箱包解决留守儿童暑期学习班等作法被《今日常山》和常山电视台等媒体宣传报道。

【帮助企业破解用工难题】 县开发区组织51家企业开展新春招聘会、用工招工动员会等，宣传招工用工优惠政策，与四川省古蔺县开展劳务合作，接待3批共112名古蔺民工到园区就业，签订劳务协议347个，赴云贵川陕等地寻找资深劳务公司合作，促成天子股份、正丽机电和先导精密等16家县开发区企业签订劳动用工1800个。设立“古蔺之家”，联合企业创办暑期“托儿班”，与县二都桥小学签订战略合作协议，外来员工凭用工合同、户口本等相关材料就能在该校就学，解决52名员工的孩子就学问题。

【高新技术企业发展提升】 截至2018年年底，全县29家国家高新技术企业中，县开发区占据13家，其中新增5家国家高新技术企业。12月12日，通过杰昆科技产业园项目，县开发区管委会与中国工程院院士叶声华教授签订协议，在常山设立院士工作站，带动一批光电高科技人才和项目入驻县工业园区。加强对开发区企业的培养强化，为企业架起与高校沟通的桥梁，促使企业与高等院校交流合作，借助院校人才的力量，帮助企业提升产品科技含量，增加市场竞争力。

【常山县首家博士后工作站成立】 为促进博士专家研究新成果与企业对接转化，高效推动企业工业化与信息化，实现资源共享、优势互补和互利共赢，产业相互促进、共同发展的产学研合作新体系，2018年，县开发区管委会助力浙江常山科润新材料有限公司与浙江工业大学达成协议，成立常山县首家博士后工作站。12月30日，举行博士后工作站授牌仪式，县委书记叶美峰、浙江工业大学校长李小年出席仪式并分别讲话。

【“云耕小镇”通过AAA级景区资源评估】 2017年8月，常山“云耕小镇”列入浙江省第三批特色小镇创建名单，是以“云计算为支撑，‘耕种收’全系列高端农机为核心”的高端装备制造类特色小镇。“云耕小镇”规划范围3.09平方千米，已有入驻企业13家，其中规模以上企业6家，国家高新技术企业3家，科技型企业8家，是全省“第一家”以高端农机智造为核心的特色小镇。2018年，按照“工业＋旅游＋文化＋社区”的创建思路，“云耕小镇”的《小镇客厅设计方案》《小镇规划环评》《小镇VI体系》《小镇景观设计》《小镇城市设计》完成；“云耕小镇”社区和科技服务中心主体工程建成，社区、党群、医疗服务等服务人员入驻办公，小镇客厅进入常态化运行；同年，“云耕小镇”顺利通过衢州旅游局AAA级景区资源评估。

（王　伟）

招商引资

【概况】 2018年，常山县招商引资落地项目129个，其中续建项目44个、新落地项目85个，协议引资额215亿元，实际到位市外资金34.28亿元，亿元以上项目到位资金25.5亿元，工业项目到位资金17.88亿元。浙商回归项目到位资金24.72亿元，其中产业项目到位资金19.04亿元，资本回归项目到位资金5.68亿元。幸福及智慧产业项目占比74%，资金占比66%。引进总投资29亿元的赛得健康产业园、总投资30亿元的众卡

万洋众创城

赛得健康小镇

众卡产业园

（招商局 供图）

物流园、总投资60亿元的物产中大田园综合体项目、总投资30亿元的共享私家车项目。总投资50亿元的万洋众创城已摘牌。在谈的幸福产业有方特游乐园、蓝城国际康养、胡柚小镇建设等一批大项目；在谈的智慧产业项目有万洋众创城等项目。全年引进亿元以上项目27个，其中5亿元以上项目3个、10亿元以上项目4个。引进独角兽企业常山众卡产业园项目，总投资30亿元，正在建设中。引进上市公司项目2个，即五洲新春（603667）入股捷姆轴承项目，浙江省能源集团有限公司（600023）投资综合供能服务站项目。引进人才科技项目2个，即陈旭、沈树忠院士工作站和浙江忠诚生物科技有限公司的蒋剑平，其中蒋剑平入选2018年浙江省“万人计划”对象。

【常山—慈溪山海协作成效大】 2018年，常山—慈溪山海协作新建项目8个，协议投资额为26.93亿元，累计到位资金26.73亿元（含3年续建项目资金），完成2018年任务的114%。常山县人民政府同慈溪万洋众创城开发有限公司、慈溪市工业投资集团有限公司签订总投资50亿元的万洋众创城项目的三方战略合作框架协议，该项目于10月28日土地挂牌。与慈溪汇丽机电股份有限公司签订“年产1万吨高端铸件生产线技术改造”项目的框架协议，总投资6100万元。于11月12日与慈溪市签订协议，由常山县的经济薄弱村组团出资在慈溪设立“飞地”，租用或购买慈溪的标准厂房，慈溪方负责招商及运营，收入作为常山的村集体收入，以帮助经济薄弱村消薄。

【常山—慈溪山海协作产业园一期配套设施基本建成】 常山—慈溪山海协作产业园自2013年开始建设以来，完成征地6000多亩，一期3平方千米“二纵七横”道路网基本建成，浙能天然气、110千伏变、园区污水提升工程等配套设施建设完成。截至2018年年底，有入园企业10家，总投资56亿元，完成投资28.5亿元，累计开发土地面积4.7平方千米，出让土地面积 0.88 平方千米，建成投产面积 0.54 平方千米。2018 年全县群众增收和社会事业项目 8 个，到位资金 470 万元。

【古蔺县扶贫项目推进】 2018 年 4 月，浙江省委办公厅和省人民政府办公厅明确常山县与四川省泸州市古蔺县结对。两地互派干部和专业技术人才，并开展干部和专业人才培训。年内，浙江省财政安排常山县对口帮扶古蔺县帮扶资金 3000 万元，由常山县结对实施东新镇猕猴桃种植扶贫产业园、丹桂场镇康宁菜油加工扶贫车间等 9 个产业项目和 2 个劳务协作项目。这 11 个扶贫项目共完成投资 2789 万元，资金拨付率 92.9%。引导企业实现落地项目 4 个，完成投资额 8662 万元（不包括中石油的投资），其中企业落地项目 3 个，引导企业扩大投资项目 1 个。援建扶贫车间 4 个，其中建成运营 1 个，吸纳 53 名建档立卡贫困劳动力就业，实现就业 1 人，脱贫 1 家。开展劳动专项能力培训 29 期，培训贫困户 1248 人。组织劳务招聘会 13 次，提供岗位 1800 个。利用政企资源，推动全面结对，共实现镇村、村企、部门结对 25 个，其中乡镇结对 3 个、村村结对 3 个、学校结对 3 个、医院结对 3 个、部门结对 3 个、企村结对 10 个。通过援建扶贫项目、实施就业扶贫项目、引导企业投资、劳务培训等协作举措，共惠及贫困人口 7116 人，实帮扶贫困人口脱贫 4683 人。 （占 玲）

主要工业产业

【轴承行业】 2018 年，轴承行业 13 家规模以上企业累计实现产值 13.4 亿元，比上年增长 20.0%。轴承锻造、车加工企业订单饱满；赛赛、鑫龙、康乐等锻、车配套企业因轴承钢价格上升和年初成品企业订单大增出现配套能力不足，配套轴承销售价格大增。上半年，3 家配套企业每千瓦时电的产值从 2017 年的 5 ~ 7 元 / 千瓦时，提高到 2018 年的 10 ~ 13 元 / 千瓦时，从而出现产值同比增长，用电量同比下降的现象。下半年，中美贸易摩擦影响开始显现，轴承行业增速回落，特别是皮尔轴承对美出口的总量最大，企业开始搬迁，企业生产以库存为主，对鑫龙轴承等配套企业减少订单。

【新材料行业】 2018 年，新材料行业 29 家规模以上企业累计实现产值 26.3 亿元，比上年增长 71.0%。哲丰新材料、先导机械等重点企业投产后，产能逐步放大，带动新材料行业快速增长，成为常山县工业增长的重要支撑。其中，哲丰新材料 4 条生产线全部投产，产能达 10 万吨，实现年产值 10.0 亿元；先导精密机械实现产值 1.1 亿元，比上年增长 125.2%。

【水泥建材行业】 2018 年，水泥建材行业 7 家规模以上企业实现产值 26.1 亿元，比上年增长 32.7%。全年水泥企业运行情况良好，淡季不淡，价格高位运行。其中，南方水泥产值比上年增长 30.2%，江山虎水泥产值增长 29.8%。

【纺织服装行业】 2018 年，纺织服装行业 12 家规模以上企业实现产值 5.5 亿元，比上年下降 23.8%，产值下降的企业占比达 75%。下降幅度较大的是建达羽绒、民盛纺织等企业。其中，建达羽绒因环保监察开展整治提升，企业生产断断续续，产值下降 84%。

【金属加工行业】 2018年，金属加工行业19家规模以上企业累计实现产值15.2亿元，比上年增长16.2%。全年新增1家规模以上企业——嘉丰铜业，实现产值1.0亿元，带动行业产值快速增长。

【绿色食品和生物医药行业】 2018年，绿色食品和生物医药行业4家规模以上企业累计实现产值6.1亿元，比上年增长13.5%。其中，天子股份全年实现产值5.5亿元，比上年增长20.2%，带动整个行业产值实现增长。

【农机行业】 2018年，农机行业规模以上企业2家，分别是玉马机械和锦禾农机，2家企业累计实现产值1.5亿元，比上年增长6.97%。其中，玉马机械实现产值8908.8万元，比上年下降8.2%；锦禾农机实现产值5781.1万元，比上年增长43.6%。

（祝倩云）

·电力工业·

【概况】 国网浙江常山县供电有限公司（以下简称“国网常山供电公司”），是国网浙江省电力公司直供直管的县级供电企业，下设职能部门10个、业务班组15个、乡镇供电所4个，下属集体企业2家。2018年，国网常山供电公司有全民职工227人、集体企业直签合同员工45人、农电员工89人、劳务外委人员141人。拥有220千伏变电站2座，主变4台，容量63万千伏安；110千伏公用变电站6座，主变12台，容量54.3万千伏安；35千伏公用变电站6座，主变12台，容量12.94万千伏安。35千伏公用输电线路14条，长度202千米；10千伏公用配电线路124条，长度1285千米；10千伏公用配电变压器1306台。全县电力用户数14.3万户，全社会用电量16.13亿千瓦时，比上年增长15.58%。城镇用户供电可靠率99.96%，农村用户供电可靠率99.83%，综合供电电压合格率99.97%，综合线损率3.48%。全县电网最大网供负荷19.28万千瓦，比上年增长1.47%。全年未发生安全考核事故，累计安全生产日4278天。

2018年，国网常山供电公司在全省率先推动政府设立工业企业暂欠电费帮扶周转金。完成全市首个“全电小镇”（赛得健康小镇）建设，占地4500亩，每年可节约标准煤7272吨，减排二氧化碳约1.79万吨、二氧化硫约540吨、氮氧化合物约27吨、粉尘4896吨，有序推进“全电景区”（三衢石林）建设。完成县“两会”、中高考等重要活动保电任务20余次，助力第二届常山国际赏石文化节、2018中国山地自行车公开赛等重大活动顺利举办。抢建山地自行车赛道新增低压电缆和中国农民丰收节等重要活动现场的供电工程。推进小城镇环境综合整治，完成东案、大桥、何家集镇电力线路整治。深化“三型一化”（即智能型、市场型、体验型、线上线下一体化）营业厅和“全能型”乡镇供电所建设，建成“业务协同运行，人员一专多能、服务一次到位”的高效末端服务体系。助力降本增效，全县137家企业实现电力直接交易，交易电量2.7亿千瓦时，累计减少企业电费支出836.21万元。推进绿色发展，累计完成柴改电、煤改电、电采暖等28个电能替代项目，完成替代电量2380.7万千瓦时，节约电量366.71万千瓦时。累计建成电动汽车快充站2座。助力光伏扶贫，完成新昌乡茶园村、对坑村等地光伏消薄工作，累计完成光伏并网项目1126个、容量17012千瓦。

是年，国网常山供电公司获常山县垂直管理部门年度工作目标综合考核一等奖，获评全国市场质量信用A等用户满意企业。

【电网建设有序推进】 2018年，国网常山供电公司完成110千伏常山变迁建和球川变前期工作属地任务。全面完成35千伏柚招线工程及110千伏常山变配套工程并顺利投产。新建及改造35千伏线路11.3千米、10千伏线路186千米、低压线路135千米，新建及改造配变124台，容量4.73万千伏安。按照网格化规划标准，将常山县域电网重新划分为5个供电分区、18个供电网格、56组供电单元，编制配网网架提升方案和项目清单。实施配改办实体化运作，完善3个项目部组织架构，建设甲供项目物资周转库，启动配网工厂化装配，有序推进配网建设。

11月6日，县长周向军对常山电力规划及建设情况进行调研

（金坚军 摄）

2018年常山县全社会用电量、售电量指标完成情况一览

表6　　电量单位：亿千瓦时

全社会用电量	供电公司售电量	线损率	工业用电量	农业用电量	居民生活用电量
16.13	10.6	3.48%	10.91	0.04234	1.978

（李明阳）

农业·林业·水利

综　述

2018年，常山县实施乡村振兴战略，实现农林牧渔业总产值124247万元，比上年增长2.0%。新增粮食功能区提标改造0.76万亩，新建成粮食高产示范区12个，再生稻2万亩，新增高标准农田1.52万亩，新增高效节水灌溉面积0.783万亩，粮油总产值3.1亿元。开展全域土地综合整治，完成垦造耕地3800亩。衢枳壳、猴头菇入选“衢六味”，“常山猴头菇”地理标志证明商标注册成功，常山胡柚获省级优秀农产品区域公用品牌（最具影响力十佳品牌），再生稻再创浙江之最，常山被评为第一批“全国木本油料特色区域示范县”；规模生产经营主体应用合格标识使用率达100%，省级农产品质量安全监测合格率达100%。建成养殖废弃物资源化利用绿色循环体5个，新增省级美丽牧场4个，畜禽粪污综合利用率达99.1%。按照巡查网格化、执法联动化，关口封闭化的要求，打赢非洲猪瘟防控浙西保卫战。创建电商专业村2个，建设省级休闲乡村5个。

在衢州市率先开展“一户多宅”清理整治，全市第一次现场会在常山召开。2018年，全县拆除整治“一户多宅”4882户61.6万平方米；拆除整治附房10543处36.2万平方米；拆除闲置生产经营性用房243处42.7万平方米；整治超大庭院1339处、超高围墙1161处；收储287幢3.4万平方米。创建省级及以上美丽宜居示范村5个，完成农村无房户危房户建房保障1707户。A级景区村庄58个，其中AAA级景区村庄数列全市第一，农村生活污水治理补齐建设短板，全县累计完成整改任务1200多户，终端设备提升42个，被推荐为农村生活污水处理设施标准化运维试点县；开展厕所革命“三百行动”（即困难群众厕改率达100%；农村A级以上公厕达100座以上；农村旱厕拆除率达100%），A级以上农村公厕达130座，困难群众改厕率和农村旱厕拆除率均达100%；美丽乡村建设点线面协同推进，10个小城镇环境综合整治通过验收，农村电网改造村23个，“一村万树”示范村45个，完成建设提升农村公路48.1千米，坚持集中治理和分散提升相结合，农村饮用水安全巩固提升人口数达2.0031万人。农村垃圾多元化治理体系初步形成，制定并下发《关于推广农村垃圾分类“123”工作法的实施意见》，在全县范围内开展农村生活垃圾分类“123”工作法示范乡镇（村）创建活动，新增3个“全覆盖”工作目标，农村生活垃圾分类处理村达45个。

借力“国际慢城”区域城市品牌，依托境内良好的生态资源优势，重点打重高端民宿，实现农家乐乡村休闲旅游的全链条升级。村上酒舍一号、申山乡宿壹期、云湖仙境、黄冈一号等一批高端民宿投入运营，以旅富农的辐射效应逐渐释放。2018年，全县接待游客总量493.8万人次，比上年增长25.5%，营业收入2.65亿元，增长21%。扶贫攻坚举措精准规范，总投资7100万元的光伏小康工程全面启动，现以实现并网发电，项目建成后，可帮扶省级扶贫重点村年增收6万元、帮助低收入农户稳定增收。加强芳村镇、球川镇等7个集中安置区基础配套设施建设，投入保险资金225万元，为低收入农户购买健康保险。以“常山阿姨”为重点，全面打响县域培训品牌，农村实用人才和新型职业农民培训6833人，全年完成“常山阿姨”培训1600多人，转移就业652人，人均月工资6000多元。“常山阿姨”品牌获评第五届浙江省公共管理创新案例优秀奖。

丰富农村文体活动，全年建成文化礼堂25个，结合打造“南孔圣地 衢州有礼”城市品牌，开展传承礼、敬老礼等“十礼”活动84场，开展“文化走亲”活动35场，建成或正在建设国防教育、古道古桥、红色记忆、家风家训、常山喝彩等30个文化主题展馆；推行文化礼堂星期日固定活动日制度。文旅融合，打造农村文化礼堂旅游专线，与三衢石林、中国观赏石博览园等景点结合，一日游4条线，二日游2条线，三日游一条线，入选省委宣传部农村文化礼堂建设操作手册典型案例，在全省农村文化礼堂建设现场会上作典型案例发言。乡镇（街道）综合文化站达标率100%，县级及以上文明村建成34个；加强农村体育场地设施建设，完成17个小康体育村升级工程，建成1个游泳池和1个足球场。

完善农村公共服务，城乡居民基本养老保险待遇水平从135元增加到155元，城乡低保比例达到3.5%，探索和完善基层社会治理模式，全县创建省级民主法治村4个，“三治”（即自治、法治、德治）结合善治示范村27个，推进党务、村务、财务公开，将“德治”在潜移默化中形成影响力。等级幼儿园比例为90.91%，义务教育标准化学校达标率94%，每万户籍人口注册全科医生数增3.03%，建设残疾人庇护照料机构10个，实施常山县残疾人社区精准康复服务试点工作。开展整治后进党组织工作，制定“一村一策”帮扶整转方案，每个村都落实县级以上领导联系，全年整治后进村党组织10个，整乡推进，整县提升工作达标村、示范村率分别达97.22%和30%，2018年历次督查常山县综合排名全市第一。12月20日，全市乡村振兴党建示范带建设推进会在常山召开，市委书记、市委组织部长都予以高度肯定。

2018年，常山县打造全国油茶产业新高地。实施品牌建设，举办中国·常山油茶博览会和第三届油茶文化节，获全国首个国家油茶公园授牌，新华—常山山茶油价格指数在常山发布，省级山茶油及食用植物油质量检验中心授牌。推进油茶市场开发。全国油茶交易中心取得突破，省金融办批准东海常山木本油料运营中心上线运营，创新采用现货交易模式聚集全国油茶企业的茶油、茶籽、茶粕等木本油料在常山县平台上交易。油茶交易中心物理性平台与颐高集团洽谈顺利。制定《特、优级油茶籽》和《木本油料企业品牌价值评价》两个行业团体标准。多次跑省进厅、跑部进京，参加竞争性陈述，先后争取到中国好粮油示范县、油茶产业创新服务综合体等大项目，补助资金近2.65亿元。

2018年，常山县持续发力“五水共治”。在全省首推县域出境水质乡镇考核办法。创建常山港、芳村溪两条美丽河道。针对渔业资源管理乱象，加强渔业资源管理，建立联席会议制度，设立禁渔区（期），“慢城大花园”全民治水品牌进一步打响。出境水Ⅰ类水达到155天，大大超过省定考核的109天数。争取到中央山水林田湖生态修复项目，预计补助获5亿元。

（黄敏媛）

农业开发和农村工作

【概况】 2018年，常山县农村工作办公室（以下简称“县农办”）以建设美丽乡村升级版为载体，以五件“关键小事”（即厕所革命、赤膊墙整治、污水治理、庭院整治、垃圾分类）为突破口，全面开展美丽乡村提质扩面、环境整治、业态培育、传承保护、三治融合、改革攻坚六大行动，书写好“美丽乡村释放美丽经济”“美丽家园承载美好生活”两篇文章。制定《全面实施乡村振兴战略加快“特富美安”慢城大花园建设行动计划（2018—2022年）》，明确全面实施“八百工程”和“三十计划”的总体目标，部署十大振兴任务，细化79个具体实施项目，形成全域规划、县级统筹、部门联动、专班突破的良性发展格局。

【美丽乡村示范村创建】 2018年，常山县以创建美丽乡村示范县为抓手，投入美丽乡村建设资金1.6亿元，打造一批村庄环境优美、主题风貌突出、产业特色明显的美丽乡村。在“国际慢城”核心区域内的6个村开展以村庄美化、业态振兴、文化挖掘、项目攻坚为主要内容的美丽乡村建设，全面提升“国际慢城”村庄建设品位。深化“十里长风”“艺石时空”“百年柚谷”“三清绿道”四条美丽风景线的沿线村庄建设，将砚瓦山村、渣濑湾村、长风村、黄塘村、彤弓山村、徐村村、金源村7个村作为重点实施村庄，当年度投入建设资金6900万元，使山水林田路房整体更协调。细化村庄的分类建设，按照“国际慢城＋主题村庄＋诗韵田园”的架构，以大景区的建设理念，鼓励各村因地制宜建设美丽乡村。

【组建专班整治农村风貌】 2018年，常山县组建农民建房工作专班，并制定出台《关于“浙西民居·慢城花园”农民建房服务体系完善和农村特色风貌提升的实施意见》（常委〔2018〕15号），重点确定“1639”的目标任务。“1心”即国际慢城核心、“6脉”即艺石时空致富金脉、畲族文化历史文脉、百年柚谷生态绿脉、油茶之乡红色山脉、十里长风钱塘水脉和浙西门户边际动脉，“39点位”即全县三年内拟提升和改造39个农民集聚村（点位）。在衢州市率先开展“一户多宅”清理整治，全市第一次现场会在常山召开。2018年1月1日至12月31日，常山县累计拆除“一户多宅”4648户，面积58.9万平方米。累计收储“一户多宅”289户，面积3.4万平方米；拆除、整治附房10591处，面积36.5万平方米；拆除闲置生产经营性用房243处，面积4.3平方米；整治超大庭院1363处，累计整治超高围墙1182处。

【推广农村生活垃圾分类“123”工作法】 2018年，县农办全面巩固农村生活垃圾分类治理体系成果，在垃圾分类行政村全覆盖、垃圾兑换超市行政村全覆盖、垃圾处理终端中心村全覆盖的工作基础上，加大工作力度，制定并下发《关于推广农村垃圾分类“123”工作法的实施意见》，在全县范围内开展农村生活垃圾分类“123”工作法示范乡镇（村）

创建活动，新增三个“全覆盖”工作目标。即垃圾源头分类、垃圾终端处理设施、示范乡镇创建“三个全覆盖”。至年底，已建设垃圾分类收集展示节点56个，挂牌垃圾分类示范户1500多户，创建示范村56个，收缴农村垃圾保洁经费300余万元，新增15个垃圾处理终端基本完工。

【农家乐乡村休闲旅游发展】 2018年，县农办依托境内良好的生态资源，围绕乡土气味、乡愁原味、乡趣品味，推动农家乐民宿乡村休闲旅游多元化发展。新增市级农家乐集聚村2个，新创建三星级农家乐经营户16户，农家乐乡村旅游品牌创建得到提升，高端民宿成为常山乡村旅游的新亮点，全县启动建设高端民宿10余家，通过验收的高端民宿6家，村上酒舍被评为白金宿，云湖仙境、彤弓山居被评为银宿。全年接待游客493.8万人次，比上年增长25.58%，实现直接营业收入2.6489亿元，增长25%。

【扶贫开发工作推进】 2018年，县农办在扶贫攻坚项目管理上，程序更加规范。制定下发《关于开展扶贫领域作风问题专项治理的实施方案》《关于印发〈2018年扶贫领域作风问题专项治理实施细则〉的通知》，对扶贫领域专项审计中检查出的问题进行全面整改；在扶贫产业项目安排上，资金使用更加科学。全年安排扶贫资金735万元，建设来料加工厂房5个。总投资7100万元的光伏小康工程全面启动，年底实现并网发电，项目建成后，可帮扶60个省级扶贫重点村年增收6万元、帮助低收入农户稳定增收。在低收入农户帮扶上，方法措施更加精准。加强芳村镇、球川镇等7个集中安置区基础配套设施建设，全年完成异地搬迁57户200人；低收入农户生活保障愈加全面，投入保险资金225万元，为低收入农户购买健康保险。

【农民素质提升工程】 2018年，县农办实施万名农民素质培训工程，增强农民的创业就业能力。在培训品牌建设上，以“常山阿姨”为重点，全面打响县域培训品牌。全年完成“常山阿姨”培训1600多人，转移就业652人，人均月工资达6000元。在培训导向上，重点突出“百名乡村振兴农村干部带头人”“百名‘三宝’产业领军人”“百名乡贤回归创业致富人”等人才培训，培养一批懂农业、懂管理、懂技术的农村实用人才队伍。全县培训农民3000人，其中农村实用人才2400人，转移就业600人。

【新增生活污水治理村10个】 2018年，县农办以督查促整改，以整改促规范，以规范促长效，确保高标准、高规格实施好农村生活污水治理项目。回应农民群众对农村生活污水治理项目的迫切需求，在全面完成省定目标任务的基础上，全年新增10个村，2099户农户受益的农村生活污水治理实施项目，让农村老百姓在新农村建设中更具获得感。解决2014年以来，群众反映问题集中、项目建设标准不高的问题，全域开展农村生活污水治理项目排查整改，全年完成整改任务数1200多户，终端设备提升42个。

【农村厕所革命“三百行动”】 2018年，县农办将小厕所当大事情来办，抓好厕所革命“三百行动”。实施困难群众厕改，对全县困难群众全部按照“四有标准”（即有独立空间、有卫生设备、有必要配套、有排污设施）执行。建设新（改）建公厕，对新（改）

建公厕严格按照国家《旅游厕所等级标准》《旅游厕所质量等级评分细则》的要求进行景观化建设、精品化改造。开展农村旱厕拆除，全县范围内的旱厕进行拉网排查、集中整治，全面消除县域内农村旱厕。至年底，全县已建成A级以上公厕132座；困难群众改厕率和农村旱厕拆除率均达100%。

【历史文化古村落保护】 2018年，县农办谋划历史文化村落保护和利用，把历史文化村落保护与美丽乡村精品村建设等有机结合，不仅挖掘、保护即将消逝的历史文化遗存，而且让群众得到实惠，实现自然生态、农户收入、社会效益和有效投资拉动的多重效应。如芳村镇芳村村，以“活态再生”的理念，按照宋代风情，开发芳村古街，使芳村村成为风格独特的宋代文化小村；东案乡金源村，开发王氏“一门九进士”所留下的诗篇，弘扬“贤良文化”，挖掘王介与苏东坡、王安石、米芾等历史名人交往的文化资源，修缮世美坊和王氏宗祠，做足宋代文化文章。至年底，球川村、大处村等在建历史文化古村落项目全部按照任务要求，完成既定项目。

（俞晨皓）

·农业综合开发·

【概况】 2018年，全县有历年累积和新立项土地治理项目21个，产业化发展财政补助项目22个，产业化发展贷款贴息项目4个，部门项目3个，累计总投资33877.11万元，其中省以上财政资金24766万元。全县新增灌溉面积0.24万亩，改善灌溉面积0.35万亩；新增除涝面积0.11万亩，改善除涝面积0.65万亩；新增节水灌溉面积0.22万亩，增加农田林网防护面积0.006万亩，年节约水量35万立方米；新增粮食产量22.94万千克，新增油料2.3万千克，其他农产品75.6万千克，新增种植业总产值260.75万元；项目区农民收入增加总额189.65万元。

2018年，常山县农业综合开发办公室（以下简称“县农发办”）执行《浙江省农业综合开发资金和项目管理实施办法》，强化项目管理与财务管理的有机结合，确保项目和财务管理操作的规范性和可控性。加强土地治理项目资金支付的管理，工程进度款和竣工决算严格按施工合同要求支付，并须提供经监理、乡镇和县农发办工作人员签字盖章的各阶段在建工程明细表和进度表；科技推广费实行县级报账制，并要求项目单位对科技推广资金的使用范围作出详细说明，以保证报账凭证的真实性、合法性、有效性和完整性。并规范产业化项目资金报账程序，产业化补助项目报账、贷款贴息项目报账须由县农发办和县财政局根据项目实施计划、建设进度及报账原始凭证进行审核，批准后才能拨付资金，保证资金使用的规范性和安全性。

【项目申报成果】 2018年，县农发办秉承“科学决策、程序严谨、设计合理”的原则，结合常山全域旅游设施建设和农业特色产业发展，加大农业综合开发项目申报力度。全年已获批复立项2018年农业综合开发项目17个，其中土地治理项目5个、产业化发展项目11个、水利部门项目1个。项目累计争取省以上财政资金3956万元，其中土地治理项目2238万元、产业化发展项目918万元、水利部门项目800万元。加强与省、市农发办的对接工作，全力争取2019年农发项目资金申报2019年农业综合开发项目资金需求2722万元，其中土地治理项目3个，资金需求2698万元；产业化发展贷款贴息项目1个，资金需求24万元。

【农业综合开发项目推进工作】 2018年，县农发办整合农业综合开发办公室、监理、施工单位的实战力量，借助项目区政府及村“两委”的推动力量，依靠专业技术人员科技力量，采取措施加快推进项目建设工作，倒排工期，层层倒逼，分项目分标段制定工程完工倒计时，扎实推进工程建设；责任到人，强化责任包干，将项目建设任务逐一落实到人，同时将项目推进工作纳入考核，按项目完成时限、质量、绩效兑现奖罚。全年完成历年累积和新立项目11个，累计完成投资8013万元。在土地治理项目方面，彭川畈、东山畈、埂田畈、江源畈4个项目完成县级验收，并申请省级验收，其余土地治理项目进度达到90%以上的6个，其余项目均完成主体工程的建设。在产业化发展财政补助项目方面，在建的20个产业化发展项目中，2016年以前的10个在建项目已经全部完成建设任务，2017—2018年项目已经有6个项目完成建设任务，其余项目均完成建设进度的70%以上。在产业化发展贷款贴息项目方面，4个贷款贴息项目全部完成建设任务。

（郭 锋）

农 业

【概况】 2018年，常山县农业局（以下简称“县农业局”）以促进农村产业旺、集体壮、农民富为着力点，推进农业供给侧结构性改革，农业工作整体稳中向好，稳中有亮，稳中走快。生态农业、农业执法等工作在省市作典型发言。常山县入选全国百佳乡村旅游目的地、全国柑橘产业30强县（市）、全国耕地土壤酸化治理示范县，被评为省级现代生态循环农业整建制推进县、省级统防统治与绿色防控示范县等。现代农业园区、东案胡柚特色农业强镇入围省“12188”工程创建名单，衢枳壳、猴头菇入选“衢六味”，“常山猴头菇”地理标志证明商标注册成功，常山胡柚获省级优秀农产品区域公用品牌（最具影响力十佳品牌），再生稻再创浙江农业之最。举办2018年度省级美丽牧场培训班，承办首届欢庆“中国农民丰收节”暨首届农民文化艺术节，完成农村土地承包经营权确权登记颁证，非洲猪瘟防控工作获得浙江省副省长朱从玖、彭佳学，衢州市副市长吕跃龙等领导批示肯定，获得衢州市防治动物疫病指挥部发文感谢。

·粮油生产·

【概况】 2018年，全县粮食播种面积13.33万亩；粮食总产量5.37万吨。水稻播种面积9.04万亩、单产481.47千克，总产量4.35万吨。其中，早稻面积2.53万亩、平均单产433.8千克、总产量1.1万吨；单季稻面积4.99万亩、平均单产521.73千克、总产量2.61万吨；连作晚稻面积1.51万亩、平均单产428.4千克、总产量0.65万吨。全县大小麦面积0.44万亩、单产179.8千克、总产量0.08万吨，种植玉米1.11万亩、单产295.73千克、总产量0.33万吨。大豆1.47万亩、单产137千克、总产量0.2万吨。番薯0.5万亩、单产410.93千克、总产量0.2万吨。全年夏收油菜3.7万亩，总产量0.46万吨。

【新品种推广和高产创建】 2018年，从省内外农业科研单位引进高产、优质水稻良种4个，其中，早稻品种中早39、株两优831和单季稻品种甬优1540、甬优15作为主推品种广泛种植，水稻良种覆盖率97%。实施省级千亩水稻高产创建示范片7个，总计7810亩，涉及6个乡镇，带动辐射周边面积5万亩，示范片内采用精确定量栽培、测土配方施肥和病虫害综合防治技术，采用“早稻＋再生稻”模式推广，平均亩产再生季达250千克，增加粮食产量2750吨，每亩增加纯收入500元以上。

【粮食生产功能区提标改造】 2018年，全县提标改造建设粮食生产功能区5个，面积7609亩。建设区域主要分布于辉埠、紫港、同弓和球川4个乡镇（办事处）的4个田畈。其中，辉埠镇宋畈畈744亩，紫港街道湖田畈1171亩，辉埠镇黄坞岭畈1028亩，同弓乡杜婷畈1908亩，球川镇上安九都畈2758亩。

【实施粮油产业项目】 2018年，全县实施田间基础设施建设项目4个，新建硬化机耕路4730米，新建排灌渠道1030米；新建育秧烘干中心3个，建成育秧烘干用房2900平方米；新建高产优质旱粮示范基地项目1个，新建砂石道路1280米，蓄水池3个，铺设水管4293米。

·蔬菜瓜果·

【概况】 2018年，全县蔬菜瓜果产业保持稳定发展，蔬菜面积、产量、产值较上年微涨，西甜瓜与上年持平。全县蔬菜瓜果播种面积77616亩，产量17.38万吨，产值37599万元，其中，蔬菜61976亩，比上年增加507亩，总产量10.06万吨，比上年增加0.11万吨，总产值19355万元，比上年增加194万元，增长1%；西甜瓜面积15640亩，总产量7.32万吨，总产值18244万元。谷舞仁生蔬菜生产示范基地、新地西瓜集约化育苗、天马五联茭白生产示范基地等新型农业生产基地生产经营状况良好，技术实施到位，示范带动效应较强。新地西瓜集约化育苗基地全年育成西瓜甜瓜育苗70万株，育成辣椒、茄子等蔬菜苗20万株，年育苗能力达1000万株。球川镇上安畈瓜菜生产示范基地、天马五联蔬菜基地等设施蔬菜生产基地探索蔬菜高效种植模式，“辣椒—莴笋”、“水稻—松花菜”种植模式效益较好。新建东案乡红翔家庭农场西甜瓜种植示范基地，引进西甜瓜新品种20余个试验示范，筛选出西瓜甬蜜2号、甜瓜银蜜58等优良品种3个，开展蜜童西瓜嫁接栽培技术试验，效果较好。山地扁豆、四季豆、黄瓜、茄子、番茄、辣椒、冬瓜、包心菜以良好的产地生态环境、适当的上市季节受到消费者的普遍欢迎。大棚西瓜保持良好的生产效益，农户种植积极性较高，种植规保持平稳，全年播种面积15040亩，总产量7.22万吨，总产值17788万元。

·经济特产·

【概况】 2018年，常山县水果主要以常山胡柚为主，桃、梨、杨梅、葡萄、枇杷、猕猴桃等小水果面积较小。全县小水果总面积9510亩，总产量8230吨，总产值6120万元。全县茶园面积11250亩，全年生产各类茶叶259吨，总产值2180万元，其中名优茶产量156吨、产值2260万元。黄冈山茶园获评为衢州市十佳美丽茶园。

·常山胡柚·

【概况】 2018年，常山胡柚产业稳步发展。全县各级党政领导贯彻落实《常山胡柚产业发展三年行动计划（2017—2019）》，推进常山胡柚（柑橘）产业转型升级。全县常山胡柚总面积10.5万亩，产量12万吨，优质果率达90%。全年推广柑橘优良品种1319亩，落实淘汰“三低”（即低洼、低产、低效）橘园面积4767亩，新建市级精品橘园1个，完成创建5个县级标准园，完成展示柑橘盆栽1.7万盆。11月8日，“2018年中国·常山胡柚文化节”在同弓乡太公山胡柚基地举行。是年，常山县被中国果品流通协会评为“全国柑橘产业30强县（市）”，是衢州市唯一入选的县（市、区）。常山胡柚入选省优秀农产品区域公用品牌。

【常山胡柚优质果园评选活动】 2018年，常山胡柚优质果园评选活动从6月初开始申报，全县有29个胡柚基地参与评选，21个基地申报，19个进入初选名单并下达实施计划。由省农科院、县胡柚研究院组成的评定小组，通过对初选基地实地勘察打分和果实品质测定鉴评检测打分后，常山县明鹰果业专业合作社桐门寺胡柚基地等10个基地列入“2018年常山胡柚优质果园”。

【规范“衢枳壳”药材生产】 2018年，县农业局加强“衢枳壳”药材的规范种植与生产的指导工作，培育“衢枳壳”药材主体5家。全县胡柚片销售6248吨，胡柚干片1.2万元／吨，总产值达7498万元。县农业局、县市场监管局联合制定胡柚枳壳中药材生产、加工、销售管理办法，使胡柚功能性价值得到进一步发掘。

·常山食用菌·

【概况】 2018年，常山食用菌以周年化、园区化为特色，以秀珍菇、猴头菇、黑木耳为主导品种，主推黑木耳“稻—耳”轮作、珍稀食用菌羊肚菌钢架大棚栽培模式。全县食用菌栽培总量1.05亿袋（瓶），产鲜菇4.32万吨，总产值3.20亿元。其中，羊肚菌栽培约150亩，栽培规模居全省之首。“常山猴头菇”地理标志证明商标成功注册，“常山猴头菇”被省食用菌协会评为“浙江省食用菌行业优秀品牌”。常山县利成家庭农场被新认定、森力家庭农场被保留“省级示范性家庭农场”称号。“森力”猴头菇被省农业农村厅评为“2018浙江精品鲜菇”。

【常山食用菌科普丛书发行】 2018年4月，常山县食用菌办公室技术人员洪金良、黄良水等编写的《常山食用菌（猴头菇）科普知识》（“常山三宝”科普丛书）一书发行，宣传普及猴头菇的历史、价值、食疗、烹饪等。

【食用菌科研成果新突破】 2018年，实施省“十三五”育种专项，筛选出高产优质的工厂化栽培黄色金针菇品种1个；实施省食用菌产业团队技术项目，筛选出用玉米芯替代部分木屑栽培黑木耳的高产优质配方，丰富了黑木耳栽培原料来源；开展羊肚菌育种与栽培技术研究，自繁菌种在生产上试用4亩，出菇表现与从四川正规育种企业购买的相近。

【举办全县食用菌培训班】 2018年10月22—26日，常山县食用菌办举办食用菌产业提质增效技术培训班，食用菌栽培主体等40多人参训，到庆元、龙泉、武义等地考察学习。

·畜牧业·

【概况】 2018年，全县生猪养殖场50户，生猪存栏3.58万头，折合饲养量10.32万头；牛存栏2000头，出栏974头；羊存栏1.18万头，出栏0.94万头；家禽存栏153.44万羽，出栏305.15万羽；蜜蜂饲养量5100箱；肉类总产量7688.49吨；禽蛋产量2388.33吨；畜牧业产值达2.25亿元。

【畜禽排泄物综合利用】 2018年，全县养殖场在粪污储液池上安装线上监控、液位仪、智能电表三套智能设备，通过数据分析和实时影像，达到养殖污染智慧防控作用。成立14个乡镇（街道）联系小组，定期到场到点做好养殖污染巡查，结合第三方监管，指导养殖场畜禽排泄物综合利用。充分利用低丘缓坡、闲置土地丰富的资源优势，全域推广经济实惠，互利共赢的“猪—沼—作物”生态消纳循环模式，全年成功创建5个省级农牧对接的绿色循环体。

【美丽生态牧场创建】 2018年，县畜牧兽医局按照《浙江省省级美丽牧场验收评分标准》，围绕“绿化美化、布局合理、技术先进、安全高效、资源利用”五大要素，通过项目化手段“整县制”推进美丽牧场建设，累计投入建设资金300万元。全年成功创建省级美丽牧场4家、市级美丽牧场6家。完成7家存栏500头以上规模场封闭式集粪棚改造。

【生猪屠宰管理】 2018年，常山县屠宰场污水处理设施投入使用，生猪定点屠宰场污水应急处理能力大幅提升，生猪屠宰效率和猪肉产品供应能力明显提高。常山县肉产品检疫检验率达100%。生猪定点屠宰管理工作，按照“属地管理”原则，建立网格化巡查长效监管机制，保障全县猪肉产品质量安全。

【病死动物无害化处理】 2018年，全县开启养殖环节生猪保险联动跨区域运行处理模式，处理病死猪3.8万余头。执行生猪屠宰检疫无害化处理规定，检疫后不可食用的生猪产品及病死猪经驻场检疫人员拍照记录，依法进行无害化处理。累计无害化处理不可食用生猪产品45.057吨，病死猪53头；定期组织开展无害化处理专项执法行动。

【动物卫生监督执法】 2018年，常山县15个检疫申报点和1个动物卫生监督分所，开具畜禽动物检疫合格证11521份。其中，开具生猪动物检疫合格证4408份，检疫生猪90024头；开具牛动物检疫合格证56份，检疫牛262头；开具禽类动物检疫合格证7057份，检疫禽类332.73万羽。常山省际动物检查站查验出入境（县境）运载动物及产品车辆28057辆，其中生猪18955辆、牛2260辆、羊4辆、家禽161辆、动物产品5974辆、动物副产品703辆。查验生猪257.94万头、牛6.72万头、羊51头、家禽68.56万羽、动物产品4.41万吨、动物副产品0.155万吨。劝退违规车辆16辆，立案查处8起，合计罚款6200元。加大生猪养殖、运输、屠宰“三环节”瘦肉精等违禁药品检测力度，抽检盐酸克伦特罗10498份、莱克多巴胺10445份、沙丁胺醇8642份，检测结果均为阴性，合格率100%。县畜牧兽医局与衢州市出入境检疫局对接，抽检猪肉、猪肝、猪尿、禽肉、鸡蛋等畜产品100份，抽检合格率100%。非洲猪瘟防控期间，县动物卫生监督所共查处案件17起，查获并无害化处理生猪150头，生猪产品2478.9千克，共计罚款人民币59349元。

【重大动物疫病防控】 2018年，全县使用禽流感疫苗156.08万毫升，免疫家禽145.03万羽次，应免密度达100%；使用牲畜口蹄疫疫苗28.31万毫升，免疫牛、羊2.18万头次，免疫生猪17.19万头次，应免密度达100%；使用猪瘟疫苗33.9万头份，免疫生猪8.28万头次，应免密度达100%；使用猪高致病性蓝耳病疫苗8.12万头份，免疫生猪6.02万头次，应免密度达100%；使用鸡新城疫疫苗84.7万羽份，免疫鸡新城疫78.34万羽次，应免密度达100%。采集监测各类畜禽血清5522份次，其中牛、羊O型口蹄疫抗体630份次，羊亚I型口蹄疫抗体630份次，小反刍兽疫630份次，布病640份次；采集猪O型口蹄疫抗体195份次、A型口蹄疫抗体100份次、猪瘟抗体195份次、猪蓝耳病抗体277份、禽流感H5抗体940份次、H7N9血清学监测980份次、新城疫抗体305份，抗体监测合格率均符合省市要求。

·农业产业化·

【概况】 2018年，全县新增国家级农业龙头企业1家（常山县爱佳果蔬开发有限责任公司），新增全国休闲农业与乡村旅游四星级示范企业1个（常山县赛得健康产业园），新增2条浙江省休闲农业与乡村旅游精品线路（常山县清凉一夏 浙西避暑休闲带一日游、常山县探寻常山三宝 享丰收喜乐一日游）。截至年底，全县共有国家级农业龙头企业2家（天子、爱佳），省级骨干农业龙头企业3家，市级以上农业龙头企业22家，县级农业龙头企业187家；有全国休闲农业与乡村旅游四星级示范企业7家、省级休闲农业与乡村旅游示范点3家、市级休闲观光农业示范点6家。

【名特优新农产品展示展销】 2018年11月23—27日，浙江农业博览会在浙江新农都会展中心（萧山）和浙江农业展览馆（杭州和平会展中心）顺利举行，全县参展企业23家，展示展销“常山三宝”（常山胡柚、山茶油、猴头菇）等系列产品。其中常山县大宝山柑橘专业合作社的“大苞山”牌胡柚、常山胖胖肉制品有限公司的“天天胖”牌香肠、常山县绿圣生物科技有限责任公司的“秋之奥”牌山茶油3个农产品获省农博会金奖，县农业局连续蝉联省农博会“组织工作先进单位”。

·农业项目·

【概况】 2018年，县农业局向上争取到位资金1.1亿元，其中争取中央财政资金2800多万元，用于现代农业园区建设、合作社和家庭农场发展现代农业建设，支持耕地地力保护、农业资源及生态保护，农民农机购置补贴等各方面。决策农业项目12个，总计投资5.1亿元；谋划重大农业项目8个，总计投资85.76亿元；推进县重点建设项目6个，完成投资1.53亿元。

【现代农业发展项目】 2018年，县农业局完成现代农业发展项目储备109个，经专家初审论证、局长办公会议讨论，并商县财政局通过，“蓝莓设施栽培示范基地建设”等4个项目列为常山县2018年现代农业发展专项资金建设项目，总投资165万元，其中中央补助资金80万元。

【农业项目决策咨询】　2018年，县农业局组织召开农业项目决策咨询会议，完成对“常山胡柚一二三产业融合建设”等12个农业项目的决策咨询工作，决策项目总投资5.1亿元。

【农业重大项目谋划和建设工作】　2018年，县农业局谋划重大项目8个，项目计划总投资85.76亿元，其中10亿元项目以上2个，5亿～10亿元项目2个，1亿～5亿元项目2个，1亿元以下项目2个。完成2018年县重点建设项目6个，累计完成投资1.53亿元；全面完成2018年重点建设项目计划。

·农产品质量安全监管·

【概况】　2018年，全县农产品质量安全监督管理工作围绕省“农业质量年”建设这一主题，落实责任，开展日常监管和监督抽检，推行标准化生产，推进农产品质量安全追溯体系建设，构建信用体系、社会共治等长效监管机制，确保农产品质量安全监管水平稳步提升，维持农产品质量安全稳定向好态势。

【农产品质量安全巡查抽检】　2018年，全县开展农产品质量安全专项整治行动，监督巡查农产品生产基地463家（次），省、市、县三级定量检测抽检农产品636批次，总体合格率99.8%，未发生重大农产品质量安全突发事件。

【农业标准化生产】　2018年，全县农作物种植标准化实施面积22.23万亩，农作物种植标准化生产程度达61.9%；畜禽养殖标准化实施规模114.71万头／羽，畜禽标准化生产程度达到75.95%，农业标准化生产程度为67.52%。

【农产品质量安全体系建设】　2018年，全县深化建设农产品质量安全追溯平台和农产品公共追溯查询平台，开展农产品生产经营主体信息完善工作，282家规模以上农产品生产经营主体纳入主体信息库管理。引导建设主体开展农产品质量安全追溯和快速检测工作，新建87家手机端农产品质量安全主体追溯系统。建立完善农产品质量安全信用体系，有效运行农产品质量安全“黑名单”制度。

【农产品合格证管理全面推行】　2018年，全县继续推行上市农产品合格证管理。全年县内282家农产品生产经营主体使用农产品合格证，开具各类农产品合格证10万余张，基本实现县域内农产品生产经营主体农产品合格证管理全覆盖。

·土壤肥料·

【概况】　2018年，根据常山县土壤基本情况，按照“增施有机肥，稳氮、增磷、补钾”的原则，全县完成测土配方施肥技术43.75万亩，推广配方肥0.41万吨。通过测土配方施肥、推广应用商品有机肥、种植绿肥、秸秆还田、使用缓释肥、施用生石灰改良土壤、推广水肥一体化技术，推进常山县化肥减量工作，全年减少化肥使用量195吨。推进水肥一体化建设工作，针对重点区域、优势作物开展高效节水技术集成模式试验研究，已建成谷舞仁生、青林家庭农场、绿润果蔬专业合作社3个示范基地。2018年，推广水肥一体化面积0.41万亩。对瑞丰生物科技有限公司进行提升改造，提高其生产技术、管理水平和产品产量。改变了厂容厂貌，通过原料大棚和废气收集设施建设，杜绝原料露天堆放，废气无组织排放，做到清洁环保生产，企业在提高经济效益的同时又保护生态环境。全年推广应用商品有机肥1.5万吨以上，应用面积超过5万亩。重点支持列入粮食生产功能区、现代农业园区、标准农田质量提升区和生态循环农业示范区的实施区域。加大对示范性农民专业合作社、种植大户和农业龙头企业的扶持力度。

【标准农田质量提升】 2018年，常山县实施补划标准农田质量提升项目17个，其中何家乡江源畈、球川镇九都畈等15个畈，青石镇和尚弄畈、天马镇上圩畈等8个畈，何家乡琚家畈等2个畈，新昌乡西岭脚等5个畈，白石镇西塘坳畈、同弓乡山边畈等6个畈，芳村镇河边山畈、新桥乡横山路畈等13个畈，大桥头乡石村畈等2个畈共11个项目于年底前完成验收。2014年省下达标准农业质量提升项目完成提升并通过验收。通过上下联动、定期督查、情况反馈等方式，计划于2019年验收的6个标农项目基础设施建设基本完成，物资发放工作有序推进。

【农业“两区”土壤污染防治工作】 2018年，县农业局与浙江大学进行合作，在白石镇小白石村进行重金属污染农田“边生产边修复”技术示范建设。力争通过两年研究与示范试验，创立重金属中轻度污染农田“边生产边修复”技术模式，建立起一套有效的和可推广应用的稻田重金属污染治理与水稻安全生产技术组合模式，使土壤质量有所改善。截至年底，项目仍在建设中。根据省市工作部署，完成《常山县受污染耕地安全利用和管控方案》编制。

【耕地土壤酸化治理示范县创建】 2018年，常山县耕地土壤酸化项目应用于水稻和胡柚两种作物，全县共建立水稻、胡柚耕地土壤酸化治理示范面积4万亩。经过一年土壤酸化治理，到2019年胡柚精品果园土壤有机质含量提高0.2个百分点，胡柚、水稻酸化治理项目区土壤pH值提高0.2～0.5个单位，土壤质量得到有效改善。

·植保植检·

【概况】 2018年，县农业局植保植检站坚持“预防为主，综合防治”的植保方针，贯彻落实“科学植保、公共植保、绿色植保”理念，按照“控害、减量、安全”新要求，以统防统治与绿色防控融合省级示范县和部级万亩示范基地建设为抓手，着力构建新型病虫疫情监测预警与阻截防控体系，全年未出现重大病虫大面积暴发成灾、重大植物疫情恶性传播蔓延现象。强化农作物病虫监测预警，准确掌握病虫发生动态，发布《农作物病虫情报》7期，全县主要农作物病虫草鼠害发生面积164.61亩次，防治面积192.81万亩次，挽回产量损失11.05万吨。把好产地检疫关、调运检疫关、市场检疫关和疫情监控关，建成3个省级重大植物疫情监测点，疫情普查率、防控率100%，完善植物疫情阻截带建设，将柑橘黄龙病（柑橘木虱）、黄瓜绿斑驳花叶病毒病、梨树疫病、甘薯茎腐病等植物疫情阻截于县域之外，未新增植物疫情；将已在常山县发生的加拿大一枝黄花、柑橘溃疡病控制在局部区域零星发生状态。

是年，县农业局植保植检站被浙江省重大农业植物疫情防控指挥部评为“2018年度重大农业植物疫情防控工作优秀单位”。

【统防统治与绿色防控融合示范县建设】 2018年，常山县被列为省级统防统治与绿色防控融合示范县和部级万亩示范基地，组织实施农作物病虫害统防统治13.76万亩，绿色防控11.49万亩，核心示范区面积2.36万亩，农药减量比例15%，超额完成考核任务。通过强化政策推动，加大资金扶持力度，对示范主体给予最高2.0万元／畈的补助，建立“县有万亩示范集聚区、乡镇有千亩示范样板区，畈有百亩核心示范区”的示范格局，完善农药减量增效“政策激励＋示范推广”模式。

【农药废弃包装物回收处置】 2018年，按照市场运作、政府扶持、属地管理的原则，落实“市场主体回收、专业机构处置、公共财政扶持”的农药废弃包装物回收处置机制，投入资金190.0万元，依托农药经销商设立回收点有偿回收农药废弃包装物39.76吨，回收率92.34%；由归集主体（常山县金太阳供销农资有限公司）归集转运至中心仓库集中存储，并由浙江衢州巨泰建材有限公司无害化处置39.47吨，处置率99.3%。通过宣传培训、政策引导，增强农药使用主体环保意识，遏制农民随意丢弃农药废弃包装物的行为，减少对生态环境的污染。

·农村经济管理·

【概况】 2018年，县农业局开展农村土地承包经营权确权登记颁证工作、集体经济薄弱村消除工作心，按照高起点规划、高标准建设、景观式打造的思路，整合相关涉农项目，结合“常山三宝”发展规划，对家庭农场给予政策支持，拓展农业生产、生活功能。

【集体经济薄弱村消除】 2018年，县农业局落实常山县委、县政府制定《关于实施消除集体经济薄弱村三年行动计划的意见》。通过实施“经营平台打造、集体股份改革、集体资产盘活、民宿旅游发展、物业经济振兴、服务业态壮大、光伏经济扩面、经营队伍培育”八大工程建设，破解村级集体经济发展过程中的难题，村集体经济总收入10万元以上和经营性收入5万元以上村全覆盖，达到全面消除省定薄弱村128个，三年消除薄弱村的任务二年全部完成。

【集体经济发展试点项目扶持】 2017年12月，县农业局、县财政局向上争取扶持村集体经济发展试点项目资金2200万元，大桥头乡大桥村、友好村、樟山村、莲塘村，东案乡弄坞村，新昌乡泰安村，金川街道常桥村，同弓乡关庄桥村，白石镇草坪村，球川镇西村村，芳村镇上猷阁村，辉埠镇东乡村，招贤镇官庄村，青石镇江家村，以及何家乡樊家村（共15个行政村）为2018年度扶持集体经济发展试点项目村。截至2018年年底，何家乡樊家村廉政文化旅游基地开发项目完工，等待验收；青石镇江家村新建来料加工厂房项目变更；其他项目在建设中。

【通过土地确权综合验收工作】 2018年9月20日，全县14个乡镇（街道）的180个行政村，通过省综合验收组的专家验收，以92.27分全面通过土地确权综合验收工作。

【村级公益事业“一事一议”项目】 2018年，县农业局向省争取到村级公益事业建设“一事一议”财政奖补项目资金1950万元，主要包括62个村级公厕，30个农村饮用水、文化活动场所、美化、道路硬化等民生工程项目，项目总投资3810万元，其中省级奖补补助资金2000万元、村民筹资筹劳421.02万元、村集体投入1279.98万元，社会捐助164万元。

【新型农业主体培育】 2018年，县农业局将新型农业经营主体培育工作重点放在推动家庭农场发展上，全县家庭农场呈快速发展势头。截至年底，新注册登记家庭农场142家，全县经工商注册登记家庭农场1154家，注册资金10.894亿元，经营面积8.97万亩。累计创建省级示范性家庭农场31家、市级示范性家庭59家、县级示范性家庭农场101家、县级规范化家庭农场127家。

·农村能源·

【概况】 2018年，全县农村清洁能源利用率达75.22%，秸秆综合利用率达93.78%。共计建成沼气集中供气点89处，年产气量137.14万立方米，供气农户1100户。沼气年发电量8.9万千瓦时。新增太阳能热水器3200平方米，小型光伏发电设备1239处，装机总容量18857千瓦。

【沼气安全生产】 2018年，全县开展沼气职业技能培训60人次，沼气生产工鉴定2人。对沼气生产企业、集中供气站点进行拉网式安全检查，及时发现隐患并督促限期整改到位。与集中供气点签订沼气安全生产责任书，进一步落实沼气业主的安全生产主体责任。

【农村能源综合利用】 2018年，全县依托沼液综合利用项目共建设沼气池、储液池1025立方米，铺设沼液管道15800米，沼液排放墩250桩。沼液综合利用推动常山县生态循环农业的发展。

【秸秆综合利用】 2018年，全县开展农作物秸秆综合利用的宣传，提高农作物秸秆综合利用率，农作物秸秆综合利用率提高到93.78%。探索秸秆多元化综合利用模式，建设秸秆固化成型、炭化、食用菌等项目。

【农田氮磷生态拦截沟渠建设】 2018年，全县建成农田氮磷生态拦截沟渠2条，总长度2260米，氮磷有效减排量30%以上，农田有效覆盖面积600亩，有效控制农田面源污染对周边水体的影响。

·农业机械化·

【概况】 2018年，常山县农机总动力9.3095万千瓦，比2017年减少5.88%，主要原因是外省籍拖拉机动力不再统计。全年机耕面积19.5811万亩，机播面积2.1509万亩，机收面积10.2574万亩。水稻耕种收综合机械化率为72.12%，其中机耕面积8.2629万亩、机耕率91.5%，机播面积2.1509万亩、机播率23.82%，机收面积8.5395万亩、机收率94.57%。

【农机化发展】 2018年，常山县落实农机惠农政策资金265.406万元，其中，农机购置补贴资金260.006万元、农业机械报废补偿（更新）资金5.4万元。全年发展先进适用农业机械305台，其中享受购机补贴机具172台，非补贴机具133台。补贴机具包括轮式拖拉机19台、联合收割机3台、粮食烘干机13台、热风炉13台、秸秆粉碎还田机2台、粮食精选机3台、耕地机械91台、增氧机11台、碾米机2台、捡拾打捆机7台、山地轨道运输机8条。新建粮食烘干中心3个，新增烘干机17台、烘干能力376吨／批；现有烘干中心45个，烘干机123台、烘干能力1452吨／批，实际烘干粮食3.322万吨。现有育秧中心19个、育秧能力4.35万亩／年，实际育秧2.1万亩。创建金川街道为农业“机器换人”示范乡镇，常山县东青粮食专业合作社、常山县艺帆农机专业合作社为农业“机器换人”示范基地，常山县东昌农机专业合作社为省级农机合作社示范社。检查农机经销商2家，农机维修点1家，抽查农机具10台。开展农机产品质量调查，调查了1条山地轨道运输机和32台烘干机，结果全部为满意，全年无农机产品质量投诉。

【农机安全管理】 2018年，全县发生农机事故3起，死3人，伤2人，直接经济损失0.5万元。无道路外农机事故。全年未发生较大以上农机事故，未发生农机安全事故瞒报、拖延、漏报情况。成功创建辉埠镇为“平安农机”示范乡镇。与14个乡镇签订管理责任书，执行“谁经办，谁签字，谁负责”的岗位工作责任制。建立农田作业机械和外省籍拖拉机两个微信群，发送农机安全信息1200条。通过LED显示屏滚动播发安全管理信息15条，农民信箱发送短信6.7万条，推广《农村信息报》120份、《现代农机》杂志42份，教育培训农机从业人员2期115人次。推进农机安全保险，参保拖拉机、收割机共30台，保费1.864万元，保额1170万元。组织开展农机安全生产宣传2次，悬挂标语8条，张贴宣传画16张，出黑板报9期，发放宣传资料3200份受教育群众3230人。开展元旦、春节两节安全生产大检查、安全生产月活动、农业安全生产大检查、拖拉机专项整治等农机安全生产活动，组织21次100人次执法检查和隐患排查，检查机具276台，纠正违章21起，排查治理安全隐患24个，提出农机安全生产建议28个。开展与交通、交警部门联合检查36天，检查上道路拖拉机49台，查处消除安全隐患16起。

【农业机械安全技术检验】 2018年5月17—18日，上道路拖拉机在农机化技术培训学校开展集中检验。农田作业拖拉机、联合收割机、插秧机、烘干机于3月26日至4月10日在全县58个检验点开展上门免费实地检验。全年检验农业机械290台，其中上道路拖拉机25台、农田作业拖拉机112台、联合收割机82台、插秧机25台、烘干机46台。印发农业部“两规定两规范”，刻制相关印章，配置高拍仪等办公设备，在浙江省农机安全监理云平台上办理牌证业务，实现拖拉机、联合收割机、外省籍拖拉机及驾驶员牌证全省联网管理。全年办理拖拉机注册登记19台，联合收割机注册登记3台，新办拖拉机驾驶证4本，到期换证76本，新登记外省籍拖拉机信息5台。核查外省籍拖拉机牌证170台，确认假牌套牌等情况30台，发放告知书30份。

（黄敏媛）

林 业

【概况】 2018年，全县林业工作以“八八战略”为指引，深入践行“两山”理念，把握林业供给侧结构性改革的重大机遇，围绕县委、县政府“四四二”战略体系，以“东接新衢州、慢城大花园”为目标，深化林业综合改革，实施乡村振兴，做实森林资源增长和农民增收的美丽事业。常山县林业局（以下简称“县林业局”）开展全国油茶文化节、油茶博览会、一村万树、现代国有林场创建、森林消防、林地管理等重点工作。推进“周二下村日”活动，全局下村干部达500多次，走访林农200多户，开展培训和业务技术指导30多场，解决实际问题20多个。优化干部队伍结构，年内提拔任用年轻干部4人，推荐优秀年轻干部13人。

是年，县政府获评全省森林资源保护管理工作突出贡献集体（省政府通报表扬）、2017年度森林浙江建设目标责任制考核优秀单位和第二届中国绿色产业博览会优秀组织奖。县林业局获2017年度全省山林纠纷调处集体三等功和衢州市森林消防比武二等奖。县森林公安局获评“盘羊三号行动”先进集体。常山爱佳果蔬开发有限责任公司“艾佳牌常山胡柚”获第二届中国绿色产业博览会金孔雀奖。第11届中国义乌国际森林产品博览会上全县4家企业获金奖、5家企业获银奖、2家企业获创意奖。在1月6日举行的“绿色中国行重走美丽常山”暨第二届全国油茶文化节晚会上，中共常山县委、常山人民县政府被组委会授予“2017年度绿色中国特别贡献奖”；在12月19日举行的“绿色中国行——走进美丽常山”公益晚会上，常山县被组委会授予“树立和践行绿水青山就是金山银山理念突出贡献奖”。

·国土绿化美化·

【概况】 2018年，全县林业工作围绕“五年绿化平原水乡、十年建成森林浙江”的战略目标和新植“一亿株珍贵树”行动计划，加快国土绿化美化，持续推进森林单位创建工作。全县完成绿化造林更新8754亩，其中珍贵树种造林1134亩、平原绿化700亩、四旁植树50余万株。全县义务植树再创新高，参与义务植树节人数达15万人次，义务植树40余万株，其中县四套领导带头种植红梅500余株。推广“一亩山万元钱”的林下产业模式，支持林农在林下种植“山稻、黄精、三叶青”。培育食用竹，分别推广种植香榧和薄壳山核桃500亩，推动林农增收致富。是年，全县获评省级森林特色小镇2个（新昌油茶小镇和东案胡柚小镇）、省级森林城镇1个（球川镇）、省级生态文化基地1处（常山不老泉市级森林公园）、市级森林公园1处（常山罗曼市级森林公园）、市级森林村庄9个（白石镇曹会关村、辉埠镇大埂村、招贤镇官庄村、紫港街道姜家堡村和大弄口村、大桥头乡客弄村和友好村、芳村镇泮坑村、新昌乡泰安村）。

【“一村万树”三年行动继续开展】 2018年，县林业局实施“一村万树”三年行动，整合资金350万元建成“一村万树”示范村32个，种植珍贵彩色树种苗木35万株。建立“一村万树”工作联系制度，成立6个工作小组，由局班子成员分别联系2～3个乡镇，各科室具体抓落实。同时，联合县督考办、第十三纪检组开展“一村万树”现场督查和

“回头看”工作。

【三级森林公园创建】 2018年，县林业局开展三级公园创建，完成三衢国家森林公园规划修编，加快编制国家油茶公园总体规划，成功创建紫竹山省级森林公园和罗曼市级森林公园，生物多样性保护不断强化，将三级公园打造成为名副其实的“城市绿肺”和“森林氧吧”。

·森林资源保护·

【概况】 2018年，县林业局将森林资源保护管理作为林业重点工作，突出林地管理，严格审批环节，把关好1290亩征占用林地指标使用，重点保障县重大重点项目林地使用指标，严格林地督查。推进案件办理，累计办理案件31起，其中刑事案件18起、行政案件13起，追究15人刑事责任，移送起诉案件13起。

【生态公益林管护】 2018年，县林业局召开天然商品林停伐管护工作会议；完成全县60.9万亩的生态公益林管护工作。完善补偿资金发放账户，累计发放损失性补偿资金1584.1万元。召开护林员培训班2期，培训人次达350多人。有序推进“一区两村”示范，投入资金30万元，在县林场场区、联系村球川镇杨家村和王家村开展生态公益林管护抚育、制度宣传和林区道路、防火隔离带等基础设施建设。

【现代国有林场创建】 2018年，县林业局依托县国有林场，加快创建省级现代国有林场。投入资金300多万元，对林场的场容场貌进行提升改造，建成文化展示厅、智慧林场系统等。建立林场退休职工住院救助慰问基金，年内慰问58人，发放救助金6.4万元。通过慰问制度的建立，解决职工上访等历史遗留问题。

【森林综合防控】 2018年，县林业局强化森林防火宣传，加大森林防火管控力度，开展“文明祭扫，平安清明”、“3·19”森林消防宣传日、“爱鸟周”等爱绿护绿活动，市民广泛参与。筑牢森林火灾防线，把森林消防工作纳入乡镇（街道）考核内容，层层签订责任书，开展森林消防宣传教育“五进”活动，金衢盆地森林消防二期工程有效实施，“引水上山和以水灭火”工程项目建设取得实效。筑牢森林有害生物防线，安排财政资金100多万人民币建立健全松材线虫病疫情防范监测网络，开展“森林医生”进村服务工作和开展“绿剑林业检疫执法年”活动，做好面向林农的有害生物生产性预报和防治技术服务，重点推广无公害防治技术，宣传绿色防治理念。筑牢森林资源保护防线，开展“利剑一号”清火行动、打击破坏森林和野生动物资源违法犯罪专项行动（绿剑2018）、禁种铲毒专项行动。强化林业安全生产，完善林业安全生产工作方案，调整林业安全生产大检查工作领导小组，不间断开展林业系统安全生产大检查，重点检查油茶生产、木材加工等企业30多家，与林业生产企业签订责任书30余份。重点摸排森林公园、油茶公园等自然保护地的林业基础设施建设和危险化学品存放。全年开展检查40多次，排除安全隐患6起。全年未发生重大、特大安全生产责任事故。

（黄波）

·油茶产业发展·

【概况】 2018年，县油茶产业办公室（以下简称“县油茶办”）围绕油茶产业“一区两园四中心”建设，加快三产融合发展，加快油茶产业转型升级重点围绕全国油茶交易中心建设，同步推进物理性平台和金融性平台招商引资工作。联合新华社发布新华—山茶油价格指数，逐步掌握全国山茶油价格发布的话语权。油茶种植面积28万亩，油茶籽产量6000多吨，茶油1500多吨，其种植面积和产量均居浙江省前列，油茶产业总产值10亿元。实施油茶新品种造林2395亩，完成油茶更新改造2074亩，低产林改造5000亩，设立油茶气象指数保险，全县有4950亩油茶完成投保。开展全县油茶优质基地包括油茶保障性苗圃、油茶良种采穗圃、油茶新品种优质基地、油茶更新改造优质基地、农旅结合油茶优质基地等的评选工作。是年，“全国经济林产业区域特色品牌建设试点单位”“全国木本油料特色区域示范县”“中国好粮油示范县”“油茶产业创新服务综合体”落户常山，常山国家油茶公园获授牌，常山成为全国油茶博览会永久性会址。常山绿圣生物科技有限公司入选2018年国家高新技术企业。传统古法榨油技艺传承人获评常山县首届“十大名匠”。

【第二届中国·常山油茶博览会和第三届油茶文化节】 2018年12月18—19日，第二届中国·常山油茶博览会暨第三届全国油茶文化节举办。国家林业和草原局副局长刘东生等中央部委领导以及全国重点油茶地区的省、市领导，具有代表性的企事业单位、科研机构和各界的媒体700余人参加。活动以“实施乡村振兴大战略，推动健康产业大发展”为主题，开展“八个一”活动，即一台大型电视访谈节目、一场开幕式、一台《绿色中国行——走进美丽常山》公益晚会、一次中国·常山油茶博览会参观、一场浙江省油茶产业发展现场会、一次东海常山木本油料运营中心参观、一次实地参观考察、一场商品现货交易与融资服务专场会。

12月18日，第二届中国·常山油茶博览会开幕

（县林业水利局 供图）

【全国油茶交易中心建设】 2018年，县林业局（油茶办）围绕全国油茶交易中心，打造“金融性＋物理性”双平台，实现“线上＋线下”同发力。与浙江东海商品交易中心共同组建东海常山木本油料运营中心成为建成集电子交易、实物交割、仓单质押贷款、质量保障于一体的金融性平台，实现油茶籽上线交易，形成全国油茶交易中心。未来将逐步通过运营中心商流、物流、资金流和信息流的四流合一和高效运转，构筑“原料和市场在外、交易和结算在常”的产业高端运作模式，实现资源集聚常山。

12 月 19 日，东海常山木本油料运营中心启动仪式举行

（县林业水利局 供图）

【常山国家油茶公园建设】 2018 年，常山国家油茶公园依托油茶资源发展休闲观光旅游，建成 7 个可看可游的景观节点，吸引省内外各地领导、嘉宾和游客到常山参观调研，推动“卖油”向“卖游”转变，促进美丽资源向美丽经济转化。新昌乡黄塘村大力发展以油茶为主题的乡村旅游，年接待游客超 8 万人次，实现旅游收入 300 多万元。是年，《国家油茶公园总体规划》编制完成。

【油茶科技标准制定颁发】 2018 年，浙江常发粮油食品有限公司公司与浙江大学、中科院亚林所以及美国药典委中华区总部合作，开展以真实性检查技术为基础的《FCC－油茶籽油标准》，获美国药典委批准出版并向全球发布。与中国林业产业联合会木本油料分会合同共同制定并颁发《木本油料品牌评价团体标准》《油茶籽团体标准》。浙江省油茶研究所率先在全省林业行业内引入物联网技术，智慧云平台实现大数据分析，完成对油茶基地科学种植和智慧化管理。

【油茶三产融合发展】 2018 年，县林业局（油茶办）以国家油茶公园授牌为契机，打造油茶小镇，加快建设国家油茶公园项目建设，举办油茶文化节等传统活动，将实施油茶产业重大项目与当地以油茶产业为基础的农家乐、休闲旅游景点、美丽乡村等有机结合，有效促进三产融合，使常山成为全国油茶产业的“沙盘”，从而推进“环境优势”到“生态红利”的转化，实现山区农民的增收致富。是年，全县油茶产业带动农民增收 3.3 亿元。

（王昆喜）

水 利

【概况】 2018 年，常山县水利局（以下简称“县水利局”）完成水利投资 4.7 亿元，向上争取资金突破 2 亿元大关。建设完成防汛视频监视系统 14 个，建立水雨情监测体系 58 处，修编《防御特大洪水方案》等预案 6 个，县域内 303 座塘库“三个责任人”（即行政责任人、技术责任人、巡查责任人）全部落实。水利建设项目快速推进，常山港治理二期工程建设防洪堤 16.046 千米，累计完成投资 3 亿元，《滨江堤浮雕设计方案》正式定稿，长风灌区节水配套改造项目改造渠道 18.9 千米，完成水利工程标准化创建验收 44 处。生态网格加速成型，常山港、芳村溪两条河道通过市级美丽河道评定，常山县连续两年“全市最严格水资源管理制度”考核优秀。开展第 26 届“世界水日”、第 31 届“中国水周”系列宣传活动，发放各类宣传手册 3000 余份。

【安全防汛各项措施落实】 2018 年，县水利局整改落实安全度汛措施，对 363 处水利工程仔细排查，下发整改通知书 14 份，各乡镇（街道）防汛责任 AB 岗制全覆盖，防汛组织结构图、防汛防台形势图正式投入运行。强化预警加强山洪灾害防范，建设完成防汛视频监视系统14个，建立遍及全县小流域、重要水库的水雨情监测体系58处。群策群防整体提升项目被列为省级试点，并于10月通过专家组验收。汛期发布预警信息11万多条，有效避免人员伤亡。强化保障做好防汛抢险各项准备，开展基层防汛知识培训14场，培训基层防汛责任人1020人，调整充实县防汛抢险队和县水上救生小分队人员名单。强化演练提高各类预案可操作性。修编《防御特大洪水方案》等预案6个，开展防御特大洪水预案实战演练。

【常山港治理打造“宋诗之河”品牌】 2018年，县水利局开展常山港治理二期工程，开工建设防洪堤16.046千米，完成工程总量的87%，累计完成投资3亿元。打造常山港“宋诗之河”品牌，《滨江堤浮雕设计方案》正式定稿。该项目建设内容包括宋诗文化、名胜古迹、山水风景、文人雅士、定阳十景五个部分，其中，“宋诗之河”展示区总长4420米，“宋诗精品文化”核心区总长1800米。

【水利工程项目建设有序推进】 2018年，县水利局加快推进龙绕溪流域综合治理建设进度，完成投资3200万元。加快长风灌区节水配套改造项目进度，完成投资2630万元，改造渠道18.9千米，占工程总量的93%；芙蓉灌区节水配套改造项目进入招投标阶段。实施7座小型水库除险加固工程，其中官塘、五里塘、九坞岭、长厅、上西弄5座水库年内已完工；小型农田水利项目县建设完成工程总量的89%。管理类工作水利工程标准化创建验收44处，农业综合水价改革方案完成审查。

【水资源管理力度加大】 2018年，常山县在全市最严格水资源管理制度考核中被评定为优秀，位列全市第一，获得省水利厅、省人力资源和社会保障厅联合通报表扬。全年累计对河湖塘库清淤93万立方米，超额39%。打击涉水违法行为，累计巡查约1800多千米，出动执法人员335人次。8月18日，查获近5年来最大一起电鱼案件，收缴非法捕捞的渔获物计192.71千克。开展增殖放流工作，增殖放流甲鱼苗1.7万只、河蟹苗600千克、各类鱼苗680万尾。设立禁渔区（期）制度，得到省海洋渔业局批复。

（汪 璇）

·中型水库管理·

【概况】 2018年，常山县中型水库管理局在岗在编人员20人，其中公务员1人、事业编制19人；配备局长1人、副局长2人、综合科长1人、工程管理科科长1人。及时编制2018年度维修养护计划，落实工程维修养护，完成3座水库闸门启闭机维修养护、绿化养护及狮子口水库、芙蓉水库管理房维修、千家排水库视频监控系统安装、标志标牌更新、确权划界测量，完成狮子口水库、千家排水库、红旗岗水库、金川弄水库白蚁防治。强化水库水源保护，推进“五水共治”与“清三河”工作，督促狮子口甲鱼养殖场水环境整治，配合饮用水源禁钓联合执法，定期不定期组织禁钓巡查、库区日常巡查。是年，千红灌区标准化管理创建通过市水利局验收；千家排水库标准化管理创建通过省水利厅验收；千家排水库和狮子口水库大坝通过安全鉴定；长风灌区节水配套改造项目主体工程完工；芙蓉水库灌区节水配套改造项目完成施工招投标。

【千红灌区标准化管理通过验收】 2018年11月16日，衢州市水利局专家组对常山县千红灌区工程标准化管理创建工作进行验收。在县中型水库管理局自验打分的基础上，验收组一行实地察看灌区干渠、听取工作汇报、查阅相关台账资料后，依据《浙江省水利工程标准化管理验收办法》逐项进行评分，千红灌区标准化管理创建工作以85.3分的成绩通过验收。

【千家排水库标准化管理通过验收】 2018年11月27—28日，浙江省水利厅专家组对常山县千家排水库标准化管理创建工作进行验收。在县中型水库管理局自验打分的基础上，专家组一行实地察看千家排水库大坝、启闭机房、管理房等，听取相关工作汇报，并从机构人员、管护经费、管理基础、运行管理、工程面貌、信息化管理方面查看台账资料后，依据《浙江省水利工程标准化管理验收办法》逐项进行评分，千家排水库标准化管理创建以81.3分的成绩通过验收。

【狮子口水库和千家排水库大坝通过“一类坝”安全鉴定】 2018年12月15日，衢州市水利局在常山召开常山县狮子口水库、千家排水库大坝安全鉴定会。衢州市水利局总工程师邵建良，衢州市农村水利管理站、衢州市水文勘测站等单位的专家和特邀专家出席会议。鉴定专家组经实地查看水库工程现场、听取汇报、查阅工程资料、现场问询和讨论交流，认为两座中型水库大坝在工程质量、防洪标准、结构安全、运行管理等方面都满足设计要求，工程质量可靠，运行管理规范，依据水利部《水库大坝安全鉴定办法》和《水库大坝安全评价导则》，一致同意狮子口水库大坝和千家排水库大坝鉴定为“一类坝”。

【长风灌区节水配套改造项目有序推进】 常山县长风灌区节水配套改造项目于2016年开工，总投资2816.22万元，工程主要建设内容包括新建泵站1座、改造11座，干渠新建、改造2.58千米，支渠衬砌改造10条共11.68千米，排水渠衬砌改造5条共5.42千米，穿常山港倒虹吸339米，灌区管理房1处，信息化系统等。截至2018年年底，长风灌区节水配套改造项目已完成土建60%工程量，12座泵站工程全部完工，钱塘支渠、下淤支渠、九源支渠、湖东支渠等基本完工，信息化系统建设完成招投标。

【芙蓉水库灌区节水配套改造项目土建完成招标】 2018年5月16日，衢州市水利局、衢州市农业综合开发办批复《常山县芙蓉水库灌区节水配套改造项目初步设计报告》，常山县芙蓉水库灌区节水配套改造项目总投资3475.06万元，包括中央资金1000万元、省财政资金1000万元、省水利资金1000万元、县级财政及县水利资金475.06万元。项目主要建设内容包括改造干渠7.82千米、支渠11.50千米、排水渠2.5千米，干支渠清淤9.82千米，改造及加固堰坝4座、改造灌溉泵站11座、渡槽2处，新建倒虹吸1处，改造节制闸14处、农桥18座，新建灌区管理房1处，以及灌区信息化建设等。项目监理招标于2018年9月29日完成。2018年12月6日，工程土建5个标段完成施工招标，累计施工合同金额2610.57万元。

（王海松 商星星）

河道采砂管理

【概况】 2018年，常山县河道采砂管理办公室（以下简称“县采砂办”）县采砂办牵头起草《关于制石制砂规范化管理的实施意见》并经县政府常务会议审议后出台。明确工作目标、工作措施及各乡镇、部门的工作责任。配套出台《关于明确重点项目自办制石制砂场“部门联合审批”相关事项的通知》，明确重点项目自办制石制砂场的审批流程，严格管控办理数量，规范日常监管。推进制石制砂加工经营权公开出让工作。整合县采砂办和县水利局执法大队执法力量，建立联合执法队伍，每天安排执法人员24小时值班，夜间至凌晨对重点河段涉水涉渔违法行为进行统一巡查和打击，破解采砂办执法力量不足难题，节约人力物力财力，提高举报处理响应速度。全年巡查300余次，立案查处非法采砂案件15起，罚没款共计32.24万元。

【涉水工程砂石管理措施有力】 2018年，县采砂办针对部分施工单位利用涉水工程项目建设名义非法采砂情况，召开涉水工程砂石资源管理大会，由水投公司与常山港一期、二期治理工程施工单位签订《砂石资源管理协议书》8份，明确施工单位砂石资源管理责任。同时，采取控制施工通道、安装视频监控、现场监督施工、扣除文明施工费、纳入不诚信名单等组合措施，严格管控涉水工程项目非法采砂。在百项千亿元项目——常山县常山港治理项目上安装视频监控系统20处。查获以涉水工程建设名义非法案件7起，罚没款共计15.6万元，扣除文明施工费1万元。

【非法陆域碎石场整治工作】 2018年，县采砂办组织各类砂石资源领导小组成员协调会6次；组织部门联合行动9次，对2家环保督查重点项目碎石场进行断电拆除，对2家新设碎石场断电关停，对1家到期重点项目碎石场断电关停，对4家关停后私自搭电生产碎石场进行强制拆除，组织乡镇街道排查上报非法占用土地碎石加工情况2次。

（黄丽丽）

贸　易

国内商贸

【概况】　2018年，常山县实现社会消费品零售总额69.9亿元，比上年增长9.1%；实现网络零售额19.7亿元，比上年增长45.4%。全县新增限上企业11家，涉及零售、餐饮、电商等多个行业，确保商贸各项指标保持稳定增长，进一步扩大社会消费品零售额统计面，提升规模以上企业对社会消费零售总额增长的贡献率。全县水泥产量呈持续上升态势，散装率有所提高。全县4家水泥生产企业水泥年产量522.8万吨，其中散装水泥供应量356.3万吨。

【电商服务网点行政村全覆盖】　2018年，县域内实现180个行政村电商服务网点全覆盖，为农村电子商务发展打下良好基础。协助阿里巴巴完成56个村点服务站建设，完成3个4.0版农村电商服务站（天猫优品服务站），改造提升108个农村电商服务站（家家送40个、丰收驿站68个），“网货下乡”和“农产品进城”双向服务功能和民生服务功能得到较好发挥。

【打造常山餐饮名片】　2018年，常山县商务和粮食局推行常山麦香饼“五个一”（即制定一个目标、组织一个活动、发扬一种精神、打造一个试点、开展一次评选）计划，面向全国发出常山麦香饼LOGO设计征集活动邀请函，选定常山麦香饼LOGO。借助2018“环浙”自行车嘉年华骑游等活动，组织常山麦香饼现场供应及推介，推进常山麦香饼进驻常山高速服务区。邀请中国烹饪协会副会长李亚光到常山指导“美食之乡”申报、创建工作。联合常山县餐饮行业协会开展常山首届餐饮名店、名厨评比活动，启动常山县名菜、名点评比活动。

【铁腕整治成品油】　2018年，常山县商务和粮食局开展非法加油站点专项整治工作，全年扣押非法加油车15辆，处罚7辆，收缴21万罚款，非法加油点立案7起，罚款70184元，其中移送公安刑事查处2起、扣押非法柴油70多吨，非法经营成品油现象得到有效控制。

（詹汉）

对外贸易

【概况】　2018年，县商务和粮食局组织19家企业32次境内展，16家企业27次境外展会，签订意向订单约5000万美元。通过加大政策宣传、加强招商引资、强化为企服务等举措，培育进出口主体，坚持进出口并重，进口6390万美元，比上年增长30%，增幅全市第一。全县外贸进出口总值2.62亿美元，比上年增长1.43%。

【出口主体不断壮大】 2018年，县商务和粮食局鼓励有条件的外贸企业申办自营进出口经营权，大胆涉水国际市场，引导代理出口企业早日实现自营出口，能够跨越代理公司直接与国外终端客户打交道。2018年，全县新增自营出口企业30家，拥有出口实绩企业69家，出口实绩企业增加6家。

【外贸企业发展环境改善】 2018年，县商务和粮食局优化政策提升服务，改善外贸企业发展环境。出台扶持外向型经济发展的4条新政策，新增支持信用保险“政府联保”政策，增强海外市场拓展能力。截至年底，全县有29家2017年自营出口400万美元以下的小微出口企业与中信保签约。

【应对中美贸易摩擦培训班举办】 2018年，县商务和粮食局与省市主管部门、机构联合举办5次培训班，组织100余家企业派员参训，邀请专家、领导解读中美贸易摩擦情况，专题介绍如何利用境外商标注册拓展国际市场，帮助企业了解国际自贸区政策，指导企业利用原产地证优惠政策享受国外关税优惠待遇，就国际商事证明书、领事认证和集成驱动电子设备在对外贸易中的作用进行全面讲解，带动企业相关人员学知识用知识，提升自身软实力。

2018年自营出口业务统计一览

表7 单位：美元

企业名称	出口额	主要出口产品	主要出口国或地区
浙江四通进出口有限公司	148834	轴承	阿联酋 土耳其 保加利亚 白俄罗斯 南非
常山县海诚化工有限公司	36860165	硝体	印度
衢州聚科化工有限公司	21030	化学品	印度
常山优泰机电有限公司	102629	柴油发电机组以及配件 工业洗衣机 制冷机组	马尔代夫
衢州长航贸易有限公司	66286	日用品	欧美 中东
衢州市申可进出口贸易有限公司	40645	领带日用品	亚欧
常山欧昵特贸易有限公司	1431329	涤纶缝纫线 纯涤纱	东南亚
常山三森贸易有限公司	13951139	日用品	欧美 东南亚
常山诺依贸易有限公司	12127472	日用品	欧美 东南亚
浙江威诗朗进出口有限公司	20908	路灯及杆	爱沙尼亚
常山达达商贸有限公司	21362176	日用品	欧美 中东
常山奇鸣商贸有限公司	16731	日用品	中东 东南亚
常山普徕特进出口有限公司	562931	建材	东南亚 非洲
常山星琪商贸有限公司	16900	枕头 珍珠饰品	美国 日本
常山县美翰贸易有限公司	288744	纺织品 工艺品日用品	非洲南美中东
常山县辰申贸易有限公司	212702	纺织品 工艺品日用品	非洲南美中东
浙江泰士特贸易有限公司	8232970	阀门	美洲
浙江雪村国际贸易有限公司	513654	商用冷柜	东南亚
常山星阳进出口有限公司	58807	饰品 节日用品	美国 欧洲
浙江四通轴承有限公司	6296275	轴承	阿联酋 保加利亚 白俄罗斯 南非土耳其
浙江捷姆轴承有限公司	9803008	轴承	印度 巴西 意大利 法国 西班牙

续表 7

企业名称	出口额	主要出口产品	主要出口国或地区
常山县环宇轴承有限公司	2203036	轴承	迪拜 俄罗斯 乌克兰 新加坡 南非 孟加拉国
常山县双明轴承有限公司	2320560	轴承	巴西
衢州鑫盛轴承有限公司	16140	轴承	欧美
常山楷瑞轴承有限公司	11099	轴承	东南亚
浙江省常山纺织有限责任公司	4142045	棉纱线	孟加拉国 印度尼西亚
浙江云泰纺织有限公司	206309	色纺纱	中国香港地区
浙江隽美纺织服饰有限公司	915647	服装	北欧 中东 加拿大
浙江卡罗莱纳纺织有限公司	66251	纱线	中国香港
衢州格劳威服装有限公司	1168934	专业服装	东南亚 美洲
常山顺发箱包有限公司	111540	箱包外套	欧美
浙江天子果业有限公司	1034952	蜜橘	东南亚 加拿大
浙江衢州常发粮油食品有限公司	55657	油茶	东南亚
常山斯帝油茶开发有限公司	12052	油茶	东南亚
浙江开拓休闲家具用品有限公司	8274219	户外用品	欧美
常山县豆豆文体用品有限公司	779304	无纺布制品	美国
浙江常山施翔工贸有限公司	2217973	节日服装	欧美
常山翔和工艺品有限公司	10935	帽子	欧美
浙江傲克密管件有限公司	3474709	铜管件	美国 东南亚 欧洲
浙江玛莉莎工贸有限公司	3288235	铝锅	沙特 埃及 伊朗 阿联酋
浙江雄狮工贸有限公司	163348	保温杯	巴西 西班牙
浙江创建厨具有限公司	4192924	咖啡壶	欧美
浙江南洋精工酒店用品制造有限公司	4753516	餐厨用具	美国 德国
飞浦防爆电器有限公司	185498	防爆灯具	俄罗斯
浙江百晔塑料有限公司	172071	PVC 软管	美国 中东
浙江常山迈峰宠物用品有限公司	2679120	狗咬胶	欧美
浙江爱丽莎环保科技股份有限公司	3368194	墙纸	非洲 印度
衢州瑞宝亚克力有限公司	1187945	亚克力板材	印度 加拿大 新加坡
浙江常山科润新材料有限公司	2732376	化学品	印度
常山县科峰化学有限公司	58017	化学品	印度
衢州特美舒鞋业有限公司	7366306	鞋	美国 欧洲
衢州市宏远鞋业有限公司	385914	鞋	非洲
浙江雪村制冷设备有限公司	918918	冰柜	东南亚
常山县万谷电子科技有限公司	16120	温度计、制冷器	欧美 日本
浙江常山硅峰电子有限公司	1299935	抛光片	美洲 东南亚
常山弘远电子有限公司	6051	芯片	中国台湾地区
衢州正邦电器配件有限公司	241921	电器插座	美国
浙江普尔泰科电气有限公司	4629454	电器设备	东南亚
衢州高盛医疗用品有限公司	76400	医疗用棉	东南亚
浙江灵腾铸造科技有限公司	854475	不锈钢精密铸造	欧美
浙江富欣达健康科技有限公司	553016	体育用品	欧美
常山优特机械有限公司	151345	机械用品	欧美
伊莫英恩电力科技有限公司	227610	负荷开关、变压器等	印度尼西亚 坦赞尼亚
浙江道合邦工贸有限公司	74753	铝锅	东南亚 欧美
常山嘉威智能科技有限公司	199625	灯杆灯具	迪拜
浙江申瑞流体控制有限责任公司	75875	阀门	亚非拉
常山皮尔轴承有限公司	18418027	轴承	美国
常山百花服饰有限公司	561670	环保袋	日本
浙江常山海蕴服装有限公司	104118	针织产品	日本

2018 年出口产品分类一览

表 8

单位：万美元

行业	出口额	全县出口额占比（%）
轴承	3921.70	19.80
纺织	727.65	3.67
化工	3967.16	20.02
家具工艺品	1127.15	5.69
金属加工	2639.27	13.32
鞋类	775.22	3.91
电子电器	637.90	3.22

（毛 倩）

供销合作

【概况】 2018 年，全县供销系统实现销售总额 160700 万元，比上年增长 16%；实现利润总额 613.7 万元，增长 15.8%；其中全资、控股企业营业总收入 15300 万元，增长 43.3%，利润总额 607 万元，增长 44.5%。全资、控股企业净资产收益率 6.99%。基层社营业收入 13 万元，利润总额 1.9 万元。常山县供销联合社（以下简称“县供销联社”）内设办公室、业务主导科、财务资产科，在职编制 10 个；2018 年 5 月，办公室、财务资产科各招考一名公务员。2018 年 6 月，常山县农民合作经济组织联合会（以下简称“县农合联”）理事会执行委员会成立，内设机构配套县供销社科室，职责相依附。全县有基层供销社 4 家，参股公司 1 家，代管公司 1 家，全资公司 2 家，社会团体 1 家。

2018 年 9 月，县供销联社计划对白石、芳村供销社进行房屋维修，对同弓供销社进行拆建，芳村供销社维修预算 217320 元，白石供销社维修预算 699048 元，并进行公开招标。12 月，芳村房产维修变动工程量，增加金额 2 万元。

县供销联社推进山海协作合作，到慈溪市农产品电子商务孵化园、浙江海通食品集团生产基地考察学习，与慈溪市供销联社达成“常山三宝”农产品进慈溪等项目合作意向，签订山海协作战略合作协议书；参加慈溪市首届农特产品金秋展销会，设立常山三宝等特色农产品经销专区。参与招商引资，引进浙江盈祥纺织有限公司年产 3000 万米全涤纶长丝四面弹力布项目在新都园区落地，完成 1200 多万元厂房（土地）招拍，主体厂房改造完毕，机器设备已进场安装，年内完成一期投资 3000 多万元。向上争取项目，完成《莲塘湾水上大型游乐主题公园》项目的谋划工作，将蓝莓产业综合体、南绿农业绿色发展示范先行创建工程两个项目列入浙江省乡村振兴战略规划重大工程项目；争取到 2018 年省供销社财政竞争性扶持资金 150 万元；争取到省社财政扶持资金 250 万元；蓝莓小镇项目于 2018 年 9 月成立项目建设领导小组，向上申报按 600 万元标准，用于球川蓝莓小镇项目建设。

【县农合联建设】 截至 2018 年年底，县农合联共组建 14 个乡镇级农合联，吸收会员 785 人。县农合联现代服务中心平台建成，新型庄稼医院成功运营。2018 年，县供销联社举办县农合联生产经营主体素质提升首期培训班，组织到宁波象山红美人等基地考察学习；联络县内近 40 家胡柚合作社及产加销主体，由大宝山专合社等5家单位牵头组建胡柚产业农合联；完成县城和新昌乡2家区域性现代农业服务综合体建设，经营服务面积达2000平方米；协助衢州市供销社组织召开“三衢味”品牌培育（常山）座谈会；组织“农特百县联盟走进常山”活动，与农特集团签订战略合作协议；在县农合联运营服务中心完成创办首家具有地方特色的常山胡柚专科医院，为常山胡柚种植大户提供测土配方、精准施肥、病虫害防治等线上线下服务，全年服务胡柚种植大户50余个，服务面积达4000亩。

【常山两山农林合作社联合社业务发展】 2018年，县供销联社召开农合联合作社会员规范化建设暨信用等级评定工作布置会，开展农合联会员信用等级评定，推动授信贷款扩面工作；对接省供销社农业信贷担保服务体系建设工作，开展生产经营主体的金融服务需求调查，申请设立省农信担保第一批县级办事处；吸纳具有农信担保经营业务的联合社加入产业农合联，建立与农信机构的协作关系，建立由农合联、农信机构、联合社共同承担的风险分担机制，全年为农合联会员贷款提供担保服务61笔，金额4555万元。

【中药材产业发展】 2018年，县供销联社培育并成功申报青石的“浙江衢枳壳之乡”、球川的“浙江中药材之乡”；推荐衢枳壳入选新“浙八味”，完成浙江省新“浙八味”培育推进会上专题宣传和《科技金融时报》新“浙八味”系列报道工作；组织召开“浙江衢枳壳之乡”培育工作总结暨衢枳壳产加销对接工作促进会，促进一批衢枳壳加工项目在常山落地。根据《全面实施乡村振兴战略、加快“特富美安”慢城大花园建设2018年行动计划》，启动衢枳壳录入国家药典申报准备工作，并针对衢枳壳入选新“浙八味”，召开一届七次理事会议暨中药材产业提升座谈会，通过协会理事会换届工作方案和协会衢枳壳分会筹备成立方案，设立两个工作专班，按要求参与“衢六味”遴选推荐工作，助力衢枳壳入选国家药典。

【常山县球川蓝之美农业发展有限公司成立】 2018年11月，由县供销联社下属公司——常山县联农供销发展有限公司与常山县球川经济开发有限公司及6个结对村村委会，共同组建“常山县球川蓝之美农业发展有限公司”（暂定名）。常山县联农供销发展有限公司同意出资股本金30万元，约占新公司股份比例的3.7%；委派吴仲为股东代表。

（黄雪风）

粮食购销

【概况】 2018年，全县粮食工作围绕“创新、提升、加速、稳定、促进”五个重点，以确保区域粮食安全为己任，落实地方储备规模，抓好各级储备粮管理，保障粮食安全，全面实现“粮食安全、粮农增收、粮企发展”三大目标。立足常山山茶油发展历史特征，抓住山茶油的历史名气，成功申报“中国好粮油示范县”。

【夯实粮食订单基础工作】 2018年，县商务和粮食局开展送政策、送订单、送科技、送资金、送信息的“五送”工作，与种粮大户签订粮食预订单，发放大户粮食订单质押贷款68户，发放贷款1355万元；发放预付定金28户，金额108万元。落实早稻订单面积29524.4亩，订单数量11809.76吨。实际收购早稻谷数量11209.77吨，订单粮食收购数量为11065.93吨，订单履约率93.7%。

【富氮低氧储粮技术应用】 2018年，县商务和粮食局运用富氮低氧储粮技术，有效减少粮食中化学药剂的残留，杜绝储粮害虫的抗阳性，延缓储粮品质的劣变，确保储粮的新鲜度，减少对人员身体伤害，整合储粮“四合一”（即横向通风、谷物冷却、富氮低氧、多数据粮情测控）技术，达到绿色储粮的目的。

【收储公司效益稳步提高】 截至2018年年底，常山收储公司粮油储存数量4.49万吨。其中，省储粮1.60万吨，衢州中央库代储粮食6500吨，临安市储备粮1900吨，县级储备粮油1.63万吨。此外，帮助慈溪市收储公司收购1700吨早稻谷。2018年，常山收储公司实现净利润75万元，企业效益进一步提升，企业资产质量进一步优化。

（詹　汉）

烟草专卖

【概况】 2018年，常山县烟草专卖局（分公司）实现卷烟销售量9742.74箱，比上年增长0.19%，实现销售额46990.52万元，比上年增长2.24%；上缴各项税费2164.58万元，实现税利1.23亿元，比上年增长2.1%。查获各类涉烟违法案件71起，比上年增加39.22%，查获涉案卷烟482.26件，案值460.28万元。

是年，县烟草专卖局（分公司）获评2018年衢州市烟草专卖局（公司）专卖管理特殊贡献奖，常山县“1·14”运输假烟重大案件和“4·29”运销假烟重大案件获浙江省烟草专卖局涉烟重大案件表彰奖励；城区市场部和城区专卖所获“衢州市烟草系统优秀基层所（部）队”，1人获评“全省卷烟打假工作成绩突出个人”，1人获评衢州市烟草专卖局（公司）特殊贡献奖，1人获评“全市系统安全生产先进个人”，1人获评“全市系统安全文明驾驶员”。

【服务烟草专卖终端客户】 2018年，县烟草专卖局（分公司）帮助客户开展卷烟陈列、明码标价、库存采集工作，推广支付宝结算，提高客户盈利水平。推进现代终端建设，现代终端客户比例达20.49%。开展文明吸烟环境建设，建成127个吸烟点。推进“三亮”（党员亮身份、亮职责、亮承诺）活动、“双亮双建”（“双亮”即烟草“三员”、零售客户亮明党员身份，“双建”指党的建设、网络建设相互融合，共同发展）工程，授予223家党员客户“党员零售客户”标识牌，6名党员客户被评选为衢州市首批党员零售户红色先锋站，1名客户被评为标杆示范户，实现党建向零售终端的延伸。

【烟草专卖执法体系建设全面推进】 2018年，县烟草专卖局加强与公安、市场监管、运管等部门之间的协作，打击涉烟违法行为。推进全部事项100%进驻行政服务中心，全年办理各类行政许可事项1143件，网上申请率61.33%。利用“3·15”消费者权益保护日、“浙江法制宣传月”、“12·4”宪法宣传日活动，宣传烟草专卖法律法规，提供投诉处理、真假烟鉴别等服务，全面推进专卖阳光执法体系建设。

（段晓艳）

通　信

邮　政

【概况】　2018年，中国邮政集团公司浙江省常山县分公司（以下简称“邮政常山分公司”）注重金融业务、寄递业务和农村电商业务发展，为广大城乡居民提供储蓄、汇兑、便民取款等各类便民缴费等基础金融服务和代理保险服务，并提供工资、社保、养老金、来料加工费各类补贴等资金代发服务。至年末，全县有邮政局所7处，邮政储蓄网点9处，空白乡镇邮政局所6处，信筒信箱38个，用户信报箱18844只，从业人员122人。固定资产净值819万元，邮政生产用房2732平方米，非生产用房12319平方米，邮政生产用计算机111台，邮政邮运汽车5辆，邮运路线8条，其中乡邮6条、总长1450千米。承担着普遍服务的义务，从常山出口的信件和物品可以递送到世界各地，特快专递通达200多个国家和地区。全年完成邮政业务收入2464万元，比上年增长17.49%。常山县邮政分公司刘林松被县委、县政府授予常山县“金钉子”党员称号。

【寄递业务持续优化】　2018年，常山县邮政寄递事业部全面开展标快化转型工作，以提升服务质量、客户体验为宗旨，有效提高邮政快递的市场占有率。4月，与县行政服务中心全面对接入驻部门邮件寄递“政府买单”工作。9月，完成“爆破月”活动日均出口突破1700件，“双十一”期间日均出口7000余件。12月，成功开发“常山胡柚”在极速鲜平台的推广，日发货量最多达14000余件，助推常山农产品在电商平台的销售。

【邮政储蓄业务平稳发展】　2018年，邮政常山分公司以客户为中心，突出客户经营，按照“获客、获信、获金”这一经营主线，推广“村社建档、信息比对、分岗管户、营销策划、精准走访、营销实施”客户经营六步法，实现网点金融基础客户的扩面和积累，壮大本地基础客户规模，提升客户经营能力，吸引客户，聚集网点人气，促进金融业务发展。至年末，储蓄余额9.57亿元，比2017年增加10869万元，居民储蓄存款市场占有率7.9%，比2017年年底上升0.03个百分点，全县代理保险新增系统内保费5630万元。

【拓展函件和邮购业务】　2018年，函件业务以大数据资源整合利用为切入点，对接常山县各企事业单位，并与县人力资源和社会保障局达成合作，开发“居民保障权益单”。

农村电商规模进一步扩大，发展邮乐购站点146个，实现批销额438.6万元。开展精准扶贫，帮助常山果农销售胡柚25万多千克，实现销售额138万余元。

【“圆梦儿童微心愿”之邮政爱心包裹在行动】　2018年，为完成千里之外四川古蔺县孩子们的微心愿，共青团常山县委联合邮政常山分公司共同开展“圆梦儿童微心愿”献爱心活动。邮政常山分公司小包组员工对集中在县青少年活动中心的1000多件心愿礼物进行装箱打包，历时2个小时，共整理20千克重量的包裹60多件，于10月29日早上统一装邮车寄往四川古蔺县的贫困学子手中。邮政常山分公司运用自身强大的寄递优势，为传递爱心助力。这次爱心事件受到《浙江日报》关注和报道。

【集邮展览进校园活动】　2018年，邮政常山分公司在县实验小学开展“改革开放、强国之路”集邮展览进校园活动。活动特邀市集邮协会会员共同参与，为学生们讲解祖国改革开放一路走来的光辉历程及社会各界取得的伟大成果。通过现场讲解，培养青少年的集邮兴趣，丰富广大青少年的课外生活；同时，通过邮票文化的传播促进学校德育和素质教育共同发展，丰富学生的第二课堂，推进“和谐校园”的建设。

【“敬老爱老”结对慰问活动】　2018年7月3日，邮政常山分公司党委书记携所属党支部书记深入结对村招贤镇游林村和汪家淤村开展“敬老爱老”千人结对慰问活动。走访慰问困难孤寡老人，关心老人的身体健康状况，并送上大米、油、电风扇等物品，并帮助协调解决实际困难问题。

2018年常山邮政分公司业务收入情况一览

表9

收入名称		金额（万元）	比上年增长（%）
邮政业务总收入		2464	17.49
其中	寄递收入	285.14	112.97
	金融收入	1455.86	7.53
	电商收入	723	12.68

（童慧君）

电信·移动·联通

【概况】　2018年，中国电信股份有限公司常山分公司（以下简称“电信常山分公司”）致力于光网质量全面提升，不断强化网络承载能力。在实现出口带宽扩容的同时，完成对网络架构的优化调整，包括核心网络结构升级改造、覆盖片区的光网接入点部署完善、所有AB类基站站点100%成环等工作，光网覆盖率达100%。围绕移动网络的关键能力，打造无线精品网络，补点覆盖远洋、竹园等7个高密小区，完成12个L网800M基站的规划和建设，移动网络完成800M重耕，具备全网VOLTE、NB-loT商用能力，全县信号覆盖率达到98.22%。截至年底，中国电信天翼移动通信、光宽带、天翼高清（ITV）用户数共14万余户。全县新增门店14家，通过二级网点、丰收驿站、邮乐购等村级能人合作实现泛渠道网点超百家，做实服务质量全流程管控，提升精准营销和精细服务。

电信常山分公司响应政府“东接新衢州慢城大花园”行动，配合政府重点项目中的杆线迁移，牵头各运营商完成何家、同弓、大桥、东案4个乡镇小城镇综合环境治理线乱拉整治工作，完成048省道、320国道、杭金衢高速公路拓宽等各类重点项目的杆线迁改和弱电管道建设及杆线迁移改造下埋工作，通过省验收组验收。完成首届常山人发展大会、第二届常山国际赏石文化节、2018中国山地自行车公开赛、龙舟大赛、胡柚文化节、油茶文化节等重大赛事的通信保障工作。

2018年，中国移动通信集团浙江有限公司常山分公司（以下简称“中国移动常山分公司”）在职员工72人，固定资产超过2.91亿元，4G基站站点337个，家庭宽带户籍覆盖率为122.22%。推进“4G+”一号工程，完成全球移动通信系统改造开通318个，室分44个，全网基站具备GSM/FDD/NB-IOT三模能力，制定网络质量评估体系和业务感知指标体系。配合县政府完成2018“爱丽莎”杯浙江国际皮划艇精英赛、常山建县1800年系列活动等大型保障活动16次，助力常山县小城镇环境综合整治、杆线整治工作，完成迁改立项11个。运营收入比上年增长6.5%；用户日通份额占比87.04%。

2018年，中国联合网络通信有限公司常山县分公司（以下简称“联通常山分公司”）坚持“聚焦、创新、合作”发展战略和五年战略规划引领，推进“1371工程”（即1个核心、3项聚焦、7大能力、1项保障），围绕“发展提速、筑能提速、增效提速、改革提速”工作主线，各项工作取得阶段性进展。通过铁塔公司基站共享共建，常山联通无线网络覆盖快速提升，实现县城、乡镇、工业园区LIE连续覆盖，党政机关、商务楼宇、医院等高流量区域深度覆盖。通过流程优化，宽带装机移机及时率达100%，客户感知持续提升。

【电信助推“智慧城市”建设】 2018年，电信常山分公司支撑县政府“最多跑一次”改革平台建设工作，第一时间完成“四个平台”指挥中心升级搬迁和县行政服务中心的改造升级，助推常山县“最多跑一次”改革走在全市前列。电子政务网延伸至188个村（社区），开通电子政务无线网，向校园和企业延伸拓展电子政务网、手机电子政务网，在全县电子政务网电脑上安装防护系统，为政府提供安全可靠的电子政务网。完成“12345”营商环境热线和“一把手”接听台席建设，为常山的营商环境提供热线和平台保障。会同常山县教育局完成智慧天眼项目和无线校园项目，实现带宽万兆到学校、千兆到教室、百兆到桌面，在乡村教学网点提供同质、同速安全的教育网，为推动常山县教育事业发展添砖加瓦。

【移动企业管理能力提升】 2018年，移动常山分公司抓党建促经营发展，提升企业管理能力，推进融合业务发展。开展客户服务满意度提升活动，全年满意度保持在99%以上。推进智慧运营项目，开发大数据应用分析、视联网平台等应用，助力智慧城市管理。与政府部门、集团开展合作项目8个，投入资金1689.5万元，以大数据分析为基础，为城市规划、旅游开发、人口统计等提供科学决策依据。

【推动“企业上云”三年行动】 2018年，联通常山分公司配合县政府深化推进“企业上云”三年行动计划，建立行之有效的“企业上云”工作推进机制，普及和深化企业云计算应用，借助县政府“企业出一点、云服务商贴一点、政府补一点”的补贴政策，面向企业开展宣传培训活动，全年新增企业上云数量32家。

【助力“农村生活污水治理”信息化建设】 2018年，联通常山分公司中标常山农村生活污水治理设施运维监管服务平台项目，助力“农村生活污水治理”信息化建设。该项目利用信息化和大数据分析手段，建立科学、快捷、人性化的农村生活污水治理设施运维监管服务平台。平台建设由基础信息数据库、行业管理系统、实时监测系统、考核评价系统等组成，并按照省、市平台的数据接口与省、市平台无缝对接，建立“五位一体”的农村污水治理长效运维模式，即建立县级政府为责任主体、乡镇政府（街道办事处）为管理主体、村级组织为落实主体、农户为受益主体以及第三方专业服务机构为服务主体的五方信息流转体系，夯实县主导统筹、乡镇（街道）具体责任和实施主体、农户村规民约、运营方技术支撑和常态管护，实现农村生活污水治理长效运维规范化、专业化、长效化，形成互联、互补、互动的良好局面。

（张芹 章国芳 陈妙芳）

交 通

综 述

2018年，常山县交通建设项目完成投资13.7亿元，其中8个重点建设项目即320国道衢州航埠至常山草坪段改建工程、048省道延伸线常山溪口至宋畈公路工程、351国道龙游横山至开化华埠公路常山段工程、国际慢城通景道路工程、市沿江公路常山段工程、杭金衢高速公路常山段拓宽工程、县公铁路衔接型综合客运枢纽建设工程（转为2019年前期项目）、市绿色产业集聚区何家至辉埠公路工程（转为2019年前期项目）取得实效，共完成项目投资12.7亿元。紧抓“十三五”规划的中期调整年契机，提前谋划3个重大前期项目（浙西连廊——宋畈至新桥公路、阁底至衢州西站公路常山段工程、淳安至江山公路常山界牌岭至新桥段工程）排难攻坚。逐步推进12个非重点项目建设。加强在建（续建）公路项目质量安全监督检查工作，监督覆盖率达100%，全年发放质量检查意见书15份，安全检查意见书10份，整改反馈率100%，未发生生产安全责任事故。截至年底，初步形成“四纵七横”的县域交通路网总体设计构架。

加强公路养护管理工作。全年完成路况巡查69200千米、铲高路肩15580平方米、清扫路面50651千米、机械清扫路面14939千米、清理塌方800余立方米、修补路面坑洞11120平方米、清除路肩堆积物29581立方米、清理路面油污2300平方米、整理路肩97530平方米、清除白色污染1787千米、疏通排水16450米、清理边沟104720米、处理翻浆6500立方米、桥梁检查87次、桥梁保洁及排水325座次、疏通涵洞6千米、隧道保洁11960平方米。及时维护安全设施，更换千米牌及百米桩116块（根）、护栏板564米、立柱76根、法兰柱24根、防阻块111只、托架44只、示警桩3根、端头131只、修复标志牌（杆）5块（根）、设置示警防护桶14只、水马4只、路锥13只、标志牌36块、彩带50米、护栏支架5只、护栏钢管21米。全年修剪绿化带277千米、修剪中央绿化带3400平方米、行道树灭芽8280株、绿化草坪清理8560平方米、机械除草94950平方米、化学除草689千米、绿化修枝107千米、行道树扶正226株。开展春运前安全大检查和道路巡查，派出人员1360余人次、出动车辆及装备360台次，巡查道路20410多千米，发现并给予查处问题138个（处），投入119.25万元对桥隧、长下坡等易冰冻易打滑路段、破损、坑洞等路面病害开展养护，期间完成公路养护2380千米，修补坑洞8622平方米，更换各类交通标志182余块，修复标线约0.8千米、护栏1222米。

加强运输市场管理工作。2018年，常山

县交通运输局（以下简称“县交通局”）科学预测客源流量，合理安排调查摸底，保障运力调配，全县在春运、“十一”期间投放营运车辆283辆6351客位，完成公路客运量98.8万人和周转量3457.78万人千米。出台《2018年常山县农村客运三级网路暨建制村客车“村村通”营运管理办法》，确保“村村通”客车营运正常运行，更新城乡客运车7辆；4月初，完成县客运中心整体搬迁赵家坪；7月1日，开通公交3路晚班车，站点延伸到新都工业园，最末班车每天21点发车，起点在工业园区管委会；新增纯电动公交车10辆。利用联网联控、视频监控、“移动稽查”APP、“平安检查”APP等科技载体，积极采取“双随机”（即随机抽取检查对象、随机选派执法检查人员）“四不两直”（即不发通知、不打招呼、不听汇报、不用陪同接待、直奔基层、直插现场）的工作模式和源头治理、许可事前审核、重点隐患挂牌跟踪督办等手段，开展道路客货运、公路工程施工、水上交通和危险品运输等重点领域安全隐患大排查大整治行动，全年全系统共开展行业安全督查检查436次，印发督查检查通报2期、下发整改通知书147起，消除安全隐患572处，整改率100%。

交通行政执法成效明显。开展普法宣传，组织多种形式普法教育，交通运输政务事项全部实现“最多跑一次”，加快建设路网信息平台，推行运政执法人员全部安装“移动稽查”APP使用。路政执法推进路网应急指挥中心的软硬件设施建设，信息化、科技化服务水平提升。截至年底，重点干线公路完成固定监控33个，另有车载监控和GPS定位系统4套，对讲机12部，建成常辉线2K+200米和205国道1770千米两处非现场执法系统2套，具备24小时对过往超限车辆取证的能力，自2018年5月，定期对70吨以上的超限车辆进行图片取证处理，并将超限数据及时报送公安交警。设立常辉公路临时治超点，抽调5名路政执法人员与公安交警中队联合开展公路治超联合执法检查，查处非法改装货运车辆，走访规模以上货运企业，与其签订安全生产暨禁止超限超载承诺书，加强源头治理。全年办结运政行政处罚案件49起，其中一般程序案件23起、简易程序案件26起，罚没款30.53万元；联合执法计查处超限超载车辆492辆，卸载货物12195吨，卸载率100%，切割车厢栏板152辆，全年未发生行政复议和行政诉讼案件，无公路“三乱”（即乱设站卡、乱罚款、乱收费）行为发生。

深化交通队伍建设。筑牢党建阵地，实施基层党建“一季一评一提升”行动，以“党员＋项目专班制”为抓手，在西塘村重点打造“红色农村公路”党建项目，由点及面使农村公路成为覆盖面最广的红色党建阵地。打造廉洁交通，开展正风肃纪和监督检查，在规范权力运行、项目招投标、工程建设管理、路政运政执法等重点领域，加强廉政风险防控，提升预防力。

是年，县交通局在2017年度衢州市“平安交通”建设安全生产目标管理责任制考核中获优秀等次，获“2017年度全市‘四边三化’工作先进集体”“2017年度全县安全生产工作先进集体”等荣誉。

公　路

【概况】　截至2018年年底，常山县境内有国家高速公路3条、国道2条、省道1条、县道22条、乡道34条、村道369条。公路通车总里程1062.185千米，公路密度为

96.83千米／百平方千米。其中，高速公路89.00千米(G60即沪昆高速公路41.63千米、G3即京台高速公路31.13千米、G60N即杭长高速公路16.24千米），一般国道63.45千米（205国道即山深线23.49千米、320国道即沪瑞线39.96千米），221省道（江溪线）8.63千米，县道263.08千米，乡道164.46千米，村道473.57千米。国省道干线公路里程161.08千米，占公路总里程的15.16%；县道占公路总里程的24.77%；乡道占公路总里程的15.48%；村道占公路总里程的44.58%，公路通行政村率100%。全县公路桥梁366座，总长27246.22延米；其中，互通式立交桥9座、1636.34延米，按跨径分，特大桥1座1263.18延米，大桥59座16457.18延米，中桥84座4660.53延米，小桥222座4856.33延米。全县公路隧道34道，总长30352.4延米；其中，长隧道9道19793延米，中隧道10道7133.4延米，短隧道15道3426延米。

2018年，全县从事道路旅客运输经营业户数11户，其中班车客运8户、包车客运2户；公路旅客营运车辆拥有量224辆（包括出租车54辆270座），合计4629座位，其中大型客车55辆2222座、中型客车115辆2137座；完成旅客运输量407万人次，客运周转量17167万人千米。完成货物运输量1391万吨，货运周转量151065万吨千米。全县道路客运线路50条日发班次625.5个，其中跨省线路1条日发班次6个，跨市线路15条日发班次18.5个，跨县线路3条日发班次8个，县境内线路31条日发班次593个；全县等级客运站6个，其中二级站1个、四级站5个；农村客运班线通行政村率100%；客运出租汽车经营户1户，经营车辆54辆。全县机动车驾驶培训机构6个，其中二级驾培机构1个、三级驾培机构5个；全县教练车128辆，教练员116人，培训驾驶员2296人次，教学场地（含租赁场地）9万平方米；全县各类机动车维修企业户27个，其中一类机动车维修企业2个、二类机动车维修企业14个、三类机动车维修业户11个，维修各类车辆33289辆次；全县汽车综合性能检测站1个，检测运营车辆1128辆次。道路运输从业人员合计7633人，其中道路旅客运输从业802人、道路货物运输从业6332人、站（场）经营从业132人、机动车维修从业204人、机动车驾驶员培训从业131人、其他从业32人。

【县域“四纵七横”交通路网构架】 根据“十三五”规划的中期调整，常山县域交通路网包括在建和前期规划的公路项目形成“四纵七横”总体设计构架。［“四纵”即205国道、黄衢南高速公路、048省道延伸线常山溪口至宋畈公路及浙西连廊（宋畈至新桥）公路、淳安至江山公路的常山新桥段；“七横”即320国道、351国道、杭金衢高速公路、杭新景高速公路、九景衢铁路、常山江航运工程、池黄衢城际铁路。］

【320国道衢州航埠至常山草坪段改建工程】 截至2018年年底，该工程先行开工建设1标工程进度完成50%，5月28日完成2标招投标，中标施工单位为东栋宏业建设集团有限公司；2标主要施工内容是土建工程，起讫桩号K457+000米～K469+000米、K485+500米～K496+934米及球川互通连接线（LK0+000米～LK3+996.028米），长约27.434千米，其中老桥改建86米/4座，于9月15日开工建设，年内2标工程进度完成25%。该工程建设工期为549天，监理单

位为浙江通衢工程管理有限公司，截至2018年年底，整个工程年累计完成投资3亿元。

【048省道延伸线打赢“50天攻坚战”】 2018年7月，为加快048省道延伸线常山溪口至宋畈公路工程建设进度，县交通运输局提出“50天夺取全线贯通”行动目标，采取三项措施攻坚克难：一是联合紫港街道、辉埠镇、国土局、规划局等相关单位，成立048省道专班，抽调10名精干力量充实到工程项目组，集体研究破解施工难点方法，明确问题交办内容、承办单位（人）、办结时限以及督查前期交办问题进展情况。二是加快征迁工作。上门交流沟通，主动帮助村民算好生活条件改善账、征地拆迁补偿账、居住环境优化账，提前落实征迁户安置地块，在30天时间完成19户政策处理工作。三是加快施工进程。成立项目攻坚领导小组，各级项目长分片包干，将饮用水管迁并、沿路杆线迁移等影响工程进度的问题逐条列出，对接沿线乡镇（街道）、水务、杆线等单位，在时限内逐项破解，提前完成10根杆线迁移、新老水管并管等工作，沿线路段6个施工点同步倒排施工推进时序。通过近50天无休奋战，于8月底完成主线全幅通车。截至2018年年底，累计完成投资6000万元，总体形象进度93%，支线4标仍在施工中。

【351国道常山段建设工程】 该项目是351国道龙游横山至开化华埠段公路工程的一段。2018年6月20日，通过环境影响评价审批；7月11日，经县政府研究，同意351国道常山段工程为PPP项目合同（常政发〔2018〕36号）；10月13日，县政府办发文（常政办发〔2018〕162号）批复，同意县交通发展投资有限责任公司为该工程PPP项目政府方股东，社会资本投资方为中电建路桥集团有限公司（即1家施工单位），监理单位为浙江通衢工程管理有限公司；11月13日开工建设。截至2018年年底，完成征迁土地分户3622户，占总数的98%，土地征用2054.04亩，占总数的85%，施工清表、土石方开挖填筑、路基工程完成2%，隧道5道完成1%，全年投资3.5亿元，完成形象进度15.9%。

【国际慢城通景道路工程】 2018年年底，该工程的通景公路K线面层沥青铺设完成6千米，环湖路H线面层沥青铺设8.98千米全部完成，狮子口大桥、石岩桥、虹桥溪2号桥整体建设完成，高边坡喷坡完成98%，路基工程完成93%，桥梁工程完成97%，路面工程完成90%，全年完成投资5100万元，累计投资100%。扫尾事项有道路沥青面层铺设，桥面人行道铺装，桥栏杆装饰，绿化及标志标线工程等。

【衢州市沿江公路常山段工程】 该项目包括公路和绿道两部分工程，其中公路路线总长51千米（含公路环线4.429千米），绿道总长57千米（含6.398千米），起点均为柯城交界处，终点均为开化交界处下界首村附近。该工程由市交通工程质量安全监督站主管监督（衢监质公2018－3），监理单位为浙江通衢工程管理有限公司。2月9日，上游段公路（K28+330米～K47+271米）开工建设；3月13日，完成环境影响评价报告；7月，进入湖口大桥河床桩基施工。截至2018年年底，常山至开化行车道完成80%，其中路基完成90%、路面完成60%，桥梁完成75%，累计完成投资2.65亿元，累计投资进度45%。

【杭金衢高速公路常山段拓宽工程先行段开工】 杭金衢高速公路常山段拓宽工程为杭金衢高速拓宽二期项目衢州段中的一段工程，全长约41.68千米，总投资42.8亿元。其中，常山先行段工程于2018年1月正式开工建设，全长7.15千米，施工单位为中交第三公路工程局有限公司，主要包含常山港大桥、樊村隧道群、大洋滩隧道共3处控制性节点工程，监理单位为浙江通衢工程管理有限公司，先行段建设工期为2018—2020年。全年征收土地220余亩，迁移坟墓220穴，配套新建村公墓3处，征收房屋4栋，迁建管线130余处，年内完成施工总体建设进度31.8%，其中樊村隧道群右线3号隧道于12月28日贯通。截至2018年年底，累计完成投资30000万元。主线的相关涉地报批程序与常山先行段工程建设同步进行当中，主线工期计划2019—2022年。

【农村公路养护纳入“四个平台”监管】 2018年，县交通局与各乡镇（街道）协调，将农村公路的日常养护和管理工作纳入到乡镇（街道）“四个平台”。管养人员在第一时间掌握具体路况信息，及时应对日常管养突发事件。发挥“天眼、网眼、人眼”作用。“天眼”是指设置在农村公路上的摄像头，由综合指挥室操作员对其进行实时监管，发现问题立即截屏，通过乡镇（街道）“四个平台”系统发送至乡镇（街道）交通管理员，由交通管理员到现场查看处办；“网眼”指乡镇网格员，他们分布在乡镇各个辖区内，通过网格员日常网格巡查，对辖区内发生的农村公路拥堵、安全、破损、施工以及养护等存在问题上报到乡综合信息指挥室，由指挥室受理并派单给相关部门进行处理，事情处理完成后由处理部门上报处理结果；“人眼”是普通群众眼睛，由普通群众告知村级网格员农村公路出现的情况，再由网格员上报综合信息指挥室，针对上报的道路问题进行研究分析，并派单相关部门进行处办。

【淳安至江山公路常山界牌岭至新桥段路工程】 该工程于2018年8月10日通过社会稳定风险评估，截至年底，水土保持评估和环境影响评价还在审批中。工程全长6.35千米，总投资约3.42亿元，11月17日，进行施工图设计审查并完善，工程分两个标段，工期为2018—2021年。12月5日，市交通局对第一标段施工图设计批复。该工程第一标段3.65千米采用《公路工程技术标准》（JTGB01−2014）中的二级公路技术标准设计，设计速度60千米每小时，路基宽8.5米，桥梁宽9米，隧道宽10米，桥涵荷载等级为公路−I级，路面结构为沥青混凝土＋水泥稳定碎石基层，第一标段中标单位为陕西省榆林市长盛集团路桥工程建设有限公司，主要施工内容有桥梁1座、隧道1座及路面工程，于2018年12月开工建设，监理单位为浙江通衢工程管理有限公司，项目第二标段未招标。

【常山县“美丽公路”总体规划获批】 该规划包含规划背景、条件分析、目标愿景、总体布局、分线设计、实施建议六部分。2018年5月22日，经县政府研究同意实施，该规划以“十方通衢、休闲长廊、康庄漫道”三大主题，重点打造十条精品线（常新线、宋芳线、东龙线、鲁芳线、蒲五线、钳何线、中球线及球双线、大白线、沿江公路、苦狮线），形成覆盖常山全域的“两纵两横十线”的美丽公路总体布局，提升路况质量水平，打造40处重要景观节点，完善驿站5处、观景平台8处、停车休息点15处、公交站点114个，塑造绿色路域环境，总投资约50亿元，线路总长437千米，构建普通国省道、县道、乡村道三个路网层次。中电建路桥集团为常山美丽公路（一期）工程社会投资方，项目合作期15.5年，其中建设期为2.5年。

【交通政务服务事项全部实现网上办理】 2018年，县交通运输部门优化审批程序，调整审批机制，简化审批材料，加快信息共享，推行“一窗通办”“一证通办”“全城通办”“移动办”“试点办”等多项举措，政务服务事项全部进驻县行政服务大厅实现网上办理，完成包括电子归档等功能在内的省级事项全流程审批功能开发，以及市、县办事事项共享需求梳理及数源确认工作。截至年底，办理运输经营许可审批76件，补、换经营许可证202件，新增车辆运输证511件，车辆技术评定2256件，从业资格证换证59件，继续教育462件，事项“最多跑一次”达100%，其中5起涉路施工许可审批实现“零跑次”。

小资料

常山众卡运力供应链管理有限公司简介

常山众卡运力供应链管理有限公司，于2015年9月成立，注册资金6500万元，截至2018年年底，拥有卡车3000余台，员工400余人。主要经营范围：供应链管理（国家有专项规定除外）；普通货运；货运站（场）经营；建材、化工原料及化工产品（不含危险化学品及易制毒化学品）销售；货物进出口；货运代理业务；物流信息咨询服务；物流信息技术研发及推广；汽车租赁服务；以及依托所属车队的规模优势，提供购车金融支持、车辆维修养护、车辆耗品供应、二手车置换交易等覆盖货车从采购到报废的全生命周期服务。通过“互联网＋公路运输”的全新商业模式，在全国范围内提供整车、公路标准集装箱和小型笼箱承运服务，服务领域从全国性干线运输延伸到覆盖城乡配送。两大优势：一是运用互联网实现精准匹配。车货的位置匹配：运用互联网将发货人和所有承载车辆置于同一个供求信息匹配平台，通过系统的位置类服务，为发货人与车辆之间提供及时、精准的就近车货匹配；运力匹配：众卡的承运单位，不但包括不同车型的整车，同时还承运标准集装箱和笼箱，通过整车运力的细分，可以满足更多的客户需求，尤其是中小企业和个人用户的小规模发货需求。价格匹配：所有线路运费明码标价，对发运人清晰透明。二是整合全国运力运行路网最优化。货量充足的双边线路：采用甩挂、甩箱的方式提高资产使用效率；而针对单边线路：采取多点跑圈，将多条单边线路连成一个封闭闭环，提高单边车周转率；多货拼车（货运“公交化”）：车辆线路固定，途径的城市到发时间固定，发货人将货物封装进笼箱，在指定地点上下班车，提高转载容积率，降低中小型发货人运费。

（朱月亮）

水路·铁路

【概况】 2018年，常山县水上交通以预防和遏制水上安全事故的发生为重点，围绕加强服务、促进发展、强化管理、提升素质的工作主线，全面推进各项工作平稳、有序开展。全县正常渡运的渡口有3处，渡船3艘，渡口渡船安全措施扎实有效，监督管理到位，县交通港航部门开展水上交通“三防”（即防汛、防台、防雷电）安全工作大检查，加大水上船舶安全监督管理力度，连续35年安全无事故，确保水上交通安全形势稳定。协助市港航管理局履行船舶检验职责，严格按照船检法规和船检管理系统的规范要求，确保无一艘船舶逃检、漏检。在海事管理上，对船舶办证、船员驾驶证考试申请等做到有法可依。开展学教活动，提高水上交通行政执法能力，增强执法为民的服务意识。开展“五水共治”的宣传与工作落实，开展挂联村河道巡查工作。重视2018年春运安全工作，港航人员2人建立通信网络，春运期间实行24小时值班制度，向社会公布值班电话，以便及时协调解决水上交通安全监督管理出现的各种困难和问题，快速应对突发事件。做好重要节假日期间的水上交通安全监督管理工作。

2018年，常山县铁路工作办公室（以下简称“县铁办”）重点工作从服务九景衢铁路常山段项目建设转向项目扫尾及线路优化。截至年底，施工单位全面完成铁路沿线“三改”（即改水、改渠、改路）和临时用地复垦工作；协调推进“南方水泥货运专用线”项目以及辉埠镇钙企业取水井迁改工程，配合做好杭衢高铁连接线及衢黄铁路项目前期工作。

【常山撤销境内渡口4处】 由于道路交通的快速发展和电动车、三轮车等交通运输工具的普及，招贤镇泉目山渡口、金川街道胡家淤渡口、中型水库管理局芙蓉渡口、何家乡何家渡口运量逐年减少，长期疏于管理，渡船基本报废解体。2018年11月20日，县政府研究批复，同意撤销泉目山、胡家圩、芙蓉和何家4处渡口。

【“美丽渡口”创建工作】 根据市地方海事局和县交通运输局《关于开展“美丽渡口”创建活动的通知》有关要求，为改善渡口渡运环境和安全保障，县交通港航部门开展“美丽渡口”创建工作，溪东渡口进行渡口渡埠改造，2018年5月31日，获市港航管理局下达“美丽渡口”创建达标奖励25万元。开展2018年千家排渡口“美丽渡口”创建工作申报。

1月18日，溪东美丽渡口创建成功

（吴国华 摄）

【常山江航运开发工程】 2018年1月4日，县政府党组成员、常山江航道开发工程总指挥顾建华带队赴交通部，对接常山江航道开发和浙赣运河沟通研究事项，并得到交通部规划研究所认可。3月，县政府成立常山江航运开发专班，与指挥部聚力推进项目工作。6月，完成并报审《常山江航运工程预可行性研究报告》修编工作。同月，交通部同意该项目列入“十三五”规划调整。12月14日，《常山江航运工程预可行性研究报告》通过专家组审查。该项目以航运为主，改善水环境，结合发电等，实现水资源综合利用，起点位于规划的常山县辉埠作业区，终点位于柯城区衢江双港口，全长50.9千米，航道等级按照四级设计（枢纽建筑物按三级航道标准规划设计），共分为六个梯级枢纽开发(从下游至上游依次为：黄塘桥、航埠、招贤、阁底、天马和白虎滩），投资估算为57.78亿元，其中常山境内新建招贤、阁底、天马和白虎滩4个梯级枢纽，改建桥梁4座，疏浚航道33.8千米，设置防撞设施25座，总投资约40.39亿元。

【九景衢铁路运营情况】 2018年，常山站发送旅客69398人次，其中上行56544人次、下行12854人次，票价总收入492.5万元。至年底，常山站每天有12趟列车经停，其中D字头列车和K字头列车各6趟；从常山站出发，可直达杭州、上海、南京、合肥、婺源、黄山、景德镇、九江、成都等地。

（朱月亮 徐敏超）

城乡建设与管理

综　述

2018年，常山县城乡规划建设管理工作坚持以规划引领城市发展，倾力打造“国际慢城”，明晰各区块功能定位。围绕城市发展，强化中心城市规划研究；聚焦空间规划体系重构，加快专项规划编制，并实施完成《常山县域空间发展战略研究》《常山县域乡村建设规划》《常山县域村庄布点规划》《常山县农民建房风貌管控导则》《常山县北门历史文化街区保护规划》《常山县里择祠历史文化街区保护规划》《常山县第二批历史建筑保护图则》等项目。着力重点项目建设，全程跟踪、全面跟进，靠前服务，探索规划管控机制创新；服务企业、服务项目，完善规划决策机制，强化规划国土联席会议制度的执行，全面加强房地产市场的规划引导，规范房地产市场的秩序，致力于打造高要求、高标准的现代小区。推进县西城花园二期、紫荆花园住宅高层1—6号及会所、东方广场城市综合体A地块、新都物流中心二期、翡翠园二期、第三人民医院项目建设。加强农村规划管理，指导美丽乡村及美丽宜居示范村建设，指导村庄规划编制转型，突出村庄设计；申报国家级传统村落，严格保护传统文化，以传统文化涵养村庄建设；加强农房建设规划管控，引导村庄集聚建设；农民建房审批“权下放、减材料、省环节”，发挥“店小二”精神，完善干部“代跑”程序，让农民建房“一语通办”。完善基础地理信息，加强“测验合一”系统建设，完成数字城市地理空间框架建设，加强全流程改革。

城市规划

【概况】 2018年，县城乡规划中心完成《常山县域空间发展战略研究》编制，明确新的发展形势下常山在区域及全市应承担的职能和定位；构建未来适合常山发展特质的现代产业体系，并针对农业、工业、现代服务业等产业提出未来发展的思路和策略；明确重大区域交通设施的建设需要，构建空间支撑体系，识别战略性空间节点地区。实施完成《常山县域乡村建设规划》《常山县域村庄布点规划》《常山县农民建房风貌管控导则》《常山县北门历史文化街区保护规划》《常山县里择祠历史文化街区保护规划》《常山县第二批历史建筑保护图则》的编制工作。

【《常山县域乡村建设规划》】 2018年，县城乡规划中心完成《常山县域乡村建设规划》编制。《常山县域乡村建设规划》范围为常山县域范围，涉及14个乡镇（街道）、180个行政村。研究对象为行政村。规划常山乡村分为四类分区，即城镇区、成长区、更新区、衰减区。180个行政村中城镇区所属行政村有41个、成长区38个、更新区74个、衰减区27个。乡村总人口预测近期2022年为21.2万人；远期2035年为14.7万人，与县域人口城镇化率发展相一致。规划县域村庄分为城镇型、旅居型、农居型和综合性四大职能类型，实施差异引导；县域范围内建设四类特色村，包括美丽乡村特色村、文化特色村、景区特色村、产业特色村，共60个。

【《常山县域村庄布点规划》】 2018年，县城乡规划中心完成《常山县域村庄布点规划》编制工作。《常山县域村庄布点规划》范围为“常山县域内除中心城区范围以外的区域”，即14个乡镇（街道），其中3个街道、6个建制镇，5个建制乡，共涉及150个行政村，研究对象为自然村。常山县中心城区以外的自然村1158个，结合乡镇反馈意见和市委、市政府对适建村、限建村、禁建村的比例建议，规划设置适建村138个、限建村672个、禁建村348个，比例为11.9%：58.0%：30.1%。至2020年，在中心城区内设置3个片区7个集聚点，具体为高山底地块（2800户，17公顷，含紫港中学北侧点200户）；赵家坪地块1500户（农房改造四期1350户，6.5公顷；金川上蒋上埠安置点150户，7公顷）；外港地块1800户（液压机电150户1.2公顷已建；富足山点120户1公顷已建；茂林点1530户6公顷）。在建制镇范围内设置7个镇级集聚点，近三年县级、镇级集聚点计划集聚8000户，总投资约20亿元。

【《常山县农民建房风貌管控导则》】 2018年，为形成鲜明的常山乡村建筑风貌，改善乡村人居环境，县城乡规划中心编制完成《常山县农民建房风貌管控导则》。规划通过对现状乡村风貌和建筑群体风貌的研究，对农民建房的建筑环境管控提出要求。结合常山县各个片区的自身特色，分为远山云水风貌区、柚石人家风貌区、休闲慢城风貌区、田园牧歌风貌区四大风貌区，并就120平方米、140平方米的建筑户型设计了旧屋改造、滨水型、山地型、民宿型、传统农耕型等多种型式的户型。通过罗列正负面清单，使农民建房风貌化、特色化。

【《常山县北门历史文化街区保护规划》】 2018年，县城乡规划中心完成《常山县北门历史文化街区保护规划》编制工作。北门历史文化街区的规划范围面积为21.22公顷，北门历史文化街区范围西依屏风山、展衣山沿孔家坞弄、至龙门路，南至大街，东面至定阳北路，北至天马路，保护规划范围面积为15.18公顷。

核心保护区范围：包括省级文物保护单位1处（方文彬故居）、县级文物保护单位1处（程氏民居）；15处尚未核定公布为文物保护单位的登记不可移动文物，60处四合院历史建筑，50余处传统风貌建筑，13条历史街巷等其他历史文化遗产特色要素；街区街巷系统较为完善。核心保护区范围面积6.10公顷。

建设控制地带：历史文化街区范围外除核心保护范围外的区域，建设控制地带面积为9.08公顷。

北门历史文化街区是常山古城现存较集中的传统风貌片区，街区整体空间格局、肌理、风貌等保存完整，其“四省通衢两浙首站杂糅之风、依山面水庙堂宅院乐居之乡、走街串巷市井商业繁华之所、承古纳新文创再生根基之地”的特色，集中代表常山城镇演变历程中的地区历史风貌特征，具有重要的历史文化价值。

【《常山县里择祠历史文化街区保护规划》】 2018年，县城乡规划中心完成《常山县里择祠历史文化街区保护规划》编制工作。里择祠历史文化街区规划范围面积为9.29公顷，里择祠历史文化街区西至定阳北路，南至文峰西路，北接红旗街，东面为大埠弄和柚香城，保护规划范围面积为5公顷。

核心保护区范围：包括张家塘、马车弄、柳泽塘街巷围合的主要文保单位、历史建筑、历史街巷、传统风貌合院等街区，核心保护区范围面积1.7公顷。

建设控制地带：历史文化街区范围外除核心保护范围外的区域，建设控制地带面积为3.3公顷。

里择祠历史文化街区是常山古城现存较集中的传统风貌片区之一，是常山港水陆商埠集散商贸与传统建筑的重要历史城市空间，虽然历史遗存周边受到现代多层建筑的围扰，但旧城改造后遗留下来的明清至民国时期古街区，街区内老巷、古民居、公共建筑保存良好区块内巷道较丰富，曲折多拐，多为明、清时期历史遗存。里择祠片区整体包括里择祠、太守公墓、马车弄民居、张家塘民居、德川行、大宗祠、柳泽塘民居等祠堂宅邸，马车巷、张家塘、柳泽塘等历史街巷。历史文化资源较丰富，街区整体空间格局、肌理、风貌等保存相对完整，具有一定规模，其“四省通衢入常集散要地、柳塘祠堂府邸宅园之乡、临街面市依山通港之所、金川水陆商埠繁华之地”的特色，集中代表常山古城池与常山港商埠演变历程中的地区历史风貌特征，具有重要的历史文化价值。

【《常山县第二批历史建筑保护图则》】 为加强历史建筑的保护与管理，保持和延续其传统格局和历史风貌，维护历史文化遗产的真实性和完整性，继承和弘扬地方优秀传统文化，正确处理经济社会发展和历史文化遗产保护的关系，助力常山省级历史文化名城的申报与创建，促进常山老城和其他历史街区转型发展，特编制常山县第二批历史建筑保护图则。2018年，确定全县80处历史建筑，并编制40处批历史建筑保护图则。80处历史建筑分布在东案乡金源村和东案村，其中金源村74处、东案村6处。

规划管理

【概况】 2018年，县城乡规划中心完成县城东新区总部经济综合体A地块、东方广场城市综合体C地块三期、四个小区（桑园小区、江滨小区、城南小区、定阳小区）危旧住宅区治理棚改项目、鸿鼎·南悦名城一期、中南广和·漫悦湾、启天总部大楼、文昌阁重建等房地产及公建项目的方案审查和工程规划许可等。办理建设项目选址意见书75份，选址面积16.7万平方米；办理建设用地规划许可证154份，用地面积57.6万平方米；办理建设工程规划许可证212份，建筑面积108.4万平方米；办理乡村建设规划许可证110份，建筑面积6.3万平方米。

【土地规划设计制定】 2018年，县城乡规划中心完成3宗土地的规划设计条件制定：常山县城东新区心舟公园东南侧地块，十五里村夹江水库南侧2号、3号地块，常山县徐家坞三期1号、2号地块。

【城市交通规划管理】 2018年，县城乡规划中心根据《常山县治理城市交通拥堵工作任务书》的要求，完成年初确定的城市治堵工作目标中城区新增停车位600个、新增社会停车位100个的目标。东方广场城市综合体C地块一期、县西城花园二期、县鸿鼎·翡翠园、县公安大楼东侧公共停车场、县行政服务中心公共停车场五个建设项目，总地下空间建筑面积为43124.79平方米；新增停车位1024个，其中东方广场城市综合体C地块一期停车位482个、西城花园二期停车位187个、鸿鼎·翡翠园停车位80个、县公安大楼东侧地块公共停车位161个、县行政服务中心公共停车位114个。高标准执行项目停车位配建，对商业、办公、居住等不同类型项目均严格执行2013年12月1日起施行的《浙江省城市建筑工程停车场（库）设置规则和配建标准》的配建要求，鼓励小区按人车分流设计，车辆停放向地下空间发展，并在规划设计条件的制定上要求必须合理利用地下空间。

【违反建筑整治规划管理】 2018年，县城乡规划中心开展违法建筑整治行动，组织规划巡查，对发生的违法建筑认真研究，及时提出规划处理建议。年内配合相关部门查处违法建设项目43件。参与整治、拆违工作，掌握违法建设发展动态，及时形成书面材料，并提出相关建议措施向上级领导汇报，并按《常山县违法建筑分类处理指导意见》相关规定，补办处罚后的审批工作。

村镇建设

【概况】 2018年，全县各乡镇（不含3个街道办事处）审批公建及工业项目选址39件，用地许可28件，工程许可31件，竣工规划核实22件（含商住楼）；出具规划设计条件18件；农村私人建房选址（用地）390件，许可（乡村建设规划许可、工程许可）989件。

【辉埠镇规划建设】 2018年，辉埠镇鸭坞村、童家村、辉埠村、才里村、久泰弄村、路里坑村村庄规划初稿的编制完成。实施“一户多宅”整治，辉埠镇拆除“一户多宅”1120处，面积约14万平方米，庭院整治91处。完成小城镇环境综合整治“回头看”项目，道路、景观、外立面、限高门栏、排水等项目15个，总投资约120万元，邱家篷绿化景观及零星工程约210万元。哲丰项目4号造纸生产线投产，配套职工宿舍（哲丰苑）居住一期（2号、4号及5号）于10月开工建设。农民建房乡村规划许可85件。

【球川镇规划建设】 2018年，球川镇作为农民建房审批下放试点镇，全面落实“最多跑一次”改革，利用“百应”系统，创新7天审批工作流程，办理农民建房乡村规划许可105件。农民下山脱贫安置区一号楼主体建设完工，2号、3号楼完成招投标工作，并于12月开工建设。2018年5月，常山县球川镇红旗岗集镇广场东南侧地块拍卖成交，成交总价3120万元，8月开工建设。完成馒头山、王家、吴家村3个行政村村庄规划的评审工作，完成东山村便民服务中心项目、杨家村文化礼堂项目选址工作。

【招贤镇规划建设】 2018年，根据常山县村庄布点规划要求，对15个行政村村庄规划进行二次修编；强化小城镇环境综合整治，增设2千米污水管网建设，启动集镇综合市场部分店面房整改计划；完成浙江赛得健康产业园（二期项目）11号地块工程规划许可，浙江赛得健康产业园（二期）项目（常山健康养生特色小镇15号地块、22号地块）及常山健康养生特色小镇道路地块用地规划许可；完成五里小学修规编制、五里小学迁建工程项目规划许可办理；完成溪上村便民服务中心、山底村便民服务中心项目选址意见办理；办理农民建房乡村规划许可53件；拆除非法“一户多宅”368幢，建筑面积52475平方米。

【白石镇规划建设】 2018年，白石镇城镇总体规划修编、白石镇镇区控制性详细规划修编完成；新建污水主管1700米，集镇污水管网建设基本完善；集镇综合体基本建设完成。完成污水“零直排”创建工作，改善集镇和农村生活环境；完善聚宝村、曹会关村等村农民饮用水工程，改善农民饮用水安全问题。白石镇不老泉旅游景区生态停车场和农产品展销中心建成。办理农民建房乡村规划许可10件。

【芳村镇规划建设】 2018年，芳村镇东岗、修书、井河、下猷阁村4个村的村庄规划通过评审。强化小城镇环境综合整治，投资200万元，完成主街芳鑫路、联鑫路背立面整治。办理农民建房乡村规划许可85件。完成芳村商贸综合体项目地块的土地出让和该地块内的35千伏高压杠线迁移工作，该项目总建筑面积4.2万平方米，其中商贸综合体建筑面积9400平方米，计划投资16490万元，全年完成投资6500万元。

【青石镇规划建设】 2018年，《常山县青石镇镇区控制性详细规划》编制完成，《青石镇马车村村庄规划修编》工作完成。青石镇被列入小城镇环境综合整治第一批省级样板镇，集镇功能不断完善，完成集镇沿街店招二期改造提升。完成石博园第二功能区规划审查，规划选址意见报批。办理农民建房乡村规划许可46件。

【农村危房改造任务完成208户】 2018年，为确保改造资金真正用在最需要群众上，常山县村镇建设管理总站对208户农村困难群众危房改造对象进行每户现场核实，严把审核关，年内全面完成改造任务。

【美丽宜居示范村建设】 2018年，何家乡黄冈村美丽宜居示范村建设规划通过评审，第一笔启动资金已到位。何家乡长风村、新昌乡郭塘村、东案乡弄坞村完成示范村建设并通过省级现场验收，其中郭塘村被评为省级优秀示范村。

【省级传统村落保护规划编制】 2018年，县规划中心完成13个省级传统村落（芳村村、球川村、胡村村、东案村、大埂村、泰安村、樊村村、江家村、桥亭村、大处村、彤弓山村、金源村、五里村）保护规划的成果稿。五里村、江家村、球川村、大埂村、芳村村、彤弓山村、金源村7个村被评为国家级传统村落。

【农村危房治理改造】 2018年6月底前，县规划中心完成1253户D级危房和3883户C级危房改造任务及C级、D级危房的“一户一档”工作，为保障全县农民群众生命财产安全，推进农村危旧房治理工作提供了基础保障。

（邱琦）

城市建设

【概况】 2018年，常山县住房和城乡规划建设局（以下简称“县住建局”）承建重点项目33个（重点项目7个、重大前期项目3个、非重点项目23个）。由县住建局实施的展衣山北公园工程、老城区品质提升（危旧房拆后利用）工程、芳村片区农民饮用水提升工程等多个项目相继完工并投入使用。城区生活垃圾分类覆盖面达到60%，并在同级县（市、区）中率先正式成立分类办开展集中办公。完成5个社区、12个住宅小区共362个电动自行车充电口建设。指导危旧房治理棚改项目融资贷款，首期3亿元贷款资金投放到位，2165套安置房按期开工。城区36座公厕、农村370座公厕新建改造完成，其中文峰西路公厕、白马广场公厕等10个城区公厕被衢州市旅游委员会评选为2018年衢州市AAA级旅游厕所。新西线黄塘至西源公路路面提升改造工程、衢化西路南段（浙西大道至徐村）工程第一标段工程被评为衢州市建设工程“衢江杯”优质工程。常山县滨江公园（滨江路）建设一期工程（园林绿化部分）被评为浙江省建设工程“钱江杯”奖（优质工程）。全年开展监督项目106个，比上年增长77%，其中房建项目77个、市政和装修项目29个；受监面积210万平方米，增长174%；开展各类大检查20余次，巡查310余次，下发整改单184份，涉及隐患整改920余条，对35个工程的22个施工单位及4个监理单位实行行业自律扣分，对5个工程的5个项目经理及1个项目总监实行衢州市建筑业违法违章扣分，对12个工程实行停工整改，基本整改完毕，全县工程质量处于受控状态，没有发生重大工程质量事故。

【“厕所革命”深入推进】 2018年，县住建局深入推进“厕所革命”，根据“调整一批、提升一批、布局一批”的工作思路，新建公厕2座，拆建1座，扩建6座，提升改造27座，共计36座分三批次进行施工，总投资1000万元，其中AAA级10座、AA级3座、A级23座。至年底，城区36座公厕、农村370座公厕已全部建造、改造完成并投入使用，其中文峰西路公厕、白马广场公厕等10个城区公厕被衢州市旅游委员会评选为2018年衢州市AAA级旅游厕所。

【农村生活污水运维】 2018年，县住建局完成招贤溪上村、青石山溪边村、球川黄泥畈村、辉埠彭川村和大埂村等10个农村生活污水处理设施的标准化运维管理评价。2018年10月31日，组织开展全县农村生活污水治理设施运维管理工作培训，邀请省相关专家授课，全县14个乡镇（街道）分管领导、业务员以及行政村负责人参加，提升运维管理人员业务水平。12月28日，常山县农村生活污水运维管理工作通过省级考核。

【城市亮化建设及设施管理】 2018年，县住建局继续实施城市亮化改造，提升城市形象。总投资约600万元，于6月完成常山县主城区亮化工程，亮化范围包括山背岭桥、人民桥、定阳桥以西两岸、老干部局、文化馆、三馆（图书馆、档案馆、文物馆）大楼、农信大楼、行政服务中心、体育馆、住建局、育才小学、职业中专、财富东方、兰桂苑、文峰广场、内河两侧等标志性建筑该项目对主城区标志性建筑进行亮化提升，展示慢城常山的良好形象和美好夜景，加速人气商气文气聚集。该项目选用LED条形灯、LED洗墙灯、LED瓦楞灯等灯具，合理地进行区段划分、总体把握色温和亮度的节奏变化，同时采用先进的控制方式，根据不同的时段和日期来调节亮灯范围。

【城市天然气利用工程】 常山县城市天然气利用工程由县天然气有限责任公司作为实施主体，建设城市天然气管网85千米、高中压调压站、天然气门站各1座，项目总投资1.4亿元。项目自2012年开工，截至2018年年底，已建设LNG瓶组气化站1座，天然气门站1座，敷设中压管网54千米。累计完成21个住宅小区配套施工，通气工业用户29家，商业用户14家，居民用户2600家，安全运行1643天。完成文教西路、外港大道等DE315中压主管网敷设，完成年度投资额820万元；完成4个住宅小区（东方小区一、二期、翡翠园一、二期、滨江小区、玫瑰园小区）约1500户用户管输天然气供气。

市政园林与环境卫生

【概况】 2018年，县住建局疏通雨污水井4300座次，清淤1720余立方米；完成修复人行道2000多平方米，完成修复破损路面4000多平方米，更换窨井盖板350余套。完成行政审批35项。完成主城区建筑亮化工程，对标志性建筑进行亮化提升，加速人气商气文气聚集。强化监督职能，对城区范围内路灯、景观灯等亮化设施进行逐一排查，全面检修，针对市民来电来访和投诉的路灯故障及时安排人员维修，全年维修路灯3000多盏。实施行政服务中心景观及停车场改造工程。该项目总投资约400万元，于2018年4月15日项目开工，仅用20多天，基本完成主体工程，在周边增加机动车停车位110个、非机动车停车位500平方米。全年接收关于市政的数字城管案件1052件，其中办结案件823件，待办案件17件，回退案件212件。推动城区生活垃圾分类工作，垃圾分类覆盖率达到60%，全年生活垃圾增长率基本持平，垃圾增长率有效控制在3%以内。

【河道整治疏浚】 2018年，县住建局加强水域保洁管理工作，管理的水域（内河、南门溪）保洁面积约25万平方米，每天安排4名专门人员清理内河及南门溪漂浮物，保持水域清澈。

【城市公园建设】 2018年，县住建局完成东明湖公园东大门和西大门的修缮，总投资40余万元；完成对东明湖公园内的柚香阁游步道改造，总投资40余万元；完成文峰广场人工湖改造升级，总投资40余万元；投资20余万元对塔山公园部分进行改造。完成公园绿化养护工作，使用各类优质化肥1.6吨、杀虫剂75千克；修剪绿地草坪约9.5万平方米，修剪花坛、灌木4万平方米；补植苗木1万多株、乔木500多株、草皮1500平方米；清运垃圾250余吨，填埋树枝树叶10余吨。投入10万多元对公共设施进行维修，维修园内游步道600多平方米、园区修路铺砖100多平方米、公厕设施维修60余次、护栏维修500多米；更换照明设施1000多盏（件）、供水配件50余件；新增警示牌、指示牌30多套。完成东明湖公厕等2座国家AAA级旅游公厕的设计和施工，并投入使用。

【公园森林防火工作】 2018年，在公园各主要登山入口处树立森林防火指示牌及悬挂防火标语，向周边单位派发森林防火倡议书，提高市民森林防火意识。高温夏季、秋冬干燥季加强东明湖公园森林防火的宣传检查力度，组织开展消防培训和演练，提高应急作战能力。定期检查器材的完好使用性，对过期、失效部分消防器材及时更换。对保卫人员进行消防培训，坚持24小时巡查制度。栽植防火苗木，及时清理森林防火隔离带约5000米。加强安全巡查，禁止园区兜售、燃放孔明灯和烟花爆竹，杜绝隐患发生。全年未发生重大火灾情况和重大安全事故。

【公共绿地养护】 2018年，县住建局开展绿地精细化养护，打造城市绿化新亮点。建立健全园林绿化管养规范化制度，制定并落实园林绿化长效的管理机制，确保城区绿化整治有序。管理的城市公共绿地为106.79万平方米，莳花3800平方米。3月起，开展《衢州城市绿化条例》的宣传工作，进“社区、街道、机关单位”，共发放宣传手册等资料300份。

【环境卫生管理】 2018年，县住建局环卫处管理的城市道路保洁新增9.47万平方米（火车站区域），共计153万平方米，新增城区公厕2座，累计26座。深入推进环卫作业市场化，实现从“干”到“管”大跨越，把生活垃圾填埋场渗滤液处理委托第三方运营，垃圾填埋处置的最后一道“难关”得以解决，渗滤液处理更专业化、规范化。强化保洁应急管理工作，全年出动300多人次，清理路面抛洒滴漏污染、油污、事故现场等90多次。落实“厕所革命”工作，对新建及完成提升改造公厕及时接管并安排人员进入保洁，发挥公厕管理“三巡查”机制，全年开展公厕维护维修200多次，使得公厕管理逐步走向精细化。保障县各项重大活动卫生工作，做好现场、城区道路卫生保洁，全年完成5项重大活动的卫生保障工作。加强垃圾收运和处置工作，全年收运和处置生活垃圾5.84万吨，其中城区2.30万吨，农村3.54万吨，无害化处理率100%。

【环卫基础设施建设】 2018年，县住建局完成填埋场渗滤液供水工程建设并投入使用，总投资180万元，解决了填埋场内的生产生活用水。已封场的七里垅垃圾填埋场基础设施修复维护工程（包括管理房维护维修、山体塌方、截洪沟及渗滤液池基修复）完成建设并投入使用，总投资53.9862万元。

【垃圾分类工作】 2018年，县住建局推动城区生活垃圾分类工作，投入资金120多万元。通过机关事业单位100%强制推行生活垃圾分类，28个小区先行开展生活垃圾分类，城区生活垃圾分类覆盖率达到60%。将文峰西路创建为“定时定点”分类投放示范商业街，紫荆花园小区创建浙江省高标准示范小区等，以典型带动城区垃圾分类工作。全年生活垃圾增长率基本持平，垃圾增长率有效控制在3%以内。

建筑业

【概况】 2018年，全县建筑施工企业计50家，其中一级总承包2家、二级总承包7家、三级总承包35家、专业承包2家、混凝土企业3家、劳务企业1家。中介机构4家。全县发放施工许可证59个，总施工合同额约21.9亿元，比上年上升90%，县外建筑企业市场份额占比过高，承接项目19个，合同额约13.73亿元，超过全年总合同额60%。总产值53.44亿元，比上年增长12%，其中县外产值24.90万元，年增长24%。

加强建设工程日常监督、检查，加强工程质量检测、监督、管理。严格执行“两书一牌”（即法定代表人授权书、工程质量终身责任承诺书、永久性标牌）及信息档案制度。2018年在建工程96个，全部执行“两书一牌”及信息档案制度。新开工工程项目66个，建筑面积146.9万平方米，造价23.3万元，比上年增长10%。其中房建项目60个，建筑面积146.9万平方米，造价21亿元，增加50%；市政项目6个，造价2.1亿元，减少70%。2018年开展巡查工地103次，下发整改通知单34份，基本整改完毕。落实建筑工人实名制管理推进工作，21 家施工企业完成31个项目工程的录入，共录入2707名建筑工人的信息。建立农村个体工匠培训长效化机制，自2017年4月起，分三期对全县11个乡镇3个街道开展工匠培训工作，累计培训出建筑工匠375人。落实《关于进一步完善常山建筑业企业发展政策的意见》中的奖励政策，有22家施工企业申报财政政策奖励，向上申请奖励64.6万元，进一步提振建筑业企业的创业精神，增强企业发展信心。

2018年，全县建筑工程竣工备案38个。浙江顺成建设有限公司承建的新西线黄塘至西源公路路面提升改造工程、浙江宏图建筑工程有限公司承建的衢化西路南段（浙西大道至徐村）工程第一标段工程被评为衢州市建设工程“衢江杯”优质工程。常山县滨江公园（滨江路）建设一期工程（园林绿化部分）被评为浙江省建设工程“钱江杯”奖（优质工程）。

【施工图审查“最多跑一次”】 2018年，县住建局实现施工图审查“最多跑一次”。全年审查办结76项，为建设单位节省图审费用约105万元，比上年增长500%。推进投资项目全流程审批系统应用工作，实行“一份办事指南，一张申请表单，一套申报材料”。全年开展建筑节能审查项目31件，建筑面积99.12万平方米。实施太阳能等可再生能源建筑应用面积37.9万平方米。完成即有公共建筑节能改造0.75万平方米。完成全装修建筑项目12.71万平方米。建成住宅家庭屋顶太阳能光伏1096户。实施高星级绿色建筑和建筑节能示范工程2项。完成装配式工业建筑面积约19.13万平方米，其中实施装配式住宅12.14万平方米。

【工程质量监管】 2018年，县质监站通过完善在建工程监督各项台账档案制度，使用18年新版《检查记录表》《监督记录表》《监督报告》等档案管理制度，使工程质量管理得到进一步加强。开展4次季度大检查，覆盖全县56个中、大型在建工程。通过发放整改通知单、检查通报，以及回访复查，使受检工程均能在规定的时间内对存在的问题完成整改。另外，质监站把检查中企业履责情况纳入施工、监理单位年终考核的重点内容。2018年，房屋保修期内投诉仅有5起，比上年下降37.5%，全年未发生重大质量事故，在建工程竣工验收一次性合格率达100%。

【建立城区老旧房屋动态监测管理体系】 2018年，县质监站对城区老旧房屋的质量管理已从原先的人工巡查转化为对动态监测体系考核。常山县城区危旧房动态监测管理体系建立完成并运转成熟。2018年，完成全县151幢（73幢已拆，另有32幢动态监测系统正在安装、调试）城区4层以上老旧房屋监测设备安装与调试。质监站已对省建科院危旧房动态监测工作进行考核。

【在建工程无欠薪】 2018年，县住建局强化在建工程的监管力度，确保每季度实现督查全覆盖，20个重点工程实现每月全复查，全年督查196次；建设领域受理欠薪案件4起，涉及金额70万多元，比上年骤降90%。

房地产业

【概况】 2018年，县房地产管理处（以下简称“县房管处”）落实动态巡查监管责任制，建立健全长效机制，督促各房开企业在办理预售许可证时执行一次性公开全部准售房源及明码标价制度。至年底，全县有房地产开发企业19家：常山安厦房地产有限公司、浙江谷茂房地产有限公司、浙江贝林房地产有限公司、浙江恒润房地产有限公司、衢州天地房地产开发有限公司、浙江常山万通房地产有限公司、常山嘉禾置业有限公司、常山成坤房地产有限公司、常山县经纬置业有限责任公司、常山嘉建房地产开发有限公司、浙江常山精密房地产有限公司、衢州鸿鼎置业有限公司、衢州冠科置业有限公司、浙江巨泰房地产开发有限公司、衢州鸿邸置业有限公司、浙江博鳌房地产开发有限公司、衢州舒峻置业有限公司、常山广和置业有限公司、浙江锦禾投资开发有限公司。全县房地产开发共完成投资额210055万元，比上年上升10.2%。商品房新开工面积52.95万平方米，共计批准预售商品房面积44.2万平方米，上升51.37%。办理商品房预售合同备案3542件，销售面积30.13万平方米，上升8%。采取措施，推动小区物业管理工作。加大公房安全检查力度，促进直管公房管理工作规范、严谨、高效。主动服务，切实加强房屋白蚁虫害的防治工作。

【商品房销售】 2018年，全县新建商品房销售面积30.13万平方米，比上年上升8%；销售均价有所上升，商品房交易均价8583元／平方米，上升18.11%。其中，住宅销售1954套，销售面积22.78万平方米，增长34.71%；住宅均价9080元／平方米，上升18.91%；商业销售727套数，销售面积48761平方米，下降34.3%；商业均价9030元／平方米，上升11.1%。

【小区物业管理】 2018年，全县从事物业管理的企业共23家。其中，本地企业14家，外地企业9家。从2018年3月开始，全国统一取消物业服务企业资质等级；全县从事物业管理服务的单位除23家物业服务企业外，还有8个社区承担约150万平方米的老旧住宅小区卫生保洁工作，一个小区约2万平方米的物业由业主委员会自治。23家企业在管项目共44个，其中，住宅物业35个（包含4个未交付项目），商业物业4个（包含1个未交付项目），办公物业5个。物业服务总面积约269.15万平方米，其中，20万平方米以上的住宅小区1个，10万平方米以上住宅小区7个，其余均为10万平方米以下住宅小区。敞开式住宅小区物业服务费6元～12元每月每户，封闭式住宅小区物业服务费每月0.4元～1.5元／平方米。2018年，全县物业管理服务收入2265.33万元，平均收费率为67%，24%左右的物业管理企业经营亏损，从业人员630人。归集物业专项维修资金7342.37万元，拨付使用物业专项维修资金364.85万元，归集物业保修金920.53万元。

【直管公房管理】 2018年，县房管处实现直管公房模式从传统粗放型管理向规范、严谨、高效模式的转移，通过系统数据化快捷模式加强对直管公房住宅管理，对非住宅进行市场化经营管理。全年收缴公房租金149万元，办理租赁许可证171件。全年对公房检查23次，维修公房208户，房屋大修加固11处，清退非法转租公房2户。

【白蚁虫害防治工作】 2018年，县房管处完善白蚁防治站内部制度，职责明确，管理规范。主动与建房户联系，了解工程内容及进度，及时编制施工方案，做到白蚁虫害防治与工程同步施工。将工程项目建房地址、建房单位、工作内容等用进度表方式明示，杜绝漏防现象。做好回访复查，凡是在复查中发现蚁害的及时进行治理。全年签订白蚁预防合同18份，预防房屋113幢，面积754029.6平方米。

城乡供水

【概况】 2018年，常山县水务公司完成制水总量1618.76万吨，出厂水水质综合合格率为100%；售水总量1331.29万吨。完成工业销售产值2136万元，安装产值3447.81万元。完成污水处理量1307万吨，COD消减量2660.8吨，氨氮消减量190吨；出水综合合格率达100%，运行负荷率为89.5%，共处置污泥4718.15吨，处置率100%。开展新都园区管网建设工程的前期准备工作。

【常山县后坊水厂附属生产管理用房建设工程基本完工】 常山县后坊水厂附属生产管理用房建设工程于2016年启动，用以解决水务公司现有生产和管理用房不足的问题。工程总投资约2500万元，建设地点为位常山县后坊水厂东侧补缺地块，项目总用地面积1998平方米，建设主楼5层、副楼4层。截至2018年年底，完成地上主体建筑和室外配套验收。

【项目建设不断加强】 2018年年初，县水务公司遗留工程共有8个，年内完成5个工程对接。工程审计推进，至年底，送审工程32个，完成审计工程35个，共收工程项目款2592.13元。安装工程效果显著，全年承接DN110以上管道安装工程45个，完成管道安装工程37个，完成安装产值3447.81万元，新增DN110以上管网28.46千米，提升县内管网质量。

【球川、白石饮用水管网改造提升工程】 2018年，县水务公司继续进行球川、白石饮用水管网改造提升工程。球川农村农民饮水工程受益人口9570人，2018年完成DN250～DN25PE管道敷设57118米，红旗岗片区主管道已完成初步验收及市政部分丈量工作，芙蓉村“一户一表”累计完成安装341户。白石集镇农村农民饮水工程受益人口1645人，2018年完成DN160～DN25PE管道敷设15090米，解决原管道老化、漏损严重问题，缓解白石镇高峰期用水紧张情况。

【芳村片区管网建设工程】 2018年，常山县芳村至新昌供水管网建设工程度完成总工程量的40%，芳村供水管网改造工程完成芳村小学对面300米DN500球墨管的安装工作。

【智慧水务建设】 2018年，县水务公司对GIS巡查系统进行再升级。在原有GIS的系统的基础上继续开发巡检、抢修工单系统实现全县所有的管道、水表、水厂及泵站等设施在一张图综合管理，设施覆盖率达到100%，数据准确率大于98%。建立智能化监测管网，基本覆盖各个乡镇，推进供水科学调度，降低漏损。对管道测压点进行再完善。压力测控点17处，新增10处，基本都集中在主城区。分区计量在推进。初步完成宋畈片区、球川片区、龙绕片区、何家片区的分区计量。其中，宋畈片区远传大表37只，龙绕片区远传大表31只，何家片区10只，球川片区77只。

【加强管网巡查与维护】 2018年，县水务公司加强管网巡查与维护，全年完成供水管网巡查139次，接到报修报漏941次，修理DN100以上的管道135次，修理DN50以上的管道115次，修理DN15以上的管道207次。修理及更换消防栓74次，修理更换大小阀门136次，为创建良好营商环境，帮助企业免费查漏维修95次，派单处理报漏投诉案件15起，修理及时率100%。水务公司组织安全生产检查15次，发放整改通知书20份。以“安全生产月”和水质监管为抓紧手，确保中高考、赏石文化节、“两会”期间的安全正常供水。

造价管理

【概况】 2018年，县住建局的环卫（公厕）保洁、城区绿地管养实行市场化运营。城乡供水、污水处理实行标准化运维。在建工程质量安全实行高压化监管。公园广场、桥梁亮化实行精细化管理。其中，农村人居环境提升工作被列入省级试点县，东明湖花园等2个小区被评为“浙江省园林式居住小区”，文峰东路被评为绿化美化示范路，文峰西路公厕等10座厕所被评为衢州市AAA级旅游公厕。

【建设工程造价代理机构备案管理】 2018年，全县有招标代理机构15家（衢州联腾工程咨询有限公司、常山县泽盛工程造价咨询有限公司、浙江中正工程项目管理有限公司常山分公司、衢州公信建设工程管理服务有限公司常山分公司、浙江禾城工程管理有限公司常山分公司、浙江九越工程监理咨询有限公司、衢州港盛投资咨询有限公司常山分公司、衢州市宇正建设投资咨询有限公司常山分公司、欧邦工程管理有限公司常山分公司、浙江省房地产管理咨询有限公司常山分公司、浙江求是工程咨询监理有限公司常山分公司、衢州市开成工程造价咨询事务所有限公司常山分公司、衢州市联合工程咨询有限公司常山分公司、浙江建友工程咨询有限公司常山办事处、衢州华瑞工程造价咨询有限公司常山分公司）。其中，县内企业2家，县外企业13家；甲级资质企业5家，乙级资质企业10家。县住建局造价所受理备案101件，其中招标控制价备案58件，招标控制价约3.7亿元；施工合同备案39件，合同造价约4.73亿元；监理合同备案33件，监理合同费用约1520.4万元。2018年，县住建局造价所针对本地建材市场情况，从厂家、供应商、施工方等多源头采集信息，整理和上报建筑材料市场价格信息12期。

【在全市率先实现施工图电子化联审】 2018年，县住建局全市率先实现施工图电子化联审，以“一窗受理、一网打尽、一步到位”的最优流程将办理时间缩短到10～15个工作日；牵头推进全流程审批改革试点，2018年10月之后的项目，全部实现“一份办事指南，一张申请表单，一套申报材料，完成多项审批”的运作模式。在全省创新推出免审批、零跑腿、无费用的“城市树木修剪”事项服务，公租房审核首次实现无差别受理，房屋交易确认实现“全市通办”。完成涉及造价所办理的审批、备案事项（监理合同备案除外）进驻县行政服务中心窗口统一办理。自2018年5月2日起，县造价所按照《衢州市深化“最多跑一次”改革全面推进政务服务“无差别受理”实施方案》（衢委办发〔2018〕7号）等文件相关要求，将涉及造价所办理的7个审批、备案事项（监理合同备案除外），全部进驻县行政服务中心窗口统一受理。

【施工合同履约检查】 2018年5月，县住建局造价所联合相关单位开展建设工程联合大检查，增强合同各方履约意识。全年抽查13个建设项目，重点对施工合同履约方面展开检查。通过检查，督促工程建设、施工双方在施工合同履约中加强建设项目标后管理，维护建设工程合同当事人的合法权益，提高企业诚信经营意识，检查结果总体情况较好。8月底，配合省造价总站对常山县宣丰水库移民边贸综合楼工程项目合同履约检查，检查总体结果良好。

安全监督

【概况】 2018年，县住建局开展监督项目106个，房建77个，受监面积210万平方米，市政和装修项目29个，总造价6.2亿元。与47家施工企业，13家监理企业签订安全责任书，把安全责任落实到一线。制定监督计划，开展各类大检查20余次，巡查310余次，下发整改单184份，涉及隐患整改920余条，对35个工程的22个施工单位及4个监理单位实行行业自律扣分，对5个工程的5个项目经理及1个项目总监实行衢州市建筑业违法违章扣分，对12个工程实行停工整改，共向综合执法局抄送和移送案件6起。

【“智慧工地”建设】 2018年，县住建局安装远程视频监控系统。有10个建筑工程在工地主进出口、办公宿舍区、材料加工区、工地制高点及其他需要监控的部位安装视频监控，实现工程全貌监控全覆盖，便于管理人员、监管人员实时监控，远程纠违。安装施工升降机智能识别系统。有25台施工升降机采用驾驶员指纹识别智能设备，杜绝非授权人员操作施工升降机。规模以上的企业完成PM_{10}扬尘监测系统安装。全县城区有13个项目已经完成PM_{10}扬尘监测和工地外架、塔吊、围挡喷淋全方位联网，实现立体的扬尘管理体系。

【重大危险源管控】 2018年，全县建设工程有重大危险源25处，其中深基坑7处、高大支模架14处、高边坡3处、附着式升降脚手架1处。进行重大危险源管控，落实专人负责，在工地现场设立重大危险源公示牌，明确重大危险源类型、治理时间、进度等详细信息，并起到警示作用。对所有重大危险源都建立管理台账，落实专人负责跟踪治理进度，严格按照《防范建设工程较大以上事故的意见》及《危险性较大的分部分项工程安全管理规定》要求，开展治理，完成治理16处重大危险源，遏制重特大事故的发生。

【起重机械专项检查和工地消防检查】 2018年，县住建局先后两次邀请省建科院检测专家对常山县起重机械开展专项检查，共检查塔式起重机35台，施工升降机19台，物料提升机23台，施工吊篮50台。下达整改通知书35份，停止使用通知书1份，现场处罚7起，消除起重机械安全隐患。加强在建工地消防专项检查，对在建项目开展消防专项检查2次，检查在建项目27个，其中高层建筑25幢、临时宿舍20幢，下发限期整改通知书15份，消防安全专项检查表12份，提出安全隐患整改意见80余条。

【安全知识和安全文明标准化宣贯】 2018年6月，县住建局邀请省建协陈国良、方旭慧等资深专家到常山授课，全县施工和监理企业老总、安全副总、安全科管理人员、项目管理人员及一线管理人员共计170余人参加。11月，邀请市局知名专家为全县131名“三类人员”（施工企业主要负责人、项目负责人、专职安全生产管理人员）授课。联合开展“安全生产月咨询日”活动，共发放建筑施工安全宣传资料300多份。要求所有工地围挡围墙、大门做到美观大方，围挡上必须设置安全漫画和安全警示语句，如全国安全生产月，最优营商环境、扫黑除恶、社会主义核心价值观、平安建设等公益广告，全面累计共悬挂各类宣传横幅350多条。6月组织部分施工企业、监理企业的负责人、安全副总、安全科管理人员到衢州中梁融信壹号院一标段工程参加安全生产现场观摩会，通过互相学习交流，全面提升常山县建筑工地的安全标准化管理水平。安全生产月期间，组织召开常山县第二医院住院楼项目召开安全质量标准化施工现场观摩会，市主管部门和常山县建筑与市政燃气专安委成员单位参会指导，全县施工和监理企业主要负责人、安全科长、项目总监共100多名人员参加，与会人员实地参观工地标准化建设，并就项目安全文明施工标准化及扬尘治理的做法与经验进行交流。

【施工现场扬尘治理】 2018年，县住建局结合常山县实际制定《关于开展2018年建筑领域扬尘治理专项工作的通知》等规范性文件及相关要求，对任务指标再分解、责任再落实。与31家施工单位签订《2018年度建筑企业文明施工责任书》，对扬尘治理重点难点路段、区块，划分包干区，明确职责，规模以上项目要求安装PM_{10}扬尘在线监测和视频监控系统。全年针对扬尘治理、文明施工出动检查人员900多人次，检查项目330余次，对发现存在扬尘措施不到位的项目下发《限期整改通知书》42份，确保通过中央环保督查组、省级文明县城复评等验收。

（王 麒）

住房公积金管理

【概况】 2018年，衢州住房公积金管理中心常山分中心（以下简称“常山分中心”）归集住房公积金4.34亿元，比上年增长14.5%。办理职工个人住房贷款711户，发放贷款2.46亿元，比上年增长14.4%，支持购房面积102384平方米。年末职工个人住房贷款余额9.64亿元，增长12.3%；住房公积金增值净收益1131万元，增长20.37%。新增59个单位782名职工建立住房公积金制度。新增151多名个体职业人员缴存，开设综合户。新增非公有制企业及单位编外人员424人。截至年底，缴存单位616家，正常缴存职工15822人；累计归集住房公积金28.22亿元，归集余额8.37亿元。全年办理期房楼盘9个。动员有条件的企业缴存公积金。对规模以上企业、拟申报上市企业发放《住房公积金催建催缴函》，督促企业单位履行社会责任，限期办理缴存手续。全年扩面净增人数782人。

2018年，常山分中心执行衢州市住房公积金管理中心统一政策，公积金缴存、提取、贷款业务全面执行衢州市住房公积金管理中心政策和业务操作办法。在全市率先整体进驻行政服务中心，推进“最多跑一次”改革。率先引进个人征信自助查询机，率先开展服务大厅周一晨会。在全市首届公积金文明服务礼仪技能大赛中，获三等奖，名列各分中心前茅，在县行政服务中心对各进驻窗口部门6—12月等级考评中，县公积金分中心连续7个月获“模范红旗窗口”。

【整体进驻行政服务中心】 2018年5月24日，常山分中心与工行农行中行建行等4家受托银行，整体进驻行政服务中心服务大厅二楼，使用面积约680平方米，比原场所增加一倍，满足业务用房及办公的要求；25日上午正常办理业务。6月县农商银行也进驻中心。

【“一站式无证明”办理工作落实】 2018年，常山分中心与县不动产登记中心实现房产信息联网共享。8月，在县农商银行等部门支持下，公积金服务大厅配置个人征信系统自助查询机，可直接打印个人征信报告；办事职工不需要跑人民银行。减证明、减材料，凡是大数据平台能提供的，一律不需要群众提供；对不能通过平台取得的数据，由窗口人员跑腿代办，从行政服务中心相关板块查询，主动帮助群众复印。

【公积金“零跑腿”业务开展】 2018年，常山分中心利用大数据平台，推出公积金手机客户端。通过“大数据＋刷脸”模式，实现退休提取、自由职业人员开户缴存等15个事项“无证通办”。通过公积金网上办事大厅，单位和个人可以直接在网厅上办理缴存开户、基数调整等业务。公积金提取业务已实现全市通办，在衢州缴存公积金的职工，可以在常山分中心提取。通过网上平台办理公积金异地转移接续业务，跨地区调动人员实现“账随人走，钱随账走”。通过手机短信发送公积金缴存、提取及结余情况，方便职工群众了解公积金使用情况。截至年底，公积金4个主项30个子项，其中民生事项17项，已100%实现“一证通办”。其中有15项事项实现零跑腿工作，50%实现无证通办。

【有序应对公积金集中提取业务】 2018年，常山分中心助力职工住房消费，组织做好新楼盘开盘后集中提取公积金业务。“百悦城”楼盘总户数近1500套，2017年12月底开盘后，2018年1—4月出现集中提取。前4个月提取1.24亿元，大于同期归集1.2亿元。分中心召开相关房开公司会议，协商有序受理公积金贷款。从6月开始受理“百悦城”楼盘，到12月底共受理380户，贷款额1.4亿元，大多数购房职工均已办理。及时向市中心汇报资金需求，向市中心融资1.6亿元，解决资金紧缺的困难。8月开始按市中心统一时间点放款，全年基本没有出现长时间的贷款轮候情况，有效地支持职工群众购房需求。对新东方楼盘317户贴息贷款1.26亿元，全年支付贴息额105万元。

【公积金补贴标准调整】 2018年5月，经县政府常务会议通过，调整降低机关事业单位公积金补贴标准。原来每人每月科员（初级）从220元调到140元；科级（中级）从240元调到160元；处级（副高）从280元调到180元。调整到与市中心相同标准。

（黄海彤）

城市综合管理

【概况】 2018年，常山县综合行政执法局（以下简称“县综合执法局”）开展“无违建县”创建、“四边三化”全域推进、市容秩序长效管控工作，依托综合执法平台助力常山县省级文明复评迎检、小城镇环境综合整治，推动数字城管向智慧城管转型升级，推进执法体制改革，增强执法办案实效。牵头全县“三改一拆”工作，全年累计拆违146.3万平方米，完成“三改”173.35万平方米。常山县被省委、省政府授予第二批全省“无违建县”称号，成为衢州市首个“无违建县”。

县综合执法局聚焦中国营商环境最优城市建设，推进市容市貌整治工作，针对占道经营、户外广告、餐饮油烟、乱贴乱画、犬类管理等市容管理重点、难点问题，联动治理、统筹推进，累计劝纠和清理占道设摊2800起；拆除破损、老旧广告设施150处；清理违规横幅、宣传品、落地灯箱315处；教育劝导机动车绿化带停放224起；清理牛皮癣广告5500处；整改洗车行业污水直排26处；收容违规犬只790只，劝导违规遛犬行为1460起。开展城区沿江违规乱晾晒专项治理，堵疏结合，设置共享晾衣区。打造城市管理精品示范街，并通过以点带面、稳步推进方式，全面推动城市管理工作向精细、规范、长效方向发展。

全年立案查处各类违法案件168件，涉及越门经营、违法建设、室外无照经营、破坏绿化、不规范养犬等违法行为。无行政复议案件、诉讼败诉案件，未发生暴力抗法事件。受理各类投诉437起。面向社会公开招考公务员15人、事业人员4人。

【综合执法平台平稳运行】 2018年，县综合执法局聚焦“中国基层治理最优城市”打造，依托综合执法平台，选优配强基层综合执法力量，对标农房管控＋“无违建”创建成果巩固，参与乡镇（街道）拆违保障和环境整治，提势增速基层“一户多宅”、小城镇环境综合整治等专项行动。全县综合执法平台开展专项检查500余次、联合执法65次，受理平台事项7985件，办结率达99%。

【“四边三化”全域推进】 2018年，县综合执法局全域推进“四边”问题整治，重点提升205国道、320国道、九景衢铁路沿线环境，整治蓝色屋面、乱搭乱建、赤膊墙、乱堆放等问题901个。打造省级精品示范项目，结合美丽乡村建设，提升221省道，争创省级精品示范道路。创新桥下空间利用管理办法，加强规划设计，结合古建筑保护、公共便民设施建设、娱乐休闲场建设，打造招贤镇五里村、大桥头乡濛桥村桥下空间利用项目，消除桥下空间乱象，形成桥下空间利用管理地方特色。

【数字城管向智慧城管转型升级】 2018年，常山县数字城管（智慧城管）二期项目全面运行，率先实现数字城管县级全覆盖并向智慧城管转变、向乡镇延伸。推进智慧城管城市管理问题处置“两率”（即问题解决率和按期处置率）高位运作，围绕市民关注的小事，开展户外广告、积存渣土、绿化带缺失、雨水箅子、城区路灯、违规晾晒等专项普查，及时发现、解决问题。推进智慧城管进小区，采集交办小区内毁绿种菜、乱晾晒、公益广告缺失等问题910起，破解小区违规乱象，发挥智慧城管在集镇管理、违建管控等方面的作用，提升信息化管理水平。全年常山县数字城管（智慧城管）立案城市管理问题15868件，问题解决率98.51%、按期处置率95.96%。

【市容秩序长效管控】 2018年，县综合执法局深化市容管理网格化建设，构建“日常管理＋错时执法＋夜间巡查”的全天候机制，建立岗位长与执法队员“1+X”管理模式，推行常态化巡查，发现问题一线劝导纠正。坚持高频督查、专项巡查，全年累计督查60次，发现问题730处，反馈率100%。发挥定阳北路、文峰西路“严管街”的典型示范作用，以示范引路，推进城区市容秩序大转变。

（徐玲）

城东新区（城投公司）

【概况】 常山县城东新区管理委员会（以下简称“城东新区管委会”）成立于2010年11月，2011年5月，城东新区管委会和常山县城市发展投资有限责任公司（以下简称“城投公司”）合署办公，同时增设常山县政府投资项目建设中心牌子。2015年5月，县委县政府将城投公司改革变更为城市投资运营有限责任公司，实行城东新区管委会领导下执行董事负责制，由城东新区管委会副书记兼任公司执行董事、总经理。城东新区管委会（城投公司）主要以城东新区和常山国际慢城开发建设为主，经营范围包括城市基础设施和市政公用设施的投资、开发、服务，房地产开发，土地收购、储备、开发和预出让，县域基础设施投资开发服务、房地产开发、国有土地储备开发和预出让等工作。设综合办公室、投融资事业部、资产管理部、项目事业部、资源事业部。

2018年，城东新区管委会（城投公司）实施重点建设项目8个：滨江东路完工建成；国际慢城朱富线城市道路改造基本完成建设，完成总工程量的95%；国际慢城府前路完成路面建设，完成总工程量的75%；国际慢城渣濑湾花海完成花海栈道、景观环桥建设，完成总工程量的70%；滨江一期人行景观桥完成结构建设，完成总工程量的70%；文昌阁重建完成主体建设，完成总工程量的70%。完成非重点建设项目6个：国际慢城公安主入口、滨江一期标志标线工程、火车站站房及站前广场亮化工程、火车站跨048省道附属工程、周塘片二号路三期及排渠二期建设工程、滨江一期景观雕塑建设工程。

【城东新区滨江一期基本完成】 截至2018年年底，经过数年建设，城东新区滨江一期按原规划思路基本形成“两心、两轴、一带、五片”（“两心”即外港大道与夺煤路交接的商业商务核心和以心舟公园为主的生态景观核心；“两轴”即沿外港大道结合商业商务功能的综合发展轴和串联滨江景观及富足山的休闲景观轴；“一带”即沿江滨江景观带）

的结构布局，滨江一期正以崭新的面貌矗立在城东，常山县锦禾总部经济中心项目住宅部分基本结顶，城东新区滨江一期城市综合体A、C地块交付使用，广和·漫悦湾完成部分主体建设。

【国有资产经营管理加强】 2018年，城东新区管委会（城投公司）对国有资产开展全面摸排工作，对公司资产纸质版台账进行电子化、影像化转化，制作公司资产分布卫星图。登记资产604处，计划拆除后注销资产112处，应确权资产492处。对原有的资产管理流程和制度进行深入的分析研究，结合目前国有房地产的构成及使用情况，按照分类定价、统一管理的原则，制定《城投公司资产出租制度》，并严格按照内控制度执行。D级危房较多，对符合拆除条件可以整体拆除的，均已拆除到位。委托第三方中介进行资产安全巡查与管理，引入二维码电子巡查系统，进行全覆盖式巡查，并建立巡查台账。

【招商运营落实到位】 2018年，城东新区管委会（城投公司）针对性地对接北京东方园林、蓝城、上海棕榈、光大金控等客商，与蓝城集团成功签订蓝城·常山慢城奇乐小镇项目框架合作协议。做好落地企业服务工作，完成城东新区心舟公园东南侧地块83亩土地出让。

（程志卿）

国土资源·环境保护

国土资源

【概况】 2018年，全县耕地实有面积24.24万亩，永久基本农田保护面积23.9万亩。常山县国土资源局（以下简称“县国土局”）科学制订2018年度供地计划，全年完成供地82宗、总面积3699亩，收取土地出让金、划拨价款14.27亿元。其中，工业用地16宗、面积1096.5亩，经营性用地14宗、面积365.7亩，划拨用地52宗、面积2236.8亩，工业用地中“标准地”出让13宗，尤其是城东新区心舟公园东南侧地块，拍卖成交价7.25亿元，创历史新高。完成存量建设用地盘活1093亩，超额完成40%；城镇低效用地再开发459亩，超目标任务数118.5%。

2018年，常山县土地闲置率情况排名浙江省第一，近五年总土地供地率排名衢州市第一，近五年平均土地供地率连续两年排名全市第一，成功创建2017年度省级国土资源节约集约模范县，获新增建设用地计划指标奖励300亩。全年编制土地利用总体规划局部调整方案20个，其中中心城区规划局调方案2个，涉及用地项目31个、总用地面积504.9亩，一般乡镇规划局调方案16个、总用地面积509.81亩，规划修改面积426.61亩。完成全域整治后备资源一张图、一个库、一本账的“三个一”相关材料编制，筛选谋划25个全域土地综合整治项目，紫港街道狮东村等4个项目被省政府确认为2018年度全省第一批全域土地综合整治项目，均全面启动，紫港、同弓2个项目作为市级精品示范线路。全年完成无房户、危房户建房用地保障1707户，超额完成市下达任务数。开展企业投资项目审批流程的简化优化工作，实现土地使用权网上交易。深化“标准地”制度改革，做好土地储备和出让工作。配合扫黑除恶专项斗争工作，制定出台《常山县国土资源局扫黑除恶专项斗争实施方案》《黑恶势力违法犯罪线索摸排机制》等一系列文件，排查出4条涉黑涉恶违法线索，并移送县扫黑除恶领导小组办公室。国土资源信访形势总体平稳。全国两会和省、市两会期间，实现“零上访”。全年办结信访件132件，预处理50件，领导信箱3件，重点办理天马街道裘金德、招贤镇五里村刘云汉等信访案件。办理上级部门信访积案交办件5件，办结率100%。

是年，县国土局被县政府授予2017年度“集体三等功”，获2017年度全县党委信息工作先进单位；在县政府和市国土资源局工作目标考核中，县国土局获一等奖。6月12日，自然资源部副部长王广华率参加全国不动产登记窗口作风问题专项整治工作部署会的代表到常山县不动产登记中心考察，不动产登记基层延伸服务和不动产全科受理工作得到与会领导的肯定。常山县不动产登记中心获评“2018年度浙江省不动产登记窗口便民利民服务突出集体”。

【土地整治和耕地保护工作有成效】 2018年，县国土局加强土地整治，完成垦造水田3364亩、垦造旱地和旱改水2301亩，新建标准农田3134亩，建设类高标田2600亩，农村土地综合整治980亩，预计可获指标调剂收入14.97亿元。落实耕保补偿资金发放，编制2017年度耕地保护补偿方案，核定全县符合耕地保护补偿条件的耕地面积26.92万亩，其中永久基本农田23.14万亩，实际补偿资金1308.17万元，推进耕地保护和农田修复。

【废弃矿山治理和绿色矿山建设有力度】 2018年，县国土局加快废弃矿山治理和绿色矿山建设，初步制定矿地生态修复规划，全县矿山企业累计投入资金1500多万元，对矿山硬件设施及矿区绿化水平进行提升，全年完成绿色矿山建设5家，新开工废弃矿山治理项目9个。

【问题土地图斑整改工作基本完成】 2018年，县国土局基本完成国家土地督察局下发的常山县6大类115个图斑整改工作。其中，新增建设用地图斑67宗，设施农业用地图斑21宗，疑似基本农田有建构筑物图斑12宗，临时用地图斑10宗，闲置土地图斑3宗和伪变化图斑2宗。

【地矿执法】 2018年，县国土局组织矿产巡查166次，土地巡查152次，查结各类违法案件39起，扣压违法盗采设备（挖机、铲车）25台，收取罚款近400万元，查处和制止白石镇曹会关、青石镇马车村、辉埠镇宋畈村、芳村修书村、球川新店村等多起涉嫌盗采矿产行为。

【“大棚房”问题专项清理整治行动】 2018年，县国土局加强与农业部门的配合协作，对全县占用耕地的非农设施、改变土地性质和用途的违法违规建设行为进行全面排查，开展好“大棚房”问题专项清理整治行动，坚决遏制农地非农化乱象。排查出违法违规设施农业用地3宗，涉及面积8.6亩，其中耕地面积6.9亩，2宗已拆除复垦到位。

【建立浙江首个地质公园院士专家工作站】 2018年6月17日，中国科学院南京地质古生物研究所陈旭院士、沈树忠院士共同建立院士专家工作站，该工作站是浙江省首个地质公园院士专家工作站，也是常山县首个“双院士”专家工作站。院士工作站成立后，县国土局承办中国科学院资源地层学与古地理学重点实验室学术会议，陈旭、张国伟、金之钧3名院士及50多位地质学专家学者参加会议。2018年7月6日，邀请陈旭院士开展题为“生态环境与人类未来”的科普讲座。陈旭院士还多次前往常山实地指导地质公园建设和地质遗迹保护工程。在常山金钉子地质遗迹自然保护区范围调整可行性论证上，陈旭院士为保护区范围调整提供可行性决策咨询。2018年，常山国家地质公园院士工作站团队在常山地质公园内蒲塘口剖面地质遗迹点开展地质学研究，2018年10月，在核心期刊《地层学杂志》发表题为《浙西常山蒲塘口剖面上奥陶统沉积相特征》论文。

【地质灾害“除险安居”三年行动】 2018年，县国土局根据衢州市“除险安居”三年任务，两年完成工作目标，全县除险安居隐患治理工作完成工程治理项目20个，减少受威胁62户291人；减少地质灾害隐患点25处，减少受威胁人数457人。全县开展县级大型应急演练1次，涉及群众200多人；建成隐患点专业检测点6处；建成避灾安置场所21处。

【不动产统一登记实现无差别受理】 2018年，县国土局加快推进国土资源“最多跑一次”改革，全面推行“互联网＋政务服务”。全年颁发不动产登记证书6248份，不动产登记证明7801本，办理注销登记3215份，查封731份，解封722份，开具查档证明9568份。自3月20日起，县不动产登记中心将37项办理业务从法定的30个工作日缩短至2～7个工作日，除需公告、实地踏勘的登记事项和大宗地以及批量登记业务外，其他登记业务实行即办服务，登记申请受理完成后60分钟内办结出证。在全市首次将“最多跑一次”向林地承包经营权扩展。不动产登记板块“无差别受理”共设综合受理窗口8个，每个窗口均可办理32个事项。通过“一件事”梳理、人员轮岗培训、数据共享等基础支撑实现“无差别受理”，窗口服务效率有效提升。5月4日起设立全市通办受理专窗，5月7日起不动产12项登记事项实现“全市通办”。

【农村不动产（宅基地及房屋）权籍调查项目实施】 2018年，县国土局全面开展农村不动产权籍调查工作，全县完成113个村的51560户农房测绘，收集房屋登记资料31661户。项目整体实施进程在全市前列。

【征迁补偿工作有序推进】 2018年，县国土局完成集体土地征收面积1214.81亩，签订征地协议56份，助推万洋众创、南方水泥、赛赛轴承、赛得健康小镇等项目落地和扩展。由县国土局牵头组成工作专班，近一个月时间解决周塘片区大坞3号10年遗留房屋征迁问题，受到全县通报表扬并得到叶美峰书记的批示肯定。

（彭秋艳）

·矿产资源整治·

【概况】 2018年，常山县矿产资源管理办公室（以下简称“县矿管办”）与县国土资源局合署办公，履行矿产资源日常管理职能。完成17家企业地矿信息综合录入，基本落实矿山动态巡查制度、矿产资源勘查、开发利用年度信息公示制度及矿山储量动态检测制度。完成已查明的769个废弃矿井的调查、核实、治理、验收工作。完成南方、中兴2家省级绿色矿山第三方评估机构复评，完成紫晶矿业、新村页岩矿等5家原县级绿色矿山第三方入库评估。投入800多万元实施矿山生态治理。完成全域土地综合整治复垦整理耕地15余公顷。通过“四个平台”向矿管重点辉埠镇派驻干部1人。开展钙产业综合整治转型提升工作，推进“蓝天三衢”生态治理工程，深化矿产资源整治提升工作。

【钙产业综合整治转型提升】 2018年，县矿管办参与全县道路交通综合整治。联合公安、交通、农业等部门和辉埠镇开展矿山、企业源头宣传、检查，推进长效监管机制建设。全年出动200余人次，督促县泰安公司、南方水泥有限公司、江山虎水泥有限公司、中兴矿业、华盛爆破等涉矿运输企业加强运输源头管控，严查道路涉矿产品运输车辆超载超限和“跑冒滴漏”违规行为。开展轻钙整治提升工作，通过定期走访、联合检查等手段，督促轻钙企业完成关停淘汰工作，完成常山县骏飞碳酸钙有限公司关停工作。

【矿产资源开发利用项目谋划】 2018年，县矿管办邀请中国电建华东设计院对全县范围内204采矿用地进行全盘摸底，以乡村振兴为抓手，按照“宜耕则耕、宜林则林、宜景则景”的原则，谋划全域矿地综合整治项目。年内该项目争取到国家山水林田湖草生态修复资金4000万元。开展石灰石、叶蜡石、萤石产业发展调研，为全县矿产资源开发利用、招商引资等工作完善项目储备。

（蒋文雁）

环境保护

【概况】 2018年，常山港流域地表水质和饮用水源地水质100%符合水功能区要求，出境水质100%达到Ⅱ类水标准，比考核要求的Ⅲ类水标准高一个等级；城区环境空气有效监测天数为362天，优良天数为349天，优良率96.4%，比上年增加2.0%、$PM_{2.5}$浓度为30微克／立方米，与上年（38微克／立方米）相比下降21%，环境空气质量创近五年最好水平。经红线矢量数据精准测量，常山县生态红线面积为350.03平方千米，占县域面积31.90%。

2018年，常山县环境保护局（以下简称“县环保局”）强势治水、治气、治土污染防治三大攻坚战，完成全县18家涉VOCs（即挥发性有机物）排放“散乱污”企业治理工作任务和4家有机化工企业VOCs泄漏检测与修复（LDAR）工作。开展清洁排放技术改造工作，完成4家水泥生产企业废气清洁化排放改造和2家企业3台20蒸吨／小时以上燃煤锅炉清洁化排放改造工作。推进轻钙产业整治，完成8家轻钙企业的关停工作。完成101家“四无”（即无证无照、无安全保障、无合法场所、无环保措施）企业整治和12家民营加油站地下油罐防渗改造工作，关停4家不符合要求的加油站。研究制定《常山县党政领导生态损害责任追究细则》《常山县生态环境保护工作责任规定》等，联合治水办出台全省首个钱江源出境水水质考核奖惩办法。加强饮用水源保护工作，规范完善芙蓉水库饮用源应急防护举措，禁止危险化学品运输车辆穿越饮用水水源保护区，加大饮用水水源地农业面源污染治理。开展土壤环境质量调查，完成42家企业基础信息调查和34家企业的“一企一档”工作。实施重点污染地块修复项目，开展常化化工、时庆化工退役场地的前期土壤污染详查、地质勘探和土壤采样工作。加强对35家重点企业、行业危险废物产生及处置情况的日常监督管理；抓好环保督察整改工作，对信访问题实行台账式清单管理，并严格审核把关。中央、省环保督察期间，常山县分别收到上级转办信访件28件和21件，均完成相关整改工作。全年接到各类环境信访294件，比2017年下降9%，处理率100%，办结率100%，辖区内无因环境污染而造成群体性上访事件的发生。

是年，县环保局被省委、省政府评为“‘千村示范、万村整治’工程和美丽浙江建设突出贡献集体”，县环境监察大队被评为“2017年度全省环境监察执法工作先进集体”。

【全国第二次污染源普查开展】 2018年5月，常山县正式启动全国第二次污染源普查工作，清查单位4200多家，其中纳入普查范围的工业企业单位425家、规模化畜禽养殖28家、集中式污染治理设施501家、生活源锅炉1家。7月11日，生态环境部对常山县全国第二次污染普查清查阶段的工作进行抽查检查，常山因漏查率、错误率均为“零”，受到生态环境部的点名表扬。

【实施“区域环评+环境标准”改革】 2018年6月，常山县正式实施“区域环评+环境标准”改革，即对符合项目落地要求，且不在环评审批负面清单内的项目进行降级。其中，常山县工业园区、赏石小镇、云耕小镇已完成区域的环评审查，率先实施改革。全年推进“区域环评+环境标准”改革的项目10个。

【创新排污权抵押贷款】 2018年，县环保局联合常山农商银行推出“排污权质押”贷款，即在原来贷款金额的基础上，接受企业以排污许可证做质押，并以低于普通担保贷款30%的利率为企业发放贷款。年内为浙江永合新材料科技有限公司新增发放78万元的流动资金贷款。

【联合公检法开展环境执法】 2018年，县环保局开展蓝天保卫战、饮用水源保护、固体废物大排查大整治等专项行动，重点查处13家木材家具厂和15家碎石加工厂未批先建等环境违法行为。同时，健全部门联动协助执法机制，联合县公安局、县检察院、人民法院成立常山县公检法环联合办公室，并于6月12日正式挂牌运行。全年环境执法工作成绩居衢州市之首，立案查处环境违法案件53起，处罚款金额人民币741万元，查封扣押2起，申请法院强制执行6起，行政拘留8人，依法关停企业15家。

【智慧环保项目建设持续推进】 2018年，常山县持续推进智慧环保项目建设，完成富足山水质自动监测站、东明湖公园清新空气站的建设以及长盛化工、永合新材料等4家企业清下水在线监控设施的建设工作。其中，富足山水站可实现对富足山国控断面水质的24小时在线监控；东明湖公园清新空气站是常山县首个负氧离子在线监测站点，对综合评价常山县环境空气质量状况打下新的基础。

【生态环保宣传活动广泛开展】 2018年，县环保局以“6·5”世界环境日为抓手，开展“送法下企”“骑行公益”“环保育苗”等活动。推进绿色学校创建活动，推荐常山县宋畈小学和球川小学成功创建第九批省级绿色学校。截至年底，常山县累计创建绿色学校19所。全年发送环保短信15万条、参与环保志愿者、学生代表100余人，发放环保袋、宣传手册等1000多份。

6月5日，县环保局开展“美丽中国，我是行动者”的“6·5”环境日主题宣传活动

（县环保局 供图）

2018年常山港各断面水质监测结果统计一览

表10 单位：毫克／升

断面名称	溪东断面	枧头断面	富足山断面	招贤断面
高锰酸盐指数浓度范围	1.1～1.3	1.0～1.7	1.2～1.7	1.2～2.0
高锰酸盐指数平均浓度	1.2	1.4	1.4	1.5
氨氮浓度范围	<0.03～0.26	0.03～0.34	0.03～0.14	<0.03～0.27
氨氮平均浓度	0.09	0.09	0.05	0.08
总磷浓度范围	0.01～0.04	0.01～0.04	0.01～0.04	0.01～0.03
总磷平均浓度	0.03	0.02	0.03	0.02
目标水质	III类	II类	III类	III类
现状水质	II类	II类	II类	II类

2018年常山县城区环境空气质量统计一览

表11 单位：毫克／立方米

项目	测值范围	平均浓度	特定百分位数浓度
二氧化硫（SO_2）	0.003～0.026	0.007	0.017
二氧化氮（NO_2）	0.006～0.062	0.026	0.050
可吸入颗粒物（PM_{10}）	0.008～0.172	0.053	0.108
细颗粒物（$PM_{2.5}$）	0.004～0.146	0.030	0.066
臭氧（O_3）	0.019～0.161	0.078	0.116
一氧化碳（CO）	0.3～1.5	0.7	1.0

说明：臭氧为最大8小时浓度，二氧化硫、二氧化氮为第98百分位数；可吸入颗粒物、细颗粒物、一氧化碳为第95百分位数；臭氧最大8小时浓度为第90百分位数

（裴高颖）

综合管理与监督

发展和改革

【概况】 2018年，常山县发展和改革局（以下简称“县发改局”）坚持“对标找差、创新实干”，主攻“抓产业发展、促城市建设、补民生短板”三个主战场，推动“东接新衢州 慢城大花园”建设。

聚焦发展大局，强化战略谋划。牵头编制《东接新衢州 慢城大花园行动计划》，推进衢常一体战略落地、淳常公路等重大项目开工建设。谋划浙赣合作示范区，提出的示范区范围和面积等系列建议获省发改委采纳，常玉快速通道等一批重大项目被列入省发改委方案。组织《常山县“大花园”建设发展规划》编制，赏石小镇、赛得健康产业园、320国道“二改一”等项目列入省大花园规划项目。开展乡村振兴规划、幸福产业规划等一批规划和政策研究。开展首届“常山好项目”谋划擂台赛，筛选57个项目纳入储备库，并评选出10个优秀项目予以进一步推进。

聚焦发展短板，狠抓有效投资。73个项目参加省市集中开工活动，各批次项目均率先在全市各县（市、区）实现开工入库，带动全县项目推进。开展项目问题集中交办3次，交办梗阻问题153个，破解难题122个，项目推进明显加快，048省道、通景公路等一批前期受政策处理影响较为严重的项目进入无障碍施工阶段。众卡常山产业园项目、杭州大和热磁常山项目、中国常山国颐健康园项目、浙江赛得健康产业园（二期）项目4个项目列入省、市、县长工程清单，其中3个项目落地开工并入库，超额完成省里下达50%落地率的任务。落实“5+1”协调机制（“5”即要素保障联席会议机制、要素保障联动机制、动态管理机制、2+2+N协调决策机制、督查推进机制；“1”即项目工作联席会议制度），启动“六大攻坚百日会战”“周二下村日联系重点项目”等系列行动，破解“众卡产业园项目入库”等重大难题。

聚焦结构调整，加快转型升级。牵头开展特色小镇建设与考核，斯凯孚轴承、众卡产业园、赏石小镇第二功能区等项目加快推进，赏石小镇考核位居全省良好小镇第二名，云耕小镇顺利通过考核。推进园区循环化改造，15个项目累计完成投资30.9亿元。开展大花园建设，赏石小镇、赛得健康产业园、320国道“二改一”等项目列入省大花园规划项目。煤改气、工业园区集中供热等工作推进，完成《常山县集中供热规划》修编，“高污染燃料禁燃区”从主城区扩面到城东新区，减少高污染能源使用。加强能源项目建设，全年建成屋顶光伏装机总量18兆瓦，拉动固定资产投资2.2亿元以上，发放清洁能源补贴1600多万，惠及2800多户。加快新能源汽车公用充电站建设，全县建成公用分散桩118个，建成公交等公共服务专用站2个、计10个电桩，建成城市公用站2个、计12

个电桩。初步完成服务业亩均论英雄评价方案，会同县财政局起草《常山县总部经济认定及奖励实施办法》，完成常山和益融环保科技有限公司、浙江顺成建设有限公司、浙江永常再生资源回收有限公司、浙江德源养老产业投资管理股份有限公司、浙江着力贸易有限公司5家企业总部认定。 2018年省服务业强县培育综合评价中，常山县被列为通报表扬对象。常山县东方广场城市综合体、常山县城东新区总部综合体、浙江赛得健康产业园项目列入省服务业重大项目计划，20个服务业项目列入市服务业重大项目计划。

2018年，县发改局赴国家发改委对接2次、省发改委对接16次，争取省公共建设投资计划、中央水污染防治资金、中心镇培育专项资金等共计7594万元，推进重大项目建设。与财政等部门联合开展山水林田湖草生态保护修复工程争取，获得中央财政4.5亿元的专项补助。球川镇入围省第二批近零碳排放城镇试点名单。29个项目列入各类省级项目盘子，常山港二期治理工程等项目获得2166亩新增建设用地指标。赛得健康小镇二期等项目纳入省重大产业项目。

聚焦瓶颈制约，深化改革创新。制定投资项目代办制实施方案，成立县投资项目代办中心，实现项目代办事项和区域全覆盖。牵头投资项目在线审批监管2.0平台建设和推广应用工作，全年基本实现投资项目4个100%（即100%应用平台、100%网上申报、100%网上审批、100%批文回传），“最多100天”实现度为100%。牵头组建信用体系建设专班，抓好实施方案落实，推进信用平台建设，推进行政许可和行政处罚“双公示”，探索诚信联合激励和失信联合惩戒机制。全面取消省级设立的涉及企业行政事业性收费；清理规范电网环节收费，降低一般工商业用电价格，规范转供电环节加价行为，分别于4月1日、5月1日、7月1日、9月1日降低一般工商业用电价格，合计降低一般工商业及其他用电目录电价8.4分／千瓦时，全年减轻一般工商业电价1300万元，降低终端用户用电成本15%以上，把降低涉企收费标准落到实处。运用价格政策推动“亩均论英雄”改革，完善非居民用水差别水价政策，对单位综合经济效益评价为D类的企业用水实行加价，第一年每立方米加价0.5元，第二年每立方米加价1.5元。制定非居民用天然气差别气价政策，对单位综合经济效益评价为D类的企业用天然气实行加价制度，第一年每立方米加价0.5元，第二年加价1.5元。

【首届“常山好项目”谋划擂台赛】 2018年，常山县开展首届“常山好项目”谋划擂台赛。4月5日启动全县重大项目谋划活动，各单位、乡镇项目谋划活动有序推进，全县共上报项目144个。通过分领域论证和集中讨论两个环节，最终确定入库项目57个。按照项目谋划活动要求，12月6日，20个项目参加首届“常山好项目”擂台赛，通过参赛单位项目介绍、评审团专家现场提问答辩、评审团专家打分等程序，最终决出常山县2018年度优秀谋划项目10个，其中一等奖1个、二等奖3个、三等奖6个。

【《东接新衢州 慢城大花园行动计划》编制并开始实施】 2018年，县发改局牵头编制《东接新衢州 慢城大花园行动计划》。《行动计划》把握衢州建设高铁新城的机遇，围绕“衢常一体”发展思路，提出打造交通“三张网”（即四省边际交通网、杭衢一体交通网、衢常一体交通网）、城市“三个圈”（即内圈、中圈、外圈）、产业“三条链”（即幸福产业链、智慧产业链、特色产业链），实现衢常交通一体、城市融合、产业共兴。以“一江、两城、三园、四镇、五通道”（“一江”即常山江；“两城”即高铁新城和国际慢城；“三园”即国家地质公园、国家油茶公园、国家湿地公园；“四镇”即康养小镇、赏石小镇、云耕小镇、胡柚小镇；“五通道”即比亚迪轻轨、351国道、沿江公路、杭淳常快速通道、常玉快速通道）为实施路径，全面有机接入新衢州。常山成为大湾区战略节点的两江通道、大通道浙西门户的通衢首站、大花园核心景区的慢城风光、大都市绿色卫城的康养福地。7月27日，《行动计划》内容纳入县委十三届四次全体（扩大）会议暨县十六届政府第二次全体（扩大）会议报告，成为县级战略予以实施。

【“标准地＋承诺制”改革实施方案】 2018年5月，常山县在全市率先印发“标准地＋承诺制”改革实施方案。全年完成工业用地出让16宗，面积1096.48亩。其中，“标准地”出让13宗，总面积1005.38亩，工业“标准地”宗数占工业用地总宗数的81.25%，工业“标准地”出让面积占工业用地供地总面积的91.69%。其中，省级以上平台“标准地”出让7宗、面积934.26亩，省级以上平台“标准地”供地总宗数和总面积比例分别为87.5%和95.52%。省级以上平台工业“标准地”出让比例远超省里30%以上的考核要求，排名全市第一。

（江静静）

行政审批服务

【概况】 2018年，常山县行政服务中心管理办公室（以下简称“县行政服务中心”）持续深化“最多跑一次”改革，在全市率先开展行政服务中心大厅升级改造，全面推行县乡村“无差别全科受理”，加快推进“互联网＋政务服务”，重点在投资项目审批和民生领域突破创新，取得明显成效，11月全市“无差别受理”市县一体化建设现场会在常山召开，实现“全市领先、全省一流”的目标。全年接待省内外考察团120余批。

完成县行政服务中心大厅扩容提升工作。3月中旬，县气象局、县总工会、县公共资源交易中心腾空搬离县行政服务中心大楼，48天完成9600平方米大厅升级改造。建立导服咨询区、自助办理区、网上办理区，配备相应办公设施。在县行政服务中心五楼设立“12345”咨询投诉举报中心、大数据交换中心、综合信息指挥中心，实现功能大集成。同时，提升周边环境，增设停车位108个，增设自助网上申报办理一体机、无声一键取号系统、智能终端、高清监控监察视频系统等系统设备与政务网互联互通，设置24小时自助服务区。

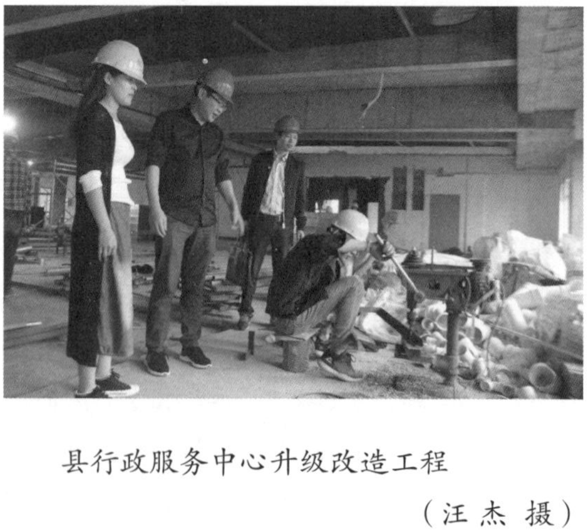

县行政服务中心升级改造工程

（汪 杰 摄）

全面推行“无差别全科受理”。建立“1+6+14+188”的“无差别全科受理”机制，即1个无差别全科受理大厅，纳入31个部门869项事项，实行“一窗通办”，优化办理流程，人社、公安、公积金、税务、投资项目、不动产六大板块实行板块内无差别全科受理。出台《常山县乡镇（街道）、村（社区）便民服务中心“无差别受理”建设标准》，建成县级85人、乡镇（街道）56人、村（社区）188人的“全科受理”队伍。全县14个乡镇（街道）188个村（社区）同步实行“无差别全科受理”改革。推行“一窗受理”云平台系统乡村两级应用，形成“乡村前台综合受理，县乡后台分类办理，乡村统一窗口出件”政务服务模式。落实县、乡、村三级行政服务中心标准化建设，制定中心《工作手册》，创新推出晨会、讲解员、值班长、乡镇“大堂经理”等制度。创新推出“云平台＋钉钉视频”办事功能，实现422项政务事项“跑也不出村”，受到衢州市市长汤飞帆的批示肯定。

6月26日，省人大常委会副主任、省总工会主席史济锡（前右二）到县行政服务中心调研“最多跑一次”改革工作。

（县行政服务中心 供图）

推进数据共享，提高办事效率。在全省率先实现公安窗口“警眼刷脸”认证系统全覆盖，实现195项民生事项“无证通办”。深入落实“减证便民”要求，清理证明187项，其中代替41项，共享100项，取消46项。全年调用省市级数据中心数据11.6万次，生成电子证照2.5万本，实现242项民生事项“一证通办”，减少群众携带办事材料15.6万多份。开通政务服务事项网上申报功能，四星级、五星级事项达974项，建立全县14个乡镇（街道）188个村（社区）政务服务外网申报代办点。向4万名用户推广使用“浙江政务服务网”APP。

是年，县行政服务中心被市行政服务中心授予“业务规范奖”，被县委县政府授予“优秀工作专班”等荣誉。

【政务服务事项实现100%全进驻】 2018年，县行政服务中心扩容提升改造后，无差别、不动产、投资项目、税务、公积金、公安、人社七大板块1347项政务服务事项全部进驻。5月，社保局、衢州市公积金常山分中心、公安行政审批科整建制进驻行政服务中心。

【涉企领域服务整合优化】 2018年，县行政服务中心推进“多证合一、一照一码”，实现“28证合一”。实现餐饮服务、住宿服务、美容美发等23个行业“证照联办”。推行住所申报承诺制。运行投资项目在线审批监管2.0版，实现投资项目审批“4个100%”（即100%应用平台、100%网上申报、100%系统打通、100%网上审批）。在全市率先推出投资项目“标准地＋承诺制”模式。实现“多图合一、图审合一”，推行“区域环评”“区域能评”，启用建筑施工许可证电子证照，开展“竣工验收测验合一”改革。

【民生领域改革取得重大突破】 2018年，县行政服务中心运用“慢城百事通”APP，实行农民建房“一语统办”，审批提速7倍，7天办结。2018年11月15日，央视一套综合频道《坚持发展“枫桥经验”——中国基层社会治理现代化之路》报道常山县通过开发慢城百事通实现农民建房审批“零跑腿”的做法。不动产登记业务实现“60分钟办结”和“全市通办”，并实现向乡镇（街道）、银行网点延伸。全国首创公安事项进驻乡镇便民服务平台，并受到省委书记车俊的批示肯定。推行“套餐式”服务，将涉及低保政策的7个部门11项事项实行政策联办，涉及助残政策的11个部门12项事项实行“一证通享”，实行低保对象“一站式”报销、企业退休人员“一件事”联办，“低保惠民联办”机制入选全国社会救助创新实践案例15强。

（郑小琴）

公共资源市场化配置监督管理

【概况】 2018年，常山县共开展进场公共资源交易活动3353次，交易金额50.94亿元；与上年比较，增幅巨大（2017年共开展进场公共资源交易活动1409次，交易金额24.4亿元）。其中，建设工程项目招投标活动1349次，预算造价162762.9万元，中标价145521.33万元，降低造价17241.57万元，资金节约率10.59%（含乡镇街道小额工程交易平台1225次，预算造价73945.51万元，中标价67677.73万元）；举行政府采购1923标次，预算价290284.78万元，中标价260884.04万元，节约资金29400.74万元，资金节约率10.13%；国有资产拍租53宗，起拍价198.81万元，成交价233.79万元，增额34.98万元，增幅17.59%；国有土地拍卖28宗，起拍价67905.29万元，成交价102755.29万元，增额34850.00万元，增幅51.32%。是年，常山县公共资源市场化配置监督管理办公室（以下简称“县监管办”）获2018年“常山好项目”谋划擂台赛二等奖。

【小额建设工程交易违规问题专项治理行动】 2018年1月15—23日，县监管办会同县住建局对14个乡镇（街道）自行交易的小额工程开展专项检查，采用随机抽取的方式确定检查项目；同时，对各乡镇、代理机构招投标场所硬件设施进行检查。及时发现小额工程发包的程序不规范、投标保证金缴纳不规范、拆分工程等问题11个，并提交县“树正气、打歪风”专项行动领导小组办公室。2018年12月20日起，结合“效率革命”，协同相关部门，针对年初的常山县小额建设工程交易违规问题专项治理行动，开展一次“回头看”，提升监管效率。对检查发现的问题即查即处理，招标人发包程序不符合要求，建议单位对相关责任人予以问责；存在拆分工程、规避招标的情形，经行业主管部门认定后，向纪检监察机关提交线索；开标场所整改不到位的，该乡镇（街道）或代理机构所实施（代理）的招标项目，进入县交易中心交易；施工单位存在疏于管理、项目经理履职不到位等情况的，或存在企业出借资质的，由行业主管部门对企业及个人记录不良行为记录，并按规定暂停其承接业务的资格。同时，在检查过程中注意摸排串标围标、挂靠投标、转包工程等行为线索，了解情况，掌握证据，予以打击。

【“保姆式”服务常山项目建设】 2018年，县监管办开展“保姆式”服务，围绕县委“四四二”战略体系，立足自身职能，主动上门到全域旅游、国际慢城、危旧房改造、城市品质提升、城乡环境整治、综合交通“十大工程”、五水共治、全域土地整理、国家油茶公园等项目建设单位和施工现场一线，对接服务项目前期工作，提高项目前期质量，进而提升项目招投标工作质量，全力服务项目建设。

（唐必明）

审计工作

【概况】 2018年，常山县审计局（以下简称“县审计局”）完成审计项目143个，查出违纪违规金额2530万元，管理不规范金额31205万元，核减工程款6453万元，平均核减率9.52%。推动行业系统政策、法规“废改立”15项，推动县级层面、被审计事项的行业主管部门和被审单位体制、机制创新优化5项，推动解决“老大难”或历史遗留问题12项。构建财政同级审计格局，创新“核心＋专题”的审计模式，关注人大、政府及社会关注度高的热点焦点事项，以“两个报告”为核心，上缴财政资金245.83万元。编发审计专报、审计要情22篇，被领导批示16篇，提交审计信息132篇，被采用65篇。多篇审计专报得到县委县政府主要领导批示，其中《胡柚振兴资金绩效有待提高》审计专报获县委书记、县长批示，并促进政府完善常山胡柚转型补助政策。

【推动投资审计转型落地】 2018年，县审计局出台《常山县政府投资项目审计监督办法》，通过制度推动投资审计转型落地。抓好工程结算扫尾工作，完成政府投资工程结算审计项目130个。派出审计人员参加20次政府投资项目协调会、讨论会，发挥投资审计在服务慢城大花园建设中的参谋作用。关注PPP、EPC等新模式政府投资审计项目，对县委党校、西源红色旅游景区项目等项目开展跟踪审计，推动相关单位及项目公司完善项目前期建设资料，加强合同签订的准确性、合规性。

【开展领导干部经济责任审计】 2018年，县审计局开展领导干部经济责任和自然资源资产审计项目7个，做好市审计局对县经济技术开发区主要领导经济责任审计工作的服务保障工作。编写《领导干部履行经济责任风险防范清单及案例》和《领导干部审计政策宣传册》，供全县领导干部参考借鉴。根据被审计领导履职情况及审计发现问题的特点，总结出被审计领导的个性、履职风险点，形成“画像”，为县委县政府管理使用领导干部提供参考。

【强化政策跟踪审计】 2018年，县审计局开展国有房地产管理使用情况的专项审计调查和2016—2017年医保基金专项审计调查。指导梳理撰写《政府投资项目审计情况分析》提交政府领导审阅。做好全市扶贫交叉审计柯城区扶贫专项审计工作的沟通指导，审计报告、审计专报反映的问题获得市委书记、市长及市委副书记的重要批示。

【建立审计整改长效机制】 2018年，县审计局落实审计整改问题的挂销号制度。通过常山审计公众号、经济责任审计联席会议、审计进点会及座谈会，印制宣传册等多形式开展《浙江省审计整改责任追究办法（试行）》的宣传。采用审计整改事项督查催办单，对未整改到位的审计问题进行督促整改。加强与纪监委信息沟通，强化问题线索落实处理，联合县人大、县纪委监委对部分单位整改情况进行实地督查。截至年底，审计查出的42个问题中，33个方面问题整改到位，9个方面问题部分整改到位。上缴财政资金1172.03万元，归还原渠道资金16.14万元，调账处理的管理不规范资金1883.83万元，促进增收节支4971.26万元；建立健全各项管理制度17项，出台各类文件20个。《2018年审计查出问题整改落实情况报告》，得到高度评价和一致肯定。

【规范单位内部审计制度】 2018年，县审计局推动县教育局、县水利局等单位完善内部审计工作联席会议制度；通过以点带面，推动县交通局、金川街道等11个部门乡镇（街道）成立内审工作领导小组，内审机构和人员逐步完善。组织评优评先和内审培训，推广内审实务跟踪经验和做法，信用联社《违规数据专线审计》审计案例获省级表彰；加强内审指导，年内各内审机构共审计项目38个，审计总金额93074.91万元，提出审计建议78条。

（方效圆）

统计工作

【概况】 2018年，常山县统计局（以下简称"县统计局"）以提高统计数据质量为核心，围绕全县中心任务，从党的建设、规章制度、统计培训、业务管理、统计产品、档案管理、统计站管理、法制宣传、统计执法、大型普查十方面推进统计工作"一体化"，发挥统计服务、统计分析、监测、预警、统计咨询和统计监督的职能作用，构建现代统计调查服务体系，提高统计数据质量，为全县经济社会的发展、和谐社会的构建提供优质高效的统计服务。

收集发布各类统计资料。印发2017年度统计公报，全年发布11期《2018年常山县主要统计数字》小册子和《常山县与周边县市区主要经济指标对比情况》卡片。完成《统计年鉴》编辑工作，严格把好编辑审核差错关，确保统计信息的严谨性、科学性和准确性。及时回应社会咨询，为县委、县政府、县直有关部门和统计用户提供有需要的统计信息资料。围绕特色小镇统计数据报送工作，紧抓赏石小镇、云耕小镇监测工作不放松，多次向县委、县政府反映特色产业投资不达标、特色小镇统计力量薄弱等问题，并提出对策建议。开展2018年26县发展实绩考核统计指标分析、常山经济新常态这几年分析等。在应对26个县考核中，按月加载26县一套表数据平台，每月收集二类13个县的考核数据，做好排位趋势分析，提供领导参阅。每月收集、整理各类考核数据，及时掌握全市基本情况，并通过数据动态分析，提出对策建议，为县领导科学决策提供依据和参谋。在《2018年政府工作报告》起草以及全县年度综合目标考核方案中，提供针对性强、关注度高、易操作的具体建议。

做好统计专报报送工作。年内向外报送10期统计专报。为市统计局、调查队、县委、县政府提供各类信息，年内完成党政、综合、专业、经普、舆情等各类信息90余条，约稿17篇。另有多篇分析调研材料被《领导参阅》《政务参阅》《常山通讯》刊登。其中分析《平稳开局 低位运行 后期加压奋进》刊登在《领导参阅》第12期。

加强宣传和培训。根据不同对象，开展统计法制宣传工作。在常山主流媒体播放统计法制宣传语，开展面向全社会的普法宣传。

突出重点和薄弱环节开展统计法制宣传，对法律意识不强的企业，通过大力度走访、检查，送上印发的《中华人民共和国统计法》（翻印本）进行现场普法。利用乡镇（街道）统计站对新上规模企业、统计基础薄弱企业等重点企业进行培训，宣讲统计法律和法规，增强基层统计人员的法制意识。

先后加入常山“最多跑一次”改革专班、云耕小镇建设工作专班、企业登高“2315”工程工作专班等，并做好各项专班统计服务工作。依托各项专班，加强与财政、经信、税务、金融以及工商等部门的沟通交流，收集整理基础数据，掌握情况，提前预警。建立固定资产投资工作群、工业投资入库群等，利用手机办公软件钉钉实现统计工作的高效化运转。

打造高素质人才队伍。推进深化“能力提升年”活动，执行岗位责任制考核制度、“淬炼铁军”末位管理制度等。创新培训模式，提升干部业务水平。5 月 21—25 日举办 2018 年统计能力提升培训班，重点对乡镇统计站及统计联席会议单位相关人员进行培训。充实统计队伍，公开招录的公务员 1 人，5 月底到位；普查中心公开招录一年期工作人员 3 人。开展“效率革命”，提高统计干部素质。

加强党风廉政建设。落实省、市和县 2018 年党风廉政建设会议精神，签订《常山县统计局廉洁从政责任书》，制定《2018 年县统计局党风廉政建设和反腐纠风工作责任清单》。把党建工作融入业务工作中，党建工作和业务工作同布置、同检查、同落实，抓好全系统思想、组织、作风建设。通过“周一夜学”、党风廉政专题讲座、参观革命纪念馆等形式，传授和学习理论、政策、法律、科技、文化、统计 6 个方面的内容。加强统计互联网廉政文化阵地建设，构建“钉钉”统计群、统计内外网、统计微博、统计 QQ 群、统计公众号“六位一体”的统计“金算盘”阵地。结合统计局主题党日活动，深入新昌乡茶源村开展党员干部理想信念、宗旨教育和廉政法规教育。

【数据核查和修正工作】 2018 年，县统计局开展数据核查和修正工作。在上年核查数据的基础上，持续推进、协调到位，多次向县领导汇报请示、与部门磋商沟通，到省局、市局汇报请教、协调争取，基础数据质量进一步改善。在核查中，采取三个程序：下达“统计法律法规知识告知书”，告知企业有义务全面真实客观及时地上报经济数据；下达“统计检查查询书”，对存在质疑的统计数据和相关问题向企业进行检查查询；下达“责令整改通知书”，对存在问题的企业要限期进行整改。已经核实修订基数的企业决不允许二次造假；没有修订基数的企业要实事求是上报；严密监测企业上报数据，对数据异常的企业下达“查询书”，对数据存在问题的企业下达“责令改正通知书”，不改正的，按统计执法检查程序严肃处理。

【统计执法监管工作】 2018 年，县统计局根据县委、县政府“双随机一公开”工作的统一要求，明确工作要点，制定《常山县统计系统“双随机一公开”统计执法检查工作方案》，完善“双随机一公开”执法检查库的建设，建立“一单两库一计划”，实施“双随机一公开”监管模式。3 月下旬，根据国家、省、市统计局统一部署要求，开展“数据造假、以数谋私”专项治理工作。在上报过程中，勤审核，发现数据异常企业，进行实地走访核查，减少统计造假事件，稽查过程中，对 2 家企业现场警告处罚。

【基本单位名录库管理建设】 2018年，县统计局加强基本单位名录库的管理和建设。结合省、市举办的基本单位名录库培训，将名录库网络化管理延伸到全县14个乡镇（街道），确保名录库实时、及时更新与维护，为“四上企业”（即规模以上工业企业、资质等级建筑业企业、限额以上批零住餐企业、国家重点服务业企业）入库和第四次全国经济普查的开展提供保障。完成全县297家“四上”企业在统计“一套表”平台数据的上报审核、监测工作，全年新增“四上”企业43家。

【完成第四次全国经济普查和第三次全国农业普查工作】 2018年，县统计局坚持早谋划、早部署、早发动，借鉴发扬历次普查成熟经验，开展第四次全国经济普查工作。在普查准备阶段，加强领导，及时组建普查机构；提前谋划，落实普查经费；明确职责，落实普查工作人员；加强宣传，营造浓厚普查氛围。在清查摸底阶段，抓好基层普查员培训，建立清查摸底进度日报制度，开展清查摸底工作督查，抓好清查摸底阶段工作的信息交流，做好清查摸底数据评估工作。同时做好第三次全国农业普查收尾工作，完成常山县第三次全国农业普查主要数据公报，做好公报的审核、发布工作。按照市局要求，形成第三次全国农业普查数据开发工作方案，确定课题，开展数据资料开发和解读，利用好普查成果。

（江骏霞）

市场监督管理

【概况】 2018年，常山县市场监督管理局（以下简称“县市场监管局”）深化“最多跑一次”改革，全省首创“钉钉视频办照”；推进衢枳壳“入典”工作，助推衢枳壳先后入选新“浙八味”（即铁皮石斛、衢枳壳、乌药、三叶青、覆盆子、前胡、灵芝、西红花），“衢六味”（即衢枳壳、白及、陈皮、猴头菇、白花蛇舌草、黄精）；推进省食品安全县创建，打造全市首个名特优食品作坊示范区；试点推行基层医疗机构监管“五联机制”（即信用联评、许可联审、监管联动、信息联通、能力联建），经验做法得到省政府领导批示肯定；开展油茶行业标准化体系建设，浙江省山茶油及食用植物油质量检验中心获得授牌。牵头开启全科无差别受理，压缩企业开办时间。推进跨部门“双随机、一公开”抽查提质扩面，联合多部门完成抽查企业174家。开展市场主体出清工作，清理各类僵尸主体1130家。推动证照分离、企业名称自主申报、住所登记、破产企业简易注销等改革，打造最优营商环境。全年新增各类市场主体3397家，比2017年增长17.7%。制定实施《“三强一制造”梯度培育计划》，“浙江制造”团体标准实现零的突破，新增浙江名牌2个。新增地理标志证明商标2只，认定省知名商号1家。推进新一轮小微企业三年成长计划行动，全年新增小微企业717家，比2017年增长13.6%。拓宽企业融资渠道，通过企业动产抵押登记，商标专用权、股权质押等途径拓宽企业融资渠道，助企融资17亿元。打响“放心消费在常山”品牌，举办常山县首届“3·15”宣传文艺晚会，开展放心消费“五进”（即进农村、进社区、进学校、进企业、进超市）活动，全年受理各类投诉举报754件。配合文明城市复评，开展城区餐饮业态、农贸市场环境大整治。深化乡镇农贸市场改造提升工程，三年任务两年完成，除新昌乡外，所有乡镇建成1个星级农贸市场，实现“退路进市”目标。

【放心食品消费单位创建成果佳】 2018年，县市场监管局推进省、市为民办实事项目之一——食品安全监管项目，在衢州市率先完成9家农村家宴放心厨房建设。培育6家省级名特优食品作坊、6家市级名特优食品作坊，全市名特优食品作坊建设现场会在常山召开。广泛开展消费示范单位创建，创建放心示范商店54家、放心餐饮24家、放心消费示范区1个。大东门农贸市场和辉埠农贸市场成功创建浙江省放心农贸市场。

8月9日，衢州市名特优食品小作坊现场推进会在常山召开

（县市场监管局 供图）

【全省首创钉钉视频办照】 2018年，县市场监管局首创“钉钉视频办照”新模式，推动“跑一次”向“零跑腿”升级。借助钉钉视频功能，实现该局窗口干部与办事群众远程连线、实时指导、帮办代办，有效破解偏远地区群众办照难问题。

【专班推进衢枳壳加入《中国药典》工作】 2018年，衢枳壳先后入选新“浙八味”“衢六味”中药材培育名单。作为全市首味瞄准加入《中国药典》的道地药材，市、县两级高度重视，成立衢枳壳入典工作专班，由市市场监管局和县政协一把手亲自“挂帅”，担任专班班长，统筹市县资源，推进衢枳壳加入《中国药典》工作，多次召开专班成员会议，明确重点工作分工及阶段目标任务。向上争取指导支持，国家药典委员会委员、省食品药品检验研究院赵维良副院长专程指导，面授入典经验。

【食品安全监管措施扎实】 2018年，县市场监管局加快推进食品小作坊“整改提”全覆盖。全县67家小作坊完成“整改提”工程，比2017年增长272%。探索建设常山贡面产业集聚区，“贡面＋赏石”旅游经济模式初显成效。着眼健全食品安全社会共治体系，推动成立常山县食品安全促进会，在全市率先试行食品生产企业落实主体责任履职报告会制度。加强重大活动食品安全保障工作，完成中高考、“环浙”自行车嘉年华、浙江国际皮划艇精英赛、第二届常山国际赏石文化节、首届常山人发展大会等15个餐饮食品安保任务。深化“阳光厨房”建设提升工程。81家餐饮服务单位安装“阳光餐饮”软件；全县公办中心以上学校食堂、三星级以上饭店100%实现“阳光厨房”；42家餐饮机构接入“智慧监管”系统。

【药品安全监管新做法获省领导肯定】 2018年，县市场监管局强化药品生产流通日常监管，出动执法人员350人次，检查药品各类企业240家，下发整改意见50份。试点推行“五联机制”，规范基层医疗机构药房建设，经验做法得到省政府领导批示肯定。启动化妆品“百千万”美丽消费示范工程创建，创建示范街1条、示范商场4家、示范经营店27家。

【特种设备监管安全监管工作落实到位】 2018年，县市场监管局提前介入梅树底、不老泉等景区观光车配备使用，在观光车选型、现场安全管理、作业人员考证培训等方面提供帮助。开展电站锅炉使用单位“互查互学”，创新“4+1”（4家电站锅炉使用单位＋监管部门）检查机制，破解电站锅炉使用监管难。推进电梯责任保险，完成公众聚集场所电梯投保105台，投保率72%。

（官智孟）

安全生产监督与管理

【概况】 2018年，全县发生各类事故18起、死亡19人，事故起数比上年下降51.4%，死亡人数下降20.8%，未发生较大以上事故。其中工矿商贸行业发生事故4起，死亡4人；道路交通发生事故14起，死亡15人，事故起数比上年下降57.6%，死亡人数下降25%，未发生较大以上事故。消防发生火灾39起，比上年下降54.65%，直接经济损失96万元，生产经营领域未发生亡人火灾事故。

常山县安全生产监督管理局（以下简称“县安监局”），挂常山县安全生产委员会办公室牌子，是主管全县安全生产综合监督管理工作的县政府工作部门。2018年，县安监局坚持“安全第一、预防为主、综合治理”的方针，坚守“发展绝不能以牺牲人的生命为代价”这条不可逾越的红线，以全面落实安全生产责任制为主线，强化隐患排查治理，突出事故预防控制，着力提升安全生产治理能力，防范和减少生产安全事故的发生，维护人民群众生命财产安全。提请县政府及时调整分管领导，由常务副县长分管安全生产工作；贯彻落实《中共中央国务院关于推进安全生产领域改革发展的实施意见》，提请县委常委会研究出台《常山县关于推进安全生产领域改革发展的实施办法》，明确党委、政府及部门的职责。发挥乡镇（街道）属地监管作用，推动乡镇（街道）安全生产监管体系建设，成立乡镇（街道）安全生产委员会。

【重大隐患挂牌督办和巡查】 2018年，县安监局组织实施省、市、县重大隐患挂牌督办，首次在乡镇（街道）推行安全生产较大隐患挂牌整治工作，全县挂牌107家，一批安全生产隐患及时整治和消除，安全环境得以改善；推进八大行业安全生产责任险（绿色保险），出台建筑、交通、金属冶炼等领域安全生产绿色保险实施方案，推进高危行业绿色保险全覆盖。出台《常山县安全生产通报警示约谈实施办法》和《常山县安全生产巡查工作制度》，启动常山县安全生产巡查工作，首批巡查招贤镇和新昌乡2个乡镇。

【安全生产检查与整治】 2018年，县安监局结合实际制定下发《常山县安全生产大检查方案》，全县37个安委会成员单位和14个乡镇（街道）开展地毯式的安全生产大排查、大整治，为“两会”营造良好的环境。推进安全生产三年综合治理行动，制定三年行动2018年工作任务，抓好任务的落实。探索乡镇（街道）自选安全生产专项整治项目，根据乡镇（街道）的实际，针对安全生产薄弱环节或重点领域，开展专项整治行动。开展危化矿山动火作业、工矿商贸企业仓储安全、有限空间以及工贸行业涉及危险化学品使用企业等专项检查整治。分析近几年常山县工矿商贸领域安全生产事故原因和特性，在全市率先开展全方位的外包作业（项目）安全生产的排查整治行动，出台外包企业安全管理意见。抓好安全生产百日大检查工作，解决安全生产工作中存在的突出问题和薄弱环节，确保岁末年初安全生产形势稳定。投资52万元开发安全生产隐患动态监管系统，已上线运行。

【安全生产执法】 2018年，县安监局编制年度安全生产监督检查计划，督促乡镇（街道）和相关安委会成员单位执行好检查计划。联合公安、市监开展烟花爆竹经营双随机执法，联合公安、环保开展排查易制毒化学品非法储存行动，取缔球川镇一家非法生产危化品企业，查处长盛化工等3家非法储存危化品企业，对市安委会在常山安全生产巡查期间发现违法违规企业，联合消防开展双查，切实排除隐患。抽调7人组建执法专班，下指标要求每个乡镇（街道）提供不少于2个、开发区和辉埠镇不少于10个案源；以常山江为界，分成两组，主要领导和分管领导分别带队执法，专题向县委常委会和政府常务会议汇报在全县范围内开展执法行动，得到县委县政府大力支持。全年安全生产非事故处罚42起，处罚金额56.7万元。

【安全生产宣传教育】 2018年，县安监局部署“安全生产月”、《中华人民共和国安全生产法》宣传周、《中华人民共和国职业病防治法》宣传周活动，联合14个负有安全生产监管职责的部门在芳村镇开展安全生产相关法律法规大型咨询现场会。举办常山县安监干部业务知识培训班，开办由252名企业负责人及安全管理人员参加的安全生产知识和法律法规培训班；建立安全生产钉钉群、安全生产微信群、危化矿山工作群、工贸企业工作群等，开展安全生产法律法规宣传活动，助推企业知法、守法、用法。组织全县干部参加《地方党政领导干部安全生产责任制规定》和《浙江省地方党政领导干部安全生产责任制实施细则》的学习考试，印发《常山县安全生产宣传教育“七进”活动工作方案（2018—2020）》，部署民间投资安全生产宣传教育基地创建和安全生产文化部门（单位）、乡镇（街道）、村居（社区）、机关、企业、学校、家庭等先进典型的培育，加快形成安全生产宣传教育与文明系列活动互融共建机制，打造宣传教育基地建设社会化、典型单位选树精品化、安全文化建设多元化的“常山样本”。

（徐 鑫）

财政·税务

财 政

【概况】 2018年，全县财政总收入17.09亿元，比上年增长22.3%。一般公共预算收入10.98亿元，增长11.1%，占财政总收入的64.2%，占GDP的7.8%。其中，税收收入8.70亿元，增长34.5%，占一般公共预算收入的79.2%；非税收入2.28亿元，下降33.2%，占一般公共预算收入的20.8%。一般公共预算支出47.05亿元，增长24.6%。全年财政收支平衡。

县财政部门做好"生财、聚财、用财"文章，优化收入结构，保障重点支出，防控财政风险。落实财税优惠政策，支持"招商引智"，财政收入"三个比重"（即一般公共预算收入占财政总收入的比重、税收占一般公共预算收入的比重、一般公共预算收入占GDP比重）优化，税收收入增幅位列全市第一。加大向上争取力度，获省绿色发展财力奖补资金4.76亿元、省基础设施投资基金1.26亿元等。山水林田湖草生态保护修复工程入选全国试点，到位资金2.50亿元。在全省农村综合改革工作会议上，财政扶持村级集体经济发展的做法作为典型经验推广，常山县被省财政厅列入2019年度扶持村级集体经济发展试点单位，获补助资金2200万元。

县财政部门落实"三会一课"制度，组织"两学一做""主题党日"活动，开展"大整风"十大行动。实施组团联村制度，落实挂联包村责任，对接"国际慢城"建设工作。选派财政骨干参与"千企结千村消灭薄弱村""城市能级提升"工作专班，以及公车改革、危旧房改造、扶贫专项巡察等工作组。

是年，常山县财政局获"全省基层财政管理工作优秀单位""全省农村综合改革工作优秀单位""全省财政税政调研统计工作先进单位""浙江财政年鉴2018卷组稿先进单位"等30多项荣誉，在全县机关部门综合考核中蝉联一等奖。

【财政专项资金激发企业活力】 2018年，县财政部门提请县政府出台总部经济补充意见，引进和益融、永常、赛得健康等总部企业，引导产业向价值链高端延伸。实施"凤凰行动"（即企业上市、增发和并购重组）计划、"腾笼换鸟"行动（通过淘汰或转移高污染、高消耗、低产出、低效益等低端产业、企业或某些生产环节，腾出原占有的土地、能源、环境等资源要素空间，置换相对高端的先进制造业和现代生产性服务业、优质企业或某些先进生产环节的行为与过程），引进浙江五洲新春、天津利安隆等上市公司对县域企业并购重组。兑现工业和科技创新发展引导专项资金、金融业发展引导资金、电子商务产业发展引导资金等涉企奖补资金1.61亿元。深化"亩均论英雄"改革，实行分类分档动态管理，倒逼企业提升资源利用效率。用好企业应急专项资金，为企业降低成本1669万元。

【民生项目投入明显增长】 2018年，全县民生领域资金支出34.63亿元，占一般公共预算支出的73.6%，增长14.8%。县财政部门支持教育“一号工程”，推进教育基本现代化建设，全县教育支出6.12亿元，比上年增长25.0%；投入8328万元对15个学校实施迁建扩容和改造提升；提升教师收入水平，教育教学质量奖励提高两倍，兑现1600万元中高考奖励资金。加大城乡建设支持力度，统筹2.25亿元保障危旧房治理改造、7700万元支持小城镇环境综合整治、1000万元实施城区亮化提升。保障文化体育事业，全县文体与传媒支出8709万元；投入3932万元打造西源红色景区，保障自行车、龙舟赛等体育赛事，建设南孔书屋、宋诗之河。保障大通道建设，出资2.12亿元用于320国道常山段改建；投入4700万元用于国道大中修和农村公路提升改造。支持医疗卫生事业发展，投入1亿元支持公共卫生服务中心和中医院搬迁改造、6000万元支持医共体和乡镇卫生院建设。贯彻“两山”理念，与衢州和开化签订钱塘江流域上下游横向生态补偿协议，投入1.5亿元对常山江、芳村溪等进行流域治理。

【统筹资金助推乡村振兴】 2018年，县财政部门统筹3.63亿元用于打造美丽乡村。安排6900万元重点打造7个美丽乡村，投资3844万元用于93个“一事一议”项目。设立扶持村集体经济发展专项资金900万元，开展“千企结千村”专项行动。安排精准扶贫资金8075万元，用于光伏发电、异地搬迁、产业发展、低收入农户保险等。设立“常山阿姨”发展专项基金300万元。分别安排3449万元、2340万元和3956万元用于农村生活污水项目、农村垃圾整治和赤膊墙整治。投入700万元打造“村上酒舍”“申山乡宿”“云湖仙境”等民宿。投入460万元支持农民丰收艺术节、胡柚文化节、油茶博览会活动。

【深化财政事项改革创新】 2018年，县财政部门深化“最多跑一次”改革，开展“同心汇聚·携手同行”和“上门服务至少一次”活动，局班子成员带队，全局干部分15小组，走访全县588家企业、194家预算单位。推进统一公共支付平台建设，为全县群众提供服务16万人次，支付金额8.90亿元。推进国库集中支付电子化改革，实现预算单位全覆盖。推广“政采云”平台，覆盖率99.1%，交易金额3.49亿元。出台机关工作人员差旅费管理新规，完成事业单位和国企公车改革，构建“三公”（即因公出国出境经费、公务车购置及运行费、公务招待费）经费长效管理机制。强化政府投资项目全过程监管，完成“三算”（即政府投资项目的概算、预算、结算评审）审核项目562个，核减金额1.80亿元。完善公款竞争性存放管理办法，全年招标金额5.70亿元，新增存量资金总收益340万元。规范乡镇财务管理，全县14个乡镇（街道）完成规范化财政所创建。对11个重点项目开展财政绩效评价，对30家单位开展财政监督检查。

【财政风险防范措施加强】 2018年，县财政部门防范和化解政府性债务风险，加快融资平台市场化转型，组建常山旅游发展投资运营有限公司，同时吸收合并七彩龙迴旅游开发有限公司和赏石小镇建设运营有限公司；完成常山县市场开发有限公司对青石石文化公司的兼并工作。推进国有房地产整合盘活，成立常山县国有资产整合盘活工作专班，办理国有资产转移登记357处，导入

333宗土地和1286幢房产测绘数据。防控社保基金风险，划转财政资金3.78亿元充实社保风险准备基金，加强基金保值增值运作。

常山县2018年一般公共预算收入执行情况一览

表12　　单位：万元

科 目	2018年调整预算数	2018年执行数	完成调整预算（%）	比上年（%）
一般公共预算本级收入合计	**107770**	**109781**	**101.9**	**11.1**
一、税收收入小计	83679	86980	103.9	34.5
（一）主体税种收入	51408	53884	104.8	47.8
1.增值税（改征增值税）	37460	39571	105.6	45.7
2.营业税	30	30	100.0	−95.2
3.企业所得税40%部分	11088	11253	101.5	76.3
4.个人所得税40%部分	2830	3030	107.1	32.4
（二）小税种收入	21011	23341	111.1	26.4
1.资源税	1100	1398	127.1	38.4
2.城市维护建设税	5000	5703	114.1	66.9
3.房产税	3170	3973	125.3	41.9
4.印花税	1350	1375	101.9	3.7
5.城镇土地使用税	3341	3660	109.5	3.1
6.土地增值税	5800	5978	103.1	7.7
7.车船税	900	939	104.3	15.1
8.环保税	350	315	90.0	—
（三）农业两税收入	11260	9755	86.6	0.4
1.耕地占用税	4373	2520	57.6	−25.8
2.契税	6887	7235	105.1	14.6
二、非税收入小计	24091	22801	94.6	−33.2
（一）专项收入	12361	9954	80.5	43.0
1.教育费附加收入	2800	3059	109.3	66.7
2.地方教育费附加收入	1870	2041	109.1	67.0
3.残疾人就业保障金收入	650	688	105.8	25.1
4.教育资金收入	4025	2257	56.1	—
5.农田水利建设资金收入	2545	1444	56.7	—
6.森林植被恢复费收入	470	464	98.7	−45.1
7.水利建设专项收入	—	1	—	−93.8
8.其他专项收入	1	—	—	—
（二）行政事业性收费收入	3500	1561	44.6	−39.2
（三）罚没收入	3200	3289	102.8	−35.8
（四）国有资源（资产）有偿使用收入	4130	4394	106.4	−76.4
（五）政府住房基金收入	900	3603	400.3	314.6

常山县2018年一般公共预算支出执行情况一览

表13 单位：万元

科 目	2018年调整预算数	2018年执行数	完成调整预算(%)	比上年（%)
一般公共预算支出合计	**448662**	**470519**	**104.9**	**24.6**
一、一般公共服务支出	46200	50090	108.4	20.9
二、国防支出	186	186	100.0	20.0
三、公共安全支出	21450	22275	103.8	12.0
四、教育支出	53996	61190	113.3	25.0
五、科学技术支出	13629	12402	91.0	−2.6
六、文化体育与传媒支出	7500	8709	116.1	7.4
七、社会保障和就业支出	62600	66312	105.9	25.1
八、医疗卫生与计划生育支出	47738	51651	108.2	10.8
九、节能环保支出	9200	11290	122.7	55.6
十、城乡社区支出	43026	33884	78.8	10.0
十一、农林水支出	74849	78628	105.0	5.9
十二、交通运输支出	30577	32428	106.1	141.9
十三、资源勘探信息等支出	3900	4130	105.9	19.3
十四、商业服务业等支出	2319	2565	110.6	−50.7
十五、金融支出	80	79	98.8	29.5
十六、援助其他地区支出	—	100	—	—
十七、国土海洋气象等支出	3750	5393	143.8	32.8
十八、住房保障支出	18600	18597	100.0	975.6
十九、粮油物资储备支出	280	1894	676.4	182.3
二十、其他支出（类）	180	114	63.3	54.1
二十一、债务付息支出	8525	8525	100.0	50.4
二十二、债务发行费用支出	77	77	100.0	75.0

常山县2018年政府性基金预算收入执行情况一览

表14 单位：万元

科 目	2018年调整预算数	2018年执行数	完成调整预算(%)	比上年（%)
总 计	**136187**	**186198**	**136.7**	**97.5**
一、新型墙体材料专项基金收入	—	—	—	—
二、城市公用事业附加收入	—	—	—	—
三、国有土地收益基金收入	3550	3503	98.7	108.1
四、农业土地开发资金收入	120	120	100.0	3.4
五、国有土地使用权出让金收入	121700	115829	95.2	94.5
六、彩票公益金收入	342	306	89.5	19.5
七、城市基础设施配套费收入	1365	1538	112.7	1030.9
八、污水处理费收入	500	380	76.0	−45.7
九、彩票发行机构和彩票销售机构的业务费	110	108	98.2	−13.6
十、其他政府性基金收入	8500	64414	757.8	105.4

常山县2018年政府性基金预算支出执行情况一览

表15

单位：万元

科　　目	2018年调整预算数	2018年执行数	完成调整预算(%)	比上年(%)
政府性基金预算支出合计	130005	149611	115.1	77.4
一、社会保障和就业支出	3987	3002	75.3	51.9
大中型水库移民后期扶持基金支出	3560	2575	72.3	41.6
小型水库移民扶助基金及对应专项债务收入安排的支出	427	427	100.0	172.0
二、城乡社区支出	107925	129743	120.2	198.8
国有土地使用权出让收入及对应专项债务收入安排的支出	105300	127374	121.0	207.2
国有土地收益基金及对应专项债务收入安排的支出	1700	1837	108.1	112.4
农业土地开发资金及对应专项债务收入安排的支出	310	86	27.7	−74.6
城市基础设施配套费及对应专项债务收入安排的支出	75	34	45.3	54.5
污水处理费及对应专项债务收入安排的支出	540	412	76.3	−44.5
三、农林水支出	100	97	97.0	24.4
大中型水库库区基金及对应专项债务收入安排的支出	100	97	97.0	24.4
四、商业服务业等支出	100	51	51.0	37.8
旅游发展基金支出	100	51	51.0	37.8
五、其他支出	—	13845	—	−60.9
其他政府性基金及对应专项债务收入安排的支出	—	11787	—	−64.7
彩票发行销售机构业务费安排的支出	110	85	77.3	−19.0
彩票公益金及对应专项债务收入安排的支出	2910	1973	67.8	−18.9
六、债务付息支出	2873	2873	100.0	0.0
地方政府专项债务付息支出	2873	2873	100.0	0.0

常山县2018年社会保险基金收入执行情况一览

表16

单位：万元

科　目		2018年调整预算数	2018年执行数	完成调整预算(%)	比上年（%）
全县社会保险基金收入合计		135353	136251	100.7	−19.9
其中	保险费收入	92512	92512	100.0	−27.9
	财政补贴收入	36019	36918	102.5	5.2
	其他社会保险基金收入／利息收入	3821	3821	100.0	−44.1
一、企业职工基本养老保险基金收入		49354	49354	100.0	−42.4
其中	保险费收入	43015	43015	100.0	−46.9
	其他基本养老保险基金收入／利息收入	3339	3339	100.0	−23.5
二、机关事业单位基本养老保险基金收入		24867	24867	100.0	−11.8
其中	保险费收入	15668	15668	100.0	−13.8
	财政补贴收入	9000	9000	100.0	−10.0
	其他基本养老保险基金收入／利息收入	199	199	100.0	563.3
三、失业保险基金收入		1420	1420	100.0	−14.1
其中	保险费收入	1373	1373	100.0	15.9
	其他失业保险基金收入／利息收入	47	47	100.0	−90.0

续表 16

科 目		2018 年调整预算数	2018 年执行数	完成调整预算(%)	比上年（%）
四、基本医疗保险基金收入		20816	20816	100.0	7.7
其中	保险费收入	20655	20655	100.0	12.7
	其他基本医疗保险基金收入／利息收入	161	161	100.0	−83.8
五、工伤保险基金收入		2027	2309	113.9	15.1
其中	保险费收入	2020	2020	100.0	14.6
	财政补贴收入	0	282		17.5
	其他工伤保险基金收入／利息收入	7	7	100.0	75.0
六、生育保险基金收入		593	593	100.0	4.6
其中	保险费收入	583	583	100.0	14.1
	其他生育保险基金收入／利息收入	10	10	100.0	−82.5
七、居民社会养老保险基金收入		11949	11969	100.2	−7.9
其中	保险费收入	346	346	100.0	−62.4
	财政补贴收入	11569	11589	100.2	3.1
	其他居民社会保险基金收入／利息收入	34	34	100.0	−96.0
八、居民基本医疗保险基金收入		24327	24923	102.4	26.0
其中	保险费收入	8852	8852	100.0	39.3
	财政补贴收入	15451	16047	103.9	20.3
	其他居民医疗保险基金收入／利息收入	24	24	100.0	−71.4

常山县 2018 年社会保险基金支出执行情况一览

表 17　　单位：万元

科 目	2018 年调整预算数	2018 年执行数	完成调整预算(%)	比上年（%）
全县社会保险基金支出合计	**156163**	**156163**	**100.0**	**16.1**
其中社会保险待遇支出	150810	150810	100.0	15.5
一、企业职工基本养老保险基金支出	71290	71290	100.0	13.9
其中基本养老金支出	69676	69676	100.0	13.9
二、机关事业单位基本养老保险基金支出	26562	26562	100.0	10.1
其中基本养老金支出	25800	25800	100.0	7.0
三、失业保险基金支出	1251	1251	100.0	9.1
其中失业保险金支出	556	556	100.0	113.0
四、基本医疗保险基金支出	19539	19539	100.0	34.4
其中基本医疗保险待遇支出	18959	18959	100.0	32.4
五、工伤保险基金支出	1906	1906	100.0	15.9
其中工伤保险待遇支出	1849	1849	100.0	15.6
六、生育保险基金支出	1259	1259	100.0	56.3
其中生育保险待遇支出	1259	1259	100.0	56.3
七、居民社会养老保险基金支出	11347	11347	100.0	17.4
其中基本养老金支出	10749	10749	100.0	29.0
八、居民基本医疗保险基金支出	23009	23009	100.0	15.1
其中基本医疗保险待遇支出	21962	21962	100.0	14.8

常山县2018年社会保险基金预算结余一览

表18

单位：万元

科　　目	2018年调整预算数	2018年执行数
全县社会保险基金本年收支结余	–20810	–19912
一、企业职工基本养老保险基金本年收支结余	–21936	–21936
二、机关事业单位基本养老保险基金结余	–1695	–1695
三、失业保险基金本年收支结余	169	169
四、基本医疗保险基金本年收支结余	1277	1277
五、工伤保险基金本年收支结余	121	403
六、生育保险基金本年收支结余	–666	–666
七、居民社会养老保险基金本年收支结余	602	622
八、居民基本医疗保险基金本年收支结余	1318	1914

（李阳彦）

税　务

【概况】　2018年，国家税务总局常山县税务局（以下简称“县税务局”）组织各项税费24.96亿元，比上年增长24.07%。完成组织税收收入15.64亿元，比上年增长35.89%，增幅为全市第一。其中，增值税入库83289万元，比上年增收24860万元，增长42.55%；消费税122万元，比上年减收9万元，减少6.77%；企业所得税入库26628万元，比上年增收11917万元，增长81.01%；车辆购置税入库5565万元，比上年减收1080万元，减少16.25%；个人所得税7575万元，比上年增收1854万元，增长32.41%；地方“两税”（即契税和耕地占用税）9754万元，比上年增收42万元，增长0.43%；其他各税入库23481万元，比上年增收3725万元，增长18.86%；基金收入入库93288万元，比上年增收7023万元，增长8.14%。全年共办理退税22538万元，其中出口退税8404万元，福利企业以及资源综合利用企业退税为11224万元。共计减免税金4.09亿元。

优化税收营商环境，采用“线上＋线下”方式，全方位开展培训。县税务局整合钉钉网络直播资源，联合纳税人开展网上电子税务局操作培训会。通过现场讲课与网络视频直播的创新方式，让纳税人足不出户即可知晓网上税务局相关操作，直播观看人数突破1500人。组织开展20余场纳税人培训学堂，由业务骨干现场为纳税人答疑解惑。组织税务专家团队分组开展走访企业活动，点对点分析企业情况，面对面讲解税务政策。在天马所与经济技术开发区所召开民营企业专题座谈会，进一步扩大调查企业广度。召开全国纳税人满意度调查动员会，发布企业调查要求，分片包干，确保干部工作不乱，回访有序。加强纳税服务投诉管理，按照规定的流程、时限开展纳税服务投诉受理、转交、调查、处理和回复工作。规范、简化纳税人报送资料，建立纳税人以及第三方对纳税服务质量定期评价反馈的制度。

是年，县税务局办税服务厅获国家级“巾帼文明岗”称号、浙江省“文明单位”、省级“青年文明号”。

【国家税务总局常山县税务局正式成立】 2018年，原常山县国家税务局、常山县地方税务局正式合并，成立国家税务总局常山县税务局。7月20日，举行挂牌仪式；9月14日，国家税务总局常山县税务局党委成立；10月30日，天马税务所、经济技术开发区税务所两个派出机构挂牌。县税务局成立后，具体承担全县各项税收、社会保险费、非税收入征管等职责，降低征纳成本，理顺职责关系，提高征管效率，为纳税人提供便利服务。

7月20日，国家税务总局常山县税务局成立

（汪杰 摄）

【税收征管工作】 2018年，根据国税地税征管体制改革工作部署，县税务局制定《常山县改革国税地税征管体制征管业务工作实施方案》，明确登记认定、申报征收、法制综合、文书出具、报备边控等事项的过渡性操作模式，明确征管职责及范围划分，做好四大类27项相关征管工作。成立金税三期并库、自然人税收管理系统（ITS）、城乡居民两费征管系统和电子税务局优化改造系统上线工作“四大系统”上线工作领导小组及办公室，负责上线应用的组织实施工作；同时统一按照要求，做好数据清理、系统测试、规划校验和初始化配置工作等。

【城乡居民“两费”划转】 2018年，县税务局以“专班作战＋跟班学习”两种方式，推进城乡居民“两费”（即基本养老保险和基本医疗保险费）划转工作。成立社保费和非税收入征管职责划转工作领导小组及其工作专班，联合县人社局、县财政局、县农商银行商定《常山县城乡居民社保“两费”征管职责划转过渡期实施方案》，并谋划好《城乡居民“两费”划转应急预案》。确定城乡居民“两费”划转跟班学习人员名单，及时跟进县人力资源和社会保障局城乡居民“两费”工作进度，组织跟班学习城乡居民“两费”征缴政策业务和征缴流程。同时与县人力资源和社会保障局、县财政局协作完成数据交接，并完成常山县社会保险费征缴信息共享平台建设，建立“两费”划转分片包干对接制度。

【办税事项100%“最多跑一次”】 2018年，县税务局深入推进“放管服”改革和“最多跑一次”改革，实现146项办税事项100%“最多跑一次”，90%以上事项“零上门”，通过建立内部激励机制，优化岗位责任制、服务承诺制、一次告知制、首问责任制、限时办结制等制度，提供预约服务、延时服务、上门服务。以“最多跑一次”改革为牵引，践行省委省政府的“无差别受理”理念，构建以“十个无差别”（即理念无差别、县域无差别、人员无差别、事项无差别、标准无差别、导税无差别、叫号无差别、热线无差别）为主要内容的“无差别受理”体系，得到省税务局局长龙岳辉的肯定性批示。

（朱俊辉）

国有资产监督管理

【概况】 2018年，按照机构改革要求，常山县国有资产监督管理委员会办公室（以下简称“县国资办”）职能归并县财政局，重新制定资产监管、运营等职能，划分资产监管和资产投融资两大体系。新体系涵盖内部监管审计、资金资产管理、履行出资人职责、国有资本经营预算、决算备案、薪酬管理、绩效考核等一系列事项。依照法定程序审核、决定、批准国有资产营运机构的设立、分立、合并、变更等事项，重大事项由县政府集体决策；完善国有企业法人治理结构，按现代企业制度建立国有企业管理架构，建立国有企业领导人员分类分层管理制度。

【“资产池”建设加快推进】 2018年，县国资办进一步细化确权登记的工作流程，明确权属单位、责任人和任务进度时限，提升确权效率，夯实产权基石。全面梳理出应确权国有资产总量765处，目前累计办理357处国有资产登记。根据“分类处置、以质划分、统筹调配”的原则，加快资产调拨入账和制定权属、使用双方委托管理协议。通过资产评估，依据地域划分、价值层次将国有资产和自然资产分为优、良、差三类，土地按资产价值列出相应变性资产清单，筛选优质土地、国有房地产拟做经营性资产，过户城投公司进行管理、使用、处置。林业、水利、矿产等资产按区域划分确定资产管治清单，完善自然资源合理开发利用长效机制。

【“数据库”升级强化网格管理】 2018年，县国资办召集中介公司开发全县房地产、土地信息管理系统，该系统以热点标注资产地标3D显示图模式，呈现常山县大部分国有资产分布地理位置和资产现状，进一步实现成果数据与不动产登记系统无缝挂接。根据各单位资产处置情况，加快完善资产导出模块，新建租房到期提醒信息数据以及“一证多处”分级树型图等信息模块；“资产云”系统（国有资产管理云服务平台）上线，立足推进国有资产合理配置、使用、处置工作，满足单位资产全生命周期管理需要。目前已经完成原系统数据迁移工作，为资产报告编报和日常资产管理提供技术支撑。

【应急资金管理取得新突破】 2018年，常山县企业应急专项资金合计办理借款业务614笔，合计借出资金166919万元，帮助企业节约短期资金拆借成本1669万元。企业应急专项资金管理严格规范书面材料、手续流程、时限要求及单笔资金额度等，保增促调效果显著，对推进常山县中小微企业平稳健康发展提供动力引擎，同时为防止企业违规操作，有效杜绝违规事件发生。

【发挥资源优势捍卫“金山银山”】 2018年，常山县实施耕地保护补偿政策，持续深入推进耕地生态建设保护工程，土地开发、农村土地综合整治成效明显。全年创建绿色矿山5家。全年共组织矿产巡查166次，查结违法开采案件11起。开展“一户多宅”专项整治，统筹推进存量土地盘活、空间换地和亩产倍增计划，促进节约集约用地。推进自然资源统一确权登记改革，林权类登记已正式纳入不动产统一登记。全面启动全域土地综合整治。在全县范围内谋划全域土地综合整治项目25个，区域总面积43万亩。着力构建“水安全、水环境、水生态、水文化、水管理”五大体系，以落实最严格水资源管理制度为核心，常山连续两年取得全市优秀，位列第一名。

【国有平台公司市场化转型方案拟订】 2018年12月，省委省政府专门下发《浙江省全面深化国有企业改革行动方案》，县国资办响应号召。赴邻近市县学习考察国有企业市场化转型经验；赴湖北仙桃学习全域土地整治及融资经验；走访常山县现有国有平台公司，了解企业情况，听取企业意见；走访调研矿产、砂石、林场、水利等资产监管部门。初步掌握常山县2016—2020年矿产资源开发利用规划、主要矿产资源储量表、矿业权出让收益市场基准价、废旧矿山治理计划等情况。整理研究企业市场化转型相关税收、股权转让、出让金上缴等相关政策。县国资办委托华普天健开展尽职调查，对全县国有企业财务状况进行摸底，完成《县国投公司转型发展咨询报告》。结合咨询报告、企业发展现状以及周边县市的成功经验，拟订《县级政府融资平台公司市场化转型的实施方案》，最终审定后提交县政府常务会议讨论。

（叶展）

金融·保险

综 述

2018年，全县金融机构贯彻稳健、松紧适度的货币政策和双支柱调控政策，支持常山经济发展，打好绿色金融改革攻坚战，营造守信良好氛围，打造“诚信常山”。坚持保持流动性合理充裕，服务实体经济、防控金融风险、深化金融改革，满足全县经济社会发展需求。全县金融机构本外币各项存款余额217.66亿元，比上年增10.68%；本外币各项贷款余额169.25亿元，增长4.36%。

“支农支小支民生”力度加大。2018年，全县金融机构开展“服务实体经济百日攻坚战”主题活动、“银行行长进民企”大走访活动，全面掌握企业当前的生产经营状况和资金需求，为企业设计并落实个性化融资方案。做到不抽贷不压贷，优化还款方式，加大续贷支持力度，降低小微企业“过桥”成本。农商行通过政企合作平台，为小微企业办理无缝对接贷款周转业务1030笔，金额达32.52亿元；民泰银行使用“随贷通”“续贷通”等方便企业的无缝对接信贷产品，发放贷款24笔，金额0.32亿元，有效解决小微企业贷款无缝周转问题，切实缓解小微企业“过桥贷款”融资压力和成本。全县广义小微企业贷款余额43.28亿元，比年初增加5.94亿元，增幅15.90%，高出各项贷款增速11.51个百分点。全县涉农贷款快速增长，余额103.90亿元，比年初增加3.52亿元，比上年增长3.51%。县域12家银行机构共同出资开展“1分钱坐公交，欢乐畅享不停”活动，累计交易18367笔，让利3.66万元。优化升级“智慧支付”工程，实现智慧支付在医院、旅游、菜场等民生、公共服务领域全面开花；县域4个智慧菜场累计交易笔数11.04万笔，金额552.44万元；城区3家医院布放智慧终端17台，累计交易4.36万笔，金额1592.23万元。推进银行卡助农服务点移动支付试点工作，在服务点配置丰收一码通、智能付终端，采取手机银行与二维码交互方式办理助农业务。

金融风险防控能力增强。2018年，全县金融机构以“3·15”国际消费者权益日、“6·14”征信宣传日、反假货币宣传月、“金融知识普及月”为主线，开展金融知识进农村、进街心、进社区活动，创新推出“金融夜市”宣传模式，提高群众法规意识。同时，加大金融风险研判和预警监控力度，重点关注产能过剩行业、企业“两链”（即资金链和担保链）、银行业资产质量、资管业务、银行流动性等领域风险。加强对房地产公司资金监管。全县不良贷款余额占比呈现“双降”态势，不良贷款余额为2.35亿元，比年初减少1.46亿元；不良贷款率为1.39%，比年初下降0.96个百分点。

绿色金融改革不断深化。2018年，全县金融机构举办绿色金融推进政银企合作对接会，以展板方式对全县绿色金融发展情况开展专题宣传，探索绿色信贷创新机制，发挥信贷资金在资源配置中的作用，促进绿色低碳循环经济发展。全县金融机构优先支持清洁能源、节能环保、家庭农场、乡村旅游、绿色消费等绿色项目发展；对符合环评标准的技改企业给予资金支持，并开辟绿色贷款审批通道，简化审批流程，缩短放贷时间；对高污染、高能耗等环评不达标的企业实行银行授信“一票否决”。配合县政府做好“蓝天三衢”轻钙行业的环保整治，逐步退出落后产能及环保不达标企业的信贷。组织召开绿色金融产品创新大赛，评选出农场乐、油茶低温气象指数保险、“常山三宝”产业链、安全生产绿色保险等常山县“七佳绿色金融创新产品”。县农商行成功向浙江永合新材料科技有限公司发放常山首笔“排污权质押”贷款。推动县泰隆银行在全县投放小微企业绿色金融债券2663万元，并做大安全生产责任保险、油茶低温气象指数保险等绿色保险。

2018年常山县金融机构本外币存贷款余额一览

表19

项目、名称 / 机构名称		存款		贷款	
		年末余额（亿元）	比年初增长（%）	年末余额（亿元）	比年初增长（%）
全县金融机构		217.66	10.68	169.25	4.36
其中	农发行	4.53	5.13	14.63	19.04
	工商银行	26.74	0.42	22.67	−1.90
	农业银行	20.66	19.27	14.59	6.47
	中国银行	12.12	−2.43	13.78	−20.27
	建设银行	23.62	9.97	16.50	−12.38
	农商银行	83.96	8.73	57.99	13.83
	邮政储蓄	14.36	4.26	4.97	19.98
	村镇银行	8.62	4.37	10.17	0.48
	泰隆银行	6.86	11.06	6.67	20.82
	温州银行	1.98	−20.22	0.85	−34.80
	金华银行	1.99	−5.97	1.81	6.98
	民泰银行	2.80	133.61	1.58	16.88
	台州银行	1.48	45.36	3.06	60.47

（樊小雄）

人行常山支行

【概况】 2018年，中国人民银行常山县支行（以下简称“人行常山县支行”）围绕衢州市中心支行“三项工程”（即绿色金融“两山”转化工程、普惠金融“三金”品牌工程、“双基”建设标准化工程），完善班子成员对分管部门检查指导机制，层层传导压力、压实责任。落实个人监督信息预警平台信息录入及信息分析运用管理，发挥系统预警和行为自纠功能。强化员工“八小时之外”管理，开展个人参与P2P网贷平台情况及金融异常状况排查，抓好政治延伸巡视和预算管理专项审计问题整改落实。开展《中国共产党纪律处分条例》等学习活动，贯彻中央八项规定精神，落实廉政谈话制度，履行好监督责任。开展“访石书廉”、赴法院旁听职务犯罪宣判、赴西源革命纪念馆参观等主题活动，筑牢思想防线。人行常山县支行政务信息和舆情信息得分位列衢州市四个县（市）支行第二名，2名员工在中支政务信息专项通报（首次）中获表彰；移动支付业务量位居衢州四个县（市）支行之首。

【依法打击金融违法犯罪】 2018年，人行常山县支行向公安部门移交反洗钱线索1条，并持续跟进，多次配合县公安、检察机关完善证据链，推动市本级首起洗钱案件宣判；常山首起掩饰隐瞒罪宣判，成为衢州市辖内4个县（市）支行中唯一成功办理洗钱定罪的支行。开展金融领域扫黑除恶、互联网金融风险整治、农村金融广告治理等专项活动。

【成为全省第一批完成国库电子化改革支库】 2018年，人行常山县支行引导县农商行与县国土局合作推出“不动产信息银行服务平台”，使客户可在银行网点一次性完成不动产抵押登记和贷款发放。开展优化企业开户服务“最多跑一次”活动，做好企业名录登记零跑腿推广及企业服务相关工作，通过线上操作完成8家企业名录登记。实现国库实拨资金电子化、集中支付电子化，做到纳税人“零跑路”、资金拨付“秒到账”，成为全省第一批完成国库电子化改革支库。

【助力常山“信德过城市”建设】 2018年，人行常山县支行派员参加县政府“信德过城市”建设专班工作。优化征信查询服务功能，指导县农商行将征信查询机布设于县行政服务中心，8—12月共查询个人征信报告578笔。与县社保局签订《关于将企业欠薪信息纳入人民银行企业征信系统的合作协议》《关于对严重拖欠农民工工资的失信企业实施联合惩戒的合作备忘录》等，拓展征信效能。优化征信查询服务，完成个人征信前置系统在线测试及运行工作。全年查询个人征信报告10772笔，比上年增长74.62%；查询企业征信报告243笔，比上年增长120.91%。

（樊小雄）

银监常山办事处

【概况】 2018年，中国银行保险监督管理委员会衢州监管分局常山办事处（以下简称“银保监常山办事处”）做好“控风险、强服务、促合规、推改革、抓管理”五篇文章，引导辖内银行业机构提升银行业服务实体经济质效。督促辖内银行业机构落实风险化解机制，不良贷款处置力度创新高；加大对实体经济信贷支持力度，减费让利推动地方经济加快转型发展，网贷排查助力金融秩序稳定。参加县政府“百名局长帮百企”活动，定期走访挂联企业浙江锦环金属有限公司，了解该公司生产经营状况，为企业排忧解难，受到企业好评。强化政银企三方联动，参加困难企业帮扶协调会，帮助企业共渡难关。同时，向县政府建言献策，维护银行业的合法权益。截至年底，全县金融机构各项人民币存款余额209.66亿元，比年初增加15.5亿元，增长7.98%；各项贷款余额169.25亿元，比年初增加7.07亿元，增长4.36%；不良贷款余额2.35亿元，比年初下降1.46亿元，不良率1.39%，比年初下降0.96%，实现不良双降。

2018年，银保监常山办事处推进常山县银行业“合规管理深化年”专项活动，助力常山县域银行业“清雷防险”，促银行业各项业务规范发展。培育合规队伍，选取培育重要岗位人员作为“合规种子”，进行建档考核。组织“比学赶超”季，开展多形式学习并开展合规考试。搭建宣讲培训平台，加强辖内银行机构同业交流。开展系列乱象督查活动。督促辖内银行机构开展“治乱象维秩序”“股权管理”“违规揽储”等多项排查。深入排查网贷机构风险问题，会同县金融办、公安及市场监管局建立联合排查机制。开发EAST发鹰眼网贷风险监测系统，对存量网贷机构进行深入排查并要求网贷机构做好整改工作。指导金融消费维权工作，保障消费者维权站工作的正常运行，开展一星级金融消费维权站的评估工作。开展送金融知识下乡及“孝老”等系列志愿服务活动，弘扬银行业社会责任。

【风险防控多措并举】 2018年，银保监常山办事处聚焦信用风险防控工作，实行不良目标全程管控。走访督促各行开展信用风险排查，制订不良贷款年度压降目标，对不良率较高、处置不力的银行机构予以重点关注并约谈高管，明确全辖不良贷款率年底下降到2%以内，力争1.6%以内。各行积极争取上级行核销、资产转让等政策，配合县政府做好破产难、逃废债、处置难、腾空难“四个五家”（即四类企业各选五家）企业的集中整治，配合公安、法院开展打击逃废债、司法处置不良贷款攻坚行动，加快不良处置进度。通过定期走访、组织约谈等方式督促银行机构加大不良处置力度、拓宽不良处置渠道，灵活创新不良处置方式。截至年底，全县处置不良贷款6.89亿元。提高联合授信管理、债委会的实际效用。推进联合授信增量扩面，通过“五位一体”（即政府牵头、银监引导、协会会商、企业自救、银行帮扶）机制帮扶困难企业。截至年底，组建15个债权人委员会，年内存续10家，涉及用信余额2.04亿元。联合授信管理已成功签约并已录入系统的有88家企业，授信总额32.22亿元，对外担保总额8.27亿元。

【服务实体经济信贷支持力度加大】 2018年，银保监常山办事处引导常山银行业加大对实体经济信贷支持力度，支持实体经济动能切换、消费升级，为企业减费让利，推动地方经济加快转型发展。加大信贷投放力度，加大对县域特色小镇项目、重大交通项目、重点企业和重点领域等的金融配套服务工作。降低小微贷款利率，引导法人机构将降准释放的低成本资金倾向民营、小微企业，全年为企业节约融资成本4200多万元。缩减服务收费项目，对跨行取款、汇款等58

项费用给予减免。推进“无还本续贷”扩面增量，开办“无还本续贷”业务，支持正常经营的小微企业融资周转“无缝衔接”，消除小微企业民间“过桥”借贷成本。截至年底，“无还本续贷”业务惠及625家小微企业和个人，续贷金额8.64亿元，按1.5%的过桥费用计算，为客户节省1000多万元“过桥”借贷成本。银政合作助力打造一站式综合惠民服务平台，助力“最多跑一次”改革。

【法人机构内控监管督导】 2018年，银保监常山办事处立足法人机构监管，强化督导，推进常山农商行改革转型。经过一年多的“股改＋处置”，2018年5月，常山农商行实现挂牌。推进法人机构内控提升，督导2家法人机构全面梳理完善公司治理、内控制度等工作质效，组织开展“治乱象 维秩序”自查评估和监管评估，提升工作质效。监督执行岗位轮换制度，督促2家法人机构执行岗位轮换制度，严格执行基层网点负责人、信贷资金、会计条线人员同一岗位3年以上需轮换的制度，常山农商行轮岗比例达到90.50%，常山联合村镇银行达64.70%，并要求制定未轮岗人员轮岗计划。

（冯程程）

工行常山支行

【概况】 截至2018年年底，中国工商银行股份有限公司常山支行（以下简称“工行常山支行”）各项本外币存款余额26.74亿元，比年初增加1120万元，在四大国商行中占32.16%；各项本外币贷款余额22.67亿元，比年初减少4380万元，在四大国商行中占33.55%。全年实现拨备前利润7346万元。

2018年，工行常山支行通过呆账核销、资产转卖、现金清收等方式，处置不良贷款，年末不良额、不良率分别比年初下降6181万元、2.67个百分点。深入了解企业经营情况和融资需求，与企业主对接，全年新增小微企业贷款9户，发放贷款2000万元。年末中小企业贷款余额6.84亿元，比上年增加0.71亿元，增长率为10.3%。为常山皮尔轴承有限公司办理辖内首笔跨境人民币外债业务，用于该企业总部搬迁项目建设。工行常山支行营业室在常山县率先完成网点智能化改造，提升客户体验和网点产能；开展窗口服务、厅堂服务、运营质量、营销拓展等各类“金钉子”评选活动，在全市工行系统旺季竞赛活动中获得零售业务“开门红”竞赛一等奖、综合业务“开门红”竞赛三等奖。

11月12日，工行常山支行营业室完成网点智能化改造，盛大开业

（赵丽雅 摄）

开展“党员领导干部争做管理履职模范 党员争做岗位尽职模范”主题实践活动。开展业务技术练兵活动，在全市工行系统第十七届业务技术比赛的全员业务知识竞赛中，工行常山支行现场经理、运行主管组获团体第二名；在选手比赛团队项目中，工行常山支行获国际业务项目第一名。开展“春

意浓浓庆三八”、“六一”亲子蛋糕DIY等主题活动和“学雷锋传善行”、孝老日义务服务、“文明有我·奉献一小时”、无偿献血等社会公益活动。4月15日，在工行衢州分行举办的“新时代 新蓝图 新征程”主题晚会暨先进表彰大会上，工行常山支行编排的节目《厉害了，我的行》获晚会二等奖；5月13日，工行常山支行男队在衢州分行第五届员工气排球比赛中获冠军。

【工行“银企合作项目”上线】 2018年4月，工行常山支行响应县委、县政府“合力共建全景常山，大力发展全域旅游”的号召，独家参与浙江常山旅游发展投资运营有限公司“银企合作项目”。在常山县三衢石林及中国观赏石博览园旅游景点设置自助购票机，利用自助服务等信息化手段，优化景区售票流程，提高效率，便民惠民。

【工行推出“工商企业通”】 2018年4月，工行常山支行推出“工商企业通”，为新设小微企业提供工商注册登记咨询、申报、领照和银行开户等一站式综合服务，并于5月3日成功办理首笔全程电子化工商通企业开户。常山电视台新闻频道2018年5月9日、《今日常山》5月11日二版综合栏目、《衢州日报》6月6日二版对此作出相关报道。

【工行存量房交易资金托管业务开办】 2018年7月25日，工行常山支行和具有相关行业资质的中介签订安心账户（存量房交易资金）托管协议，于8月10日进入业务运行阶段。存量房交易资金托管业务是指银行受存量房交易当事人委托，根据《存量房交易资金托管协议》的约定，履行保管资金交易、监督资金流向、披露资金信息等职责的一项账户托管业务。当规定期限内购房者过户后，该资金将划转到卖房方的账户下，否则将划回到购房者账户。

【银医合作信息化系统建设项目实施】 2018年9月，工行常山支行独家参与常山县人民医院“最多跑一次”信息化系统建设项目，推进银医智慧医疗合作，增加医院结算通道，现已包含窗口人工结算、窗口扫码结算、自助机银行卡结算、自助机扫码结算、诊间扫码结算等多渠道聚合支付结算方式。

【工行驾培资金托管业务上线】 2018年12月，工行支行与常山县华友机动车驾驶员培训有限公司合作上线驾培资金托管业务。银企合作开展驾培资金托管线上业务，增强学员在学驾过程中的自主权，学员可自行预约培训时间、学完再付费，同时促进驾校提高管理水平，强化培训安全，提高培训质量，提升服务能力。

（赵丽雅）

农行常山支行

【概况】 2018年，中国农业银行股份有限公司常山县支行（以下简称“农行常山支行”）在全县设有7个24小时自助银行（其中驻人式自助银行2个），配有自动取款机、存取款一体机、自助转账机等自助设备33台，布设惠农通服务点220个。做好稳存增存工作，加大对活利盈、存贷通、快溢宝、开放式理财等产品的营销。至年末，农行常山支行各项存款余额20.66亿元，比年初增加3.34亿元；各项贷款余额14.59亿元，比年初增加0.89亿元；实现净利润2119万元；完成中间业务收入1087万元。

银企联动对接重点项目，稳固市场份额。2018年7月，浙江锦禾投资开发有限公司销售资金集中监管账户落户农行常山支行。截至年末，该账户时点存款2.9亿元，年日均存款0.41亿元。成立营销团队，营销机构类存款1.3亿元。对接政府建设工程无欠薪行动，推出工薪宝产品，全年开立农民工工资专户近70户，代发工资8400多人次，金额超5000万元。对接中煤建工集团常山城区道路白改黑工程0.93亿元、中电建集团下辖常山县美丽公路一期工程8.35亿元和351国道常山段工程18亿元项目。推进胡柚小镇项目对接，全年发放胡柚大户贷款57户85笔，金额1246.3万元，行业数据采集客户信息212户。

推进惠农业务提质增量。至年末，惠农卡新增有效客户2848户，完成年度指标的356%；惠农网贷余额7366万元，完成年度指标的97%，其中发放白名单贷款273户，绿名单47户；惠农通服务点220个，完成年度指标的100%，覆盖率100%，有效率92%，在线率53%，星级网点40个，新增金融自治村3个，信用村3个。E管家交易额513万元；惠农通注册E管家235户，渗透率100%，完成年度指标的107%。

推进网点党建工作。农行常山支行有3名（含）以上正式党员的网点部门均已建立党支部。加快党员“双培养”，预备党员转正1人，发展预备党员1人，吸收入党积极分子3人。落实从严治党“两个责任”，以“两学一做”学习教育为主线，开展“微党课”比赛、征文比赛等活动，深化政治理论和政治信仰。深化“三线一网格”（即党建线、纪检线、运营线，员工行为管理网格化责任体系）工作。制定8项规章制度，完善议事规则，明确管理责任，落实网格连带责任。农行常山支行履职完成率100%，合格率100%，“三线一网格”管理模式应用系统与人力资源管理系统同步率为87.5%。

（季雨根）

建行常山支行

【概况】 截至2018年年底，中国建设银行股份有限公司常山支行（以下简称“建行常山支行”）本外币一般性存款时点余额23.62亿元，比年初新增2.14亿元；其中，对公存款余额为16.71亿元，比年初增长1.85亿元，在当地四行中占比33.28%，列第一，新增额占比53.31%，列第二。日均存款余额22.63亿元，比年初增长1.64亿元，日均余额在当地四行中占比61.18%，列第一；各项贷款余额16.50亿元，比年初下降2.33亿元，在当地四行中占比24.46%，列第二，其中，对公信贷余额为4.48亿元，比年初下降2.93亿元，个人信贷余额12.01亿元，比年初新增0.59亿元；累计实现中间业务净收入862万元，在当地四行中占比19.62%，列第三，其中，对公中收受项目投放的影响，四行余额占比7.49%，列第四，个人条线中收净收入744万元，四行余额占比26.42%，列第三；不良贷款总额3224.48万元，不良率1.95%，其中，对公不良额2066.98万元，个人不良额1157.5万元，累计处置回收6433万元，占全市不良贷款总量为10%，不良率低于全市平均数0.2个百分点，不良额、不良率较年初实现双降。

2018年，建行常山支行以党建统领业务中心工作。与城东新区党工委举办党建共建签约仪式，签订党建共建协议，双方交流党建成果；与县交通局党委开展“夏季送亲凉”活动，走访全县公路建设项目部，下工地、走基层、对接项目；与常山社会保险事业管理局开展“党建引领促发展，不忘初心创佳绩”主题党日活动；与县委组织部共建“党费云”平台，实现全县97家机关单位的覆盖，累计为4500名党员办理建行手机银行。全年成功营销代发公务员补发工资8526万元，推动党建与业务高度融合。制订“星星点灯”计划，以“每周学习日”学习周新业务、分析出现的各类问题并寻求解决方案；以技能竞赛，交流技能练习心得，每次结果，张榜排名。在营业部和城区支行创建“劳动者港湾”，为所有劳动者提供休息场所和充电、热饭等服务。

【重点机构客户公款存放竞标成功】 2018年，建行常山支行通过参与县住建局、县经济技术开发区、辉埠经济发展投资有限责任公司、县公共资源交易中心等重点机构客户的存款存放招投标，成功竞标常山县交通局公款存放0.1亿元、衢州市住房公积金管理中心常山分中心公款存放0.1亿元、常山县物业维修专项资金存放0.33亿元。

【专项资金和专项基金开办专户营销成功】 2018年，建行常山支行成功营销320国道专项资金2.4亿元、交投公司发债专项基金1.3亿元、351国道总承包项目专用户0.98亿元工程款已入账；6个分项承包专户，实现该项目总投资26亿元资金在建行常山支行内部分流，365名农民工工资均通过建行常山支行代发。与政府类专项发债基金对接，营销常山县基础设施投资基金有限公司，后续到位2.5亿元资本金。

【多个金融服务平台全面上线】 2018年，建行常山支行实施蓝海项目，建融公租平台、公寓平台、共享平台全面上线。其中，建融公租平台房源631套；新增企业公寓房源155套；共享平台发布房源700套；新注册蓝海客户340户，客户体验平台签约40户，成交支付5笔，金额1.24万元。推广应用金融科技，完成公益教育平台上线5户，获客数6715户，完成率559.58%，系统第一；党群综合服务平台上线26户，获客数1944户，签约户、获客数均为系统第一；宗教财务服务平台全县68家，全部上线，系统第一；对公普惠金融贷款余额1.2亿元，比年初新增1417万元，完成率53%，“惠懂你”APP下载1909户，完成率81.58%。个金普惠业务发展，区域“裕农通”服务点21个，新增13个，新增发卡100张，完成率100%，完成13个文明村文明贷准入，发放2笔“文明贷”，金额20万元。

（姚胜土）

中行常山支行

【概况】 2018年，中国银行股份有限公司常山县支行（以下简称“中行常山支行”）加大对农业产业化龙头企业的信贷支持，为浙江天子股份有限公司新增授信4000万元，配合企业做好上市辅导工作。上报的棚改项目得到上级行支持，为常山县城市危旧住宅区治理棚改项目审批银团贷款6亿元。加大对小微企业贷款支持，除增加贷款外，重点对降低小微企业贷款利率、规范对小微企业收费提出新要求。1000万元以下普惠金融口径贷款企业，贷款利率在原来上浮20%的基础上继续下降。规范收费要求，杜绝各项不合理收费，坚持为小型和微型企业提供全面的金融服务，对小型微型企业免收承诺费、资金管理费、咨询费，给微型企业免收财务顾问费，不强行推销基金、理财等产品，贷款周转尽量当天办理完毕，从根本上解决小微企业融资贵的问题。最大限度处置不良贷款，促进企业良性发展。创建务实严谨的内控案防管理工作氛围，注重员工异常行为排查，内控管理工作坚持疏与导相结合。注重过程管理，及时化解发生的问题，全行业务操作无重大差错，未发生安全保卫方面问题，全行员工无重大违规、违纪事件。截至年底，各项贷款余额137188万元，各项存款余额119789万元，贷存比达145%。

【处置化解不良贷款】 2018年，中行常山支行处置不良贷款坚持从快原则，做到上报从快、审批从快、入账从快等。对不良客户采取“一户一策”，包括资产重组、贷款平移等手段，全力化解。对基本面良好、有发展前景、暂时遇到困难的企业，给予企业贷款提前周转，传递信心，通过降息或新增授信给予企业流动性支持，以时间换空间，帮扶企业渡过难关。推进不良资产批量转让和核销打包工作，做好前期准备工作，将符合核销条件的不良资产尽快批转或核销，做到“能转尽转”“能核尽核”。加强主动风险管理，做深、做实贷后管理和风险排查，防止出现贷款“猝死”现象。截至年底，不良贷款1153万元，比年初减少1826万元，不良率为0.84%，比年初下降0.88%，低于全县平均0.55%。全年处置不良贷款8564万元。

【扶持进出口企业发展】 2018年，中行常山支行发挥中行海外网点及代理行众多和国际结算优势，通过海外询价为借款企业提供融资成本最低和最便捷的融资渠道。为客户配套定制优势产品，减少国际市场对企业的影响，缓解融资压力。包括为海诚化工配套叙做远期结售汇产品、为特美舒鞋业叙做优利存产品等，针对天子股份的出口贸易业务，联系市行贸金部为企业量身定制买断保理业务，都取得良好效果，为企业增利近百万元。

【省行扶贫结对青石镇飞碓村】 2018年，中行常山支行争取到中国银行股份有限公司浙江省分行将青石镇飞碓村确定为省行扶贫结对联系村。2018年11月，中国银行浙江省分行纪委书记李楠带队到联系村实地调研，与青石镇政府、飞碓村商讨扶贫具体项目及实施方案。12月，省分行在全省中行系统开展“情系常山，宣传推广常山胡柚销售”活动，取得良好效果。

（邱建春）

邮储常山支行

【概况】 2018年，中国邮政储蓄银行股份有限公司常山县支行（以下简称“邮储常山支行”）本部设有综合管理部、个人金融部、公司业务部。共11个网点，其中自营网点2个（常山支行营业部、招贤支行），邮政代理网点9个。自营网点配置附行式存取款一体机3台、离行式存取款一体机3台、离行式自动取款机4台；邮政代理网点配置附行式存取款一体机5台、ATM机4台。从业人员49人。年末，邮储常山支行各类存款余额14.35亿元；新增发卡9940张，结存卡户数12.33万户；代理销售保险5944.69万元；

代理销售国债533.66万元；零售贷款累计新增10820.87万元，贷款结余49908.96万元；小企业贷款新增3842.90万元，贷款结余15575.18万元。

2018年，邮储常山支行有序分层开展营销活动，实现家庭农场（专业大户）贷款笔数7笔，贷款金额748万元；光伏发电设备小额贷款笔数43笔，贷款金额358.5万元；省农担保贷款笔数22笔，贷款金额730万元；净增经营性贷款3745万元。开展“治乱象、维秩序”等相关活动，针对行内资产业务和负债业务开展各项排查自查工作，深化市场乱象治理工作，及时整改暴露出的风险问题；按季开展员工行为排查，消除隐患，确保各项业务合规经营，全年未发生案件。

是年，邮储常山支行被常山县公安局授予“2018年平安单位”，支行营业部在邮储浙江省分行2018年度营业网点服务质效提升竞赛活动中获评“服务明星网点”。

（史 景）

常山农商银行

【概况】 浙江常山农村商业银行股份有限公司（以下简称“常山农商银行”）于2018年5月正式由原常山县农村信用合作联社改制而成。常山农商银行内设12个职能部室，下辖营业网点26个，其中营业部1家、支行9家、分理处16家；丰收驿站220个，员工313人。截至2018年年底，常山农商银行各项存款余额83.96亿元，比年初新增6.74亿元，增幅8.73%；存款市场份额连续11年上升，达到40.08%，比年初上升0.3个百分点，增量占全县银行业的57.38%。各项贷款余额57.99亿元，比年初新增7.04亿元，增幅13.83%，市场份额为34.29%，比年初上升2.85个百分点。资本充足率为14.24%，比年初上升0.72个百分点。贷款拔备率3.64%，比年初上升0.53个百分点。不良贷款拔备覆盖率232.01%，比年初上升70.05个百分点。一般准备比率2.03%，比年初上升0.04个百分点，均达到和超过监管部门要求。

2018年，县政府转发常山农商银行制订的《常山县“推金融普惠、促农民增收”行动实施方案》和《常山县“助万众创业、推乡村振兴”二年行动实施方案（2018—2019年）》，统一全县乡村振兴战略的行动。常山农商银行与县农办联合下发《关于实施常山农商乡村振兴战略金融服务工程（2018—2022年）的意见》，计划5年内投入30亿元服务乡村振兴。按照县委、县政府制定的《全面实施乡村振兴战略加快“特富美安”慢城大花园建设行动计划（2018—2020年）》要求，牵头实施破解“农民金融获得感和体验感不强”问题。贯彻落实县委下发的《关于实施消除集体经济薄弱村三年行动计划的意见》精神，采取政银合作开办“扶持集体经济薄弱村”专项资金委托运作的方式，由常山农商银行进行资金管理和运作，全年所得收益和利息收入19万元用于帮扶集体经济薄弱村，增强村级集体经济持续发展能力；年内投入105万元，帮助21个行政村摘除薄弱村帽子。贯彻落实“周二无会日”制度，推行“周二下村日”制度，组成“班子成员＋部室总经理＋支行行长＋客户经理”的联村（社区）团队，到农户家中找办法、在田间地头找答案，推进乡村振兴战略的落地。

是年，常山农商银行获评全国农村金融机构十佳普惠金融机构、全国农村金融十大新闻·机构、浙江省文明单位、省级平安单位、浙江农信“10大参访地”、衢州市志愿服务工作先进单位、常山县2018年度优秀志愿服务组织、十佳平安志愿服务先进单位等荣誉。

【丰收驿站建成220家】 2018年，常山农商银行在全县范围内推进集电商、金融、民生、政务于一体的丰收驿站建设，让老百姓在家门口就能办理存取款、缴费、汇款转账、贷款、电子商务等业务。截至年底，全县建成丰收驿站220家，覆盖面100%。办理业务101.04万笔、11.20亿元，月均办理业务笔数8.42万笔，月均获客量3.58万个，基础业务入村率71.22%。以第三方机构的形式参与全县村级（社区）便民服务中心升级版打造工程，将代办计生、社保等行政服务类事项纳入丰收驿站业务范围。开设“指尖上”的超市，建好丰收购“常山馆”，通过浙江农信系统线下1万多家丰收驿站，将“常山三宝”、常山贡面等农副产品往外推销，增加农民收入。创新推出“排污权质押贷款”、浙里贷·公积金贷，浙里贷·ETC贷等信贷产品，全年办理2832笔，发放7152.08万元，不良率为0%。

【金融服务“一站式办”】 2018年，常山农商银行承接县财税局、县人社局等10个部门43项高频的政务和民生项目；承担全县最低生活保障、医疗补助等8项惠民资金代理发放工作；实现医疗、交通等民生行业“智慧一卡通”支付结算。与县市场监督管理局共同推出“工商注册通”，为新设企业、个体经营户提供注册登记、账户开立、网上银行、资金结算等一站式服务，年内办理“工商注册通”18笔。与衢州公积金中心常山分中心开展合作，开办公积金缴存、提取和贷款业务，年内发放12笔、725万元公积金贷款。进驻县行政服务中心，开设服务窗口，负责行政事业类收费工作，截至年底，累计收款2.39万笔、18346.68万元。与县国土局合作推出“互联网＋不动产登记”模式，在全市率先将不动产抵押登记受理权限从不动产登记中心办事窗口延伸到银行系统一线窗口，实现不动产抵押登记“一窗受理、延伸服务”，年内办理不动产抵押登记249笔，不动产抵押注销4笔，不动产抵押查询5030笔。

【打造“智慧金融圈”】 2018年，常山农商银行以邻居卡为载体，搭建金融场景化布局，打造“智慧金融圈”。与常山县市场监督管理局合作，对大东门菜市场进行智慧项目改造，完成菜场内40余户商户“一码通”布放工作；为全县12个乡镇卫生院布放收款工具，实现医疗就诊刷卡扫码支付。与常山县第二人民医院对接银医通项目合作，整合双方资源，优化服务流程，实现客户自助挂号、支付等服务，缩短等候时间，达成银、医、患三者共赢。完成智慧公交的升级，使邻居卡拥有与公交卡一样的功能。全年通过邻居卡收取公交费用562709笔，共计386.45万元。

【减免费让利小微企业】 2018年，常山农商银行采取多样措施促进让利减费。调整修订贷款利率定价管理办法，将抵押贷款利率下限从基准利率上浮25%降至基准利率，年内累计贷款利息让利679万元；推出“排污权质押贷款”，以借款人自有的、依法可以转让的排污权为质押物，年内办理“排污权质押贷款”1笔、78万元；推出“助企贷”产品，对获得常山县年度制造业纳税20强、销售20强、技术创新奖、中小企业成长奖经济效益好、管理规范、发展前景优的企业发放贷款，给予利率优惠；推出“转贷通”，对一时无法足额归还到期贷款的生产经营正常的小微企业，临时追加授信额度重新发放贷款，用于归还部分或全部原贷款，年内为105家小微企业办理此类贷款，节约转贷成本285万元。优化小微企业贷款利率定价机制，对接内部资金转移价格优惠措施和人行支小再贷款再贴现利率优惠政策，多渠道降低小微企业融资成本。采取小微企业贷款时购买财产险或人身意外险给予利率优惠、免收征信查询费、免收抵押登记费、降低或减免抵押评估费等措施，全年免收各类费用23万元。

【邻居银行品牌文化建设】 2018年，常山农商银行围绕县委全力打造“孝老之城”的决策部署，投入400万元成立“浙江好邻居慈善基金”，用于帮扶、慰问等困难老人。与同弓乡敬老院签订战略合作协议，为敬老院老人改善居住环境，定期为老人送去关怀和问候。冠名2018年最美常山人“年度榜样”暨“十大孝星”颁奖典礼，会同县民政局开展上门慰问孝星活动。全年累计支出100余万元用于县委、县政府组织的各类公益活动。组织融入县职工运动会、金融系统气排球赛等活动。建立分层走访机制，全年走访慰问生病住院、生活困难等员工65人。

（胡金红）

农发行常山信贷组

【概况】 2018年，农业发展银行常山县信贷组（以下简称“农发行常山信贷组”）面对复杂严峻的宏观经济金融形势，坚持政策性银行办行方向，坚持执行国家意志和服务“三农”需求，把握经营环境变化趋势，推动经营创新，在坚持规范经营、防范风险的前提下，以发展为主线，以高品质、专业化服务为手段，扩展市场、创新产品、培育客户，实现各项业务全面增长。截至年底，贷款余额149323.25万元，比上年末增加26437万元，增幅21.5%；贷款日均余额138753万元，比上年增加21288万元，增幅18.1%；存款余额45385万元，比年初增加2263万元，增幅5.2%；存款日均余额49159万元，比上年减少6803万元，降幅12.2%；中间业务收入1.73万元，比上年减少28.6万元，降幅94.3%。

【收储贷款业务出成效】 2018年，农发行常山信贷组立本经营，做好收储贷款。全年累计发放贷款5249.56万元，其中省级储备粮贷款3813万元、县级储备粮贷款1436.56万元。加强项目营销工作，信贷组全年完成2笔中长期贷款审批，实施项目1个，即常山县棚户区改造固定资产贷款，成功投放3亿元。常山县美丽公路工程（一期）PPP项目，通过农发行浙江省分行评估，贷款审批书于年底下达。做好351国道龙游横山至开化华埠段公路（常山段）工程PPP和云耕小镇两个项目的申报及储备工作。谋划支农转贷业务，向上级行争取支农转贷业务，由农发行常山信贷组筹集资金，委托法人金融机构代为发放支农贷款。同时，与县域内其他金融机构探索支农转贷业务，与县农商银行对接相关事宜。

（何韵灵）

常山联合村镇银行

【概况】 2018年，浙江常山联合村镇银行股份有限公司（以下简称“常山联合村镇银行”）设有综合管理部、合规风险部、运营管理部、业务管理部4个管理部门和营业部1个业务部门，以及球川镇、芳村镇、青石镇、大桥头乡4个乡（镇）支行，员工人数89人。芳村支行通过运营规范等级三级单位达标考核。截至年底，常山联合村镇银行各项存款余额8.62亿元，储蓄存款余额5.64亿元；贷款户数4407户，贷款余额10.17亿元，涉农贷款9.99亿元，企业客户182户，贷款余额4.37亿元。不良贷款率2.72%，拨备覆盖率213.69%；各项资产总额11.33亿元，其中盈利性资产9.58亿元，非赢利性资产1.75亿元；流动性比例46.18%，资本充足率17.84%，核心资本充足率16.76%。是年，常山联合村镇银行获评“全国支农支小优秀村镇银行”“衢州市平安示范单位”等称号。

【金融服务与支农支小】 2018年，常山联合村镇银行新设首家轻便型便利店“同弓金融便利店”，新增手机银行2538户，新增第三方支付3990户，新增农户信息建档2598户。支农方面，全县授牌信用村60个，其中2018年新增7个，开展各类营销活动224场，平均网格渗透率较年初提高2.95%，渗透率最高的达到50.83%。在人行常山县支行的支持下，获4000万元支小再贷款，为支小工作提供有力保障。截至年底，常山联合村镇银行涉农贷款余额9.99亿元，小微企业贷款余额7.91亿元。

【小额信贷产品创新】 2018年，常山联合村镇银行在调研县域金融服务需求的基础上，持续加大产品创新力度，先后推出“先锋贷”“联琏贷”等产品，通过与小额贷款产品有机结合，实现小额消费信贷业务的快速增长。截至2018年年底，发放小额贷款卡2323张，授信金额2.56亿元，贷款余额5609.94万元。

【完善企业管理体系】 2018年，常山联合村镇银行修订制度11个，新增制度29个，对信贷管理、运营管理、征信业务等都进行更规范地管理。加大人力资源管理工作力度，修订职能部门关键绩效指标考核方案，先后开展21场培训活动。对组织结构进行优化，合并总行公司业务部、个人业务部与营业场，成立总行营业部，对部分中层及重要岗位实行全行竞聘上岗，共起用年轻干部、后备人才5人次。

（吴凌飞）

泰隆银行常山支行

【概况】 2018年，浙江泰隆商业银行衢州常山支行（以下简称“泰隆银行常山支行”）服务小微企业，支持实体经济发展；致力于开发农村市场，强化对“三农”的支持，将小微贷款批量作业与“信用村”结合起来推进，改善农村金融服务，以“立等贷”等随借随还的无抵押贷款产品和可上门开户开卡的“移动金融服务站”，为普通百姓提供快捷方便的普惠金融服务。推广“接力贷”“智融通”“长青贷”等绿色信贷产品，让金融产品和服务能惠及全县更多的企业。加强Pad金融移动服务站建设，为客户提供便捷的移动开户、电子银行签约服务。截至年底，泰隆银行常山支行各项存款余额68636万元，比年初增加6836万元，贷款余额66660万元，比年初增加11486万元。

是年，泰隆银行常山支行被衢州市公安局、常山县公安局分别授予“治安安全先进单位”称号，被常山县文明办评为“县级文明单位”。

【调整流程提高服务效率】 2018年，泰隆银行常山支行调整信贷政策和审批流程，使流程更顺畅快速，服务效率提高；对客户进行分层分类，以便有针对性地提供差异化服务。新设普惠金融部和小企业部，在贷款审批方面，通过行内系统改造升级，实现100万（含）以下的贷款审批由普惠金融部负责，100万元以上的贷款审批由小企业部负责。尤其对普惠业务来说，只要符合“两有一无”（即有劳动能力、有劳动意愿，无不良嗜好）条件的“两民”（即村民和居民）便可快速贷款通过这种调整，提高审批效率和服务效率。

【绿色金融产品继续创新】 2018年，泰隆银行常山支行形成一套泰隆衢州特色的绿色金融拳头产品，推出专利权质押、商标权质押、设备抵押、林权抵押、客运交通工具抵押贷等产品，其中商标质押贷、专利质押贷均为泰隆银行常山支行在常山地区的首创。创新拓宽企业融资渠道，如针对技改企业开展设备抵押贷款，开展供应链企业商标权专利质押贷款等。

【逾期管控处置力度加大】 2018年，泰隆银行常山支行完善逾期处置责任金管理办法，明确清收第一责任人。深化保全人员派驻制，坚持开展高频次的不良分析会、常态化的联动催收，集中兵力开展不良资产歼灭战，遏制新增逾期频发势头。提前一个月对到期的资产进行风险排查，对风险暴露的提前采取处置措施，提前一个月进行助兴通贷款续办，做好风险客户的催收工作，对风险暴露的客户实行一户一策，专人负责，做到“堵新清旧”。

（黄志军）

温州银行常山支行

【概况】 2018年，温州银行股份有限公司衢州常山小微企业专营支行（以下简称“温州银行常山支行”）根据上级行的统一部署推进体制机制改革，坚持服务地方经济，坚持特色化经营，坚持普惠金融，坚守风险底线。通过推行“壹壹贷”“金鹿助业贷”“小微园区厂房按揭贷款”“展业贷”等创新业务，进一步简化贷款业务流程和服务手续，提升服务效率，其中通过无缝续贷及政府企业应急专项资金双平台有机结合方式直接为企业综合减负1.62万元。同时，通过网点转型升级、服务竞赛、主动减费让利等措施，改善服务环境，增加服务项目，提高服务水平，与国家电网常山公司、常山水务公司合作，以水电费代扣返还形式普惠到户，让利于民，已覆盖城乡居民857户，直接补贴居户费用约15万元。参与公益事业，捐款支持“五水共治”“美丽乡村”建设等项目，多次参与爱心捐书活动，为偏远山区学生送学习用品。截至年底，温州银行常山支行存贷款总量3.23亿元，其中存款余额2.02亿元，各项贷款余额1.21亿元。

是年，温州银行常山支行被衢州市公安局、常山县公安局分别授予“平安单位”荣誉称号。

（王建兵）

金华银行常山支行

【概况】 2018年，金华银行常山支行守市场定位，围绕地方重点工作，加快信贷业务创新，丰富结构调整服务手段，打造小微支行经营特色。加大对民营企业扶持力度，扩大对各类园区、市场、商圈等小微企业和市民的金融支持，扩大服务广度和深度，累计发放小微企业贷款37户6780万元；优化信贷结构，推进“普惠金融”支农功能，支持城乡个体户、农户经营创业，为个人客户提供3400万元资金支持。截至年底，金华银行常山支行各项存款余额19908万元，各项贷款余额18061万元，代理理财5761万元。采取多种清收手段压降不良贷款，全年处置不良贷款4637万元。截至年底，不良贷款余额165万元，不良率从9.14%压降至0.91%。慈善捐赠15万元，参与“五水共治”活动、“孝老之城”打造，分别与机关单位联合开展志愿者服务活动，春节、端午节、中秋节期间到湖东村、象湖村等开展金融服务及慰问老年人活动。

是年，金华银行常山支行获评“衢州市文明单位”“常山县平安单位”。

【“拍卖通”业务推出】 2018年，金华银行常山支行结合绿色金融，与常山县人民法院合作，创新推出“拍卖通”业务，加快盘活不良资产，助力招商引资，提高金融机构不良资产处置效率。该业务的最大优点是客户在拍得标的物后支付拍卖款前即可申请发放贷款，为客户解决固定资产投资资金需求，解决融资难题，降低资金成本。全年办理2笔个人业务117万元，办理非评2笔420万元。

【开通在线扫码支付业务】 2018年，金华银行常山支行开通在线扫码支付业务。签约支付宝移动终端渠道商户受理协议，开通非税收入在线扫码缴费业务，客户在行政服务中心不动产抵押登记窗口办理业务时，可由工作人员通过扫码枪扫描客户的支付宝二维码完成收费。

（宋 岚）

民泰银行常山支行

【概况】 2018年，浙江民泰商业银行股份有限公司衢州常山小微企业专营支行（以下简称“民泰银行常山支行”）紧紧围绕县委县政府全面深化“实体工业、休闲城市、美丽乡村”的战略决策，继续坚持“金融服务县域实体经济”工作导向，以扩增存贷规模、提高资产质量为核心，加大市场拓展力度，加强基础管理，不断提升金融服务水平，各项工作取得明显进展。截至年底，各项存款余额2.8亿元，比年初增加1.6亿元；各项贷款余额1.58亿元，增加2285万元。

【践行普惠金融】 2018年，民泰银行常山支行以实地营销、开产说会、专题宣讲等形式进行心乐卡、农惠通卡、薪乐贷等业务营销推广，参与县经济开发区举办的“政银企对接会”、县金融办牵头的“金融超市”等活动，宣传特色产品信息，增加普惠金融服务和产品的供给。通过信用村业务的开展，让农户享受到金融带来的便利。运用科技金融，借助PAD移动端为客户办理贷款，突破地区限制。客户经理直接上门办理，填写资料、征信查询、拍摄照片等一步到位，待审批结束，客户只需来银行网点签订合同，当场即可放款。

【推进特色村居】 2018年，民泰银行常山支行开展信用村授信工作，推进信用村建设的深度和广度。5月，下发2018年“进千家、入万户、访企业”存、贷款专项营销活动方案，根据方案要求，客户经理每周安排至少一天时间进村入居进行营销，以走访的形式进行一对一的挨家挨户走访。通过举办各类比赛等丰富多彩的活动，提高群众参与度。截至年底，支行共推广9个信用村，建立信用档案1078户，授信755户，累计授信金额2.4亿元。

【创新信贷产品】 2018年，民泰银行常山支行为帮助小微企业客户拓宽融资渠道，降低融资成本，推出和完善各类还款方式等创新产品。推出和完善循环贷款、无缝对接等相关业务。全年共计办理无缝对接业务42户，金额4737.59万元。

（张 容）

台州银行常山分行

【概况】 2018年，台州银行股份有限公司衢州常山小微企业专营支行（以下简称“台州银行常山支行”）坚持中小企业的伙伴银行市场定位，专注于中小企业的金融服务，创新“薪易贷”“薪金贷”“安居贷”“兴农卡”等金融服务产品；参与慈善、绿色等公益活动，与紫港街道联合举办农民工运动会、偏远山区微心愿、金融知识下乡等活动；引导、鼓励全行员工参加各类公益活动。截至年底，台州银行常山支行存款规模14828.43万元，贷款规模30553.02万元。

（彭 倩）

人保财险常山支公司

【概况】 2018年，中国人民财产保险股份有限公司常山支公司（以下简称“人保财险常山支公司”）贯彻落实国务院《保险新国十条》，围绕常山县域经济发展规划，参与“公平有序、幸福和谐”的新常山建设，创新保险产品与服务，在保险支持地方经济、保障民生、服务“三农”和参与社会治理等方面进行有益的探索与实践。支持县域经济发展，开设油茶低温气象指数保险、家庭农场组合保险，为投保人提供充足的风险保障和惠民富民的政策性优势；同时，探索保险协助社会管理，以常山县政府为主导，承保安全生产责任险、精神病监护人责任保险，并配合公安部门开展的电动车专项整治工作，设计开发电动车综合保险方案，全年续保电动车2.3万辆，承担责任风险6.9亿元，处理涉及电动车的交通事故4200余起，支付电动车保险赔款190余万元，发挥保险业救援和补偿的功能，保障全县人民的生命财产安全。截至年底，人保财险常山支公司实现签单保费8204.55万元，比上年增长5.01%，市场份额达56.54%，支付各类赔款4128.35万元，为常山地方经济发展做出贡献。

（徐浩峰）

人寿保险常山分公司

【概况】 2018年，中国人寿保险股份有限公司常山县支公司（以下简称“人寿保险常山支公司”）设有综合部、客户服务部、个险销售部、团体业务部、银行保险部5个职能部门；在芳村、招贤、青石、球川4个乡镇分设营销服务部。在编员工23人，劳务派遣人员3人，代理制人员771人。向个人及团体提供人寿、年金、健康和意外伤害保险产品，涵盖生存、养老、疾病、医疗、身故、残疾等多种保障范围，满足客户在人寿保险领域的保险保障和投资理财需求。全年实现保费收入14595万元（含集团公司保费），比上年增长7.33%；市场份额为60.94%，比上年提高4.2个百分点。全年为7.7万余人次提供各种保险保障服务，支付满期金及赔款3408.94万元。发生400笔保单质押借款，为保户提供借款金额890万元。

是年，人寿保险常山支公司获“浙江省2018年度价值成长先锋单位”“浙江省2018年度队伍驱动先锋单位”“浙江省2018年‘省级先进基层党组织’”等荣誉。

【“治理销售乱象 打击非法经营”专项自查自纠工作】 2018年1—3月，为贯彻落实《中国保监会关于组织开展人身保险治理销售乱象打击非法经营专项行动的通知》的要求，结合总、省、市公司相关文件精神，人寿保险常山支公司重点针对2015年至2018年3月期间发生的销售、渠道、产品、非法经营四个方面各类违法违规问题组织开展专项自查自纠工作。

【“保险扶贫健步走”活动】 2018年7月8日为“全国保险公众宣传日”活动。中国保险行业协会号召各保险公司：通过运动方式，为扶贫助力，践行“身体健康一小步，保险扶贫一大步”的理念。7月7日，人寿保险常山支公司组织近200名员工、营销员及客户从文峰广场出发，沿着东明湖至文峰西路回到文峰广场，完成捐步计划，为扶贫攻坚工作捐出一份爱心，同时提升保险行业的社会认知度。

（丁 琪）

国寿财险常山县支公司

【概况】 中国人寿财产保险股份有限公司常山县支公司（以下简称“国寿财险常山县支公司”）2009年1月1日正式落户常山，办公地址位于常山县天马街道定阳北路408号。内设经理室、综合业务部、互动业务部、车行业务部、银保业务部和理赔部。公司产品体系完备，有车辆险、财产险、责任险、工程险、货运险、意外健康险、农业险等产品，为客户提供全方位、多层次、专业化保险保障。2018年，国寿财险常山县支公司在编员工17人；实现保费收入2326万元，保费规模位列常山财险第二，市场份额占16.33%。其中，车险1796万元，非车险530万元；赔款总支出1604万元。

（徐芳芳）

太保财险常山分公司

【概况】 中国太平洋财产保险股份有限公司常山支公司（简称“太保财险常山支公司”）设有综合管理科、交叉销售部、理赔科3个职能部门，经营范围涵盖财产保险的全部领域，包括车险、人身意外险、健康团意险、雇主责任险、财产保险、建筑工程一切险、农险；在编员工8人，劳务派遣人员4人。2018年，实现保费收入1205万元，支付赔款814万元。在县行业市场排名第三。

（徐 俊）

教 育

综 述

2018年，常山县教育局围绕“打赢教育翻身仗”战略要求，在教育质量提升、教育改革提速、教育信心提振等方面精准发力、持续加力，全县教育工作取得新的发展和成绩，顺利创建浙江省教育基本现代化县。

教育质量再上台阶。深化常山一中教育综合改革，做强紫港中学体育、美术、日语三大办学特色，2018年，常山县高考成绩一段上线230人，增幅连续两年保持衢州市首位；全县17位考生被C9以上大学录取，录取人数排名全市第三。育才中学中考总体平均分排名全市第二；常山书生中学城关、城南校区全县排名前100名比上年增加13人；农村初中成绩进步明显，其中龙绕初中、常山二中总体平均分提高20分以上。小学六年级毕业生总评全市第一。

教育品牌逐渐打响。新一届县委、县政府提出的教育改革“四个一”工程在县内外引起巨大反响，遂昌县、义乌市、衢江区先后组团到常山考察取经。教育工作业绩考核位列全市第一，并首次获评全省教育工作业绩考核优秀单位，取得历史性突破；常山县于2018年12月顺利通过正式评估，成为继龙游、江山之后全市第三个省教育基本现代化县。成岳冲副省长批示肯定常山“储备员额教师制度”，并专程到常山调研。在全省教育现代化建设专题研讨班上，县委书记叶美峰应邀介绍常山教育发展经验，副省长成岳冲和时任省委教育工委书记、省教育厅厅长郭华巍在讲话中对常山教育改革做法及成效给予高度肯定。《加强党对教育工作全面领导的常山实践报告》，上报中央深化改革领导小组。举办“工业4.0引发技术教育的新挑战”国际研讨会，职业教育对标国际的内涵式发展模式基本形成。

办学条件显著改善。推进教育系统“最多跑一次改革”，印发《教育局最多跑一次改革行动指南》，梳理90多个事项，7个民生事项实现“一证通办”，公办学校缴费“零跑腿”。成立重点项目专班，投资1750万元，有序推进芳村小学迁建、阁底小学扩容、五里小学迁建等3个重点项目，芳村小学迁建项目、阁底小学扩容工程于12月完工，五里小学迁建工程于10月开工；实施义务教育学校标准化建设和薄弱学校改造工程，加大对薄弱学校的改造力度，先后完成大桥头小学标准化校舍、东案小学食堂、培智学校通校道路等工程建设；启动实施同弓小学迁建工程、宋畈小学扩建工程，完成61个非重点建设项目。推进民生项目建设，投入300万元，先后完成辉埠小学、常山三中、白石小学等17个学校厕所改造提升工程；投入135万元，完成常山一中、育才小学、二都桥小学等9所学校的家长等候区建设工程；投入105万元，完成城东中学、大桥小学等5所学校水景建设工程；投入150万元，完成职业中专、实验小学等14所学校母婴休息室建设工程；投入100万元，完成城关中学、龙绕初中等6所学校学生宿舍热水淋雨系统。争取县级资金2197万元，实施无线网络改造等13个项目；向省技术中心竞争性获取移动学习终端204套，更新多媒体280套，计算机1366台，建成覆盖全县学校教育场所的无线教育网络，学校现代化装备水平实现显著提升。

教育行政

【叶美峰赴省教育厅对接工作】 2018年1月15日，常山县委书记叶美峰率队到浙江省教育厅对接工作，并与浙江省委教育工委副书记、省教育厅厅长郭华巍，副厅长韩平以及相关处室负责人进行座谈，双方就教育综合改革、教育现代化建设等工作进行深入交流。

【省督查组到常山开展教育现代化督查调研】 2018年4月17日，市政府教育督导室主任吕汶率市教育局督导处处长周森荣、基教处副处长吴小伟等到常山开展城乡义务教育一体化改革发展和省教育基本现代化县创评工作等专项督查调研。督查组一行深入宋畈中心幼儿园、芳村小学（新校区）、芳村镇成校、新昌乡中心幼儿园、新昌乡成校进行实地督查。

【衢州市家庭教育工作现场会在常山举行】 2018年5月25日，衢州市家庭教育工作现场会暨家庭教育专题培训会在常山举行，市妇联副主席徐晓玲，市教育局基教处负责人、各县（市、区）妇联、教育局分管领导、业务科室负责人，部分争创省示范家长学校负责人及家庭教育讲师团成员等100余人参加。与会人员观摩天马二小、育才小学家庭教育工作，听取学校关于家庭教育方面的特色与亮点。市教育局基教处负责人宣读《关于表彰衢州市家庭教育宣讲优秀讲师的决定》，常山县曾令华、何寒平获市优秀家庭教育讲师。常山育才小学、江山二中教师代表分别作以《“四大工程”，促进家校合力》《提升家庭教育艺术，助推雏鹰展翅高飞》为题的家校工作经验分享，开化县华埠镇枫树底社区主任夏璐分享社区家长学校工作经验。

【常山县推行教师“县管校聘”工作】 2018年7月21日，常山县召开教师“县管校聘”工作动员会。全县实施“县管校聘”工作的学校校级领导、学校“三个小组”（工作领导小组、竞聘工作小组和争议调解小组）成员、教师代表，其他学校校长、书记，县教育局班子成员、中层干部及实施“县管校聘”的13个学校机关联系干部参加会议，县编委办、县人社局、县财政局相关领导参加，副县长郑金仙出席会议并讲话。城关中学、城东中学和实验小学3个组长学校校长分别作表态发言。全县1292名教师参与竞聘上岗，改革过程实现零信访并取得预期效果。

7月21日，县教育局在常山一小召开县管校聘工作动员会

（袁红军 摄）

【常山县第34个教师节表彰大会】 2018年9月10日，常山县召开庆祝第34个教师节表彰大会。县委书记叶美峰、浙江大学教育学院党委书记吴巨慧讲话，县委副书记、县长周向军主持，衢州市教育局局长毛胜田致辞，徐建华、林红汉等县四套班子领导参加。会议学习习近平总书记在全国教育大会上的讲话精神。会议宣读了县级以上荣誉表彰文件、教育世家（三代）和25年班主任表彰文件、获2017学年政府奖励资金学校名单。

【省教育厅副厅长丁天乐到常山调研】 2018年9月28日，省教育厅副厅长丁天乐率调研组到常山调研教育人事工作，就常山教师储备员额制实施情况、县管校聘工作开展情况及教师待遇问题展开具体调研。在听取县教育局主要负责人的工作工作汇报后，丁天乐对常山在校长职级制的探索及县管校聘工作给予充分肯定。

9月28日，省教育厅副厅长丁天乐率调研组到常山调研教育人事工作

（袁红军 摄）

【拱墅、常山结对学校签约】 2018年10月11日，杭州市拱墅区、常山县两地教育部门在常山县教师进修学校举行结对学校签约仪式。双方教育局相关领导及结对学校负责人共同出席。签约仪式上，拱墅区教育研究院、大关中学教育集团、文晖中学教育集团长阳中学、北苑实验中学、启航中学分别与常山县教研室、城东中学、常山二中、常山三中、龙绕初中签署结对帮扶协议。仪式后，拱墅区签约单位分别到各自结对的学校进行了考察交流。

【副省长成岳冲调研常山教育工作】 2018年11月5日，副省长成岳冲到常山调研教育工作，省教育厅副厅长韩平、衢州副市长王良春陪同。成岳冲先后走访常山县城东中学、芳村小学、常山县职业中专，考察常山县农村基础教育工作和教师储备员额制工作，并主持召开座谈会，肯定常山县在储备员额教师工作。

【常山县通过省教育基本现代化县验收】 2018年，县教育局全面启动省教育基本现代化县创建工作。制定整改方案，推进全县校园整改落实。全年完成6个乡镇省标准化成校创建，全县标准化成校率达100%。撤并19所薄弱园、教学点，改造提升22所薄弱园，“改薄”工作得到省教育厅肯定，并获100万元专项资金。召开全县教学点、村完小管理提升现场会，“一校一策”制定提升方案，推进最美教学点改造。累计投入200多万，先后完成蒲塘、澄谭等10个教学点的提升工程，学校校容校貌焕然一新。阁底小学、芳村小学成功创建省标准化学校，全县标准化学校创建率提升至97.06%，位居衢州市第三；城关中学、城南中学、湖东小学、招贤小学成功创建市义务教育基本现代化学校，全县创建率达26.47%，位居全市第二。常态开展“教育现代化，督学在行动”创评工作专项督导。6月20—22日，省人民政府教育督导委员会对常山县创建省教育基本现代化县进行预评估；12月17—19日，常山县通过教育基本现代化县的现场评估验收。

学前教育

【概况】 2018年，全县有幼儿园55所，296个班级，在园幼儿9055人；新入幼儿园2502人，离园幼儿2762人。创新实施“周二下园去”工作机制，全年组织挂联干部下园指导18期，90批次。巧用“加减法”精准实施学前扩容改薄工程，县政府出台《常山县幼儿园扩容工程和薄弱幼儿园改造工程实施方案》等系列政策文件，明确政府主导地位，保障城镇小区配套园与新建住宅小区实现“四同步”，超前谋划乡镇农村幼儿园项目建设，落实土地指标、建设资金、建设责任主体，停办小规模薄弱园20所，迁建和改扩建5所。

【常山三级幼儿园“回头看”工作】 2018年1月14日，县教育局组织5人评估组，对照《浙江省幼儿园等级评估标准》，对5个乡镇9所幼儿园进行“回头看”。评估小组深入各幼儿园，对各园的人员配备、园务管理与教师队伍建设、安全与卫生保健、班级保育与教育、家长工作和社会服务工作方面的资料，进行详细、认真的检查与评估。实地查看各幼儿园园舍班级空间和设施设备，观摩班级半日活动，包括观察教师、保育员的保教常规和幼儿的活动。评估小组肯定各幼儿园的整体自然环境、完备的户外基础设施、干净整洁的班级空间等硬件设施，以及优秀的教师队伍、完善的安全卫生制度等软件条件，同时为今后的工作提出指导意见。

【常山幼儿园教师职业道德与法规培训】 2018年5月28日，常山县幼儿园教师职业道德与法规培训在城南中学进行，由上虞市进修校副校长任洪老师主讲，全县各幼儿园老师参加。任洪老师结合自己的人生经历，从乐业精神、专业学识等方面阐述教师该如何正确对待自己的职责。

【常山县教工幼儿园在省体育大会上获佳绩】 2018年6月15—17日，由浙江省体育局、浙江省关工委等10家单位联合主办，浙江省幼儿体育协会、金华市体育局等单位承办的2018年浙江省幼儿体育大会暨省第五届幼儿篮球表演大赛在金华举行，全省83支队伍的1600名小运动员参赛。代表常山参赛的县教工幼儿园获篮球自编操一等奖、10人定点传球接力一等奖、篮球5V5的PK赛二等奖、10人运球投篮接力三等奖。

【常山县公办幼儿园收费标准调整意见征求会召开】 2018年7月2日，县教育局联合县财政局、发改局召开公办幼儿园收费标准调整意见征求会。会上，县教育局介绍公办园基本情况、目前收费标准及依据、周边县市区公办幼儿园收费情况以及公办园发展的困难，下一步公办园保教收费调整的方案；县发改局通报此次委托第三方对常山县两所公办园近三年幼儿园生均成本核算的结果；县财政局解释收费调整的目的。与会人员就公办幼儿园收费调整方案发表自己的意见，对调整公办幼儿园收费均表示理解和认可。

【招贤镇添乐幼儿园获省幼儿足球赛一等奖】 2018年6月29日，常山县招贤镇添乐幼儿园足球队参加在绍兴举行的浙江省《小小足球王》幼儿足球总决赛，并获得一等奖，其中江孜恒小朋友获射门单项一等奖。添乐幼儿园足球队成立于2015年，曾多次代表常山县参加全省比赛，获得优异成绩。

义务教育

【概况】 2018年，全县义务教育阶段教学质量提升明显。深化与杭州育才教育集团、北大附属台州书生学校合作办学，持续推广“育才”经验，稳步推进“志在四方”教育共同体建设。育才中学在向市、县创新班输送111名优质生源的前提下，中考总体平均分仍达533.55分，排名全市第二；常山书生中学城关、城南校区质量提升明显，全县排名前100名比2017年增加13人；农村初中成绩进步明显，其中龙绕初中、常山二中总体平均分提高20分以上；小学六年级毕业生统测，英语、科学两门学科位列全市第一。有序推进芳村小学迁建、阁底小学扩容、五里小学迁建等3个重点项目，芳村小学、阁底小学成功创建省义务教育标准化学校，全县义务教育标准化学校占97.06%。启动实施同弓小学迁建工程、宋畈小学扩建工程，全面完成61个非重点建设项目，整体办学环境得到明显改善。

【招贤小学选送的《一张卷子》获全国校园影视一等奖】 2018年1月4日，由中国教育电视协会、中央电化教育馆主办，中国教育电视协会中小学校园电视专业委员会等单位协办的全国智慧校园影视教育应用研讨会暨第十四届中国中小学校园影视颁奖活动在江苏省宜兴市举行，招贤小学选送的作品《一张卷子》获一等奖。

【省检查组到常山开展省标准化学校省级复核工作】 2018年5月21日—22日，以温州市教育局计财处处长李智英为组长的省检查组到常山，分别对芳村小学、阁底小学开展省标准化学校复核工作。市教育局计财处相关负责人参加检查。省检查组听取两所学校校长关于创建工作情况的汇报，对学校创建台账资料进行认真细致的查阅，现场察看学校办学条件和校园文化建设等情况，就34条评估指标存在的问题与学校进行现场反馈与交流。

【衢州市小学数学六年级命题研讨活动在常山举行】 2018年6月5日，衢州市各县（市、区）的小学数学教研员、六年级命题研究小组成员和常山县各学校的六年级数学老师相聚常山县实验小学，共同研究探讨如何提高小学数学六年级命题研究及复习课教学的有效性，帮助学生巩固知识技能，促进学习迁移，形成知识网络，培养学习能力。各县（市、区）命题小组分享本县（市、区）模拟试卷的命制过程及思考，衢州市小学数学教研员裴云姣老师给在场老师作活动点评和专题引领。

【常山县第一小学获35枚国际武术比赛金牌】 2018年8月21—22日，第十三届国际武术比赛在中国香港九龙湾国际展贸中心举行。常山县第一小学武术队13名运动员共参加38个单项、1项集体项目，获金牌35枚，其中集体项目获金牌8枚、银牌11枚。常山县第一小学武术特色课程自2015年开始实施，聘请省非遗洪氏斋公拳传承人洪文达担任总教练，以年级特色课程和社团课程共同实施，先后于2016年11月参加中国普陀国际武术比赛、2017年5月参加浙江省武术比赛。常山县第一小学曾获非遗武术特色贡献奖。

普通高中教育

【概况】 2018年，全县有高级中学3所（常山一中、紫港中学、三衢中学），完全中学1所（天马中学）。普通高中毕业生1567人，招收新生1438人；全县高中计102个班，在校生4427人。深化常山一中教育综合改革，做强紫港中学体育、美术、日语三大办学特色，全县高考成绩一段上线人数230人，增幅连续两年保持全市首位；全县17位考生被C9以上大学录取，录取人数排名全市第三。

【常山一中栾文贵获市“五一劳动奖章”】 2018年4月27日，衢州市庆祝“五一”国际劳动节暨劳模先进表彰大会召开。常山县第一中学党总支副书记、副校长栾文贵获市“五一劳动奖章”。栾文贵一直坚持在教学、管理一线，曾被评为衢州市师德标兵，且多次被评为常山县教学质量标兵，清正廉洁，两袖清风，诚信做事，干净做人，不搞特殊，为人谦和大气，在荣誉面前能让则让。先后负责多名青年教师的培养工作，其中指导尹芳媛老师在2017年获全市优质课比赛一等奖、省二等奖，帮助和指导万德春、吴俊峰和宋少威等人开展行政工作，助推大家成长，指导学校德育线创新推进“值周班”“班级人人有事做”“寝室生活指导”管理制度改革；领导后勤线推进“周晨会，夜巡查”制度调整，期末述职制度改革，协助校长确定学校未来的发展目标、办学特色及长远规划，成为助推学校发展领路人。

【紫港中学举办“检察长与你说法”讲座】 2018年9月3日，常山县人民检察院代检察长姚俊宏走进紫港中学，从“法与检察职能”“未成年人案件办理情况及典型案例”“源头预防从我做起”等方面入手，通过案例，剖析未成年人成长过程中可能面临的法律风险和需要注意的事项，为紫港中学580多名高一新生上了一堂生动的法治课。当天，县教育局向姚俊宏颁发“法治副校长”聘书，姚俊宏代表检察机关向学校赠送法治类图书。紫港中学是常山县第一个举办“检察长与你说法”讲座的学校。

【省调研组赴常山一中开展改革专题调研】 2018年11月20日，浙江省深化普通高中课程改革和适应高考招生制度改革第八调研组到常山一中开展专题调研工作。调研组听取常山一中校长洪涛关于学校落实学生选择权、进一步适应高考改革试点工作的专题汇报；查阅学校高中三年教学安排、选课选考、选修课程建设、生涯规划教育、综合素质评价等相关材料；组织学校高一、高二学生进行网上问卷调查；随机选择20名高一、高二学生进行座谈，了解学生选择意愿、学校保障选择权的具体举措和落实情况。

职业高中教育

【概况】 2018年，全县有职业高中1所（县职业中专），在校生计50个班2016人。县职业中专举办“工业4.0引发技术教育的新挑战”国际研讨会，职业教育对标国际的内涵式发展模式基本形成。依托汽修专业的文专融合省级名师工作室也在职业中专挂牌成立。3月，职业中专被中国教育部综合认定为“国防教育特色学校”。

【常山县职业中等专业学校高三成人礼】 2018年4月28日，常山县职业中等专业学校团委、高三年级组为高三的学子们举办“十八岁成人礼”宣誓仪式。

【“工业4.0时代技术教育面临的挑战”研讨会】 2018年10月23日，“工业4.0引发技术教育的新挑战”研讨会在常山县职业中专召开，来自意大利、德国、美国、卢森堡等国博士教育团队，浙江省教科院专家，职业院校代表及企业代表300余人参会。研讨会上，来自意大利莱切大学的艾贤礼教授提出，工业4.0时代，技术教育面临着如何减少研究与实践的差距、如何通过教育和培训规划人生、如何开展个性化教育以适应不同的学生、如何激发学生的创造力等四大挑战。艾贤礼认为，面对挑战，教师应首先做出改变，运用“混合式学习”进行个性化教学。同时，还应加深课堂内外的连接，运用科技手段，营造数字化的学习环境，使学生具备持续学习的能力。

【衢州市中职语文及中职机电90学时培训在常山举行】 2018年11月29日至12月1日，衢州市中职语文90学时培训及中职机电专业90学时培训在常山县职业中专举行。浙江省教育厅职成教教研室主任崔陵、浙江省职成教教研室语文教研员庄曼丽、杭州市职成教教研室语文教研员黄云等省、市专家主讲。培训中，展示课、实验课穿插其中，课后评课辩课，思维激荡。本土专家接地气的讲座和发言让参培教师受益匪浅。据悉本轮90学时培训，首次采用多县市组织模式，目的在于让更多的学校能够在培训中展示本校风采，加强校际联系，更好推动衢州地区职业教育的发展。

2018年常山县教育概况一览

表20

类　别	学校数（个）	班级数（个）	招生数（人）	毕业生数（人）	在校学生数（人）	教职工数（人）					
						合计	专任教师	行政人员	教辅人员	工勤人员	编制数
合　计	**95**	**1113**	**10072**	**10592**	**40594**	**3304**	**2748**	**59**	**306**	**191**	**2288**
一、基础教育	94	1063	9466	9916	38578	3169	2615	58	305	191	2118
1. 普通中学	11	299	4143	4251	13046	1100	970	13	71	46	973
普通高中	4	102	1438	1501	4427	409	357	5	29	18	369
普通初中	7	197	2705	2750	8619	691	613	8	42	28	604
2. 小学	27	463	2775	2875	16367	1113	1089	17	7	—	1051
3. 幼儿园	55	296	2502	2762	9055	940	540	28	227	145	78
4. 特殊教育	1	5	46	28	110	16	16	—	—	—	16
二、中职教育	1	50	606	676	2016	135	133	1	1	—	135

2018 年常山县各高中本科、高校录取情况一览

表 21　　单位：人

学校名称	本科录取情况			高校录取情况		
	录取	参考	比率（%）	录取	参考	比率（%）
常山一中	653	727	89.82	701	727	96.42
三衢中学	47	78	60.26	77	78	98.72
紫港中学	225	621	36.23	607	621	97.75
天马中学	0	113	0.00	94	113	83.19
职业中专	—			167	174	95.98
总计	925			1646		
参考数	1539			1713		
录取率（%）	60.10			96.09		

2018 年常山县民办中学情况一览

表 22

项目		班级（个）	招生数（人）	在校人数（人）	毕业班人数（人）	教职工人数（人）	专任教师（人）
天马中学	初中	7	61	239	68	41	15
	高中	10	124	423	122		12
育才中学（初中）		33	514	1565	504	129	108
三衢中学（高中）		7	95	320	80	13	13

（徐德飞　张俊国）

浙江广播电视大学常山学院

【概况】　2018 年，浙江广播电视大学常山学院（以下简称“电大常山学院”）开放教育招生 486 人，超过既定目标 86 人，在全省电大招生工作万人比中排名前列，招生经验在全省电大系统招生工作会议上作典型介绍。其中，与县公安局合作，专门开设辅警班，招生 51 人；奥鹏教育（含大连理工大学、中国医科大学）招生 49 人。培养开放教育本专科毕业生 329 人，其中本科毕业生 162

人、专科毕业生125人、“一村一名大学生”42人，毕业率达89.16%。

是年，电大常山学院被省电大评为“教材发行管理先进单位”“教务工作先进集体”“招生先进单位”；被市电大评为“先进办学单位”“教务管理先进单位”“社区教育工作先进单位”“学分银行建设先进单位”；有3名学员获国家开放大学奖学金，11名学员获省电大奖学金；评选出省电大优秀毕业生3人、市级电大优秀毕业生14人。

【联合举办社区培训】 2018年，电大常山学院发挥社区教育平台作用，进一步加大社区培训力度，拓宽培训渠道，把社区培训工作作为学校可持续发展新的亮点全方位推开。年内，与屏山社区、赵家坪社区、文峰社区、东明社区、定阳社区、金川社区、渡口社区联合举办“美容”“插花”“面点”“剪纸”等培训班14期，培训学员600多人次。定阳社区老年教学点和文峰社区老年教学点被评为浙江省首批“村居老年教育示范点”。

社区学院乐器培训

（郑肖福 徐谦）

科学技术·气象

科学技术

【概况】 2018年，常山县科学技术局（以下简称“县科技局”）进一步加强知识产权管理、科技工作培训和对外科技合作交流工作；完善干部联企专项服务机制，为招商引资项目天津利安隆“高分子材料抗老化产业项目”做好全程跟踪服务。贯彻落实“创新驱动发展”战略，引导各创新主体组织实施攻关项目，加强向上对接，全年争取上级科技经费713万元。完成《常山县省级可持续发展创新示范区建设实施方案》，并通过省厅专家组实地考察与现场答辩，常山县是衢州市唯一成功列入全省5个可持续发展创新示范区的县（市、区）。常山入选全省第一批全面创新改革联系点。完成县地震台站“三化”（即技术系统优化、观测环境美化、防震减灾文化）改造项目，并通过省级验收。屏山社区获2017年度“国家地震示范社区”称号。

【“油茶产业创新服务综合体”稳步推进】 2018年，县科技局对接省级产业创新服务综合体的最新政策，组织县林业专班有关成员赴安吉省级椅艺产业创新服务综合体、余杭省级服装产业创新服务综合体等地考察，学习借鉴在省级产业创新综合体建设方面的创新思路和经验做法。完成省级建设计划的答辩，《常山县油茶产业创新服务综合体情况汇报》得到彭佳学、王文序两位省政府领导的批示肯定。完成《浙江省常山县油茶产业创新服务综合体建设专项激励资金实施方案》并上报。

【常山被列入省可持续发展示范区】 2018年，县科技局聚焦常山国际慢城建设，培育发展健康养老产业，打造常山油茶名品，全面推进发展县科技创新引领工作，加快可持续发展步伐，探索绿水青山就是金山银山的“常山方案”。常山国家地质公园管委会与南京古生物地质研究所沈树忠院士签订院士专家工作站建站协议。沈树忠院士是继陈旭院士之后，与常山国家地质公园管委会签约的第二位院士。6月17日，常山国家地质公园院士专家工作站在常山县黄泥塘“金钉子”景区正式揭牌。“双院士”工作站主要就遗迹保护、综合利用、科教文旅、学术交流等多方面开展有益的实践和积极的探索，进一步促进常山地质资源保护、科学研究及科普工作。完成《常山县省级可持续发展创新示范区建设实施方案》，并通过省厅专家组实地考察与现场答辩。常山县是衢州市唯一成功列入全省5个可持续发展创新示范区的县（市、区）。

【科技创新工作持续推进】 2018年，县科技局组织申报省级重点研发项目6项，4个项目通过网评，2个项目入库，常山县豪锋农业发展有限公司承担的“猴头菇优良品种设施栽培与功能成分全利用关键技术研究及应用”项目进入拟立项项目。组织申报市级项目19项（市指导性科技计划项目15项、科技特派员项目4项），市指导性科技计划项目立项9项、科技攻关项目立项1项。受理2018年度县级科技计划项目71项，其中工业类16项、农社类6项、医药卫生49项。经初审、专家评审、立项决策，并邀请县纪委派驻第七纪检组全程监督下，最终立项40项。其中，财政经费支持项目10项（工业类8项、农业类2项），安排科技扶持资金100万元。全县新增高新技术企业11家、省科技型企业37家，分别完成市对县考核任务220%和168%。完成2017年度创新券使用情况评估检查工作。推进科技创新券政策宣传和申报指导工作，全年发放创新券238.77万元，使用创新券119.10万元，兑现86.73万元。

【科技特派员助力乡村振兴】 2018年，县科技局鼓励科技特派员结合派驻乡镇产业情况，开展各类科技帮扶促进乡村振兴活动。开展省级科技特派员项目资金使用情况的台账督查和3个团队特派员的绩效评估工作；做好省科技特派员15周年表彰评选推荐工作，常山县推荐3名特派员，1人被获浙江省突出贡献科技特派员表彰、2人获通报表扬的科技特派员表彰。县科技局对10位2017年度优秀企业首席科技官、先进个人和积极分子进行表彰。

【举办企业科技工作培训班2期】 2018年，县科技局举办县企业首席科技官暨科技管理工作者培训班。邀请省、市专家领导，巨化集团技术中心人员和杭州专利事务所业务专家为全县30位企业首席科技官和25位科技管理工作者开展知识产权效益、科技型中小企业评价和科技合作与人才引进等方面的专题培训，并组织赴歌瑞研究所、开山集团和巨化集团学习考察。举办2018年度企业创新政策巡讲培训班，邀请省专家到场就企业研发费用支出统计实务、企业研发费用税前加计扣除政策解读、科技型中小企业评价系统操作实务等开展专题培训，全县高新技术企业、科技型中小微企业及其他规模以上企业负责人100余人参加培训。

【科技合作交流活动广泛】 2018年，县科技局邀请浙江理工大学、衢州学院专家到常山爱丽莎环保科技等企业调研，重点围绕自动化技术及智能装备、墙纸技术、石英制品加工等方面开展技术交流，并就合作模式达成共识。组织德迅达电子等企业参加第十三届中国重庆高新技术成果交易会暨第九届中国国际军民两用技术博览会。组织瑞利生物等2家企业参加西安高交会，与中科星、万齐集团等实地考察洽谈合作。组织天子股份企业参加网上技术市场春季拍卖活动。组织全面创新改革联系点专班有关成员、企业代表赴浙江巨化新材料研究院有限公司、青山湖科技城学习考察飞地研发基地、孵化园、众创空间建设管理等经验，赴杭州富春硅谷小镇、未来科技城（衢州海创园）、绿海飞地等考察学习飞地孵化园等建设管理经验。促成衢州学院在浙江常山利盛新材料有限公司建立博士工作站。组织爱佳果蔬、雪村制冷赴中科院理化所对接周远等制冷院士，就项目转化、技术合作和人才引进等事项进行洽谈，建立初步合作意向；组织瑞利生物等企业参加西安高交会、重新高交会等，与中科星、万齐集团等实地考察洽谈合作；新增市级工程技术研发中心1家。组织浙江常商电子商务有限公司开展“富足山农村电子商务示范区”星创天地申报。主动同高校开展合作，与浙江科技学院合作共建“浙江科技学院科技成果转移转化中心常山分中心”。

【知识产权管理工作加强】 2018年，县科技局浙江常山科润新材料有限公司和浙江正丽机电有限公司获2017年浙江省企业知识产权卓越管理评价，知识产权贯标企业实现“零突破”。浙江爱丽莎环保科技有限公司通过省专利示范企业认证。新认定市专利示范企业3家。创建市级知识产权试点经济开发区1家、示范社区1家、示范学校1家。完成2017年度全县专利等科技创新类项目补助兑现工作，共安排资助资金149.2万元。继续开展专利清零工作，完成清零20家。市知识产权局专利执法组到常山对东方商厦、金佰汇超市开展双随机专利执法检查，查处假冒专利产品4件，下达责令整改通知书限期整改。

【山海协作科技合作深入推进】 2018年，县科技局根据常山县与拱墅、慈溪山海协作工作部署，赴慈溪市科技局、拱墅区科技局对接深入挖掘合作领域，签订科技合作协议，在推进科技项目合作开发、推进科技合作基地建设、推进科技企业对接互促等方面达成合作共识。召开常山—拱墅山海协作科技企业对接暨成果发布会，拱墅区8家企业与高校发布山海协作科技成果，常山规模以上企业、高新技术企业、科技型中小企业等60余家企业参加并作交流。

【谋划建设常山县防震减灾数字智慧平台】 2018年，县科技局组建工作专班，制定建设实施方案、工作机制和思维导图。省地震局多次就推进常山县防震减灾事业现代化建设工作专题到常山调研指导。围绕常态下和非常态下的防震减灾工作重点、责任与监管、服务和地震舆情、信息发布等进行全方位细化研究。初步确定县级各部门责任清单，签订平台基础数据库建设合作协议。协调做好常山测震强震台、紫港地震台的日常维护工作，依法保护地震监测设施与环境，提高监测数据稳定性与连续性。完成县地震台站“三化”（即技术系统优化、观测环境美化、防震减灾文化）改造项目，并通过省级验收。屏山社区获2017年度“国家地震示范社区”称号。

7月17日，省地震局局长宋新初（后右三）到常山调研防震减灾工作

（陈宏良 摄）

（周思超）

气象工作

【概况】 2018年，常山气候总体较异常，气温明显偏高、降水时空分布不均，雨雪冰冻、暴雨、高温、寒潮等灾害多发。面对复杂的天气和异常气象灾害，县气象局做好灾害性天气监测预警和重要节假日、重大社会

活动的气象服务。全年发布重要天气报告4期、专题气象服务信息13期、气象呈阅件1期、气象信息内部参考79期，发布气象预警信号69次，通过短信平台发布气象服务短信61余万条。落实“最多跑一次”改革气象相关重点任务，开通事项网上办、移动办，“无差别受理”，跟进事项电子化归档，完善防雷“多审合一”流程，及时更新气象相关事项办事指南。

【常山气象防灾减灾综合工程（一期）暨常山气象业务用房迁建项目】 2018年，常山县实施常山气象防灾减灾综合工程（一期）暨常山气象业务用房迁建项目。前期经反复论证、汇报、沟通，该项目6月选址方案通过国土规划联席会审议，9月落实财政资金审批，10月完成发改立项受理和概念设计方案。该项目计划总投资1820万元，用地面积3400平方米，建筑面积2490平方米左右，由县城投公司全程代建。截至年底，常山国家观测站综合改善项目基本完成。项目总投资约500万元，资金全部到位并实施完成，环境绿化工程、综合观测业务平台、标准化机房改造、清新空气监测站、天文观测台等配套设备安装相继建成，11月底投入正常气象台业务应用。新建2套负氧离子监测站和1套清新空气监测站，联合省大气探测中心共建常山气象装备试验基地，12月初正式挂牌成立。

【基层气象灾害防御工作管理】 2018年，县气象局健全基层气象防灾减灾体系；召开全县气象工作会议和气象协理员培训会，提升基层气象协理员开展气象灾害防御工作管理水平。年内新增创建省级气象防灾减灾标准化村20个，联合县应急办新验收气象灾害防御重点单位5家，新建人影标准化作业点1个，开展人工增雨作业1轮次。5月18日，省气象局王东法副局长带领省气象学会专家赴常山开展“送科技”下乡活动，省气象局与常山县人民政府签订《关于共同推进乡村振兴气象服务建设合作协议》，为常山县乡村振兴提供一流的气象服务和有力保障。完成常山山茶油优质气候品质认证工作。2018年山油茶参保面积5000多亩，比上年增加3000多亩，切实减少农户气象灾害造成的损失。

【公共安全气象管理】 2018年，县气象局加强雷电灾害的监测预警，加强防雷安全监管，确定公布2018年度防雷安全重点单位46家。联合县旅委下发《关于进一步加强A级景区防雷安全工作的通知》，联合县安监开展危化企业、易燃易爆场所和旅游景区的专项排查，对有问题的企业及时发放整改通知及跟踪督办。开展“安全生产月”“安全生产专题行”活动，开展危化企业、易燃易爆场所和旅游景区的专项督查检查，现场检查5家单位，排查安全隐患1项。

【气象科普宣传】 2018年，县气象局开展送政策、送宣传、送信息、送技术、送服务活动。建立完善农业气象服务用户群，群员有1246人。年内在东案梅树底景区，建成常山首个农村气象防灾减灾科普广场，总投入30余万元。联合常山宇华景观公司签订气象防灾减灾科普宣传体验的合作协议，在常山赏石小镇共建台风体验馆、地震体验馆等气象科普体验基地。利用“3·23”、“5·12”、科技周、安全月等，加强气象科普宣传。

（周婷洁）

文化·旅游

文化广电新闻出版

【概况】　常山县文化广电新闻出版局（以下简称“县文广新局”）是主管全县文化艺术、文物、广播电影电视、新闻出版和版权等行政管理的县政府工作部门。局机关内设办公室、文化艺术科、广播影视管理科、新闻出版科（行政许可科）、文物监管科5个职能科室，下辖文化市场行政执法（文物监察）大队、非遗保护中心、文化馆、图书馆、文物办、影剧院6家事业单位。在编人员55人，其中机关13人，直属单位42人；具有高级技术职务资格6人，中级技术职务资格11人。

2018年，县文广新局推进文昌阁重建项目和倪溪桥修复工程等城市古迹修复十大专项有关工作。举办全县万人大合唱比赛和万人排舞大赛。举办纪念建县1800年历史文化展暨改革开放40年成就展和“为常山喝彩”大型文艺晚会。完成2家南孔书屋建设工作，为市民打造全民阅读新阵地。开展“扫黄打非”进基层工作，全面推进“双随机一公开”工作，部署落实扫黑除恶专项斗争宣传系列活动、“五大专项行动”和禁毒工作，强化文化市场日常监管，推进“最多跑一次改革”，保障文化市场健康有序发展。重视全县广播影视系统安全工作，调整安全播出组织机构，定期开展督查和整治，打击治理“黑广播”，把握大众舆论导向。强化广播影视公共设施运用，提高农村应急广播服务功能，保障农村室内固定电影放映点正常运作。开展广播对农节目服务、电视对农节目服务、广播电视低保工程和农村电影放映工程，落实广播影视惠民服务工作。

【文化民生建设】　2018年，县文广新局举办群众文化活动，开展第二届全国油茶文化节、第三十二届“三山”艺术节公益晚会、第三十三届“三山”艺术节展演、“爱在常山、情系古蔺”系列活动义演、“大戏派送”“周末艺苑”“东鲁戏剧角”越剧免费专场演出及2018年春节“九龙闹元宵”民俗文化活动等各类群文活动。举办全县未成年人课本剧大赛，推动浙江省“全民阅读月”深入开展。组织大型红色歌剧《江姐》公益演出。推进文化惠民活动，举办文化馆公益培训课16期，图书馆“知享习堂”系列讲座18期和“慢城童声”活动32期等一系列培训讲座。开展“衢州有礼·文贤悦读”读书节和县图书馆“你选我购”活动，组织参加全省“书香城镇”推选活动，创新打造民宿“心安书吧”，营造书香社会，助力打造文化名县。运用现有文化资源，把文化从城市“高地”流向农村“洼地”。送电影下乡3500场，送戏下乡150场，送图书下乡2万多册，文化走亲专场演出9场。加快建设文化设施阵地，完成文化馆一楼展厅改造工程；配合县规划中心做好“三馆两中心”选址工作，提交县博物馆、文化艺术中心项目建设标准内容，为规划决策提供建设依据。督促指导乡镇（街道）综合文化站建设工作，完成辉埠文化站、何家文化站提升改造任务，以政府采购形式实行服务项目社会购买。建成贤德书院、御书坊等4处图书分馆及文峰社区、何家文化站两处流通点，赠送配套图书2万多册。深化农家书屋与公共图书馆服务体系及文化礼堂管理体系融合发展，推动农家书屋精品化。

【文艺作品创作】 2018年，大型原创剧本《情系金源》以总票数第一入选2018年浙江省中青年编剧剧本扶持计划项目。原创折子戏《常山传奇故事之虎山教子》入选衢州市文艺精品扶持工程第六批项目。课本剧《捉知了的女孩》在全市未成年人课本剧大赛中获一等奖。选送节目参加“衢州有礼 吟诵有礼”全民朗诵大赛，获金牌1枚、银牌2枚。编辑出版《常山百村故事（一）》，彰显千载古县的魅力和灵魂。

【文化遗产保护传承】 2018年，县文广新局重视文物保护，开展省保单位“兴贤塔”修缮设计工作和“泰安古建筑群之王氏宗祠”抢修设计工作。加快实施省保单位“方文彬故居”“德川行”屋面修缮工程，完成“徐氏旧宅”修缮工程并通过省文物局验收。申报第八批全国重点文物保护单位。邀请省考古所文物专家开展建县1800周年“定阳古县邑址”考古发掘和全县范围内洞穴类遗址摸底调查工作。完成常山县第七批省保单位的保护范围和建设控制地带划定工作。起草《常山县“一户多宅”清理整治中历史文化建筑认定和利用办法（试行）》方案，为全县“一户多宅”集中整治中心工作涉及乡土建筑的保护提供政策依据。做好“非遗”保护弘扬工作，加大“国遗”常山喝彩歌谣传承保护和宣传推广力度，通过拍摄喝彩歌谣主题电影及邀请省专家到常山培训指导等，推动喝彩歌谣走出常山、走向世界，开展包括台湾在内的100多场喝彩艺术表演。拍摄《寻常记忆 慢城非遗》系列非遗纪录片，创建“常山非遗”微信公众号，开展省级“非遗”项目“十番锣鼓”恢复保护工作，促进“非遗”项目的传承和发展。挖掘申报“非遗”项目，2018年新增市级“非遗”项目12个。至年底，全县156个“非遗”项目被列为四级名录，其中国家级项目1个、省级项目9个、市级项目61个、县级项目156个。

【文化产业扶持】 2018年，县文广新局挖掘整理文化产业发展重点项目15个，并协助宣传部完成《常山县文化产业发展三年实施方案》。落实扶持政策，帮助浙江欧曼琴业有限公司等8家文化企业申报省级文化产业发展转移支付资金，其中5家企业将获得112万元发展转移支付资金。组织常山文化企业参加第13届（义乌）文化产品交易会，其中3家企业获文化和旅游部工艺美术奖。支持传统戏剧走出去，向省文化厅推荐《琼奴与苕郎》等5个优秀剧目在杭州展演。

（凌 昊）

县新华书店

【概况】 2018年，浙江常山县新华书店有限公司（以下简称“县新华书店”）完成销售3770万元，比上年增长32.4%，实现利润约262万元，增长4.2%。县新华书店综合大楼改造基本完成，创新业务工作取得突破，教材发行工作继续保持稳定增长，新门市开张营业。全年完成教材教辅销售2239万元，比上年增加610万元，剔除2018年城区教辅和幼儿教材从门市POS销售转为在教材教辅结算因素，增加销售码洋390万元，比上年增长24%，创历年新高。其中中小学课本实现销售908.4万元，比上年下降34.28万元。教辅实现销售1186.79万元，比上年增加472.6万元，增长66%。实现卖场POS销售976万元，比上年增加96万元，增长10.1%。

县新华书店组织作家进校园举办讲座，邀请绘本专家深入幼儿园讲座。全年征订各类政治读物50余万元。工具书店外促销，5月发放宣传单，第一轮报名、提前军训等时段相关学校流动供应2轮以上，7月工具书销售比上年增加6万余元。5—6月，邀请汤素兰老师为城区5所小学开办讲座活动，为城区最大的2家幼儿园举办绘本讲座9场，推动图书营销；9月，首次中标县图书馆图书20万实洋；11月，通过与民营渠道合作的方式，中标县图书馆图书实洋20万元。通过竞价，为县文广新局4家农家书屋供货，实现销售23.5万元。通过以上各种渠道，实现一般图书增长近55万元，比上年增长10%以上。

【县新华书店综合大楼装修改造】 2018年，县新华书店开展综合大楼改造工程，经经理室研究，中层会议讨论同意，成立5人装修领导小组。装修领导小组召开多次会议，研究、解决各类问题；装修时的每个环节都按照相关规定执行，严格招投标程序，所有工程都公开、公平进行招投标；对每个细节都进行认真细致的查验推敲，不达到要求就重新再来，在节省费用的前提下保证每一个环节的质量。截至年底，综合大楼改造工程基本完成。

【常山县第一家24小时无人图书馆在县新华书店开设】 2018年11月，县新华书店争取到县文广新局的支持，与县图书馆合作开设常山县第一家24小时图书馆——“南孔书屋”。建筑面积为150平方米，分成人阅读区和儿童阅读区，设置32个阅览座位，可供借阅的图书1.5万余册，包括科幻类、文学类、历史类、绘本类等。市民可凭身份证刷卡进入书屋，自主免费办理借阅证，每次可借3册，借期20天。

【主动探索与民营教育装备企业的合作】 2018年，县新华书店创新业务，在省新华书店相关部门的支持和指导下，排除各种困难，包括思想观念上和实际上的各种困难，进行有益的探索。从教育部门着手，与中标教育装备的民营企业联合，双方合作，年内收回第一批180万元的款项。

（徐忠孝）

旅　游

【概况】 2018年，全县有国家地质公园、国家森林公园、省级旅游度假区、省级自然保护区、省级风景名胜区各1个，国家AAAA级景区2个，国家AAA级景区6个，AAA级景区村16个，星级饭店3家，旅行社16家。年内新增国家AAAA级景区1个（梅树底景区），新增国家AAA级景区1个（彤弓山景区），新增AAA级景区村12

个。全年接待游客942.52万人次，比上年增长19%，实现旅游收入59.75亿元，增长18.7%。

品牌建设成效显著。落实乡村振兴战略，推进景区村建设，西源村、渣濑湾村、孔家弄村等12个村成功创建AAA级景区村，数量居全市第一。梅树底景区通过国家AAAA级旅游景区验收，为全市2018年唯一一个；彤弓山景区成功创建AAA级旅游景区，赛得健康园、云耕小镇分别通过创AAAA、AAA级旅游景区景观质量评估。梅树底风景区峡谷段公厕、黄塘村旅游厕所、毛竹林公厕等19个厕所创建AAA级旅游厕所，数量居全市第一。何家乡成功创建省级旅游风情小镇。村上酒舍获评省级白金宿。培育“旅游+”产业，常发粮油成功创建省工业旅游示范基地，大宝山大坞胡柚基地成功创建浙江省最美田园，黄冈村、郭塘村获评2018年度省级休闲旅游示范村。

营销活动多点开花。实施“走出去”“请进来”相结合的市场拓展策略，实地走访杭州、金华、宁波等主要客源市场的旅游主管部门、旅行社，并邀请上海、慈溪、宁波、绍兴、浙江省旅行社协会等到常山考察踩线，推介常山旅游资源。开展“全球免费游衢州”活动，三衢石林景区全年接待免费游游客34万余人。举办2018中国皮划艇巡回赛浙江·常山站、2018常山国际赏石文化节暨中国观赏石之乡交流会、西源革命纪念馆开馆仪式、“万人游常山 千人共享杀猪宴”、“新政、新景、新品”常山旅游新闻发布会暨全省百名旅行社老总看常山等活动。在衢州高铁站、三清山、黄山等地区高速服务区，杭州公交车身，EVcard共享汽车等平台投放形象广告，借助杭州、金华及常山周边县市区主流新媒体发布常山旅游线路产品。

体制机制持续深化。修订完善《进一步加快旅游业发展的若干政策意见》，加大对A级景区、旅游饭店、旅行社品牌创建以及人才队伍建设等的奖励力度；增设对民宿品牌创建、网络营销、异地租车等的奖励，同步出台《关于中国观赏石博览园人气集聚若干扶持政策》，促进人气聚集。推进国有涉旅企业改革，将县内的3家国有涉旅企业进行整合，组建浙江常山旅游发展投资运营有限公司，并通过市场化选聘方式招聘总经理1人。完善旅游纠纷多元化解机制，与常山县人民法院共同制定《旅游纠纷案件诉讼与调解机制》《旅游纠纷案件诉讼与调解对接办法》，并在石博馆、三衢石林景区设立旅游巡回审判庭，高效化解旅游民事纠纷。

市场秩序优化提升。优化行业服务，加强安全生产监管，以县商贸旅游专委会名义开展专项检查1次，联合安监、市场监管、消防、气象、林业等相关部门，对景区、星级酒店、旅行社进行联合巡查6次，共接到信访、投诉案件6件，已办结6件，满意率达100%。开展旅行社法律法规、导游等培训，出台《常山县旅行社考核管理办法》《常山县国际慢城讲解员(公务讲解员)管理办法》。

【梅树底景区成为常山县第二个AAAA级景区】 2018年12月21日，浙江省文化和旅游厅发布《关于对通过AAAA级旅游景区验收单位的公示》，14家景区达到AAAA级景区质量等级标准要求，常山县梅树底景区位列其中，成为常山第二个AAAA级景区。梅树底景区位于常山县东案乡，核心区占地面积约8平方千米，森林覆盖率达95%，其中的白菊花尖山峰海拔1395米，是县内第一高峰。

【浙江常山旅游发展投资运营有限公司成立】 2018年4月，浙江常山三衢旅游发展有限公司正式更名为“浙江常山旅游发展投资运营有限公司”，同时吸收合并常山县七彩龙迴旅游开发有限公司和常山县赏石小镇建设运营有限公司两家同性质国有企业。该公司由常山县国有资产投资运营有限责任公司全资设立，注册资本1.5亿元。经营范围涵盖旅游景区管理服务、酒店管理、旅游商品销售，以及组织文化艺术交流活动等旅游业务，同时负责全县重大旅游项目的投资开发建设、旅游基础设施及功能性项目建设或参股、重要旅游资源的收储及涉旅项目用地的前期开发等政府性投融资类业务。

2018年常山县AAA级以上景区（村）一览

表23

名　　称	地　　址	星　　级
三衢石林	常山县辉埠镇路里坑村	AAAA
梅树底	常山县东案乡高峰村	AAAA
奇石馆	常山县金川街道竹亭路1号	AAA
黄冈山	常山县何家乡黄冈村	AAA
黄塘景区	常山县新昌乡黄塘村	AAA
不老泉景区	白石镇新塘岭村	AAA
桃花源景区	常山县芳村镇新桥村	AAA
彤弓山景区	常山县同弓乡彤弓山村	AAA
黄冈村	何家乡黄冈村	AAA
黄塘村	新昌乡黄塘村	AAA
郭塘村	新昌乡郭塘村	AAA
高峰村	东案乡高峰村	AAA
西源村	新昌乡西源村	AAA
渣濑湾村	紫港街道渣濑湾村	AAA
孔家弄村	紫港街道孔家弄村	AAA
砚瓦山村	青石镇砚瓦山村	AAA
田蓬村	东案乡田蓬村	AAA
聚宝村	白石镇聚宝村	AAA
弄坞村	东案乡弄坞村	AAA
樊家村	何家乡樊家村	AAA
高埂村	招贤镇高埂村	AAA
新桥村	芳村镇新桥村	AAA
徐村	金川街道徐村	AAA
下猷阁村	芳村镇下猷阁村	AAA

2018 年常山县旅游星级酒店一览

表 24

名　称	地　址	星　级
东方大酒店	常山县天马街道金石东路 1 号	★★★★
华府大酒店	常山县天马街道定阳南路 169 号	★★★
常山国际大酒店	常山县天马街道白马路 168 号	★★★

2018 年常山县旅行社一览

表 25

名　称	地　址	星　级
天马旅行社有限公司	紫港街道北 88 号	★★★★
华夏旅行社有限公司	常山县人民路 277 号	★★★
青年旅行社有限公司	常山县天马街道健康弄 19 号	★★★
春秋旅行社有限公司	常山县上水弄 2 号 2–1 楼 4 楼	
友好旅行社有限公司	常山县天马街道人民路 29 号	
山水旅行社有限公司	常山县人民路 54 号	
文峰旅行社有限公司	常山县定阳北路 49 号 2 楼	
新视界旅行社有限公司	常山县天马街道大桥路 20 号	
心悦旅行社有限公司	常山县双井街 23 号	
衢州中国旅行社常山分社	常山县定阳北路 42 号	
衢州都市假日旅行社常山分公司	常山县人民路 62 号	
衢州天天假期旅行社常山分公司	常山县双井街 11 号	
衢州新世纪国际旅行社常山扥公司	常山县人民路 58 号	
我想去看看国际旅行社有限公司常山营业部	常山县天马街道人民路 94 号第一层	
常山县心愉健康科技有限公司	常山县天马街道定阳南路 787 幢 A–1085 号	
浙江常山慢城旅游营销有限公司	常山县文峰东路 115 号	

（樊倩倩）

卫生·体育

卫生计生

【概况】 2018年，常山卫生计生工作围绕“健康常山”总目标，全面深化医药卫生体制改革，深入开展县域医共体、医联体和医疗卫生服务领域“最多跑一次”改革，提升医疗、公共卫生和计划生育服务水平，建设全县人民满意的卫生计生事业。常山县卫生和计划生育局（以下简称“县卫计局”）开展基本建设工程12项，其中县级重点项目含县公共卫生服务中心、县中医医院异地搬迁改造及新建住院楼等2项、县级重大前期项目4项、县级非重点项目（乡镇卫生院维修、改、扩、新建项目）6项。截至年底，县中医医院住院大楼项目完成电梯工程招标，完成地下室工程60%，累计完成投资2400万元；县公共卫生服务中心项目完成弱电工程、装修工程、医用气体工程，完成电梯设备调试运行，累计完成投资5555万元。投入资金230万元，完成县级数据中心平台二期、人事资源管理系统、家庭医生签约服务系统、绩效考核管理平台、瑞星杀毒软硬件部署、结核病管理平台建设等6个项目建设。全年招录各类人才64人，提前招聘人才50人。全系统入选衢州市第三届名医3人。2018年，选派61人赴上级医院进修学习，组织开展临床、公共卫生、计划生育培训97次，6901余人次；举办省、市级医学继续教育班15期，着力提升卫计服务技术水平。组织临床、护理、急救、公共卫生服务等技能比武16次，参与人员800余人次。全县各级各类医疗机构289家，其中县级医院3家、乡镇（中心）卫生院14家、民营医院6家、其他医疗机构2家（省三监医院、县疾病预防控制中心）、村卫生室（社区卫生服务站、卫生院分院）202家、门诊部1家（常山凌风综合门诊部）、个体诊所43家、厂矿医务室18家。全系统干部职工2040人，其中在编职工1196人、离退休职工449人、编外在岗人员395人。全县独生子女家庭奖扶对象有2833人、特扶对象306人，其中失独138人、伤残142人、并发症26人。县里统一为3265户独生子女家庭投保，投保资金9.8万元。全县有4.86万余人参加女性安康保险，参保率在60%以上；190名女性同胞从中受益，累计获理赔资金210.8万元。全县出生上报3384人，其中政策内生育3218人，政策外出生166人，政策内生育率95.09%，人口出生率9.81‰；死亡2066人，死亡率5.99‰。人口自然增长率3.82‰，与上年相比下降3.02个千分点。出生性别比106.44，控制在合理范围内。年末有育龄女92691人，其中已婚育龄妇女69712人。全县上报女性初婚1378人，再婚517对，离婚859对。全县未出现计生违法行政行为和行政败诉案件，全县计生舆情总体平稳。

【家庭医生签约服务】 2018年，县卫计局推进家庭医生签约服务工作，组织人员外出学习、调整县级指导团队、实行季度考核、推出“10+2”服务包（即基本、生殖健康，孕产妇、儿童、老年人、高血压患者、糖尿病患者、残疾人、计划生育特殊家庭、困难人群、结核病患者和严重精神障碍患者12种个性化服务包）等，高标准推进基本公共卫生服务项目。截至年底，电子健康档案建档率89.85%，管理高血压患者22816人，管理糖尿病患者5700人，与11.72万名居民签订责任医生服务协议，规范签约率33.97%。

【县域医共体建设】 2018年1月，县卫计局全面铺开县域医共体建设，全县成立2家医共体，分别为由县人民医院牵头，与招贤、青石、东案、大桥头、芳村、新昌、新桥、白石、球川、同弓10家卫生院组成的县人民医院医共体和由县中医医院牵头，与天马、辉埠、宋畈、何家4家卫生院组成的县中医医院医共体。2018年，全县基层卫生院门诊人次比上年增长5.57%，住院人次增长36.8%，Ⅰ级、Ⅱ级手术增长62.1%。

5月11日，副省长成岳冲（左二）在县人民医院招贤分院调研医共体建设

（县卫健局 供图）

·疾病预防控制与监测·

【人感染H7N9禽流感防控】 2018年，全县组织开展外环境人感染H7N9禽流感检测14次，采集外环境标本210份，均未检出阳性结果。

【霍乱等肠道传染病防控】 2018年，全县医疗机构检测腹泻病人978例，粪便标本采集978人份，采便率100.00%；“三线”（即沙门氏菌、志贺氏菌、霍乱弧菌）培养978例，“三线”培养率100%；检测到沙门氏菌阳性12例。全年健康体检人数7590人，均未检出阳性。开展伤寒、副伤寒监测及环境危险因素监测，均未检测出阳性菌株。

【手足口病监测与防控】 2018年，全县报告手足口病651例，报告发病率为269.71/10万，无重症和死亡病例报告。对63例临床诊断病例采集标本进行实验室诊断，其中COXA16型肠道病毒阳性11例、其他肠道病毒阳性29例、阴性23例。全年报告1起手足口病聚集性疫情报告。

【麻风病防控】 2018年，全县有麻风病现症病人1人。各医疗机构转诊可疑麻风病症状者21例。

【艾滋病防治】 2018年，全县检测38922人次，新发现HIV感染者23例。在管HIV感染者及病人95人。

【肺结核防治】 2018年，全县报告结核病病人319例，其中肺结核278例（病原学阳性151例，病原学阴性127例），结核性胸膜炎41例，报告发病率115.18/10万，278例肺结核病例中发现2例耐多药、1例仅利福平耐药病例，发现的病例全部纳入常规管理。常山一中、紫港中学、二都桥小学、常山三中共发生6起结核病散发疫情，报告病例6例，开展密切接触者筛查290人。

【规划免疫】 2018年，全县Ⅰ类疫苗接种5.4万余针次，接种率均在95%以上，建卡建证率100%。

【登革热防控】 2018年，东案乡报告1起输入病例引起的登革热本地疫情。全县发现输入性病例2例、本地病例2例。

【狂犬病防控】 2018年，全县犬伤暴露总数3402人次，按要求完成免疫接种3395人次。青石镇发生2起一犬伤多人事件，共计13名犬伤暴露者，涉及2只病犬及疑似被病犬咬伤犬类26只被扑杀。

【消除麻疹工作】 2018年，全县报告疑似麻疹病例9例，麻疹风疹排除病例9例，麻疹排除病例报告发病率3.74/10万。病例报告后48小时内完整调查率100%，首份血标本采集率100%，血标本3天内送达率和实验室结果7天内报告率均为100%。

【血吸虫病防治】 2018年，血吸虫病综合治理环境改造工程2个，投资60多万元，环境改造治理灭螺面积2.18万平方米。全县血吸虫病血清学查病5404人，未发现血吸虫病病人。晚血病人内科救助33人。随访33人，其中好转26人、自然死亡7人。

【疟疾监测】 2018年，全县“三热”（即临床诊断疟疾、疑似疟疾、不明发热）病人监测血检582人，未发现可疑病人。

【病媒生物监测】 2018年，监测显示城镇居民区鼠密度2.23%，农村居民区鼠密度4.69%，重点行业鼠密度4.30%；绿化带、餐饮等外环境成蝇捕获率0.68只／笼，农贸市场、单位食堂等室内环境平均每条成蝇数量1.43只／笼。通过诱蚊灯法检测城镇居民区、公园、医院、农户等环境成蚊密度1.20只／(灯·夜)。宾馆、饭店、医院、商场等重点行业平均蟑螂密度0.07只／张。登革热监测点监测结果，白纹伊蚊BI为13.81，埃及伊蚊BI为0。

【适龄儿童窝沟封闭】 2018年，全县完成25所小学的窝沟封闭项目，学校覆盖率100%（蒲塘小学合并入天马二小）；2017—2018学年服务学生总数2155人，服务率100%，口腔检查学生数2155人，学生覆盖率100%；窝沟封闭应封2000人，实际封闭1996人，封闭率99.80%；口腔复查学生人数2155人，复查率100%；复查封闭牙齿颗数7200颗，封闭完好牙齿颗数7200颗，完好率100%。

【职业卫生监测】 2018年，全县报告报告农药中毒病例40例，其中男性21例、女性19例，死亡1例，为男性。报告职业病27例，其中尘肺病23例、急性中毒3例、职业性皮肤病1例。新发尘肺病病例23例，均为男性；其中Ⅰ期11例、Ⅱ期7例、Ⅲ期5例；3例急性中毒中氮氧化物中毒1例，一氧化碳中毒2例，无死亡病例。报告3例疑似职业病病例，水泥制成工、搬运工、包装工各1例；3例均为水泥尘肺。

【慢性病社区综合防治】 2018年，全县累计发现高血压病人25439人，管理病人22601人，发现率7.37%；规范管理17220人，规范管理率76.19%；血压控制数14745人，血压控制率65.24%。累计发现糖尿病病人7143人，管理病人5662人，发现率2.07%；规范管理3775人，规范管理率为66.67%；血糖控制数3026人，血糖控制率53.44%。重症精神病发现1080人，发现率4.47‰；管理1036人，管理率为95.93%；规范管理患者数682，规范管理率76.12%。

·卫生监督·

【卫生行政许可】 2018年，全县作出卫生行政许可1206件，其中公共场所新办84件，变更7件，延续10件，注销23件；护士首次注册81件，变更133件，延续282件，注销2件，护士新证换发遗失补证4件，重新注册4件；医师执业注册102件，变更118件，医师多机构备案19件，医师注销5件；母婴保健专项技术服务许可新发1件，母婴保健专项技术服务许可变更1件；放射诊疗职业病防护预评价5件，控制效果评价1件，放射诊疗许可新发3件；病媒生物防控服务单位备案1件；医疗机构设置14件，医疗机构新发证13件，中医诊所备案3件，医疗机构变更39件，医疗机构注销6件，医疗机构校验245件。

【卫生行政处罚】 2018年，县卫生行政部门作出处罚决定案件118件。其中，一般程序案件107件，简易程序案件11件；医疗卫生41件，传染病防治22件，消毒管理6件，公共场所卫生38件，学校卫生8件，放射卫生1件，行政许可1件，饮用水1件。共处罚没款15.223万元。

【集中式供水卫生监督检测】 2018年，县卫生行政监督机构对4家生活饮用水供水单位开展监督检查和饮用水监督采样工作；对4家水厂共采集水样87份，包括水源水8份，出厂水16份，末梢水63份。检测指标均合格。

【集中消毒餐饮具的消毒效果监测】 2018年，县卫生行政监督机构对集中消毒的餐饮具采样120份，经检验全部合格。

【非法行医打击】 2018年，县卫生行政监督机构检查医疗机构341家，查处违法医疗机构84家，立案处罚90户次。查处“黑诊所”2家；查处非医师行医2起；查处4家医疗机构聘用非卫生技术人员从事医疗活动；查处1家医疗机构使用未取得处方权的医师开具处方。

·妇幼保健·

【概况】 2018年，县妇保院接收门诊96320人次；免费婚前医学检查1222对，婚检率88.46%。全县活产数2546人，产妇数2529人，孕产妇系统管理2411人，管理率95.33%，剖宫产率45.92 %，县级高危筛查率98.26%，高危产妇住院分娩率100%，产前筛查率93.91%，抢救重症高危孕产妇42例。发放叶酸1611人。完成“两癌”筛查工作，乳腺癌筛查8657例，查出乳腺良性疾病75例，乳腺癌2人；宫颈癌筛查8623例，查出异常人数915例，其中原位癌1人、微小浸润癌3人、浸润癌4人。3岁以下儿童系统管理率94.22%，7岁以下儿童保健覆盖率96.68%，5岁以下儿童死亡率3.53‰，婴儿死亡率1.96‰，新生儿死亡率1.18‰。全年无户籍孕产妇死亡。

·爱国卫生·

【概况】 2018年，常山县爱国卫生运动委员会办公室会同全县32个重点部门单位和14个乡镇街道，开展“健康常山”建设工作。推进卫生乡镇创建工作，球川镇创国家卫生乡镇通过省级暗访；浙江省卫生乡镇提前实现全覆盖；新创浙江省卫生村92个。创建浙江省健康促进金牌学校2所、银牌学校1所、铜牌学校6所。创建全民健康生活方式行动健康示范单位1家，创建全民健康生活方式行动健康示范村2个。强化全县病媒生物防制工作，建成区外环境和重点场所病媒生物防制继续实行服务外包市场化运作。持续推进健康教育，发挥健康教育讲师团职能，落实全县健康宣教工作。

【生活饮用水保障】 2018年，全县监测水样96份，73份水样所有监测指标均合格，水质综合指标合格率76.04%，比上年上升14.05%。其中市政供水出厂水2份、二次供水2份、市政供水管网水8份共12份水样合格，合格率100%；农村集中式供水84份，61份水样合格，水质综合指标合格率72.62%。

【改水改厕工作】 2018年，全县农村卫生厕普及率99.21%，比上年上升0.465%；无害化卫生厕所普及率为97.04%，比上年上升0.445%。

（尹俊）

体 育

【概况】 2018年，常山县体育局围绕“打造华东地区朝气蓬勃的活力高地”战略目标，贯彻落实全民健身国家战略，树立大体育发展理念，做好“体育+”文章，聚焦融合发展，推动体育工作实现新突破。通过举办系列大型体育赛事，达到体育搭台、经济唱戏，文化唱戏的目的。举办国家级赛事1场，即2018中国山地自行车公开赛总决赛暨全国青少年山地自行车锦标赛；举办省级赛事6场，即2018“环浙”自行车嘉年华（常山站）暨第三届环常山骑游、2018年“油茶杯”浙江省中小学生乒乓球冠军赛（第二站）、2018浙江国际皮划艇精英赛、2018浙江省第二十七届幼儿体操表演大赛、2018浙江省国际跳棋锦标赛暨浙江省国际跳棋冠军赛、2018长三角MBA山地越野骑跑两项菁英赛·常山站；举办市级赛事3场，即衢州市业余羽毛球邀请赛、衢州市2018年幼儿大众舞操比赛、2018年衢州市中小学生足球比赛暨市青少年学生阳光体育足球比赛（初中组）；举办县级赛事4场，即邻居银行杯”常山县首届百村农民运动会、2018“邻居银行杯”常山县首届龙舟赛、“移动杯”气排球比赛、2018“智慧文峰杯”常山县男子职工篮球锦标赛。群众体育发展生机蓬勃，各单项体育协会组织各类活动共计115次，参与人数14328人。

【常山县气排球协会成立】 2018年1月27日，衢州市首个县、区级气排球协会——

常山县气排球协会正式成立。衢州市气排球协会、常山县体育局、常山县民政局有关领导和100多名气排球爱好者参加成立大会。会议选举产生协会会长、副会长、秘书长和理事，袁慧群当选为会长。

【常山县围棋协会成立】 2018年3月31日，常山县围棋协会成立大会召开，衢州市围棋协会、常山县体育局和县民政局的相关领导以及全县50多名气围棋爱好者出席大会。会议选举产生协会会长、副会长、秘书长和理事，潘永务当选为会长。

【常山县首届百村农民运动会举办】 2018年3月1日，常山“邻居银行杯”首届百村农民运动会拉开帷幕，全县14个乡镇（街道）28支代表队1100多名参赛选手参加。县委副书记、县长周向军宣布开幕，衢州市体育局党组书记姜建勋致辞，县领导王生智、郑金仙、黄法云参加。运动会设拔河、趣味篮球、合家欢乐、跳长绳、赶小猪5项竞赛项目。

【外国友人到常山金源村交流武术文化】 2018年3月2日，来自世界各地的20余名武术爱好者集聚常山县东案乡金源村，切磋武艺，交流武术文化。活动现场，中外武术爱好者进行了胡柚太极、大五步拳、刀术、地趟拳、八卦拳、形意拳表演。活动结束后，外国友人还一同领略金源村的独特戏曲魅力和农民书法文化。

【徐小红获天狼杭州100千米越野赛冠军】 2018年3月17—18日，在天狼杭州100千米越野赛中，常山徐小红获女子个人组冠军。此前，徐小红已斩获温州大罗山70千米越野赛女子冠军、广西阳朔110千米越野赛女子冠军、西部越野赛女子冠军、江山100千米越野赛女子冠军及宁波山地马拉松女子冠军等荣誉。天狼杭州100千米越野赛赛道以西湖群山为主线，徐小红用时19小时48分，以比第二名快近40分钟的优异成绩夺得冠军。

【衢州市业余羽毛球邀请赛在常山举行】 2018年3月24—25日，由衢州市羽毛球协会、常山县体育局主办，常山县羽毛球协会承办的2018常山县首届“体彩杯”全市业余羽毛球邀请赛在常山县体育馆举行，来自衢州、柯城、龙游、江山、常山、开化的24支业余球队员参加。经过两天角逐，决出前八名的代表队，依次是：衢州市羽动羽毛球俱乐部一队、江山市羽协一队、开化盛世青少年体育俱乐部二队、龙游羽协队、海信冰箱一队、衢州星羽俱乐部海天金属队、常山羽协一队、衢州市羽动羽毛球俱乐部二队。

【2018“环浙”自行车嘉年华（常山站）暨第三届环常山骑游活动】 2018年4月22日，由常山县人民政府主办，县委宣传部、县体育局、县旅委以及杭州辉瑞文化创意有限公司（中国骑友网）共同承办的2018“环浙”自行车嘉年华（常山站）暨第三届环常山骑游活动在常山举行，浙江省体育局领导莅临指导，常山县自行车协会、常山县摄影协会和常山县红十字应急救援队支持。全国58支代表队、近千名运动员，300多个亲子家庭以及来自美国、哥伦比亚、韩国、巴基斯坦等多位国外友人参加。22日上午9点，骑游组的选手们从文峰广场出发，线路全长120千米，途径国际慢城、梅树底景区、芙

蓉大峡谷、国家油茶公园、美丽乡村郭塘村、三衢石林。活动共设置6个补给点，并提供常山美食供骑友补充能量。此次骑游活动还增设Boss组（路程20千米，起点为文峰广场，终点为赛得健康小镇），邀请各领域的企业家到常山进行骑行体验，在传播骑行文化的同时促进经济合作交流。

【2018“油茶杯”浙江省中小学生乒乓球冠军赛】 2018年5月20日，“油茶杯”浙江省中小学生乒乓球冠军赛（第二站）在常山一中体育馆落下帷幕。比赛由浙江省体育局、浙江省教育厅主办，常山县体育局、常山县教育局承办，常山县乒乓球协会、常山县油茶产业协会协办。比赛根据运动员年龄段分别设有10个组别的男、女单打项目。全省10支代表队的560余名运动员参加。

【2018浙江国际皮划艇精英赛暨全省青少年皮划艇赛艇锦标赛皮划艇大赛】 2018年5月26日，2018“爱丽莎”杯浙江国际皮划艇精英赛暨全省青少年皮划艇赛艇锦标赛在常山江举行。国内外200多名皮划艇爱好者及省各市队近500人参加。比赛由浙江省体育局、常山县人民政府主办，中共常山县委宣传部、常山县体育局、常山县教育局、常山县水利局、常山县紫港街道办事处承办，浙江爱丽莎环保科技股份有限公司、常山县皮划艇运动协会、杭州富阳方舟体育赛事策划有限公司、杭州舟际体育文化有限公司协办。2016年里约奥运会赛艇女子轻量级双人双桨决赛季军、2006年世界锦标赛女子轻量级双人双桨冠军、2015年全国赛艇冠军赛男子八人单桨舵手冠军出席开幕式。开幕式上，举行了动力滑翔伞表演秀和水上飞人表演秀。

【2018年浙江省幼儿体育大会暨浙江省第二十七届幼儿基本体操表演大赛】 2018年6月1—2日，2018年浙江省幼儿体育大会暨浙江省第二十七届幼儿基本体操表演大赛在常山县体育馆举行。比赛由浙江省体育局、浙江省体育总会、浙江省关心下一代工作委员会、浙江省卫生和计划生育委员会、浙江省新闻出版广电局、浙江省总工会、共青团浙江省委、浙江省妇女联合会、浙江省军区政治工作局、浙江省教育厅关工委主办，浙江省幼儿体育协会、衢州市体育局、衢州市幼儿体育协会、常山县体育局和常山县体育总会共同承办。来自全省各地的17支代表队参加此次大赛，赛事分为幼儿甲组自编幼儿基本体操和乙组自编幼儿花式团体操两个项目。

2018浙江省第二十七届幼儿体操表演大赛

（县体育局 供图）

【衢州市2018年幼儿大众舞操比赛】 2018年6月3日，衢州市2018年幼儿大众舞操比赛在县体育馆举行。衢州市各县（市、区）的32支代表队、645名幼儿选手参加。比赛由衢州市体育局主办，常山县体育局、衢州市幼儿体育协会承办，衢州市手牵手青少年体育俱乐部协办。设置幼儿基本体操、幼儿花式体操、幼儿排舞等比赛项目。柯城区摘得幼儿舞操比赛团体桂冠，总分108.35分，超第二名3.85分。

【常山县首届龙舟赛】 2018年6月15日，2018“邻居银行杯”常山县首届龙舟赛举行。省体育局副巡视员、省龙舟协会主席扬平原，县领导叶美峰、徐建华、林红汉等参加；县委副书记、县长周向军宣布开幕，衢州市体育局党组书记姜建勋致辞，常山农商银行董事长余荣华参加。开幕式上，领导嘉宾为8支代表队的龙舟点睛，拉开比赛的序幕。乡镇（街道）组200米直道竞速赛，单位（部门）组500米直道竞速比赛有序开展。凯康号·农口龙舟队、国颐号·东案乡龙舟队、雪村号·政法信访口龙舟队分别获得乡镇（街道）、单位（部门）公开组（22人龙舟）500米直道赛总决赛前三名。CCTV-13新闻频道对此次比赛进行了报道。

【2018年常山县气排球比赛】 2018年6月16—17日，由县体育局主办、县气排球协会承办、中国移动常山分公司协办的“移动杯”气排球比赛，在体育馆举行。这是常山县气排球协会成立之后举办的第一次大型赛事，12支男队、8支女队近200名运动员参加。经过激烈角逐，金融一队、国税局代表队、省三监代表队获得男队的前三名，教育联队、县老年体协、供电公司代表队获得女队前三甲。

【常山5所小学从国际“武林大会”满载而归】 2018年7月14—15日，“震元杯”第十三届浙江国际传统武术比赛在绍兴市奥林匹克体育中心开赛。作为新晋“浙江省武术之乡”的常山县派出以招贤小学、大桥头小学、东案小学、新昌小学和湖东小学共56人组成的武术队，与日本、乌克兰、奥地利等国的227支参赛队的4000多武术爱好者同台竞技。经过两天角逐，常山县武术队获42枚金牌、27枚银牌、22枚铜牌。获1个集体项目第三名、2个集体项目第二名、3个集体项目第一名。其中，新昌小学的�骼拳获“非遗展演金奖”。

【2018常山县“全民健身日”活动启动仪式举行】 2018年8月7日，2018常山县“全民健身日”活动启动仪式在体育公园举行。常山跑步运动协会、县武术协会、县老年人体育协会、县太极拳协会、县武当太乙馆等单位表演了舞蹈、洪家拳、橡筋操、太极神韵、太极刀、太极球、散打、健身球操（单球、双球）、可乐球。

【常山县夺得浙江省运动会首枚金牌】 2018年9月2日，浙江省第十六届运动会空手道比赛在湖州吴兴区举行，首个比赛日产生4枚金牌。常山县选手吴辰宇获得男子甲组60公斤级空手道比赛金牌。这是常山县在全省运动会上夺得的首枚金牌，打破常山县省运会金牌零的纪录。此届省运会设26个大项、32个分项、769个小项，912枚金牌，各代表团参赛总人数超过1.2万人。

【2018常山县男子篮球锦标赛】 2018年9月2日至10月5日，常山县体育局、天马街道办事处联合举办2018“智慧文峰杯”常山县男子职工篮球锦标赛，共有25支代表队、近500名篮球爱好者参赛。经过激烈角逐，乡镇组前三名依次为“两办一局”、辉埠镇、同弓乡；部门组前三名依次为县公安局、农商银行、新闻传媒集团；民间组前三名依次为陈家厨房、衢州肯帝亚地板、展衣山梦之蓝。此外，金川街道、招贤镇、青石镇、球

川镇获优秀组织奖，县农业局、综合执法局、“慢城兄弟”获道德风尚奖。

【2018年浙江省国际跳棋锦标赛暨浙江省国际跳棋冠军赛】 2018年10月20—21日，浙江省国际跳棋锦标赛暨浙江省国际跳棋冠军赛（衢州分站赛）在常山举行。赛事由浙江省体育总会、浙江省棋类协会主办，常山县人民政府、衢州市体育局承办，常山体育局协办。竞赛项目包括100格男、女个人赛和团体赛，64格男、女个人赛和团体赛。杭州、温州、台州、丽水、金华等16支代表队的166名运动员参加比赛。

【衢州市中小学生足球比赛（初中组）在常山举行】 2018年11月8—11日，2018年衢州市中小学生足球比赛暨市青少年学生阳光体育足球比赛（初中组）在常山县体育公园内举行。比赛由衢州市体育局、衢州市教育局主办，常山县体育局、常山县教育局、衢州市足球协会共同承办，常山县足球协会协办。全市9支球队参加角逐。经过激烈比赛，女子组排名依次是柯城代表队、常山代表队、开化代表队、江山代表队；男子组排名依次是柯城代表队、开化代表队、龙游代表队、常山代表队。

【2018年浙江省基层老年体育工作培训班在常山举行】 2018年11月14—16日，浙江省基层老年体育工作培训班在常山举行，全省近百名老年体协代表参加培训。培训期间，与会代表参加木球、哑铃操、八段锦项目培训，解读2018年浙江省老年体育竞赛制度改革意见。

【2018长三角MBA山地越野骑跑两项菁英赛在常山举行】 2018年11月18日，2018长三角MBA山地越野骑跑两项菁英赛·常山站在山地自行车主题公园举行。福州大学、南京大学、浙江大学、厦门大学等长三角地区各大MBA院校100余名选手参加。赛事组别分为商学院个人组和商学院团体组，赛程设置为骑行15千米加跑步6千米，共计21千米。作为国内知名MBA山地自行车、越野跑赛事，通过骑跑两项比赛，联合各大院校MBA学生参与其中。南昌大学选手邹文峰夺得商学院个人组男子组冠军；南京河海大学选手王婉最终夺得商学院个人组女子组冠军。

【2018中国山地自行车公开赛总决赛】 2018年11月24日，2018中国山地自行车公开赛总决赛（浙江·常山站）暨2018 U系列赛——山地自行车全国青少年锦标赛在常山国际慢城山地自行车主题公园举行。中国自行车运动协会秘书长王建国出席，省体育局副局长胡国平宣布开幕，县委书记叶美峰致辞。此次赛事有来自全国各地的1000余名自行车选手参赛，比赛设男子（女子）专业组山地越野赛、男子（女子）公开组山地越野赛、男子山地越野淘汰赛等14个组别。此外，还举行“赛克林杯”3～6岁组儿童平衡车总决赛。开幕式上，常山县被授予“2018 U系列赛——山地自行车全国青少年锦标赛举办地”牌匾和“2018 U系列赛——山地自行车全国青少年锦标赛”赛旗。

（刘 春）

人力资源和社会保障

综　述

2018年，常山县人力资源和社会保障局（以下简称“县人力社保局”）围绕“阳光人社、服务先锋”的工作主旨，以工作专班为抓手，推进人事人才、就业创业、社会保障、“最多跑一次”“无欠薪”建设、“常山阿姨”等工作，统筹推进全县人力社保领域重点工作和重大改革。全县城镇新增就业6350人，完成年度考核指标的254.00%；城镇失业人员实现再就业3173人，完成年度考核指标的255.89%；就业困难人员实现就业720人，完成年度考核指标的211.76%；农村电商培训1020人，完成年度考核指标的113.33%；扶持农村电商创业195人，完成年度考核指标的108.33%；农村电商创业带动就业1060人，完成年度考核指标的117.78%；发放创业担保贷款325万元，完成年度考核指标的108.33%；帮扶残疾人创业就业78人，完成年度考核指标的156.00%；残疾人电商培训145人，完成年度考核指标的114.17%；开发“绿色”公益性岗位358个，完成年度考核指标的275.38%；城镇登记失业率控制在2.05%，全县就业形势保持稳定。

全面深化“最多跑一次”改革。推进人力社保窗口一体化。扩展事项，由原来的34个主项118个子项，扩充为40个主项138个子项。其中，可以实现“零跑次”事项有89项，占比64.49%；民生事项69项，通过与部门数据共享，100%实现一证通办。新增部门联办事项企业“一件事”联办和灵活就业者参保缴费登记两个事项，解决群众办一件事跑多个部门的困境。服务延伸到基层，共确定21个主项69个子项下放到球川镇试点，以球川试点模板向其他13个乡镇推广延伸。全国人力资源和社会保障系统首推“钉钉视频和微信视频办事”，“云平台”系统在全县188个行政村（社区）上线，通过钉钉视频办理168件，微信视频办件102项。纵深推进政银合作，借助银行窗口协办联办参保缴费登记、养老费发放事项。与县民政局、县残联无缝对接，提前比对数据，特殊人群免去申请步骤。

统筹推进全县干部招考及其职级、职称、工资管理工作。招考工作实现“零差错”，2018年，全县党政机关招考录用公务员65人；面向综合执法局和乡镇事业招录事业单位工作人员30人。完善事业单位岗位设置工作，对常山的岗位设置政策作出部分调整：初级职称在专技岗位总数内不再限聘；中高级内部打通，高档可借用给低档；办理内部晋档时在单位岗位设置年度期满后再进行。对部分涉及机构改革及比例调整的单位提出的调整岗位设置情况进行审核，年内完成医共体、文广新局、中型水库管理局等单位的岗位调整工作。做好县以下公务员职务与职级并行工作。2018年办理一般公务员晋升职级审批62人，其中晋升正处级2人、晋升副处级20人、晋升正科级27人、晋升副科级14人。办理机关事业单位工作人员工资审批，其中，公务员5年晋级人数357人、公务员2年晋档人数1483人、事业晋升薪级4356人。办理新进人员工资审批事项，2018年度新进人员工龄核定90人、工资核定280人。

是年，县人力社保局获评“全省劳动人事争议案件处理工作优秀单位”。

人才引育

【概况】 2018年，县人力社保局围绕重点行业和产业发展需要，创新紧缺人才引进和人才培育工作，深入实施“智汇常山”工程，加快产学研融合，简化引进程序，加大培育力度，不断补全县域人才短板。开展校企合作，通过多渠道对接协调，确定辽宁科技大学与常山开展校地合作，建立大学生实习基地。由辽宁科技大学安排17名大学生，前往常山6家轴承类企业开展为期两个月的实习活动，为常山轴承行业引进科技人才奠定基础。推动平台建设和招才引智，推荐常山职业中专、县中医院、翠香家庭农场、谷舞电子商务入选常山县第五批县级专家工作评选；双明轴承有限公司和人民医院两家单位入选市级专家工作站。协助时代计量、金雄碳酸钙、柚都生物、卡罗莱纳和常山职业中专5家企事业单位上报2018年度省级引智项目。常山职业中专苏国怡教授申报评选“西湖友谊奖”，成为常山申报的第一位在浙江工作获得最高奖项的外国人士。畅通渠道开展人才引进工作，组织全县25家企事业赴省内外招聘36批次，现场报名2000多人，协议引进各类人才114人，其中硕士研究生16人。教育、卫生系统分别通过安徽师大、皖南医学院等16个场次的招聘会，引进紧缺专业人才33人。

2018年，全县通过系列评审取得专业技术职称的有330人，其中高级84人、中级66人、初级180人；通过考试取得执业资格的有247人，其中中级108人、初级139人。县人力社保局组织企业职称社会化评审4批次，评定相关专业技术资格995人，其中初级901人、中级94人；引进教育类、卫技类紧缺专业人才33人；开展职业技能鉴定3568人次，其中高技能人才新增取证数821人、高技能人才培养数1915人。

【首家博士后工作站批准设立】 县人力社保局为培养和吸引创新型高层次人才，加快常山博士后事业持续健康发展，运用政策优势，推进常山县博士后工作站申报。2018年11月，常山县第一家博士后工作站——科润新材料博士后工作站经省博士后工作办公室批准设立。科润新材料博士后工作站博士生指导老师为丰枫。他是浙江工业大学化学工程学院高校讲师，博士，主持或参加多个科研项目，2014年获国家教育部技术发明奖一等奖。

【第五届常山县职工职业技能大赛举办】 2018年，县人力社保局举办第五届常山县职工职业技能大赛，电工、电子商务师、汽车维修工、育婴员、砌筑工、钢筋工6个工种的121名技能精英参赛，充分展示了全县技能劳动者的精神风貌。选拔具有精湛技艺的高技能人才参加衢州市职工职业技能大赛，有2位常山选手分别获得中式烹调师及砌筑工工种的冠军。

就业创业

【概况】 2018年，县人力社保局专班跟进出台服务企业用工政策，集合资源提供招聘平台，牵线搭桥促进多方合作，搭建平台开办创业创新大赛促进全面就业。成立服务企业用工专班，发挥多部门单位合力，谋划服务企业招工工作。出台《关于服务企业用工的若干意见通知》，发挥“四个平台”建设和村级网格员的作用，通过1200元／人的招工奖励办法，提高为企业介绍用工的积极性。截至年底，网格员为常山工业企业成功介绍务工人员超过900人，支出补贴金额100万元左右。举办春季人力资源交流大会、阿里巴巴衢州客户体验中心常山专场招聘会、同弓乡专场招聘会、球川镇专场招聘会，参展企业344家，共提供工作岗位9201个，达成意向5472人。走访经济开发区、辉埠新区、生态工业园区和球川片区企业共153家，了解企业动态。组织企业外出招聘、建立劳务协作基地和校企合作基地。赴河南省安阳县职业中专对接校企合作事宜，参加“2018浙江—四川就业扶贫劳务协作招聘会”，与当地职校和人力资源公司签订战略合作协议书。开展古蔺劳务扶贫对接，发挥“古蔺之家”作用，确保古蔺籍人员在常山稳定就业，两地人力社保部门出台优惠政策，形成合力，建立两地劳务协作长效机制。年内为25位在常山稳定就业的古蔺籍贫困家庭人员建档立卡，完成省市下达就业任务的125%。与“常山发布”“常山柚团”微信公众号和“常山信息网”建立用工信息联合发布机制。

【常山县首届创业创新大赛举办】 2018年7月，常山县举办首届“一乐杯”创业创新大赛，给出全市最高额度的大赛奖金，吸引大量创业项目参加。通过激烈角逐12支队伍进入决赛，在县内产生广泛影响，网络投票超过24万人次。专门为比赛录制广告宣传片，并在决赛时邀请省、市专家参与项目评选，最后有3个项目进入市级创业创新大赛预赛。

7月23日，2018年“一乐杯”创业创新大赛举办

（县人社局 供图）

【“常山阿姨”品牌打造】 2018年，县人力社保局推进“常山阿姨”品牌塑造工程，制定以“五类档案”（即家庭档案、品行档案、技能档案、健康档案和从业档案）为核心的行业规范，研发一套以三大素质为基础、五类档案为特色、五步准入为准则的“常山阿姨”考核认证及品牌运行规范，打造放心“常山阿姨”。特色培训高端供给，让课程更专业。以提高专技技能和职业素养为核心，开展不同层次、不同内容、不同等级的家政服务职业教育和培训。优化培训模式，鼓励培训机构与知名家政企业合作，参与提供相关的岗前培训以及就业指导，实行培训就业“一条龙”服务。打造“常山阿姨”

培训基地，让培训更专业。以建设常山县人力资源市场为抓手，建设占地25亩，集理论、实训、住宿、食堂于一体，可同时容纳300多名学员学习、生活的家政服务行业培训基地，全面探索面向周边省市乃至全国的“阿姨”职业教育。

社会保障

【概况】 2018年，县人力社保局坚持改革创新，社会保险实现精准扩面，医保支付方式改革持续推进，做好定点医疗机构日常监管，创新实行被征地农民生活补助，社会保障体系得到进一步完善。推进社会保险信息勘误和全民参保调查登记，充分运用全民参保调查登记成果，每月将养老保险及医疗保险扩面资源发放至乡镇（街道），由村（社区）进行宣传，动员未参保人员参加社会保险。实行年度基金收支预算管理，建立以基金总额预算为基础的医保支付方式。按照“医共体”建设签订的支付管理协议，落实“医共体”结算支付方案。截至年底，常山县基本养老保险参保率为97.65%，完成考核任务的108.5%，基本医疗保险参保率为99.96%，完成考核任务的102%；职工基本养老保险和城乡居民社会养老保险参保人数共230641人（其中企业养老退休26180人、城乡养老退休48102人），当年增加3540人；职工基本医疗保险和城乡居民基本医疗保险参保人数共297891人（其中职工基本医疗保险退休15598人），当年增加1599人；工伤保险参保人数37043人，当年增加2760人；生育保险参保人数32371人，当年增加2326人。社保卡持有人员339690人。

【定点医疗机构监管】 2018年，县人力社保局规范管理，做好定点医疗机构日常监管。对全县28家定点医疗机构、13家定点零售药店开展“亮剑”专项行动检查，查处职工基本医疗保险骗保案件3例，城乡居民医疗保险骗保案件5例，按照《中华人民共和国社会保险法》等相关规定，收回被骗金额33053.69元。对4073例外伤参保人员进行调查核实，涉及金额2016.19万元。查处2家定点医疗机构有虚记诊疗项目、串换药品等违规行为；查处1家定点医疗机构存在违规挂床的违规行为；查处5家有违规收费行为；查处1家有非法渠道购进药品行为；查处2家存在冒名就诊违规行为；通过调查取证，对以上违规定点医疗机构做出相应的违约处理。

【被征地农民参保工作】 2018年，县人力社保局成立“失地保障”专班，精准施策，创新实行被用地农民生活补助。群策群力处理遗留问题。通过座谈会等多种形式分析讨论项目监管、村镇把关、人地对应等问题造成被征地违规参保的成因，按照“尊重历史、实施求是”原则，借鉴周边地区经验做法，推动县政府出台长期被用地农民生活补助政策，有力解决失地历史问题。严格规范新增征地参保。新项目征地（用地）严格按“六关”要求，重点把好地类关、红线关、承包卡关、到人关，做到一一对应，不得突破带征指标。逐步推进违规参保清退。深入挖掘清退过程中遇到的实际困难，督促各乡镇（街道）对被征地违规参保退还多发待遇金额人员进行再通知、再督促。全年清理违规参保人员91人，追回多领取待遇金额75.945万元和政府出资金额109.9万元。仍有10人需退还多领取的待遇计13.603万元，暂未追回。

和谐劳动关系

【概况】 2018年，县人力社保局突出“预警预防”，致力于劳动纠纷公平公正，开创维权维稳新局面。在依照法律程序及时处理各类劳动争议时，严格把好政策关，对符合劳动争议受理范围的案件，绝不推诿扯皮。针对双方存在分歧较大的争议进行前探调解，加大调解力度，努力促成双方和解。强化督查，推进“无欠薪”县建设，“无欠薪”过程性指标排名全市前列。推进调解仲裁规范化，对原有仲裁庭进行改造提升，“数字化仲裁庭”于10月建成使用，为农民工维护合法权益建立绿色通道。加强劳动争议调解体系建设和工作考核，推进仲裁办案规范化、标准化、制度化，全年未发生因仲裁引发的跨级跨部门投诉现象。全年受理劳动监察举报投诉案件23件，结案率100%，为46名工人讨回工资35.36万元；受理劳动人事争议案件147件，比上年减少4.5%，共涉及劳动者144人，涉及经济标的1291.05万元，结案标的659.2万元，为122名工人讨回工资325.2万元。按期结案率95.2%，其中，裁决34件，调解、撤诉共计106件，调解率75.7%。

【“无欠薪县”建设】 2018年，县人力社保局以落实实名制、分账管理、按月足额发放工资、施工现场维权公示等制度为重点，开展在建项目督查。会同县住建、水利、交通、财政部门召开两条线拨付管理办法落实会商会议，下发《常山县建设领域实行工程款和工资款两条线拨付管理暂行办法》和《常山县建设领域施工现场作业人员实名制监督管理办法》。通过开展人力资源市场整顿“春雷”专项行动及企业巡查、劳动用工书面审查等工作，加强人力资源市场监管。

【工伤鉴定和劳动争议维权】 2018年，县人力社保局遵照工伤程序，开展认定鉴定工作。全年受理工伤案件561件，完成认定工伤案件510件，尚在办理未结案的案件51件，其中认定为工伤的484件，不予认定的2件，撤销24件。因不服工伤认定决定而提起行政诉讼的案件3件，其中2件为上诉案件。受理因工致残劳动能力鉴定申请320人，其中，被鉴定为存在伤残等级的298人，未达伤残级别的22人。非因工病残劳动能力鉴定申请42人，其中，被鉴定为完全丧失劳动能力37人，不符标准5人。严格把好政策关，依照法律程序处理各类劳动争议。加大调解力度，全年调解、撤诉106件，调解率75.7%。

（叶 莹）

社会生活

人民生活

【概况】 2018年，全县城镇居民人均可支配收入36423元，比上年增长8.6%；农村居民人均可支配收入20184元，增长10.2%。全县基本养老保险参保率97.9%，基本医疗保险参保率99.7%。职工基本养老保险和城乡居民社会养老保险参保人数223334人（企业养老退休25698人，城乡养老退休47724人），新增1438人；职工基本医疗保险和城乡居民基本医疗保险参保人数296827人（其中职工基本医疗保险退休15060人），当年增加535人；工伤保险参保人数35122人，当年增加839人；生育保险参保人数31299人，当年增加1254人；社保卡持有人员337760人。

2018年，全县有9853户12085人纳入城乡最低生活保障，低保占比达到3.5%。城镇低保600户782人，农村低保9253户11303人，年支出低保金5763.3万元。7月1日落实低保标准城乡一体化，每人每月680元。全年救助困难群众671人，救助金额168.4万元。全年医疗救助城乡困难居民2865人，支出救助资金2068万元。特困人员集中供养生活费提高至每人每年10990.5元，共支出特困供养资金926.3万元。资助全县城乡低保、“五保”、重度残疾人14000人参加城乡居民医疗保险，资助金额420万元。建成县级层面的避灾场所3个；乡镇级避灾场所15个，覆盖率达107%；村（社区）级避灾场所180个，覆盖率95.7%。办理结婚登记1979对、离婚登记1027对、补领结婚证767件、补领离婚登记证57件、收养登记21件，实施婚姻家庭辅导1027对。

（占慧臻）

2018年全部从业人员和工资情况一览

表26

指标名称	年末总人数（人）	年末在岗职工人数（人）	在岗职工工资总额（万元）	在岗职工年平均工资（含劳务派遣）（元）
总计 （含私营企业）	51855	41197	262996	62097
按国民经济行业分组	—	—	—	—
1. 农林牧渔业	—	—	—	—
2. 采矿业	8	8	26	33000
3. 制造业	15283	14536	71998	49351
4. 电力、热力、燃气及水生产和供应业	528	513	8527	162058
5. 建筑业	21751	14308	51067	36054
6. 批发和零售业	855	723	3444	47970

续表 26

指标名称	年末总人数（人）	年末在岗职工人数（人）	在岗职工工资总额（万元）	在岗职工年平均工资（含劳务派遣）（元）
7. 交通运输、仓储和邮政业	608	591	4708	77311
8. 住宿和餐饮业	821	747	3574	46237
9. 信息传输、软件和信息技术服务业	110	65	763	111514
10. 金融业	312	286	4442	155155
11. 房地产业	281	278	2227	78682
12. 租赁和商务服务业	1720	769	3120	43700
13. 科学研究、技术服务业	87	83	962	116131
14. 水利、环境和公共设施管理业	161	118	1273	104581
15. 居民服务、修理和其他服务业	33	29	284	91182
16. 教育	2624	2300	27121	111349
17. 卫生和社会工作	1879	1685	18730	107027
18. 文化、体育和娱乐业	215	201	2380	115951
19. 公共管理、社会保障和社会组织	4579	3957	58350	140607

2018 年单位从业人员和工资情况（不含私营）一览

表 27

指标名称	职工年末人数（人）	女性（人）	在岗职工（人）	在岗职工年平均工资（含劳务派遣）（元）
总　　计	15890	6752	13721	104282
一、按企业、事业、机关分组	—	—	—	—
1. 企业	6575	2643	5613	73669
2. 事业	5152	2872	4506	115231
3. 机关	3988	1145	3543	144911
二、按国民经济行业分组	—	—	—	—
1. 农林牧渔业	—	—	—	—
2. 采矿业	—	—	—	—
3. 制造业	3767	1487	3192	60260
4. 电力、热力、燃气及水生产和供应业	494	104	479	169624
5. 建筑业	632	61	496	77737
6. 批发和零售业	447	304	351	53072
7. 交通运输、仓储和邮政业	37	10	36	138737
8. 住宿和餐饮业	584	363	516	45366
9. 信息传输、软件和信息技术服务业	110	39	65	111514
10. 金融业	312	144	286	155155
11. 房地产业	41	19	41	71628
12. 租赁和商务服务业	44	15	42	153524
13. 科学研究、技术服务业	87	38	83	116131
14. 水利、环境和公共设施管理业	161	40	118	104581
15. 居民服务、修理和其他服务业	33	8	29	91182
16. 教育	2551	1438	2227	113318
17. 卫生和社会工作	1796	1178	1602	109646
18. 文化、体育和娱乐业	215	94	201	115951
19. 公共管理、社会保障和社会组织	4579	1410	3957	140607

2018年规模以上私营企业从业人员和工资情况一览

表28

指标名称	职工年末人数（人）	女性（人）	在岗职工（人）	在岗职工年平均工资（含劳务派遣）（元）
规模以上私营企业合计	35965	7489	27476	40575
（一）采矿业	8	—	8	33000
（二）制造业	11516	4542	11344	45617
（三）电力、热力、燃气及水生产和供应业	34	2	34	50353
（四）建筑业	21119	1584	13812	34598
（五）批发和零售业	408	239	372	42992
（六）交通运输、仓储和邮政业	571	212	555	73265
（七）住宿和餐饮业	237	157	231	48435
（八）金融业	—	—	—	—
（九）房地产业	240	113	237	79946
（十）租赁和商务服务业	1676	579	727	40930
（十一）教育	73	17	73	45740
（十二）卫生和社会工作	83	44	83	53217

2018年城乡劳动力配置情况一览

表29

单位：万人

	合计		合计
一、年末人口数	25.49	按国民经济行业分组	
年末16岁以上全部人口数	21.23	1. 农、林、牧、渔业	3.05
其中：不计入劳动力资源的人数	3.25	2. 采矿业	0.23
二、年末劳动力资源总数	17.33	3. 制造业	3.39
三、经济活动人口	16.90	4. 电力、热力、煤气及水的生产和供应业	0.10
全社会就业人员	16.80	5. 建筑业	4.29
按就业身份分组		6. 批发和零售业	2.01
非私营单位从业人员	1.47	7. 交通运输、仓储及邮政业	0.44
私营单位从业人员	5.76	8. 住宿和餐饮业	0.54
个体户主	1.50	9. 信息传输、计算机服务和软件业	0.02
个体从业人员	6.04	10. 金融业	0.20
其他	2.03	11. 房地产业	0.04
城镇失业人员	0.25	12. 租赁和商务服务业	0.23
城镇登记失业人员	0.05	13. 科学研究、技术服务业	0.10
		14. 水利、环境和公共设施管理业	0.03
		15. 居民服务、修理和其他服务业	0.29
		16. 教育	0.47
		17. 卫生和社会工作	0.22
		18. 文化、体育和娱乐业	0.12
		19. 公共管理、社会保障和社会组织	1.02
		20. 国际组织	

2018年常山县农村住户、城镇住户调查基本情况一览

表30

指　标	单　位	农村住户	城镇住户
调查样本户数	户	150	100
期内常住人员数	人	416	280
人均现住房建筑面积	平方米	76.2	42.8
可支配收入	元	20184	36423
一、工资性收入	元	10411	22426
二、经营净收入	元	5386	4267
三、财产净收入	元	341	3045
四、转移净收入	元	4046	6685
消费支出	元	9546	21075
（一）食品烟酒	元	3505	7575
（二）衣着	元	462	1816
（三）居住	元	2227	4511
（四）生活用品及服务	元	530	934
（五）交通通信	元	767	2140
（六）教育文化娱乐	元	986	2602
（七）医疗保健	元	954	1089
（八）其他用品和服务	元	115	408
耐用消费品拥有情况（每百户）	—	—	—
1.家用汽车	辆	18.6	39.9
2.摩托车	辆	10.7	14.0
3.助力车	台	96.8	73.1
4.洗衣机	台	82.0	89.1
5.电冰箱（柜）	台	98.7	103.0
6.微波炉	台	36.0	42.0
7.彩色电视机	台	147.9	149.0
其中接入有线电视	台	133.3	138.1
8.空调	台	105.2	170.1
9.热水器	台	101.3	108.0
其中太阳能热水器	台	56.1	59.0
10.洗碗机	台	0.0	0.0
11.排油烟机	台	64.1	74.0
12.固定电话	线	14.0	7.0
13.移动电话	部	245.9	225.9
其中接入互联网	部	139.2	179.1
14.计算机	台	13.3	60.1
其中接入互联网	台	11.3	50.0
15.照相机	台	3.3	10.0
16.中高档乐器	架	2.0	10.0
17.健身器材	台	2.0	7.0
18.空气净化器（含新风系统）	台	1.3	2.0
19.吸尘器	台	1.33	7.01

（顾洁夏、柯世瑾）

民政事业

【概况】 2018年，常山县民政局（以下简称“县民政局”）推进“幸福爷爷·快乐奶奶”行动，聚力打造“孝老之城”，开展养老机构星级评定管理，为8家养老机构评定星级，新建4个示范型居家养老服务中心。向上争取资金11584.81万元。内救外济（即低保、医疗、大病、困难和引进外地慈善组织）工作全面落实，全年募集善款468.21万元，拨付救助金226.396万元。创新“低保惠民联办”，入选全国社会救助领域优秀创新实践案例15强。开展“针圣”杨继洲里籍学术研讨，确定其为常山籍。做好退役士官和转业士官的安置工作，对143名2018年度退役士兵实行发放一次性经济补助的安置政策。组织专场招聘会，向省交通工程建设集团有限公司等13家单位推荐70名退役士兵。做好14名2017年冬季符合政府安排工作条件的退役士兵的安置工作，其中事业单位8人、国有企业6人。结合全县党管武装工作会议暨“八一”表彰大会，对1名常山籍二等功士兵、19名三等功士兵和2名衢州市首届“十佳退役士兵”获奖个人、1名衢州市首届“十佳退役士兵”提名奖获奖个人进行表彰，10名参战老兵参加衢州市首届最美优秀士兵颁奖晚会。深入开展退役军人及其他优抚对象信息采集工作，全年完成采集8841人。做好抚恤补助提标工作，全年发放各类抚恤补助经费817.5万元。调整现役义务兵家属优待金标准，从2017年每人每年12209元，提高到每人每年12560元，2018年为全县288名现役义务兵家庭发放优待金397.4万元。为456名困难退伍军人解决生活补助49.1万元。为1542名对象发放60岁以上农村籍退役士兵老年生活补助金341.8万元。为108名优抚对象解决医疗补助22.8万元。评定省级农村社区领军人才1人（辉埠镇久泰弄村村支书陈金明），市级首批社会领军人才3人（民政局殡仪馆党支部书记江宏伟、天马街道文峰社区书记郑怡、天马街道定阳社区主任厉向军），市级首批社区领军人才1人（天马街道屏山社区主任洪虹）。发动586人网上报名参加社工考试，比上年增长近20倍，通过智慧社工考试培训管理平台系统对300人进行线上培训，新增持证社工人数138人。

【常山县“孝老之城”建设蜚声全国】 自2018年2月起，常山县在全县范围开展“幸福爷爷·快乐奶奶”行动，通过制定一套标准、办好十件实事、实施百村孝榜、开展千人结对、推进万众尊老，全方位打造“孝老之城”。3月20日，县人大通过决议设立“5·20敬老日”。落实孝老标准、开展党员结对、公益律师制度、发放高龄津贴、公益婚纱摄影、老年人意外险、孝老关爱基金、养老院质量提升、示范型居家养老服务中心建设等工作成效明显。央视、《中国老年报》《中国社会报》等国家级媒体多次报道常山孝老工作。《浙江民政信息》刊发推广《常山县“幸福爷爷·快乐奶奶”行动方案》。5月下旬，全国老龄办领导对常山孝老工作批示肯定；11月中旬，全国老年学和老年医学学会领导到常山实地考察，把常山县列为第二届“慈孝峰会”参选地。12月26日，常山县“孝老之城”建设获“浙江省民生获得感示范工程”荣誉。

【涉军工作获上级领导肯定】 2018年，县民政局精准聚焦退役军人困难需求，创造性推行促就业、落原籍、抓培训、助就医、帮入学、进组织、享住房、解纠纷、保权益、竞村委等“涉军服务十法”，让退役军人得实惠受尊崇。发挥“娘家人”作用，做好接访“五个一”（即一张笑脸、一杯热茶、一直倾听、一番好言、一心服务），增进退役军人对民政部门的情感认同。贯彻“转化一个骨干、化解一个群体”的工作思路，以党建统领涉军工作，涉军群体数量削减，重点对象稳控得力，涉军工作总体平稳，重大时间节点无进京赴省上访。相关工作得到省退役军人服务工作督查组、省民政厅督查组和市政法委领导肯定，2次全市退役士兵工作现场会在常山召开，舟山、桐乡等12个市县到常山考察，12月，退役军人事务部给予批示肯定，《浙江信访简报》刊发常山经验材料。

【“低保惠民联办”入选全国15强优秀案例】 2018年，县行政服务中心民政窗口累计办事4000余件，做到无差错，被评为2018年度“领跑窗口”。开办“最多跑一次”业务课堂，梳理形成民政业务规范“四张清单”，培养全科受理员。推行老年证办理“零距离”受理、“零转送”平台、“零费用”服务，便民办证4000张。创新“低保惠民联办”，入选全国社会救助优秀创新案例15强，成为浙江省唯一，得到副省长王文序批示肯定。

【防灾救灾工作】 自2018年4月起，县民政局每天安排2名人员值班，汛期实行24小时值班制度。做好全县避灾安置场所规范化建设，抓好救灾物资储备工作，签订救灾物资供应保障协议，准备救灾帐篷、棉被、衣服、救灾粮、食品及饮用水等各类救灾物资。组织开展“5·12”防灾减灾和国际减灾日主题宣传活动，进一步完善县、乡镇、村救灾应急预案，并组织乡镇和社区进行预案演练。推进综合减灾示范社区建设，参与全县在辉埠镇辉埠村举行的小流域灾害实战演练。做好自然灾害灾情的查核报灾、救灾等工作。

【社会救助工作】 2018年7月，常山县实行最低生活保障城乡一体化，标准为680元／人·月，全县9853户12085人纳入城乡低保，发放资金5763.3万元，低保占比为3.5%。县民政局为647名孤儿及困境儿童做好基本生活保障工作，发放孤儿生活费339.9万元。实施医疗救助3728人，发放救助资金2438.87万元。资助全县城乡低保、“五保”（即保吃、保穿、保住、保医、保葬）等1.4万人参加新型农村合作医疗，资助金额420万元。临时救助722人，发放救助资金168.3万元。集中供养农村“五保”和城镇“三无”（即无劳动能力、无法定赡养、无收入来源）782户782人。提高农村“五保”集中供养标准，年人均供养标准达10990.45元。在县、乡、村三级核查基础上，分类处理审计出的违规低保金问题：确属违规享受低保金89人次（86人），涉及34.5021万元，通过去除重复项，最后核定应收缴32.7401万元；通过通报促办、下乡督办，已全部追回。县救助管理站救助生活无着流浪乞讨人员229人次（食宿救助170人次、医疗救助2人次、站外救助45人次、接送返救助对象12人次），发放生活物品150件（套），分发方便面等食品18箱、矿泉水6箱，保障弱势群体的基本生存权益。

【社会福利工作】 2018年3月，全县养老机构服务质量提升现场会召开，推行养老机构星级评定管理，全年完成8家养老机构定级。8月，县社会福利中心“公建民营”项目建设完工。县民政局协助民办浙江赛得健康小镇做好养老项目工作；完成天马街道、招贤镇、同弓乡、何家乡等4个示范型居家养老服务中心建设；在100个城乡社区开展助餐、配送餐服务；做好“中福在线常山县大街销售厅”的运营，2018年销售额达2300万元。开展“福彩暖万家”等5个系列活动，累计投入经费45.9万元，资助191人。

【水库移民工作】 2018年，全县核减直补对象224人，恢复直补对象1人（刑满释放），复核后共有直补对象18381人，发放直补资金1104.42万元。县水库移民食用菌基地等项目收益119万元，为球川镇芙蓉村等12个村集体各增收5万元，成为移民村集体经济增收的重要途径。县民政局投入18万元，帮助 40户困难水库移民对象进行厕改；落实困难水库移民家庭子女非义务教育助学机制，为65名对象解决上学难问题；投入移民资金推动15个村级便民服务中心“四合一”“三合一”综合体改造提升，进展顺利。

【婚姻登记工作】 2018年，县民政局婚姻登记处加强婚姻登记服务，办理结婚登记1979对、离婚登记1027对、补领结婚证767件、补领离婚登记证57件、收养登记21件，实施婚姻家庭辅导1027对，实现服务“零距离”“零差错”“零投诉”。

【殡葬管理工作】 2018年，常山县殡仪馆完成遗体火化1641具，火化率100%，减免群众殡葬基本服务费77万元。推进“陈尸”化解工作，成功化解7具“陈尸”。西山陵园续建项目工程全面完成。全面推进生态殡葬，为27位对象提供节地生态安葬补助3.7万元，西山陵园生态殡葬区域基本确定。落实殡葬巡查28次，完成坟墓绿化改造30处。重点道路沿线各乡镇（街道）投入5万余元，购买复绿苗木1200余株。全年安排200余万元资金用于村级公益性墓地建设，为93个村提供管护资金补助。在清明节等重要时期，发送温馨提示短信7万条，倡导文明祭奠活动，安排工作人员50余人次，迎接祭扫人员3万人次，机动车辆1万辆次，确保群众祭扫活动安全、文明、有序进行。

【民间组织管理工作】 2018年，全县新培育社会组织12个，变更社会组织14个，注销社会组织1个，公开募捐资格审批1个。截至年底，全县注册登记的社会组织283家，其中社会团体119家、民办非企业单位164家。县民政局开展并完成2017年度社会组织年度检查工作；开展“双随机、一公开”工作，完成省民政厅16家社会组织抽查任务和县级14家社会组织抽查任务；推进社会组织参与社会治理，印制1万余份社会组织和社会工作宣传手册，并发放到全县各行政村（社区）。

【地名管理工作】 2018年，县民政局配合完成“浙赣线”第四轮行政区域界线联合检查。牵头落实“柯常江三角点”联合检查。按时完成浙江省地名地址信息系统11万条数据录入工作。开展“针圣”杨继洲里籍学术研讨，确定其为常山籍。安装门牌4560块，出具相关地名标志证明4825份。

【8个城乡社区便民服务中心提升工程全面完成】 2018年，常山县出台《关于加强我县城市社区建设工作的若干意见》《常山关于加强和完善城乡社区治理的实施意见》《常

山县关于分类指导分层推进农村社区建设的意见》等文件。县民政局统筹资金160万元对8个城乡社区便民服务中心进行提升。完成球川镇黄泥畈村、辉埠镇久泰弄村村务公开“示范点”建设。成功创建省级农村示范社区4个（招贤镇高埂村、新昌乡黄塘村、辉埠镇久泰弄村、金川街道徐村村）、市级城市示范型社区6个（招贤镇高埂村、新昌乡黄塘村、辉埠镇久泰弄村、金川街道徐村村、球川镇黄泥畈村、青石镇溪口村）；完成7个农村社区便民服务中心提质工程。

【福利企业管理工作】 2018年，县福利企业管理办公室做好残疾人就业税收优惠政策的宣传贯彻落实，引导更多企业加入残疾人集中就业队伍。妥善处理配套政策调整及相关后续事宜。协调推动和配合相关部门做好残疾人就业中的权益维护工作。全县福利企业共7家，职工总人数553人，其中安置残疾职工182人，残疾职工占总人数的比例达32.9%。残疾职工养老保险等5项保险参保率达100%，人均年参保额9747元。

【慈善活动】 2018年，县慈善总会募集善款468.21万元，拨付救助金226.40万元，开展助医、助困、助老、助残、助学、助教、助孤工作。拨款18.42万元，援助芳村镇前塘村、渡口社区等开展公益事业。拨款1.49万元，支持常山春泥公益协会开展公益项目。拨款51.2万元，援助四川省古蔺县开展扶贫工作。开展老复退军人“最美夕阳红”免费婚纱摄影、“5·20敬老日”免费婚纱摄影、“常慈有情·爱满古蔺”义卖义捐等活动。

（张志林）

乡镇（街道）

天马街道

【概况】 天马街道位于常山县境内中南部，是常山县政府驻地，总面积75.49平方千米，辖区东连青石镇，南接江山市西，西北交白石镇、金川街道，北界常山港和紫港街道。下辖12个行政村、6个社区。截至2018年年底，天马街道总户数19262户，总人口48344人，其中农村人口15423人。党组织96个，其中党工委1个、党委6个、党总支1个、党支部88个，党员2108人。全年工业生产总值81662万元；财政总收入2916.36万元，财政税收总收入1135.16万元；固定资产投资16212万元；城镇居民人均可支配收入36423元。

2018年，天马街道推进“剿劣”防反弹工作，完成龙潭溪五联村段、蒲塘村蒲塘排渠、陈塘灌区渠道及3座小型山塘共计2.3万立方米清淤，改造和修复渠道4.5千米，新建及修复堤坝5.7千米。深化“河长制”工作，河长巡河到位，骑行河长、老骥常青河长服务队、清洁家园半月大扫除等活动有序开展。提升群众治水满意度，进村入户开展问卷调查，发放宣传单、年画等7万多次，协调处置群众反映及上级交办涉水问题32件。持续深化街道、村两级路长责任制建设，配备“四边三化”专用巡查车，对各路长负责的路段进行巡查，发现问题及时交办，限期整改，完成省、市、县三级交办和自查自纠问题整治115个，清理广告牌残留10处，治理青山白化2处、乱堆乱放29处、废品垃圾74处。在320国道旁新建2处围栏600多平方米。推进“三改一拆”工作，年内拆除历史存量违法建筑378处，11.58万平方米，完成上级下达的任务。

打磨“好人之城”，开展“和谐常山·寻找身边的榜样”“乡乡都有好青年”“村村都有好媳妇”等评选活动，培育“好人群体”，弘扬“好人文化”。打响“孝老之城”，围绕“至善常山、孝行天下”主题，通过办好孝老实事、实施百村孝榜、开展千人结对等举措，激发子女孝敬老人、政府关怀老人、社会关爱老人的责任心。打造“志愿者之城”，做实“96345”党员志愿服务，明确服务内容、流程、考核要求等，规范化、常态化运转街道志愿服务分站和村社党员志愿者服务团队，做大“巾帼志愿者”“阳光义工队”等群团组织、社会组织志愿者服务队伍。改善城区居住环境，以省级文明城市复评迎检工作为契机，美化居民生活环境，为辖区内累计增补垃圾桶200多个，清理绿化带、修剪杂草等2.5万平方米，复绿600多平方米，路面硬化500多平方米，新增路灯119盏，维修更换31盏，拆除违章搭建23处，清理僵尸车30余辆，更换维修消防设施42处，清运垃圾杂物260车，清理蔬菜种植、家禽养殖75处，美化社区墙面2000多平方米。探索居民诚信体系建设，以文峰社区为试点，完善和推进社区诚信体系建设，成立由网格支部书记、党员楼长、“一长三员”、居民代表、居民骨干、楼道随机调查等组成的评议团，并与县公安局、县法院、县综合执法局、银行等单位进行对接，打造全社会共建共享的信用平台，构筑共防共治的信用体系。

做好信访维稳工作。实行街道班子成员信访维稳一岗双责，建立信访接待日制度，主要领导参与重点信访件的办理化解，辖区范围内的利益群体和重点对象都由相应的街道、村居干部包案负责。信息化管理，快速反应。通过平安建设信息系统，将辖区内户籍人口、重点人员信息录入数据库，实现对辖区内各类人员信息的电子化管理，通过综合信息指挥室的推广应用，居民“化身”全员网格，安全隐患、矛盾纠纷第一时间获知，及时介入，基层治理化被动为主动。网格化管理，分类稳控。以全科网格员为点，以街道、村（社区）干部日常巡逻防控和入户调查摸底为线，以“滚动式”“拉网式”“过滤式”排查为面，准确掌握天马街道需关注、管控对象。将辖区内涉稳人员分成五大类，重点信访人员13人，分类建档，掌握动态，专班经营。

推进基层党建规范化建设。建立党建指导员队伍，每名党建指导员联系1个行政村和若干个企业党支部，指导做好支部主题党日、“三会一课”、远程教育、先锋指数考评等党建基本制度落实。申报县级乡村振兴党建示范带1条，并谋划推进。探索开发智慧党建系统。调整优化“民情通”“党务通”APP，实现村情动态、党员活动、先锋指数考评、群众意见建议掌上发布，为全县开发“慢城百事通APP”提供技术支撑。快速启动文明城市党建示范区创建。指导6个社区结合实际做好文明城市党建示范区创建申报工作，推进“红色物业联盟”“党员楼长制”“双百双千”党员志愿服务等工作，创新“银龄管家”“同心慧”党建综合体、居民诚信体系建设等特色载体。细化网格管理。将辖区合理优化设置为53个网格，配齐配强网格“一长三员”。实施联村（居）服务“三张单”制度，即年度党建项目清单、年度民生实事清单、每周个性工作清单，推动党员真联户、真服务。安排党员联户，推行党员联户“三百行动”，即进百姓门（“进门五看”）、知百姓事（“提笔四问”）、解百姓忧（“三类帮扶”），并配套下发“党员联户记录本”“党员联系户牌”等，确保党员每月走访联系农户1次以上，收集到的意见建议和困难需求及时解决反馈。创新“一团一员”村务监督体系。“一团”即“廉情智囊团”，吸纳辖区内银行、审计、监理、质监等专业部门退休及在职人员组成，运用“廉情智囊团”的专业优势协助街道纪工委实施监督检查；“一员”，即“义务监督员”，由热心村居事务的群众组成，重点对各村居低保、下山脱贫、危房改造以及村两委干部日常履职情况进行监督。全年运用“一团一员”发现问题11个，下发通报1期、整改交办单3个，提醒谈话5人。为18个村（社区）112名干部建立《个人廉政档案》，由村居干部本人如实填报个人简历、经济收入、房产投资和婚丧喜庆事宜操办等6份清单，村监委会、村党支部、街道纪工委、党工委逐级审核，负责人签字加盖公章后存档，实行动态化管理，作为村干部考核评定、选拔任用、廉洁审查的基本依据。抓实立项监督和两项督查。启动对东方红村、常年青村作风巡查工作，同步开展对村财务、工程项目、三资管理等方面的检查，对13位村两委干部进行谈心谈话。配合做好市重点巡察村五联村的前期摸底、排查工作。开展党的十九大维稳、一户多宅、扶贫领域等3项立项监督，开展督查6次，发现问题6个，对3名相关人员进行提醒谈话。严防节点作风问题，提醒党员干部筑牢廉洁防线。

加强思想作风建设。学习徐文光书记在全市大整风“十大行动”动员大会上的讲话以及县委叶美峰书记在理论中心组会议上的讲话精神，制定《天马街道大整风行动实施方案》，召开大整风“十大行动”动员部署会议，传达市、县有关工作要求。开好专题民主生活会和各党支部组织生活会，征求党员、群众意见建议，对照“六机”“四匠”“十个讲清楚”等，查摆问题并撰写对照检查材料，开展批评与自我批评，对查摆出的问题细化整改清单、责任清单，进行整改。开展村社组织换届“回头看”，通过民主评议、谈话了解、组织评定等方式，按照红、黄、灰分别为5%、5%、2%的比例确定人选，抓好5名黄色干部后续的“回炉”整转、组织处理等工作。修改完善《机关干部考核办法》，实施过程性考核、“派单式”考核，考实考准干部实绩。制定街道会风会纪管理的相关实施方案，坚持会议签到制，由街道党政办和纪工委对各项会议的会风会纪进行严格管控、定期通报。定期开展各类督查检查，对违反相关规定的干部及时进行约谈提醒。落实市委关于干部带薪年休假、健康体检等一系列关心关爱举措，确保干部心齐气顺。

是年，天马街道获“省级文明街道”“语言文字规范化街道”等荣誉；文峰社区被评为省级文明单位，其“孝心厨房”项目被评为衢州市文化志愿服务优秀项目；屏山社区获省级“书香社区”、国家级地震安全示范社区等荣誉；渡口社区常年青村、五联村荣获衢州市第五届百镇（乡）、千村排舞（广场舞）比赛二等奖。

【危旧房治理改造无障碍施工】 2018年，天马街道全体干部和危旧房工作组成员做到全员上阵、轮班上岗、全天保障，及时衔接处理拆除时店面等影响户漏水等各类问题，防止阻工现象发生，确保城区73幢危旧房拆除工作100%完成。做好信访接待确保无障碍施工。加强舆情监测和重难点工作研判，做好规划设计方案公示后的信访接待，启动工作组上门做好影响户思想工作，其间接待群众来访35批次320余人次。完成楼栋代表选举，召开楼栋代表座谈会，收集意见建议110余条。4个安置小区于7月上旬前全部进场施工。按照上年最终确认的每户房屋面积，重新计算核实租金，并及时发放到位。在元宵节、端午节等重要节日，各片区分别开展元宵猜灯谜送演出、端午送粽子等活动。

【天马街道“一户多宅”整治再利用】 2018年，天马街道建立“一户多宅”清理整治工作领导小组和整治政策组，逐村建立工作专班，根据县级专班下达的整治任务制定考核办法，实行挂图作战，每周考核排名，对重点难点户开展集中整治销号。完善“一户一档”台账。激发党员干部先锋模范作用，依托组团联村、网格联户，把“一户多宅”清理整治、农村风貌提升作为“周二下村日”的重点内容。做好拆后利用章，结合村庄建设规划统筹抓好拆后土地利用，建设“美丽庭院”“美丽菜园”等，提升农村风貌。天安村对联片可开发利用的“一户多宅”房屋，由村集体回购后用于开发云湖仙境高端民宿，推动集体经济发展。截至年底，街道共拆除“一户多宅”121户，面积18768平方米；辅房整治494户，面积13342平方米；大围墙整治29处；生产经营性用房3处，2295平方米，包装农整项目50亩。

【基层文体建设】 2018年，天马街道深化文化礼堂（文化家园）建设，五联村文化礼堂与中国水稻研究所结对，突出农耕文化主题，添置相关展板器具，凸显水稻文化氛围。联合县文广新局投入10万元在屏山社区打造常山县首个城市农家书屋（城市书房），金川社区、屏山社区文化礼堂提升改造为文化家园；完成和平村文化礼堂设计建设，全街道有农村文化礼堂8个、社区文化家园2个。推进体育强街建设，及时完善各类体育器材，辖区建有59个健身场所，各项设施配套完善，其中文峰社区被评为衢州市体育先进单位。举办街道首届农民运动会，参加全县农民运动会、职工运动会、端午龙舟大赛，并取得较好成绩。开展文体活动，组织天马街道第四届排舞（广场舞）比赛，筛选出两支优秀队伍代表常山县参加市第五届百镇（乡）千村排舞（广场舞）比赛。参与全县文艺活动，共筛选两支队伍参加“万人大合唱”比赛，获最佳组织奖。丰富村居文艺活动，用心创作、编排各类喝彩节目，组织多场喝彩展演，助推国遗常山喝彩歌谣传承发展。创新编排文艺节目，如快板《垃圾分类》等，助推平安建设、“五水共治”、“一户多宅”整治等中心工作。

【天马街道“四个平台”建设】 2018年，天马街道规范运行“1+4+1”组织架构（即1个综合信息指挥室+4个平台+1个全科网格），突破条块壁垒，实现部门派驻机构与街道有机融合，“四个平台”闭环流转，有效运转。针对“四个平台”中层岗位开展竞聘上岗，配齐配强综合信息指挥室、便民服务中心管理办公室、综合执法办公室主任。完善便民服务平台建设，完成“一窗受理、集成服务”改革和便民服务中心大厅升级改造，配合公安业务进驻，为群众提供舒适服务。按照“前台受理、后台办理”的原则，完成事项清单的梳理，用好用活窗受理云平台系统和钉钉视频办件系统。年内，街道在办事项39个，全年办件8000多件。全面推行全科网格管理。制定完善网格长管理制度，出台网格员管理考核办法，组织网格员开展平安通运用等各类培训10余次，截至年底，留有痕迹的流转交办记录1.4万多条，其中便民服务8145件，综治工作5354件，综合执法727件，市场监管408件。

【土地开发、农村土地综合治理】 2018年，天马街道垦造耕地任务数470亩，完成532亩；新立项项目2个，天安野家坞、五联遮坞地块，面积共115亩；农整项目任务数30亩，完成30%。做好地质灾害防治和废弃矿山治理。编制2018年地质灾害应急防治预案，完成天马村、周塘村、和平村地质灾害安置区建设，天马村地质灾害搬迁户安置区房屋已建设完工。和平村李家沟地质灾害治理工程在施工中。完成废弃矿洞治理25个点。推进水利工程项目建设，投入资金400余万元，完成化塘弄、私塘、桃树坞、罗桐坞4个山塘综合整治，龙潭溪五联村段、新联溪和平村段2处水毁工程和陈塘灌区灌溉渠道修复，完成龙潭溪、蒲塘沟渠、长短塘清淤1.6万立方米。完成村级“一事一议”项目工程申报、建设的管理、监督、材料的整理归档工作。

2018年天马街道各社区基本情况一览

表31

社区名称	共建单位（个）	楼幢（幢）	户数（户）	人数（人）	低保对象（人）	外来人口（人）	外出人口（人）	育龄妇女（人）	环检对象（人）	归正对象（人）
屏山社区	20	112	2053	5066	100	782	382	1660	673	13
金川社区	20	402	1871	4460	59	205	81	1626	633	11
东明社区	20	299	3624	9196	130	1481	1500	3251	931	16
定阳社区	20	597	2115	5076	60	2032	599	1827	590	8
文峰社区	21	460	2067	4925	57	1628	721	1543	790	6
渡口社区	20	91	1743	4201	91	203	107	1623	687	10
合计	121	1961	13473	32924	497	6331	3390	11530	4304	64

2018年天马街道各行政村基本情况一览

表32

村名	支书	主任	户数（户）	人口（人）	党员（人）	劳力（人）	柑橘面积（亩）	柑橘产量（吨）	胡柚面积（亩）	胡柚产量（吨）
东方红	焦瑞生	江常青	343	978	36	567	25	25	23	25
南前坊	袁小军	郑荣良	423	1013	35	676	95	95	85	95
西峰	吴慈祥	胡军	298	550	26	301	38	50	38	46
北屏山	马土标	马土祥	328	680	26	440	0	0	0	10
常年青	徐晓俊	徐红军	338	771	40	485	10	16	25	10
蒲塘	李培荣	吴建军	282	745	25	588	137	300	120	308
周塘	刘国华	姜新华	357	920	36	605	400	325	314	454
五联	徐贤义	李昌敏	610	1706	49	1197	450	375	300	190
东港	谢晓华	李华明	505	1533	49	1013	319	530	400	398
天马	邱有青	鲍金荣	919	2225	61	1757	545	450	375	599
天安	李涌泉	廖燕萍	725	2179	84	1370	655	785	550	759
和平	朱周婚	吴立冬	720	2123	85	1740	644	738	510	680
合计			5848	15423	552	10739	3318	3689	2740	3574

（江勇勇）

紫港街道

【概况】 紫港街道位于县城常山港以北，东与青石镇接壤，南邻常山港、天马街道，西接金川街道，北连辉埠镇、大桥头乡。区域面积41.3平方千米，下辖10个行政村、1个社区、1个渔业大队。截至2018年年底，紫港街道总户数6129户，人口19674人。耕地面积12525亩，林地面积26245亩，园地面积3409亩。农民合作社组织50个，参社户数356户。农业总产值6480万元，农民人均纯收入22025元。辖区内企业323家，其中工业企业54家，规模以上工业企业1家，实现工业总产值57801万元。来料加工集中点8个，来料加工专业村（居）4个。辖内有中小学校2所，教师110人；幼儿园9所，其中省级幼儿园1所（大风车幼儿园）。各村（居）全部实现通电、通话、通车、通有线电视。村村实现垃圾集中处理。紫港街道党组织35个，党员819人。其中，党工委1个，党总支1个；农村党支部10个，渔业大队党支部1个，社区党支部8个，街道办事处机关党支部1个，老干部党支部1个，创业党支部1个，整转党支部1个，企业党支部10个。

2018年，紫港街道推进“五水共治”“四边三化”“三改一拆”中心工作。普及“五水共治”“河长制”等相关知识，唤醒群众主体意识。创新垃圾分类“五员自治法”（即监督员、保洁员、宣传员、指导员、示范员参与自治），完成5个农村垃圾分类示范村创建任务，累计收缴卫生保洁费14万余元，缴纳率达92%。集中整治各类小微水体19处，村庄水塘6个，黑臭沟（渠）13条，处理群众举报62件。推进“四边三化”问题整治，全年完成省、市、县问题点位交办182个。建立违法建筑长效管理机制，对新增违法建筑做到高频巡查、高压防控、高调拆除，全年拆除各类违法建筑17万平方米。加强农民建房管理，收取建房保证金38户41万元，注重批后监管，坚持农民建房“四到场”（即批前选址、批后放样定位、开工砌基、竣工验收均到场）制度，巩固“无违建”创建成果。推进美丽乡村建设，渣濑湾村翁家中心公园、方家节点改造和村庄亮化、狮东村上下丁家坞道路拓宽、姜家堡村村口节点打造、狮子口村庄道路改造提升一期、孔家弄长塘扩容等一批项目顺利完成。

严格落实基层党建基本制度，与各村、社区签订党建工作目标责任书，实行村干部“红黄灰”三色考评，对4名被评为黄色的干部进行歇职教育，2名被评为灰色的干部进行免职处理。构建“四级联动”（即县级层面包街连片、街道层面组团联村、村社层面书记连组、党员层面党员联户）基层治理体系，实现组团联村、网格支部、党员联户三个全覆盖。建立党员联户“1+N”分片包干制度，“我是党员我带头”，严格落实党员先锋指数考评制度，通过公开晾晒党员每月先锋指数，最大力度激活党员参与的主动性和积极性，切实发挥先锋模范作用。利用“周二下村日”，组团联村服务团服务群众500余人次，调解矛盾纠纷175件。

2018年，紫港街道获评“浙江省人民调解工作先进乡镇（街道）”“衢州市建设平安家庭示范乡镇”“市第五批语言文字规范化乡镇（街道）”等，渣濑湾村、孔家弄村被评为“浙江省AAA级旅游景区村庄”。

【项目“清零”专项行动】 2018年，紫港街道开展项目“清零”专项行动，明确目标任务、完成时限、牵头领导和责任人员，细化工作举措、挂好作战图，开展“拔钉除障”行动，破解项目推进难题。实施项目推进“一日一碰头、一周一例会、一月一点评”制度，项目攻坚小组每日召开碰头会，项目牵头领导每周参加工作例会，共同分析项目推进存在问题，研究攻坚举措和办法。街道党政班子每月召开一次项目推进专题会议，对项目推进情况进行点评，加快项目推进步伐。048省道、杭金衢高速拓宽、320国道拓宽、独流入海、通景路等一批重点项目顺利推进。

【“一户多宅”整治】 2018年，紫港街道全面吹响“一户多宅”整治集结号，3个月内拆除“一户多宅”117户16553平方米；围绕“拆治结合、优化局部”理念，做好拆后土地利用文章，拆后空间用于美丽庭院、村庄节点打造，提升村庄风貌，发展特色民宿、农家乐，推动美丽乡村转化为美丽经济。其中，渣濑湾村在“一户多宅”整治中，村庄环境发生翻天覆地的变化，在全市农房“一户多宅”整治现场会上得到市、县领导的一致肯定。

6月27日，市“一户多宅”现场会在紫港街道渣濑湾村召开

（李君平 摄）

【基层社会治理模式创优】 2018年，紫港街道将全街道划分为27个网格，配备配强“一长三员”（即网格长、专职网格员、兼职网格员、网格指导员）队伍。全年通过“四个平台”上报问题信息6395条，完成处理6395条，事件办结率达100%。开展“最多跑一次”工作，全面推行使用一窗受理“云平台”，全年受理办结各类事项3000多件。建立初信初访“最多访一次”工作机制，通过“登记受理、交办处理、答复反馈、归档管理、回访”五大步骤，形成规范、高效的接访处理机制，从源头控制信访增量。全年登记村级来访事项27件，已全部办结，全部实现一次接访、一次出结果。

【慢城景区旅游事业】 2018年，以打造慢城大景区为理念，投资3294万元，建设慢城区域内一批旅游重点项目。新建旅游厕所4个，其中AAA级1个、AA级1个。发展高端民宿，陆续培育方家5号等在建高端民宿3个，天池山庄民宿综合体1个。2018年12月，渣濑湾村、孔家弄村成功创建浙江省AAA级旅游景区村庄。重视宣传营销工作，举办第二届慢城农民运动会、“5·20”孝老文化节等特色活动，受到中央、省、市主流媒体关注报道。承办2018“爱丽莎”杯浙江国际皮划艇精英赛、2018中国山地自行车公开赛总决赛（浙江常山站）等大型文体活动，提升紫港慢城的知名度和美誉度。

2018 年紫港街道各行政村基本情况一览

表 33

村　名	支　书	主　任	户数（户）	人口（人）	党员（人）	劳力（人）	外出劳力（人）	耕地面积（亩）	柑橘面积（亩）	胡柚面积（亩）
枧　头	裘立新	陈志明	439	1231	36	738	185	180	—	80
后　坊	方伟国	郑拥军	321	811	20	486	176	185	—	15
外　港	王　俊	杨林华	585	1470	59	720	308	181	89	570
富足山	刘卫军	占安民	628	1664	49	1009	288	330	46	360
大弄口	裘军民	张国新	649	1832	61	1280	305	460	2	68
狮子口	叶海有	谢亚青	512	1307	58	600	204	900	5	640
狮　东	黄盖民	叶光福	605	1582	72	991	210	1255	210	680
孔家弄	李明良	徐前胜	427	1228	32	780	141	760	4	490
姜家堡	江国诚	郑　栋	456	1221	43	870	188	936	—	970
渣濑湾	包勇飞	郑　期	468	1226	32	896	380	832	—	392
合　计			5090	13572	477	8370	2385	6019	356	4265

（曾艳婷）

金川街道

【概况】 金川街道位于县城西北、常山港南岸，东接天马街道和紫港街道，南连天马街道，西与白石镇、同弓乡何家乡接壤，北邻辉埠镇、何家乡，总面积 57.51 平方千米，下辖 14 个行政村、1 个社区，常住人口 31954 人。境内有“一港二溪”（即常山港、南门溪、龙绕溪）。

2018 年，全街道耕地面积 10906 亩，林地面积 13461 亩，园地面积 4204 亩。粮食播种面积 16487 亩，粮食总产量 6379.6 吨；蔬菜种植面积 5558 亩，产量 9334.8 吨；果园种植面 3313 亩，产量 8774 吨，果用瓜种植面积 1072 亩，产量 2133 吨。全年生猪饲养量 7434 头，家禽出栏 344343 羽。辖区内工业企业 285 家，其中规模以上企业 46 家，工业企业从业人员 21542 人，实现工业企业总产值 61.1 亿元。辖内有中小学校 4 所，教师 185 人；幼儿园 4 所，教学点 2 处，其中，省二级幼儿园 2 所（钳口中心幼儿园、双语幼儿园）。14 个行政村实现垃圾、污水集中处理。

优化居民生活环境。“三改一拆”全面完成任务指标。以违章排查、危旧房整治、城中村改造为主抓手，拆后利用率 90% 以上。“一户多宅”整治亮点明显。以农房管控风貌提升为契机，乘势推进“一户多宅”整治工作，全市“一户多宅”现场会在金川街道十五里村、徐村村举行。五里亭村建房“代建”模式助推农房管控获全县推广。“四边三化”在攻坚中取得突破。克难攻坚，完成省级交办点 6 处、市级交办点 17 处、县级交办点

35处以及自查自纠点位66处，重点实施朱家坞段、十五里阴山底道路绿化、美化提升工程。“五水共治”全县排名名列前茅。全面落实河长巡河制度，推进巡查常态化、长效化，“骑行河长”获省里肯定。完成十五里、十里山、胡家淤、常桥污水提升工程，完成2014—2017年遗留14个污水终端建设。

强化干部作风建设。开展大整风专题民主生活会，深刻查摆突出问题，建立问题整改清单，逐条制定整改措施，明确整改的责任主体、完成时限和整改标准。开展对遵守上级作风建设规定、机关管理制度和“四风”新动向等作风方面的督查。实行不合格村干部退出机制，强化村级干部“红黄灰”三色管理，通过考察评选出红色干部5人，黄色干部3人，灰色干部3人。对重点工作开展不力的干部进行谈话，年内对村主职干部谈话20人次，2名村主职干部被撤职。

抓实党风廉政建设。街道党工委严格落实主体责任与“一岗双责”要求，将全年党风廉政建设和反腐败工作任务分解落实到班子成员身上。按照“监督的再监督、检查的再检查”的原则，盯住不落实的事，查找不落实的人，常态化组织专班人员对“五四三”等中心工作以及机关作风开展督查，累计开展各种监督检查10多次，下发通报4个，开展提醒、谈心谈话68人次，问责街村干部15人次。

党建统领乡村振兴。开展支部主题党日、“96345”党员志愿者活动。做实做细做深“三个三”基层党建工程，严格落实“周二下村日”组团联村制，制定季度工作“明白卡”和每日个性清单。健全“支部书记领办、党员干部带头”机制，将工作项目化，任务清单化下放给各党支部。依托常山江滨水河岸风情景观、平台园区、民宿文化等特色，优化生态环境，促进园村融合，实现美丽发展，打造“滨水河岸”党建示范带。打造“村企融合、红色联动”“红色堡垒”“睦邻党建”“红色客厅”系列党建品牌；开辟“村企之家”服务窗口；推行“先锋代办”“夜事夜议”“睦邻亭”做法。12月20日，徐村作为全市乡村振兴党建示范带建设会观摩点，接受检阅观摩。

是年，金川街道被评为浙江省2018年农业“机器换人”示范单位，徐村村被评为浙江省AAA级景区村庄。

【乡村振兴】 2018年，金川街道徐村村打造以滨水环境为景点，餐饮、住宿、休闲等配套设施为一体的综合性旅游区。发挥农业产业优势，推动建设“三园”（草莓、蓝莓、葡萄采摘园）、“两区”（十五里畈、金家畈粮食功能区）、“一路”（从城区到徐村的沿江风景线）。完成招商引资工业5000万元以下项目1家。深化新建村与阿里巴巴合作，以乡村物业经济联盟的形式建设小微企业园，推进村庄发展。推进绿色产业集聚区征收土地的清表、征迁扫尾和政策纠纷处理工作，保障项目无障碍施工。

【政策惠民】 2018年，金川街道深化“最多跑一次”改革，提升街道便民服务中心，梳理一次性办理事项54项，推行“街道、村（居）”联动代办服务。严格落实民政、低保、医疗保险等社会保障政策，开展低保专项大排查，核实确认低保468户，退出低保65人；核实确认低保边缘户132户，退出135户；发放大病救助补贴105万元，受益户数148户；发放残疾人两项补贴144万元，受益人数549人。推进困难群众厕改、旱厕清零，年内新建AA级公厕3座，改建A级公厕2座，开展困难群众厕改17户，拆除旱厕19座，全面提升街、村形象和品质。

【项目惠民】　2018年，金川街道全面推进市、县级重点项目建设，确保项目建设无障碍施工，推进沿江公路建设，征用胡家淤村和徐村村土地48亩，涉及农户180多户。推进G60高速改扩建先行段工程，征用土地9.6亩，做好待迁房屋评估工作。完成320国道征迁放样，征用土地60多亩，涉及农户200多户。推进农村基础设施建设步伐，完成菖蒲塘通公墓道路硬化工程、十五里集镇到白石下西塘公路维修工程、205国道至宿村提升工程、下西塘至四都道路提升工程、金川弄底桥改造、上埠村傥溪桥至徐村高速桥底改造工程。

【文化惠民】　2018年，金川街道围绕“南孔圣地　衢州有礼”“孝老之城”，大力弘扬孝善文化、有礼文化。推进文化礼堂建设，重点完成蒋家村、金川弄村两个文化礼堂以及蒋家村移民文化展馆建设，规划推进新建村农家书屋、朱家坞村灯光球场和文化广场。开展文化走亲、元宵舞龙灯、农民运动会、社区邻居节、万人排舞大赛等群众参与性强的文艺演出，推动文化大繁荣。开展卫生村、文明村申报评选。

2018年金川街道赵家坪社区基本情况一览

表34

社区主任	专职工作人员（人）	楼房（幢）	住户（户）	非农业人口（人）	农业人口（人）	外来人口（人）	外出人口（人）
郑小云	6	653	4461	4920	7387	121	326

2018年金川街道各行政村基本情况表一览

表35

村名	支书	主任	村民小组（个）	农户（户）	人口（人）	劳力（人）	党员（人）	播种面积（亩）	柑橘面积（亩）	胡柚面积（亩）	山林（亩）
五里亭	陈松贵	官　明	9	615	1330	836	43	1234	220	160	1400
新　建	徐新华	徐高翔	12	348	1038	592	44	1198	50	26	500
常　桥	徐小忠	何　军	7	330	753	494	37	430	100	90	720
十里山	陈明富	刘昌其	10	504	1171	688	41	786	70	60	1000
十五里	刘启忠	程克强	18	637	2111	1293	94	6856	445	270	3470
蒋　家	蒋文斌	蒋　明	4	211	587	396	27	472	42	40	600
新　都	缪进水	占水清	13	621	1551	965	85	1763	112	110	2839

续表35

村名	支书	主任	村民小组（个）	农户（户）	人口（人）	劳力（人）	党员（人）	播种面积（亩）	柑橘面积（亩）	胡柚面积（亩）	山林（亩）
金川弄	洪　剑	—	20	810	2029	1420	67	4178	650	450	287
胡家淤	胡水金	胡雪平	32	956	3010	2050	89	7053	560	700	250
朱家坞	何文仙	朱华贵	4	306	873	566	31	761	110	90	0
湖　东	陈雪锋	占晓露	10	560	1450	950	65	3134	250	242	1320
徐　村	叶继强	徐有德	8	418	1146	646	41	1298	130	100	0
上　埠	郑光华	郑国庆	17	902	2006	1298	75	2606	270	270	725
上　蒋	—	蒋念荣	4	244	592	382	26	499	30	0	350
合　计			168	7462	19647	11740	765	32268	3015	2608	13461

（黄辉军）

辉埠镇

【概况】 辉埠镇地处常山县城北郊，系全国钙产品生产基地，浙江省千万吨水泥熟料生产基地，市首批经济强镇，拥有全省储量最丰富、品质最优的石灰石资源。先后被授予全国文明镇、省级教育强镇、省级体育强镇等荣誉称号，“江南钙谷”成功申报市首批特色小镇。

全镇区域面积127.1平方千米，辖17个行政村，常住人口3.4万人。镇域范围内交通纵横便捷，九景衢铁路、杭金衢高速、黄衢南高速纵贯境内，常辉公路与320国道、205国道交会贯通；国家AAAA级景区三衢石林位于境内。

截至2018年，辉埠新区建成10平方千米，出让工业用地面积6平方千米，共有工业企业200余家，规模以上企业42家，产值超亿元企业22家，5亿元企业1家，10亿元以上企业2家。其中2018年新增规模以上企业10家、亿元企业4家、10亿元企业1家。2018年，全镇实现工业总产值90.5亿元，比上年增长18.5%；实现税收4.5亿元，比上年增长21%。固定资产投资比上年增长8.5%；农民人均可支配收入比上年增长9%。

辉埠新区作为常山县“实力工业”主战场，通过开展“蓝天三衢”“腾笼换鸟”“产业招商”“兼并重组”等一系列转型升级组合拳，优化产业布局，先后引进哲丰新材料、浙江新琪尔制冷等重大项目，推进新材料、钙产业循环经济、装备制造三大主导产业集聚。截至2018年年底，累计投入实施基础设施建设资金10亿元以上，“七通一平”（即基本建设中前期工作的道路通、给水通、电通、排水通、热力通、电信通、燃气通及土地平整等的基础建设）、道路绿化、节点景观化改造、职工公寓、供气、供热、供水、污水处理等基本建成，物流、商贸、金融、产业研究中心、项目孵化器等正在建设。

2018年，辉埠镇党委、镇政府坚持以党建促发展，以发展强党建，实施镇干部末位管理、兴村导师、年轻干部成长工程等，锻造敢担当有作为的镇干部队伍。组织各村企党支部书记参加常山县支部书记学院“两年制学籍管理”班学习，锻造能干事会干事的村领头雁队伍。配强“一长三员”，从严教育管理，业务培训、技能比武、上挂锻炼常态化，锻造创规范争一流的网格队伍。依托镇党员教育中心，丰富“主题党日”，打响“直播党课”品牌，全面开展“我是党员我带头”活动，锻造讲党性有活力的党员队伍。各村共向银行消薄扶贫信贷2000万元，建设2万平方米标准厂房，建成后每年可实现租金分红200万元，村级集体经济经营性收入可实现10万元以上全覆盖。

是年，辉埠镇获浙江省森林城镇、省级卫生乡镇、省级体育特色乡镇等荣誉。

【辉埠工业园区产业升档升级】 2018年，辉埠镇关停破产轻钙企业8家，剩余8家轻钙企业已签订停产协议，可腾出建设用地3000亩、能耗指标8万吨，用于规划发展智能制造、新材料及生产性服务业。倒逼新区内26家亩产万元以下税收企业限额出清、4家经营不善企业依法破产，引导新琪尔制冷、中精轴承、玮宏金属等多家优质企业盘活低效闲置资产15处，土地877亩，提升新区要素配置效率。紧盯新材料产业龙头，协调保障哲丰一期、哲丰污水处理、哲丰热电厂建成投产。哲丰人才公寓、哲丰二期年产19万吨高档纸基项目开工建设，助推2018年哲丰新材料工业总产值突破10亿元。紧盯冷柜制造块状产业，服务保障新琪尔制冷、欧恒制冷落地投产，带动一批制冷配套企业入驻新区，迅速形成块状发展优势。制冷产业全年总产值突破10亿元。新区产业已基本转型为新材料、装备制造、金属加工及建材四大产业。

【镇村环境宜居宜业】 2018年，辉埠镇全面完成非法“一户多宅”整治，拆除“一户多宅”1025户，面积13万平方米；整治附房968户，面积3万平方米。全面落实危旧房整治、“三改一拆”等工作，拆除违章建筑791宗，面积21万平方米。完善健全小城镇环境综合整治长效机制，创新实施执法队伍“2+2”值班、“四平台”线上＋线下联动、“街长制”等制度，开展“大手牵小手”“文明商户评选”“集镇整治回头看”等系列活动。实施闲畅园公共绿地建设、森林村庄建设等重点工程，新增绿地面积750余亩，于彭川、东乡等行政村内建设“一村万树”示范基地200亩，实现全镇森林生态和绿地系统的扩绿提质。全面启动农村生活垃圾分类处置，鼓励各村利用保洁专项资金探索卫生保洁市场化运作。开展铁路沿线大排渠建设、东乡湖生态治理、钙小区循环化改造、新区企业雨污分流专项整治、碱性水治理等工程，常态化开展河长巡河、河道保洁督查等工作，确保镇域出境水质清澈安全。

【民生福祉普及普惠】 2018年，辉埠镇全面完成镇村便民服务大厅的改造提升，在全县率先推广“钉钉视频＋一窗受理云平台”办件模式，落实“最多跑一次”改革269项，共计为群众代办事项2万件。实施“厕所革命”，完成困难群众厕改30余座，拆除旱厕30余座，新建AA级公厕3座；开工建设公寓式敬老院、宋畈便民服务中心、家宴中心等民生设施。大病救助317人次，救助金额207.9万元，完成低收入农户动态管理，核实录入低保户1149人。排查调解各类矛盾纠纷485起，调解成功475起，成功率达98%，其中劳资纠纷调解16起，涉及人员150余人，落实职工工资190余万元。落实信访责任制，狠抓社会管理综合治理，打击各类犯罪活动，管控防范涉毒等重点人群，确保镇域社会治安平稳。落实安全生产责任制，强化生产、食品、交通、消防、学校等重点领域的安全监管，全年未发生过重特大安全事故。

2017—2018年辉埠镇规模以上工业企业部分经济指标一览

表36

单位：千元

企业名称	年份	工业总产值（当年价）	国家、省级新产品产值	工业销售产值	出口交货值	资产合计	利税总额
四通轴承	2018	160231	104146	125849	74528	254280	4382
	2017	193416	125719	135660	70712	252370	6826
精辗钢管	2018	41296	28150	41594	—	27140	−2145
	2017	64519	41934	43487	—	29630	−308
双明轴承	2018	125839	85835	121584	17148	64378	13869
	2017	129860	66791	116321	—	57502	12701
百利盛金属	2018	124469	—	119330	—	56652	2206
	2017	102710	—	101546	—	—	—
捷姆轴承	2018	177749	64414	168828	64108	175613	12093
	2017	136590	36787	135550	66078	179129	13445
康乐轴承	2018	46637	42805	44555	—	28344	2893
	2017	49193	15110	42317	—	36540	1886
成鑫轴承	2018	48979	1532	48932	—	65213	3782
	2017	30709	—	28686	—	61244	629
神龙水泥	2018	108278	—	107292	—	21126	2614
	2017	113999	—	113781	—	14628	1188
虎跃水泥	2018	191048	—	186501	—	80229	15053
	2017	189218	—	185829	—	1644774	308034
江山虎水泥	2018	682640	—	678653	—	827701	279106
	2017	500392	—	530057	—	669440	176831
南方水泥	2018	1305351	—	1402156	—	1780988	650462
	2017	1041064	—	1046575	—	1644774	308034
龙山碳酸钙	2018	90981	2503	90981	—	35196	4981
	2017	186100	29763	155963	—	32745	4777
雪字碳酸钙	2018	38150	—	37121	—	51527	354
	2017	93406	—	81403	—	42165	235

续表 36

企业名称	年份	工业总产值（当年价）	国家、省级新产品产值	工业销售产值	出口交货值	资产合计	利税总额
亚鑫碳酸钙	2018	22868	—	21860	—	23772	3537
	2017	69605	—	69272	—	22331	4074
金雄	2018	28204	24943	28830	—	40513	1231
	2017	127849	127849	127151	—	49012	2104
南方碳酸钙	2018	55763	24167	55495	—	51877	11342
	2017	86919	27239	86446	—	44553	6167
华盛钙业	2018	60861	13080	59490	—	85226	1364
	2017	64707	18847	58339	—	44553	6167
中润钙业	2018	29715	—	31912	—	24511	1300
	2017	34110	504	30426	—	21758	1915
瑞金钙业	2018	21584	—	21889	—	22307	1598
	2017	26362	—	26932	—	26580	2740
利华钙业	2018	15221	—	17590	0	13597	3070
	2017	9030	—	32334	—	22018	3132
常山纺织	2018	130946	65470	138740	27390	154399	3624
	2017	142471	71906	153289	25183	161249	4899
民盛纺织	2018	31564	16246	31209	—	7076	835
	2017	123707	—	103397	—	84867	−796
航翔纺织	2018	27880	1600	25950	—	22602	1187
	2017	35600	—	34800	—	25900	1330
卡罗莱纳	2018	66268	34720	60641	441	60077	1749
	2017	65800	23500	66730	12777	54586	1412
百邦花式	2018	43494	—	52675	—	42090	5736
	2017	43785	—	38521	—	40866	2605
雪村制冷	2018	102749	65720	104544	5079	108648	8448
	2017	124985	73521	121649	—	100896	2223
雪亮厨具	2018	67305	—	66096	—	31028	1355
	2017	84071	130	81920	—	22676	944
雄狮工贸	2018	81325	—	70334	—	143911	1777
	2017	87382	—	72762	—	162350	10335
玛莉莎工贸	2018	49365	47365	46920	23665	90275	1023
	2017	67936	67936	67936	59782	69942	1973
富瑞森工贸	2018	60037	3100	60037	—	34393	1581
	2017	46209	46209	46209	—	28294	1867

续表 36

企业名称 \ 经济指标 \ 年份		工业总产值（当年价）	国家、省级新产品产值	工业销售产值	出口交货值	资产合计	利税总额
亿智达新材料	2018	22639	—	22639	—	37645	−2612
	2017	40564	13310	40564	—	40209	4085
永建混凝土	2018	100710	—	100710	—	37409	5202
	2017	57797	—	57797	—	24899	3380
迈尔泰木业	2018	138374	—	128255	—	95084	2571
	2017	143226	—	146319	—	98011	8988
凯康金属	2018	249120	—	258047	—	85068	2830
	2017	205691	—	211791	—	72974	2824
亨达铝业	2018	233841	50800	233841	—	53063	4709
	2017	214257	—	210257	—	19925	4518
创建厨具	2018	48430	28022	47122	28607	32141	1146
	2017	75604	42038	31187	—	26030	−790
江山虎电力	2018	32015	—	32015	—	69088	13027
	2017	500392	—	530057	—	669440	176831
中兴矿业	2018	64365	—	64365	—	189268	19289
	2017	46879	—	46879	—	43220	11251
鸿宇生物	2018	9620	—	9620	—	42991	4919
	2017	73406	—	73406	—	22842	−542
哲丰新材料	2018	1003009	693848	946615	—	1099460	−3062
	2017	228052	34902	143892	—	579305	2263
恒业混凝土	2018	92142	—	92142	—	33265	1252
	2017	53545	—	53545	—	29667	392
合　计	2018	6031062	1398466	6002959	240966	6213981	1089659
	2017	5466816	1041178	5232868	261253	5329269	755571

2018 年辉埠镇各行政村基本情况一览

表 37

村 名	户数（户）	人口（人）	村民小组（个）	劳动力人口	耕地面积（亩）	区域面积（平方千米）	柑橘产量（吨）	胡柚面积（亩）	胡柚产量（吨）
大埂村	1023	2999	20	1926	1579	206	260	270	190
山背村	558	1685	11	1056	2318	445	240	430	228
鸭坞村	506	1674	8	1142	1073	130	70	125	70
石姆岭村	617	1680	13	1098	350	0	25	0	19
辉埠村	790	2066	14	1227	985	20	30	20	30
东乡村	1026	3008	16	2206	3596	410	551	410	546

续表 37

村 名	户数（户）	人口（人）	村民小组（个）	劳动力人口	耕地面积（亩）	区域面积（平方千米）	柑橘产量（吨）	胡柚面积（亩）	胡柚产量（吨）
童家村	425	1100	10	810	420	50	0	50	0
久泰弄村	783	2206	23	1469	2525	1005	1400	890	1400
宋畈村	458	1416	14	841	820	270	155	159	150
达坞村	647	1903	18	1137	1078	680	354	400	350
路里坑村	573	1835	14	1284	1127	350	20	100	15
彭川村	1012	3263	21	1900	1816	200	285	150	285
双溪口村	713	2280	20	1618	1506	460	260	230	225
桐村村	325	1090	11	630	382	380	100	10	100
黄坞岭村	534	1847	29	1166	1075	485	197	140	185
才里村	656	2080	27	1240	1050	490	315	350	290
东鲁村	896	3039	44	2150	1699	449	305	250	300
总计	11542	35171	313	22900	23399	6030	4567	3984	4383

（周轩昂）

招贤镇

【概况】 招贤镇位于常山县境东部。辖区东交衢州市柯城区航埠镇、沟溪乡，南界江山市大陈镇，西连青石镇，北接大桥头乡和东案乡。地处金衢盆地西缘，属低山区和丘陵平原交错分布区，地势南、北两翼高，中部低，南部为低山丘陵山区，北部为丘陵岗地，中部为沿江冲积平原区。最高点湖山，位于境南；最低点大溪沿村东侧河滩地，位于境东。常山港自西向东流贯境中，境内流程 8 千米；芳村溪西北从大桥头乡入境，向东南流至境中注入常山港。另有官塘溪、大坑溪、大弄溪 3 条季节性河流。矿藏资源有石灰石、石煤、石英砂等。320 国道、杭金衢高速公路、黄衢南高速公路、衢常铁路、九景衢铁路穿境而过，素有常山“东大门”之称。全镇总面积 69.8 平方千米，耕地面积 14332 亩，林地面积 41893 亩，下辖 18 个行政村。有农户 11880 户 34614 人。镇党委下辖 25 个党支部，1258 名党员。境内有“樊氏大宗祠”“古县遗址”“箬溪泉水”“招贤古渡”名胜古迹。

2018 年，招贤镇实现固定资产投资 1.83 亿元；财政收入 1097.27 万元，比上年增长 60.07%；“常山阿姨”产业发展工作走在全县前列。组织 300 多名妇女参加县级“常山阿姨”精品培训班，输送 600 多名阿姨前往杭州、宁波、温州等地从事月嫂、养老护理、育婴师等家政服务行业，促进村民就业增收。招贤镇获评“阿姨之乡”，游林村和象湖村被授予“阿姨集中村”。通过领导干部包案，精准施策，妥善解决 6 起信访积案。发挥警调中心作用，全年化解矛盾纠纷 204 件。重视安全生产，落实安全生产责任制，严控企业生产和道路交通安全事故的发生，全年社会平安态势持续稳定好转。国防教育、双拥工作和武装工作扎实开展。落细落实“周二无会日”、组团联村、网格党小组、党员联户、先锋指数考评等制度，推动党建统领基层治理落地。加强阵地建设，高标准改造提升镇级便民服务中心和综治工作中心，新建鲁士、溪上村级党群服务中心。推进集体经济薄弱村消除工作，为3个民族村与民主党派、企业结对发展牵线搭桥。

是年，招贤镇创建省级卫生乡镇，获“市级先进集体”。

【项目建设提速】 2018年，招贤镇杭金衢高速公路先行段改扩建项目征迁工作全面完成，并顺利开工建设。启动320国道“二改一”和沿江美丽公路项目征迁，快速推进鲁士大桥建设。独流入海二期汪家淤段防洪堤建设进展顺利，象湖和招贤段征迁基本完成。推进全域土地综合整治，与亿利集团签订框架协议，总投资18亿元的“香柚湾”项目落地。赛得集团总部正式回归。大公现代农业科技产业园建设落地。引进飞乐防爆高科技工业园项目，项目实施稳步推进。可觅古渡、小湖山等高端民宿项目前期工作跟进。

【赛得健康小镇成为全省健康产业标杆】 2018年，招贤镇赛得健康小镇通过AAAA级景区旅游景观质量评价，入选浙江省重点项目，入选省、市、县长工程项目库，获2018年度衢州市幸福产业之星，被确认为全市首个“全电小镇”。该项目成为浙江省健康产业标杆。赛得健康小镇一期项目正式对外运营。

【招贤镇村风貌提升】 2018年，招贤镇干部群众“建房须审批，违建必处理”的意识明显增强，镇村面貌焕然一新，省级卫生村实现全覆盖。“五水共治”再创佳绩，Ⅰ类出境水达149天。新建改造厕所28座，其中AAA和AA级旅游标准厕所各1座，完成农村困难群众厕改61户。以“一户多宅”整治和农房管控为发力点，拆除各类违法建筑18.2万平方米。

【招贤古渡文化发掘】 2018年，招贤镇通过挖掘梳理厚重的招贤文化积淀，建成“喝彩歌谣、畲族风情、抗战纪念、枇杷产业”四大主题展馆，初步形成以文化礼堂主题展馆为特色的旅游专线。全镇建成文化礼堂12家，其中四星级1家、三星级6家、二星级5家。通过省级文化礼堂建设示范乡镇创建考核。承办常山江“宋诗之河”研讨会、《妈妈的渡口》新书发布会，基本建成杨万里诗歌纪念馆、宋诗文化展馆、宋诗长廊。古渡宋诗文化发掘整理工作获得中央、省、市等各级权威媒体点赞。“柚娃斗污”获全县文化礼堂精品节目展演金奖。举办“三月三”畲族风情旅游文化节、排舞大赛、农民运动会等特色活动，群众精神文化生活进一步丰富。

2018年招贤镇各行政村基本情况一览

表38

村名	支书	主任	村民小组(个)	农户(户)	人口(人)	党员(人)	劳力(人)	外出劳力(人)	耕地面积(亩)	林地面积(亩)	柑橘面积(亩)	柑橘产量(吨)
官庄村	张志新	徐毛良	5	279	823	36	480	210	368	682	670	911
高埂村	兰冬生	曾云祥	10	766	1960	60	1380	380	896	2900	1350	2755
大溪沿	季志清	季云仙	10	458	1404	42	1010	596	592	0	703	665

续表 38

村 名	支 书	主 任	村民小组(个)	农户(户)	人口(人)	党员(人)	劳力(人)	外出劳力(人)	耕地面积(亩)	林地面积(亩)	柑橘面积(亩)	柑橘产量(吨)
游林村	张小光	曾嘉明	10	350	1151	28	691	321	385	4178	740	897
古县畈	韩志平	张利平	10	436	1270	79	790	615	797	1127	1201	1598
古县村	李小林	李 成	15	570	2187	76	1470	661	846	2477	1450	1862
招贤村	周建平	徐金海	14	510	1450	54	1000	300	450	814	930	950
汪家淤	陈冬香	邹根生	7	390	1100	43	750	400	530	465	500	978
渔溪口	邓江华	兰如荣	14	550	1615	51	917	335	678	2044	1115	1026
纱帽山	魏雨生	徐朝斌	16	508	1538	60	845	345	661	2473	1305	1653
溪上村	曾余生	徐亚安	24	810	2268	78	1506	829	849	5542	1900	2213
泉目山	蓝春龙	徐明良	9	898	2591	74	1467	335	678	2044	1505	1501
大弄村	黄国新	刘樟木	8	546	1711	40	1050	460	524	482	952	1235
五里村	刘月富	刘剑飞	15	940	2670	69	1280	982	840	6700	700	1292
樊村村	樊智敏	樊利红	8	651	1824	51	1040	510	928	3821	800	1235
鲁士村	郑书舞	徐娟芳	8	665	2170	61	1420	870	1059	1500	835	855
山底村	徐建忠	郑仕民	14	744	2207	51	1466	574	760	2361	1350	1387
象湖村	郑水清	郑小群	24	1809	4675	113	2437	1123	2062	2333	1635	2679
合 计			221	11880	34614	1066	20999	9846	13903	41943	19641	25692

（祝雅斌 游一川）

青石镇

【概况】 青石镇位于常山县城东郊，距离衢州市区29千米，距离常山县城5千米，东连招贤镇，西接天马街道和紫港街道，南与江山市大陈乡交界，北和大桥头乡毗邻；是中国青石花石之乡，中国常山胡柚祖宗地，常山国家地质公园四大景区之一。杭金衢高速公路、320国道、221省道及九景衢铁路穿境而过，境内设有高速公路出入口。2018年，青石镇总面积78.7平方千米，辖18个行政村，1个渔业大队，有农户12300多户，总人口约3.6万人。

项目建设快速推进。2018年，青石镇引进奕宸文旅项目，宇华景观台风馆、地震馆建成并对外开放，玻璃桥、玻璃滑道开始试营业。达昌纺织年产1万吨纺织面料纱线和缝纫线项目开工建设。引进萱蘇汐谷高端民宿，并完成主体结构建设。石博园二期工程稳步推进，沿江公路、320国道改建项目进展顺利，基本完成新站、江家、大塘后等村政策处理工作。利安隆集中供气供热项目完成45.6亩土地征用、32穴坟墓迁移协议签订工作，实现项目推进零上访。

环境整治强力推进。2018年，青石镇推进小城镇综合整治。针对小城镇综合整治反弹现象，编排8个工作组，开展集中攻坚集镇整治。落实小城镇整治督查交办责任制，强化长效管理制度，细化责任主体落实，对每日整治情况进行跟踪式记录。针对集镇乱停车现象，对每日违停现象进行拍照，并在大屏幕进行曝光。推进“四边三化”工作，全年完成市、县交办、自查自纠点位100多处，221省道申报最美公路创建。推进“三改一拆”工作，全年拆除面积13.8万平方米，完成目标任务的115%。推进“一户多宅”清理整治工作，全年拆除非法“一户多宅”419户4.3万平方米，拆除合法“一户多宅”112户1.65万平方米，完成附房整治1379处，大围墙整治360余处，生产经营性用房整治42处。党员、代表的超面积附房及大围墙整治按时间节点要求全面完成，6个行政村通过“一户多宅”县级验收。大塘后村安置区探索实施土地银行政策，盘活土地资源，安置区计划安置10户农户开工建设。推进砚瓦山村美丽乡村重点村建设工作。以石产业为元素，规划设计美丽庭院100余户，20户已开工建设；石公石母景点项目规划设计完成并开工建设，路口节点建设、徐恢墓等景点建设项目的前期规划设计已完成。

民生实事工程建设推进。2018年，青石镇开展“厕所革命”，新建旅游厕所3座，改建旅游厕所2座，完成18个村的公共厕所改建升级。实施阁底敬老院扩建、阁底小学扩建工程，做好青石小学扩建项目前期工作。开展教育现代化工作，关注学前教育，兼并无证幼儿园1所，设立教学点2个，向上争取申报公办幼儿园1所，列入2019年实施计划。实施阁底卫生院建设项目，占地1200多平方米。新建文化礼堂3个，其中江家村文化礼堂通过三星级验收，并申报四星级文化礼堂。做好村级集体经济薄弱村消除工作，马车、砚瓦山、和尚弄、阁底、山溪边等10个村包装农村土地综合整治项目100余亩，完成农整项目30余亩。规范各类专项资金使用。全面开展低保调查核实工作，追缴低保资金6户，共计8290元。完成扶贫领域专项资金使用情况自查自纠工作。抓好重度残疾人低保、困难群众帮扶救助等工作。

基层组织建设不断加强。2018年，青石镇在小城镇环境综合整治、“一户多宅”清理整治、重点项目建设等工作一线锻炼干部，实行压担锻炼。推行“慢城赏石大讲坛”制度，邀请专家授课，提高干部综合素质，干部管理成效明显，全年选拔任用中层干部2人。做实“三个三”基层党建工程，组建45个党小组，实现党员联户全覆盖，依托网格党小组，发挥党员先锋示范作用，推进重点工作、重点项目建设；完成村级换届“回头看”干部三色评定工作；评选出红色党支部1个、黄色党支部1个、红色两委成员7人、黄色两委成员7人、灰色两委成员3人，并对灰色人员进行免职或责令辞职，对黄色人员进行约谈及歇职教育。履行党风廉政建设主体责任和班子成员“一岗双责”责任，分层面开展履职约谈和签字背书。规范“三资”（即农村集体经济中的资金、资产、资源）管理。开展6个行政村农村基层作风巡查，党员干部规矩意识、纪律意识不断增强。配合完成县委第五轮作风巡查工作，持续深化作风建设，强化“慢牛干部”、干部末位管理制度，全年问责处理党员干部19人，党纪处分6人。

社会治理稳定有序。2018年，青石镇深化“最多跑一次”改革，推进镇村便民服务中心改造，调整配强全科网格员队伍。创新设置首个村级人大代表工作联络站，发挥人大监督作用，保驾护航项目建设、纠纷调解等工作。维护社会和谐稳定。重视初信初访和积案化解工作，接待群众460批次，调解矛盾132件，化解信访积案3件。加强与部门的协调沟通，成功稳控因失土保险、生产经营性用房整治、赤膊墙粉刷等带来的信访隐患。开展安全隐患大排查。加强对森林防火、汛期防汛、地质灾害、农村危旧房以及企业矿山的排查治理，进行安全检查112家，发现隐患26处，整改26处。加强镇村志愿者队伍建设，助力平安建设。

是年，青石镇获评“全市小城镇整治先进集体”，列为浙江省小城镇环境综合整治省级样板镇，赏石小镇党委获评“常山县先进基层党组织”，砚瓦山村获批AAA景区村。

【第二届“常山国际赏石文化节”在“赏石小镇”举办】 由中国观赏石协会、中国收藏家协会、常山县人民政府共同主办，常山县委宣传部、常山县旅委、青石镇政府、常山龙腾石博园管理有限公司承办的第二届常山国际赏石文化节暨中国观赏石之乡交流会于10月1—22日在常山“赏石小镇”举办。在中国观赏石博览园（馆）内举行的主要活动有5项：（1）17日上午举行的第二届常山国际赏石文化节暨中国观赏石之乡交流会开幕式；（2）12—22日举行的中国观赏石之乡观赏石原产地博览会；（3）8—17日举行的第二届“常山杯”观赏石珍品展暨大奖赛；（4）12—18日举行的观赏石常山论坛；（5）1—22日举行的“石头剪刀布”嘉年华活动。据不完全统计，约60万人次参加了第二届常山国际赏石文化节活动。

【砚瓦山村入围美丽乡村重点村建设】 2018年5月，砚瓦山村列入县美丽乡村重点村建设名单。青石镇围绕美丽乡村“产业兴旺、生态宜居、乡风文明、治理有效、生活富裕”总要求，结合砚瓦山实际情况，提出“125”（即坚定“一个目标”、强化“两个引领”、紧扣“五项重点”）实施体系。按照AAAAA景区要求，紧扣“一廊三区”核心，致力把砚瓦山村打造成“中国最美村仙境砚瓦山”。

【开展“比学赶超”村主职干部擂台赛】 2018年，青石镇开展3期村主职干部“比学赶超”季度擂台赛活动。通过现场观摩、开会总结、代表打分等方式，展示各村在重点项目推进、“一户多宅”整治、“五四三”中心工作、乡村振兴、基层治理、社会维稳等方面所取得的成绩和经验，进一步激发村干部干事创业的工作热情，形成“比、学、赶、超”的浓厚氛围，着力破解村干部工作积极性不高、工作导向不明、争先氛围不浓等突出问题。

2018年青石镇各行政村基本情况一览

表39

村名	支书	主任	村民小组（个）	农户（户）	人口（人）	劳动力人口（人）	党员（人）	总面积（平方千米）	耕地面积（亩）	山林面积（亩）	园地面积（亩）
山溪边	郑英春	郑英文	12	529	2049	1100	47	4.30	1277	350	1050
阁底	汪优青	徐国芳	15	637	2425	1600	64	6.80	1153	1550	1100
江家	许军良	胡建明	21	1144	3214	1950	100	7.76	2106	735	1506
澄潭	徐立伟	曹金全	17	787	2704	1660	58	4.56	884	55	1520
桥亭	祝亚平	王国军	28	1486	2822	1525	91	7.90	923	9410	1889
砚瓦山	徐卫国	汪丰平	17	657	2193	1550	83	6.76	572	12788	720
湖头	王祥春	毛卫生	21	1150	3533	2000	87	6.81	1735	1396	1655

续表 39

村　名	支　书	主　任	村民小组（个）	农户（户）	人口（人）	劳动力人口（人）	党员（人）	总面积（平方千米）	耕地面积（亩）	山林面积（亩）	园地面积（亩）
水　南	徐雨根	黄建军	22	991	3277	2170	97	4.66	682	6300	1680
塘　边	陈先平	汪小良	8	350	1131	698	32	2.66	393	212	406
山　头	胡亮亮	王庆华	8	576	1699	1080	42	2.60	554	100	392
虹　桥	危耀土	胡卫群	12	523	1919	950	64	4.60	840	1150	366
新　站	江政宏	江军良	6	388	1193	645	32	2.76	560	852	427
马　车	张财有	邓行华	8	390	1240	870	44	2.80	731	6479	596
溪　口	鲁正峰	吴土金	8	336	1067	635	47	2.50	336	2957	598
大塘后	高伟平	秦定福	12	983	1877	1300	60	2.85	846	485	920
九龙山	官小华	李开标	7	307	1150	610	37	1.76	491	2800	635
飞　碓	刘达生	江桔芳	8	865	1500	780	40	3.76	521	5163	850
和尚弄	林德良	—	7	266	975	680	35	2.86	435	1500	620
合计			237	12365	35968	21803	1060	78.70	15039	54282	16930

（徐巧芳）

白石镇

【概况】　白石镇位于县境西南，地处浙赣两省三县交界处，素有“两浙首站”“八省通衢”之称。镇政府驻地白石街，距县城公路里程 13.5 千米。辖区东交天马街道、金川街道，南界江山市大桥镇，西邻江西省玉山县岩瑞镇，西北接壤球川镇。区域总面积 46.2 平方千米，辖 7 个行政村 99 个村民小组，有 90 个自然村。常住户 3549 户，总人口 10496 人。杭金衢高速公路与 320 国道在境内交会，320 国道自东向西贯穿 5 个村。境内有中坊至球川、白石至江山市大桥两条县级公路。7 个行政村均通水泥路，总里程 18 千米。全镇有学校 1 所，专职教师 27 人，义务教育普及率 100%；文化站、图书室 8 个（其中村文化站、图书室 7 个），藏书 6350 册；镇中心卫生院 1 所，卫生技术人员 16 人，其中医生 7 人，病床 7 张；计生服务站 1 个，服务人员 2 人，负责妇幼保健、防疫及地方病防治等；邮政储蓄所、信用社各 1 个；集贸市场 1 个。7 个行政村通电、通邮、通电话、通有线电视。2018 年，实现地方财政收入 418 万元，比上年增长 56.97%；完成固定资产投资 3798 万元，比上年增长 25%；实现旅游收入 3192 万元，比上年增长 12.8%；农民人均收入达 31067.3 元，比上年增长 11%。

做实“三个三”（即“三大主体”“三个全覆盖”“三大指数”）基层党建工程。白石镇整合 21 个网格，配强“一长三员”（即网格长、专职网格员、兼职网格员、网格指导员），出台《白石镇“一长三员”工作绩效考核奖励实施办法》，明确奖惩，激励作为。强化大党建统领，建立网格支部，落实党员联户，开展先锋指数考评，规范党小组议事场所建设，确保运行实体化。实施清单制作全覆盖、征求意见全方位、网格工作全参与、问题任务全交办、督查落实全到位的组团联村“五全工作法”，推进“周二下村日”

闭环管理。“周二无会日”制度执行和组团联村工作落实到位被县委、县政府通报表扬1次。

深挖细掘党建品牌。出台《民情沟通员考核细则》，实行“固定＋流动”“网上＋网下”共同联动，民情茶馆再升级。2018年来，25名民情沟通员走访农户1200多户，收集意见建议近900条。深化各村党建品牌，白石村围绕提升集镇管理精细化水平，打造集镇服务管理品牌。通过“党建＋小城镇综合整治＋物业经济”，实现村民与村集体经济双增收。聚宝村深化“三合一”（干部分块服务、党员对点服务、群众志愿服务）服务体系，以荷为引，改善村庄环境，以荷为媒，助推全域旅游发展，以荷为镜，倡导党员高风亮节，以荷为贵，助推经济发展。实施“党建红＋发展绿”双色工作法，结合大白线景观节点融入党建元素，展现党组织的引领作用。

落实“五水共治”河长制，开展“剿劣”防反弹行动，提升群众满意度。严防死守防止非洲猪瘟进入白石境内。推进“四边三化”深化年活动，季度排名靠前。打好“一户多宅”清理整治攻坚战，完成“三改一拆”拆除212处，面积83149平方米。

年内完成农民技术培训200人，新增就业50余人，实现农民增收150余万元。探索村集体占股、家政公司入股、培训学校合作的“1+1+1+N”集体经济发展新模式。新塘岭村生态停车场和农产品展销中心和聚宝村酒文化展示中心建成；宣丰大楼主体工程通过验收，宣丰公司实现收入4万元。

完成白石村饮用水管网改造工程，保证农民饮用水供应。完成十八里村敬老院装修工程，改善老人居住条件。开展农村社会养老保险和新型农村合作医疗工作，落实农村低保、困难群众住房补助、大病救助等社会保障机制。编纂《古韵白石》一书，并在新华书店发行，弘扬传承白石历史文化，献礼建县1800年。

落实扫黑除恶专项行动大排查，建设白石、小白石、草坪反邪教教育基地。坚持“安全第一、预防为主、综合防治”的方针，加大安全巡查力度，严格做好防火、防疫、防汛、抗旱工作，全年无重大灾情。推进安全生产标准化建设，10家重点隐患企业委托社会化服务，完成华永家具厂市级重大火灾隐患单位摘牌销案。受理信访及矛盾纠纷78件，调处78宗，调处成功率达100%，受理信访件29件，其中“12345”便民服务热线27件，全部按期办结，未发生非正常到省、市、县上访事件或因信访问题引发的重大个人极端事件，未发生重大公共安全事件。

是年，白石镇获“浙江省‘低收入农户收入倍增计划’先进集体”“浙江省小城镇文明行动样板小城镇”“衢州市征兵先进单位”“衢州市‘平安家庭’示范乡镇”“小城镇环境综合整治市级样板小城镇”“县乡村振兴‘五水共治’工作先进集体”“‘常山阿姨’工作先进集体”称号。

【“养生白石”全域旅游品牌创建】 2018年，白石镇争创市级示范道路，投资374万元，完成大白线沿线景观节点打造。对全镇25条通村公路进行改善提升，创建省级“四好农村路”示范乡镇。设置6个共享单车租赁点。聚宝—新塘岭村通山公路、新移—不老泉道路建设工程均已完工。草坪村打造“浙西门户印象村”，完成40余户古风美丽庭院整治，草坪村被列入全县文化礼堂旅游专线。发布全域旅游手绘地图；举办衢州市品荷摄影大赛暨第三届不老养生文化节，打响

“养生白石”全域旅游品牌。

【景区项目建设力度加大】 2018年，白石镇继续建设两大核心景区，为招商引资锦上添花。不老泉景区投资3000多万元，完成医养大楼70%的工程量；恒寿柚果田园综合体完成1500亩日本香柚育苗基地种植、观赏台和游客接待中心建设，实际投资达2000多万元。爱伊湖田园综合体项目和常青养生养老项目两大亿元项目通过决策。

【获评省级小城镇文明行动样板镇】 2018年，白石镇开展小城镇环境综合整治攻坚月行动。对集镇建成区范围内生产生活污水实行截污纳管，创建省级污水零直排区样板镇。十八里、新塘岭、白石、草坪4个村成功创建省级卫生村。完成十八里村改建、草坪村A级、新塘岭村AA级、聚宝村AAA级公厕和全镇36户困难群众的厕改，并对全镇10个附属公厕进行改造提升。顺利通过全国卫生乡镇市级验收；获“省级小城镇文明行动样板镇”称号。

【全县首个村级“常山阿姨”培训基地】 2018年，白石镇投资60万元打造县内首个村级“常山阿姨”培训基地，创新构建一张服务网、建立三支队伍、实现五个全覆盖的“一三五”工作法。白石镇政府被评为“常山阿姨”工作先进集体；草坪村成功创建“常山阿姨”集中村。7月18日，“常山阿姨”经验推广暨全省发展家庭服务业工作经验交流现场观摩会走进草坪。

2018年白石镇各行政村基本情况一览

表40

村名	支书	主任	村民小组（个）	农户（户）	人口（人）	党员（人）	劳力（人）	外出劳力（人）	耕地面积（亩）		山林面积（亩）	柑橘面积（亩）
									水田	旱地		
十八里	吴国明	许金水	12	459	1279	76	805	471	986	215	6023	620
白石	胡红旗	胡长水	24	816	2436	99	1466	677	1451	312	6273	991
小白石	黄志勇	胡长军	8	396	1178	39	732	372	1058	57	3690	350
曹会关	廖海富	陈用浙	8	301	849	39	530	290	631	228	3562	301
草坪	林芳良	黄发明	19	668	2085	100	1226	614	1659	217	11085	745
新塘岭	董献忠	刘朋明	16	506	1498	67	894	558	1273	184	5467	410
聚宝	黄杰伟	罗群	12	403	1171	60	617	320	989	138	9405	120
合计			99	3549	10496	480	6278	3302	8047	1351	45505	3537

（刘抒妍）

球川镇

【概况】 球川镇位于衢州市最西部，距离县城22千米、G60高速出口500米，镇域面积129.5平方千米，下辖20个行政村，总人口约4万人。2018年，球川镇在县委、县政府领导下，坚持以习近平新时代中国特色社会主义思想和党的十九大精神为指引，以建设“浙西第一镇”为总目标，真抓实干，攻坚克难，全镇经济社会发展保持良好发展态势。全年实现地区生产总值6.15亿元，比上年增长6.9%；一般公共预算收入4727万元，比上年增长34%；农村居民人均可支配收入17373元，比上年增长10.4%。

2018年，球川镇基础设施建设进一步加强，启动G60高速至320国道连接线改造、中球线道路拓宽；投入320万元，完成园区1号路整治提升、中球线两侧污水管网改造等基础设施配套。工业经济转型升级，整治“低小散”企业15家，处置“僵尸企业”8家；建立“百名干部帮百企”机制，帮助赛赛轴承办好国有土地出让手续。现代农业加快发展，总投资4.2亿元的军民合作农业示范基地开工建设；占地1200亩的蓝莓基地启动种植；推广种植新品种胡柚300亩，淘汰低散橘园200余亩；九都畈等15个畈标准农田质量提升项目通过市农业局验收，提升面积3095亩。农产品质量安全持续向好，抽检300批次，合格率100%。

民生事业全面推进。新型农村合作医疗保险年参保率达99.86%。开展2148名芙蓉水库长期被用地农民生活补助工作；1350户1766人纳入低保，月补助金额74.3万元；敬老院收纳孤寡老人101人；836名困难残疾人享受生活补贴；526名重度残疾人享受护理补贴；30户困难家庭享受危房救助。全面兑现计划生育奖励扶助政策，新增奖特扶75人次。推进红旗岗村下山脱贫安置，完成101户公寓安置户的资格认定和公示。推进扶贫增收工程，20个行政村全部“消薄”。实施“厕所革命”，新建公厕4座，改建2座，完成困难群众厕改104户。新建4个村文化礼堂，举办送戏下乡、东坑修路节等文体活动10余场。组织首届全镇农民运动会，组队参加全县舞龙灯、大合唱、划龙舟、篮球等赛事。通过“创国卫”省级暗访考核。完成县级下达的创省教育现代化县各项工作。开展“常山阿姨”品牌建设，芙蓉村成为全县6个“阿姨集中村”之一。推进“孝老之城”建设，孝老敬老的氛围愈加浓厚。

9月10日，球川镇“衢州有礼·乐善东坑”八月初一古道修路节举行

（球川镇 供图）

是年，球川镇获“市级平安示范乡镇”“市级剿劣工作先进集体”“全市小城镇环境综合整治先进集体”等荣誉，在市、县年终目标考核中获“双一等奖”。

【项目建设】 2018年，球川镇抢抓“大湾区”驻点招商契机，紧盯全省战略转移产业，全力招大引强。年内引进企业6家，其中总投资1亿元的合欢鞋业和总投资5000多万元的浙江启源汽车内饰公司先后落户园区。常山第二医院竣工并开张运营，农民集聚下山安置区2、3号楼项目主体完成50%，城乡垃圾处理中心主体工程完成90%，龙绕溪防洪堤项目完成70%。螺蛳塘安置区土方平整加速推进，兴贤广场周边土地以3210万元出让，溢价率达122.9%，创常山乡镇国有土地出让新高。土地综合治理、山塘水库加固、道路拓宽等农林水项目均顺利完工。

【首创基层治理服务模式】 2018年，球川镇推进“最多跑一次”改革，完成球川镇便民服务中心改造提升，镇级办理事项增至246项，全年累计办结10510件事项，一次性办结率达99.14%。全国首创公安窗口进驻乡镇“四个平台”。创新农民建房“一语统办”模式，255户农民实现建房“一句话搞定、一周内开工”。全面推行视频智慧办件，全市首本视频分户户口本在球川镇办理。落实“党建＋智慧治理”，“雪亮工程”“慢城百事通”等系统高效运转，“一长三员”队伍作用发挥明显。创新“樟树底下话民情”“周一大家评评理”等调解机制，3起信访积案和301起矛盾纠纷成功化解。加大对重点行业、重点区域和人员密集场所的安全整治力度，辖区内未发生较大安全事故。试点农民诚信体系建设，举办全市基层治理现场会，获市委书记徐文光充分肯定，并在全县推广。

【乡镇休闲旅游产业】 2018年，球川镇推进东坑村AAA景区创建，完成景区生态停车场新建、道路拓宽等基础配套建设；投资100余万元启动高端民宿建设。完成《球川村省级历史文化村落重点村规划》编制，成功通过省级评审。开发生态休闲旅游项目，黄泥畈滨水农家乐、谷舞仁生休闲乐园等项目陆续完工，南绿山庄参加2018年度长三角休闲旅游展览会。边贸经济不断壮大，集镇宾馆、餐饮、物流、零售等产业发展迅速，墟日市场逐步规范，边贸经济总量增长5%左右。

【环境整治】 2018年，球川镇全面推行“河长制”，“五水共治”群众满意率达90%以上。严抓生猪、麻鸭复养反弹，关停生猪养殖户8家、麻鸭养殖户2家。全面实施垃圾分类“123”工作法，黄泥畈、东坑等4个村成功创建垃圾分类示范村。推进“四边三化”，完成整治点80个，完成古镇东入口、常周、沙安村口等村口节点建设。推进“一村万树”工程，黄泥畈村、九都村成功创建市级“一村万树”工程示范村。狠抓“三改一拆”，全年拆除违章建筑14.2万平方米，拆后利用率达92%。推进“一户多宅”整治，393户5.13万平方米非法建筑3个月内全部拆除，全镇20个村全部通过验收。大抓集镇整治，开展专项行动8次，清理“脏乱差”1876余处，拆除多年遗留违章附房28处共计780平方米，集镇整体风貌明显提升。

2018 年球川镇各行政村基本情况一览

表 41

村名	村支书	村主任	村民小组（个）	农户（户）	人口（人）	党员（人）	劳动力（人）	外出劳力（人）	耕地面积（公顷）	山林面积（公顷）	胡柚面积（公顷）	胡柚产量（吨）
后　弄	钟金良	林学忠	15	503	1519	48	969	480	26	303	0.01	1.75
芙　蓉	王金法	朱雪华	41	1222	4328	152	2621	1212	72	3315	0.08	12.5
红旗岗	刘堂林	鲁周国	40	1100	3449	120	2120	1810	51	2569	0.02	3.75
杨　家	唐余金	黄龙泉	8	356	1252	22	736	275	56	190	0.23	37.5
西　村	方高生	鲁祖才	20	653	2232	52	1234	810	90	112	0.11	18.75
东　山	华盛平	林国堂	26	880	2926	116	1683	863	128	298	0.15	25
球　川	徐永禄	徐文新	43	1551	4990	208	3030	1430	136	1019	0.14	22.75
东　坑	廖端泉	吴剑锋	18	455	1352	43	753	430	43	1317	0.05	7.5
王　家	王瑞泉	王守林	10	350	1096	31	707	456	61	419	0.00	0.25
三　溪	刘文荣	罗平平	17	653	2140	66	1299	938	99	418	0.02	3.5
吴　家	林国华	吴志宽	7	279	863	42	509	320	53	422	0.05	7.5
上　安	占志建	郑建平	7	372	1226	36	700	336	78	78	0.30	50
馒头山	许水平	李忠寿	14	601	1876	59	1050	665	116	211	0.54	90
沙　安	严可发	徐章泉	9	387	1194	34	724	460	58	186	0.36	60
黄泥畈	周水刚	周燕青	7	403	1209	49	702	280	59	152	0.00	0.5
九　都	李建锋	刘玉军	9	343	1095	39	672	382	56	194	0.01	2
棋盘山	徐富来	汪伟国	8	432	1426	45	782	586	108	37	0.01	1.25
常　周	程其虎	廖跃明	4	305	964	32	578	292	59	475	0.15	25
龙　绕	舒国民	陈根红	14	821	2551	99	1477	800	130	295	0.01	1.75
新　店	黄在机	姜壮荣	17	583	1713	55	1025	586	132	413	0.18	30
合　计			334	12249	39401	1348	23371	13411	1611	12423	2.42	401.25

（徐卫燕）

芳村镇

【概况】 芳村镇位于常山县北部，是县域发展次中心，镇政府驻地芳村村，距县城 20 千米。区域面积 154 平方千米，下辖 20 个行政村和 1 个居委会，总人口 2.8 万人。2018 年，芳村镇全年实现财政总收入 3623 万元，比上年增长 6.8%；完成全社会固定资产投入 6.84 亿元，比上年增长 9.9%；农民人均可支配收入 16640 元，增长 10.2%。

芳村镇文化底蕴深厚，名优特产众多。始建于北宋重和元年（1118），文物古迹众多，现保存较为完好的有芳村明清古街和大处村清代古建筑群。芳村古街已有 800 多年历史，全长近 1000 米，保护较完整，有明清时建筑 60 多幢。大处古建筑群内有古民居、古树、古牌坊、古宗祠等文物，属清代早期古建筑。芳村镇是山茶油原产地，也是常山县最大的山茶油产区。甘蔗种植面积居全县首位，金银花、藏红花、黄花菜、养鸽、石蛙养殖、笋干、薯干、乌桃等农业产业发展较快，并形成一定规模。新桥村“桃花源”是浙江省30家美丽乡村之一。

芳村镇交通条件优越，生态环境优美。黄衢南高速和杭新景高速公路穿境而过，并都在镇区内设有出口，是常山县北部重要的交通要塞和枢纽。县道常新线贯穿全境，镇域范围内约30千米。全镇国家重点生态公益林面积达10万亩，森林覆盖率达80%，是极好的“天然氧吧”。提供全县近20万人饮用水水源的芙蓉水库坐落在镇域内。镇域内的芙蓉大峡谷是浙西一大奇观，长约10千米，宽20～40米，深近百米。芳村溪、新昌溪两大河流在集镇交汇。建成“中国常山油茶示范基地”1000亩，基地内建设有游步道和相关景观。矿产资源丰富，石煤、叶蜡石、萤石储量居全县之首。

2018年，芳村镇党委政府着力解决人民群众大事、难事、急事。开展新型农村合作医疗保险参保工作，536户纳入低保，437名困难残疾人享受生活补助，28户困难群众享受危房补助，完成消除集体经济薄弱村三年行动年度任务目标，与上虞区8家上市公司结对，确定入股慈溪—常山山海协作消薄飞地产业园项目。推进“常山阿姨”、油茶种植等农民素质培训，带动60余名农村实用人才就业。支持镇敬老院创三星敬老院。开展地质灾害大搬快治行动和农村危旧房改造，全镇范围内95幢D级危房户防控到位，实现地质灾害搬迁29户98人，未发生人员伤亡事故。举办全县“安全生产月”咨询日活动，开展安全生产大检查、安全专项整治，辖区内未发生较大安全事故。化解初信初访90余起，重复访20余起，矛盾纠纷调解成功率达97%。专班推进扫黑除恶专项斗争，实施禁毒2018“两打两控”（即打击制毒犯罪、打击贩毒犯罪和管控制毒物品、管控吸毒人员）专项行动。推进党建示范带建设，国家油茶公园被设为“红乡慢旅”党建示范带考察点，全市乡村振兴党建示范带建设现场推进会在此举行。加大对村级组织活动场所的建设投入，抓好“四个平台”向村级延伸工作，发挥好村干部和网格员两支队伍作用。继续推进“三民工程”（即知民情、解民忧、办民事）制度，打造“三民工程”升级版，推广“村两会”制度，加大“民事代办”力度，拓宽“民情家访”渠道。全年镇党委下发各类工作交办单39张，问责20人。

12月19日，国家林业和草原局副局长刘东生（左四）考察芳村国家油茶公园

（芳村镇 供图）

是年，芳村镇被评为“浙江省卫生乡镇”“衢州市语言文字规范化乡镇”，下猷阁村、新桥村被评为浙江省AAA级景区村。

【产业转型升级】　2018年，芳村镇党委政府践行“两山”理论和新发展理念，推动产业转型升级。支持紫晶矿业发展，帮助解决生产过程中的具体问题。加快落后产能“腾笼换鸟”，整治“低小散”企业13家。做实油茶产业，完成油茶新品种造林1200余亩，更新改造油茶示范基地200多亩，改造低产林1000多亩，发展现代特色农业，推进“三花一椿”（即金银花、木槿花、黄花菜、香椿）、高山蔬菜、小水果生态高效发展。新增新品种胡柚基地2个，实现500亩胡柚林提质增效，新增1个食用菌基地，实现3565亩农田质量提升。成功培育欣涛淡水鱼专业合作社为“农业部水产健康养殖示范场（第十二批）”。东源村新发展为民宿集中村，新增民宿41户，房间203个。

【项目建设加快】 2018年，芳村镇党委政府坚持“项目为王”理念，主动融入“东接新衢州、慢城大花园”大格局来谋划和推动工作。总投资1.6亿元的集镇商贸综合体项目落地集镇，进展顺利。芳村溪流域2018年度综合治理工程完成70%。芳村法庭、交警中队迁建工程征用土地已交付业主使用。镇政府搬迁工程进入图纸会审阶段，芳村片自来水厂迁建工程及下猷阁村油茶历史博览园项目完成主体建设。助力芳村小学顺利搬迁。大处古村落改造达到省级工程进度要求。淳常公路完成前塘段政策处理及4幢房子的评估工作。实施4个村道路提升工程。推进耕地垦造和建设用地复垦，完成垦造耕地30亩，建设用地复垦120亩。

【“孝善文化”打造】 2018年，芳村镇注重最美芳村“良善之镇”建设，大力实施“幸福爷爷·快乐奶奶”行动，积极打造“孝善文化”，以文化礼堂为载体，开展农民丰收节、“5·20”孝老节、“我们的村晚”、宋镇文化节、文化走亲、农民运动会等群众性文体活动40余场次，通过文艺活动传递“孝善文化”。东源村官生永获最美常山人“年度榜样”人物“特别荣誉奖”，前姜村姜雨莲获最美常山人“年度榜样”提名奖，猷阁口村周桔凤获“最美常山·十大孝星”称号。2018年10月，周桔凤被评为第七届“浙江孝贤”称号，受到省委书记车俊接见。

周桔凤（左）被评为第七届“浙江孝贤”称号 （芳村镇 供图）

【创建省级卫生乡镇】 2018年，芳村镇党委政府大抓生态环境整治和农村风貌提升，优化人居环境。完成2万平方米背立面整治，250个洗衣池改造，实现11个网格4000平方米美化绿化。“一户多宅”集中整治全域铺开，上猷阁村、横山路村、河边山村等9个村成功通过县级验收，全镇处置160余户非法“一户多宅”，实现拆违面积1.7万平方米，利用拆后土地实施农整项目60余亩。深入实施“河长制”“塘长制”“路长制”。农村垃圾分类“二分+”模式有效推广，新增猷阁口村为垃圾分类“123”工作法示范村。推进“厕所革命”，新建4个AA公厕，完成23个附属式公厕改造任务，清除旱厕123个。实施下猷阁、猷阁口、泮坑三个村“一村万树”工程。成功创建省级卫生乡镇，横山路村、河边山村、上猷阁村通过省级卫生村验收，镇域环境面貌全面提升。

2018年芳村镇各行政村基本情况一览

表42

村名	支书	主任	村民小组(个)	农户(户)	人口(人)	劳力(人)	外出劳力(人)	党员(人)	村民代表(人)	土地面积（亩）		
										总面积	耕地	公益林
东源	严辉根	黄小军	11	242	608	380	210	46	39	16452	56	14993
横山路	王贤祥	魏贤标	6	332	913	605	347	37	46	13996	154	12471
新桥	王致勇	王永秀	28	786	2291	1456	898	96	60	34581	725	24187
前姜	卢银有	严利峰	23	558	1623	987	604	76	51	13387	327	12718.5
东岗	段柳发	段永录	11	164	514	321	211	28	44	3898	128	5024
前塘	金西海	丁柏华	17	342	949	598	356	44	40	11098	359	7647
修书	饶雨祥	魏根福	22	410	1200	780	471	31	50	16805	333	4928
井河	徐月亮	徐建民	6	322	875	569	394	25	43	6691	274	10128
芙蓉湖	张海红	朱家红	25	631	1992	1312	714	82	50	7829	751	8336
上猷阁	江月军	徐安平	27	325	1136	794	600	30	44	6934	360	2725
下猷阁	徐志坚	汪全勤	14	273	860	582	284	19	39	1685	285	1248
猷阁口	李　峰	吴胜国	14	260	807	502	354	33	43	3392	266	1490
芳村	黄志旺	邵　峰	53	1375	4289	2580	1301	165	80	8022	1370	2422
园区新村	童土有	段云木	17	622	2086	1413	552	71	61	3816	1002	0
泮坑	黄有祥	张庆庆	16	673	2110	1440	690	60	58	7183	920	4527
洁湖	徐文平	徐继良	36	775	2283	1482	649	47	62	4038	870	1060
河边山	甘礼荣	刘勇军	9	313	888	574	346	26	40	2027	349	835
前进	王芳平	郑忠成	10	350	1066	693	452	25	41	4961	311	1914
大处	郑献雄	郑人德	12	288	844	584	276	25	39	4678	252	2640
石塘	姜南明	余国成	12	312	1050	673	371	22	39	5380	350	3437
合计			369	9353	28384	18325	10080	988	969	176853	9442	122730.5

（何冠琦）

东案乡

【概况】 常山县东案乡，东接新衢州、北通千岛湖，距常山县城、衢州市区各20千米，黄衢南高速公路在境内设有出口，常东衢公路、351国道（在建）穿境而过，交通便利。东案乡地域面积68.81平方千米，辖10个行政村，84个自然村，人口15721人。全乡森林覆盖率78.5%，系“省级生态示范乡”。常山第一峰白菊花尖（1395米）坐落于境内梅树底AAAA风景区。境内最大河流为金源溪，发源于白菊花尖，自北而南蜿蜒穿流境中。

2018年，东案乡加大项目投资，推进美丽乡村建设。完成总投资4200万元的小城镇环境综合整治项目，按期通过省级验收。完成总投资5000万元的梅树底景区项目建设，建成AAAA景区。总投资7000万元的国家扶贫项目光伏小康一期工程项目，已完成投资4000万元，并按期并网。推进金源溪小流域综合整治项目，3个标段1000万元投资落地。通过招商引资，投资5000万元的户外拓展运动项目开工建设。引进高端民宿运营公司，投入2000万元实施牛郎坞高端竹居产业链新项目。投资1000万元的东陇线路面改造工程落地完成。金源村获列县美丽乡村建设重点村，获得重点村建设专项资金1000万元。东案乡国颐山居健康产业园项目获列县级4个省市县长项目。集镇农贸市场和仓储两个村集体经济项目获省补助资金580万元。推进“厕所革命”，投入25万元完成困难群众厕改61户，修建公厕10座，东案乡成为全县首个星级公厕全覆盖的乡镇。

农业产业化转型升级不断加快。通过乡贤回归有序打造精品胡柚基地。完成“胡柚小镇”规划编制，东案乡“胡柚小镇”入选第三批省级森林特色小镇创建名单，并列入省“12188”工程，获1000万元奖补资金。完成旱改水土地整理280亩。推进产学融合，从宁波农科院引进培育吊西瓜产业，建成占地50亩吊西瓜观光农业园基地，获农业部、财政部授牌为“现代农业产业示范基地”。

基层党建工作取得新突破。深化组团联村工作，发挥基层网格实质作用，率先在全省推进“网格问效”活动（“网格问效”是推进基层治理的新举措，问效的范围在网格，问效的内容是群众身边的小事，网格内群众可就民生项目、重点工作、管理服务等内容发问，由网格长、网格员、联户党员等作答）。2018年，全乡开展“网格问效”36次，梳理各类问题165个，已解决133个，解决率达81%。此做法受到省市县相关媒体、报刊的重点关注，并获得市委常委、组织部部长的批示，年内在全县推广。实施党建规范运作年活动，推行“党建＋基层治理”的工作体系，即树立“五星领航、金钉共创”党委品牌和骑行党建服务品牌，加“党委机制规范化、组织振兴规范化、队伍建强规范化、党员管理规范化、基础工作规范化、党内监督规范化”六项建设。实施纪检文化推进年活动，通过挖掘本土胡柚文化和廉吏文化，推进两“柚”清风廉政文化品牌，梳理本土廉吏故事，完成廉政文化馆内容的编辑。用时26天打赢衢州市首例登革热防疫突击战，获得县主要领导批示肯定和县“十条军规”表扬。

东案乡民生事业不断进步。在全县率先完成全员人口和计划生育管理服务平台第一阶段的数据修改，女性“两癌”筛查、生殖健康检查、计生特殊困难家庭结对帮扶等计生服务扎实推进。开展农村居民养老、工伤、医疗保险工作，切实提高失地农民基本生活保障，实现失地农民应保尽保，大病医疗救助225户人家涉及66万余元。动员各村妇女参加“常山阿姨”培训138人，推荐外出就业10余人，2人获十佳“常山阿姨”提名奖，1人获十佳“常山阿姨”。开展“传承孝文化 共续好家风”“5·20”敬老日活动等“孝行天下”系列活动，全年累计募捐孝老基金达10万元，招募375名志愿者，看望帮助慰问老人1800余次。

是年，东案乡获评“浙江省体育强镇（乡）”，列入省级胡柚特色农业强镇创建对象。

【全域旅游】 2018年，东案乡梅树底风景区获评国家AAAA级风景区，田蓬、弄坞获评省级AAA级景区村庄，田蓬村获评省级农家乐特色村，柚石金路和金溪绿道打造变盆景为风景。举办“献礼建县1800年·东案乡民俗文艺进礼堂”暨第三届“云梯花海”赏花节。在衢州市博物馆举行梅树底核心景区摄影展暨梅树底AAAA景区旅游推介会。推进农家乐发展，全乡有农（林）家乐30余家，全年接待游客8万多人次，旅游收入达600多万元。

7月15日，梅树底AAAA景区推介会、摄影展在衢州市博物馆举行开幕仪式

（东案乡 供图）

【文化事业】 2018年，东案乡获全县百村农民运动会团体总分第一、奖牌榜第二，在常山县首届龙舟赛中东案乡龙舟队斩获亚军（乡镇组第一）。响应“武术进农村”活动，挖掘开启东案农民武术文化，开展东案乡中外友人武术交流活动，20余名来自中外的武术爱好者参加，现场展示交流胡柚太极、大五步拳、地趟拳、八卦拳、形意拳等。组织参加“全县农民书法大赛”；完成书法培训基地2个，面积300平方米，坚持固定日书法活动，金源村成功创建“浙江省书法村”。东案乡蛋雕“非遗”文化、红色文化、宗祠文化、廉吏文化得到进一步挖掘提升。

1月9日，幸福路服务小分队“送福写春联”走进常山县东案乡

（东案乡 供图）

2018年东案乡各行政村基本情况一览

表43

村名	支 书	主 任	农户（户）	人口（人）	村民小组（个）	劳动力数（人）	柑橘产量（吨）	胡柚产量（吨）	粮食产量（吨）	外出劳动力（人）	党员数（人）	人均收入（元）
万安	聂日伍	占建平	406	1087	11	860	2180	1410	78.7	137	58	17018
白马	李林财	徐金祥	390	1150	13	765	1835	1220	84.5	89	53	16990
东案	戴小平	胡志妹	375	1216	9	846	2030	1272	66.1	102	35	17010
前库	徐军星	徐光俊	420	1293	13	894	1709	1098	77.8	68	38	16980
田蓬	郑雨章	詹伟军	369	1124	11	758	1634	994	87.9	114	53	16978
朝阳	邹京军	彭国方	526	1665	16	1145	3010	1908	84.8	167	70	16956
弄坞	程建华	朱 勤	336	1047	9	756	1710	1074	57.7	94	30	17215
呈东	谢志飞	王仁通	610	1869	22	1270	3105	2043	108.9	152	84	16964
金源	王人法	王才贵	705	2079	42	1431	2738	1708	186.9	119	132	17198
高峰	王为平	张淑飞	356	1129	20	798	1415	800	57.1	88	55	16970
合 计			4493	13659	166	9523	21366	13527	860.4	1130	608	17018

（郑凯敏）

大桥头乡

【概况】 大桥头乡位于常山县城东，距县城约16千米，东邻东案乡，南接招贤镇、青石镇，西交紫港街道、辉埠镇，北界芳村镇。地处黄土丘陵区，地势西北高、东南低，向东倾斜。东、西、北三面以丘陵为主，南部属河谷平原。最高点皇子山，海拔517.4米，位于境西北；最低点大桥村田基南侧河滩地，海拔84米，位于境东南。总面积50.3平方千米。区位优势较好，紧连常山国际慢城。交通非常便利，距离沪昆（杭金衢）高速公路常山出口和320国道均约10千米，到“黄衢南”高速东案出口仅3分钟左右车程；乡域内还有苦狮线、鲁芳线两条县道和一条351国道经过。山水资源丰富，境内拥有3条县级河道，其中芳村溪、虹桥溪是常山港的主要支流。芳村溪纵穿集镇而过，与金源溪在集镇下游处汇聚，形成独特的水岸风光。芳村溪大桥头段是一条具有千年历史的古航道，始于唐末，兴于南宋，衰于20世纪80年代初；曾经航道繁忙，陆游、王汉之、杨继洲都曾留下轶事佳话。

2018年，大桥头乡辖8个行政村，常住农户5281户，户籍人口15316人，其中男性7476人、女性7840人。全乡财政总收入1119.97万元，全社会固定资产投资2915万元，农民人均可支配收入1.5万元，耕地面积388.66公顷、绿地面积3305.74公顷、水域面积133.6公顷。中心工作全面推进。杭金衢高速公路扩建、351国道、芳村溪和金源溪小流域治理、濛桥农业旅游综合体、三衢湖环湖路等县级重点项目基本完成土地征收工作；小集镇整治芳村溪景观提升、浮河路改造、立面整治、背街小巷道路硬化完工，11月底通过省级考核验收；“五水共治”连续两年考核排名全县第一；农村生活污水运维工作代表县里接受省级示范县验收，并为验收合格作出应有贡献；卫生保洁全乡域市场化运作正式启动，垃圾分类“生态存折+”模式被《人民日报》宣传报道；全面升级“一窗受理”综合性便民服务大厅，单独设立公安户籍窗口，接收公安派出所全部办证业务，真正使群众办事实现“最多跑一次”。产业基础扎实，引进濛桥农业旅游综合体，发展濛桥竹漂、山涧民居、水上娱乐等项目，为乡村休闲旅游发展打下坚实基础。

启动友好村、濛桥村桥坑区片农民饮用水项目建设，改善部分群众饮用水条件。推进全乡公益性公墓建设工作，规范殡葬行为。完成全乡20户住房救助户的摸底、筛选工作，通过拆除、腾空、修缮加固等手段，完成全乡C级危房265户，D级危房124户的整治任务；年内拆除各类一户多宅311处，拆除面积3.86万平方米。采用资源入股、治水富村、飞地抱团、资产盘活等“4+X”模式推动集体经济发展，由大桥村、樟山村、友好村、莲塘村四村合建的物业经济项目开工建设。濛桥村、客弄村分别与省财通证券、永安期货两家企业进行扶持结对，全乡8个村集体经济经营性收入均超过5万元。完成乡成校创建，撤并幼儿园1所。举办全乡农民运动会，组团参加县农民运动会，并取得团体第八的成绩。在大桥村举办首届孝文化节，评选十大孝星。在濛桥村举办全乡第三届激情广场文艺演出，完成莲塘、濛桥文化礼堂建设，濛桥村被评为县四星级文化礼堂。宣传本土文化，建成濛桥村艄公文化馆、浮河红色纪念馆。2018年，大桥头乡获“省级卫生乡镇”“全省‘五水共治’突出贡献集体”“市级平安示范乡镇”等荣誉称号。

【基层治理创出大桥头乡模式】 2018年，大桥头乡将全乡划分为24个网格，组建8个"组团联村"服务团，并通过"一把手"督考、班子陪考、群众评考、设立"红黑"榜等方式开展督考，倒逼干部真正沉下身子去、到群众中间去。同时，结合村级组织换届"回头看"，评选"红色"村干部2人，"黄色"村干部4人，"灰色"村干部4人，对4名村干部进行"歇职教育"。首创"夜学夜访夜议"机制，创新"导题—走访—化解—反馈—总结—布置"六步工作法，深化村关协、"老娘舅"工作队、银龄互助队3支自治队伍建设，化解各类矛盾纠纷138件次，协助完成240多亩土地征收、63穴坟墓迁移，老娘舅工作队参与基层治理方面的典型事迹在《衢州日报》头版宣传。

【"书香流芳·竹韵濛桥"品牌彰显】 2018年，大桥头乡实施小城镇综合整治项目建设，做美集镇"门面工程"。加大芳村溪防洪堤两岸绿化建设力度，建成集镇东西入口景观节点并投入使用。加快推进全域旅游，古塘天源生态观光园、濛桥乡村旅游综合体等项目有序推进。推进土地流转，引导各类大户建设家庭农场，培养以粮食种植、水果基地为主的家庭农场46家，推广再生水稻种植技术、竹稻种植等技术667亩。重点特色乡村做精。借助芳村溪资源优势，加快濛桥村美丽乡村示范提升项目建设，沿溪游步道、赤山古渡、古井问饮、樱花大道、鲁芳线景观节点等项目基本完成，庭院绿化整治成效明显，高端木屋民宿、旅游接待中心、景观廊桥、竹筏漂流等项目按时序推进，打造"书香流芳·竹韵濛桥"品牌。

【获评"市级平安示范乡镇"】 2018年，大桥头乡推动专职网格员每日巡查、信息采集、服务代办等工作常态化、高效化开展，"两网融合"（即网格化、信息化）全县年度排名靠前。深入开展平安大桥、法治大桥建设，新村村被评为省级民主法治村，开展"扫黑除恶"专项斗争，完善"大调解"工作机制，畅通群众信访渠道，及时解决群众合理合法诉求。建立健全社会稳定风险评估机制，加强对可能影响土地征用、重点项目建设的重大矛盾纠纷的排查调处工作。以农村公共安全、建筑施工、工矿企业、森林防火、危旧房、消防安全领域为巡查重点，加强隐患排查和治理工作，全年无重大安全生产事故发生。大桥头乡获评"市级平安示范乡镇"。

2018年大桥头乡各行政村基本情况一览

表44

村名	村支书	村主任	村民小组（个）	户数（户）	人口（人）	男性（人）	女性（人）	党员（人）	劳力（人）	胡柚面积（亩）	柑橘产量（吨）	胡柚产量（吨）
客弄	陈国良	宁金全	7	265	676	335	343	27	432	661	925	876
莲塘	汪夏根	曾帅帅	6	425	1251	650	600	36	801	975	1142	858
樟山	符龙德	曾有红	12	987	1983	988	996	81	1236	1774	2277	1484
大桥	符镇湧	韩国强	14	654	2107	1156	951	40	1363	1513	1531	1146

续表 44

村名	村支书	村主任	村民小组（个）	户数（户）	人口（人）	男性（人）	女性（人）	党员（人）	劳力（人）	胡柚面积（亩）	柑橘产量（吨）	胡柚产量（吨）
浮河	郑建华	郑开福	22	1129	3217	1128	2089	120	2081	2709	4318	2937
新村	曾明良	熊卓军	6	284	897	449	446	27	519	500	926	841
友好	张 斌	程正基	22	705	2029	1100	929	78	1319	1551	2130	1475
濛桥	姜小平	张小利	27	1132	3156	1666	1486	78	2039	2399	2521	1582
合 计			116	5281	15316	7472	7840	487	9790	487	15770	11199

（吴丽娟）

何家乡

【概况】 何家乡位于常山县城西北部，东连辉埠镇，西北与开化县接壤，号称常山“北大门”。全乡面积54平方千米，下辖8个行政村（63个自然村），有村民小组145个，户数4187户，人口13713人，农村劳动力7631人，其中外出务工4741人。全乡23个党小组，党员587人，其中农村党员478人。耕地总面积609.9公顷，山林总面积5555.1公顷，其中林地3761.6公顷，森林覆盖率74.1%。

2018年，何家乡围绕“点亮月亮湾、做精黄冈山、打造绣溪街、重现古县衙”四大战略任务精准发力，利民生，谋发展，实现社会效应和经济效益双赢。全乡粮食总产量6059.9吨，油菜籽总产量661.2吨，青大豆产量256.8吨，食用菌总产量2300吨，中药材总产量128吨，完成100亩新品种胡柚面积任务。全乡固定资产投资5439万元，地方财政收入2046.79万元。

实施基层党建“三个三”工程，发挥基层治理主体作用。抓好组团联村工作。以“周二下村日”为抓手，强化制度落实，在历次督查中排名靠前，受到通报表扬，组团联村团员共走访村民2300多户，销号各类个性服务清单500余项，村级服务平台办理服务事项759件，排查各类隐患问题80余件，帮助解决矛盾纠纷441件，慰问特殊群体226人次。抓好“一长三员”队伍建设。通过组织培训、常态督查、实时通报方式，推进“一长三员”队伍履行好职责，“643”（即全乡“一长三员”工作日在线60%，每人每日巡查时常4小时，巡查里程3千米）数据排名全县前列。抓好党小组建设。建成23个党小组活动阵地，做亮6个示范阵地，强化党小组功能，抓住关键少数环节，由党小组负责对所在小组党员联户情况和先锋指数量化打分，发挥党员先锋模范作用。

社会事业协调发展。做实信访维稳，解决反映四年的长风水库失地农户失土保险问题，实现信访维稳零进京。推行重点工程重点项目“第一书记”工作法，实现重点项目零阻工。推进“一户多宅”集中整治行动，打响农村建房风貌提升攻坚战。办好民生关键小事，投资200多万元启动双安村自来水项目；投入400多万元实现乡级主干道全面亮化；新建300平方米的绣溪农贸市场，集镇农贸市场实现零的突破；居民集聚区新建5个停车场，破解农村停车难问题。落实公厕所长制，全乡135个旱厕全部拆除，新建公厕3个，改建1个，完成困难群众厕改43户。完成何家乡示范型养老中心建设，开展系列敬老活动，打造孝老之乡。完成乡卫生院、钱塘村卫生室改造提升，改善医疗卫生设施，就医环境大幅提升。完成何家乡档案整理工作。

9月，何家乡新农贸市场建成

（张东良 摄）

抓实党风廉政建设。履行管党治党责任，完善机关内部管理制度，建立周培训制度，利用周一夜学邀请部门领导、业务骨干、优秀村支书对干部进行培训，提升干部工作能力。推进“大整风”行动，开展干部作风专项监督、村干部红黄灰三色考评，严格考评结果运用，倒逼村干部工作作风转变，经过严格评选，有1名灰色村干部被免职。开展效率革命，制定实施干部工作周推进制，成立8个工作推进组，125项工作任务清单分解到每名干部，以制度倒逼工作落实。依法行政全面推进，法律顾问制度更加完善，行政决策科学化、民主化、法治化水平进一步提升。规范乡级国库集中支付制度，预算管理水平逐步提高。优化资金支出，文化、教育、产业、民生等领域投入加大。严格落实中央八项规定，“三公经费”［即财政拨款支出安排的出国（境）费、车辆购置及运行费、公务接待费］支出明显下降。政务、村务、财务公开力度加大，村级民主自治管理工作更加透明。

【小城镇环境综合整治通过验收】　2018年，何家乡推出“党建＋小城镇环境综合整治”模式，党委书记、乡长带头全乡50余名干部结对400多户农户，编排整治项目39个，实施拓宽和“白改黑”工程，交通状况极大改善，开展线乱拉整治，完成强弱电“上改下”3500余米，整治线路6000多米，拔除废杆81根，破解违章、水质、保洁三大整治难题。通过整治，何家乡小城镇的面貌焕然一新，顺利通过省验收组的验收。

【成功创建省级旅游风情小镇】　2018年，何家乡成为全县唯一列入风省级情小镇创建单位。点亮月亮湾。长风村被列入美丽乡村重点村，以沿江景观提升为亮点，以项目助推环境提升，制定项目工作清单，完成古渡金沙、公开水域游泳基地、中心广场、杆线迁移、美丽庭院等近10个项目建设，提升长风村文化礼堂建设，打造文化礼堂精品旅游路线。做精黄冈山，总投资1000多万元完成黄冈山通景公路建设，投资120多万元新建台阶1342阶，完成黄冈山游步道铺砖项目建设，成为黄冈山万寿寺千年以来第一路，5月20日，黄冈村带动群众增收的做法被《人民日报》第十版《浙江常山补短板兴乡村——村里人吃上旅游饭》报道。重现古县衙。邀请省考古研究所专家团队考古鉴定，明确定阳古邑1800年的历史定位，整理定阳拳、罗汉拳拳谱，建设定阳青龙传承保护基地，传承发扬民俗文化。打造绣溪街。梳理江景房、江万里、樊莹、何永芳等廉吏文化脉络，以绣溪古街为主线，建设赵鼎展示馆、樊莹主题文化圈，完成樊莹展示馆建设，建设省级廉政教育基地。

【月亮湾渔村旅游休闲地打造】 2018年，何家乡引领村集体经济活水长流，谋划项目、对接引进资本，打造“月亮湾 古渡金沙”景区，一期投资2000万元，建成运动区、戏水区、玩沙区、烧烤区的休闲综合体，试营业当日游客量有1万多人，村集体经济年增加10万元，农民人均收入年增加1600元，成为长风村新经济增长点。2018年7月16日，《浙江日报》头版《强本领 求真经 显担当——“扛起新使命 写好新答卷”系列报道》报道何家乡在“古渡金沙”项目建设中大抓落实显担当的事迹。2018年5月，长风村被列为常山县4个美丽乡村建设重点村之一，明确“一片鱼耕文化乐园、一条渔村休闲古街、一批渔家精品民宿、一块沙水娱乐项目、一系列渔文化景观”打造浙江著名的月亮湾渔村旅游休闲地的发展定位，同时还获得省级美丽乡村建设800万元的专项资金。

【宋诗长廊文化群建设】 2018年，何家乡融入县委、县政府宋诗之河建设体系，借助常山港月亮湾地理优势和美丽乡村样板村建设，打造“一场、一廊、一墓、一祠、一院、两馆、一村”的宋诗长廊文化群（赵鼎广场、宋诗长廊、忠简孤塚、石门书院、四贤祠、鲜辣主题展馆、古文化展馆、宋诗风情村）。投资280余万元完成赵鼎广场和宋诗长廊建设，邀请省考古研究所专家对忠简孤塚遗迹进行鉴定，鲜辣主题文化综合展示馆主体建筑完成，基本完成古文化展示馆建设，邀请杭州师范大学美术学院周小瓯院长为总设计师，以“山水名流 水墨江南”为设计理念，投入900多万元对溪东87幢农房统一进行外立面改造，打造宋诗风情村。

【乡土文化焕发生机】 2018年，何家乡投资90多万元租赁改造旧厂房为乡综合文化站，同专业文化公司签订公共文化购买服务。6月7日，省文化厅副厅长叶菁到何家乡视察乡综合文化站建设。建设钱塘村哲学长廊，掀起群众学用哲学高潮。紧扣建县1800年历史节点，开展本土文化的挖掘、整理和研究，邀请著名作家陈才成功出版《清风一脉系乡愁——穿越定阳1800年》书籍；市级非物质文化遗产据家青龙参加常山县九龙闹元宵活动获得“祥龙奖”第一名，由传统糯糕制作工艺改编的舞蹈《定阳糯》获全县农村文化礼堂“我们的村晚”精品节目展演第一名，并作为县级代表节目参加衢州市“我们的村晚”展演，深受群众喜爱。

（黄琛颖）

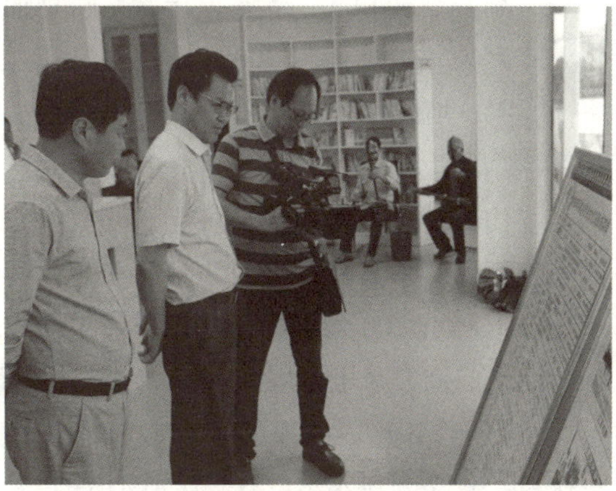

6月7日，省文化厅副厅长叶菁（左二）到何家乡视察乡综合文化站建设

（张东良 摄）

2018年何家乡各行政村基本情况一览

表45

村名	支书	主任	村民小组（个）	党员（人）	农户（户）	人口（人）	劳力（人）	面积（亩）		村集体总收入（万元）
								耕地	柑橘胡柚	
何家	何其红	何中于	24	69	571	1993	979	1684	605	18.6
樊家	方永德	樊嘉云	16	46	403	1362	728	918	283	22.4
江源	洪春良	江　峰	23	72	690	2058	1290	1178	280	11.6
江湾	江水道	江建宗	16	45	457	1358	874	871	157	21.3
钱塘	琚正堂	琚滨华	22	62	700	2354	1456	2007	362	12.2
长风	裴军荣	何水平	16	68	534	1783	768	422	268	19
黄冈	王水清	曾冬冬	21	73	547	1867	1001	1244	618	20.8
双安	鲍承文	蒋荣华	7	43	285	938	535	825	66	10
合　计			145	478	4187	13713	7631	9149	2639	135.9

（詹晓瑜）

同弓乡

【概况】　同弓乡位于常山县西郊，距离常山县城10千米，东连金川街道和常山县工业园区，南接白石镇，西临球川镇，北倚何家乡。全乡总面积37.28平方千米，耕地面积1.3万亩，森林面积30824亩，森林覆盖率54.4%，境内拥有白鹭、灰鹭等各种鹭鸟，100年树龄以上古树3000多株，其中最年长的彤弓山苦楮树树龄有800多年。小城镇边际商贸活跃，农历四、九日为圩日集市，传承至今已经有100多年的历史，形成了浙西独特的民间商贸风土习俗。

2018年，同弓乡下辖8个行政村，61个自然村，92个村民小组；有常住户4133户，常住人口11637人；12个党支部，440名党员。全乡参加城乡居民基本医疗保险8482人。全乡农业总产值1.44亿元，全固定资产投资完成1.46亿元，超出县下达任务25%；乡财政总收入1586万元，比上年增长13%；农民人均可支配收入16796元。全乡耕地面积112571亩；粮食作物种植面积9947亩，总产量4467吨；油料作物种植面积4835亩，亩产量172千克；蔬菜种植面积3480亩，总产量6299吨；果用瓜种植面积1443亩，总产量5698吨；花卉种植面积1380亩；甘蔗种植面积230亩，总产量609吨；马尼拉草坪种植面积1000多亩，其他作物种植面积418亩。全乡完成规模以下企业营业性收入1355万元，比2017年增长12.7%。

2018年，同弓乡重点围绕现代农业做大做强、乡村环境整治提升、土地全域综合整治、生态环境保护开发和乡村休闲旅游发展，推进美丽乡村建设。开展厕所革命“三百”行动，拆除旱厕94个，完成困难群众厕改57户，在胡村村、湖石头村和中和村新建成卫生公厕3个。开展春秋季查灭螺工作，查灭有螺村5个、有螺点4个、有螺面积1530平方米。完成“五四三”“小城镇环境综合整治”“一户多宅”集中整治工作，推进农村危旧房改造，规划审批农民建房83幢，帮助328户群众拆除危旧房。

做好“土地整治＋产业发展”文章，推动第一、第三产业融合发展，打造富有本区域特色的经济新增长点，助推农业农村现代化。开展农村妇女“常山阿姨”培训12次，培训223人。发展以花果产业为主导的现代农业产业，引进天慈农业发展有限公司、沃田农业和绿润水果专业合作社等现代设施农业项目30多个，培育柴家畈提子园、天垂果园、大宝山胡柚精品基地等现代农业精品园10个，以及“太公山”“野星”“一忆”等知名农产品品牌10多个，注册保护“同弓”“彤弓山”等特色商标5个，境内花果产业生产面积达1万余亩。

招商引资取得明显成效。2018年，同弓乡引进浙江道合邦有限公司年产200万只铝锅生产线项目、常山县安构金属制品有限公司的钢结构生产线项目和从上海引进的浙商回归项目即年产200万只塑料包装桶项目，并在新都工业园区落地，3个工业项目总投资1.264亿元。引进王勇家庭农场王者精品胡柚育产销一体化服园和金色同弓田园综合体等落地乡域范围的农业项目2个，总投资24.86亿元。引进安能物流、彤弓山加油站和集镇放心超市等三产服务业项目，总投资3000多万元。

精神文明建设全面推进。开展“5·20孝老日”活动，“孝老之乡”建设有载体、有抓手、有成效。全乡机关干部捐助孝老资金6400元；开展“幸福爷爷·快乐奶奶”活动30余次，为老人们送上关心和关爱。发放各类慰问补助金822万元，“五保户”、低保户、重度残疾人等做到应保尽保、应补尽补。举办同弓乡首届农民运动会；组织参加全县龙舟赛、万人大合唱等活动；组织农民免费体检 1871人次。做好信访维稳和社会治安工作，办结群众信访件86件次，化解群众矛盾纠纷35件次，信访报结率100%。

基层党建工作不断加强。推进彤弓山村“金钉子”创建工作，制定乡党委专题研究党建工作、村党支部书记参与乡周一夜学制度。投入资金约400万元对村办公楼进行改造提升，完成关庄桥和山边村的党群服务中心建设。采取“线上网络＋线下网格”的组团联村方式，完成党建基本制度落实、网格阵地建设、“一长三员”人员配备、先锋指数考评等工作，对村干部实行红黄灰“三色”评定管理，通过述职评议、现场考察、平时掌握等方式，3名村干部被评定为黄色，接受停职3个月的回炉教育，1名村干部被评定为灰色，给予免职处理。启动末位约谈制度以来，问责村干部3人。全年在各级媒体上刊登基层党建信息80余篇，“周二下村去”浙江党建专题中刊发16篇文章，获评一等奖、三等奖和优胜奖各1篇。

是年，同弓乡获省级卫生乡镇、省级第一批“水稻产业‘机器换人’”示范乡镇等荣誉；彤弓山村被评为国家级AAA级景区，胡村村被评为省级美丽宜居示范村试点。

【集镇环境综合整治通过省级机动考核验收】 2018年，同弓乡大抓规划管控、环境整治、设施配套、服务提升、产业发展和常态化管护，全力打造美丽宜居的家园。累计投入财政资金3000余万元，完成综合整治项目31个，其中工程类项目19个、管理类项目12个。全面拆除临时搭建物、超面积辅房、超面积围墙、C级危旧房、D级危旧房、占道洗衣池和旱厕等各类违章构筑物350余处1.6万多平方米；新建小城镇机非隔离绿化带1000多米、非机动车道5000多平方米；铺设人行道3300多平方米，“白改黑”小城镇主街路面1.3万多平方米；铺设纳污管道和排水管道共5500多米，建设生活污水处理终端设施3个，其中生活污水PKA终端处理设施日处理能力达到50吨；“上改下”迁改小城镇街区电力线缆（管道）2159米、电信、广电等通讯线缆(管道)14.264孔千米；整理回头山、鸡公桥、圩里、新铺等背街小巷“蜘蛛网”5个小区，移除强弱电各种线杆150多根，粉刷“赤膊墙”138幢、面积4.8万多平方米，按照浙派风格改造小城镇民居外立面161幢5.6万余平方米，整治改造老式卷闸门339片、空调外机608个、屋顶太阳能180多个和破损店招161个，拆除“蓝色屋顶”钢架大棚100多个8000多平方米，完成困难群众改厕40余户，新建AA级卫生公厕1座。小城镇环境综合整治于11月底通过省级机动考核验收，2019年初被评为省级样板镇。

【全域土地综合整治首期区块启动建设】 2018年3月起，同弓乡推进“土地整治+”模式，盘活农村闲置土地资源5972亩。6月30日，与浙江绿投有限公司签订总投资24.3亿元，供地2.7万亩的协议。以全域土地综合整治和金色同弓田园综合体两个项目同步推进，实现农业规模化经营，发展集规模化高标准农田生产、休闲旅游、康养旅居为一体的特色小镇。其中，3个村6715亩为第一期启动区块，于2018年12月启动建设。

【彤弓山村成功创建国家AAA级旅游景区】 2018年，同弓乡以“旅游+农业+美丽乡村”为总目标，全力打造彤弓山村休闲旅游品牌。9月19日，常山县欢庆“中国农民丰收节”暨首届农民文化艺术节在同弓乡彤弓山村举行。10月4日，彤弓山村举行丰收节后“晒秋”活动，传承彤弓山古村落的“晒秋”习俗。两项活动分别被中央电视台《新闻联播》、中央电视台国防军事频道丰收节特别节目《丰收来敲门》、中央电视台新闻频道、浙江卫视、人民网等20余家权威媒体报道。加大“农耕童趣园”建设，加强农产品的转型升级，利用彤弓山村得天独厚的生态景观，将龙绕溪骑行慢道、现代园区采摘园、胡柚基地等风景点串连成一条集展示、观光、购物、农耕体验为一体的农旅结合风景线，全年累计吸引游客近10余万人。彤弓山村于12月底通过国家AAA级旅游景区创建，成为同弓乡的金品牌。

浙江“晒秋”第一村

（同弓乡 供图）

【同弓乡国家卫生乡镇创建通过市级验收】 2018年，同弓乡累计投入近5000多万元资金，开展60余个乡村建设项目。发动乡村党员干部、“两代表一委员”、青年志愿者等人员，国家卫生乡镇创建工作跑出“同弓速度”，于11月底，通过市级考核验收。全年拆除一户多宅142户，拆除面积13540

平方米；拆除附房356户面积10496平方米；整治214户，拆除面积5946平方米，拆除生产经营用房8处面积2.82万平方米，整治危旧房248户，全年共计整治570余户。打造集生态农业、科技开发、养生休闲、互动体验为一体的田园综合体。现代农业园区育苗中心建设已完成项目用地政策处理176亩，完成主干道绿化4200多平方米，种植樱花、红叶碧桃、苦丁茶等树木1240余株，总投资2970万元。

（毛美芳）

2018年同弓乡各行政村基本情况一览

表46

村名	支部书记	村民主任	常住户数（户）	常住人口（人）	党员（人）	劳力（人）	外出劳力（人）	耕地面积（亩）		山林面积（亩）	胡柚面积（亩）	柑橘产量（吨）	胡柚产量（吨）	人均收入（元）
								水田	旱地					
彤弓山	章贵生	徐伟群	213	577	29	366	176	505	20	1060	10	5	16	17785
同　心	邹清华	余泽荣	524	1516	53	942	458	1463	118	4400	100	16	92	15248
关庄桥	杨　军	邹忠新	850	2411	72	1315	611	1841	460	1653	225	4	655	15754
金川源	刘小兵	乐军英	589	1641	48	1045	359	1731	58	2500	535	20	1631	17364
中　和	潘广丰	占廿九	549	1567	49	1005	742	1532	177	15200	655	31	1638	17902
湖石头	洪治国	洪金民	381	1030	27	490	406	936	120	2676	355	18	536	17079
山　边	洪永录	张　忠	538	1527	36	938	361	1412	799	300	190	5	53	16681
胡　村	胡羽飞	胡志建	489	1368	31	828	479	1354	45	6880	148	11	649	16557
合　计			4133	11637	345	6729	3492	10774	1797	34669	2223	110	5270	16796

（毛美芳）

新昌乡

【概况】 新昌乡位于浙江省西部，县境北部，是全国油茶之乡，省级民间文化艺术之乡，浙江省生态文化基地。辖区东连芳村镇，南接辉埠镇，西界开化县，北邻淳安县。乡政府驻地距县城22.5千米。属山地丘陵地区，山地总面积82.7平方千米。最高点八面山，海拔1012米，为常山县第二高峰。植被以油茶为主，兼有松杉林，落叶、阔叶和常绿叶树混交林。新昌乡气候温和湿润，四季分明，雨量充沛，年平均气温16.5℃～17.1℃。主要矿产资源包括煤、钨、锰、锡、铜、萤石、白石英、花岗岩、白岗岩、铅、锌、石灰石等。萤石矿储量1700万吨，氟化钙储量745万吨。全乡总面积111.6平方千米，耕地面积6240亩，其中水田5718亩、旱地522亩，主种水稻、小麦、玉米、大豆、番薯等。山林面积60908亩，其中油茶林53761亩，年产山茶油500吨左右；培育发展毛竹7147亩，拓展发展毛竹深加工业。新昌乡文化底蕴深厚，木油榨传统技艺、洗马舞、钢叉舞、猷辂拳四项内容已被列入省级“非遗”保护名录。其中，《洗马舞》获全省民间舞蹈表演银奖，曾参加CCTV《走进常山》节目的录制；《猷辂拳》于2011年被CCTV-7《相约》栏目录播。

2018年，新昌乡下辖10个行政村，总户数5850户，17480人。基层党支部12个，党员642人，其中，10个行政村党支部党员数579人，1个创业党支部党员数28人，1个机关党支部党员数35人。全乡实现全社会固定资产投资7812万元，乡财政收入2149.81万元，农民人均纯收入14314元，属于全省欠发达乡镇。

是年，新昌乡获评“2017年度衢州市小城镇环境综合整治工作先进集体”“2017年度小城镇环境综合整治市级样板名单”“2017年衢州市平安建设先进集体”；郭塘村被评为“省级美丽宜居示范村督查优秀村庄”。

【全县美丽乡村建设重点村最多的乡镇】 2018年，新昌乡实施“党建＋乡村”，发挥“新昌七贤”领头雁作用，各行政村按照各自的特色，加大对美丽乡村的建设力度，形成“比学赶超”的良好局面。黄塘、达塘、西源三个村被列入全县美丽乡村建设重点村，按照县里统一部署，做好旅游项目、高端民宿、美丽庭院等项目，基本实现村村有特色、村村有精品。新昌乡成为全县美丽乡村重点村最多的乡镇。

【全域旅游焕发新气象】 2018年，新昌乡做深“红色＋绿色”融合大文章，主打红色游、生态游，助推全域旅游大发展。依托西源红色旅游景区的建成，完成西源AAA级景区村的创建。创新“红色旅游＋”文章。“红色旅游＋自驾旅游”“红色旅游＋扶贫”“红色旅游＋教育”“红色旅游＋培训”等旅游线路的设计，进一步激发红色旅游产品的融合。依托国家油茶主题公园建设，打造散步油茶林、观木油榨技艺、品油茶美食为主线的油茶旅游路线，将油茶产业与旅游相融合，实现双赢。

【农业产业结构改革深入推进】 2018年，新昌乡实施“党建＋产业”，结合新昌实际，推动农业产业结构改革。在黄塘党建示范带上融入油茶元素，不断完善油茶“两园一馆”（即油茶博览园、油茶主题公园和油茶技艺展示馆）功能升级，实现产业与旅游业融合发展。发挥“农合联”作用，重点做好油茶产业提升，实施800亩油茶新品种造林、1000亩油茶低改，加强对油茶种植、采摘、销售等方面的管理，提高油茶产量和质量。在新昌村和茶源村引进200余亩“红美人”柑橘种植，达塘村引进100亩香椿种植，黄塘村完成蟠桃、红李等60亩小水果种植，农业产业繁荣发展。

【“一户多宅”整治强势迈进】 2018年，新昌乡始终保持一拆到底的高压态势，成立工作专班，全维度宣传，变“要我拆”为“我要拆”。工作中吃透精神、扣清底数、重拳出击、拆用结合，形成党员干部带头拆，以身作则当表率；普通群众主动拆，拥护政策亮姿态的工作合力。截至年底，拆除“一户多宅”正屋327幢，面积32394平方米；拆除“一户多宅”附房243幢，面积7169平方米，乡村面貌得到持续改善。

2018年新昌乡各行政村基本情况一览

表47

村名		新昌	对坑	黄塘	岩前	輶辂	郭塘	达塘	茶源	泰安	西源	合计
村支书		刘水林	甘志光	廖红俊	程献光	李树金	张　荣	陈重良	余国军	余土生	程礼锋	
村主任		黎　明	张运通	廖红俊	程联明	—	吴利卫	汪华东	余利平	王维水	丁皮皮	
村民小组（个）		27	8	8	21	29	21	14	20	10	30	188
农户（户）		938	372	343	475	947	735	535	622	335	548	5850
人口（人）		2750	1127	957	1434	2677	2378	1542	1868	1007	1740	17480
党员（人）		121	44	32	54	70	65	59	51	23	62	581
劳力（人）		1549	673	567	840	1562	1397	917	1091	592	1015	10205
外出劳力（人）		620	268	235	321	622	529	362	417	233	376	3983
劳务收入（万元）		1478	642	541	801	1490	1332	875	1040	564	968	9731
耕地面积（亩）	水田	1086	410	278	454	899	790	655	495	264	3547	5685
	旱地	86	45	21	61	61	74	44	76	32	22	522
	合计	1172	455	299	515	960	864	699	571	296	376	6207
山林面积（亩）	竹林	–	–	–	–	–	–	–	–	908	6239	7147
	油茶林	5630	1880	4587	4290	8859	4469	4936	7629	7467	4013	53761
	合计	5630	1880	4587	4290	8859	4469	4936	7629	8375	10252	60908
油茶籽产量（吨）		63	9	3	4	12	9	13	12	6	10	141
中药材面积（亩）		220	–	70	–	210	240	90	–	–	–	830
柑橘面积（亩）		614	300	372	1420	645	658	432	265	454	0	5160
柑橘产量（吨）		659	436	496	1543	707	729	482	305	493	0	5850
其中胡柚	面积（亩）	365	92	80	390	300	370	170	5	210	0	1982
	产量（吨）	370	95	85	400	320	380	180	6	220	0	2056
村级经济（万元）		20	5	38	14	5	3	6	6	10	5	112
人均收入（元）		15840	13777	14545	16022	13086	14498	14711	13000	13459	14203	14314
区域面积（平方千米）		10.5	3	4.6	8.8	8.2	9.0	13.1	10.9	12.8	29.7	110.6

（方 西）

组织机构及负责人名录

新增副处级以上领导干部简介

魏宏伟 男，汉族，1975年2月生，浙江上虞人，2001年1月入党，1996年8月参加工作，研究生学历。现任常山县人民政府副县长、党组成员（挂职）。

姚金环 女，汉族，1972年10月生，浙江慈溪人，1994年5月入党，1996年8月参加工作，大学学历。现任常山县人民政府副县长、党组成员，常山—慈溪山海协作产业园管委会主任（挂职）。

县级领导机构及负责人名录

（2018.01—2018.12）

中共常山县委员会：

书　　记：叶美峰
副 书 记：周向军
　　　　　王郁松
常　　委：秦财华
　　　　　余　风
　　　　　毛献明
　　　　　郑建华
　　　　　张　亮（2018.01—2018.07）
　　　　　黄　霏（女）
　　　　　陈　东
　　　　　韩金铭
　　　　　姜苏州
　　　　　桂美林
　　　　　姚金环（女）（2018.05—）
　　　　　魏宏伟（2018.07—）

常山县人民代表大会常务委员会：

主　　任：徐建华
副 主 任：苏新祥
　　　　　徐　柯
　　　　　王　全
　　　　　王生智
　　　　　李德勇
党组书记：徐建华

常山县人民政府：

县　　长：周向军
副 县 长：毛献明
　　　　　张　亮（2018.01—2018.07）
　　　　　韩金铭
　　　　　姚金环（女）（2018.05—）
　　　　　魏宏伟（2018.07—）
　　　　　揭政东
　　　　　郑金仙（女）
　　　　　戴根林
　　　　　段为斌
　　　　　胡伟民
党组书记：周向军

中国人民政治协商会议常山县委员会：
主　　席：林红汉
副 主 席：黄法云
谢雨生（兼）
罗诚剑（兼）
范东英（女）
汪卫东（兼）
党组书记：林红汉

中共常山县纪律检查委员会、常山县监察委员会：
书　记（主　任）：黄　霏（女）
副书记（副主任）：郑顺满
朱开明

常山县人民武装部：
党委第一书记：叶美峰
部　　长：桂美林
政　　委：周利建
党委书记：周利建

常山县人民法院：
院　　长：王小红
党组书记：王小红

常山县人民检察院：
检 察 长：柯耀根（2018.01—2018.05）
姚俊宏（代）（2018.05—）
党组书记：柯耀根（2018.01—2018.05）
姚俊宏（2018.05—）

县级机关部门及负责人名录

（2018.01—2018.12）

一、县委工作机构

县委办公室：
主　　任：姜雪峰
县委县政府信访局：
局　　长：陈　芳（女）（2018.01—2018.03）
陈桂强（2018.03—）
县委政策研究室：
主　　任：朱　璋
县委保密委员会办公室（县政府保密局）：
主任（局长）：吴永兴
县委机要局（县密码局）：
局　　长：许　赟
县委报道组：
组　　长：胡江平
县委县政府督查（考核）办公室：
主　　任：郑　兵
县委台湾工作办公室（县政府台湾事务办公室）：
主　　任：程鸿星
县档案局（馆）：
局（馆）长：毕建国
党组书记：毕建国
县委党史研究室：
主　　任：毕建国（兼）
县农业和农村工作办公室：
主　　任：汪启红
党组书记：汪启红
县委组织部：
部　　长：秦财华
县委人才工作领导小组办公室：
主　　任：李　斌（2018.03—）
县委新经济与新社会组织工作委员会：
书　　记：何　菊（女）
县委老干部局：
局　　长：姚肖忆（女）
县关心下一代工作委员会：

主　　任：秦财华

县委宣传部：

部　　长：余　风

县精神文明建设委员会办公室：

主　　任：奉　琼

县社会科学界联合会：

主　　席：朱　灵

县互联网信息办公室：

主　　任：曾国平

县委统战部：

部　　长：郑建华

县政府侨务办公室：

主　　任：余金荣（2018.01—2018.03）

王玉娟（女）（2018.03—）

县委政法委员会：

书　　记：王郁松

县社会管理综合治理委员会：

主　　任：王郁松

县社会管理综合治理委员会办公室：

主　　任：徐平平

县委610办公室：

主　　任：徐平平

县维护稳定工作领导小组办公室：

主　　任：徐家善

县机构编制委员会办公室：

主　　任：周元良

党组书记：周元良

县直属机关工作委员会：

书　　记：汪正满

县委党校：

校　　长：秦财华（兼）

常务副校长：傅昌华

县行政学校：

校　长：毛献明（兼）

县社会主义学院：

院　长：郑建华（兼）

县党支部书记学院：

（常编办〔2018〕4号文件，同意“中共常山县委党校”增挂“常山县党支部书记学院”牌子。）

院长：秦财华（兼）（2018.05—）

县委巡察办：

主任：徐国庆

二、县人大常委会工作机构

县人大常委会办公室：

党组书记：苏新祥（兼）

主　　任：章大勇

县人大常委会代表与选举任免工作委员会：

主　　任：胡真钢

县人大常委会经济工作委员会：

主　　任：余国义

县人大常委会法制工作委员会：

主　　任：何小平

县人大常委会建设与资源环境保护工作委员会：

主　　任：叶剑明

县人大常委会教育科技文化卫生民族华侨工作委员会：

主　　任：李启发

县人大常委会财政金融工作委员会：

主　　任：吴建良

县人大常委会农业与农村工作委员会：

主　　任：卢志土

县人大常委会政策研究室：

主　　任：缪春祥

三、县人民政府工作机构

（一）县政府工作部门

县政府办公室：

主　　任：陈　岗

党组书记：陈　岗

县政府法制办公室：
　　主　　任：毛学斌
县政府外事办公室：
　　主　　任：樊敏剑
县金融工作办公室：
　　主　　任：方建平
县政府应急管理办公室：
　　主　　任：占利华
县政府研究室：
　　主　　任：刘晓刚
县政府咨询委员会：
　　主　　任：王文达
县政府咨询委员会办公室：
　　主　　任：徐高禄（兼）
县发展和改革局：
　　局　　长：姜光明
　　党委书记：姜光明
县统计局：
　　局　　长：黄廉科
　　党组书记：黄廉科
县服务业办公室：
　　主　　任：李忠兴
县经济和信息化局：
　　局　　长：郑忠东
　　党委书记：郑忠东
县商务和粮食局：
　　局　　长：蒋绍青
　　党组书记：蒋绍青
县教育局：
　　局　　长：洪永海
　　党委书记：洪永海
县第一中学：
　　校　　长：洪涛
　　党总支书记：洪涛
县科学技术局：
　　局　　长：祝慧虹（女）
　　党组书记：祝慧虹（女）
县民族宗教事务局：
　　局　　长：蓝小珍（女）
县公安局：
　　局　　长：胡伟民
　　党委书记：胡伟民
　　政　　委：钱青平（2018.01—2018.12）
　　　　　　　龚进升（2018.12—）
交通警察大队：
　　大队长：方志忠（2018.03—）
　　教导员：姜作水
县民政局：
　　局　　长：廖小兵
　　党组书记：廖小兵
县司法局：
　　局　　长：汪卫东
　　党组书记：汪益华
县财政局：
　　局　　长：李德生
　　党委书记：李德生
县财政国库支付中心：
　　主　　任：段盛伟
县人力资源和社会保障局：
　　局　　长：李　军
　　党组书记：李　军
县社会保险事业管理局：
　　局　　长：江水生
县住房和城乡规划建设局：
　　局　　长：徐　敏
　　党委书记：徐　敏
县城乡规划中心：
　　主　　任：黄晓东（2018.01—2018.03）
　　　　　　　邹伟良（2018.03—）
县综合行政执法局：
　　局　　长：曾智盛
　　党组书记：曾智盛

政　　委：程良寿

县人民防空办公室（民防局）：

主任（局长）：周建军

党组书记：周建军

县交通运输局：

局　　长：王　伟

党委书记：王　伟

县铁路工作办公室：

主　　任：江玉林

党组书记：江玉林

县水利局：

局　　长：郑　汉

党委书记：郑　汉

县中型水库管理局：

局　　长：赵豪才

县农业局：

局　　长：徐士平

党委书记：徐士平

县畜牧兽医局：

局　　长：林少卫

县林业局：

局　　长：胡乾平

党委书记：胡乾平

县文化广电新闻出版局：

局　　长：徐良其

党组书记：徐良其

县卫生和计划生育局：

局　　长：黄国华

党委书记：黄国华

县人民医院：

院　　长：饶祖华

党总支书记：饶祖华

县审计局：

局　　长：李　珍（女）

党组书记：李　珍（女）

县环境保护局：

局　　长：廖伟明（2018.01—2018.05）

陈　芳（女）（2018.05—）

党组书记：廖伟明（2018.01—2018.03）

陈　芳（女）（2018.03—）

县安全生产监督管理局：

局　　长：郑龙龙

党组书记：郑龙龙

县市场监督管理局：

局　　长：姜利成

党委书记：姜利成

（二）县政府直属单位

县机关事务管理局：

局　　长：陈金龙

党组书记：陈金龙

县体育局：

局　　长：李岳飞

党组书记：李岳飞

县新闻传媒集团（县广播电视总台）：

总裁（台长）：郑建炳

党 委 书 记：郑建炳

县旅游委员会：

主　　任：朱建红

党组书记：朱建红

县招商局：

局　　长：琚东风

党委书记：琚东风

县政府经济技术协作办公室：

主　　任：琚东风

县现代农业园区管理委员会：

主　　任：徐士平

县公共资源市场化配置监督管理办公室：

主　　任：王湖南（2018.01—2018.03）

金　宏（2018.03—）

党组书记：王湖南（2018.01—2018.03）

金　宏（2018.03—）

县公共资源交易中心：

主　　任：何红良

浙江广播电视大学常山学院：

院　　长：黄仙寿

党总支书记：黄仙寿

县农业综合开发办公室：

主　　任：李炳根（2018.01—2018.03）

廖伟明（2018.03—）

县供销合作社联合社：

主　　任：吴秀方

党委书记：吴秀方

县行政服务中心管理办公室：

主　　任：刘利忠

党组书记：刘利忠（2018.01—2018.02）

毛献明（兼）（2018.02—）

县城东新区管理委员会：

主　　任：邹伟良（2018.01—2018.03）

黄晓东（2018.03—）

党工委书记：毛献明（兼）

县政府投资项目建设中心：

主　　任：林永祥（2018.03—）

县经济技术开发区管理委员会：

主　　任：杨春柳

党工委书记：姜苏州（2018.01—2018.12）

段为斌（2018.12—）

（三）垂直管理单位

县国土资源局：

局　　长：沈文兵

党委书记：沈文兵

县国税局：

局　　长：张　帆

党组书记：张　帆

县烟草专卖局：

局　　长：陈日明

党组书记：陈日明

中国电信股份有限公司常山分公司：

总 经 理：陈利华

党委书记：陈利华

中国邮政集团公司常山县分公司：

总 经 理：姚　正（2018.01—2018.07）

张　剑（2018.07—）

党委书记：姚　正（2018.01—2018.07）

张　剑（2018.07—）

国网浙江常山县供电公司：

总 经 理：季孝共（2018.01—2018.02）

陈韶昱（2018.02—2018.07）

吴　忠（2018.07—）

党委书记：郑怀华（2018.01—2018.07）

陈韶昱（2018.07—）

县气象局：

局　　长：方革新

党组书记：方革新

县农信联社（农商银行）：

理事长（董事长）：余荣华

主任（行长）：张德建

党委书记：余荣华

中国人民银行常山县支行：

行　　长：周伟斌

党组书记：周伟斌

衢州银监分局常山办事处：

主　　任：李　骏

中国工商银行常山县支行：

行　　长：何柳进

中国建设银行常山县支行：

行　　长：汪　政

中国银行常山县支行：

行　　长：卫志安

中国农业银行常山县支行：

行　　长：陆士海

中国农业发展银行常山县信贷组：

主　　任：刘　坚

中国人民财产保险股份有限公司常山支公司：
经　　理：王荣良
中国人寿保险股份有限公司常山支公司：
经　　理：周　强

四、政协常山县委员会工作机构
县政协委员会：
秘 书 长：洪顺根
县政协机关：
党组书记：洪顺根
县政协办公室：
主　任：王春国
县政协委员工作委员会：
主　任：徐爱荣
县政协提案委员会：
主　任：江樟生
县政协港澳台侨委员会：
主　任：杨春玫（女）
县政协经济科技委员会：
主　任：胡明祥
县政协文史资料委员会：
主　任：王晓华
县政协教育文化卫生体育委员会：
主　任：张国富
县政协社会法制和民族宗教委员会：
主　任：邓永平
县政协农业农村和人口资源环境委员会：
主　任：胡水林

县级群众团体及负责人名录

（2018.01—2018.12）

常山县总工会：
主　　席：罗诚剑
常务副主席：吴直丰
党组书记：吴直丰
共青团常山县委员会：
书　　记：饶　群
党组书记：饶　群
常山县妇女联合会：
主　　席：邱雪芳（女）
党组书记：邱雪芳（女）
常山县科学技术协会：
主　　席：章金平
党组书记：刘裕良
常山县文学艺术界联合会：
主　　席：王有军
常山县残疾人联合会：
理 事 长：朱万洪
党组书记：朱万洪
常山县工商业联合会：
主　　席：涂国红
党组书记：徐志标
常山县红十字会：
会　　长：郑金仙（女，兼）
常务副会长：叶树良

乡镇（街道）领导机构及负责人名录

（2018.01—2018.12）

天马街道：
党工委书记：严良京
人大工委主任：曾素平（2018.07—）
办事处主任：宁玮亮
紫港街道：
党工委书记：周丽兵
人大工委主任：徐　亮
办事处主任：黄小兵

金川街道：

党工委书记：郑 俊（女）

人大工委主任：张禄杰

办事处主任：邹 斌

辉埠镇：

党委书记：陈 东

人大主席：江小平

镇 长：潘广贵

何家乡：

党委书记：樊金国

人大主席：刘小莉（女）

乡 长：汪 峻

招贤镇：

党委书记：何小建

人大主席：饶明耀

镇 长：程敏芳

青石镇：

党委书记：谢志宏

人大主席：张翼忠

镇 长：郑 丽（女）

东案乡：

党委书记：金雪白

人大主席：李永忠

乡 长：王木星

大桥头乡：

党委书记：杨力军

人大主席：傅良寿

乡 长：徐军建

芳村镇：

党委书记：陈贤民

人大主席：黄 建

镇 长：陈卫明（2018.01—2018.06）

徐小灵（2018.06—）

新昌乡：

党委书记：魏 斌

人大主席：杨光龙

乡 长：林永周

白石镇：

党委书记：刘 忻（女）

人大主席：邹 赛（女）

镇 长：汪慧建

球川镇：

党委书记：胡志彬

人大主席：李 青

镇 长：王贤龙

同弓乡：

党委书记：王建坤

人大主席：方金海

乡 长：楼 华

荣 誉 录

[各级别均按颁奖表彰时间顺序排列；先进个人姓名后“（）”加注所属单位简称]

省部级及以上表彰（命名）的荣誉一览

表 48

荣誉称号	获奖单位或个人	颁发单位／文号	颁发时间
“2017 荣耀浙江、使命担当”业务竞赛县公司奖	人寿寿险常山支公司	人寿寿险浙江省分公司	2018-01
浙江在线 2017 年度先进支站	县新闻传媒集团	浙江日报报业集团	
2017 年第四季度浙江“最美家庭”	胡盛春（育才中学）	省妇女联合会、省精神文明建设委员会	
2018 浙江省第三届摄影理论高端研修班优秀摄影论文二等奖	罗文富《浅谈艺术转型过程中浙江省摄影理论的发展之路》	省文化馆	
浙江省人力资源和社会保障系统先进集体	县劳动保障监察大队	省人力资源和社会保障厅／浙人社发〔2018〕1 号	2018-01-03
浙江省人力资源和社会保障系统先进工作者	胡志良（县人社局）		
2017 年度市、县（市、区）“公众创业创新服务行动”优秀单位	常山县	省科学技术厅／浙科发〔2018〕3 号	2018-01-04
2017 年浙江省休闲农业与乡村旅游示范县		省农业厅、省旅游厅	
2017 年度省级卫生乡镇	青石镇、白石镇、新昌乡、东案乡、同弓乡、何家乡	省爱国卫生运动委员会	
全省地税业务大比武优胜个人嘉奖一次	毛舒（县税务局）	省地税局／浙地税函〔2018〕3 号	2018-01-05
继续保留荣誉称号的浙江省文明单位	常山一中、工行常山支行、县检察院、县消防大队、县公路管理局、人行常山支行、建行常山支行、中行常山支行、移动常山分公司、电信常山分公司、省交投集团有限公司杭金衢分公司浙赣收费所、省交投集团实业发展有限公司常山服务区、县国税局、县供电公司、县气象局、县水利局	省精神文明委员会／浙文明〔2018〕3 号	2018-01-11
省级文明单位	天马镇、新昌乡黄塘村、东案乡田蓬村、辉埠镇路里坑村、芳村镇新桥村、县档案局、县农村信用合作联社、县青少年活动中心、中国人民财产保险股份有限公司常山支公司、天马街道文峰社区	省委、省政府／浙委发〔2018〕4 号	2018-01-12
浙江省“武术之乡”	常山县	省体育总会／浙体总〔2018〕3 号	2018-01-13
2017 年度百佳“精品台区”	芳村供电所弄坞 3# 变	省电力有限公司／浙电营〔2018〕29 号	2018-01-15
优秀台区经理	马周（芳村供电所）		

续表 48

荣誉称号	获奖单位或个人	颁发单位／文号	颁发时间
浙江省体育强县	常山县	省政府／浙政函〔2018〕4 号	2018-01-16
标准化五星级供电所	芳村供电所	省电力有限公司／浙电营〔2018〕33 号	2018-01-16
2017 年公司连续三年的“青年文明号”集体	芳村供电所营业班	省电力有限公司／浙电党建〔2018〕40 号	2018-01-18
党的十九大维稳安保工作作出突出贡献的集体	县人社局	省人力资源和社会保障厅／浙人社发〔2018〕9 号	2018-01-18
党的十九大维稳安保工作作出突出贡献的个人	朱瑜、周木金、刘健（县人社局）	省人力资源和社会保障厅／浙人社发〔2018〕9 号	2018-01-18
省军区表彰基层建设标兵单位	许华春（县水上民兵救援分队）	市政府／衢政〔2018〕1 号	2018-01-22
省军区表彰优秀专武干部标兵	傅小峰（青石镇）	市政府／衢政〔2018〕1 号	2018-01-22
拟命名全国优秀“动感中队”公示	实验小学、天马一小、常山一小、阁底小学	全国少工委办公室	2018-01-22
2017 年度“浙江省农业综合执法示范窗口”	常山县	省农业厅／浙农专发〔2018〕6 号	2018-01-23
2017 年度 A 级劳模创新工作室	余晓庆劳模创新工作室	省电力有限公司／浙电工会〔2018〕60 号	2018-01-25
2017 年度全省劳动保障监察系统模范集体	县劳动保障监察大队	省防范处置企业拖欠工资工作领导小组办公室／浙防欠办发〔2018〕1 号	2018-01-26
全省卷烟打假工作成绩突出个人	罗罕（县烟草专卖局）、陈勇（县公安局）	省烟草专卖局、 省公安厅／浙烟专联〔2018〕16 号	2018-01-26
2014—2016 年度打击非法买卖外汇先进集体	经侦大队	国家外汇管理局／汇发〔2018〕1 号	2018-01-26
全省监狱系统刑罚执行办案能手	张浩（小）、林显育（省三监）	省监狱管理局／浙监〔2018〕20 号	2018-01-26
全省监狱系统教育改造能手	喻利刚、卢栋（省三监）	省监狱管理局／浙监〔2018〕20 号	2018-01-26
全省监狱系统优秀狱内侦查员	周鑫（省三监）	省监狱管理局／浙监〔2018〕20 号	2018-01-26
全省监狱系统生活卫生先进个人	王国军（小）、黄奎迅（省三监）	省监狱管理局／浙监〔2018〕20 号	2018-01-26
全省监狱系统劳动改造与安全生产先进个人	占海峰（省三监）	省监狱管理局／浙监〔2018〕20 号	2018-01-26
全省监狱系统狱政管理能手	孙艳辉（省三监）	省监狱管理局／浙监〔2018〕20 号	2018-01-26
全省监狱系统指挥中心工作先进个人	祝宗伙（省三监）	省监狱管理局／浙监〔2018〕20 号	2018-01-26
全省监狱系统后勤保障工作先进个人	黄建新、高建红、徐建国、汪传红（省三监）	省监狱管理局／浙监〔2018〕20 号	2018-01-26
全省监狱系统队伍建设工作先进个人	周毅军、张启财、林立（省三监）	省监狱管理局／浙监〔2018〕20 号	2018-01-26
全省监狱系统优秀青年导师	宋月兴（省三监）	省监狱管理局／浙监〔2018〕20 号	2018-01-26
省属监狱系统优秀职工	陈建民（省三监）	省监狱管理局／浙监〔2018〕20 号	2018-01-26
2017 年度机构客户市场竞争力提升劳动竞赛先进个人	刘玲、汪丽萍（工行常山支行）	工行浙江分行／工银浙办发〔2018〕19 号	2018-01-30
2017 年度机构金融业务先进个人（营销标兵）	刘玲（工行常山支行）	工行浙江分行／工银浙办发〔2018〕19 号	2018-01-30

续表 48

荣誉称号	获奖单位或个人	颁发单位／文号	颁发时间
武警执勤标兵中队	武警常山中队	武警浙江省总队	2018-01-31
2017 年浙江省体育强镇（乡）	球川镇、东案乡	省体育局／浙体群〔2018〕37 号	
2017 年浙江省禁毒工作组织工作成绩突出学校	常山一中	省禁毒委员会办公室／省禁毒办〔2018〕14 号	
2017 年浙江省禁毒工作县级组织工作成绩突出单位	县教育局		
2017 年浙江省文化市场综合执法工作优秀个人	廖伟军（县文化市场行政执法大队）	省文化市场管理工作领导小组办公室	
2017 年度“五好单位”	人寿寿险常山支公司	人寿寿险浙江省分公司／国寿人险浙发〔2018〕81 号	2018-02
工商系统先进个人	高虹（县市场监管局）	省消费者权益保护暨实施“放心消费在浙江”工作联席会议办公室／浙消联办〔2018〕1 号	2018-02-02
林业好信息一等奖	县林业局	省林业厅／浙林便〔2018〕36 号	
2017 年代发工资业务“拓量提质”劳动竞赛先进单位	工行常山支行	工行浙江分行／工银浙个金〔2018〕5 号	2018-02-05
2017 年代发工资业务“拓量提质”劳动竞赛先进个人	何冬（工行常山支行）		
先进集体	县数字城管指挥中心	省住房和城乡建设厅／建城发〔2018〕37 号	2018-02-08
先进个人	杨林娣（县综合行政执法局）		
2017 年度全省小城镇环境综合整治省级样板镇	青石镇	省小城镇环境综合整治行动领导小组办公室／浙镇治办〔2018〕9 号	2018-02-09
浙江省第三次农业普查先进集体	县政府第三次农业普查领导小组办公室、辉埠镇	省政府第三次农业普查领导小组／浙农普组〔2018〕1 号	2018-02-12
浙江省第三次农业普查先进个人	江骏霞（县统计局）、宁小娟（球川镇）、胡玉良（东案乡）、王琴（大桥头乡）		
2017 年度省级巾帼文明岗	县大风车幼儿园大班教研组	省巾帼建功双学双比活动协调小组／浙巾双协〔2018〕1 号	2018-02-22
2017 年度省级巾帼建功标兵	邱雪芳（县妇联）		
2017 年度全省个人业务优秀客户经理	徐慧玲（工行常山支行）	工行浙江分行／工银浙办发〔2018〕39 号	2018-02-26
2017 年浙江省“五水共治”信息工作先进个人	李玲（天马街道）、杨吕琴（辉埠镇）	省美丽浙江建设领导小组“五水共治”（河长制）办公室／浙治水办发〔2018〕4 号	2018-02-28
2017 年度全省千名好民警	汪明、曾智勇、施文杰（县公安局）	省公安厅／浙公通字〔2018〕22 号	
浙江省优秀红领巾社团	龙绕小学	少先队浙江省工作委员会	2018-03
2017 年“示范数字档案室”	县城东新区管委会	省档案局／浙档发〔2018〕5 号	2018-03-05
浙江省东联集团有限责任公司 2017 年度先进集体	浙江常新机械有限公司二分厂	浙江省东联集团有限责任公司／浙东联〔2018〕8 号	
浙江省东联集团有限责任公司 2017 年度先进科技工作者	陈良伟（省三监）		
浙江省东联集团有限责任公司 2017 年度生产管理先进个人	孙华罡（省三监）		

续表48

荣誉称号	获奖单位或个人	颁发单位／文号	颁发时间
浙江省农作物病虫害专业化统防统治与绿色防控融合示范县	常山县	省植物保护检疫局／浙植〔2018〕10号	2018-03-19
2016—2017年度审计工作先进单位	县供电公司	省电力有限公司／浙电人资〔2018〕207号	2018-03-20
2017年度浙江省教育宣传工作先进集体	县教育局	浙教报刊总社〔2018〕16号	2018-03-22
2017年度全省户籍管理群众满意单位	治安大队	省流动人口服务管理工作领导小组办公室／浙流口办〔2018〕8号	
全国“最美防痨人”团队	常山县“移动结核门诊”团队	中国防痨协会	2018-03-24
2017年度浙江教育新媒体创新奖	县教育局官方微信	省记协教育工委、省教育厅办公室／浙记协教〔2018〕3号	2018-03-27
2017年度平安县	常山县	省委／浙委发〔2018〕13号	
2016—2017年度社会治安综合治理先进集体	县委政法委	省委办公室／浙委办发〔2018〕13号	
2017年度优质服务五星级员工	琚玉洁（工行常山支行）	工行浙江分行／工银浙办发〔2018〕65号	2018-03-28
2017年度优质服务四星级员工	刘志琳（工行常山支行）		
2017全国农村金融十大新闻·机构	常山农商银行	中华合作时报社	2018-04
浙江省“一校一品”特色示范学校	常山一中	省一校一品评审委员会	
“助推剿灭劣Ⅴ类水实践活动”优秀组织奖	民盟常山总支	民盟浙江省委员会	
民盟浙江省治水先锋	罗诚剑、何晟（民盟常山总支）		
浙江省“浙里发邪”反邪教漫画单幅画成人组二等奖	王峰（天马街道）	省反邪教协会	
2017年度浙江省县级媒体融合推进工作先进单位	县新闻传媒集团	省新闻出版广电局	
浙江省县市区域报好新闻奖	周洁梅、汪芳、钱俊、鲁致远、汪杰、徐功富、汪芳、李俊秋、吴可嘉、陈蓉蓉、徐俊灵、章晨洁（县新闻传媒集团）	省记协县市区域报工作委员会	
第13届中国（义乌）文化产品交易会工艺美术铜奖	朱孙国《新高度》、毛春良《长细篮》、戴理平《湖光山色》	中国（义乌）文化产品交易会组委会	
新时代·中国年2018新春手机摄影大赛	徐小萍《杀年猪》	省文学艺术界联合会、省摄影家协会	
2017年度全省公路系统宣传报道先进个人	张沪君、徐莹（县公路管理局）	省公路局／浙公路〔2018〕42号	2018-04-02
2017年度出入境窗口三星级民警	徐梦玲（县公安局）	省公安厅办公室／浙公办〔2018〕59号	2018-04-03
全国经济林产业区域特色品牌试点单位	县政府	国家林业局绿化造林管理司／造经函〔2018〕11号	2018-04-04
2017年度森林浙江建设目标责任制考核优秀单位		省政府	2018-04-07
2016—2017年度全国森防宣传工作优秀通讯员	刘晓明（县林业局）	国家林业和草原局林草防治总站／林防总〔2018〕32号	2018-04-09
浙江省山林纠纷调处工作突出贡献集体三等功	县林业局	省林业厅／浙林改办〔2018〕2号	2018-04-13

续表 48

荣誉称号	获奖单位或个人	颁发单位／文号	颁发时间
2017 年度全省环境监察执法工作先进集体（优胜大队）	县环境监察大队	省环境监察总队／浙环执法发〔2018〕2 号	2018–04–16
2017 年度全省环境监察执法工作先进个人	王东方（县环境监察大队）		
2017 年度全省基层财政管理工作优秀单位	县财政局	省财政厅／浙财办发〔2018〕38 号	2018–04–20
2017 年度全省农村综合改革工作优秀单位			
浙江省教育系统优秀工会工作者	潘迁明（城关中学）	省教育工会	2018–04–22
第七届浙江民间文艺映山红奖·优秀民间艺术表演评选活动金奖	曾令兵（县喝彩艺术团）	省民间文艺家协会	2018–05
“中国梦·劳动美”全省职工合唱大赛铜奖	县总工会	省委宣传部、省总工会、省文化厅、浙江广电集团	
浙江省课外阅读先进集体	芳村小学、常山二中	省教育报刊总社	
浙江省课外阅读优秀指导教师	谢飘飘（芳村小学）		
优秀指导教师	郑素芳（民建常山支部）	省小作家联络部	
优秀指导一等奖		共青团中央学校部	
浙江省科技兴林奖	刘晓明（县国土资源局）	省林业厅	
第七届浙江民间文艺映山红奖·优秀民间艺术表演评选活动金奖	县喝彩协会《上栋梁》	省民间文艺家协会	
“华铁股份杯”全国手机摄影大展入展作品	徐志芳《进城》	《中国摄影报》社	
局三等功	赵素雪、徐红霞、占海峰、胡显钢、朱利军、姜益彬、毛军帅、沈跃东（省三监）	省监狱管理局／浙监〔2018〕61 号	2018–05–11
朗诵比赛二等奖	郑素芳（民建常山支部）	民建浙江省委会	2018–06
2018 年浙江省普通高校招生考试“优秀评卷教师”	陈婷（常山一中）	省教育考试院	
浙江省安吉游戏实践园	教工幼儿园	省教育厅	
浙江省全域疗休养发展十佳县	常山县	2018 首届中国（浙江）疗休养产业发展大会组委会	
浙江省优秀工会工作者称号	杨叶根（县总工会）	省总工会	
2017 年度重大农业职务疫情防控工作优秀单位	常山县	省防控农林植物重大疫情指挥部／浙植指农〔2018〕1 号	2018–06–01
2017 年度五水共治（河长制）工作优秀县“大禹鼎”		省委、省政府／浙委发〔2018〕25 号	2018–06–02
2017 年度浙江新闻奖三等奖	徐功富、周洁梅、钱俊（县新闻传媒集团）	省新闻工作者协会	2018–06–06
2018 年浙江省未成年人读书节课本剧大赛三等奖	天马二小、县图书馆课本剧《捉知了的女孩》	省文化厅／浙文公共〔2018〕12 号	2018–06–08
浙江省 2018 年第一批义务教育标准化学校	芳村小学、阁底小学	省教育厅办公室／浙教办计〔2018〕57 号	2018–06–13
2017 年度 QC 小组活动优秀成果三等奖	国网常山县供电公司调控运行班 QC 小组	省电力公司行业协会／浙电协会〔2018〕31 号	

续表 48

荣誉称号	获奖单位或个人	颁发单位／文号	颁发时间
2017 年度浙江省小城镇文明行动样板小城镇	白石镇	省精神文明建设委员会办公室／浙文明办〔2018〕9 号	2018-06-18
全国文明村	金川街道十里山村	中央文明委〔2017〕7 号／常文明〔2018〕5 号	2018-06-20
全国文明镇（复查确认继续保留荣誉称号）	辉埠镇		
省级文明村镇	天马街道、东案乡田蓬村、新昌乡黄塘村、辉埠镇路里坑村、芳村镇新桥村	省委省政府／浙委发〔2018〕4 号／常文明〔2018〕5 号	
省级文明社区	天马街道文峰社区		
省级文明单位	县档案局、常山农商银行、县青少年活动中心、人保财险常山支公司		
2017 年度浙江“最美家庭”	徐宝英家庭、邱木兰家庭	浙文明办〔2018〕8 号／常文明〔2018〕5 号	
2016—2017 年度浙江省分行青年文明号	农行常山县芳村支行	省农行／农银浙党办发〔2018〕22 号	
2017 年度财务先进个人	吴超（省三监）	浙江省东联集团有限责任公司／浙东联〔2018〕19 号	2018-06-27
2017 年度内部审计工作先进个人	张苏英（省三监）	浙江省东联集团有限责任公司／浙东联〔2018〕21 号	
全省先进妇女组织	县妇联、东案乡田蓬村妇联	省妇联／浙妇〔2018〕34 号	2018-06-29
全省优秀妇女干部	徐珍（招贤镇妇联）		
全国农村金融机构十佳普惠金融机构	常山农商银行	中华合作时报社、《中国金融》杂志社、中央财经大学金融品牌研究所	2018-07
第八届中国农村金融品牌价值榜最美乡村信贷员	郑浩（常山农商银行）		
浙江省百名摄影家“聚焦世界砚都”现场摄影抓拍赛三等奖	罗文富《遗痕》	省文化馆	
2017 年度优秀管理创新成果二等奖	县供电公司	省电力有限公司／浙电企协〔2018〕483 号	2018-07-06
“最多跑一次”新闻微剧大赛优秀奖	县新闻传媒集团	浙江广播电视集团、浙江省广播电影电视学会	
2017 年度管理创新优秀成果二等奖	县供电公司	省电力公司行业协会／浙电协会〔2018〕34 号	2018-07-09
浙江省“无违建县（市、区）”创建工作先进个人	吴刚（县国土资源局）、陈慧平（县综合执法局）	省政府办公厅／浙政办发〔2018〕29 号	2018-07-17
2017 年度省级标准化成校	大桥头乡政府	三衢教育（市教育局）公众号	2018-07-19
2017 年度城镇保障性安居工程财政资金绩效评价优秀	县财政局	省财政厅／浙财建〔2018〕81 号	2018-07-20
省志愿服务项目大赛铜奖	同弓乡政府	共青团浙江省委／团浙联〔2018〕33 号	2018-07-23
2018 年度浙江省建设工程钱江杯（优质工程）	县城投公司（心舟公园建设一期工程）	省住建厅／浙建建〔2018〕36 号	2018-07-25

续表 48

荣誉称号	获奖单位或个人	颁发单位／文号	颁发时间
2018 年度发行工作先进单位	县档案局	《浙江档案》杂志社	2018-08
2018 年度宣传工作先进单位			
2018 年度优秀通讯员	饶贤福（县档案局）		
全国青少年五好小公民主题教育读书活动“红旗飘飘，引我成长”先进集体	县教育局	教育部关心下一代工作委员会	
浙江省第十届残疾人运动会群体项目比赛男子肢体站姿组第五名	江建平（青石镇）	浙江省第十届残疾人运动会暨第七届特殊奥林匹克运动会组委会	2018-08-01
全省“低收入农户收入倍增计划”先进个人	王郁松（县委）、胡兰（县财政局）	省委、省政府／浙委发〔2018〕34 号	2018-08-06
浙江省“低收入农户收入倍增计划”先进集体	县农办、白石镇政府		
2018 年度《中国公路》杂志优秀特约记者	徐莹（县公路管理局）	中国公路杂志／中公路字〔2018〕06 号	2018-08-10
浙江省“三育人”先进集体	育才中学	省教育工会	2018-08-14
浙江省“三育人”先进个人	徐文新（城关中学）		
省级现代生态循环农业整建制推进县	常山县	省农业厅／浙农科发〔2018〕16 号	2018-08-15
全国支农支小优秀村镇银行	常山联合村镇银行	中国村镇银行发展论坛组委会	2018-08-16
国家税务总局网络安全和信息化领导小组办公室表扬	严美容（县税务局）	国家税务总局／税总信息办便函〔2018〕205 号	2018-08-17
第六届浙江省审计青年论坛三等奖	徐敏龙（县审计局）	省审计厅／浙审科〔2018〕99 号	2018-08-24
2018 年第十三届香港国际武术比赛最佳运动队	常山一小	香港国际武术比赛组织委员会	
《浙江墙改》宣传工作 2017 年度先进集体	县新墙办	省发展新型墙体材料办公室	2018-09
浙江省第三届大数据舆情高峰论坛“金舆奖·创新案例”	县委宣传部	浙江日报报业集团、浙江在线新闻网站	
2017 年度浙江省广播电视对农节目服务工程建设考核先进单位	县新闻传媒集团	省新闻出版广电局	
2018 年度浙江省广播电视对农节目服务工程建设考核优秀奖			
中华旗袍摄影艺术大赛优秀奖	王一群《旗袍走进书法村》《春到江南》	辽宁省摄影家协会	
省级优秀教师暨浙江省中小学师德楷模	姚爱萍（何家小学）	省教育厅、省人社厅／浙教人〔2018〕89 号	2018-09-03
省级优秀教师暨浙江省农村教师突出贡献奖	郑春英（青石小学）	省教育厅、省人社厅、省财政厅／浙教人〔2018〕88 号	2018-09-05

续表48

荣誉称号	获奖单位或个人	颁发单位／文号	颁发时间
省委党校“改革开放四十周年”理论研讨会论文二等奖	罗丽君（县委党校）	省委党校（省行政学院）系统中国特色社会主义理论体系研究中心／浙党研〔2018〕7号	2018-09-05
浙江“春蚕奖”	姜正德（育才小学）、朱桂贞（钳口小学）	省人民教育基金会／浙教基金〔2018〕2号	2018-09-06
2014—2017年度浙江省群众体育工作成绩突出单位	县教育局	省体育局／浙体群〔2018〕339号	2018-09-13
省级现代农业园区创建对象	县省级现代农业园区	省粮食安全和推进农业现代化工作协调小组农业“两区”办公室／浙农园办〔2018〕12号	
省级特色农业强镇创建对象	东案胡柚特色农业强镇		
省农行首届“服务明星”	徐雪霁（农行红旗街支行）	省农行／农银浙办发〔2018〕129号	2018-09-17
浙江省最美田园	大宝山大坞胡柚基地	省农业厅、省旅游厅／浙农产发〔2018〕11号	2018-09-21
《浙江工运》报刊2017年度优秀通讯员	杨叶根（县总工会）	浙江工人日报社/《浙江工运》	2018-09-30
2017年度省级五四红旗团支部	紫港社区团支部	团省委／团浙〔2018〕46号	
2017年度省级优秀团员	徐新德（县文化馆）		
浙江省食用菌行业优秀品牌	常山猴头菇	省食用菌协会	2018-10
工行系统全省第十六届业务技术比赛一对多场景化营销情景模拟项目第三名	占丽（工行常山支行）	工商银行浙江省分行	
浙江省特奥田径男子垒球金牌	包佳雄（培智学校）	省第十届残疾人运动会组织委员会	
浙江省特奥田径男子立定跳远金牌			
浙江省特奥田径女子100米金牌	余芳（培智学校）		
浙江省特奥田径女子200米金牌			
全国足球特色学校	育才小学	教育部	
“醉美金华”第二届全国摄影大展入展作品	徐志芳《好年景》、李志强《回娘家》	《中国摄影报》社	
全省电大教材发行管理先进单位	常山电大	浙江电大办公室／浙电大办〔2018〕53号	2018-10-12
入选“浙江好人榜”10月见义勇为名单	曾水华（县税务局）	省委组织部、省文明办和浙报集团	2018-10-15
第七届“浙江孝贤”	周桂凤（芳村镇猷阁口村）	“浙江孝贤”推选活动组委会	2018-10-16
全省供销系统成绩突出集体	县供销联社	省供销合作社／浙供合发〔2018〕70号	2018-10-17
全省供销系统成绩突出个人	董福华（县供销联社）		

续表 48

荣誉称号	获奖单位或个人	颁发单位／文号	颁发时间
浙江省“优秀城市美容师”	程遵平（县环卫处）	省住建厅／浙建城〔2018〕62 号	2018-10-18
浙江省城市市容环境卫生工作先进集体	县环卫处		
浙江省人民调解工作先进乡镇（街道）	紫港街道	省委、省政府／浙委发〔2018〕48 号	2018-10-22
全省优秀人民调解员	周太清（县医疗纠纷调解委员会）		
全省指导人民调解工作先进个人	胡国芳（县司法局）		
全省剿灭劣Ⅴ类水先进集体	大桥头乡政府	省委、省政府／浙委发〔2018〕49 号	
2018 年全国终身学习品牌项目	县职业中专（“常山阿姨”家政培训品牌）	全民终身学习活动周工作小组、中国成人教育协会	2018-10-25
省委党校“纪念改革开放四十周年暨浙江县域政治发展理论研讨会”优秀论文三等奖	刘学锋（县委党校）	省科学社会主义学会、省委党校县域政治发展研究所	2018-10-27
全国血防卫士	姜友华（县疾控中心）	中华预防医学会	2018-11
民盟思想宣传工作先进集体	民盟常山总支	民盟中央	
浙江之声 2018 年度技术维护先进单位	县广播电视台	浙江广播电视集团	
2018 浙江省第三届摄影理论高端研修班优秀摄影作品优秀奖	罗文富《非遗魅力》	省文化馆	
放歌新时代——浙江省群星扇面书法大展金奖	郭裕文小楷《过白石岩感怀》		
第 11 届中国义乌国际森林产品博览会先进工作者	付典华（县林业局）	义乌国际森林产品博览会组委会／森博委〔2018〕9 号	2018-11-04
浙江省国有林场建设突出贡献个人	刘生有（县林业局）	省林业厅／浙林造〔2018〕87 号	2018-11-06
通报表扬	高丰（县公安局）	省公安厅／浙公网传〔2018〕1055 号	
三等功（专项行动）	俞小慧、陈良伟、徐力成（省三监）	省监狱管理局／浙监〔2018〕210 号	2018-11-07
局嘉奖（专项行动）	赵鹏初、李波、姜作权、刘金良、余根平、查冠军、王爱金、徐家红、毛大余、柴晓建、严太周、罗志忠、程世涛、吴斌、管鹏、张浩、吴梓平、郑飞、石敏、郑玉华、周刚、杨杰、温从转（省三监）		
“千村示范、万村整治”工程和美丽浙江建设突出贡献集体	县环保局	省委、省政府／浙委发〔2018〕54 号	2018-11-08
“千村示范、万村整治”工程和美丽浙江建设突出贡献个人	叶美峰（县委），徐安平（县治水办），李巧（县农办），王东方、占美华（县环保局），胡兰（县财政局），廖红俊（新昌乡），涂国红（赛得健康集团）		
“千村示范、万村整治”工程和美丽浙江建设个人二等功	汪启红（县农办）	省政府办公厅／浙政发〔2018〕39 号	
“千村示范、万村整治”工程和美丽浙江建设个人三等功	周丽兵（紫港街道）、陈芳（常山县环保局）		
第二批全省“扫黄打非”进基层示范点	东案乡	省“扫黄打非”工作领导小组／浙扫黄打非发〔2018〕10 号	

续表 48

荣誉称号	获奖单位或个人	颁发单位／文号	颁发时间
2018 年度省级平安单位	常山农商银行	省公安厅／浙公办〔2018〕270 号	2018-11-12
通报表扬	刘芳（县公安局）	省公安厅／浙公网传〔2018〕1108 号	2018-11-20
浙江省首届性病防治技能比武活动一等奖	黄璐（县人民医院）	省皮防所／浙皮〔2018〕53 号	2018-11-21
浙江省首届性病防治技能比武活动二等奖	郑耀红（县人民医院）		
通报表扬	胡吉庆（县公安局）	省公安厅／浙公网传〔2018〕1112 号	2018-11-22
“我与检察共成长”主题征文活动三等奖	陈利东（县检察院）	省检察院／浙检发政字〔2018〕60 号	2018-11-23
“盘羊三号行动”先进集体	县森林公安局	濒管办上海办事处／协字〔2018〕1 号	2018-11-29
“盘羊三号行动”先进个人	何磊君（县森林公安局）		
2018 年度省级卫生乡镇	大桥头乡政府	省卫生健康委官网	
全省电大教务工作先进集体	常山电大	浙江电大办公室／浙电大办〔2018〕73 号	2018-11-30
全国柑橘产业 30 强县（市）	常山县	中国果品流通协会	2018-12
所长“大比武”个人综合成绩第四名	曹奕琪（县市场监管局）	省市场监管局	
全国百佳乡村旅游目的地	同弓乡	海南博鳌美丽乡村峰会	
浙江省中小学心理健康教育示范点	常山一小	省中小学心理健康教育指导中心	
2018 年度“一师一优课、一课一名师”活动优课	徐慧君、徐佳（常山一中）	中央电化教育馆	
2018 年度全省机关党建理论研究成果三等奖	县直机关工委、县委党校课题组	省机关党的建设研究会	
浙江省党的建设研究会论文三等奖	罗丽君、张冬洁（县委党校）		
2018 年浙江绿色家庭	刘芳仙（天马街道）	省妇女联合会、省生态环境厅、省住房和城乡建设厅	
第八届英国皇家国际艺术比赛全国总决赛优秀指导教师	琚正平	亚洲青年音乐节协会	
2018 年第二届歙县徽州古城全国摄影作品展	徐小萍《风景这边独好》	《中国摄影报》社	
“为有牺牲多壮志”浙江英烈故事征集活动三等奖	连中福《坠落在远方的星》《又见麻山杜鹃红》	中共浙江省作家协会机关委员会、浙江革命烈士纪念馆	
浙江省森林资源保护管理工作突出贡献集体	县政府	省政府／浙政发〔2018〕45 号	2018-12-04
浙江省森林资源保护管理工作突出贡献个人	胡乾平、周佳评（县林业局），樊金国（何家乡）		

续表 48

荣誉称号	获奖单位或个人	颁发单位／文号	颁发时间
2018年度浙江省防治艾滋病性病优秀志愿者	邵琦（县疾控中心）、应秀娟（县人民医院）	省性病艾滋病防治协会／浙艾协办〔2018〕26号	2018-12-10
2018年度全省财政税政调研统计工作先进单位	县财政局	省财政厅／浙财税政〔2018〕26号	
浙江财政年鉴2018卷组稿先进单位		省财政厅办公室／浙财办发〔2018〕144号	2018-12-11
2018年全省农业展会组织工作先进单位	常山县	浙江农业博览会组委会／浙农博〔2018〕3号	
2018年度全省检察机关侦查监督两个专项立案监督类精品案例	县检察院检察监督部	省检察院／浙检发侦监字〔2018〕25号	2018-12-12
2017年浙江省高中化学课堂教学评比二等奖	尹芳媛（常山一中）	省教育厅教研室	
2018年度浙江省委党校（行政学院）系统优秀决策咨询成果三等奖	张冬洁（县委党校）	省党校（行政学院）系统中国特色社会主义理论体系研究中心／浙党研〔2018〕10号	
优秀价格认定人员	张启林（县发改局）	国家发展改革委价格认证中心／发改价认综〔2018〕208号	2018-12-13
全省检察机关涉未诉讼监督优秀案例	县检察院刑事检察部	省检察院／浙检发未字〔2018〕21号	
2018年度全省检察机关控告申诉检察司法救助案件优秀案件	县检察院案件管理部	省检察院／浙检发控申字〔2018〕35号	
2018年度省级休闲旅游示范村	黄冈村、郭塘村	省文化和旅游厅／文旅游〔2018〕8号	
省工业旅游示范基地	常发粮油公司	省文化和旅游厅、省经济和信息化厅／浙文旅产〔2018〕2号	
浙江省烟草专卖局涉烟重大案件表彰	常山“4·29”运销假烟重大案件（县烟草专卖局）	省烟草专卖局／浙烟专〔2018〕66号	2018-12-17
2018年全省检察机关践行“枫桥经验”优秀案例	县检察院检察监督部	省检察院／浙检发研字〔2018〕42号	2018-12-19
2018年度全省检察机关互联网检察专题公诉优秀案件	县检察院刑事检察部	省检察院／浙检发诉三字〔2018〕13号	2018-12-20
2018年度全省检察机关生态环保检察专题公诉精品案件	县检察院检察监督部	省检察院／浙检发诉三字〔2018〕12号	
全省县（市、区）书法家协会“先进组织”	县书法家协会	省书法家协会／浙书〔2018〕1号	
国家AAAA级旅游景区	梅树底景区	省文化和旅游厅	2018-12-21
省级旅游风情小镇	何家乡	省政府	
2018年浙江（上海）旅游交易会优秀展台奖	县旅游委员会	省文化和旅游厅	
全省劳动人事争议案件处理工作优秀单位	县劳动人事争议仲裁委员会	省劳动人事争议仲裁委员会／浙劳人仲〔2018〕7号	2018-12-24
浙江省第四批森林人家	紫港街道狮东村	省林业局／浙林产〔2018〕107号	
浙江省第四批森林特色小镇创建名单	何家森林休闲养生小镇		
浙江省健康促进学校（金牌）	招贤小学、钳口小学	省爱卫办	

续表 48

荣誉称号	获奖单位或个人	颁发单位 / 文号	颁发时间
浙江省第九批省级“绿色学校”	球川小学、宋畈小学	省教育厅	2018-12-25
2018 年度人口管理服务最富“匠心”基层单位	招贤镇便民服务中心公安窗口	省流动人口领导小组办公室 / 浙流口办〔2018〕21 号	
浙江兰台铁军宣传标兵	饶贤福（县档案局）	省档案局	2018-12-26
二等功	蒋亮（县公安局）	省公安厅 / 浙公令〔2018〕113 号	2018-12-27
2018 年命名浙江省卫生乡镇	辉埠镇、招贤镇、芳村镇、大桥头乡	省爱国卫生运动委员会 / 浙爱卫〔2018〕5 号	
2018 年确认浙江省卫生乡镇	球川镇		
2017 年度省级国土资源节约集约模范县	常山县	省自然资源厅公告 / 〔2018〕1 号	
工银 e 生活码上赢百强新人	饶冬学、张诗萌（工行常山支行）	工行浙江分行 / 工银浙卡〔2018〕44 号	2018-12-28
省级白金级民宿	村上酒舍	省文化和旅游厅	2018-12-29
省级银宿级民宿	云湖仙境、彤弓山居		

地市级表彰（命名）的荣誉一览

表 49

荣誉称号	获奖单位或个人	颁发单位 / 文号	颁发时间
衢州市中小学生篮球比赛男子第四名	天马二小	市教育局	2018-01
全市政法综治系统十佳政法模范标兵	詹璐（县法院）、王毓青（东案乡金源村）	市委政法委 / 衢政法〔2018〕1 号	2018-01-04
十佳政法先进单位	县公安局城关派出所		
衢州市“利剑 3 号”专项行动先进集体	常山县森林公安局	市森林公安局 / 衢森公〔2018〕4 号	2018-01-08
衢州市“利剑 3 号”专项行动先进个人	胡红旗（县森林公安局）		
业务规范奖	县行政服务中心	市行政服务中心 / 衢行发〔2018〕3 号	2018-01-15
社保系统经办服务竞赛优胜单位	县社会保险事业管理局	市社会保险事业管理局	
全市侨联系统先进集体	天马街道	市侨联 / 衢侨联〔2018〕4 号	2018-01-18
2017 年度全市财政地税信息工作先进二等奖	县财政局	市财政局 / 衢财办发〔2018〕2 号	
2017 年度全市财政地税信息工作积极分子	汪卓成（县财政局）		
集体三等功	县检察院刑事检察部	市检察院 / 衢市检发政字〔2018〕3 号	
个人三等功	郑勤（县检察院）	市检察院 / 衢市检发政字〔2018〕4 号	

续表 49

荣誉称号	获奖单位或个人	颁发单位／文号	颁发时间
2017年度政府非税收入征管工作先进单位	县财政局	市财政局／衢财综〔2018〕1号	2018-01-19
2017年度政府非税收入报表编制及分析工作先进单位			
2017年度政府网上支付平台建设先进单位			
军分区表彰安全管理先进单位	县人武部	市政府／衢政〔2018〕1号	2018-01-22
军分区表彰战备训练先进个人	张益春（县人武部）		
军分区表彰优秀职工标兵	叶良金（县人武部）		
2017年度政协好新闻二等奖	熊爱华（县政协办）	政协衢州市委员会办公室、衢州市新闻工作者协会	2018-01-23
2017年度政协好新闻三等奖	熊爱华、王春国（县政协办）		
2017年度全市科技行政管理系统政务信息工作先进集体	县科学技术局	市科学技术局／衢市科发办〔2018〕8号	2018-01-30
2017年度全市科技行政管理系统政务信息工作先进个人	陈建平（县科学技术局）		
全市农行2017年“惠农通”工程先进个人	姜明华（农行芳村支行）、高建平（农行营业室）	市农行／农银衢办发〔2018〕10号	
2017年度“平安交通”建设安全生产目标管理责任制考核优秀	县交通运输局	市交通运输局／衢市交〔2018〕14号	2018-01-31
2017年度全市宣传思想文化工作创新奖	县委宣传部	市委宣传部／衢市宣〔2018〕7号	
2017年度市关心下一代先进集体	大桥头乡政府	市关工委／衢关工委〔2018〕1号	
2017年度“通衢网络问政平台”优秀单位	县委网信办	市委网络安全和信息化领导小组办公室	2018-02
2017年度“通衢网络问政平台”先进个人	曾国平（县委宣传部）		
全市“最美公务员”	周燚（县国土资源局）	市国土资源局／衢市人社发〔2018〕50号	
2017年度全市安全生产工作先进集体	县安监局、县经济技术开发区管委会、同弓乡政府	市政府／衢政发〔2018〕6号	2018-02-02
2017年度全市安全生产工作先进个人	刘冬良（住建局）、胡俊（安监局）、郑泽荣（辉埠镇）、胡志斌（球川镇）、黄志娟（紫港街道）		
“我为优质服务献一策”合理化建议活动一等奖、三等奖	县供电公司	市供电公司／衢电竞〔2018〕1号	
“服务之星”劳动竞赛一、二等奖	一等奖：方慧斌、二等奖：许飞（县供电公司）		
年度新秀	田群方（泰隆银行常山支行）	泰隆银行衢州分行／泰银衢发〔2018〕13号	
先进支行行长	席琪（泰隆银行常山支行）		
先进员工	余璐（泰隆银行常山支行）		
先进支行	常山招贤小微企业专营支行		

续表 49

荣誉称号	获奖单位或个人	颁发单位／文号	颁发时间
共产党员岗位标兵	严大辉（农行综管部）	市农行／农银衢党发〔2018〕2号	2018-02-05
“优秀党支部书记”	吴慧琪（农行营业室）		
2017年度全市在建项目施工企业优秀项目部	048省道延伸线常山溪口至宋畈公路L4合同段	市交通局／衢市交〔2018〕16号	2018-02-06
2017年度全市在建项目标准化工地建设优秀单位	048省道延伸线常山溪口至宋畈公路L4合同段		
2017年度衢州市对外宣传成果“金桂奖”	县委宣传部	市委宣传部／衢市宣〔2018〕9号	
全市质监系统工作创新奖	县市场监管局	市质量技术监督局／衢质技监〔2018〕22号	2018-02-07
2017年度市级巾帼文明岗	县妇幼保健院护理部、温州银行常山支行营业部、招贤卫生院护理部	市政府妇女儿童工作委员会办公室／衢妇儿工委办〔2018〕2号	
2017年度市级巾帼建功标兵	曾晓燕（县妇联）、徐红媛（金川街道妇联）、张莺（天马街道妇联）		
2017年度衢州市青年文明号	县公安局办公室、大桥头派出所、芳村派出所、外港派出所、国网常山供电公司招贤供电所营配1班、中国移动常山分公司政企客户部、常山广电总台新闻中心、县检验检测研究院	市“青年文明号、青年岗位能手”活动指导委员会／衢青文〔2018〕1号	2018-02-08
2017年度衢州市青年岗位能手	朱礼华（县供电公司）		
2017年度档案宣传报道工作一等奖	县档案局	市档案局	
市档案宣传工作先进个人	饶贤福（县档案局）	市档案局	
2017年度个人嘉奖	何磊君（县森林公安局）	市森林公安局／衢森公〔2018〕11号	
先进经营单元	电信常山分公司	电信衢州分公司	2018-02-09
2018年度工作目标责任制考评优秀	县市场监管局	市市场监管局／衢市监综〔2018〕3号	2018-02-11
2017年衢州市农村生活污水治理设施运维管理先进单位	县住建局	市住建局办公室／衢住建办〔2018〕39号	
2017年衢州市农村生活污水治理设施运维管理先进个人	吴益民（县住建局）		
2017年度衢州市燃气行业管理先进单位	县住建局	市住房和城乡建设局办公室／衢住建办〔2018〕40号	
2017年度衢州市燃气行业管理先进个人	吴益民（县住建局）		
2017年度工作目标责任制综合考评优秀	县交通运输局	市交通运输局／衢市交〔2018〕20号	

续表 49

荣誉称号	获奖单位或个人	颁发单位／文号	颁发时间
2017 年度清收处置能手	胡文军（农行风险部）	市农行／农银衢办发〔2018〕22 号	2018-02-12
2017 年度司法行政工作综合考评优秀单位	县司法局	市司法局／衢市司〔2018〕9 号	2018-02-12
2017 年度司法行政工作创新项目奖	“6+1”重大矛盾和信访积案化解新模式（县司法局）	市司法局／衢市司〔2018〕9 号	2018-02-12
2017 年度全市统战工作先进单位	县委统战部	市委统战部／衢市统〔2018〕4 号	2018-02-22
2017 年度全市乡镇（街道）统战工作先进集体	球川镇、白石镇	市委统战部／衢市统〔2018〕4 号	2018-02-22
2017 年度全市统战信息工作先进单位三等奖	县委统战部	市委统战部／衢市统〔2018〕4 号	2018-02-22
2017 年度全市统战理论调研优秀成果三等奖	县委统战部	市委统战部／衢市统〔2018〕4 号	2018-02-22
市场监管系统先进个人	李敏、朱云标（县市场监管局）	市消费者权益保护工作联席会议办公室／衢市消联办〔2018〕1 号	2018-02-23
消保委系统先进个人	熊素勇（县市场监管局）	市消费者权益保护工作联席会议办公室／衢市消联办〔2018〕1 号	2018-02-23
消保委系统先进集体	县消费者权益保护委员会招贤分会	市消费者权益保护工作联席会议办公室／衢市消联办〔2018〕1 号	2018-02-23
2017 年度“十大最美统战人物”	王勇（县人民医院）	市委统战部／衢市统〔2018〕6 号	2018-02-26
2017 年全市“示范数字档案室”	县城东新区管委会、县检察院	市档案局／衢市档〔2018〕8 号	2018-02-27
2017 年全市“规范化数字档案室”	县政协办、团县委、县综合执法局、县国土局、县卫计局、县文广新局、天马街道办事处、金川街道办事处	市档案局／衢市档〔2018〕8 号	2018-02-27
2017 年度衢州市金融系统绿色金融劳动竞赛先进集体	常山农商银行	市总工会、人行衢州市中心支行	2018-03
2017 年度衢州市金融系统绿色金融劳动竞赛绿色金融改革创新典型案例先进集体三等奖	常山农商银行	市总工会、人行衢州市中心支行	2018-03
2017 年度衢州市教育招生考试工作先进集体	县教育局招考办	市教育考试院	2018-03
衢州市第五届十佳支持少先队事业好校长	封鸣根（实验小学）	市教育局	2018-03
衢州市第六届十佳少先队辅导员	汪晶（实验小学）	市教育局	2018-03
衢州市教育系统事业家庭兼顾型先进个人	蒋晓燕（辉埠小学）	市教育工会	2018-03
衢州市红领巾示范校	天马一小、常山一小、实验学校	市教育局、团市委、市少工委	2018-03
2017 年度十佳优秀调解能手	郑薇（民盟常山总支）	市中级法院	2018-03
2017 年度衢州市法院“十佳优秀人民陪审员”	谭美琴（天马街道）	市中级法院	2018-03
2018“醉美大溪边”全市摄影采风活动优秀奖	李志强《月岭好风光》	市摄影家协会	2018-03

续表 49

荣誉称号	获奖单位或个人	颁发单位／文号	颁发时间
2017 年度小城镇环境综合整治市级样版	新昌乡、白石镇	市小城镇环境综合整治行动领导小组办公室／衢镇治办〔2018〕7 号	2018-03-01
市级机关事务管理系统先进集体	县机关事务管理局接待科	市机关事务管理局／衢机事〔2018〕8 号	
市级机关事务管理系统先进个人	程志文、谢志明（县机关事务管理局）		
内控管理和案防工作先进个人	李玲玲（工行常山支行）	工行衢州分行／工银衢办发〔2018〕9 号	2018-03-03
最放心网点	工行常山支行万家富网点		
最放心员工	徐子望、揭文平、徐文清（工行常山支行）		
社会保险工作先进单位	县社会保险事业管理局	市社会保险事业管理局	2018-03-05
衢州市“巾帼心向党建功新时代”演讲比赛二等奖	曹奕琪（县市场监管局）	市妇女联合会	2018-03-07
衢州市“巾帼心向党 建功新时代”演讲比赛三等奖	李阳彦（县财政局）		
衢州市第三次农业普查市级先进集体	天马街道、金川街道、何家乡、白石镇	市政府第三次农业经济普查领导小组／衢农普〔2018〕1 号	2018-03-08
衢州市第三次农业普查市级先进个人	徐静（何家乡），郑燕（县统计局），鲍忠亮，谢梦珍，王婧，占祖富，蒋淳振，江燕飞，詹国香、陈烨、徐淑芳（天马街道），肖瑞建，邵志平，毛可光，王怡露，王阳，裴国平，江必红，徐虹美，江金寿，刘飞，朱辉木，曾土根，徐丽娟，黄劲松	市政府第三次农业经济普查领导小组／衢农普〔2018〕1 号	2018-03-08
2017 年度先进支部	民革常山县总支部	民革衢州市委员会／衢民革〔2018〕2 号	2018-03-12
2017 年度优秀党员	黄爱珍（县统计局）、吴小丽（白石镇政府）、洪瑾（何家乡政府）、毛春财（宇华景观石业公司）		
2017 年度全市法院“办案能手”	蒋建飞、梁丛、詹璐、郑岚岚（县法院）	市中院／衢中法〔2018〕26 号	
全市十佳优秀法官	郑志东（县法院）	市中院／衢中法〔2018〕27 号	
全市十佳优秀调解能手	郑薇（县法院）		
全市十佳优秀执行员	华相轶、郑岚岚（县法院）		
全市十佳优秀司法警察	陈林（县法院）		
全市十佳优秀书记员	范茜（县法院）		
全市十佳人民陪审员	谭美琴、周红亚（县法院）		
2017 年度衢州“十佳最美家庭”	林利民家庭（招贤镇大溪沿村）、吴金兰家庭（金川街道徐村村）	市妇联、市文明办／衢妇〔2018〕14 号	2018-03-13

续表 49

荣誉称号	获奖单位或个人	颁发单位／文号	颁发时间
2017 年度人民防空工作先进单位	县人民防空办公室	市人民防空办公室／衢人防〔2018〕11 号	2018-03-14
2017 年度人民防空工作工程建设创新奖			
2017 年度全市人民防空工作先进个人	林壮（县人民防空办公室）		
衢州市 2017 年度教育宣传工作先进单位	县教育局	市教育局／衢市教综〔2018〕14 号	
衢州市 2017 年度十佳教育新媒体	县教育局官方微信		
衢州市 2017 年度教育信息宣传工作先进个人	樊秋仙（县教育局）		
第二届“最美衢州法院人”	张文香（县法院）	市中院／衢中法〔2018〕28 号	
衢州市无邪教村	金川街道赵家坪社区、新昌乡达塘村、同弓乡彤弓山村	市委防范和处理邪教问题领导小组／衢委处〔2018〕1 号	2018-03-15
全市法院“十大亮点工作”	县法院	市中院／衢中法〔2018〕32 号	
三等功集体	全市医疗机构侵犯消费者权益系列案专案组（官成明）	市市场监管局／衢市监综〔2018〕11 号	
衢州市 2017 年度粮食生产先进乡镇	球川镇	市政府／衢政办发〔2018〕22 号	2018-03-16
衢州市 2017 年度优秀乡镇农技员	饶云升（天马街道）、刘联友（芳村镇）		
衢州市 2017 年度优秀种粮大户	游水根（球川镇新店村）、张春良（球川镇九都村）、陈清明（金川街道新建村）		
2017 年度全市保护电力设施先进个人	廖惜金、黄华（县公安局）	内部网络传真 20180319	2018-03-19
2018 年全市春运交通安保成绩突出集体	交警大队白石中队	内部网络传真 20180320	2018-03-20
2017 年先进人大代表联络站	同弓乡、招贤镇人大代表联络站	市人大常委会／衢人大常〔2018〕8 号	
2017 年先进人大代表小组	常山县第一代表小组		
2017 年代表履职先进个人	叶凌燕、郑晓丽、王淑君（常山中心组）		
2017 年度全市小城镇环境综合整治工作先进集体	青石镇、球川镇、新昌乡、县城乡规划中心	市政府办公室／衢政办发〔2018〕17 号	2018-03-22
2017 年度全市小城镇环境综合整治工作先进个人	吴小丽（白石镇）、程敏芳（招贤镇）、胡志良（芳村镇）、郑猛寅（辉埠镇）、徐才升（县交警大队）、徐丽美（县城乡规划中心）、樊海笑（县卫计局）		
2017 年度全市小城镇环境综合整治工作先进个人	徐才升（交警大队）		
2017 年度精神文明建设先进单位	县供电公司	市供电公司／衢电党〔2018〕25 号	2018-03-27
2017 年度衢州市流动人口管理服务工作先进个人	王小飞（城郊派出所）、蓝芸（城关派出所）	市流动人口管理服务工作领导小组办公室／衢流口〔2018〕1 号	
2017 年度衢州市流动人口管理服务工作先进单位	治安大队		

续表 49

荣誉称号	获奖单位或个人	颁发单位／文号	颁发时间
工行衢州分行“新时代 新蓝图 新征程”主题晚会暨先进表彰大会节目二等奖	工行常山支行	工行衢州分行	2018-04
衢州市之江汇教育广场应用推进工作先进单位	县教育装备中心	市电化教育馆	
衢州新闻奖	程斌、徐功富、周洁梅、汪芳、胡夏菡、余晓亮、郑徐丽、钱俊、汪杰、徐俊灵、鲁致远、吴可嘉、徐露霞、游待露、王国庆、刘科雅、王敏、马俊、李振华、夏天谷、陈蓉蓉、刘建华、揭雨兴、金驰、胡夏菡、朱灿、刘科雅、马韶聪、于悦、李振华、马朝虎、占家国、朱蕾、黄世超、章晨洁（县新闻传媒集团）	市新闻工作者协会	
衢州广播电视政府奖	程斌、胡夏菡、余晓亮、郑徐丽、刘建华、郭炜、姜峥娜、占振宇、马朝虎、余爱忠、朱蕾、揭雨兴、金驰、胡夏菡、朱珊、李胤、徐露霞、游待露、王国庆、刘科雅、马俊、李振华、朱灿、刘科雅 马绍聪、于悦、李振华、占家国、朱蕾、刘建华（县新闻传媒集团）	市文化广电新闻出版局、衢州广电传媒集团、市广播电视学会	
2017 年度全市公安机关“除毒瘤 净土壤”严打整治行动成绩突出个人	施文杰（县公安局）、柴真见（城关派出所）	内部网络传真 20180409	2018-04-09
2017 年度公路工作考核优秀	县公路管理局	市公路管理局／衢市公路〔2018〕48 号	2018-04-10
2018 年度春运工作先进集体	县交通运输局	市交通运输局／衢市交〔2018〕40 号	
2018 年度春运工作先进个人	高锺（县公路管理局）、武晓文（县道路运管所）		
服务工作先进集体	工行常山支行	工行衢州分行／工银衢发〔2018〕9 号	2018-04-11
优秀公司客户经理	洪芦俊（工行常山支行）		
优秀个贷客户经理	王珅琨（工行常山支行）		
优秀理财经理	占丽（工行常山支行）		
优秀现场经理	周欣、李玲玲（工行常山支行）		
优秀柜员	徐子望、李晶晶、陈建枫、毛雪燕、琚玉洁、杜娟（工行常山支行）		
衢州市计生协计生特殊家庭心理援助骨干团队成员	严淑阳（天马街道）	市计划生育协会	
2017 年度全市平安建设暨综治维稳工作先进集体	县维稳办、县教育局、县妇联、球川镇、新昌乡	市委、市政府／衢委发〔2018〕8 号	2018-04-12
2017 年度全市平安建设暨综治维稳工作先进个人	郭永平（县委宣传部）、甘全明（县综治办）、姜立新（县信访局）、郑慧明（县公安局）、何小健（招贤镇）、郑丽（青石镇）、任小军（紫港街道）		

续表 49

荣誉称号	获奖单位或个人	颁发单位／文号	颁发时间
2014—2017 年衢州市文化志愿服务先进单位	县文广新局、金川街道综合文化站、天马街道综合文化站	市文广新局、市文化志愿者联合会／衢市文志联〔2018〕1 号	2018-04-16
2014—2017 年衢州市文化志愿服务优秀志愿者	林慧萍（金川街道）、徐晓珍（紫港街道）、徐水仙（天马街道）		
2014—2017 年衢州市文化志愿服务优秀项目	县文化馆“国遗常山喝彩歌谣文化推广”、天马街道文峰社区居委会“孝心厨房”、浙江泓影文化传播有限公司“常山艺苑周末越剧免费专场”		
2014—2017 年衢州市文化志愿服务优秀组织工作者	余根良（县文广新局）、罗文富（县文化馆）、陈诚（县图书馆）		
2017 年应急工作先进集体	县公路管理局	市公路管理局／衢市公路〔2018〕51 号	
2017 年应急工作先进个人	袁苏文（县公路管理局）		
2018 年衢州市五一劳动奖状	县体育局	市总工会／衢总工字〔2018〕21 号	2018-04-24
2018 年衢州市五一劳动奖章	栾文贵（常山一中）、洪云海（常山乐海家庭农场）		
2017 年“衢州市工人先锋号”	县人民医院感染科、城投公司项目事业部、县公安局警务督查大队、国网常山新都供电所		
先进基层团组织	县供电公司团委	市供电公司团委／衢电团〔2018〕4 号	2018-04-26
先进青年工作者	陈运鹏（县供电公司）		
优秀团员	方慧斌（县供电公司）		
优秀青年志愿者	吴寅军（县供电公司）		
2017 年度衢州市“三改一拆”工作先进单位	县政府、紫港街道、县综合行政执法局	市“三改一拆”办／衢市改拆〔2018〕2 号	2018-04-27
2017 年度衢州市“三改一拆”工作先进个人	戚艺凡（县综合行政执法局），徐俊、郑海兵（县“三改一拆”办），曾丽丽（辉埠镇），洪飞（同弓乡），郑荣华（天马街道）		
首批衢州市“社会工作领军人才”	郑怡、厉向军（天马街道），江宏伟（县殡仪馆）	市民政局办公室／衢市民办〔2018〕4 号	2018-04-28
工行衢州分行 2018 年旺季零售业务“开门红”竞赛一等奖	工行常山支行	工行衢州分行	2018-05
工行衢州分行 2018 年旺季综合业务“开门红”竞赛三等奖			
第五届员工气排球比赛男子组第一名			
三等功	交警大队白石中队	市公安局／衢公令〔2018〕1 号	2018-05-02
第三届衢州市“阳光警察”	李盈蕾（大桥头所）	内部网络传真 20180504	2018-05-04
首批衢州市“社区工作领军人才”	洪虹（天马街道）	市民政局办公室／衢市民办〔2018〕5 号	2018-05-08

续表 49

荣誉称号	获奖单位或个人	颁发单位／文号	颁发时间
对公业务春天行动先进个人	王丽芳（农行公司部）	农行衢州市分行／农银衢办发〔2018〕70 号	2018-05-28
代理保险争先赛一等奖	农行常山县芳村支行		
保险产品销售大单奖	农行常山县支行		
衢州市幼儿大众舞操总团体二等奖	教工幼儿园	市体育局	2018-06
衢州市第七届小学生校园足球联赛男子甲组二等奖	天马二小	市教育局	
2017 年度衢州市少先队先进工作者	王亚君（天马二小）		
衢州市第五届残疾人运动会特奥田径男子 50 米比赛金牌	包佳雄（培智学校）	衢州市第五届残疾人运动会组委会	
2017 年度民盟衢州市委会反映社情民意信息工作先进单位	民盟常山总支	民盟衢州市委员会	
2017 年度民盟衢州市委会反映社情民意信息工作先进个人	郑薇（民盟常山总支）		
春天行动个人红旗奖	徐雪霁（农行常山支行红旗街网点）	农行衢州市分行／农银衢办发〔2018〕75 号	2018-06-05
优秀团支部	工行常山支行团支部	工行衢州分行／工银衢团委〔2018〕2 号	2018-06-08
优秀共青团员	琚玉洁、刘志琳（工行常山支行）		
优秀共青团干部	占丽（工行常山支行）		
衢州市“红旗飘飘，引我成长”为主题的幼儿教师演讲比赛一等奖	王芳（钳口中心幼儿园）、毛丽亚（湖东幼儿园）	市教育局／衢教关工委〔2018〕3 号	2018-06-09
衢州市“红旗飘飘，引我成长”为主题的幼儿教师演讲比赛二等奖	吴舜婷（教工幼儿园）、宁门女（教工幼儿园）、陈婧（金川中心双语幼儿园）、邱婧（江滨幼儿园）		
衢州市“红旗飘飘，引我成长”为主题的幼儿教师演讲比赛三等奖	邱超颖（教工幼儿园）、陈晓慧（大风车幼儿园）、周红（大桥头乡第一幼儿园）、毛奕茹（江滨幼儿园）、苏晴（育才幼儿园）、刘君（解放街幼儿园）、兰美英（青石镇湖边村蓝天幼儿园）、徐金株（同弓乡中心幼儿园）、蒋淑敏（湖东幼儿园）、郏国英（白石镇中心幼儿园）、杨燕（球川镇古镇幼儿园）		
2017 年度全市平安建设暨综治维稳工作先进个人	郑慧明（县公安局）	市委、市政府／衢委发〔2018〕8 号	
2017 年度衢州市“四边三化”工作先进集体	县交通运输局、何家乡政府	市“四边三化”办／衢四边办发〔2018〕3 号	2018-06-10
2017 年度衢州市“四边三化”工作先进个人	符骏勇（县公路局、市“四边三化”办）、章翠（县“四边三化”办）、张翼忠（青石镇）、王伟荣（招贤镇）		
2017 年宣传报道先进单位	县公路管理局	市公路局／衢市公路〔2018〕85 号	2018-06-14
2017 年宣传报道先进个人	张沪君、徐莹、周荣伟（县公路管理局）		

续表 49

荣誉称号	获奖单位或个人	颁发单位／文号	颁发时间
衢州市幼儿教师基本功比赛（乙组雪花片拼搭第二名）	朱雯雯（芳村镇中心幼儿园）	市教育局／衢教办学前〔2018〕61 号	2018-06-15
衢州市幼儿教师基本功比赛（丙组案例分析第二名）	陈婧（湖东幼儿园）		
衢州市幼儿教师基本功比赛二等奖	郑丽纹（江滨幼儿园）		
衢州市幼儿教师基本功比赛三等奖	毛奕茹（江滨幼儿园）、冯燕（育才幼儿园）、朱雯雯（芳村镇中心幼儿园）、宁门女（教工幼儿园）、邱超颖（教工幼儿园）、陈婧（湖东幼儿园）、杨波（天马街道盼盼幼儿园）、姜瑶（解放街幼儿园）		
市社保基金运行分析竞赛活动优胜奖	王秀云（县社保局）	市社会保险事业管理局	
全市建设“平安家庭”示范乡镇	白石镇、紫港街道	市检察院、市妇联／衢市检发紫〔2018〕21 号	2018-06-19
2018 年“春天行动”清收处置能手	王丽芳（农行公司部）	农行衢州分行／农银衢办发〔2018〕79 号	2018-06-20
“不忘初心　牢记使命”主题征文活动优秀组织奖	县财政局	市财政局办公室、市地税局办公室、市财税学会／衢财办发〔2018〕19 号	2018-06-27
“不忘初心　牢记使命”主题征文活动一等奖	金禄裕（县财政局）		
“不忘初心　牢记使命”主题征文活动二等奖	茅凌微（县财政局）		
“不忘初心　牢记使命”主题征文活动三等奖	陶菡、周禾菲（县财政局）		
读《歧路年华》想到的征文一等奖	毛群（农行综管部）	农行衢州分行／农银衢党纪〔2018〕5 号	2018-06-28
读《歧路年华》想到的征文优秀奖	曾乐飞（农行芳村支行）		
衢州市“严军规转作风新时代新作为”演讲比赛暨微型党课大赛二等奖	曹奕琪（县市场监管局）	市委宣传部、市直机关工委	2018-06-29
先进基层党组织	县供电有限公司芳村供电所党支部	市供电公司／衢电党〔2018〕42 号	2018-07-01
优秀共产党员	罗艳明、方慧斌、许飞、蓝婷婕、朱坚（县供电公司）		
优秀党务工作者	徐志新（县供电公司）		
优秀纪检监察工作者	汪烈红（县供电公司）		
优秀共产党员	汪丽萍、徐湛军（工行常山支行）	工行衢州分行／工银衢党〔2018〕21 号	2018-07-02
2017 年度 QC 小组活动成果一等奖	县供电公司调控班 QC 小组	市供电公司／衢电通〔2018〕3 号	2018-07-04
2017 年度 QC 小组活动成果三等奖	县供电公司用电检查班、芳村供电所、新都供电所、输电运检班、客服中心 QC 小组		
2017 年度 QC 小组活动先进单位	县供电公司		
2017 年度 QC 小组活动优秀领导者	汪烈红（县供电公司）		
2017 年度 QC 小组活动优秀推进者	宁建设（县供电公司）		

续表 49

荣誉称号	获奖单位或个人	颁发单位／文号	颁发时间
2018 年度全市“深化法律监督”检察微课评比活动二等奖	樊玮璟（县检察院）	市检察院／衢市检发政字〔2018〕28 号	2018-07-09
2018 年纪念“五一口号”发布 70 周年活动先进组织单位	县委统战部	市委统战部／衢市统〔2018〕15 号	
2018 年纪念“五一口号”发布 70 周年活动先进个人	袁前锋（县委统战部）		
优秀共产党员	严大辉（农行综管部）	农行衢州分行／农银衢党发〔2018〕8 号	2018-07-10
优秀党务工作者	谢明芳（农行营业室）		
先进基层党组织	中共农行常山县芳村支行支部		
社保系统经办服务竞赛 2018 年二季度第一名	县社会保险事业管理局	市社会保险事业管理局／衢市社险便签〔2018〕52 号	2018-07-30
三等功	徐云（县公安局）、刘敏（球川所）	市公安局／衢公令〔2018〕2 号	2018-07-31
衢州市文艺精品扶持工程第六批项目	县文化馆《常山传奇故事之虎山教子》、县委宣传部《胡柚娃》、县金碟影音制作服务部《常山国际慢城组歌》	市委宣传部／衢市宣〔2018〕33 号	
工行衢州分行 2018 年羽毛球混合团体赛第四名	工行常山支行	工行衢州分行	2018-08
2018 年衢州市禁毒社会工作案例三等奖	毛维慧（天马街道）	市禁毒委员会办公室	
衢州市中小学班主任基本功大赛小学组一等奖	郑娟（天马一小）	市教育局	2018-08-01
衢州市第七届中小学艺术节优秀组织奖	职业中专、天马一小、育才小学、天马二小		2018-08-06
衢州市第七届中小学艺术节艺术教育先进工作者	黄群英（县教研室）、徐捷（天马一小）、胡盛春（育才中学）、樊丽雅（职业中专）、宁静（常山一小）		
衢州市征兵先进单位	大桥头乡政府、白石镇政府、球川镇政府	市政府、市军分区／衢政发〔2018〕25 号	2018-08-14
衢州市“医学事业发展最具影响力医师”	陈兆俊（县人民医院）	市卫计委／衢卫发〔2018〕52 号	2018-08-16
2018 年上半年涉烟重大案件表彰	常山“2018·1·14”运输假烟重大案件（县烟草专卖局）	市烟草专卖局（公司）／衢烟专〔2018〕45 号	2018-08-20
衢州市首批“共青团示范校”	紫港中学、常山一中	团市委、少工委	2018-08-21
第三批“红领巾示范校”	县第一小学、城关中学、二都桥小学、钳口小学、三衢中学、狮子口小学、狮子口初中		

续表 49

荣誉称号	获奖单位或个人	颁发单位／文号	颁发时间
衢州市优秀班主任	吴俊峰（常山一中）、揭剑青（五里小学）、王俊（紫港中学）、鄢少敏（职业中专）、毛金锋（育才中学）、占美仙（城关中学）、郑爱英（城南中学）、陈永富（龙绕初中）、任莹（实验小学）、郑小玲（天马一小）、胡小燕（天马二小）、徐雪萍（钳口小学）	市教育局／衢市教人〔2018〕63号	2018–08–22
衢州市中小学师德楷模	占淑清（紫港中学）、祝朝晖（城关中学）、胡岳娟（二都桥小学）、张敏芳（教工幼儿园）		
衢州市第六届学科带头人	陈金萍（城东中学）、陈正（育才小学）、占洪良（常山一小）、刘雅芳（钳口小学）、蔡水华（实验小学）、聂茂林（何家小学）、琚淑娟（天马一小）		
衢州市义务教育基本现代化学校	城关中学、湖东小学、招贤小学、城南中学	市教育局、市政府教育督导室／衢政教督〔2018〕7号	
市农行“榜样人物”入围人物	吴慧琪（三农先锋，营业室）、徐雪霁（服务明星，红旗街支行）、徐文杰（清收标兵，风险部）	农行衢州分行／农银衢办发〔2018〕109号	2018–08–23
2017年度乡镇财政管理规范化建设工作先进单位	县财政局	市财政局／衢财基〔2018〕1号	2018–08–24
2018年度全市文化市场以案施训交流活动先进个人	钱迎春（县文化市场行政执法大队）	市文化市场行政执法大队／衢市文市执〔2018〕25号	2018–08–28
衢州市首届“衢州有礼 非遗创作”手工作品科普大赛一等奖	戴礼平蛋雕《衢州有礼》、毛春良竹编《大明盛世》	市科协、市文广新局、共青团市委	2018–09
衢州市第四届“绿叶奖”	何小建（招贤镇）	市教育局／衢市教人〔2018〕64号	2018–09–03
2018年全市优秀兼职教官	叶岐嶷（县公安局）	市公路局／衢公政治〔2018〕43号	2018–09–07
市第五批语言文字规范化乡镇（街道）	紫港街道、招贤镇、新昌乡、同弓乡	市语言文字工作委员会／衢市语（2018）6号	2018–09–11
三等功	赵晖（交通大队），王力、黄慧岗（县公安局），行政审批科、张刚（城关所）	市公安局／衢公令〔2018〕3号	2018–09–12

续表 49

荣誉称号	获奖单位或个人	颁发单位／文号	颁发时间
2018 年衢州市教师文化专业知识考试个人优胜奖	袁新建、陈婷、吕丽锋、汪土根、傅辉根、季颖、黄莺、徐辉辉、陈华锋、刘国明、刘志海（常山一中），汪雨根、姚礼锋（紫港中学），朱璟、谢杨波、刘光锋、黄建华、范剑锋、许慧丽（职业中专），甘美娟、姚丽玲（城南中学），贵佩雯（常山二中），毛金锋、余舍章、陈伟明、徐舍洲、杨焕、王有平、朱元英、王莲英（育才中学），凌江宏、郑水善、朱琳、王雪利（城关中学），陈用敏、占洪良、洪敏、刘素仙、郑晓、余琴、丁群俐、毛玉梅、陈建敏、石伟刚、郑荣明、吴雪芳、杨丽丽（常山一小），丰顺丹、胡国军、季军华、刘梦诗（阁底小学），周圆（五里小学），陈红英、余媛媛、王国华、唐金平、徐文君、陈雨华、徐燕、熊小丽、余苏平、郑建荣（天马二小），邓秋萍（招贤小学），姜正德、徐小俭、刘碧英（育才小学），姚敏娟、刘雅芳、陈美芳（钳口小学），卢来萍（龙绕小学），邵永乐、高柳青、章平（大桥头小学），汪国凤（球川小学），叶丽娟（东案小学），姜珍、徐燕（青石小学），聂茂林（何家小学），陈丽、郑晓燕（宋畈小学），张苏建、夏慧、徐礼军（新昌小学），姜友谊（实验小学），林国芳（二都桥小学），吴君（芳村小学），周丹丹（白石小学），陈奇凡（新桥小学），徐捷、江红梅、吴艳（天马一小），姚燕（实验小学），周晓敏（宋畈小学），黄英华（龙绕小学），严夏、冯燕、顾琳琳、郑立英、吴静、王静（育才幼儿园），郑君、洪彩霞、李燕君（教工幼儿园）	市教育局办公室／衢教办人〔2018〕99 号	2018-09-19
衢州市中小学教师文化专业知识考试团体优胜奖	常山一中（高中数学、英语），职业中专（高中音乐、体育，中职语文、英语）		
市农行优秀青年突击队	炫彩队—农行常山支行营业室	农行衢州分行／农银衢办发〔2018〕128 号	2018-10-10
市农行优秀青年突击手	曾乐飞（农行常山芳村支行）		
2017—2018 年度先进职工小家	农行常山支行本部工会小组	农行衢州分行／农银衢工会〔2018〕13 号	
衢州市优秀城市美容师	陈小水土、陈小英（环卫处）董凌晓	市住建局办公室／衢住建办〔2018〕106 号	2018-10-16
2018 年度残疾人书画摄影评选活动绘画类二等奖	江建平（青石镇）	市残疾人联合会	
企业文化建设示范点	芳村供电所、调控运行班	市供电公司／衢电党〔2018〕71 号	2018-10-19
衢州市第三届“孝心好媳妇”	徐美英（东案乡前库村）、杨艳群（金川街道胡家淤村）	市妇联、市红十字会／衢妇〔2018〕50 号	2018-10-23
衢州市基层计划生育服务管理技能竞赛（乡镇计生服务管理岗位）个人二等奖	王莹（何家乡）	市卫生和计划生育委员会、市总工会	2018-10-24

续表 49

荣誉称号	获奖单位或个人	颁发单位／文号	颁发时间
衢州市“学宪法讲宪法”演讲比赛优秀组织奖	县教育局	市教育局／衢市教办〔2018〕109 号	2018-10-25
衢州市国土系统不动产登记业务大比武集体二等奖	县不动产登记中心	市国土资源局	2018-10-27
工行系统全市第十七届业务技术比赛全员业务知识竞赛项目（现场经理、运行主管组）团体第二名	工行常山支行	工行衢州分行／工银衢工委〔2018〕6 号	2018-10-31
工行系统全市第十七届业务技术比赛国际业务项目团体第一名	工行常山支行	工行衢州分行／工银衢工委〔2018〕6 号	2018-10-31
工行系统全市第十七届业务技术比赛全员业务知识竞赛项目［柜员、客服人员：45 岁（不含）以下组］个人第一名	严颖光（工行常山支行）	工行衢州分行／工银衢工委〔2018〕6 号	2018-10-31
工行系统全市第十七届业务技术比赛全员业务知识竞赛项目［柜员、客服人员：45 岁（不含）以下组］个人第二名	揭文平（工行常山支行）	工行衢州分行／工银衢工委〔2018〕6 号	2018-10-31
“2018 衢州市品荷摄影大赛”人气奖一等奖	陈勤幸	衢州广电传媒集团、市摄影家协会	2018-11
“2018 衢州市品荷摄影大赛”人气奖二等奖	林秋英	衢州广电传媒集团、市摄影家协会	2018-11
“2018 衢州市品荷摄影大赛”三等奖	徐高禄	衢州广电传媒集团、市摄影家协会	2018-11
衢州市工会工作先进集体	育才幼儿园、招贤小学工会	市教育工会／衢教工〔2018〕19 号	2018-11-09
衢州市优秀工会工作者	张华明（职业中专）、徐武忠（常山一小）	市教育工会／衢教工〔2018〕19 号	2018-11-09
衢州市优秀工会积极分子	陈婷（常山一中）、占振华（实验小学）	市教育工会／衢教工〔2018〕19 号	2018-11-09
三等治安荣誉奖章	胡建国、樊杜京、项红军、回燕（县公安局）	市公安局／衢公政治〔2018〕53 号	2018-11-15
二等治安荣誉奖章	严赛（县公安局）	市公安局／衢公政治〔2018〕53 号	2018-11-15
市委党校系统“迈入新时代 建设大花园”理论研讨会论文一等奖、三等奖	一等奖：蓝琦（县委党校）；三等奖：刘学锋、罗丽君（县委党校）	市委党校／衢党校〔2018〕21 号	2018-11-20
2018 年科技进步二等奖	县供电公司	市供电公司／衢电信通〔2018〕282 号	2018-11-21
三等功	邹诗豪、严勤（县公安局）	市公安局／衢公令〔2018〕7 号	2018-11-22
2017 年度全市财政预算执行工作财政总决算先进单位二等奖	县财政局	市财政局／衢财预执〔2018〕6 号	2018-11-23
2017 年度全市财政预算执行工作预算执行分析先进单位二等奖	县财政局	市财政局／衢财预执〔2018〕6 号	2018-11-23
2017 年度全市财政预算执行工作政府财务报告先进单位一等奖	县财政局	市财政局／衢财预执〔2018〕6 号	2018-11-23

续表 49

荣誉称号	获奖单位或个人	颁发单位／文号	颁发时间
优秀组织奖	县市场监管局	市市场监管局、市市场监督管理学会／衢市监办〔2018〕17号	2018-11-26
硬笔书法三等奖	王笏俊（县市场监管局）		
硬笔书法优秀奖	朱瑜芝、范卫兵（县市场监管局）		
摄影作品优秀奖	林卫红（县市场监管局）		
2018年度市级“民主法治村（社区）”	同弓乡：中和村、胡村；球川镇：黄泥畈村、西村村；金川街道：赵家坪社区、徐村村、十五里村；何家乡：长风村、双安村；东案乡：高峰村；芳村镇：东岗村、横山路村、前塘村、猷阁口村；紫港街道：狮子口村、渣濑湾村、孔家弄村；青石镇：砚瓦山村、虹桥村；新昌乡：横塘村；招贤镇：纱帽山村	市依法治市委员会办公室／衢依法治市办（2018）36号	2018-11-26
衢州市森林消防比武演练二等奖	常山代表队	市森林消防指挥部办公室／衢森消指办〔2018〕10号	2018-11-28
2018年全市交通运输行政执法优秀执法人	程斌（县道路运管所）	市交通运输局／衢市交办〔2018〕96号	2018-11-30
2018年全市交通运输行政执法优秀案卷	县道路运管所		
衢州市2018年度创建“平安单位”先进个人	包舜（职业中专）	市公安局	2018-12
衢州市青少年（儿童）乒乓球锦标赛团体总分第三名	天马二小	市体育局、市教育局	
市学生研究性学习活动成果评比小学组二等奖指导老师	张建君（天马一小）	市教育局教研室	
浙江省健康促进学校（银奖）	白石小学	市爱卫会、市教育局	
2018年度衢州市治安安全先进单位	紫港中学、实验小学	市公安局、衢州市社会治安综合治理委员会办公室	
2018年度银行业消费者权益保护“十佳金融知识宣传”金案例	常山联合村镇银行	银监会衢州监管分局／衢银监办发〔2018〕87号	2018-12-05
衢州市“文明校园”	育才小学、实验小学、天马二小、天马一小、二都桥小学、城南中学、紫港中学	市教育局	2018-12-06
2018年衢州市AAA级旅游厕所	文峰西路公厕、文峰东路公厕、东淤桥头公厕、白马广场公厕、文峰桥头公厕、高速公路出口公厕、赵家坪公厕、文峰广场公厕、毛竹林公厕、健身场公厕、招贤镇集镇上街头公厕、白石镇聚宝村公厕、十里长风风景线配套旅游厕所、达塘村旅游公厕、高峰村梅树底游客中心公厕、梅树底风景区峡谷段公厕、新昌村旅游公厕、黄塘村旅游公厕、大弄口村旅游厕所	市旅游委员会／衢旅委〔2018〕121号	2018-12-07
首届衢州人发展大会暨“美丽大花园”建设论坛筹备和会务工作表现突出人员	付小明（县工商联），袁前锋、樊宇（县委统战部）	市委统战部／衢市统通〔2018〕36号	2018-12-11
衢州市卷烟打假打私工作先进个人	陈勇、陈誉、黄忠虎、龚志光、楼帮伟（县公安局）	市烟草专卖局／衢烟专联〔2018〕14号	

续表 49

荣誉称号	获奖单位或个人	颁发单位／文号	颁发时间
2018 年度乡镇供电所图数治理五星级	新都供电所	市供电公司／衢电运检〔2018〕295 号	2018-12-12
首届衢州公积金文明服务礼仪技能大赛三等奖	市公积金管理中心常山分中心	市公积金管理中心／衢公积金〔2018〕103 号	
衢州市第六批语言文字规范化乡镇（街道）	何家乡、东案乡、大桥头乡、芳村镇、天马街道	市语言文字工作委员会／衢市语〔2018〕9 号	2018-12-14
浙江省 AAA 景区村	新昌乡：西源村；紫港街道：渣濑湾村、孔家弄村；青石镇：砚瓦山村；东案乡：田蓬村、弄坞村；白石镇：聚宝村；何家乡：樊家村；招贤镇：高埂村；芳村镇：新桥村、下猷阁村；金川街道徐村	市旅游委员会、市农办／衢旅委〔2018〕127 号	2018-12-17
2018 年度全市电大社区教育工作先进单位	常山电大	衢州电大／衢电大〔2018〕52 号	2018-12-20
2018 年度全市电大先进办学单位		衢州电大／衢电大〔2018〕54 号	
2018 年度全市电大教务管理先进单位		衢州电大／衢电大〔2018〕55 号	
2018 年度全市电大学分银行建设先进单位		衢州电大／衢电大〔2018〕56 号	
2018 年度全市财政信息工作先进个人	李阳彦（县财政局）	市财政局／衢财办发〔2018〕39 号	2018-12-24
2018 年度全市财政信息工作先进单位	县财政局		
2018 年度安全生产监察执法工作先进单位	县安监局	市安监局	
三等功	“6·18”禁毒专案组、俞寒冰（县公安局）、文斌（交警大队）、孙慧健（大桥头所）	市公安局／衢公令〔2018〕8 号	2018-12-25
2018 年度衢州市金融统计竞赛先进个人	李夏（常山联合村镇银行）	中国人民银行衢州市中心支行／衢银办〔2018〕55 号	
2018 年度“市级平安单位”	人行常山支行、工行常山支行、农行常山支行、建行常山支行、常山农商银行、泰隆银行常山支行、常山联合村镇银行、温州银行常山小微企业专营支行、台州银行常山小微企业专营支行、育才幼儿园、紫港中学、国网常山供电公司、中国电信常山分公司、中国移动常山分公司、常山水务发展投资有限公司	市公安局／衢公办〔2018〕90 号	2018-12-28
2018 年度创建“平安单位”先进个人	徐卫国（县公安局治安大队）、潘广生（农行常山支行）、卢剑兵（实验小学）、琚哲明（育才中学）、包舜（职业中专）、许世华（中国移动常山分公司）		

续表 49

荣誉称号	获奖单位或个人	颁发单位／文号	颁发时间
2018 年度衢州市绿色家庭	刘芳仙（天马街道蒲塘村）、刘水凤（天马镇蒲塘村）、江芳玉（紫港街道狮子口村）、黄羊娜（紫港街道孔家弄村）、叶鸣凤（紫港街道大弄口村）、许智慧（金川街道五里亭村）、郑舍有水（金川街道上埠村）、程　芳（辉埠镇路里坑村）、何须花（辉埠镇彭川村）、樊丽芳（何家乡黄冈村）、樊水花（何家乡樊家村）、顾冬弟（招贤村戴家自然村）、罗时芳（招贤镇古县畈村）、郭荣花（青石镇澄潭村）、金美芳（青石镇飞碓村）、徐水英（东案乡田蓬村）、李军（东案乡白马村）、仇军萍（大桥头乡浮河村）、张田凤（大桥头乡浮河村）、廖东方（芳村镇河边山村）、黄慧星（芳村镇河边山村）、黄慧夫（芳村镇河边山村）、张启虎（新昌乡郭塘村）、王月香（新昌乡新昌村）、洪慧丽（白石镇草坪村）、官淑萍（白石镇白石村）、陈登科（球川镇上安村）、许木贵（球川镇馒头山村）、江平平（同弓乡中和村）、章玉君（同弓乡关庄桥村）	市妇联、市环保局、市农办、市住建局／衢妇〔2018〕63 号	2018-12-28
《柚娃斗污》节目获衢州市婺剧进校园展演活动金奖	五里小学	市教育局、文广新局、婺剧促进会	
衢州市教育系统五星级党支部	城南中学、常山一小、教工幼儿园、球川小学、实验小学、职业中专	市教育局党委	
衢州市 AAA 级旅游景区	彤弓山景区	市旅游委员会／衢旅质评〔2018〕13 号	2018-12-29
衢州市小学地方课程课堂教学活动评比二等奖	刘燕梅（天马一小）	市教育局教研室	2018-12-30
三等治安荣誉奖章	钱瑞、李锋、胡建国、陈卫君、郑凯闻（县公安局）	市公安局／衢公令〔2018〕9 号	2018-12-31
三等功	谢小化（交警大队）		
嘉奖	姚晓文、谢水旺、上官昊（县公安局）		

县委、县政府表彰（命名）的荣誉一览

表 50

荣誉称号	获奖单位或个人	颁发单位／文号	颁发时间
2017 年度“金钉子”党组织	天马街道东港村党支部、紫港街道渣濑湾村党支部、金川街道上埠村党支部、辉埠镇石姆岭村党支部、何家乡黄冈村党支部、招贤镇汪家淤村党支部、青石镇马车村党支部、东案乡高峰村党支部、大桥头乡客弄村党支部、芳村镇芙蓉湖村党支部、新昌乡达塘村党支部、白石镇草坪村党支部、球川镇东坑村党支部、同弓乡同心村党支部	县委／常委〔2018〕3 号	2018-01-26

续表 50

荣誉称号	获奖单位或个人	颁发单位／文号	颁发时间
复评合格“金钉子”党组织	天马街道周塘村党支部、天马街道天马村党支部、紫港街道孔家弄村党支部、金川街道徐村村党支部、辉埠镇彭川村党支部、辉埠镇路里坑村党支部、何家乡长风村党支部、招贤镇官庄村党支部、青石镇砚瓦山村党支部、东案乡田蓬村党支部、东案乡弄坞村党支部、大桥头乡濛桥村党支部、芳村镇园区新村党支部、新昌乡黄塘村党支部、新昌乡郭塘村党支部、白石镇十八里村党支部、球川镇黄泥畈村党支部、同弓乡中和村党支部	县委／常委〔2018〕3 号	2018-01-26
县第五届“项目功臣”	王　斌（县交通运输局）、孔德壮（县经济技术开发区）、刘冬良（县住建局）、何晟（县旅委）、胡龚雅（县国土资源局）、姜利成（县市场监管局）、徐小飞（县经信局）、黄芬（辉埠镇）、黄贤安（青石镇）、黄爱珍（县发改局）、赖大奎（县城东新区）	县委、县政府／常委〔2018〕8 号	2018-02-13
县第五届“攻坚干将”	王伟荣（招贤镇）、宁玮锋（县“五水共治”办）、江俊（县综合执法局）、季金全（球川镇）、金丽军（紫港街道）、胡志良（芳村镇）、胡剑明（县危旧房治理改造指挥部）、姚长征（县供销联社）、徐峰（县公安局）、徐志伟（天马街道）		
县第五届“招商能手”	黄作明（辉投公司）、曾金龙（皮尔轴承）、楼庆（县经济技术开发区）		
集体三等功	天马街道、青石镇、县住建局、县旅委、县国土局、县体育局	县政府／常政发〔2018〕15 号	2018-02-27
2017 年度常山县政府质量奖获奖企业（组织）	常山民盛纺织有限责任公司、浙江常发粮油食品有限公司、浙江天子股份有限公司	县政府／常政发〔2018〕18 号	2018-03-19
2017 年度常山县政府质量奖获奖个人	栾国俊（浙江富丽新材料有限公司）、季文革（常山绿圣生物科技有限公司）		
县长特别奖	常山南方水泥有限公司、常山江山虎水泥有限公司、浙江凯康金属制品有限公司、浙江利盛新材料有限公司、浙江四通轴承集团有限公司	县政府／常政发〔2018〕19 号	2018-03-20
亩产税收奖 1—5 名	浙江常山科润新材料有限公司、衢州特美舒鞋业有限公司、衢州天广建材有限公司、浙江常山利盛新材料有限公司、浙江赛赛轴承有限公司		
亩产税收奖 6—10 名	浙江亨达铝业有限公司、常山皮尔轴承有限公司、常山江山虎水泥有限公司、常山县龙山碳酸钙有限公司、捷姆轴承集团有限公司		
上规模奖首次超亿元企业	常山县双明轴承有限公司、浙江赛赛轴承有限公司、浙江常丰特种纸业有限公司		
上规模奖当年新增规上企业	浙江常丰特种纸业有限公司、浙江锦禾农业科技有限公司		
上规模奖首次小升规企业	常山县星都笔业有限责任公司、浙江云开电子有限公司、衢州市天英电子有限公司		
轴承销售十强	浙江四通轴承集团有限公司、常山皮尔轴承有限公司、捷姆轴承集团有限公司、浙江赛赛轴承有限公司、常山县双明轴承有限公司、浙江环宇轴承有限公司、浙江宏毅轴承有限公司、常山县鑫龙轴承有限公司、常山县康乐轴承有限公司、浙江恒嘉轴承有限公司		
制造业纳税二十强	常山南方水泥有限公司、常山江山虎水泥有限公司、常山皮尔轴承有限公司、浙江天子股份有限公司、捷姆轴承集团有限公司、常山县中兴矿业有限公司、浙江常山利盛新材料有限公司、浙江省常山纺织有限责任公司、常山正丽机电有限公司、浙江常山科润新材料有限公司、浙江常新机械有限公司、浙江四通轴承集团有限公司、浙江常山虎跃水泥有限责任公司、浙江赛赛轴承有限公司、浙江凯康金属制品有限公司、衢州天广建材有限公司、浙江云泰纺织有限公司、浙江嘉丰铜业有限公司、浙江爱丽莎环保科技股份有限公司、浙江先导精密机械有限公司		

续表50

荣誉称号	获奖单位或个人	颁发单位／文号	颁发时间
制造业销售二十强	常山南方水泥有限公司、常山江山虎水泥有限公司、浙江天子股份有限公司、浙江浙能常山天然气发电有限公司、浙江爱丽莎环保科技股份有限公司、浙江凯康金属制品有限公司、浙江常丰特种纸业有限公司、浙江亨达铝业有限公司、常山温氏畜牧有限公司、浙江四通轴承集团有限公司、浙江省常山纺织有限责任公司、常山皮尔轴承有限公司、浙江常山虎跃水泥有限责任公司、捷姆轴承集团有限公司、浙江迈尔泰木业有限公司、浙江云泰纺织有限公司、浙江赛赛轴承有限公司、浙江常山利盛新材料有限公司、常山县双明轴承有限公司、常山正丽机电有限公司		
工业企业创新发展类财政奖：1	浙江环宇轴承有限公司（省优秀工业新产品）		
工业企业创新发展类财政奖：2	省级企业研究院：浙江富丽新材料有限公司，捷姆轴承集团有限公司（复评）	县政府／常政发〔2018〕19号	2018-03-20
工业企业创新发展类财政奖：3	常山正丽机电有限公司（省级高新技术企业研发中心）		
工业企业创新发展类财政奖：4	常山县双明轴承有限公司（创新型示范中小企业）		
工业企业创新发展类财政奖：5国家高新技术企业	浙江雪村制冷设备有限公司、飞浦防爆电器有限公司、浙江玛丽莎工贸有限公司、浙江开拓休闲家具用品有限公司、常山卫邦风机有限公司、常山县鑫晖清洁用品有限公司		
工业企业创新发展类财政奖：6	浙江省常山长盛化工有限公司（省重点技术创新专项）		
2017年度全县安全生产工作先进集体	县经信局、县安监局、县住建局、县交通运输局、县交警大队、县财政局、县教育局、天马街道、青石镇、球川镇	县政府／常政发〔2018〕21号	2018-04-02
2017年度全县安全生产工作先进个人	樊敏剑（县府办）郑忠东（县经信局）周宏伟（县安监局）严建华（县经济开发区）翁绍志（县交通运输局）胡长锋（县卫计局）郑俊（金川街道）朱奕楠（辉埠镇）黄土福（芳村镇）余良军（同弓乡）		
2017年度全县平安建设暨综治维稳工作先进集体	天马街道、辉埠镇、东案乡、芳村镇、县信访局、县总工会、县商务和粮食局、县环保局、县委防范办、县公安局、县消防大队、县卫计局		
2017年度全县平安建设暨综治维稳工作先进个人（52名）	谢鑫欣（天马街道）、金丽军（紫港街道）、郑火根（金川街道）、周斌（辉埠镇）、王全寿（何家乡）、王伟荣（招贤镇）、傅小峰（青石镇）、汪建新（东案乡）、项晓明（大桥头乡）、徐升（芳村镇）、林永周（新昌乡）、杨志国（白石镇）、詹晟春（球川镇）、詹丽青（同弓乡）、洪宏（天马街道屏山社区）、徐忠平（紫港街道大弄口村）、王金法（球川镇芙蓉村）、何利民（县委办）、朱剑楠（县政府办）、陈金龙（县机关事务管理局）、郭海涛（县人大机关）、顾哲洁（县政协机关）、黄建新（县纪委＜监委＞）、刘元峰（县委组织部）、李勇（县委宣传部）、刘有福（县人武部）、袁前锋（县委统战部）、蓝小珍（县民宗局）、胡琴（团县委）、石建平（县发改局）、张莉丽（县统计局）、郑秀平（县统计局）、付颖（县安监局）、郑新建（县经济开发区管委会）、夏美枝（县人力社保局）、刘侃（县住建局）、曾智盛（县综合执法局）、程栋（县委维稳办）、刘庆（县法院）、陈梦茄（县检察院）、胡吉庆（县公安局）、李恋红（县司法局）、徐士平（县农业局）、江俊庭（县财政＜地税＞局）、范卫兵（县市场监管局）、李珍（县审计局）、唐金木（县教育局）、祝慧虹（县科技局）、廖伟军（县文广新局）、郑建炳（县新闻传媒集团）、虞菊华（浙江常山南方水泥有限公司）、符国平（浙江常山正丽机电有限公司）	县委、县政府／常委〔2018〕11号	2018-05-04

续表 50

荣誉称号	获奖单位或个人	颁发单位／文号	颁发时间
2017 年度新农村建设优秀单位	新昌乡、辉埠镇、白石镇、芳村镇、紫港街道、招贤镇		
新农村建设先进个人（14 人）	宁玮亮（天马街道）、徐亮（紫港街道）、王七琴（金川街道）、朱忠诚（辉埠镇）、王卫（何家乡）、郑胜（招贤镇）、郑丽（青石镇）、左志云（东案乡）、徐家有（大桥头乡）、郑耿明（芳村镇）、林永周（新昌乡）、邹赛（白石镇）、李青（球川镇）、詹丽青（同弓乡）		
第四批美丽乡村精品村（10 个）	金源村、渣濑湾村、芳村村、大处村、樊家村、马车村、达塘村、聚宝村、蒲塘村、东坑村		
美丽庭院示范村（10 个）	弄坞村、田蓬村、河边山村、郭塘村、黄塘村、草坪村、路里坑村、　桥村、同心村、孔家弄村		
美丽乡村建设带头人（14 人）	包勇飞（渣濑湾村）、陈重良（达塘村）、程礼锋（西源村）、江月军（上猷阁村）、王致勇（新桥村）、甘礼荣（河边山村）、朱调威（路里坑村）、洪春良（江源村）、林芳良（草坪村）、王为平（高峰村）、程建华（弄坞村）、郑小群（象湖村）、郑仕民（山底村）、章贵生（彤弓山村）	县委、县政府／常委〔2018〕12 号	2018-05-04
产业转型升级优秀企业（10 个）	常山县爱佳果蔬开发有限责任公司、常山县明鹰果业专业合作社、常山县友仙家庭农场、常山县雪海果业专业合作社、浙江天子股份有限公司、常山县云雾果蔬专业合作社、常山县美柚胡柚专业合作社联合社、浙江瑞利丰贸易有限公司、常山东茶茶业科技有限公司、浙江山神油茶开发有限公司		
开拓创新型经营主体（16 个）	常山县绿垄家庭农场、常山谷舞仁生农业发展有限公司、常山县鑫农果业合作社、常山县芙蓉旺水果专业合作社、常山谢雨根果蔬专业合作社、常山鸿湖胡柚专业合作社、常山县尹金有家庭农场、常山县发英家庭农场、常山县雨露农场、常山县平基家庭农场、常山县樊忠田家庭农场、常山县盛源食用菌专业合作社、常山县凰岗茶叶有限公司、常山倚山久胡柚专业合作社、常山县开心家庭农场、常山县紫阳家庭农场		
2017 年度常山县先进基层党组织	县教育局党委、县综合行政执法局机关党支部、紫港街道党工委、天马街道文峰社区党总支、辉埠镇彭川村党支部、招贤镇纱帽山村党支部、东案乡田蓬村党支部、球川镇黄泥畈村党支部、县餐饮行业协会党支部、赏石小镇党委		
2017 年度常山县“金钉子支书”	包勇飞（紫港街道渣濑湾村）、郑光华（金川街道上埠村）、洪春良（何家乡江源村）、兰冬生（招贤镇高埂村）、徐卫国（青石镇砚瓦山村）、陈国良（大桥头乡客弄村）、童土有（芳村镇园区新村）、程礼锋（新昌乡西源村）、胡羽飞（同弓乡胡村）、栾国俊（浙江富丽新材料有限公司）	县委／常委〔2018〕19 号	2018-07-04
2017 年度常山县“金钉子党务工作者”	徐灵敏（天马街道）、苏恒俊（紫港街道）、毛霖（青石镇）、金鑫（东案乡）、魏斌（新昌乡）、徐坚兵（县城东新区）、黄国华（县卫计局）、徐士平（县农业局）、金水平（县职业中专）		

续表 50

荣誉称号	获奖单位或个人	颁发单位／文号	颁发时间
2017 年度常山县“金钉子党员”	朱周婚（天马街道和平村）、谢晓华（天马街道东港村）、王彩凤（天马街道渡口社区）、谭美琴（天马街道金川社区）、洪虹（屏山社区）、王贤妹（浙江启天建设工程有限公司）、郑荣华（天马街道）、吴国华（紫港街道狮子口村）、张国新（紫港街道大弄口村）、陈松贵（金川街道五里亭村）、何文仙（金川街道朱家坞村）、郑小云（金川街道赵家坪社区）、徐小忠（金川街道常桥村）、阮恰（金川街道）、邱和平（辉埠镇鸭坞）、谢美珍（辉埠镇童家村）、余志纲（辉埠镇）、张晓玲（捷姆轴承集团有限公司）、何其红（何家乡何家村）、裴军荣（长风村）、吴红芳（何家乡）、蒋建常（何家乡）、张志新（招贤镇官庄村）、郑书舞（鲁士村）、郑水清（象湖村）、周建平（招贤村）、宋土香（青石镇大塘后村）、鲁正峰（溪口村）、郑赟（青石镇）、戴小平（东案乡东案村）、王才田（东案乡创业党支部）、王毓和（呈东村）、徐智燕（东案乡）、郑建华（大桥头乡浮河村）、符镇湧（大桥村）、黄雨根（樟山村）、王会荣（大桥头乡）、吴丽娟（大桥头乡）、甘礼荣（芳村镇河边山村）、王贤祥（横山路村）、汪文虎（芳村镇警调衔接室）、徐陆指（芳村镇上猷阁村）、陈根土（新昌乡新昌村）、胡昌坪（西源村）、宋斌（新昌乡）、李建锋（球川镇九都村）、徐永禄（球川镇球川村）、方高生（西村村）、周燕清（黄泥畈村）、毛赛赛（浙江赛赛轴承有限公司）、章贵生（同弓乡彤弓山村）、汪慧虎（同弓乡）、董献忠（白石镇新塘岭村）、黄杰仙（聚宝村）、徐德明（白石村）、申亚星、朱锦霞（白石镇）、黄小春（县人大）、黄志斌（县政府办）、顾哲洁（县政协）、余靖［县纪委（监委）］、王新帅（县委组织部）、付小丽（县委宣传部）、蓝小珍（县民宗局）、谢黎丽（县行政服务中心）、宁竞（县委老干部局）、陈小红（县委党校）、饶贤福（县档案局）、揭雨兴（县新闻传媒集团）、王伟（县发改局）、肖凌燕（县鑫宏电镀有限公司）、徐建英（浙江常山德讯达电子科技有限公司）、邹伟平（县住建局）、徐文明（县环境卫生管理处）、杨著清（县规划中心）、张玉成（县环保局）、徐建平（县交通局）、刘林松（邮政常山分公司）、蒋鉴青（交警大队辉埠中队）、吴兵（县新都派出所）、黄志东（大桥头派出所）、李巧（县农办）、俞春莲（县油茶研究所）、刘冬杰（县水利局）、徐杰（县不动产登记中心）、丁莉（县地税局直属税务分局）、黄路平（县国税局）、朱云标（县市场监管局）、童国庆（县供销联社）、汪良清（实验小学）、黄贤平（城东中学）、黄桂芳（县教工幼儿园）、谢飘飘（芳村镇中心小学）、樊卫军（紫港中学）、郑肖福（电大常山学院）、陈建平（县科技局）、江美芳（县妇幼保健院）、姜友华（县疾病预防控制中心）、陈小伟（大桥头乡卫生院）、饶群（团县委）	县委／常委〔2018〕19 号	2018-07-04
基层武装工作先进单位	青石镇、大桥头乡、芳村镇、县职业中专	县委、县人武部／常委〔2018〕23 号	2018-07-26
基层武装工作先进个人	廖小兵（县民政局）、黄小兵（紫港街道）、胡志斌（球川镇）、徐东红（金川街道）、陈思佳（青石镇）、项晓明（大桥头乡）、蒋淳振（同弓乡）、陈金明（辉埠镇久泰弄村）		
2017 年夏秋季征兵工作先进集体	县公安局、青石镇、东案乡、同弓乡	县政府、县人武部／常政发〔2018〕48 号	2018-09-23
2017 年夏秋季征兵工作先进个人	郑耿明（芳村镇）、项晓明（大桥头乡）、余晓红（招贤镇）、詹晟春（球川镇）、胡吉庆（城关派出所）、周小亮（芳村派出所）、林文成（县卫计局）、鲁效初（县人民医院）、徐勇军（县民政局）、徐良英（县教育局）		

荣誉称号	获奖单位或个人	颁发单位／文号	颁发时间
乡村振兴“五水共治”工作先进集体	县农办、环境保护局、水利局、农业局、开发区管委会、团县委、妇联、总工会，天马街道、紫港街道、何家乡、白石镇、同弓乡	县委、县政府／常委〔2018〕38号	2018-11-27
乡村振兴“五水共治”工作先进个人	宁玮亮（天马街道）、黄志娟（紫港街道）、程钊（金川街道）、汪峻（何家乡）、吴林锋（招贤镇）、陈红（青石镇）、江土有（东案乡）、江真真（大桥头乡）、徐琦（芳村镇）、林永周（新昌乡）、毛可明（白石镇）、周水刚（球川镇）、祝徐亮（同弓乡）、樊元进（金川街道赵家坪社区）、郑兵（县督考办）、郑君（县委办）、毛月华（县府办）、胡建平（县纪委监委）、张汪洋（县委组织部）、郭永平（县委宣传部）、徐安平（县“五水共治”办）、章金平（县科协）、杨陈皆（县财政局）、王淑君（县住建局）、曾智盛（县综合行政执法局）、徐士平（县农业局）、汪静芳（县河长办）、黄志祥（县水利局）、王东方（县环保局）、黄骥（县卫计局）、章树平（县司法局）、黄志东（县公安局）、涂江浩（县新闻传媒集团）		

重 要 文 件 目 录

中共常山县委、县人民政府联发文件一览

表 51

序	文 号	文 件 标 题
1	常委〔2018〕1 号	关于印发《贯彻落实中央八项规定实施细则的操作办法》的通知
2	常委〔2018〕6 号	关于组建常山县新闻传媒集团的实施意见
3	常委〔2018〕7 号	关于申报 2018 年度表彰奖励通报表扬项目的请示
4	常委〔2018〕8 号	关于表彰常山县第五届“项目功臣、攻坚干将、招商能手”的通知
5	常委〔2018〕11 号	关于 2017 年度全县平安建设暨综治维稳工作先进集体和先进个人的通报
6	常委〔2018〕12 号	关于表彰 2017 年度美丽乡村建设各项先进的通报
7	常委〔2018〕13 号	关于印发《常山县扫黑除恶专项斗争实施方案》的通知
8	常委〔2018〕14 号	关于印发《全面实施乡村振兴战略加快“特富美安”慢城大花园建设行动计划（2018—2022 年）》的通知
9	常委〔2018〕15 号	关于“浙西民居·慢城花园”农民建房服务体系完善和农村特色风貌提升的实施意见
10	常委〔2018〕17 号	关于印发《常山县贯彻落实中央环境保护督察反馈意见整改方案》的通知
11	常委〔2018〕20 号	关于印发《关于推进安全生产领域改革发展的实施办法》的通知
12	常委〔2018〕22 号	关于徐文光书记批示件办理情况的报告
13	常委〔2018〕23 号	关于表彰常山县武装工作先进单位和个人的通报
14	常委〔2018〕24 号	关于印发《县委十三届四次暨县十六届政府二次全体（扩大）会议重点工作分工抓落实安排》的通知
15	常委〔2018〕25 号	关于推进基层治理战略任务落地打造基层治理最优“慢城大花园”的实施方案
16	常委〔2018〕26 号	关于深化县管企业负责人薪酬制度改革的实施意见
17	常委〔2018〕27 号	关于申报浙江省美丽乡村示范县的报告
18	常委〔2018〕28 号	关于打造常山县山海协作工程升级版的实施意见
19	常委〔2018〕30 号	关于全力打造“信德过城市”的实施意见
20	常委〔2018〕33 号	关于加强禁毒工作的实施意见
21	常委〔2018〕35 号	关于申报省部共建乡村振兴示范县的报告
22	常委〔2018〕36 号	关于印发《常山县 2018 年度乡镇（街道）部门工作目标考核办法》的通知
23	常委〔2018〕37 号	关于开展全面质量提升行动的实施意见
24	常委〔2018〕38 号	关于表彰乡村振兴“五水共治”工作先进集体和先进个人的通知
25	常委〔2018〕42 号	关于印发《常山县贯彻落实浙江省环境保护督察反馈意见整改方案》的通知

（县委办公室）

中共常山县委文件一览

表 52

序	文 号	文 件 标 题
1	常委〔2018〕2 号	关于常山县不驻会政协副主席转为驻会工作的请示
2	常委〔2018〕3 号	关于公布 2017 年度“金钉子”党组织和复评合格“金钉子”党组织的通知

续表 52

序	文　号	文　件　标　题
3	常委〔2018〕4 号	关于印发《县委十三届三次全体（扩大）会议重点工作分工抓落实安排》的通知
4	常委〔2018〕5 号	关于召开县委常委民主生活会的报告
5	常委〔2018〕9 号	关于给予陈岗同志党内警告处分的请示
6	常委〔2018〕10 号	关于辉埠镇鸭坞村违法建筑问题处置情况的报告
7	常委〔2018〕16 号	2017 年度落实全面从严治党主体责任检查考核反馈整改方案和工作计划
8	常委〔2018〕18 号	关于在全县开展大整风行动推动市委“1433”战略体系重重落地的意见
9	常委〔2018〕19 号	关于表彰县先进基层党组织“金钉子支书”“金钉子党务工作者”和“金钉子党员”的决定
10	常委〔2018〕21 号	关于转发《中共浙江省委关于认真学习贯彻习近平总书记重要指示精神的通知》的通知
11	常委〔2018〕29 号	关于召开“以案促改”专题民主生活会的报告
12	常委〔2018〕31 号	关于开展“效率革命”深化大整风行动的通知
13	常委〔2018〕32 号	关于开展基层党建“双全双提·五强五星”行动的实施意见
14	常委〔2018〕34 号	关于青石镇山区村民“用水荒”问题整改情况的报告
15	常委〔2018〕39 号	关于深入贯彻全面从严治党要求推进新时代机关党的建设的实施意见
16	常委〔2018〕40 号	关于要求审批《常山县机构改革方案》的请示
17	常委〔2018〕41 号	关于加强新时代人民政协党的建设工作的意见
18	常委〔2018〕43 号	关于推进“清廉常山”建设的实施意见
19	常委〔2018〕44 号	关于构建抓人促事机制激励干部新担当新作为的实施意见

（县委办公室）

常山县人民政府文件一览

表 53

序号	文　号	文　件　标　题
1	常政发〔2018〕3 号	常山县盐业体制改革实施方案的通知
2	常政发〔2018〕4 号	关于发布实施《常山县矿产资源规划（2016—2020）》的通知
3	常政发〔2018〕5 号	关于收回县城南片区等四个危旧房治理改造区块原出让、划拨土地国有土地使用权的批复
4	常政发〔2018〕6 号	关于公布常山县第一批历史建筑保护名录的通知
5	常政发〔2018〕7 号	关于第二批划转综合行政执法行政处罚事项的公告
6	常政发〔2018〕8 号	关于印发常山县“十三五”后备力量调整改革实施方案的通知
7	常政发〔2018〕9 号	2018 年度民兵组织整顿工作实施意见
8	常政发〔2018〕10 号	关于同意常山县球川镇镇区局部地块控制性详细规划调整的批复
9	常政发〔2018〕11 号	关于调整我县最低工资标准的通知
10	常政发〔2018〕12 号	关于春节期间禁止林区一切野外用火的通告
11	常政发〔2018〕13 号	关于同意要求对我县 2017 年早稻芽谷灾情予以政策补助的批复
12	常政发〔2018〕14 号	关于常山县巨龙新型墙体材料有限公司“1·2”一般机械伤害事故调查报告的批复
13	常政发〔2018〕15 号	关于授予天马街道等 6 个单位集体三等功的决定
14	常政发〔2018〕16 号	关于下达常山县 2018 年重点建设、重大前期项目计划和政府投资项目支出计划的通知
15	常政发〔2018〕17 号	关于确定常山县猴头菇地理标志证明商标使用地域范围的批复
16	常政发〔2018〕18 号	关于 2017 年度常山县政府质量奖获奖企业（组织）和个人的通报
17	常政发〔2018〕19 号	关于表彰 2017 年度县长特别奖等奖项的通报
18	常政发〔2018〕20 号	关于优化普高学考、高考选考等教育招生考试环境维护考试秩序的通告
19	常政发〔2018〕21 号	关于表彰 2017 年度全县安全生产工作先进集体和先进个人的通报
20	常政发〔2018〕22 号	关于印发常山县农村集体土地“一户多宅”分类处理指导意见（试行）的通知
21	常政发〔2018〕23 号	关于常山县东方广场综合体 1 号楼 4 楼宴会厅装修工程“2·4”一般触电事故调查报告的批复

续表 53

序号	文　号	文　件　标　题
22	常政发〔2018〕24 号	关于同意将辉埠镇卫生院闲置房产所有权无偿划拨给辉埠镇人民政府的批复
23	常政发〔2018〕25 号	关于进一步加快旅游业发展的若干政策意见的通知
24	常政发〔2018〕26 号	关于提议陈芳同志职务任免的议案
25	常政发〔2018〕27 号	关于提议姚金环同志职务任免的议案
26	常政发〔2018〕28 号	关于 2017 年保障性安居工程跟踪审计发现问题整改落实情况的报告
27	常政发〔2018〕29 号	关于开展第四次经济普查的通知
28	常政发〔2018〕30 号	关于优化高考、中考和学考等教育招生考试环境维护考试秩序的通告
29	常政发〔2018〕31 号	关于印发常山县农村集体土地“一户多宅”分类处理指导意见的通知
30	常政发〔2018〕32 号	关于同意常山县同弓乡中和村土地利用规划（2017—2020 年）的批复
31	常政发〔2018〕33 号	关于加强衢枳壳原药材管理的公告
32	常政发〔2018〕34 号	关于深化“亩产论英雄：改革实施方案的通知
33	常政发〔2018〕35 号	关于确认常山胡柚地理标志保护申请人资格的批复
34	常政发〔2018〕36 号	关于 351 国道龙游横山至开化华埠段公路工程 PPP 项目合同的批复
35	常政发〔2018〕37 号	关于开展第三次全国土地调查的通知
36	常政发〔2018〕39 号	关于提议魏宏伟同志职务任免的议案
37	常政发〔2018〕40 号	关于印发常山县政府投资项目审计监督办法的通知
38	常政发〔2018〕41 号	关于同意常山县球川镇球川村省级历史文化村落保护利用重点村规划的批复
39	常政发〔2018〕42 号	关于在常山港等水域实施禁渔制度的通告
40	常政发〔2018〕43 号	关于 5 处地址灾害隐患点核销的公告
41	常政发〔2018〕44 号	关于同意常山县水务发展投资有限公司——千家排水农村生活用水免征水资源的批复
42	常政发〔2018〕45 号	关于《基本公共服务领域省与市县共同财政事权和支出责任划分改革方案（征求意见稿）》的反馈意见
43	常政发〔2018〕46 号	关于划转部分国有资本充实社保基金情况的汇报
44	常政发〔2018〕47 号	关于常山县 2018 年度水利工程标准化管理小型水库和山塘管理与保护范围划定方案的批复
45	常政发〔2018〕48 号	关于表彰 2017 年夏秋季征兵工作先进单位和个人的通报
46	常政发〔2018〕49 号	关于加强油茶采摘管理的通告
47	常政发〔2018〕50 号	关于 2019 年土地储备计划的批复
48	常政发〔2018〕51 号	关于同意常山县农民饮用水达标提标专项规划的批复
49	常政发〔2018〕52 号	关于优化普高学考、高考选考等教育招生考试环境维护考试秩序的通告
50	常政发〔2018〕53 号	关于对杭金衢高速公路常山特大拓宽工程“8·14”管道破裂事故调查报告的批复
51	常政发〔2018〕54 号	关于同意将 351 国道龙游横山至开化华埠段公路工程（常山段）PPP 项目跨年度财政支出责任纳入中期财政规划的批复
52	常政发〔2018〕55 号	关于同意常山县千家排水库管理与保护范围划定方案的批复
53	常政发〔2018〕56 号	关于同意常山县养殖水域滩涂规划的批复
54	常政发〔2018〕57 号	关于 2017 年度实行最严格水资源管理制度考核反馈意见的整改落实总结
55	常政发〔2018〕58 号	关于对常山县金川街道鲁里村建筑施工工程“9·27”一般高处坠落事故调查报告的批复
56	常政发〔2018〕59 号	关于同意南门溪（城区段）堤防管理与保护范围的批复
57	常政发〔2018〕60 号	芳村溪河道范围划界成果平面图的批复
58	常政发〔2018〕61 号	关于同意将常山县城区道路白改黑及人行道改造 PPP 项目（城区主干道改造提升工程）跨年度财政支出责任纳入中期财政规划的批复
59	常政发〔2018〕62 号	关于同意为王咸丰申请表彰奖励的批复
60	常政发〔2018〕63 号	关于对浙江紫晶矿业有限公司岩前萤石矿“10·19”一般冒顶事故调查报告的批复
61	常政发〔2018〕64 号	关于同意常山县水电规划（修编）的批复
62	常政发〔2018〕65 号	关于同意《常山县域村庄布点规划》的批复

续表 53

序号	文　号	文　件　标　题
63	常政发〔2018〕66 号	关于公布“常山 2018—2020 集聚点三年建设计划”和常山县中心城区外“适建村、限建村、禁建村”名单的通知
64	常政发〔2018〕67 号	关于促进电子商务产业发展若干政策的意见
65	常政发〔2018〕68 号	关于提请调整常山县 2018 年财政预算的议案
66	常政发〔2018〕69 号	关于提请调整常山县 2018 年地方政府债务限额的议案
67	常政发〔2018〕70 号	关于印发常山县经济适用住房上市交易实施细则的通知
68	常政发〔2018〕71 号	关于扩大高污染燃料禁燃区的通告
69	常政发〔2018〕73 号	关于同意《常山白石镇聚宝村、新塘岭村土地利用规划（2017—2020 年）》的批复
70	常政发〔2018〕74 号	关于同意《常山县球川镇西村村、东山村土地利用规划（2017—2020 年）》的批复
71	常政发〔2018〕75 号	关于同意《常山县天马街道天马村、天安村、和平村土地利用规划（2017—2020 年）》的批复
72	常政发〔2018〕76 号	关于同意《常山县同弓乡官庄桥村、山边村、同心村土地利用规划（2017—2020 年）》的批复
73	常政发〔2018〕77 号	关于同意《常山县紫港街道狮东村、渣濑湾村土地利用规划（2017—2020 年）》的批复

（县政府办公室）

县委办公室、县政府办公室联发文件一览

表 54

序	文　号	文　件　标　题
1	常委办〔2018〕1 号	关于调整完善部分考核指标的通知
2	常委办〔2018〕2 号	关于开展 2017 年度乡镇（街道）、部门工作目标考核的通知
3	常委办〔2018〕3 号	关于开展 2017 年度落实全面从严治党主体责任检查考核工作的通知
4	常委办〔2018〕4 号	关于开展第五届“项目功臣、攻坚干将、招商能手”评选活动的通知
5	常委办〔2018〕5 号	关于加强乡镇（街道）综治工作中心标准化建设的实施意见
6	常委办〔2018〕8 号	关于做好持续低温雨雪天气应对工作的紧急通知
7	常委办〔2018〕9 号	关于 2018 年春节期间访民情送温暖活动安排的通知
8	常委办〔2018〕10 号	关于印发《浙江常山旅游发展投资运营有限公司组建方案》的通知
9	常委办〔2018〕11 号	关于建立常山县球川村历史文化村落保护利用项目指挥部的通知
10	常委办〔2018〕12 号	关于印发《中央环境保护督察常山县整改工作领导小组工作方案》的通知
11	常委办〔2018〕13 号	关于聘请舒永强等同志为招商顾问的通知
12	常委办〔2018〕14 号	关于开展 2018 年春节元宵系列文化活动的方案
13	常委办〔2018〕15 号	关于 2017 年度乡镇（街道）和部门工作目标考核结果的通报
14	常委办〔2018〕16 号	关于推广农村垃圾分类“123”工作法的实施意见
15	常委办〔2018〕17 号	关于印发《中共常山县委 2017—2021 年巡察工作规划》的通知
16	常委办〔2018〕18 号	关于印发《常山县“幸福爷爷快乐奶奶”行动方案》的通知
17	常委办〔2018〕20 号	关于印发《常山县落实食品安全党政同责的实施意见》的通知
18	常委办〔2018〕21 号	关于印发《中共常山县委常山县人民政府政协常山县委员会 2018 年度协商视察监督工作计划》的通知
19	常委办〔2018〕22 号	关于印发《2018 年度农民增收工作分工抓落实方案》的通知
20	常委办〔2018〕23 号	关于印发《常山县 2018 年“项目推进年”活动实施方案》的通知
21	常委办〔2018〕24 号	关于印发《常山县深化“最多跑一次”改革全面推进政务服务“无差别受理”实施方案》的通知
22	常委办〔2018〕25 号	关于成立常山县扫黑除恶专项斗争领导小组的通知
23	常委办〔2018〕26 号	关于印发《常山县重点工作专班干部专项考察办法（试行）》的通知

续表 54

序	文 号	文 件 标 题
24	常委办〔2018〕27 号	关于调整县领导“六个一”联系及“部门包村共建美丽乡村”安排的通知
25	常委办〔2018〕28 号	关于切实加强“五一”节和汛期安全防范工作的通知
26	常委办〔2018〕29 号	关于调整常山三衢湖省级旅游度假区管委会组成人员的通知
27	常委办〔2018〕30 号	关于印发《常山县深化“能力提升年”活动方案》的通知
28	常委办〔2018〕31 号	关于常山县创评星级基层治理体系“四个平台”工作的实施意见
29	常委办〔2018〕32 号	关于公布常山县党支部书记学院组成人员和院务指导委员会组成人员的通知
30	常委办〔2018〕33 号	关于印发《常山县禁毒大保障、大整治、大防控、大宣传工作实施方案》的通知
31	常委办〔2018〕34 号	关于印发《常山县全面创新改革联系点实施方案》的通知
32	常委办〔2018〕35 号	关于印发《关于实施容错纠错机制加快推进“党建＋基层治理”和“互联网＋政务服务”的意见》
33	常委办〔2018〕36 号	关于印发《县委理论学习中心组 2018 年学习计划》的通知
34	常委办〔2018〕37 号	关于做好省、市媒体曝光问题整改工作有关事项的通知
35	常委办〔2018〕38 号	关于开展“‘八八战略’再深化、改革开放再出发、县域发展再提质”大调研活动的通知
36	常委办〔2018〕40 号	关于成立常山县营商环境建设工作专班的通知
37	常委办〔2018〕41 号	关于成立省级美丽乡村示范县工作专班的通知
38	常委办〔2018〕42 号	关于全力推进农村“一户多宅”清理整治工作的意见
39	常委办〔2018〕43 号	关于建立“1+1+N”联合接访工作机制的通知
40	常委办〔2018〕44 号	关于实行“周二无会日”制度的通知
41	常委办〔2018〕45 号	关于调整县委密码工作领导小组成员的通知
42	常委办〔2018〕46 号	关于征求 2018 年度县委常委会民主生活会意见建议的通知
43	常委办〔2018〕47 号	关于执行市委市政府“十条军规”工作较好典型事项
44	常委办〔2018〕48 号	关于执行市委市政府“十条军规”工作不力典型案例的通报
45	常委办〔2018〕51 号	关于调整常山县事业单位改革工作领导小组的通知
46	常委办〔2018〕53 号	关于市委市政府“十条军规”执行情况通报和记功嘉奖的操作办法
47	常委办〔2018〕54 号	关于印发《常山县省级文明城市复评迎检工作实施方案》的通知
48	常委办〔2018〕57 号	关于印发《常山县“智汇常山·筑梦未来”招才引智行动实施方案》的通知
49	常委办〔2018〕58 号	关于纵深推进“最多跑一次”改革全面优化提升营商环境的实施意见
50	常委办〔2018〕60 号	关于印发《常山县从事生产经营活动事业单位改革的实施意见》的通知．
51	常委办〔2018〕61 号	关于印发《常山县“志愿之城”试点工作实施方案》的通知
52	常委办〔2018〕62 号	关于印发《常山县志愿服务工作实施意见》的通知
53	常委办〔2018〕63 号	关于成立县税务机构改革协调小组的通知
54	常委办〔2018〕64 号	关于成立健康常山建设工作领导小组的通知
55	常委办〔2018〕65 号	关于加强我县城市社区建设工作的若干意见
56	常委办〔2018〕66 号	关于成立常山县打造山海协作升级版工作专班的通知
57	常委办〔2018〕67 号	关于印发《常山问政·请人民阅卷栏目实施方案》的通知
58	常委办〔2018〕69 号	关于进一步加强中小学校长队伍建设的意见
59	常委办〔2018〕70 号	关于印发《周二下村（社）联系重点项目工作方案》的通知
60	常委办〔2018〕71 号	关于打造常山江“宋诗之河”的实施意见
61	常委办〔2018〕72 号	关于印发常山县高水平推进农村人居环境提升三年行动实施方案（2018—2020 年）的通知
62	常委办〔2018〕73 号	关于进一步健全完善普法责任制的实施意见
63	常委办〔2018〕74 号	关于印发《常山县城区生活垃圾分类实施方案（2018—2020 年）》的通知
64	常委办〔2018〕76 号	关于印发《2018 年党风廉政建设和反腐败工作组织领导与责任分工》的通知
65	常委办〔2018〕77 号	关于印发《构建“红色物业联盟”135 体系共建共治共享有礼小区工作实施方案》的通知

续表 54

序	文 号	文 件 标 题
66	常委办〔2018〕78 号	关于在全县开展第八个尊师重教月活动的通知
67	常委办〔2018〕79 号	关于执行“十条军规”工作较好典型事项的通报（一）
68	常委办〔2018〕80 号	关于执行“十条军规”工作不力典型事项的通报（二）
69	常委办〔2018〕81 号	关于印发《常山县 2018 年农村公厕改造工作实施方案》的通知
70	常委办〔2018〕82 号	关于切实做好衢州市“效能指数”有关工作的通知
71	常委办〔2018〕83 号	关于成立乡村振兴工作专班的通知
72	常委办〔2018〕84 号	关于印发《关于深化湖长制的实施意见》的通知
73	常委办〔2018〕85 号	关于成立常山县禁毒示范县创建工作领导小组的通知
74	常委办〔2018〕86 号	关于认真学习贯彻《地方党政领导干部安全生产责任制规定》和《浙江省党政领导干部安全生产责任制实施细则》的通知
75	常委办〔2018〕87 号	关于印发《首届常山人发展大会总体方案》的通知
76	常委办〔2018〕88 号	关于成立常山县公安机关人民警察职务序列改革工作领导小组的通知
77	常委办〔2018〕89 号	关于转发《常山县国际慢城讲解员（公务讲解员）管理办法》的通知
78	常委办〔2018〕90 号	关于印发《常山县“县委书记和县长项目工程”推进工作方案（试行）》的通知
79	常委办〔2018〕91 号	关于建立常山县禁毒示范县创建工作领导小组的通知
80	常委办〔2018〕92 号	关于印发《常山县创建全省禁毒示范县三年行动实施方案》的通知
81	常委办〔2018〕93 号	关于印发《常山县重点项目“百日会战六大攻坚”专项行动方案》的通知
82	常委办〔2018〕95 号	关于调整扶贫开发领导小组成员单位的通知
83	常委办〔2018〕96 号	关于成立常山县乡村振兴（乡村大花园建设）领导小组的通知
84	常委办〔2018〕97 号	关于建立执法部门“组团联社”制度的通知
85	常委办〔2018〕98 号	关于成立常山县“浙西民居·慢城花园”农民建房服务体系完善和农村特色风貌提升工作领导小组的通知
86	常委办〔2018〕99 号	关于印发《常山县高水平建设“四好农村路”实施意见》的通知
87	常委办〔2018〕100 号	关于印发《常山县助力东西部扶贫协作地区脱贫攻坚实施意见》的通知
88	常委办〔2018〕101 号	关于开展县领导走访调研重点企业活动的通知
89	常委办〔2018〕102 号	关于印发《2018 年度乡镇（街道）、部门建设“平安常山”和社会治安综合治理工作考核法》的通知
90	常委办〔2018〕104 号	关于执行“十条军规”工作不力典型事项的通报（三）
91	常委办〔2018〕105 号	关于执行“十条军规”工作较好典型事项的通报（三）
92	常委办〔2018〕106 号	关于加快推进常山公共法律服务体系建设的实施意见
93	常委办〔2018〕107 号	关于印发《2018 年度乡镇（街道）、部门党委和政务信息考核奖励办法》的通知
94	常委办〔2018〕109 号	关于印发《2018 年度市对县综合考核目标任务和责任分工方案》的通知
95	常委办〔2018〕110 号	关于印发《常山县 2018 年度乡镇（街道）工作目标考核细则》的通知
96	常委办〔2018〕111 号	关于印发《常山县 2018 年度部门工作目标考核细则》的通知
97	常委办〔2018〕112 号	关于建立常山县乡村振兴大花园建设联席专班会议制度的通知
98	常委办〔2018〕113 号	关于印发《常山县农民建房管控责任追究暂行办法》的通知
99	常委办〔2018〕114 号	关于印发《关于推行法律顾问制度和公职律师公司律师制度的实施意见》的通知
100	常委办〔2018〕115 号	关于印发《开发区单列考核和涉工单位捆绑考核方案》的通知
101	常委办〔2018〕116 号	关于开展 2018 年度落实全面从严治党主体责任检查考核工作的通知
102	常委办〔2018〕117 号	关于成立常山县公共法律服务体系建设领导小组的通知
103	常委办〔2018〕118 号	关于印发《常山县 2018 年招商引智考核办法》的通知
104	常委办〔2018〕119 号	关于进一步完善领导干部批阅群众来信办理制度的通知
105	常委办〔2018〕120 号	关于开展 2018 年度乡镇（街道）、部门工作目标考核的通知
106	常委办〔2018〕123 号	关于转发《常山县档案局关于做好全县机构改革中档案处置工作的意见》的通知

续表 54

序	文号	文件标题
107	常委办〔2018〕124号	关于成立常山县基层治理领导小组及工作专班的通知
108	常委办〔2018〕125号	关于做好2019年元旦春节期间有关工作的通知

（县委办公室）

县委办公室文件一览

表 55

序	文号	文件标题
1	常委办〔2018〕6号	关于征求2017年度县委常委会民主生活会意见建议的通知
2	常委办〔2018〕7号	关于认真传达学习党的十九届二中全会精神的通知
3	常委办〔2018〕17号	关于印发《中共常山县委2017—2021年巡察工作规划》的通知
4	常委办〔2018〕36号	关于印发《县委理论学习中心组2018年学习计划》的通知
5	常委办〔2018〕45号	关于调整县委密码工作领导小组成员的通知
6	常委办〔2018〕46号	关于征求2018年度县委常委会民主生活会意见建议的通知
7	常委办〔2018〕49号	关于开展大整风督导工作的通知
8	常委办〔2018〕50号	关于开展“我是党员我带头”活动的实施意见
9	常委办〔2018〕52号	关于全面推行“周二下村（社）日”制度的通知
10	常委办〔2018〕59号	关于印发《常山县2017年度落实全面从严治党主体责任检查考核反馈整改方案和工作计划》的通知
11	常委办〔2018〕68号	关于调整县委人才工作领导小组组成员的通知
12	常委办〔2018〕75号	关于征求县委常委会“以案促改”专题民主生活会意见建议的通知
13	常委办〔2018〕94号	关于印发《常山县党委（党组）网络安全工作责任制实施意见》的通知
14	常委办〔2018〕103号	关于切实做好2019年度党报党刊发行工作严格规范报刊发行秩序的通知
15	常委办〔2018〕108号	关于印发县委《关于开展基层党建“双全双提·五强五星”行动的实施意见》五个配套实施意见的通知
16	常委办〔2018〕121号	关于建立健全抓人促事制度体系的通知
17	常委办〔2018〕122号	关于印发《关于加强优秀年轻干部发现培养选拔工作的实施意见》的通知
18	常委办〔2018〕126号	关于印发《“服务企业服务群众服务基层”活动方案》的通知

（县委办公室）

县政府办公室文件一览

表 56

序	文号	文件标题
1	常政办发〔2018〕3号	关于同意常山县球川镇球川村原三监地块控制性详细规划的批复
2	常政办发〔2018〕4号	关于同意增加常山县中小企业贷款担保有限公司注册资本金等事项的批复
3	常政办发〔2018〕5号	关于同意录用转业士官甘铁辉等十位同志为相关单位工作人员的批复
4	常政办发〔2018〕6号	关于同意将原何家中学场地提供给家政服务业培训基地使用的批复
5	常政办发〔2018〕7号	关于同意将鲍小平等47名1999至2015年符合政府安排工作条件的自谋职业专业士官录用为常山县崇军劳动服务有限公司职工的批复
6	常政办发〔2018〕8号	关于同意常山县金川街道办事处十五里村夹江水库地块控制性详细规划（调整）的批复
7	常政办发〔2018〕9号	关于同意常山县城南单元02-01-33号地块控制性详细规划调整的批复
8	常政办发〔2018〕10号	关于转发浙江省人民政府办公厅关于公布浙江省2018年度政府集中采购目录及标准的通知
9	常政办发〔2018〕11号	关于同意球川镇城镇消防规划的批复
10	常政办发〔2018〕12号	关于同意对常山县湖畔嘉苑小区列为重大火灾隐患挂牌督办的批复

续表 56

序	文　号	文　件　标　题
11	常政办发〔2018〕13 号	关于服务企业用工的若干意见通知
12	常政办发〔2018〕14 号	关于推进“助万众创业、推乡村振兴”两年行动的实施意见（2018—2019 年）
13	常政办发〔2018〕15 号	关于常山县第一批历史建筑保护图则的批复
14	常政办发〔2018〕16 号	关于启用常山县住房和城乡规划建设局规划审批专用章的通知
15	常政办发〔2018〕17 号	关于印发 2018 年政府工作报告重点工作责任分解的通知
16	常政办发〔2018〕18 号	关于下达 2018—2022 年隐形债务消化计划的通知
17	常政办发〔2018〕19 号	关于印发常山县工业投资项目负面清单管理办法的通知
18	常政办发〔2018〕20 号	关于印发常山县驻点招商管理暂行办法的通知
19	常政办发〔2018〕21 号	关于切实抓好春节期间森林消防工作的通知
20	常政办发〔2018〕22 号	关于做好 2018 年春节人力资源交流大会有关工作的通知
21	常政办发〔2018〕23 号	关于同意启用常山县新闻传媒集团印章的通知
22	常政办发〔2018〕24 号	关于同意支付常山县第一中学迁建项目土建和市政工程部分工程款的批复
23	常政办发〔2018〕25 号	常山县政府性投资项目通信电力杆线迁建补偿标准
24	常政办发〔2018〕26 号	关于印发常山县“邻居银行杯”首届百村农民运动会工作实施方案的通知
25	常政办发〔2018〕27 号	关于同意常山县招贤镇大弄村 A-01 地块控制性详细规划的批复
26	常政办发〔2018〕28 号	关于同意常山县白石镇区控制性详细规划（修编）的批复
27	常政办发〔2018〕29 号	关于加快处置“僵尸企业”盘活闲置低效工业用地的实施意见
28	常政办发〔2018〕30 号	关于印发全县道路交通安全综合治理工作实施方案的通知
29	常政办发〔2018〕31 号	关于印发推进常山县率先实现在线平台 2.0 版应用“四个 100% 常态化”实施计划的通知
30	常政办发〔2018〕32 号	关于印发 2018 年县政府民生实事项目的通知
31	常政办发〔2018〕33 号	关于印发《常山县重点工作专班工作方案》的通知
32	常政办发〔2018〕34 号	关于转发《浙江省行政执法监督实施办法》的通知
33	常政办发〔2018〕35 号	关于同意录用张思同志为事业单位工作人员的批复
34	常政办发〔2018〕36 号	关于批转 2018 年审计项目计划的通知
35	常政办发〔2018〕37 号	关于同意进一步加大对县市政园林管理处政策扶持力度的批复
36	常政办发〔2018〕38 号	关于进一步促进总部经济发展的补充意见
37	常政办发〔2018〕39 号	关于印发常山县危险化学品生产企业搬迁改造工作方案的通知
38	常政办发〔2018〕40 号	关于印发常山县畜禽养殖废弃物资源化利用工作方案的通知
39	常政办发〔2018〕41 号	关于印发常山县化工企业转型发展指导意见的通知
40	常政办发〔2018〕42 号	关于同意对常山县太平洋大酒店有限公司列为重大火灾隐患挂牌督办的批复
41	常政办发〔2018〕43 号	关于交办项目问题的通知
42	常政办发〔2018〕44 号	关于转发县水利局关于常山县 2018 年防汛检查整改意见及措施的通知
43	常政办发〔2018〕45 号	关于同意将常山县美丽公路（一期）工程 PPP 项目跨年度财政支出责任纳入中期财政规划的批复
44	常政办发〔2018〕46 号	关于开展“常山好项目”谋划台擂赛活动的通知
45	常政办发〔2018〕47 号	关于进一步做好常山县属国有房地产集中规范管理工作的补充意见
46	常政办发〔2018〕48 号	关于同意成立县政府“4·2”事故调查组的批复
47	常政办发〔2018〕49 号	关于印发 2018 年常山县推进企业挂牌上市和并购重组行动计划的通知
48	常政办发〔2018〕50 号	关于印发常山县 2018 年度国有建设用地供应计划的通知
49	常政办发〔2018〕51 号	关于印发常山县“一户多宅”清理整治工作实施方案的通知
50	常政办发〔2018〕52 号	关于印发报送县政府审批的行政执法决定法制审核规程（试行）的通知
51	常政办发〔2018〕53 号	关于同意 2018 年定向培养基层农技人员招生计划的批复
52	常政办发〔2018〕54 号	关于同意常山县芳村镇镇区控制性详细规划的批复

续表 56

序	文　号	文　件　标　题
53	常政办发〔2018〕55 号	关于印发常山县“区域能评＋区块能耗标准”改革实施方案的通知
54	常政办发〔2018〕56 号	关于印发常山县第二次全国污染普查方案的通知
55	常政办发〔2018〕57 号	关于调整完善农村土地综合整治项目有关政策（试行）的通知
56	常政办发〔2018〕58 号	关于印发常山县村级集体经济组织宅基地民主管理指导意见（试行）的通知
57	常政办发〔2018〕59 号	关于印发常山县农村宅基地有偿择位指导意见（试行）的通知
58	常政办发〔2018〕60 号	关于印发常山县集体经济组织农房管理指导意见（试行）的通知
59	常政办发〔2018〕61 号	关于印发常山县”一户多宅“整治拆除工作指导意见 的通知
60	常政办发〔2018〕62 号	关于印发常山县“一户多宅”集中整治中乡土建筑认定和保护利用办法（试行）的通知
61	常政办发〔2018〕63 号	关于 2018 年农村危房改造工作的实施意见
62	常政办发〔2018〕64 号	关于同意常山县美丽公路总体规划的批复
63	常政办发〔2018〕65 号	关于印发常山县医疗卫生服务领域深化“最多跑一次”改革行动方案的通知
64	常政办发〔2018〕66 号	关于进一步加快轻钙产业整治提升工作意见的通知
65	常政办发〔2018〕67 号	关于印发常山县固体废物大排查大整治行动方案的通知
66	常政办发〔2018〕68 号	关于印发“常山油茶”产业三产融合省级标准化试点实施方案的通知
67	常政办发〔2018〕69 号	关于公布 2018 年县级重大安全隐患及整治计划的通知
68	常政办发〔2018〕70 号	关于印发常山县“区域环评＋环境标准”改革实施方案的通知
69	常政办发〔2018〕71 号	2018 年常山县开展地方金融风险专项排查整治工作实施方案
70	常政办发〔2018〕72 号	关于印发加强政务诚信和个人诚信体系建设实施细则的通知
71	常政办发〔2018〕73 号	关于批转常山县 2018 年度地质灾害防治方案的通知
72	常政办发〔2018〕74 号	关于印发常山县深化“最多跑一次”改革全面推进政务服务“无差别受理”打造办事最优县实施办法的通知
73	常政办发〔2018〕75 号	关于印发常山县企业投资项目“标准地＋承诺制”改革实施方案的通知
74	常政办发〔2018〕76 号	关于同意 2018 年部分事业单位招聘紧缺专业人才计划的批复
75	常政办发〔2018〕77 号	关于同意与衢州职业技术学院合作开办护理班的批复
76	常政办发〔2018〕78 号	关于同意成立紫港街道柚苑社区和城东社区的批复
77	常政办发〔2018〕79 号	关于调整农民建房宅基地面积标准的通知
78	常政办发〔2018〕80 号	关于同意教育、卫计系统 2018 年公开招考事业编制人员计划的批复
79	常政办发〔2018〕81 号	关于印发中国石博览园人气集聚若干扶持政策的通知
80	常政办发〔2018〕82 号	关于进一步完善严重精神障碍患者肇事肇祸行为预防处置工作的补充意见的通知
81	常政办发〔2018〕83 号	关于印发 2018 年常山县食品安全工作要点的通知
82	常政办发〔2018〕84 号	关于制石制砂规范化管理的实施意见
83	常政办发〔2018〕85 号	关于收回浙江常山汇永投资管理有限公司何家乡工业用地 1 号地块国有土地使用权的批复
84	常政办发〔2018〕86 号	关于下达 2018 年度森林采伐限额的通知
85	常政办发〔2018〕87 号	关于开展被征地农民基本生活保障违规参保人员清退工作的实施方案
86	常政办发〔2018〕88 号	关于组织开展常山县第一届微型消防站比武竞赛的通知
87	常政办发〔2018〕90 号	关于印发常山县消防安全三年翻身仗行动实施方案的通知
88	常政办发〔2018〕91 号	关于下达常山县节水型公共机构创建活动实施计划的通知
89	常政办发〔2018〕92 号	关于加强预算支出进度管理的通知
90	常政办发〔2018〕93 号	关于开展常山县电动自行车综合整治工作的实施方案
91	常政办发〔2018〕94 号	关于同意设立常山县基础设施投资基金有限公司的批复
92	常政办发〔2018〕95 号	关于同意 2018 年度公租房申请受理工作方案的批复
93	常政办发〔2018〕96 号	关于同意调整常山港等水域禁渔制度的批复
94	常政办发〔2018〕97 号	关于支持企业股改的实施意见

续表56

序	文 号	文 件 标 题
95	常政办发〔2018〕98号	关于印发常山县第二次城镇房屋调查登记工作实施方案的通知
96	常政办发〔2018〕99号	关于下达2018年度县属国有公司经营预算收支计划的通知
97	常政办发〔2018〕100号	关于同意将常山县赵家坪农村住房改造安置区二期工程结算争议仲裁结果纳入结算审计核定书的批复
98	常政办发〔2018〕101号	关于同意将符长华等5名自谋职业转业士官录用为常山县崇军劳动服务有限公司职工的批复
99	常政办发〔2018〕102号	常山县县属国有企业员工薪酬管理办法
100	常政办发〔2018〕103号	关于印发2018年常山县政务公开工作要点分解落实方案的通知
101	常政办发〔2018〕104号	关于印发常山县贯彻落实“最多跑一次”改革部署全面推进建设工程项目“测验合一”实施方案的通知
102	常政办发〔2018〕105号	关于同意2018年部分事业单位面向社会公开召开录用工作人员的批复
103	常政办发〔2018〕106号	关于进一步规范公安机关警务辅助人员管理工作的实施意见
104	常政办发〔2018〕107号	关于在全县开展新一轮侨情和海外人才调查工作的通知
105	常政办发〔2018〕108号	关于印发常山县公安窗口进驻乡镇（街道）“四个平台”实施方案的通知
106	常政办发〔2018〕109号	关于印发常山县工业企业“亩产效益”综合评价办法的通知
107	常政办发〔2018〕111号	关于同意常山县大桥头乡总体规划的批复
108	常政办发〔2018〕112号	关于同意落实人才公寓有关事项的批复
109	常政办发〔2018〕113号	关于开展“十三五”规划中期评估的通知
110	常政办发〔2018〕114号	关于同意设立浙江常山绿惠投资开发有限公司的批复
111	常政办发〔2018〕115号	关于印发常山县工程建设项目审批制度改革试点工作实施方案的通知
112	常政办发〔2018〕116号	关于2018年度上半年优秀工作专班的通报
113	常政办发〔2018〕117号	关于2018年全县工作专班半年度工作督查情况的通报
114	常政办发〔2018〕118号	关于同意常山县水土保持科技示范园控制性详细规划调整的批复
115	常政办发〔2018〕119号	关于同意录用谢斌等六位同志为常山粮食收储有限责任公司工作人员的批复
116	常政办发〔2018〕120号	关于印发常山县农房附房、庭院、围墙管理指导意见的通知
117	常政办发〔2018〕121号	关于印发常山县全域土地综合整治工作实施方案的通知
118	常政办发〔2018〕122号	关于要求调整我县粮食收购有关政策的批复
119	常政办发〔2018〕123号	关于同意2018年部分事业单位引进紧缺专业人才的批复
120	常政办发〔2018〕124号	常山县城区排水专项整治行动实施方案
121	常政办发〔2018〕125号	关于同意常山县虹桥溪流域综合治理规划的批复
122	常政办发〔2018〕126号	关于同意常山县城区危旧房住宅区治理棚改项目（江滨、桑园、定阳、城南小区）规划、建筑方案的批复
123	常政办发〔2018〕127号	关于同意解除紫港街道轴承加工专业基地A-02地块等四宗国有土地出让合同的批复
124	常政办发〔2018〕128号	关于组织对重点楼宇街区开展地方金融风险全面排查整治专项行动的通知
125	常政办发〔2018〕129号	关于印发常山县区域消防安全前评估方案的通知
126	常政办发〔2018〕130号	关于“常山香”普通集体商标注册登记事宜的复函
127	常政办发〔2018〕131号	关于同意将常山县“归集慢城”一期通景路、府前路、文教路道路PPP跨年财政支出责任纳入中期财政规划的批复
128	常政办发〔2018〕132号	关于印发开展人民调解参与信访矛盾化解助推“五信访积案县”创建的实施方案》的通知
129	常政办发〔2018〕133号	关于同意常山县青石镇镇区控制性详细规划的批复
130	常政办发〔2018〕134号	关于印发《常山县乡镇（街道）、村（社区）便民服务中心“无差别受理”建设标准》的通知
131	常政办发〔2018〕135号	关于印发常山县治水长效战行动方案、常山县治气攻坚战行动方案、常山县治土持久战行动方案的通知

续表 56

序	文 号	文 件 标 题
132	常政办发〔2018〕136 号	关于印发常山县企业投资项目“最多跑一次”政府代办服务工作实施方案的通知
133	常政办发〔2018〕137 号	关于印发推动移动支付便民示范工程实施方案的通知
134	常政办发〔2018〕138 号	关于同意对常山华永家具厂列为重大火灾隐患挂牌督办的批复
135	常政办发〔2018〕139 号	关于印发常山县建筑工程项目测验合一工作实施细则的通知
136	常政办发〔2018〕140 号	关于印发常山港出境水乡街道考核奖惩办法（试行）二单通知
137	常政办发〔2018〕141 号	关于衢州市常山县农业水价综合改革实施方案的批复
138	常政办发〔2018〕142 号	关于同意实施常山县天马污水处理厂清洁排放技术改造及三期扩建项目的批复
139	常政办发〔2018〕143 号	关于印发常山县进一步压缩企业开办时间实施方案的通知
140	常政办发〔2018〕144 号	关于扶持企业发展的补充意见
141	常政办发〔2018〕145 号	关于强化渔业资源管理全面落实禁渔制度的实施意见
142	常政办发〔2018〕146 号	关于印发常山县“污水零直排区”建设实施方案的通知
143	常政办发〔2018〕147 号	关于印发深化湖长制的实施意见的通知
144	常政办发〔2018〕148 号	关于印发常山县推进医疗卫生与养老服务相结合实施方案的通知
145	常政办发〔2018〕149 号	关于印发常山县 2018 年度无偿献血工作安排的通知
146	常政办发〔2018〕150 号	关于印发常山县“五水共治”（河长制）碧水行动实施方案的通知
147	常政办发〔2018〕151 号	关于印发常山县林地经营权流转证发证管理办法的通知
148	常政办发〔2018〕152 号	关于印发常山县“大棚房”问题专项清理整治行动方案的通知
149	常政办发〔2018〕153 号	关于做好社会保险费和非税收征管职责划转工作的实施意见
150	常政办发〔2018〕154 号	关于同意常山县里择祠历史文化街区保护规划和常山县北门历史文化街区保护规划的批复
151	常政办发〔2018〕155 号	关于同意常山县芳村镇人民政府搬迁改造工程（原芳村小学）项目立项的批复
152	常政办发〔2018〕156 号	关于同意录用江燕飞同志到企事业单位工作的批复
153	常政办发〔2018〕157 号	紧关于同意 2018 年教育卫计系统引进紧缺专业人才拟录用人员名单的批复
154	常政办发〔2018〕158 号	关于同意教育卫计系统 2018 年公开招聘事业编制人员拟录用人员名单的批复
155	常政办发〔2018〕159 号	关于印发常山县居住出租房屋“旅馆式”管理工作方案的通知
156	常政办发〔2018〕160 号	关于印发常山县渔业资源管理专项整治行动的通知
157	常政办发〔2018〕161 号	关于狮子口水库网箱整治及提前拆除解除合同补偿的批复
158	常政办发〔2018〕162 号	关于同意授权常山县交通发展投资有限责任公司为 351 国道龙游横山至开化华埠段公路工程（常山段）ppp 项目政府方股东的批复
159	常政办发〔2018〕163 号	关于同意 048 省道征迁户王斌户到赵家坪安置的批复
160	常政办发〔2018〕164 号	关于印发《常山县美丽田园建设实施方案》的通知
161	常政办发〔2018〕165 号	关于印发常山县县级财政资金竞争性存放管理暂行办法的通知
162	常政办发〔2018〕166 号	关于印发常山县行政事业单位公款竞争性存放管理暂行办法的通知
163	常政办发〔2018〕167 号	关于印发常山县消防安全责任制实施细则的通知
164	常政办发〔2018〕168 号	关于同意浙江赛得健康小镇控制性详细规划的批复
165	常政办发〔2018〕169 号	关于调整被征地农民基本生活保障有关政策的通知
166	常政办发〔2018〕170 号	关于修改常山县畜禽养殖禁养区、限养区划分方案部分条款的通知
167	常政办发〔2018〕171 号	关于调整常山胡柚产业转型发展有关政策的通知
168	常政办发〔2018〕172 号	关于进一步完善投资项目决策咨询制度的通知
169	常政办发〔2018〕173 号	关于印发常山县轴承行业数字化改造实施方案的通知
170	常政办发〔2018〕174 号	关于同意 2018 年面向社会公开引进紧缺急需人才拟录用人员名单的批复
171	常政办发〔2018〕175 号	关于同意录用周燕飞等二十七位同志为事业单位工作人员的批复
172	常政办发〔2018〕176 号	关于做好 2019 年度城乡居民基本医疗保险参保缴费工作的通知

续表 56

序	文　号	文 件 标 题
173	常政办发〔2018〕177 号	关于印发常山县进一步压缩企业开办时间实施方案的通知
174	常政办发〔2018〕178 号	关于同意常山县大桥头浮河村坡地村镇地块控制性详细规划的批复
175	常政办发〔2018〕179 号	关于同意常山县东案乡乡规划的批复
176	常政办发〔2018〕180 号	关于同意 2012 年立项的农村土地综合整治项目区房屋拆迁户到赵家坪安置的批复
177	常政办发〔2018〕181 号	关于进一步促进事业单位紧缺急需人才引进的意见的通知
178	常政办发〔2018〕182 号	关于同意设立浙江常山慢城旅游营销有限公司的批复
179	常政办发〔2018〕183 号	关于撤销芙蓉等 4 处渡口的批复
180	常政办发〔2018〕184 号	关于印发常山县“百呼百应”平台建设实施方案的通知
181	常政办发〔2018〕185 号	关于印发常山县 2017 年冬季退役士兵安置方案的通知
182	常政办发〔2018〕186 号	关于同意将“智慧消防”纳入“智慧城市”建设的批复
183	常政办发〔2018〕187 号	关于同意对浙江宣博工贸有限公司列为重大火灾隐患挂牌督办的批复
184	常政办发〔2018〕188 号	常山县小微企业助保贷管理办法（试行）
185	常政办发〔2018〕189 号	关于持续加强全县电力线路通道树竹清理工作的通知
186	常政办发〔2018〕190 号	关于同意常山县天马街道蒲塘村苦竹坞地块控制性详细规划的批复
187	常政办发〔2018〕191 号	关于同意撤销常政林证字（2009）第 0002 号林权证的批复
188	常政办发〔2018〕192 号	关于同意常山县天马街道东港村对面坞地块控制性详细规划调整的批复
189	常政办发〔2018〕193 号	关于同意常山县主城区后坊－大弄口单元 05–03–40 号地块控制性详细规划调整的批复
190	常政办发〔2018〕194 号	关于同意主城区城南单元华府大酒店东南侧地块控制性详细规划调整的批复
191	常政办发〔2018〕195 号	关于同意常山县主城区城南单元 02–02–12 号地块控制性详细规划调整的批复
192	常政办发〔2018〕196 号	关于同意常山县金川街道十五里村大岗山地块控制性详细规划的批复
193	常政办发〔2018〕197 号	关于印发常山县工业企业暂欠电费帮扶周转资金管理办法（试行）的通知
194	常政办发〔2018〕198 号	关于同意 2019 年部分事业单位招聘紧缺急需人才计划的批复
195	常政办发〔2018〕199 号	关于同意对常山华永家具厂重大火灾隐患单位予以摘牌销案的批复
196	常政办发〔2018〕200 号	关于同意对常山湖畔嘉苑小区、文峰嘉苑小区重大火灾隐患单位予以摘牌销案的批复
197	常政办发〔2018〕201 号	关于衢州绿色产业集聚区常山片区控制性详细规划的批复
198	常政办发〔2018〕202 号	关于辉埠镇 13 家轻钙生产企业土地收储相关事宜的批复
199	常政办发〔2018〕203 号	关于同意常山县域乡村建设规划的批复
200	常政办发〔2018〕204 号	关于印发向上对接争取省政府对我县真抓实干成效明显工作激励支持的实施方案的通知
201	常政办发〔2018〕205 号	关于同意常山县林地保护等级局部调整方案的批复
202	常政办发〔2018〕206 号	关于印发常山县行政机关合同管理办法的通知
203	常政办发〔2018〕207 号	常山县政府信息公开工作社会评议办法等配套制度
204	常政办发〔2018〕208 号	关于印发常山县行政争议调解工作实施意见的通知
205	常政办发〔2018〕209 号	关于转发常山县基层医疗卫生机构补偿机制改革实施方案的通知
206	常政办发〔2018〕210 号	关于印发 2018 年金融工作考核办法的通知
207	常政办发〔2018〕211 号	关于常山县河流及滩地所有权认定的实施意见
208	常政办发〔2018〕212 号	关于同意设立常山县球川蓝之政农业发展有限公司的批复
209	常政办发〔2018〕213 号	关于印发关于加快推进农村宅基地及住房确权登记发证工作实施方案的通知
210	常政办发〔2018〕214 号	关于印发常山县农村宅基地及住房确权登记发证实施细则（试行）的通知
211	常政办发〔2018〕215 号	关于为烈军属和退役军人等家庭悬挂光荣牌的通知
212	常政办发〔2018〕216 号	关于同意录用转业士官詹伟欣等九位同志为相关单位工作人员的批复
213	常政办发〔2018〕217 号	关于印发常山县农村假冒伪劣食品专项整治行动方案的通知
214	常政办发〔2018〕218 号	关于印发常山县 2018 年度部分垂直部门工作目标考核办法的通知
215	常政办发〔2018〕219 号	关于全额征收水土保持补偿费的通知

续表 56

序	文　号	文　件　标　题
216	常政办发〔2018〕220 号	关于进一步加强矿山自然生态环境保护与治理工作的实施意见
217	常政办发〔2018〕221 号	关于印发常山县烟花爆竹禁燃工作实施方案的通知

（县政府办公室）

国民经济若干统计资料

2018年常山县经济与社会发展主要指标一览

表57

指　标	计量单位	2018年
一、基本情况	—	—
年末总人口	人	344267
其中：乡村人口	人	230412
年平均人口（公安口径数据）	人	344630
年出生人口（公安口径数据）	人	3713
年死亡人口（公安口径数据）	人	2550
人口出生率（公安口径数据）	‰	10.8
人口死亡率（公安口径数据）	‰	7.4
人口自然增长率（公安口径数据）	‰	3.4
年末总户数	户	122114
全社会从业人员数	万人	16.8
第一产业从业人员数	万人	3.05
第二产业从业人员数	万人	8.01
第三产业从业人员数	万人	5.74
年末城镇登记失业人员	人	531
城镇登记失业率	%	2.0
土地面积	平方千米	1097.3
其中：建成区面积	平方千米	15.9
街道	个	3
建制镇	个	6
乡	个	5
城市社区	个	9
行政村	个	180
居委会	个	4
二、农业	—	—
农林牧渔总产值（现价）	万元	124247
其中：农业	万元	75471
林业	万元	20467
牧业	万元	17768
渔业	万元	6569
农林牧渔服务业	万元	3972
主要农产品播种面积	—	—
农作物总播种面积	公顷	17565
粮食播种面积	公顷	8552
棉花播种面积	公顷	20
油料作物播种面积	公顷	2855
柑橘面积	公顷	6941
茶园面积	公顷	402
桑园面积	公顷	26
主要农产品产量	—	—
粮食	吨	53450
油料	吨	5575
其中：油菜籽	吨	4608
花生	吨	207
水果	吨	173692
其中：柑橘	吨	30136
胡柚	吨	113274
猪　肉	吨	6765
牛羊肉	吨	246
禽　肉	吨	2564
油茶籽	吨	6000
水产品	吨	6450
蔬　菜	吨	101426
茶　叶	吨	218
蚕　茧	吨	23
食用菌	吨	12133
其中：金针菇	吨	6330
造林面积	公顷	285

续表 57

指　标	计量单位	2018 年
果园面积	公顷	7416
三、工业	—	—
国有及 2000 万元以上销售收入企业数	个	116
其中：内资企业	个	114
港、澳、台商投资企业	个	1
外商投资企业	个	1
企业总产值（当年价）	万元	1171318
其中：内资企业	万元	1136519
港、澳、台商投资企业	万元	24791
外商投资企业	万元	10008
销售费用	人	25321
利税总额	万元	160084
其中：利润总额	万元	104909
资产总计	万元	1411841
负债总计	万元	846554
应收账款	万元	163888
产成品存货	万元	76481
出口交货值	万元	64719
新产品产值	万元	214329
平均用工人数	人	15208
应付职工薪酬	万元	89145
规下产值（当年价）	万元	610626
四、交通、邮电	—	—
境内公路里程	千米	1062
民有汽车拥有量	辆	43166
私人汽车拥有量	辆	38905
公路客运量（全社会）（营业性）	万人	407
公路货运量（全社会）（营业性）	万吨	1391
年末邮电局（所）数	所	15
邮政业务收入（含快递）	万元	6212
电信业务收入	万元	17663
年末固定电话用户数	户	30907
年末移动电话用户数	户	253116
互联网宽带接入用户数	户	93078
全年用电量	万千瓦时	161299
其中：工业用电	万千瓦时	123560
城乡居民生活用电	万千瓦时	19660
第一产业用电	万千瓦时	893
第二产业用电	万千瓦时	124771
第三产业用电	万千瓦时	15975
五、贸易、外经、市场主体	—	—
社会消费品零售总额	万元	699077
限额以上批发零售贸易业销售总额	万元	69189
外商直接投资合同项目	个	3
当年实际利用外资金额	万美元	100
外贸进出口额	万美元	26211
其中：出口额	万美元	19821
个体工商户	户	16708
个体工商户从业人员	人	42128
个体工商户资金数额	万元	277868
私营企业户数	户	4479
私营企业从业人员	人	69230
私营企业注册资金	万元	1938265
六、固定资产投资	—	—
固定资产投资	万元	741811
其中：国有投资		226628
基础设施投资	万元	229279
第一产业投资	万元	9938
第二产业投资	万元	206644
其中：工业技改投资	万元	106511
第三产业投资	万元	525229
其中：房地产开发投资	万元	210055
全年新增固定资产	万元	129305
房屋施工面积	万平方米	1493495
房屋竣工面积	万平方米	92712
商品房销售面积	平方米	247332
商品房销售额	万元	207753
七、财政、金融	—	—
财政总收入	万元	170929
公共财政预算收入	万元	109781
其中：税收收入	万元	86980
公共财政预算支出	万元	470519
其中：一般公共服务	万元	50090
公共安全	万元	22275

续表 57

指 标	计量单位	2018 年
教育	万元	61190
科学技术	万元	12402
社会保障和就业	万元	66312
医疗卫生	万元	51651
节能环保	万元	11290
城乡社区	万元	33884
年末金融机构人民币存款余额	万元	2174076
其中：住户存款余额	万元	1212222
年末金融机构人民币贷款余额	万元	1691310
其中：住户贷款	万元	1068506
保险费收入	亿元	3.85
支付各类保险赔付款	亿元	1.47
八、人民生活	—	—
在岗职工平均人数（不含私营企业）	人	13721
在岗职工平均工资（不含私营企业）	元	104282
养老服务机构数	个	22
养老服务机构床位数	张	3308
农村居民人均可支配收入	元	20184
农村居民人均生活消费支出	元	9546
城镇居民人均可支配收入	元	36423
城镇居民人均消费支出	元	21075
城镇居民人均住宅建筑面积	平方米	43
农村居民人均住宅建筑面积	平方米	76
九、教育、科技、文化、卫生	—	—
学校数	所	95
其中：中等职业教育学校	所	1
普通中学	所	11
普通小学	所	27
成人高等教育学校	所	1
幼儿园	所	55
专任教师数	人	2748
其中：中等职业教育学校专任教师数	人	133
普通中学专任教师数	人	970
普通小学专任教师数	人	1089
特殊教育学校专任教师数	人	16
幼儿园专任教师数	人	540
在校学生数	人	40594
其中：中等职业教育学校在校学生数	人	2016
普通中学在校学生数	人	13046
普通小学在校学生数	人	16367
特殊教育学校在校学生数	人	110
幼儿园在园幼儿数	人	9055
R&D 经费内部支出	万元	10280
剧场	座	1
电影院	座	3
公共图书馆数	座	1
公共图书馆图书数量	千册	319
体育场馆数	个	1
医院卫生机构数	所	290
其中：医院数	所	9
医院卫生机构床位数	张	1463
其中：医院床位数	张	1209
卫生技术人员数	人	1975
执业（助理医师）数	人	816
注册护士	人	777
十、综合统计	—	—
地区生产总值（当年价）快报	万元	1404180
第一产业	万元	79108
第二产业	万元	599948
其中：工业	万元	482086
建筑业	万元	117862
第三产业	万元	725124
人均地区生产总值（常住）	元／人	55523
人均地区生产总值（常住）增长率	%	5.0
地区生产总值（按 2010 年不变价）	万元	1324811
第一产业	万元	84621
第二产业	万元	621723
其中：工业	万元	514540
建筑业	万元	107182
第三产业	万元	618467

2018年常山县社会消费品零售总额一览

表58

统计指标	计量单位	2017年	2018年
社会消费品零售总额	万元	678969	699077
一、按销售地区分组	—	—	—
县	万元	504042	518969
县以下	万元	174927	180108
二、按行业分组	—	—	—
1. 批发零售贸易业	万元	523334	569897
限额以上	万元	48401	62594
限额以下	万元	474933	507303
2. 住宿餐饮业	万元	155635	129180
星级（限额以上）企业	万元	8731	6595
星级以外（限额以下）企业和个体户	万元	146904	122585

（据《常山统计年鉴（2018）》摘要汇总）

2018年常山县私营企业户数、从业人数一览

表59

指标名称	私营企业户数（户）			私营企业从业人数（人）		
	2018年	2017年	增长%	2018年	2017年	增长%
合计	4479	4068	10.10%	61819	58710	5.30%
1.农、林、牧、渔业	567	555	2.16%	5846	5699	2.58%
2.采矿业	23	24	-4.17%	379	596	-36.41%
3.制造业	877	870	0.80%	30799	30677	0.40%
4.电力、燃气及水的生产和供应业	23	25	-8.00%	281	311	-9.65%
5.建筑业	203	170	19.41%	1717	1432	19.90%
6.交通运输、仓储业和邮政业	200	195	2.56%	1600	1560	2.56%
7.信息传输、计算机服务和软件业	92	62	48.39%	736	496	48.39%
8.批发和零售业	1434	1280	12.03%	11472	10240	12.03%
9.住宿和餐饮业	26	27	-3.70%	332	367	-9.54%
10.房地产业	92	77	19.48%	736	634	16.09%
11.租赁和商务服务业	364	320	13.75%	2953	2560	15.35%
12.居民服务和其他服务业	106	82	29.27%	890	781	13.96%
13.卫生、社会保障和社会福利业	6	3	100.00%	72	49	46.94%
14.文化、体育和娱乐业	107	95	12.63%	858	762	12.60%
15.其他行业	359	283	26.86%	3148	2546	23.64%

2018年常山县个体工商业户数、从业人数一览

表60

指标名称	个体工商业户数（户）			个体工商业从业人数（人）		
	2018年	2017年	增加%	2018年	2017年	增加%
合　计	16708	15104	10.62%	42128	37075	13.63%
1.农、林、牧、渔业	895	717	24.83%	5048	4081	23.70%
2.采矿业	9	9	0.00%	38	38	0.00%
3.制造业	739	573	28.97%	5037	4066	23.88%
4.电力、燃气及水的生产和供应业	4	4	0.00%	8	8	0.00%
5.建筑业	33	23	43.48%	174	86	102.33%
6.交通运输、仓储业和邮政业	473	361	31.02%	868	620	40.00%
7.信息传输、计算机服务和软件业	40	37	8.11%	79	73	8.22%
8.批发和零售业	10569	9866	7.13%	20599	18851	9.27%
9.住宿和餐饮业	1991	1736	14.69%	5536	4877	13.51%
10.房地产业	30	37	−18.92%	59	70	−15.71%
11.租赁和商务服务业	597	491	21.59%	1335	1072	24.53%
12.居民服务和其他服务业	1195	1103	8.34%	2713	2542	6.73%
13.卫生、社会保障和社会福利业	29	23	26.09%	84	61	37.70%
14.文化、体育和娱乐业	58	52	11.54%	384	378	1.59%
15.其他行业	46	72	−36.11%	166	252	−34.13%

（官智孟）

艺 文

南宋爱国词人辛弃疾的常山情缘

辛弃疾（1140—1207），南宋爱国词人。字幼安，号稼轩，汉族，历城（今山东济南）人。21岁参加抗金义军，不久投归南宋。历任江阴签判，建康通判，江西提点刑狱，湖南、湖北转运使，湖南、江西安抚使等职。四十二岁遭谗落职，退居江西信州（今江西上饶）长达20年之久，期间一度起为福建提点刑狱、福建安抚使。64岁再起为浙东安抚使、镇江知府，不久罢归。一生力主抗金北伐，曾上《美芹十论》与《九议》，条陈战守之策，均未被采纳。其词热情洋溢、慷慨激昂，富有爱国情怀，且题材广阔、善于化用前人典故。有《稼轩长短句》以及今人辑本《辛稼轩诗文钞存》，词存600多首。

辛弃疾一生究竟来过浙江常山几次，目前不得而知。但从他《浣溪沙·常山道中即事》一词，我们不难发现，他对常山可谓一往情深。

缘起祖父言传身教

辛弃疾出生前13年，他的家乡所在的中原已为金兵所占。父亲辛文郁在他出生后不久就去世了，因而他是在祖父的养育下长大成人的。他的祖父辛赞，因家庭的拖累，而未能来得及南迁，被迫任金占区谯县县令等职。辛赞虽然在金国任职，却始终不忘故国，一直教育辛弃疾要等待时机进行抗金，并常常带着辛弃疾“登高望远，指画山河”（出自《美芹十论》）。据传，辛赞还有另外两大特点，其一喜说故事，尤其喜欢讲三国时期的故事，并且不止一次地向小弃疾讲起常山赵子龙。诸如，刘备曹操争夺汉中时，常山赵子龙冲阵退军，空营退敌，勇武壮猛； 刘备为曹操追于当阳长坂弃妻子南走时，常山赵子龙单骑救主，身抱弱子，保护后主和后主母皆得免难等等。因此，在辛弃疾幼小的心灵中，早已深深地印上了常山赵子龙身长八尺、姿颜雄伟、一身是胆、英勇善战的形象以及常山这一地名。以致日后，辛弃疾一直有着常山赵子龙的勇猛，并成为文武双全、有勇有谋的爱国将领和词人。比如，绍兴三十一年（1161），金主完颜亮大举南侵，其后方的汉族人民由于不堪金人的严苛压榨，奋起反抗，21岁的辛弃疾也聚集了2000多人，参加了由耿京领导的起义军，并担任掌书记；次年，辛弃疾奉命南下与南宋朝廷联络，在完成使命归来的途中，听到耿京被叛徒张安国所杀、义军溃散的消息，他站了出来，高呼：“我缘主帅来归朝，不期事变，何以复命？”当即率领50名勇士直冲敌方万人大营，在一片混战中，把叛徒擒拿带回建康，交给南宋朝廷处决。又如，辛弃疾在日后填词当中，也特别喜欢以三国人物及其英雄故事入词。在他南归的第十二年重游当年南归的首站建康时，他写下了著名的《水龙吟·登建康赏心亭》，词曰：“求田问舍，怕应羞见，刘郎（刘备）才气。”在淳熙十五年（1188），他失意闲居信州时写成了《破阵子·为陈同甫赋壮词以寄》曰："了却君王天下事，赢得生前身后名"，把陈同甫比作常山赵子龙。直到六十五岁出任镇江知府时，他还写下了传唱千古的《永遇乐·京口北固亭怀古》："千古江山，英雄无觅，孙仲谋处……"既感叹报国无门，又怀念三国英雄。其二，辛赞喜读药书，热爱民间药方收集，并且不止一次地向小弃疾讲到治疟之药常山。辛赞的这一习惯也影响到了年幼的辛弃疾，使辛弃疾在青少年时期就懂得许多医药方面的知识，以致辛弃疾日后成为填制药名词的行家，有意无意间还喜以常山药名入词。据说，辛弃疾在新婚之后，便赴前线抗金杀敌，疆场夜静闲余，便用药名给妻子写了一首《满庭芳·静夜思》，来表达自己思念之情。全词共用了云母、珍珠、常山、宿沙、熟地、菊花等24个中药名，其中有一名句为"一钩藤上月，寻常山夜，梦宿沙场。"宋淳熙十五年（1188），他写了一首《定风波·用药名招婺源马荀仲游雨岩》，其中就有"孤负寻常山简醉"，曲折地表达了怀才不遇的愤懑之情。总之，因祖父言传身教，"常山赵子龙"让辛弃疾同时也记住了"常山"地名；药名填词又使辛弃疾加深了对"常山"的印象。

敬仰常山伟人赵鼎

据邓广铭《辛稼轩年谱》及相关史料记载，辛弃疾于宋绍兴三十二年（1162）正月，奉耿京命，奉表南归，十八日至建康，召见，授右承务郎；金蔡州新息县令范邦彦于绍兴三十一年（1161）以其县归宋；弃疾与范氏先后南归，先后定居京口，因忠义相知，后遂婿与范氏。辛弃疾南归后，广交朋友，并经常与范邦彦交流心得。不久即了解到已故名相赵鼎的一些情况，诸如靖康之乱后，赵鼎拒绝与张邦昌政权合作，南下追随宋高宗，举家迁居两浙东路之常山；建炎年间，宋高宗被金兵追得逃到海上，拥戴宋高宗的各路将领各怀异心，朝廷无力控制局面，时任端明殿学士、佥枢密院事的赵鼎，以其卓越的才能，协调将领之间矛盾，很快使局面改观，树立了朝廷的权威，被宋高宗比为助唐肃宗中兴的名臣李勉，得到破格提拔，后因得罪权贵一度离职，到常山隐居；赵鼎是主战派，二度拜相近4年，十分推崇力主抗金的将领张浚、岳飞等，曾推举岳飞收复襄阳；绍兴八年（1138）因力主抗金与秦桧不和，被罢相，几被降贬，最后流放到海南岛吉阳军；绍兴十七年（1147）八月忧愤绝食而卒，卒前自书铭旌"身骑箕尾归天上，气作山河壮本朝"，次年敕葬常山县石门山；绍兴二十六年（1156）正月，在秦桧病逝后不过三个月，高宗为赵鼎平反。从此，辛弃疾对这位安葬常山的中兴贤相赵鼎十分敬仰。

辛弃疾南归当年（1162）六月，宋孝宗正式即位，张浚被重新任命为枢密使。七月，宋孝宗以高宗赵构的名义，下诏为岳飞平反昭雪，追复岳飞原有的官职，并将岳飞遗体依礼改葬。这一切，既增进了辛弃疾对赵鼎、张浚和岳飞等先贤的敬仰，更增强了辛弃疾抗金北伐的信心，他以分兵攻金之策献张浚，虽未被采纳，但得到了肯定和鼓励。

宋乾道四年（1168）五月，赵鼎被追谥"忠简"；宋淳熙二年（1175）九月，赵鼎受赠太傅，追封丰国公；宋淳熙十五年（1188），赵鼎配享高宗庙庭，为昭勋阁二十四功臣之一。宋孝宗时期每次给予已故贤相赵鼎荣誉，都让辛弃疾感到欣喜。

在《宋史·辛弃疾列传》中，有这么一

段记载："弃疾豪爽尚气节，识拔英俊……帅长沙时［宋淳熙六年（1179）］，士人或诉考试官滥取第十七名《春秋》卷，弃疾察之信然，索亚榜《春秋》卷两易之，启名则赵鼎也。弃疾怒曰：'佐国元勋，忠简一人，胡为又一赵鼎！'掷之地。次阅《礼记》卷，弃疾曰：'观其议论，必豪杰士也，此不可失。'启之，乃赵方（即后来的南宋名臣）也。"这段记载，也佐证了辛弃疾对赵忠简鼎的崇拜与敬仰。由于敬仰常山伟人赵鼎，辛弃疾对伟人家乡"常山"也多了几分向往。

难忘常山道中即事

宋嘉泰三年（1203）夏，辛弃疾以朝请大夫集英殿修撰知绍兴府兼浙东安抚使赴任绍兴。因之前两次罢官，辛弃疾居江西上饶郡外的带湖和铅山期思渡旁的瓢泉已有18年之久，这次被重新起用、赋予报效国家新的机会，已是64岁的他，心头依然充满着喜悦。

当辛弃疾及其迎送人马走进信州至衢州的常山道上时，正好是临近中午的时候，一个个生动的农家劳动与生活场景无法阻挡地映入了他的眼帘：第一个场景是道路北边的高地上，农民正在猛踏水车，灌溉农田；第二个场景是另一边的河溪两岸，农作物成熟较早，农民正在忙碌收割和新一轮播种；第三个场景是隔着院墙正在品尝着香甜的新收稻米的农户，买来了酒，并煮了小鱼，好像还发出了煮鱼的声响；第四个场景似乎是午后时分，忽然凉风吹拂，接着飘来几星细雨，而当辛弃疾抬头望天，带雨的云一眨眼便无影无踪了；第五个场景是匆忙躲雨的卖瓜人，正好跑过竹边村，嘴里还发出叫卖的响声……这天晚上，辛弃疾应该是住在常山县城，可以想象，当时的他抑制不住内心的兴奋，忘记了连日奔波的劳累，晚饭前即根据白天的所见所闻，一鼓作气完成了《浣溪沙·常山道中即事》："北陇田高踏水频，西溪禾早已尝新。隔墙沽酒煮纤鳞。忽有微凉何处雨，更无留影霎时云。卖瓜人过竹边村。"好像白天看到的一组场景同时出现在词人的面前，构成了一幅农民生产生活方面的生动、广阔的绵长画卷，展现了夏季江南独具特色的农村景象，其中：一个"频"字充分表现出动作的连续不断，暗传出农民的辛勤劳作情景；既"沽酒"又"煮纤鳞"，洋溢着农家的欢欣，生动传神地表现出不为人注意的淳朴乡风；而"北陇""西溪""隔墙"更给人一种开阔、爽气的感觉；"忽有""更无"既见笔势挺拔峭劲，更觉空灵跳动，生动地表现出夏日多变的山村气象；结以"卖瓜人过竹边村"，余音袅袅，比苏东坡"牛衣古柳卖黄瓜"更富情趣。这首词突出了没有战乱骚扰的农村生活的美好安恬，充分表达了词人心头的喜悦和恬淡，足见词人文学功底之深厚和对浙江常山的一往情深。

（毕建国）

杨万里的常山情结
——兼读杨万里常山诗八首

杨万里（1127—1206），字廷秀，号诚斋，吉州吉水（今江西吉水县）人。宋绍兴二十四年（1154）进士，初任永州零陵（今属湖南）县丞，此时得见谪居名将张浚，受勉以"正心诚意"之学，而自名书室为"诚斋"，世称诚斋先生。乾道六年（1170），上《千虑策》30道，被召为国子博士，始作京官。淳熙十二年（1185）五月，以地震应诏上书，极论时政十事，擢为太子侍读、右侍郎中。淳熙十六年（1189），光宗即位，召为秘书监。绍熙元年（1190），出任江东转运副使，改知赣州。官终宝谟阁直学士。开禧二年（1206），因痛恨韩侂胄弄权误国，忧愤而卒家中，临终前索笔写下了“吾头颅如许，报国无路，唯有孤愤”的遗言，和陆游的《示儿》诗体现了同样深沉的忧国情感。

杨万里是“南宋诗坛四大家”（也称中兴四大诗人）之一，与陆游、尤袤、范成大齐名。其诗构思新巧，语言通俗明畅，有《诚斋集》传世，全集130余卷，存诗4200余首。

杨万里一生多次经过常山，留下了许多写常山的诗文，其中编入《诚斋集》的就达30多篇。现存明万历及其以后《常山县志》和《常山县古诗词选》等相关史料，收有杨万里写常山诗八首。这八首诗均被编入《诚斋集》，并且有个共同特点，就是巧妙地摄取自然景物的特征和动态，且语言平易浅近、自然活泼，说明都是典型的“诚斋体”，即杨万里51岁“忽若有悟”之后的作品。这里将常山史料收集的杨万里八首诗加以分析，供读者分享诗人的真切感受。

一、受困招贤渡

招贤渡即现今招贤古渡，唐以前就已设置，是衢州至常山、玉山、徽州的必经之地，杨万里从湘赣到京城临安（今杭州）大多亦是经过此地。

大约是宋孝宗淳熙六年（1179）农历五月，杨万里被调任提举广东常平茶盐，赴任前，他顺路回老家吉水经过招贤渡。当时正遇连日淫雨，气温骤降，洪水猛涨，招贤渡停航，他被因于招贤渡口，心情十分焦急。此后，他乘渡船过江，走在五里至阁底途中，又眼见岸边道路被洪水严重冲塌、小桥被大量冲断，沟渠中横竖着杂渣乱石的灾后惨状，心情愈发沉重，于是写下了《招贤渡二首》。

第一首诗文为：“归舟曾被此滩留，说著招贤梦亦愁。五月雪飞人不信，一来滩下看涛头。”形象地叙述了诗人被迫滞留招贤渡的尴尬局面，尤其是后两句反映出诗人内心淡淡的怨气，也暴露了诗人内心的万分无奈：有什么办法呢？只能怪自己运气不佳，天公不作美。

第二首诗文为：“倦游客子日无聊，不是江山景不饶。危岸崩沙新改路，断渠横石自成桥。”前两句表达了诗人连日赶路辛苦疲劳、无心赏识江上景色的沉重心情，末两句则运用对仗的方式，恰如其分地描述了当时岸边道路、小桥、沟渠不堪入目的真实场面，让人读后仿佛亲临其境。

其实，杨万里此次被困招贤渡，共写有《过招贤渡档四首》，常山史料只收集了其中一、三两首。后来，杨万里还回顾性地写了一首《过招贤渡》：“归船旧掠招贤渡，恶滩横将船搁住。风吹日炙衣满沙，妪牵儿啼投店家。一生憎杀招贤柳，一生爱杀招贤酒。柳曾为我碍归舟，酒曾为我消诗愁。”可见他对受困招贤渡是多么的念念不忘。

二、借宿江边户

大约是淳熙六年（1179）至八年（1181）间的一个深秋，杨万里又一次溯江而上来到招贤渡，由于天色已晚，他到曾经相识的徐元达家借宿。因平时有迴床的习惯，整夜不能眠而浮想联翩，写下了《宿徐元达小楼》五言律诗。诗曰：“楼迥眠难着，秋寒夜更加。市声先晓动，窗月傍人斜。役役名和利，憧憧马又车。如何泉石耳，禁得许多哗。”诗的前四句意思是说：平生有迴床的习惯，加上深秋之夜寒气袭人，更难入眠，而不眠之夜夜更长，滋味很不好受。可是，当窗外的月亮还斜射着（说明当时为农历二十出头·下弦月），正是早晨朦胧之时，又被农贸市场的小贩们吵醒了。后四句则是诗人从自身的苦累和烦恼出发产生的联想和奇想：人们苦又累，为的是名和利；来来往往，忙忙碌碌，鞍马劳顿，实在可怜。怎样才能摆脱这种苦累、忙碌的日子呢？难道一定要等到身归林泉，才能逃脱这世俗尘事的喧哗与苦恼吗！

第二天晚上，杨万里又借宿在渣滩（今紫港街道渣濑湾村），并根据白天所见所闻写下了《宿渣滩》一诗。诗曰："寒流一带槛前横，落日诸峰霞外明。水断新洲添五里，客寻旧路却重行。江车自转非人踏，沙滩常春彻夜鸣。畴昔稚桑今秃树，如何白发不教生。"诗中的"寒流"就是指常山江，因为诗人上次受寒于招贤渡，所以他这次称常山江为寒流。诗文前四句是说：常山江仍像一条白练横在门槛前，但这次对它的感觉比上次好多了，落日时分可以看见渣滩对面的湖山诸峰，晚霞正红、孤鹜奋飞，虽不如王勃《滕王阁赋》中描写的"落霞与孤鹜齐飞，秋水共长天一色"的美景，却比上次的恶劣情形大有改观。但从根本上说，只是略有改观，白天一路走来依然常被水阻断，不得不围绕新洲前行，而多走了五里冤枉路，有时寻找旧路寻不着，甚至会走回到原来出发地点，造成"却重行"。颈联中的"江车"就是水碓，据考常山县很早就有水碓，可诗人却感到非常惊奇，说明水碓当时在全国还是相当先进的，诗人可能是初次见到。诗文后四句是说：水碓的大转盘在水力的作用下自转不停无需人踏，沙滩上百姓日夜不停地利用水碓舂米磨粉，整个晚上都发出"咿呀"之声。为了生存、养家糊口，渣滩人种桑养蚕，如今把稚桑的叶都摘光只剩下秃树了，如此的辛苦忙碌，把心血沥干、头发累白，却只能获得一点点微薄的收益，这种状况何时才能改变呢？

前后两篇"借宿诗"，可谓异曲同工，都颇具悯农爱农、心忧黎民百姓的浓浓深情。

三、喜入常山境

大约是淳熙十一年（1184）春季，杨万里为母亲服丧三年期满后被朝廷召为吏部员外郎，在朝廷派迎人员的护随之下，他怀着轻松愉快的心情，踏进了常山境内，并于当日晚些时候写下了《入常山界二首》。

前一首诗文为："老随千骑赴毗陵，骑吏朝来有喜声。未到常山三十里，此身已在浙中行。"杨万里此时的年龄已近花甲，但临老被重用，心情是轻松、愉悦的，所以开头句中的"千骑"很有夸张之意，极似当年李白被放逐后召回朝廷时"朝辞白帝彩云间，千里江陵一日还。两岸猿声啼不住，轻舟已过万重山"的豪迈。同时因为心情的缘故，他觉得骑吏的"得得"蹄声也是喜滋滋的，这里又似唐朝孟郊登科时"春风得意马蹄疾，一日看尽长安花"的心旌。于是，他一路谈笑自如，觉得时间过得很快，"未到常山三十里"就感到自己已经到达常山，甚至快到京城临安了，因为"此身已在浙中行"。

后一首诗文为："昨日愁霖今喜晴，好山夹路玉亭亭。一峰忽被云偷去，留得峥嵘半截青。"意思是说：伴随愁霖（春雨）和豁然开朗晴好的日子转换，两岸青山的道路也似白玉般亭亭（美好），这时一袭云雾遮蔽了山峰一截，只留下半截山峰梦幻般的峥嵘。末两句极具情趣，宛如一幅淋漓酣畅的水墨画，富于色彩层次，虽没有桃红柳绿，整个调子是淡雅的，却在淳朴中透出明媚，淡泊中蕴含奇妙，别具手眼地写出了途经常山的怡然自乐和全新的自我感受。

四、难舍常山情

杨万里这次到京城任职，在常山境内逗留了五、六天，可能在常山的会友或办事都非常顺利，所以，从查濑（渣滩）经过时，心情愈发开朗，有些留恋地写下了《过查濑》一诗。诗曰："眼底常山一武中，上滩更得半帆风。春天以水为铜镜，白鹭前身是钓翁。旧日岸头浑改尽，数尖山嘴忽搀空。老夫只费五六日，行尽浙山西复东。"

古代以六尺为步，半步为武，一武合三尺。诗文开头句中的"一武"，可以理解成"半步"即近郊（距常山县城很近的地方）。因此，《过查濑》一诗可以译成："眼下正处在常山这个地方的跋涉中，上滩时又得到半帆风力的相助，该说旅途是顺畅的。这时春水清澈得如铜镜一般，闲立在江边的白鹭其前身好像是钓翁，那样悠闲自得。以前被洪水冲毁的岸头如今已彻底改颜换面，数支山峰也因为云消雾散而清晰地摆在眼前。老夫我这次只花了五六天时间，就走尽了浙西山区从西面到达东面。"由此可见，杨万里这次的心情相当不错，与以前经过查濑时大不相同，临别常山时颇有几分依依不舍之意。

（毕建国 徐寄兰）

一江宋诗润常山

岁月沧桑，诉不尽三衢道中文人骚客的回响；

碧波荡漾，映射起常山江上千年宋诗的光芒。

常山自东汉建安二十三年（218）建县，至今正好1800年。论历史之悠久，常山在衢州各县市区排名第二，仅次于龙游。尤其是宋代时期，常山文化之繁华、经济之兴盛，在周边一带几乎无可比拟。

究其原因，常山"一江一驿"的交通优势功不可没。常山地处浙、赣、闽、皖四省边际，素有"两浙首站、四省通衢"之称，一江即常山江，位于钱塘江源头，是水陆转运、舟车汇集之地，也是连接南方诸省的重要枢纽，繁华一时，古诗云"日望金川千张帆，夜见沿岸万盏灯"；一驿即草萍驿，是浙西地区最大最知名的官方驿站，每日来往进出者络绎不绝。历代文人雅士或游历常山山川，或结识常山之士，留下了许多脍炙人口的诗词作品。据不完全统计，两宋时期与常山有关的诗词作品达三百多首，代表性人物有王安石、苏轼、米芾、赵鼎、曾几、杨万里、陆游、辛弃疾等等。

宋初，吴越纳土归顺，常山人江景房被授予镇海军节度判官，奉命押送吴越图籍进京。江景房怜惜吴越百姓税赋过重，冒死沉籍于江，一江清波化去了民愁民怨，也引发了宋太祖的雷霆盛怒。在众多大臣的保荐下，江景房免去死罪，随后淡然归隐常山，史学家多有赞誉。江景房现仅留存有《保安寺》一诗，坦荡无私的心态一览无遗：

扰扰尘埃日日忙，偶然来谒赞公房。
行登峻岭跻攀倦，坐俯清泉笑傲凉。
林静鸟声融客语，风来花气逐人香。
此时已觉凡尘断，分得高僧兴味长。

芙蓉章舍，王介故里。北宋时期，一溪芙蓉水，滋润出博学多才"善歌词"的王介。王安石是王介的同窗好友，他曾在诗《送程公辟得谢归姑苏》写道："唱酬自有微之在，谈笑应容逸少陪"，并补注："少保元绛谢事居姑苏，又王中甫善歌词，与相唱酬燕集"，以阐明唱酬两翁为元绛和王介。王安石的《和中甫兄春日有感》，长达二十句：

雪释沙轻马蹄疾，北城可游今暇日。

溅溅溪谷水乱流，漠漠郊原草争出。

……

春风生物尚有意，壮士忧民岂无术。

不成欢醉但悲歌，回首功名古难必。

两人关系之密切，情谊之深厚，从王安石留存的五首和诗中可窥一斑。

王介与苏轼、苏辙三人曾经同登制科（贤良方正科），算得上同学一场。苏轼赞其“如君才业真堪用，顾我衰迟不足论”，苏辙在《过王介同年墓》 诗中称其“平生使气坐生风，徐叩方知学有功。应奉读书无复忘，虞翻忤物自甘穷……”唐宋八大家，三人与王介交好唱和，其才华横溢，文学造诣可谓非同凡响。

常山江之水，既可载舟，也可滋人。北宋灭亡后，大批名士随驾南渡，赵鼎也在其中，迁居至常山江上游——何家黄冈，一方水土养育一方人，赵鼎从此平步青云，从落魄自荐到升任宰相，仅仅用了五年时间，后被《宋史》誉为“中兴贤相”。

迁徙黄冈前，赵鼎居住附近“水浅易涸、无木可采”，常有薪水之忧。到了黄冈，水甘柴足，再也无此烦忧，遂作《经年薪水困行朝》一诗，以赞誉此地山清水秀，实乃宜居宜业也：

经年薪水困行朝，一日归来百念消。

决决溪流鸣枕下，丁丁谷响应山椒。

小安课伐犹多事，无复移居莫见招。

老矣羞为吴市隐，买田从此混渔樵。

说到常山江，整个流域最具标志性的地方莫过于招贤渡了。爱国主义诗人陆游晚年面对山河支离破碎，却又无能为力，只能在诗中诉说着内心的苦闷。一日黄昏时分，路过招贤渡，见暮色苍茫，鸟啼阵阵，悲凉之情由然而生，赋得《招贤渡》一首：

老马骨巉然，凪壚不受鞭。

行人争晚渡，归鸟破苍烟。

湖海凄凉地，风霜摇落天。

吾生半行路，搔首送流年。

在诸多诗人当中，杨万里的常山情缘最为深切，《诚斋集》中与常山有关的诗达25首之多，有招贤渡，有拼楮，有渣濑湾……细细咀嚼之下，别样的常山江水岸风情与船渡文化，让人久久回味，其中最为人们津津乐道的，则是《过招贤渡》，真可谓是爱恨一坛招贤酒：

归船旧掠招贤渡，恶滩横将船阁住。

风吹日炙衣满沙，妪牵儿啼投店家。

一生憎杀招贤柳，一生爱杀招贤酒。

柳曾为我碍归舟，酒曾为我消诗愁。

若论知名度最高的一首诗，则非曾几的《三衢道中》莫属了：

梅子黄时日日晴，小溪泛尽却山行。

绿阴不减来时路，添得黄鹂四五声。

短短四行28个字，将三衢道中梅黄杏肥、花香鸟语的场景描绘得跃然纸上，船靠江边，登岸步行，在浓郁的树荫下悠闲穿行，一派生机勃勃的样子，充满了生活情趣。此诗简洁直白，轻松明快，载入小学语文课本，因此知晓率颇高，是衢州古代诗词的一张金名片。

若论“一江宋诗”之丰富多彩，不得不提郑会的《题邸间壁》一诗：

酴醾香梦怯春寒，翠掩重门燕子闲。

敲断玉钗红烛冷，计程应说到常山。

诗人在羁旅中怀念妻子，有感而发，题诗于旅舍壁间，通篇无一字明写自己，而是采用典型的“对面著笔”的艺术手法，想象妻子在家中如何思念自己，却更加曲婉深沉地表达出自己怀妻思家之情。短短四句，把孤清的漂泊写得奇丽无比，使漫漫旅途变得无比温馨。难怪曹雪芹大作家在《红楼梦》第62回当中，不忘借用“敲断玉钗红烛冷”暗喻宝玉和宝钗的婚姻结局。

词人辛弃疾则为常山留下了一首词《浣溪沙·常山道中即事》，一幅江南鱼米之乡恬静富足的温馨画面，也许，这才是宋代常山江畔人们真实的生活场景吧！词云：

北陇田高踏水频，西溪禾早已尝新。隔墙沽酒煮纤鳞。

忽有微凉何处雨，更无留影霎时云。卖瓜人过竹边村。

一江宋诗润常山。常山江，这条悠悠的宋诗之河，每朵浪花都沾染着诗气，每道波纹都泛浮着诗情，从古至今，不知淘洗过多少绚丽的诗歌瑰宝啊！

（王有军）

常山天妃宫：护城河畔的妈祖信仰

在老一辈常山人的记忆里，若说起最美轮美奂、最气势恢宏的民间建筑，十有八九会提到县城护城河畔的“天妃宫”了。

源于沿海的信仰崇拜

天妃宫，祭祀的神灵是天妃娘娘，即妈祖。

妈祖，源于福建莆田湄洲岛的一个真实人物，本名林默，是宋代福建莆田九牧林愿第六女。林默从小生长在海边，通晓天文，善测吉凶，生前就多次预言人间祸福，扶危济困；死后更是屡显法力，解救渔民于危难之际，深受人们的赞誉和崇拜。从宋朝到清朝，历代皇帝36次予以褒封，从“夫人”到“天妃”到“天后”直至“天上圣母”，级别越来越高，逐步成为一个以中国东南沿海为中心信仰的海神。

南宋明清以来，福建广东等地的人们外出创业时，常常建造简陋的“亚答屋”，以资登岸时休息，屋内供奉着妈祖，朝夕祈祝祭拜。后来，闽商、粤商渐成大势，财力富甲一方，一般都会在当地兴建起一座巍峨的“天妃宫”“天后宫”，专门供奉天妃娘娘，以求事业兴旺，平顺安宁。

“妈祖信仰”一度如火如荼，“有闽粤人处，即有天妃宫”。清朝乾隆年间，一批驻常创业的福建商人筹集资金，在常山港湾的护城河大埠头旁，立柱架梁，建造起了规模宏大的天妃宫，一方面，作为供奉拜祭妈祖的宫殿；另一方面，也是作为福建会馆，闽商的聚会商谈之所。

气势恢宏的闽式宫殿

光绪《常山县志》载，常山县天妃宫始建于清乾隆四十二年（1779），只是一开始规模较小；乾隆五十年（1787），闽商朱奕美、林至川、李添祥、翁仁初等筹集巨资，大兴土木，天妃宫初具雏形；道光三十年（1850），邑人阙珠龄捐助地基，宫裔朱兆元、朱兆魁、李益三、林淮滨、林祖忱等倡捐，增建大殿。至此，天妃宫基本完成，其建筑风格属闽南派系，宫殿占地总面积约1000平方米左右，正殿680平方米。

另据《常山建筑志》记载，常山天妃宫位于县城护城河内侧，离城门百步之远。具体方位在古城大东门护城河石拱桥内端，方向坐西朝东。

天妃宫的门前二十多步处，便是护城河。河岸的大埠头，是由方整的石条浆砌而成，显得古朴大方而又干净利落。护城河内，水流清澈，小船畅游其上，可直通常山港的紫港码头。由于天妃宫紧靠护城河畔，加上两者高度落差显著，天妃宫显得无比的宏伟高大，视觉效果极其震撼。

整个天妃宫殿设计精巧、功能齐全，建筑材料上乘，工艺技术精湛。从建筑布局上来看，天妃宫共分三进：前厅、正殿、后殿。每进之间，均用天井间隔，自然通风，采光良好，天井南北两侧，建有厢房。天井四周的石条与石板，厚实而沧桑，透露着一丝丝的肃穆与威严。

天妃宫门庭上方，高悬有“天妃宫”三个鎏金大字，大门两侧的一对石鼓煞为显眼，这便是传说中“门当户对”里的“门当”。跨入大门门槛，即到了前厅，迎面是一道木制屏风，作为玄关。越过天井，迈上几步台阶，一眼就能看见正殿前两排实木圆柱，雄浑壮观，木柱共有十六根，每根直径约有一米，可谓是珍世稀宝。正殿内部空间极大，里面有一个巨大的古戏台，殿内地面均用桐油、石灰拌料夯打而成，非常地平实光亮，堪比现在的水磨石地面。后殿则要小些，立有天妃娘娘塑像。

湮没尘沙的时代烙印

时代的车轮隆隆向前，辗碎了多少岁月浮华。

随着闽商的陆续外迁，作为福建民间文化的典型代表，天妃宫也逐渐冷清，留下了一座空壳子，曾经热闹非凡的天妃祭祀，也慢慢地淡出了常山人的视野。

当再度成为人们的聚焦之地时，天妃宫已经顺应时代更迭，实现了华丽变身。从民国26年（1937）开始，政府利用天妃宫宽敞的空间，拆除正殿戏台，隔设教室，兴办学堂教书育人。从光绪《常山县志》、《常山教育志》等史料查知，最初的学校名为“北平镇中心小学”，后来又先后改为“北平镇中心国民小学”“北平镇第二中心小学”“东屏镇中心小学”“城关镇第二中心学校”“衢县常山镇第二中心小学”“城关镇第二中心小学”“天马镇第二中心小学”等。时间长达50年，培养了一大批德才兼备的学子，是常山县城最具影响力的学校之一。

1985年，因驻地学校扩建，早已破损不堪的天妃宫，在一夜之间归于尘土，那些粗壮精美的柱梁雕件，也陆续不知所踪。常山天妃宫，一个作为省际边贸繁荣象征的标志性建筑，终于走到了历史的尽头。此后，根据时代的需求，天妃宫所在旧址又改为“步行商业街”，尽职地扮演着不同的角色。

时至今日，那些怀旧的常山人，还经常会想起护城河畔的天妃宫，毫不吝啬地盛赞它曾经的气派与辉煌，说它是周边地区最气派的“天妃宫”、县城内最豪华的古建筑……

风雨200年，天妃宫圆满地走过了“兴起—辉煌—湮灭”的一个生命轮回，只留下一个天妃宫的背影，一段妈祖庙的记忆。

也许，这便是宿命吧。

（王春国 王有军）

常山杨继洲医学世家考述

南宋以降，随着大批官员、士大夫阶层南渡，偏居浙西钱塘江上游的常山县，成了众多世家大族和文化精英汇聚之地。由此，常山的文化发展达到了一个前所未有的新阶段。历经数百年发展，到明朝时期，常山的医学发展也达到了一个高峰，出现了浮河郑氏、石桥汪氏等数个医学世家，培养了翁秀实、徐烨、徐琼初、郑爱仁、汪普贤等一批全国有影响的名医。其中，梁家园杨氏家族（杨继洲家族）在医学传承发展上更是瓜瓞绵延，群星璀璨，是名副其实的医学世家。

梁家园杨氏源流

常山梁家园杨氏以宋末杨思问为始迁祖。杨思问，原籍福建浦城，父亲是南宋抚越将军杨镇。杨思问自幼跟随在福建归化县任教谕的祖父杨诚长大，嘉定辛酉年（1211）考中举人，以文林郎知常山县事。任职期满后，见南宋朝廷行将崩溃，天下纷扰，于是定居常山梁家园（今常山文峰广场一带，当地人也叫杨家花园），成为常山梁家园杨氏一世祖，后单传五世生杨文信。

杨文信任职衢州府“医学正科”（医学教官名，明清时设于府医学，明制秩从九品）。据记载，杨文信“针灸超伦，四海闻名”，是梁家园杨氏家族历史中有记载的第一个医学名人，杨氏医学世家实际上是从杨文信开始发祥的。

杨文信虽然业精岐黄，术工针灸，“有起死回生之能力”，却也有憾事，人至中年仍然无子，常叹自己医术后继乏人。隔壁里择有个邻居徐允文，字克敬，系南宋衢州太守徐大兴七世孙，平素与杨文信是无话不谈的好友。见好朋友有难处，主动提出，将自己的三子徐茂过继给杨文信为嗣，改名杨茂，以继承杨氏的针灸医业。两人一拍即合，此后，杨茂入泮勤学，传承医业，成为梁家园杨氏的继世之祖，后被授予“乡饮正宾”称号（由皇帝钦命授予，贡生出身，德高望重的人）。

杨茂在里择徐氏是徐大兴第八世裔孙，在梁家园则为杨氏第六世继世之孙。据光绪七年《梁家园杨氏宗谱》记载：“迄今数百余年，祠虽分建，而春露秋霜，杨氏子孙尚奉祭徐氏之堂。”因为同族，所以梁家园杨氏与里泽徐氏世代不联姻。

杨应通与《秘传常山杨敬斋针灸全书》

杨应通，字敬斋，富字行（第十三世），杨宗正长子，生于明正德丙子年（1516）九月十一日，终葬失考。娶何氏，无子，立弟杨应道长子杨文熙为嗣。据《梁家园杨氏宗谱》记载，杨敬斋进京考选冠带，任太医院吏目。杨应通与杨继洲同为梁家园杨氏十三世富字行，是杨茂次子杨振裔孙，比杨继洲年长36岁左右，为杨继洲堂兄。

杨应通这一支先祖也是历代行医，这与明朝的医学制度有关。当年规定，为保证医生素质，必须严格坚持子袭父业的世医制度。太医作为国家最高医学教学研究机构，医生主要从各地医学世家中考选。被选入太医院学习者，称医丁。医丁必须由嫡派子孙继承，经太医院学习三年，考试合格后才有机会参加太医院工作。如嫡派无人或不堪补用，经获准可从亲支弟、侄等人中选人参加学习考补。正是数代人的经验积累，培养了杨应通这样杰出的医学家。

杨应通在梁家园杨氏的谱系为：杨文信，文字行（第五世）——杨茂，信字行（继子，第六世）——次子杨振，濬字行（第七世）——杨潜，徽字行（第八世）——杨祯，景字行（第九世）——杨璇，广字行（第十世）——杨钺，澄字行（第十一世）——杨宗正，明字行（第十二世）——杨应通（字敬斋），富字行（第十三世）。

杨应通的医学成就集中体现在《秘传常山敬斋杨先生针灸全书》中。此书刊于明万历十九年（1591），书中内容与明代御医徐凤《针灸大全》有相似处，但各节的编排次序互有先后。本书的特色是增加了104幅各种病症的针穴图，为针灸医学首创，从而确定了该书在医学史上的价值。

从《秘传常山杨敬斋针灸全书》的渊源来看，它是撷取元以来针灸著作中的重要文字，为学习针灸者诵读便利对穴下针而作，故多采取歌赋一类的文字，并绘制大量的图画，使穴位一目了然。而许多亡佚了的针灸类图书，也无形中被它传承了下来。书中对之前的针灸学说也是批判性地继承。《秘传常山敬斋杨先生针灸全书》中，对先前针灸界“子午流注”之说进行了很大的修正，集中反映了金元以来针灸史上的重大理论创新，使之成为针灸业者的必学书目之一。

杨继洲与《针灸大成》

明代梁家园杨氏家族名医中，多以家传针灸之学传世。其中最有名的当属有“针圣”之称的杨继洲了。杨继洲（约1552—1620），名济时，富字行，梁家园杨氏第十三世裔孙，是杨茂三子杨恂后裔。衢州常山县前坊梁家园人，我国明代著名的针灸学家。

杨继洲在梁家园杨氏的谱系为：杨文信，文字行（第五世）——杨茂，信字行（继子，第六世）——三子杨恂，濬字行（第七世）——杨烟，徽字行（第八世）——杨稔，景字行（第九世）——杨僖，广字行（第十世）——杨恩，澄字行（第十一世）——杨閰，明字行（第十二世）——杨济时（字继洲），富字行（第十三世）。

据明万历版《常山县志》“太医院”条目记载：“杨閰，前坊人，嘉靖间太医院吏目；杨济时，閰之子。隆庆间太医院吏目。”这是关于杨继洲最早的官方记载。从中可以明确，杨閰与杨继洲父子均在太医院任职。

杨氏数代业医，家藏秘方、验方与医学典籍极为丰富。杨继洲在家传《针灸玄机秘要》 等典籍基础上，结合个人临床实践经验，全面总结明以前针灸学成就，撰成《针灸大成》一书，成为我国针灸学承前启后的经典著作。该书列入《四库全书》存目，被国内外医界尊为针灸经典。该书自公元1601年问世以来，至今已有47种版本，其翻刻次数之多，声誉之隆，都是罕见的。在国外，也有重大影响，许多国家的针灸学者把它译成本国文字，把它当作重要的学习和参考资料。至今仍是针灸学界流传最广，影响最大的著作之一。杨继洲另著《病机秘要》，收入《增订四库简明目录标注》“子部医家类”。他研究铸造铜人像，详细刻画穴位，并绘图立论，便于钻研。正是这些开创性的成就，奠定了杨继洲医学史上“针圣”的地位。

医星璀璨耀华夏

常山梁家园杨氏一族，基于家传岐黄之学的深厚积累，培养了一大批医学人士。在国家最高医学研究机构太医院任职的就有多人。任职太医院的人才主要集中在两个家庭。一是杨祯家，有四位。杨祯长子杨仕正、三子杨仕仁、六子杨仕祥兄弟，广字行（第十世），俱为明正德年太医院冠带医士或御医。杨祯孙杨继诚，澄字行（第十一世），明正德乙卯年生，也是太医院医生。另一个是杨继洲家，也有四位。分别是：杨继洲祖父杨恩，澄字行（十一世）。据《针灸大成》王国光序言载，其“官太医，授有真秘，纂修《集验医方》进呈，上命锓行天下”。又说：“世宗朝，命太宗伯试异选，侍内廷”。由此可见，杨恩是明朝嘉靖年的御医。杨恩之子杨閰，明字行（十二世），嘉靖年间任太医院吏目。杨閰与夫人毛氏生了两个儿子，长子叫杨济生，也就是杨继洲的亲兄长，也是太医院御医。

除了太医院任职的，梁家园杨氏家族中行医闻名或出任医官的也不少。杨昉，景字行（第九世），明永乐年间出生。谱载其“医道绝伦，四海闻名”。杨汝源，字澄之，明字行（第十二世），明正德丁卯年生。系邑庠生，精于医业，递授训导。杨应麒，富字行（第十三世），明成化年间出生。他“忠厚至诚，针灸超伦，四海闻名。授医学正科，登仕郎”。杨得贯，贵字行（第十四世），明万历乙亥年出生，医官，乡饮大宾。杨祯，景字行（第九世），明正统乙未年生，成化丙午年任衢州府医学正科，登仕郎。杨宗正，明字行（第十二世），明弘治癸丑年生，系名医。杨仕珍，广字行（第十世），明成化癸巳年生，正德戊辰年任衢州府医学正科。杨应兆，富字行（第十三世），明嘉靖癸亥年生，任医官。杨瑞肇，寿字行（第十七世），康熙戊午年生，业医术，“以施济为心，邑里至今诵之”。

（朱 灵）

索 引

K

L

M

N

P

Q

R

S

T

Y